Monographie Des Elaterides V3-4, Part 1

M. E. Candeze

MONOGRAPHIE

DES

ÉLATÉRIDES

PAR

M. E. CANDÈZE,

DOCTEUR EN MÉDECINE, MEMBRE CORRESPONDANT DE L'ACADÉMIE ROYALE DE BELGIQUE,
MEMBRE DE LA SOCIÉTÉ DES SCIENCES DE LIÉGE, ETC.

TOME TROISIÈME.

LIÉGE,

H. DESSAIN, IMPRIMEUR-LIBRAIRE,

RUE TRAPPÉ.

Juillet 1860.

MONOGRAPHIE

DES

ÉLATÉRIDES.

MONOGRAPHIE

DES

ÉLATÉRIDES.

TRIBU VII.

ÉLATÉRIDES VRAIS.

(PREMIÈRE SECTION, SUITE.)

SOUS-TRIBU VI.

POMACHILIITES.

Front rebordé en avant, très-convexe ; labre grand et tombant verticalement, la bouche s'ouvrant directement en bas ; prothorax souvent plus large et toujours plus épais vers le tiers antérieur qu'au tiers postérieur ; prosternum médiocrement large, ses sutures généralement concaves et creusées en avant ; tarses simples, ou l'un des articles élargi ou lamellé ; écusson non cordiforme ; corps étroit et allongé.

Les *Pomachilius* et quelques genres voisins forment ce petit groupe. Les insectes qui le composent sont faciles à reconnaître par leur forme étroite et allongée, ainsi que par l'épaississement du prothorax en avant ; mais si le *facies* paraît les séparer nettement des autres sous-tribus, leurs caractères les rattachent très-étroitement à plusieurs d'entr'elles, notamment aux *Agriotites*, aux *Élatérites* et aux *Physorhinites.*

La tête des *Pomachiliites* est toujours large, fortement enchâssée dans le prothorax ; le front est grand, convexe ; son bord antérieur régulièrement arqué chez la plupart, très-distinctement séparé de la plaque nasale, quoique ne la débordant pas beaucoup ; celle-ci est large et peu épaisse ; le labre est grand, convexe, dirigé verticalement, ce qui rend la bouche inférieure.

Les antennes sont grêles, sauf chez un des genres (*Smilicerus*).

1

Le prothorax est généralement allongé, mais il ne se rétrécit pas peu à peu dans son tiers antérieur, comme chez la plupart des Elatérides ; il reste parallèle sur les côtés à peu près jusqu'au sommet, en même temps que son épaisseur augmente d'arrière en avant : cette structure caractéristique tient à la grandeur relative de la tête.

Les élytres sont allongées, ordinairement plus larges que le pro-thorax et atténuées en arrière ; presque tous les ont épineuses ou échancrées à l'extrémité.

Le prosternum est court, sa pointe postérieure droite et tronquée, ses sutures latérales plus ou moins concaves et creusées en avant.

Chez les *Pomachilius*, qui constituent à eux seuls les deux tiers des espèces du groupe, la fossette du mésosternum est large avec ses bords parallèles, élevés dans leur moitié postérieure au niveau du métasternum et perpendiculaire dans leur moitié antérieure. Dans les autres genres les bords sont plus ou moins déclives.

Les hanches postérieures sont variables.

Les pattes, de longueur médiocre, ont les tarses grêles et composés d'articles de forme variable, selon les genres.

La grandeur et la direction de la tête, ainsi que la structure du prothorax, relient d'une manière évidente les *Pomachiliites* aux *Agriotites*. Les *Cosmesus*, qui sont les *Agriotes* de l'Amérique du Sud, forment le passage entre ces deux sous-tribus. Je n'ai pu cependant les rapprocher de la section des *Ludiides*, où se trouvent les *Agriotites*, parceque, d'une part, le groupe actuel a des rapports intimes avec les deux précédents, et que, d'autre part, les derniers genres de la section qui nous occupe (*Athous*, *Limonius*, etc.) se relient encore plus étroitement aux *Ludiides* que ceux-ci.

On trouvera plus loin, à propos des genres, les caractères qui rapprochent chacun d'entr'eux des *Elatérites* ou des *Physorhinites*.

Les *Pomachiliites* comprennent six genres qui sont les suivants :

Psiloniscus, *Deromecus*, *Medonia*, *Betarmon*, *Smilicerus* et *Pomachilius*.

Le premier est formé sur quelques espèces du Mexique remarquables par leur forme étroite et allongée.

Le second a été fondé par Solier (1) sur des espèces propres au Chili, très-voisines des *Cosmesus* par la tournure générale, mais

(1) GAY, *Histor. d. Chil.*, Zool. V.

que leurs caractères, surtout celui tiré de la forme du front, amènent auprès des *Pomachilius*.

Le genre *Medonia* ne renferme qu'une espèce du même pays.

M. de Kiesenwetter (1) est l'auteur du genre *Betarmon*. Je n'ai admis dans ce genre que l'une des deux espèces qu'il y comprend, l'autre me paraissant mieux classée auprès des *Agriotites*. L'espèce en question, qui est européenne, représente seule, jusqu'ici, les *Pomachiliites* dans l'ancien continent.

Les *Smilicerus* ne se composent que de deux petites espèces très-élégantes, de l'Amérique méridionale, qui diffèrent complètement des autres genres par la forme des antennes.

Enfin le genr *P o machilius*, le type du groupe et le plus riche en espèces, est le seul dont la création remonte à une époque éloignée. C'est Eschscholtz (2) qui l'a institué sur une espèce du Brésil décrite antérieurement par Germar.

Les larves des *Pomachiliites* ne sont pas connues.

Voici le tableau des genres :

A Tarses simples.
    a Sutures prosternales fines, rectilignes, sans canaux prothoraciques au sommet.   *Psiloniscus.*
    aa Sutures prosternales courtes, concaves et creusées au sommet.   *Deromecus.*

AA Un article des tarses dilaté ou lamellé.
    a Quatrième article des tarses dilaté, cordiforme.   *Medonia.*
    aa Quatrième article des tarses très-petit, le troisième dilaté ou lamellé.
      α Antennes larges, dentées en scie de chaque côté.   *Smilicerus.*
      αα Antennes grêles.
        * Bords de la fossette mésosternale déclives d'arrière en avant.   *Betarmon.*
       ** Bords de la fossette mésosternale saillants et élevés au niveau du métasternum dans leur portion postérieure, coupés verticalement en avant.   *Pomachilius.*

PSILONISCUS.

Conoderus. Chevr. Col. d. Mexiq. Cent. II, f. 8.

Tête enchassée dans le prothorax ; front convexe, assez grand ,

(1) *Naturg. d. Ins. Deutschl. IV.*
(2) Eschsch. in Thon, *Arch.* 1829.

son bord antérieur arrondi et dirigé en bas ; plaque nasale peu épaisse et large dans le sens transversal. Labre vertical. Mandibules bifides. Palpes maxillaires terminés par un article semilunaire.

Antennes assez longues, peu épaisses, linéaires, de onze articles, les deuxième et troisième petits, à peu près de même taille et égaux ou même plus courts, ensemble, que le quatrième.

Prothorax et élytres allongés, celles-ci entières ou échancrées au sommet.

Prosternum à sutures latérales fines, rectilignes, divergentes d'arrière en avant ; sans canaux prothoraciques au sommet.

Fossette mésosternale très-petite et de forme triangulaire, ses bords déprimés et déclives.

Hanches postérieures assez fortement dilatées en dedans et munies d'une dent aiguë vers le milieu de leur bord libre.

Pattes médiocrement longues; tarses à articles simples, diminuant graduellement de longueur du premier au quatrième.

Corps pubescent.

Ce genre, composé de quelques espèces mexicaines, établit un passage insensible entre les *Elatérites* et les *Pomachiliites*. Il présente, à peu de chose près, tous les caractères des *Megapenthes*, avec la tête et la forme svelte des *Pomachilius*. Sous le rapport de l'étroitesse du corps il exagère même les proportions de ces derniers, et c'est dans ce genre que l'on rencontre les formes les plus grêles, eu égard à la longueur du corps.

Le caractère du *facies*, poussé à ce point, m'a paru acquérir assez de valeur pour détacher le genre actuel de la sous-tribu précédente et l'amener dans les *Pomachiliites*.

A   Elytres échancrées au sommet.
   a   Pubescence formant des mouchetures sur le corps.
     α   Extrémité des élytres noire.   1. P. apicalis.
     αα   Elytres entièrement brunes.   3. P. sticticus.
   aa   Pubescence également répartie.   2. P. borborurus.

AA   Elytres entières au sommet.   4. P. brunneus.

1. P. APICALIS. *Filiformi-elongatus, brunneus, pube flava bruneaque maculatim dense vestitus; elytris tenuiter punctato-striatis, antice depressis ferrugineisque, apice nigris.* — Long. 12 mill. lat. 2 mill. (Pl. I, fig. 1.)

Conoderus apicalis. **Chevr.** *Col. d. Mexiq.* Cent. II, fasc. 8.

Très-étroit et allongé, subcylindrique, brun avec la partie antérieure des élytres ferrugineux rougeâtre, le sommet noir, revêtu
d'une pubescence serrée, d'un jaune blond clair, qui forme sur les
élytres une multitude de petites taches allongées, entre lesquelles la
pubescence est brune, la tache apicale également recouverte d'une
pubescence brune. Front très-déclive, ponctué, convexe, revêtu
d'une pubescence flave dirigée en divers sens. Antennes assez robustes, brunes. Prothorax atténué à partir de la base, cylindrique au
sommet, déprimé, sillonné et biimpressionné à la base, éparsément ponctué. Elytres deux fois et un tiers plus longues que le
prothorax, graduellement rétrécies à partir de la base jusqu'au
sommet où elles sont tronquées, leurs côtés à peu près droits, un
peu déprimées vers la ligne médiane en avant, finement striées
avec les stries ponctuées, la suturale plus enfoncée que les autres.
Dessous du corps et pattes obscurs et densément pubescent ; le
dernier segment de l'abdomen noirâtre.

Ce curieux Elatéride est du Mexique.

Quelquefois la teinte ferrugineuse de la base des élytres envahit
la surface de ces organes, sauf la portion antérieure des côtés et la
tache du sommet. Cette teinte passe quelquefois aussi au testacé
ferrugineux.

2. P. borborurus. *Nigro-brunneus; fronte rufescente; prothorace
nitido, sparsim punctato, minus dense pubescente; elytris ferrugineo-testaceis, apice nigricantibus, pube flava dense obductis.* —
Long. 14 mill., lat. 2 3/4 mill. (Pl. I, fig. 2.).

Plus long et un peu plus large en proportion que le précédent.
Brun noir, les élytres d'un jaune ferrugineux avec l'extrémité
noirâtre, la portion jaune des élytres revêtue d'une pubescence
serrée et flave, la pubescence du reste moins dense et plus obscure.
Front convexe, rougeâtre. Antennes noirâtres. Prothorax allongé,
subcylindrique au sommet, rétréci en avant à partir de la base,
convexe dans le sens transversal, éparsément et assez finement
ponctué, ses côtés droits, ses angles postérieurs prolongés dans la
direction des côtés, portant une carène obtuse. Ecusson subrhom-
boïdalement allongé. Elytres un peu plus larges que le prothorax à

la base. et plus de deux fois plus longues, graduellement rétrécies
à partir des épaules jusqu'au sommet où elles sont échancrées,
leurs côtés droits, finement ponctuées-striées avec la strie suturale
plus enfoncée que les autres. Dessous du corps brun avec le dessous
du prothorax et le dernier segment de l'abdomen noirâtres. Pattes
brunes.

Du Mexique.

Je n'ai vu cette espèce que dans la collection de M. Sallé, qui
l'a trouvée à Cordova dans l'Etat de Vera-Cruz.

3. P. STICTICUS. *Nigro-brunneus, nitidus, pube albido-cinerea
guttatim obductus; prothorace postice canaliculato, disperse punctato, angulis posticis distinctius carinatis; elytris punctato-striatis, apice emarginatis.* — Long., 12 mill., lat. 2 1/4 mill.

D'un brun noir brillant. revètu d'une pubescence d'un cendré
blanc, qui forme des mouchetures sur tout le corps. Front convexe
et éparsément ponctué. Antennes noires. Prothorax allongé, atténué à partir de la base, convexe dans le sens transversal, canaliculé en arrière, éparsément ponctué, ses angles postérieurs prolongés dans la direction des bords latéraux, plus distinctement
carénés que chez les précédents. Ecusson étroit et allongé, déclive.
Elytres à peine plus larges que le prothorax, légèrement courbes
sur les côtés, échancrées au sommet, à stries à peine enfoncées et
assez fortement ponctuées, la strie suturale seule plus profonde.
Dessous du corps noirâtre, luisant; pattes brunes.

Du Mexique.

Trouvé, comme le précédent, à Cordova, par M. Sallé.

4. P. BRUNNEUS. *Parallelo-elongatus, brunneus, griseo-pubescens;
prothorace sparsim punctato, basi impresso; elytris punctato-
substriatis, apice integris.* — Long. 10-12 mill., lat. 1 1/2 — 2 mill.

Étroit et allongé, parallèle, entièrement brun avec le prothorax et la tète d'un brun plus obscur que les élytres, revètu d'une
pubescence grise. Front convexe, fortement ponctué. Antennes.
d'un brun obscur. Prothorax beaucoup plus long que large, faiblement rétréci au sommet, convexe dans le sens transversal,
éparsément ponctué, impressionné à la base, ses angles postérieurs aigus, divergents, carénés. Ecusson allongé. Elytres un peu

plus larges que le prothorax, parallèles, finement ponctuées-striées, la strie suturale plus forte que les autres. Dessous du corps et pattes de la couleur du dessus.

Du Mexique.

Trouvé par M. Sallé, sur des plantes, en mai, à San-Andres-Chalchicomula, dans l'Etat de Vera-Cruz.

DEROMECUS.

Sol. in Gay, *Histor. d. Chile;* Zool. V, p. 11.

Elater. Lac. *Gener. d. Coléopt.* IV, p. 187.
Polonema et *Mecothorax.* Sol. loc. cit. p. 19 et 22.

Tête grande, convexe; front régulièrement arrondi en avant, son rebord antérieur peu saillant. Plaque nasale mince et très-élargie par l'écartement considérable de l'insertion des antennes. Labre grand, vertical, très-convexe. Mandibules bifides. Palpes terminés par un article sécuriforme.

Antennes généralement longues, c'est-à-dire, dépassant les angles postérieurs du prothorax, grêles, composées de onze articles, les articles 2 et 3 variant de longueur relative, le second quelquefois plus grand que le troisième, celui-ci égal au quatrième ou plus court.

Prothorax généralement plus long que large et plus ou moins parallèle sur les côtés, épaissi en avant où il prend une forme cylindrique pour emboiter la tête, ses angles postérieurs divergents et carénés.

Elytres longues, atténuées en arrière, au moins chez le mâle, généralement échancrées ou tronquées au sommet.

Prosternum court, ses sutures concaves et canaliculées, sa pointe postérieure courte.

Fossette mésosternale assez courte, ses bords horizontaux ou à peu près, dans leur portion postérieure.

Hanches postérieures graduellement élargies en dedans, quelquefois anguleuses vers le milieu de leur bord libre.

Pattes de grandeur ordinaire; les tarses à article 1-3 diminuant graduellement de longueur, le quatrième quelquefois très-petit; tous simples.

Corps pubescent.

Les femelles ne diffèrent des mâles que par les caractères ordinaires, c'est-à-dire, par la longueur moins grande des antennes, le prothorax et les élytres plus larges vers le sommet ; cependant ces caractères sont quelquefois assez exagérés pour prêter, aux individus de ce sexe, une tournure différente de celle du mâle.

Le genre *Deromecus* est assez nettement caractérisé et forme un groupe d'insectes, tous originaires du Chili, qui ont la plus grande affinité avec les *Pomachilius*.

Outre la tournure générale, qui est la même, ils ont, en effet, en commun avec ces derniers, la forme bombée et le rebord arrondi du front, l'écartement des points d'insertion des antennes et conséquemment la largeur de la plaque nasale, le peu de hauteur de celle-ci, la grandeur et la direction verticale du labre, la conformation du prosternum, de la fossette mésosternale, enfin jusqu'à l'échancrure de l'extrémité des élytres, qui s'observe chez la plupart.

D'un autre côté, ils s'en distinguent essentiellement par leurs tarses simples, tandis que chez les *Pomachilius* le troisième article est toujours muni d'une lamelle, ou au moins dilaté et cordiforme.

Ce genre ne pourra être confondu avec aucun autre de la sous-tribu des *Elatérites*, à cause de l'élévation bien marquée des bords de la fossette mésosternale, qui rend ces bords horizontaux dans leur moitié postérieure.

J'ai réuni aux *Deromecus* les genres *Podonema* et *Mecothorax* de Solier.

En dépouillant les formules que l'auteur donne de ces trois genres de tout ce qu'elles ont d'accessoire et de commun, on s'aperçoit effectivement qu'il ne reste, pour les caractériser, que la longueur relative du second article des antennes ; et encore, Solier s'est trompé, sous ce rapport, à propos du genre *Mecothorax*.

Bien que les espèces en soient peu nombreuses il est susceptible d'être divisé en trois sections.

SECTION 1.

Articles 2 et 3 des antennes égaux.

A Elytres jaunes, avec des stries à peine distinctes et marquées de gros points noirâtres.   1. *D. impressus.*

AA Elytres brunes, finement ponctuées-striées.   2. *D. castaneipennis.*

SECTION II.

Deuxième article des antennes visiblement plus long que le troisième ; quatrième article des tarses beaucoup plus petit relativement au troisième que ne l'est celui-ci par rapport au second.

A **Prothorax rouge.**
  α **Prothorax** densément ponctué et entièrement
    rouge.   3. *D. rubricollis.*
  αα **Prothorax** éparsément ponctué, son bord pos-
    térieur noir.   4. *D. thoracicus.*

AA **Prothorax noir.**   5. *D. attenuatus.*

SECTION III.

Deuxième article des antennes visiblement plus long que le troisième ; quatrième article des tarses un peu plus petit, seulement, que le précédent.

A **Elytres entières ou à peu près au sommet.**
  α **Prothorax** très-distinctement sillonné dans ses
    deux tiers postérieurs au moins.   6. *D. vulgaris.*
  αα **Prothorax** sans sillon ou à peine sillonné en
    arrière.
    α Antennes testacées, la base obscure.   7. *D. angustatus.*
    αα Antennes brun rougeâtre clair, unicolores.   8. *D. filicornis.*

AA **Elytres échancrées ou tronquées au sommet.**
  α Points du prothorax simples.   9. *D. nigricornis.*
  αα Points du prothorax ombiliqués.   10. *D. umbilicatus.*

PREMIÈRE SECTION.

1. D. impressus. *Ferrugineo-testaceus, parum nitidus, pube concolore subtili obductus ; fronte vertice nigro-punctata ; prothorace late canaliculato, dense punctato, villa media nigra ; elytris a basi attenuatis, dorso depressis, punctis oblongis, nigro-areolatis, seriatis.* — Long. 13-15 mill. lat. 3 1/2-4 mill. (Pl. I, fig. 3.)

Podonema impressum. Sol. in Gay, *Histor. d. Chile;* Zool. V, p. 19, pl. 13, fig. 10.

Var. α Elytris sutura late apiceque nigricantibus.

2

D'un jaune ferrugineux, peu luisant, revêtu d'une pubescence peu dense et fine, de la couleur des téguments, le front marqué à la base d'un point triangulaire noir, le prothorax présentant une bande longitudinale médiane de même couleur. Front très-régulièrement convexe, arrondi en avant, son rebord étroit et noir. Antennes peu allongées, brunes avec la base noirâtre. Prothorax plus long que large, à peu près droit et parallèle sur les côtés, épaissi en avant, déprimé en arrière, largement sillonné au milieu, couvert de points serrés et ombiliqués, ses angles postérieurs très-divergents, longs, aigus, fortement carénés. Ecusson noirâtre. Elytres plus larges que le prothorax, atténuées à partir de la base, échancrées au sommet, déprimées vers la suture, surtout en avant, marquées de séries de gros points oblongs de grosseur inégale et aréolés de noir, les points des trois ou quatre premières séries réunis par une fine strie. Dessous du corps et pattes noirs avec une bande médiane sur le prosternum, les côtés des flancs prothoraciques, les épipleures et l'abdomen, d'un jaune rougeâtre.

Du Chili.

Dans la variété, les élytres ont la suture et l'extrémité noirâtres; cette teinte les envahit même quelquefois presque entièrement.

2. **D.** CASTANEIPENNIS. *Elongatus, castaneus, breviter sat dense fulvo-pubescens ; fronte convexa, dense fortiter punctata, canaliculata, margine antica medio vix distincta ; prothorace elongato, postice subtiliter antice fortius punctato, linea media lœvi impressa ; elytris dilute castaneis, apice emarginatis, striis tenuibus punctatis, stria suturali impressa.* — Long. 12 1/3 mill., lat. 2 2/3 mill.

Mecothorax castaneipennis. SOL. in GAY, *Histor. d. Chile*; Zool. V, p. 22; Col. Pl. 13, fig. 12.

Etroit et allongé, d'un châtain plus obscur sur le prothorax que sur les élytres, revêtu d'une pubescence fauve avec un reflet doré sur les élytres. Front convexe, très-déclive, densément et fortement ponctué, sillonné au milieu, son rebord antérieur à peine distinct de la plaque nasale vers la ligne médiane. Antennes d'un brun ferrugineux clair. Prothorax beau-

coup plus long que large, un peu plus étroit en avant des
angles postérieurs que vers son tiers antérieur chez le mâle,
sa ponctuation plus dense et plus forte en avant qu'en arrière,
marqué d'un sillon lisse, profond à la base et atteignant ou à peu
près le bord antérieur, ses angles postérieurs allongés, très-
divergents, aigus, carénés. Écusson oblong, étroit, sillonné,
déclive. Elytres longues, curvilinéairement rétrécies au-delà du
milieu, échancrées au bout, convexes dans le sens transversal,
finement striées, les stries ponctuées, la suturale plus imprimée
que les autres, les intervalles plats et finement ponctués. Dessous
du corps de la couleur du dessus; pattes d'un testacé plus ou
moins obscur.

Du Chili.

SECONDE SECTION.

3. D. RUBRICOLLIS. *Niger, nitidus, pubescens; fronte convexa,
crebre fortiterque punctata, basi canaliculata; prothorace sanguineo, dense punctato, postice canaliculato; elytris antice
subparallelis, striis subtilibus punctatis, stria suturali impressa.*
— Long. 14-15 mill. lat. 3 1/2 - 4 mill. (Pl. I, fig. 5.)

Deromecus rubricollis. Sol. in Gay, *Histor. d. Chile*; Zool. V, p. 14.

Luisant, noir avec le prothorax rouge sanguin, revêtu d'une
pubescence grisâtre, sauf le prothorax qui a une pubescence fauve.
Front légèrement convexe, très-ponctué, sillonné à la base.
Antennes noires. Prothorax à peine plus long que large,
presque droit et parallèle sur les côtés, ce qui lui donne une
forme à peu près carrée, plus bombé en avant qu'en arrière,
sillonné au milieu, densément ponctué, ses angles postérieurs
aigus, divergents et carénés. Elytres un peu plus larges que
le prothorax, parallèles sur les côtés jusqu'au delà du milieu,
peu atténuées au sommet, déprimées vers la suture, finement
ponctuées-striées, la strie suturale seule placée au fond d'un
sillon assez large, l'extrémité à peine visiblement tronquée.
Dessous du corps et pattes noirs, revêtus d'une pubescence
fauve, le dessous du prothorax rouge avec les côtés du prosternum noirs.

Du Chili.

4. D. THORACICUS. *Niger, nitidus, densius pubescens ; fronte convexa , sparsim fortiter punctata , breviter sulcata , prothorace sanguineo , margine postica nigra , parce subtiliter punctato , postice canaliculato; elytris a basi attenuatis , striis subtilibus punctatis, stria suturali impressa.* — Long. 7-8 mill., lat. 1 s/4 mill.

Deromecus thoracicus. SOL. in GAY, *Histor. d. Chile;* Zool. V, p. 14.

Semblable, au premier abord , au *rubricollis* , mais plus petit et plus atténué en arrière. Luisant, noir, le prothorax rouge sanguin avec la base et les angles postérieurs noirs, revêtu d'une pubescence assez dense, grise, celle du prothorax fauve. Front convexe , éparsément et assez fortement ponctué, brièvement sillonné. Prothorax à peu près carré , plus bombé en avant qu'en arrière, sillonné au milieu, éparsément et finement ponctué , ses angles postérieurs aigus, divergents , carénés. Elytres plus larges que le prothorax, atténuées à partir de la base , non déprimées , finement striées , les stries ponctuées , la strie suturale plus imprimée que les autres. Dessous du corps noir avec les flancs du prothorax rouge ; pattes brunes.

Du Chili.

Outre la taille , il diffère du précédent par son prothorax beaucoup moins densément et plus finement ponctué.

5. D. ATTENUATUS. *Niger, nitidus, cinereo-pubescens; fronte convexa , antice vix marginata; prothorace longitudine fere latiore, sparsim punctato, canaliculato; elytris subtiliter punctato-striatis , postice attenuatis , apice vix emarginatis.* — Long. 10 mill., lat. 2 mill.

Deromecus attenuatus. SOL. in GAY. *Histor. d. Chile ;* Zool. V, p. 13.

Noir, assez luisant, revêtu d'une pubescence cendrée à reflet soyeux un peu flave. Front convexe, assez densément ponctué , son rebord antérieur à peine distinct sur la ligne médiane. Antennes noires , brunâtres vers l'extrémité. Prothorax au moins aussi large que long , presque carré, ses bords latéraux courbes seulement au sommet, souvent un peu rétréci en arrière , médiocrement convexe, présentant un sillon profond vers la base et qui s'étend en avant, en s'amoindrissant peu à peu , jusqu'au tiers antérieur, éparsément ponctué, ses angles postérieurs à peine divergents, surmontés d'une carène aigue. Ecusson assez large. Elytres plus larges que le prothorax, conservant la même largeur jusqu'au milieu ou s'élargissant un peu en ce point, atténuées au-delà, leur extrémité très-brièvement échancrée, marquées de stries fines et ponctuées, la suturale seule plus profonde que les autres. Dessous du corps noir et luisant; pattes noir brunâtre.

Du Chili.

TROISIÈME SECTION.

6. D. VULGARIS. *Castaneus, subnitidus, densius longiusque cinereo-pubescens; fronte convexa, dense fortiterque punctata, canaliculata; prothorace latitudine paulo longiore, confertim æqualiter punctato, canaliculato; elytris apice fere integris, subtiliter punctato-striatis, stria suturali impressa.* — Long. (♂) 11-12 mill. lat. 2 1/2-2 2/3 mill. (♀) Long. 15 mill., lat. 3 1/2 mill.

Deromecus vulgaris. Sol. in GAY, *Histor. d. Chile; Zool.* V, p. 13.

(♂) Châtain, revêtu d'une pubescence cendrée assez longue et dense. Front convexe et très-ponctué, son rebord antérieur bien marqué. Antennes ferrugineuses. Prothorax à peine plus long que large, élargi et épaissi en avant, convexe, sillonné dans presque toute sa longueur, couvert de points assez serrés et aussi denses vers la base qu'au sommet, ses angles postérieurs allongés, divergents et carénés. Ecusson obtrigone. Elytres plus larges que le prothorax, atténuées à partir de la base ou à peu près, conservant la même largeur jusqu'au milieu chez la femelle, convexes sur le dos, finement ponctuées-striées, les stries suturales plus profondes, leur extrémité presque entière. Pattes d'un testacé ferrugineux.

Du Chili où il est très-commun.

Sauf le prothorax plus étroit, le mâle de cette espèce rappelle tout à fait, par sa couleur, sa pubescence et sa tournure en général, notre *Synaptus filiformis.*

La femelle est plus grande, généralement d'une teinte plus obscure, son prothorax est plus bombé, ses antennes plus courtes, ses élytres parallèles jusqu'au milieu ou même un peu au-delà.

7. D. FILICORNIS. *Fusco-brunneus, subopacus, pube flavo-grisea sat dense vestitus ; fronte convexa, rugose punctata ; prothorace latitudine paulo longiore, confertissime fortius punctato, vix postice canaliculato ; elytris apice integris, striis subtilibus punctatis, interstitiis planis, subrugose punctatis.* — Long. 9-10 mill., lat. 1 3/4-2 1/2 mill.

Deromecus filicornis. SOL. in GAY, *Histor. d. Chile ;* Zool. V, p. 13.

Var. *a. Corpore omnino castaneo-brunneo.*

Voisin du *vulgaris*, mais un peu plus petit et proportionnément plus épais, plus mat et distinct par plusieurs caractères. D'un brun plus ou moins châtain ou obscur, revêtu d'une pubescence d'un gris un peu jaunâtre qui modifie sensiblement la couleur du fond. Front convexe, régulièrement arrondi en avant, rugueusement ponctué. Antennes d'un brun rougeâtre clair. Prothorax un peu plus long que large, à peu près droit et parallèle sur les côtés en avant, épaissi vers le sommet, fortement et densément ponctué, une partie plus ou moins grande des points ombiliqués, surtout ceux de la base, sans sillon sur le milieu du disque ou n'en présentant qu'une faible trace en arrière, les angles postérieurs aigus, divergents et carénés. Elytres un peu plus larges que le prothorax et plus ou moins atténuées en arrière selon le sexe, finement striées, sauf la strie suturale qui est plus imprimée, les stries ponctuées, les intervalles aplatis et rugueusement ponctués, l'angle apical entier. Pattes testacé rougeâtre.

Du Chili.

8. D. ANGUSTATUS. *Fusco-niger, subopacus, pube flavo-grisea minus dense vestitus ; fronte convexa, rugose punctata ; antennis testaceis, basi brunneis ; prothorace latitudine paulo longiore, confertissime fortiter punctato, haud vel vix postice canaliculato, margine antica rufo-ferruginea ; elytris tenuiter punctato-striatis, interstitiis planis, dense punctatis, apice integris ; pedibus testaceis, femoribus pallidioribus.* — Long. 7-8 mill., lat. 1 3/5 mill.

Deromecus angustatus. SOL. in GAY, *Hist. d. Chile ;* Zool. V, p. 12, pl. 13, fig. 5.

Var. *a. Fronte prothoraceque rufis.*

Deromecus collaris. Sol. loc. cit. p. 15.

Var. *b. Elytris postice brunnescentibus.*

Plus petit encore que le précédent, duquel il est fort voisin, et plus large en proportion (1); noirâtre, revêtu d'une légère pubescence d'un cendré flave. Front convexe et rugueusement ponctué, quelquefois bordé de rougeâtre ou même entièrement de cette couleur. Antennes testacées avec la base brune ou d'un testacé plus obscur. Prothorax un peu plus long que large, couvert de points assez gros et serrés, sans sillon en arrière ou n'en présentant qu'une faible trace, assez convexe, ses angles postérieurs divergents, carénés, aigus, son bord antérieur rouge ou ferrugineux. Elytres un peu plus larges que le prothorax, légèrement arquées sur les côtés, finement ponctuées-striées, les intervalles aplatis et rugueusement ponctués, surtout en avant, leur extrémité entière. Dessous du corps noir; pattes testacées ou brunes avec les cuisses toujours d'un testacé clair.

Du Chili.

L'un des exemplaires de l'ancienne collection Solier a le front et le prothorax rouges et une teinte visiblement rougeâtre répandue sur les élytres; Solier en a fait une espèce distincte sous le nom de *collaris*, mais elle n'est bien évidemment qu'une variété de celle-ci.

Quelquefois les élytres sont brunes, et plus ou moins ferrugineuses en arrière.

9. D. NIGRICORNIS. *Niger, parum nitidus, cinereo-pubescens; antennis nigris; prothorace latitudine longiore, minus dense punctato, postice vix canaliculato; elytris tenuiter punctato-striatis, interstitiis planis, antice rugose punctatis, apice breviter truncatis; pedibus fusco-nigris.* — Long. 10 mill., lat. 2 ¼ mill.

_____

(1) Le nom d'*angustatus* me paraît mal choisi pour cette espèce qui n'est nullement remarquable par son étroitesse, dans un genre où toutes les espèces le sont à des degrés divers.

Entièrement noir, peu luisant, revêtu d'une pubescence cendrée qui voile en partie la couleur des téguments. Front grand, légèrement convexe, très-déclive, densément ponctué. Antennes noires. Prothorax plus long que large, légèrement rétréci en avant où il prend une forme subcylindrique, ponctué, les intervalles des points aussi larges que les points eux-mêmes, très-faiblement sillonné au milieu, en arrière, ses angles postérieurs divergents et fortement carénés. Elytres un peu plus larges que le prothorax et deux fois et demie plus longues, finement striées, les stries marquées de points oblongs, les intervalles plans, rugueux dans leur tiers antérieur, leur extrémité brièvement tronquée. Pattes noir brunâtre.

Du Chili.

Cette espèce se rapproche beaucoup, par la forme, du *filicornis* et, par la couleur, du précédent, mais il diffère de tous deux par la ponctuation moins dense du prothorax, ses élytres tronquées et à intervalles des stries plus rugueux vers la base, enfin, par la couleur noire des antennes.

Solier a décrit, sous le nom de *Deromecus? parallelus*, un insecte qui n'appartient ni au genre actuel ni même à la famille des Élatérides, mais à celle des Eucnémides, où le fait rentrer la conformation très-caractéristique de son front.

10. **D. UMBILICATUS.** *Niger, sat nitidus, pube fulvescente vestitus; prothorace subquadrato, convexo, canaliculato, cum fronte punctis latis, umbilicatis, confertim adsperso, angulis posticis divaricatis, acute carinatis; elytris striis fortiter punctatis, interstitiis planis, apice emarginatis; pedibus obscuris. —* Long. 11 mill., lat. 2 3/4 mill.

Noir et assez luisant, revêtu d'une pubescence visible surtout par son reflet fauve. Front grand, très-convexe, ponctué comme le prothorax. Antennes brunes, leur premier article noirâtre, le sommet des autres ferrugineux. Prothorax de forme à peu près carrée, rétréci seulement dans son cinquième antérieur, épaissi en avant, sillonné assez largement, mais peu profondément, couvert de points larges, peu profonds, ombiliqués, serrés, ses angles postérieurs divergents, surmontés d'une très-forte carène. Elytres plus larges que le prothorax, un peu déprimées vers la suture, striées, les stries fortement ponctués, les intervalles

aplatis et subgranuleusement ponctués. Dessous du corps noir ;
pattes noir brun, brunes à l'extrémité.

Du Chili.

Collections de MM. Riehl et Deyrolle.

MEDONIA.

Bedresia. Sol. in Gay, *Histor. d. Chile*; Zool. V, p. 25.

Tête convexe, enchassée dans le prothorax ; front grand,
arrondi en avant, son rebord antérieur peu saillant. Plaque
nasale peu épaisse, mais très-étendue dans le sens transversal à
cause de l'écartement considérable des points d'insertion des
antennes. Labre assez grand, convexe, tombant verticalement,
ce qui rend la bouche inférieure. Mandibules bifides. Palpes
terminés par un article triangulaire.

Antennes grêles, filiformes, de onze articles, le premier arqué,
le second un peu plus long que le troisième, les deux réunis
dépassant un peu la taille du quatrième, les suivants allongés.

Prothorax épaissi en avant.

Prosternum à sutures latérales concaves et canaliculées.

Fossette mésosternale à bords élevés, tranchants et parallèles.

Hanches postérieures étroites, peu élargies au côté interne,
sans dent sur leur bord libre.

Pattes de longueur moyenne, les articles des tarses diminuant
graduellement de longueur du premier au quatrième, celui-ci
assez fortement élargi, bilobé et cordiforme.

Corps étroit, allongé, pubescent.

La forme du quatrième article des tarses est un caractère
qui suffit, à lui seul, pour distinguer ce genre de tous les autres
de la sous-tribu actuelle et de la précédente. Il faut remonter
jusqu'aux *Monocrépidiites* pour trouver une conformation semblable, mais nous avons vu que ceux-ci ont les hanches postérieures fortement dilatées en dedans et les sutures prosternales
fines et rectilignes. Le genre *Dorygonus* seul, qui forme exception
dans la troisième sous-tribu, a quelque analogie avec celui-ci,
mais la tournure caractéristique des *Pomachiliites*, la forme de

3

la tête, de la plaque nasale, des antennes, la direction du labre, etc. suffisent pour séparer nettement le genre actuel du genre africain que je viens de citer.

Une seule espèce du Chili constitue le genre *Medonia.*

M. PUNCTATOSULCATA. *Angusto-elongatus, niger, dense cinereopubescens; prothorace latitudine longiore, postice angustato, canaliculato, confertim punctato; elytris prothorace latioribus, striis fortiter punctatis.* — Long. 11-12 mill., lat. 2 1/2 - 2 1/2 mill .' (Pl. I, fig. 8.)

Bedresia punctato-sulcata. SOL. in GAY, *Histor. d. Chili;* Zool. V, p. 25. Pl. 14, fig. 3.

Etroit et allongé, noir, revêtu d'une pubescence cendréolivâtre qui modifie notablement la couleur du fond. Front convexe, très-ponctué, son rebord antérieur bien marqué. Antennes brunes. Prothorax plus long que large, élargi et épaissi au sommet, médiocrement convexe, densément couvert de points ombiliqués, sillonné au milieu, ses angles postérieurs trèsdivergents, faiblement carénés. Ecusson oblong. Elytres plus larges que le prothorax, légèrement courbes sur les côtés depuis la base jusqu'au sommet où elles sont brièvement tronquées, déprimées sur le milieu du dos, surtout en avant, marquées de stries assez profondes, les stries très-fortement ponctuées, les intervalles un peu scabres. Dessous du corps noir; pattes brunâtres.

Du Chili méridional.

BETARMON.

KIESENW. *Naturg. d. Ins. Deutschl.* IV, p. 265.

Elater FABR., HERBST, SCHÖNH.
Dolopius. REDT. *Faun. Austr.* ed. II, p. 512.
Adrastus. DEJ. *Cat.* ed. 3, p. 108.

Tête enchâssée dans le prothorax; front régulièrement convexe, son bord antérieur peu saillant, arrondi ou un peu acuminé au milieu. Plaque nasale peu épaisse, divisée par une cloison dans son milieu. Labre grand, tombant verticalement. Mandibules bifides. Palpes terminés par un article subsémilunaire.

Antennes grêles, filiformes, de onze articles, les deuxième et troisième presque égaux et presque aussi longs, chacun, que les suivants, le dernier terminé par un faux article.

Prothorax épaissi en avant.

Prosternum assez court, les sutures latérales légèrement concaves, creusées en avant en canaux prothoraciques.

Fossette mésosternale à bords parallèles, saillants, tranchants, déclives sur toute leur longueur.

Hanches postérieures légèrement dilatées en dedans, sans dent sur leur bord libre.

Pattes grêles, peu allongées; tarses à troisième article dilaté et recevant, dans un large sillon, l'insertion du quatrième qui est très-petit.

Corps pubescent.

L'espèce qui forme ce genre se rapproche beaucoup des *Agriotites* par son port, mais elle a le front très-distinctement caréné.

Elle représente, en Europe, les *Pomachilius* dont elle diffère à peine; la déclivité complète des bords de la fossette mésosternale me paraît le seul caractère de quelque importance qui l'en distingue.

M. de Kiesenwetter lui adjoint une seconde espèce, l'*Athous picipennis* Bach, mais cette réunion me paraît forcée. Chez ce dernier, en effet, la plaque nasale n'existe plus sur la ligne médiane où le front, terminé en pointe, vient se fondre avec le bord de l'épistome, ce qui rend l'existence d'une carène frontale très-contestable. Les tarses sont en outre conformés différemment. J'ai reporté l'*A. picipennis* dans les *Agriotites*.

B. **BISBIMACULATUS.** *Nigro-brunneus, subopacus, flavo-pubescens; prothorace confertim punctato, dilute brunneo, margine antica angulisque posticis testaceis; elytris testaceo-quadrimaculatis.* —Long. 5-6 mill., lat. 1 1/3 - 1 1/2 mill. (Pl. I, fig. 4.)

Elater bisbimaculatus. SCHÖNH. *Syn. Ins.* III, p. 313, 234.
Betarmon bisbimaculatus. KIESENW. *Naturg. d. Ins. Deutschl.* IV, p. 265, 1.
Dolopius bisbimaculatus. REDT. *Faun. Austr.* ed. II, p. 512.

Elater quadrimaculatus. Fabr. *Entom. Syst.* II, 233, 81. — Ejusd. *System. Eleuth.* II , 245 , 124. — Herbst, *Käf.* X, p. 89, 102 tab. 166 , fig. 4, c. *Adrastus quadrimaculatus.* Dej. *Cat.* ed. 3, p. 108.

Var. *a. Prothorace testaceo.*

Médiocrement allongé, presque mat, brünâtre avec le prothorax plus clair bordé de testacé, ses angles postérieurs largement teintés de cette dernière couleur, les élytres parées chacune de deux grandes taches testacées, la première oblongue, au-delà des épaules, la seconde plus grande, transversale, près du sommet, revêtu entièrement d'une pubescence flave. Front convexe et ponctué. Antennes testacées. Prothorax à peu près carré, plus bombé en avant qu'en arrière, densément ponctué, ses angles postérieurs aigus, dirigés en arrière, munis d'une longue carène très-écartée du bord latéral. Elytres parallèles ou à peu près jusqu'au milieu ou un peu au-delà selon le sexe, subacuminées au sommet, finement ponctuées-striées, les intervalles aplatis. Dessous du corps et pattes jaune testacé.

Cet insecte se trouve dans tout le midi de l'Europe.

SMILICERUS.

Tête enchâssée à demi dans le prothorax; front très-convexe, son bord antérieur sémi-circulaire, un peu redressé. Plaque nasale transversale et divisée en deux parties par une crête longitudinale médiane. Labre grand, convexe, subquadrangulaire. Mandibules petites, cachées au repos, dilatées extérieurement et à la base, en triangle. Palpes terminés par un article sécuriforme.

Antennes grandes, composées de onze articles, très-pubescentes; leur premier article long, arqué, les deuxième et troisième petits et presque égaux, le quatrième fort large et triangulaire, les suivants variant peu en largeur jusqu'au dernier qui paraît surmonté d'un faux article.

Prothorax allongé, ses angles postérieurs munis d'une carène parallèle au bord externe.

Ecusson large.

Elytres échancrées à l'extrémité.

Prosternum muni d'une mentonnière courte et d'une pointe droite,

également courte ; les sutures latérales sans canaux prothoraciques.
Bords de la fossette mésosternale saillants et tranchants.

Hanches postérieures médiocres.

Pattes grêles; le premier article des tarses long, le second simple,
le troisième largement dilaté en triangle , canaliculé en dessus pour
recevoir à la base l'insertion du quatrième, qui est fort petit et peu
distinct ; ongles simples.

Corps svelte , pubescent.

Ce petit genre, composé jusqu'ici de deux jolies espèces américaines , tient de près aux *Pomachilius*, mais il en est très-distinct
par la structure des antennes qui le fera facilement reconnaître.
Ces antennes sont en outre, dans les deux espèces en question ,
noires, avec l'extrémité d'un jaune très-clair , particularité que
nous avons déjà observée chez certains *Eudactylites* ainsi que chez
plusieurs *Melanoxanthus* de Ceylan.

A Jaune avec une bande longitudinale et l'extrémité des
     élytres noires.   1. S. Sallei.

AA Noir avec l'extrémité des élytres jaune.   2. S. bitinctus.

1. S. Sallei. *Elongatus, parallelus, tomento brevi, sericeo, dense
vestitus; fronte nigra, canaliculata; prothorace elongato , subcylindrico, luteo, vitta media nigra; elytris parallelis, apice emarginatis , luteis , vitta suturali antica apiceque nigris ; corpore subtus
pedibusque nigris , prosterno rufo.* — Long. 9 mill., lat. 1 2/3 mill.
(Pl. I, fig. 6.)

Allongé, parallèle , la tête et les antennes noires , l'extrémité
de celles-ci jaune , le prothorax jaune avec une large bande longitudinale noire, l'écusson noir , les élytres jaunes avec une bande
suturale atténuée d'avant en arrière et se terminant vers le milieu,
et l'extrémité noires, revêtu d'un duvet soyeux, assez serré, noir à
reflet gris sur les parties noires, doré sur les parties jaunes. Front
très-convexe, sillonné au milieu. Antennes longues et composées
d'articles larges, sauf les deuxième et troisième , atténuées à l'extrémité. Prothorax allongé, subcylindrique, parallèle, ses côtés
presque perpendiculaires, très-densément couvert de points , les
angles postérieurs divergents et carénés. Élytres plus larges que le

prothorax, parallèles sur les côtés jusqu'au quart postérieur , un peu déprimées , échancrées au sommet , finement ponctuées-striées , les intervalles ponctués, subgranuleux. Dessous du corps et pattes noirs, le premier revêtu d'un duvet soyeux à reflet fauve-cendré ; prosternum et trochanters rouges.

Cette jolie espèce est du Venezuela. Elle a été trouvée , dans le mois de décembre, sur des plantes, par M. Sallé, à qui je la dédie.

2. S. BITINCTUS. *Elongatus , ater, pubescens ; fronte canalicu-lata ; prothorace elongato , subparallelo , creberrime punctato , angulis posticis divaricatis , carinatis; elytris punctato-striatis , apice emarginatis, postice luteis; corpore subtus pedibusque ni-gris ; abdomine apice rufescente.* — Long. 9 mill. ; lat. 1 ⅔ mill. (Pl. I , fig. 7.)

De la taille et à peu près de la forme du précédent, un peu plus atténué en arrière, d'un noir profond, mat, avec le tiers posté-rieurs des élytres jaune, recouvert d'une pubescence noire, à l'exception de la portion jaune des élytres où les poils sont dorés. Front convexe , sillonné au milieu. Antennes longues et très-élar-gies dans leur portion moyenne , noires avec le dernier article d'un jaune clair. Prothorax allongé, à peu près parallèle en avant , très-densément couvert de points, ses angles postérieurs aigus, un peu divergents , carénés. Elytres plus larges sur le prothorax , parallèles dans leurs deux tiers antérieurs, échancrées à l'extrémité, finement ponctuées-striées , la première strie fortement marquée , les intervalles plans, granuleusement ponctués. Dessous du corps et pattes noirs; extrémité de l'abdomen bordé de rougeâtre ; les trochanters plus ou moins ferrugineux.

De la Nouvelle-Grenade.

Collection de M. de la Ferté Sénectère.

POMACHILIUS.

ESCHS. en THON , *Entom. Arch.* II , 1 , p. 31.

Tête convexe; front grand, régulièrement arrondi en avant , son rebord antérieur peu saillant. Plaque nasale transversale , généralement divisée par une ligne élevée moyenne et longitudinale. Labre grand, très-convexe. Mandibules élargies à la base, bifides. Palpes terminés par un article triangulaire.

Antennes assez longues, grêles, composées de onze articles, les articles 2 et 3 subégaux et plus courts, chacun, que le quatrième, le dernier ovalaire.

Prothorax généralement plus long que large et parallèle sur les côtés ou même plus large en avant que vers la base, les angles postérieurs assez petits et portant une carène rapprochée du bord externe.

Ecusson oblong, ovale.

Elytres plus larges que le prothorax chez presque tous, atténuées à partir de la base ou du milieu, ordinairement très-rétrécies au sommet, leur extrémité souvent munie d'une épine en dehors de l'angle sutural, ou divariquée ou échancrée ou tronquée, rarement simple.

Prosternum court, sa mentonnière peu saillante, sa pointe postérieure cunéiforme, courte, droite, les sutures latérales concaves et brièvement ouvertes en avant, sans canaux prothoraciques proprement dits.

Mésosternum à bords saillants et élevés jusqu'au niveau du métasternum dans leur moitié postérieure, coupés verticalement en avant.

Hanches postérieures peu élargies en dedans, leur bord libre plus ou moins sinueux.

Pattes grêles ; premier article des tarses très-long, le second simple, le troisième muni d'une lamelle ou, au moins, élargi et cordiforme, le quatrième très-petit et se confondant avec la base du cinquième; ongles simples.

Corps étroit et allongé, plus ou moins pubescent, généralement brillant.

Les *Pomachilius* (1) sont des insectes d'assez petite taille et ornés de couleurs vives; leur corps svelte et leurs élytres tronquées ou épineuses à l'extrémité leur donnent une tournure caractéristique.

---

(1) On devrait écrire *Pomachilus*, mais l'usage a consacré l'orthographe du nom telle qu'Eschscholtz l'a donnée.

Bien que le genre soit composé d'un assez grand nombre d'espèces, deux seulement ont été décrites jusqu'aujourd'hui.

Ces insectes sont originaires, pour la plupart, du Brésil ; on en trouve quelques-uns, en outre, dans les autres régions intertropicales du continent américain.

Les *Pomachilius* se divisent en trois sections, d'après la structure de l'extrémité des élytres.

SECTION I.

Elytres distinctement épineuses ou divariquées-épineuses à l'extrémité (Pl. I, fig. 10ᵃ et 14ᵃ.)

A Epine de l'extrémité des élytres située en dehors de l'angle sutural; celui-ci très-distinct, aigu. (Pl. I, fig. 10ᵃ.)

  a Elytres rouges, ou brun obscur avec l'extrémité noire, ou tout-à-fait noires.

    α Prothorax noir.   2. P. *melanurus.*

    αα Prothorax rougeâtre.

      * Epines de l'extrémité des élytres fort.longues et écartées.   1. P. *centrurus.*

      ** Epines de l'extrémité des élytres courtes et rapprochées.

        × Elytres noires avec deux petites taches jaunes à la base.   17. P. *collaris.*

        ×× Elytres rougeâtres avec l'extrémité plus ou moins noire.

          + Extrémité des élytres à peine noire et présentant deux épines grêles, rapprochées.   4. P. *brunneus.*

          ++ Quart postérieur des élytres noir; épines larges et peu allongées.   3. P. *flavipes.*

  aa Elytres jaunâtres ou testacées.

    α Suture et extrémité des élytres noires; prothorax noir.   13. P. *cuspidatus.*

    αα Prothorax testacé ou avec une simple bande noire.

      * Prothorax avec une bande noire.

        × Des fascies noires sur les élytres.

          + Tête noire.   8. P. *hallomenus.*

          ++ Tête jaune.

            o Plusieurs fascies sur chaque élytre.   7. P. *subfasciatus.*

            oo Une seule fascie sur chaque élytre.   6. P. *signatus.*

        ×× Pas de fascies sur les élytres.

          + La suture seule des élytres noire.   12. P. *suturalis.*

          ++ Extrémité des élytres noire.   10. P. *nigriceps.*

** Prothorax unicolore.
   ✗ Bord latéral des élytres noir.   14. *P. ligneus.*
   ✗✗ Bord latéral des élytres concolore.
      + Tête jaune.   15. *P. macilentus.*
      ++ Tête noire.   11. *P. frontalis.*

AA Epine de l'extrémité des élytres située à l'angle
sutural même ou un peu en dehors, mais celui-ci
effacé ou obtus (Pl. I, fig. 14ª).
  a Elytres simplement épineuses à l'angle apical où
elles ne sont nullement divariquées.   18. *P. suturella.*
  aa Elytres légèrement divariquées au sommet, les
deux épines terminales ne se touchant pas.
    α Elytres sans taches.   5. *P. crassiusculus.*
    αα Elytres maculées.
      * Elytres jaunâtres tachetées de noir.   16. *P. guttatus.*
      ** Elytres mi-partie de noir et de rou-
geâtre.   9. *P. œoloides.*

SECTION II.

*Elytres simplement échancrées ou tronquées au sommet, sans
épine.* (Pl. I, fig. 16a.)

A Elytres unicolores ou peu distinctement maculées.
  a Téguments rougeâtres.
    α Tête noire.   21. *P. melanocephalus.*
    αα Tête rougeâtre.   19 *P. carmelita.*
  aa Téguments noirâtres.
    α Une tache obsolète testacée vers la base des
élytres.   24. *P. hiosurus.*
    αα Elytres entièrement noires.   23. *P. linearis.*

AA Elytres très-nettement maculées.
  a Elytres rouges avec l'extrémité noire.   20. *P. terminatus.*
  aa Elytres noires une tache humérale rouge.   25. *P. scapularis.*
  aaa Elytres rougeâtres avec la suture et le bord
externe noirs.   22. *P. granulipennis.*
  aaaa Taches des élytres multiples.
    α Tête entièrement noire.
      * Prothorax avec une tache centrale noire, ou
tout-à-fait noir.
        ✗ Elytres noires avec la base, une fascie et
l'extrémité jaunâtres.   26. *P. minutus.*
        ✗✗ Elytres diversement maculées, l'extré-
mité toujours noire.
          + Prothorax jaune avec une tache cen-

trale et deux latérales mal définies, obscures.   28. *P. scenicus.*

++   Prothorax jaune avec une petite tache noire centrale.   34. *P. titillatus.*

+++   Prothorax obscur, ou jaunâtre seulement vers les bords.

    o   Elytres noires avec trois fascies rouges   30. *P. trifasciatus.*

    oo   Elytres noires avec une tache annulaire vers la base, une fascie et une tache subapicale jaunes.   29. *P. histrio.*

    ooo   Elytres noires avec un point et une fascie flaves.   27. *P. nanus.*

**   Prothorax jaune ou rougeâtre.

   ×   Elytres rougeâtres avec la partie antérieure et l'extrémité noires.   35. *P. palliatus.*

   ××   Elytres jaune rougeâtre avec de petites taches noires.

    +   Elytres avec la base, une tache arrondie au tiers antérieur une fascie arquée au tiers postérieur et l'extrémité noires.   37. *P. fragilis.*

    ++   Elytres avec un point huméral, une petite tache submédiane une fascie arquée, déchiquetée et un point subapical, noirs.   38. *P. pileatus.*

α   Tête jaunâtre ou rougeâtre.

 *   Prothorax jaune avec les bords latéraux noirs, ou tout-à-fait jaune.

   ×   Prothorax tout-à-fait jaune (1).

   ××   Prothorax bordé latéralement de noir.

    +   Deux fascies et des points sur les élytres noirs.   32. *P. graphypterus.*

    ++   Une seule fascie et de petites lignes interrompues noires sur les élytres.   31. *P. interruptus.*

**   Prothorax avec une simple ligne centrale noire ou tout-à-fait obscur.

 . ×   Une ligne longitudinale noire sur le prothorax.   35. *P. lineolatus.*

   ××   Prothorax obscur.   36. *P. inquinatus.*

SECTION III.

Elytres mutiques et entières au sommet. (Pl. I, fig. 17.)

A   Elytres noires avec deux fascies arquées, flaves.   41. *P. pumilus.*

(1)   *P. palliatus* Var.

AA   Élytres rouges avec des taches noires.

a   Une tache basilaire, une autre médiane et l'extré-
      mité noires.   40. *P. pulchellus.*

aa   Un point huméral, une bande suturale raccourcie,
      deux fascies et l'extrémité noirs.   39. *P. ornatus.*

1. P. CENTRURUS. *Badius, nitidus, breviter pubescens; fronte nigra, medio linea impressa; prothorace latitudine longiore, basi paulo coarctato, sparsim punctato; elytris punctato-striatis, apice nigris, spinis duabus longis; abdominis segmento ultimo nigro.* — Long. 11-12 mill., lat. 2 1/4 - 2 1/2 mill. (Pl. I, fig. 10.)

Chatain rougeâtre plus ou moins clair, brillant, brièvement pubescent, le front et l'extrémité des élytres noirs. Front ponctué, sillonné longitudinalement au milieu. Antennes noirâtres. Prothorax allongé, un peu élargi vers le sommet, médiocrement convexe, finement et éparsément ponctué, ses angles postérieurs divergents et carénés. Élytres plus larges que le prothorax, rétrécies peu à peu de la base au sommet, finement striées, les stries ponctuées, la première mieux marquée, l'extrémit é armée de deux longues épines écartées l'ne de l'autre. Dessous du corps plus ou moins rougeâtre avec le dernier anneau de l'abdomen et quelquefois l'antépectus noirs. Pattes de la couleur du corps. Abdomen terminé par une longue épine.

Cette espèce, remarquable par les épines que terminent les élytres et l'abdomen, se trouve au Brésil.

2. P. MELANURUS. *Niger, nitidus, breviter pubescens; fronte convexa, basi impressa; prothorace latitudine longiore, lateribus parallelo, convexo, angulis posticis divaricatis, brunneis; elytris punctato-striatis, rufo-badiis, apice nigris, spinosis; pedibus flavis.* — Long. 9 mill., lat. 1 2/3 mill. (Pl. I, fig. 13.)

Noir, brillant, revêtu d'une pubescence courte, les élytres rougeâtres avec l'extrémité noire. Front convexe, caniculé à la base. Antennes obscures. Prothorax plus long que large, à peu près parallèle sur les côtés, convexe, ponctué, ses angles postérieurs brunâtres, divergents, carénés. Élytres plus larges que le prothorax, aussi larges vers le milieu qu'aux épaules, épineuses à l'extrémité ponctuées-striées. Dessous du corps rougeâtre avec l'antépectus et le dernier segment de l'abdomen noirs. Pattes d'un jaune clair avec les tarses obscurs.

Du Brésil.

3. **P. FLAVIPES**. *Badius, nitidus, pubescens; fronte convexa, nigra; prothorace latitudine longiore, subparallelo, sparsim punctulato; elytris punctato-striatis, apice breviter spinosis nigricantibusque; pedibus flavis, tarsis obscuris.* — Long. 9-10 mill., lat. 2 mill.

Athous ineditus. DEJ. *Cat.* ed. 3, p. 102.

Rougeâtre, assez brillant, pubescent, avec la tête et l'extrémité des élytres noires. Front très-convexe, ponctué, légèrement impressionné à la base. Antennes obscures. Prothorax plus long que large, à peu près parallèle sur les côtés, convexe, éparsément et très-finement ponctué, légèrement sillonné vers la base, ses angles postérieurs divergents et carénés. Elytres plus larges que le prothorax curvilinéairement atténuées à partir de la base, divariquées et brièvement épineuses à l'extrémité, avec l'angle sutural encore distinct, ponctuées-striées. Dessous du corps de la couleur du dessus avec le prosternum et l'extrémité de l'abdomen noirâtres. Pattes flaves, les tarses obscurs.

Du Brésil.

J'en ai trouvé un exemplaire dans la collection de M. Chevrolat, indiqué comme venant du Mexique; je doute que cette indication soit exacte; tous les autres individus que j'ai pu examiner, proviennent bien certainement du Brésil.

Il diffère des précédents, abstraction faite du système de coloration, par la brièveté des épines de l'extrémité des élytres.

4. **P. BRUNNEUS**. *Brunneus, minus nitidus, pubescens; fronte obscuriore, crebre fortiterque punctata; prothorace latitudine longiore, lateribus parallelo, punctato, angulis posticis vix divaricatis, carinatis; elytris prothorace paulo latioribus, medio subdilatatis vel parallelis, apice breviter spinosis nigricantibusque, punctato-striatis, interstitiis punctatis, basi subgranulatis; pedibus testaceis.* — Long. 8-9 mill., lat. 1 3/4 mill.

Brun, peu brillant, plus densément pubescent que le *melanu-*

rus, la tête et l'extrémité des élytres d'un brun noirâtre. Front très-convexe et très-ponctué. Antennes brunes avec les articulations des articles d'un brun plus clair. Prothorax plus long que large, parallèle sur les côtés, un peu convexe, ponctué, ses angles postérieurs à peine divergents, assez fortement carénés. Elytres un peu plus larges que le prothorax, parallèles jusqu'au milieu ou un peu élargies vers ce dernier point, puis curvilinéairement rétrécies jusqu'à l'extrémité, où elles sont brièvement épineuses, avec l'angle sutural bien distinct et droit, ponctuées striées avec les intervalles des stries plans et assez fortement ponctués, subgranuleux à la base. Dessous du corps de la couleur du dessus, l'extrémité de l'abdomen noirâtre. Pattes, y compris les tarses, jaunes.
Du Brésil.

Les épines des élytres sont plus courtes et plus rapprochées que dans le *P. melanurus*, les intervalles des élytres sont plus fortement ponctués, enfin son système de coloration est un peu différent. Il diffère du *flavipes* pas ses tarses jaunes comme les cuisses et les jambes.

5. P. CRASSIUSCULUS. *Brunneo-niger, sat nitidus, pubescens; fronte valde convexa, basi impressa; prothorace latitudine sublongiore, parallelo, convexo, creberrime punctato, angulis posticis haud divaricatis, carinatis; elytris ultra medium parallelis, apice breviter divaricatis acuminatisque, punctato-striatis, brunneis; pedibus testaceis.* — Long. 9 mill., lat. 2 mill.

Plus large et plus épais, en proportion, que les autres espèces de ce genre, brun noirâtre, avec les élytres d'un brun rougeâtre, sauf l'extrémité qui est obscure, revêtu d'une pubescence médiocre. Front très-convexe, très-ponctué, impressionné vers sa base. Antennes brunes. Prothorax un peu plus long que large, droit et parallèle sur les côtés, convexe, très-ponctué, ses angles postérieurs non ou à peine divergents, carénés. Elytres de la largeur du prothorax, parallèles jusqu'au milieu et même un peu au-delà, puis curvilinéairement atténuées jusqu'à l'extrémité où elles sont brièvement divariquées et acuminées, légèrement déprimées à la suture, ponctuées-striées, les intervalles des stries aplatis et subgranuleux vers la base. Dessous du corps obscur. Pattes d'un jaune testacé avec les tarses brunâtres.
Du Brésil.

On le distinguera facilement à son corps plus épais, aux angles
postérieurs du prothorax non divergents, etc.

J'ai vu, dans la collection de M. Guérin-Méneville, un individu
de la Bolivie qui m'a paru appartenir à cette espèce.

6. P. SIGNATUS. *Testaceus, nitidus, helvo-pubescens ; prothorace subquadrato, linea media longitudinali nigra ; elytris
punctato-striatis, apice breviter spinosis, fascia reniformi ultra
medium nigra.* — Long. 7 mill., lat. 1 1/2 mill.

D'un testacé légèrement ferrugineux, luisant, revêtu d'une fine
pubescence jaunâtre, le prothorax marqué d'une bande longitudinale médiane noire, les élytres présentant une fascie réniforme
noire un peu au-delà du milieu. Front très-légèrement convexe,
ponctué, son bord antérieur un peu redressé. Prothorax au moins
aussi large que long, médiocrement convexe, rétréci seulement
au sommet, à peu près droit et parallèle sur les côtés, finement et
éparsément ponctué, ses angles postérieurs un peu divergents et
carénés. Elytres à peine plus larges que la base du prothorax, atténuées en arrière à partir des épaules, brièvement épineuses à l'extrémité, ponctuées-striées. Dessous du corps et pattes de la couleur du dessus.

Du Brésil.

7. P. SUBFASCIATUS. *Testaceus, helvo-pubescens ; prothorace
subquadrato, linea media longitudinali nigra ; elytris punctato-
striatis, apice spinosis, plaga scutellari communi, fasciis
duabus apiceque nigris.* — Long. 7 mill., lat. 1 1/2 mill. (Pl. I, fig. 9.)

Elater subfasciatus. GERM. *Ins. Sp. nov.* I, 50, 80.

Pomachilius subfasciatus. ESCHS. in THON, *Entom. Arch.* II, 1, p. 31. —
Lap. *Hist. nat. d. Col.* I, p. 232. — GERM. *Zeitschr. f. d. Entom.* I,
p. 233, 1.

Etroit et allongé, d'un jaune testacé assez clair, revêtu d'une
pubescence jaunâtre, présentant une ligne longitudinale noire
au milieu du prothorax, ses élytres ornées d'une tache commune, subquadrangulaire, derrière l'écusson et de deux fascies
de même couleur, l'épine terminale également noire. Front
convexe, ponctué, son bord antérieur un peu redressé. Prothorax

un peu plus long que large, droit et parallèle sur les côtés, peu convexe, assez fortement ponctué, ses angles postérieurs divergents et carénés. Elytres un peu plus larges que le prothorax, très-atténuées dans leur tiers postérieur, épineuses à l'extrémité, ponctuées-striées. Dessous du corps et pattes de la couleur du dessus.

Du Brésil.

8. P. **HALLOMENUS**. *Testaceus, helvo-pubescens ; fronte nigra ; prothorace subquadrato, plaga media nigra ; elytris punctato-striatis, apice subspinosis, plaga basali fasciisque duabus nigris ; prosterno nigro.* — Long. 5 mill., lat. 1 1/3 mill.

Voisin du précédent dont il diffère par la taille, la tête noire et la disposition des taches des élytres. Testacé clair, revêtu d'une pubescence jaune, la tête, une bande large sur le prothorax, une tache commune sur la base des élytres et deux fascies dont la première plus large, vers le milieu, noires. Front convexe, impressionné au milieu. Antennes jaunes. Prothorax à peu près carré, convexe, ponctué, ses angles postérieurs grêles, un peu divergents, carénés. Ecusson rougeâtre. Elytres plus larges que le prothorax, ponctuées-striées, obliquement échancrées et épineuses au sommet. Dessous du corps et pattes jaunes avec le prosternum noir.

Du Brésil.

Cette espèce m'a été communiquée par M. Schaum.

9. P. **ÆOLOIDES**. *Niger, nitidus, pubescens ; fronte vertice subsulcata ; antennis ferrugineis ; prothorace latitudine paulo longiore, convexo, sparsim punctato ; elytris punctato-striatis, apice subdivaricatis acuminatisque, rufo-testaceis, dimidia parte antica, fascia postica apiceque nigris ; abdomine rufo ; pedibus pallidis.* — Long. 7 mill., lat. 1 1/2 mill. (Pl. I, fig. 12.)

Noir, brillant, revêtu d'une pubescence fauve, les élytres noires dans leur moitié antérieure, sauf un point ferrugineux vers la base, testacé-rougeâtres dans leur seconde moitié avec une fascie arquée postérieure et l'extrémité noires. Front très-convexe, très-ponctué, subsillonné au sommet. Antennes ferrugineuses. Prothorax un peu plus long que large, convexe, parallèle sur les côtés, éparsément ponctué, ses angles postérieurs un peu divergents, carénés, rougeâtres. Elytres un peu plus larges que le prothorax, parallèles ou à peu près sur les côtés jusqu'au milieu, acuminées et très-légèrement divariquées au sommet, ponctuées-striées, les intervalles des stries faiblement convexes. Abdomen rougeâtre avec le dernier segment noir. Pattes flaves.

Du Brésil.

10. P. NIGRICEPS. *Flavus, flavo-pubescens; fronte nigra haud canaliculata; prothorace latitudine longiore, lateribus fere recto-parallelo, confertim punctato, linea tenui media nigricante, angulis posticis divaricatis, carinatis; elytris a basi attenuatis, apice nigris, acute spinosis, punctato-striatis; prosterno nigro; pedibus flavis.* — Long. 11 mill., lat. 2 1/4 mill.

Pomachilius nigriceps. ERICHS. *Col. peruan.* in WIEGM. *Arch.* 1847, p. 77.

Jaune flave, à l'exception du front, d'une fine ligne longitudinale au milieu du prothorax, de l'extrémité des élytres et du prosternum, noirs, revêtu d'une pubescence assez dense, de la couleur des téguments. Front convexe, très-déclive, marqué de gros points, non canaliculé. Prothorax plus long que large, à peu près droit et parallèle sur les côtés dans ses trois quarts antérieurs, légèrement convexe, densément ponctué, ses angles postérieurs divergents et carénés. Elytres plus larges que le prothorax, atténuées à partir de la base, ponctuées-striées avec la strie suturale plus fortement enfoncée que les autres, terminées par deux épines grêles et très-aiguës, écartées, l'angle sutural lui-même épineux. Pattes flaves.

Du Pérou.

Musée de Berlin. Communiqué par M. le Dr Gerstaecker.

11. P. FRONTALIS. *Flavo-testaceus, nitidus, flavo-pubescens; fronte nigra, canaliculata; prothorace latitudine longiore, antice recto parallelo, sparsim punctato, angulis posticis divaricatis, carinatis; elytris a medio sensim attenuatis, apice breviter spinosis, ad suturam depressis, subtiliter punctato-striatis; prosterno nigro; pedibus flavis.* — Long. 10 mill., lat. 2 1/4 mill.

Entièrement jaune à l'exception du front et du prosternum qui sont noirs, brillant, assez densément pubescent. Front convexe, légèrement sillonné au milieu. Prothorax plus long que large, parallèle sur les côtés dans ses trois quarts antérieurs, médiocrement convexe, ponctué, ses angles postérieurs divergents, carénés. Elytres plus larges que le prothorax, à peu près parallèles jusqu'au milieu, puis régulièrement atténuées de ce point au sommet où elles sont brièvement épineuses, l'angle sutural très-distinct et droit, superficiellement ponctuées-striées, avec la première strie fortement marquée et la suture déprimée. Dessous du corps d'un jaune un peu plus foncé que le dessus. Pattes jaunes.

De la Nouvelle-Grenade.

La finesse des stries des élytres et la dépression très-marquée de la suture empêchent de le considérer comme une variété du suivant.

12. P. SUTURALIS. *Testaceus, helvo-pubescens; fronte nigra, minus convexa, punctata; prothorace latitudine longiore, crebre punctato, vitta media nigra, angulis posticis vix divaricatis, carinatis; elytris punctato-striatis, apice mucronatis, sutura nigricante; corpore subtus obscuro, pedibus pallidis.* — Long. 9 mill., lat. fere 2 mill.

Var. a. *Prothorace elytrorum apiceque nigris.*

Etroit et allongé, jaune, revêtu d'une pubescence de même couleur, le front, une bande longitudinale au milieu du prothorax et la suture des élytres, noirs. Front peu convexe, assez fortement ponctué, légèrement sillonné au milieu. Prothorax plus long que large, un peu rétréci en avant chez le mâle, assez déprimé, ponctué, ses angles postérieurs à peine divergents, carénés le long de leur bord externe. Elytres plus larges que le prothorax, très-atténuées en arrière, brièvement épineuses à l'extrémité, faiblement ponctuées-striées, les intervalles des stries ponctués, granuleux à la base. Dessous du corps noirâtre; pattes flaves.

Du Venezuela.

Dans la variété, la bande noire du prothorax a envahi toute la surface de cette partie du corps, sauf les angles postérieurs.

Le nom est de M. Guérin-Méneville.

13. P. CUSPIDATUS. *Niger, flava-pubescens; fronte æqualiter*

5

*convexa ; prothorace latitudine longiore , antice subattenuato ,
creberrime punctato, margine antica utrinque angulisque posticis
ferrugineis; elytris a basi sensim attenuatis , punctato-striatis ,
apice spinosis , ocraceo-testaceis , macula communi scutellari ,
sutura apiceque nigris; corpore subtus nigro ; pedibus flavis. —*
Long. 10 mill., lat. 2 1/2 mill.

Noir, revêtu d'une pubescence assez serrée, subsoyeuse, jaune,
les élytres jaunâtres avec une tache scutellaire commune, la suture
et l'extrémité noires. Front régulièrement convexe, ponctué. Antennes brunes. Prothorax plus long que large, un peu plus étroit
en avant qu'à la base, médiocrement convexe, très-densément
ponctué, ses angles postérieurs divergents et carénés, rougeâtres
ainsi que les parties latérales du bord antérieur. Elytres un peu
plus larges que le prothorax, graduellement rétrécies de la base
au sommet où elles sont épineuses, un peu déprimées à la suture ,
ponctuées-substriées, les intervalles subgranuleux vers la base.
Dessous du corps noir avec les pattes et les épipleures d'un jaune
orangé.

De Caracas.

Je l'ai trouvé dans la collection de M. Guérin-Méneville sous le
nom de *P. cuspidatus* Er. On ne le confondra pas avec la variété
du *suturalis*, cette dernière espèce ayant les angles postérieurs du
prothorax à peine et quelquefois pas du tout divergents.

14. P. LIGNEUS. *Elongatus , brunneus, pube subsericea fulva
vestitus ; fronte tenuiter canaliculata; prothorace elongato, lateribus subparallelo, creberrime punctato , angulis posticis divaricatis; elytris testaceis, nigro-marginatis, subtiliter punctato-striatis,
interstitiis punctatis , apice acute bispinosis ; pedibus flavis. —*
Long. 12-13 mill. , lat. 2 1/2 mill. (Pl. I , fig. 11.)

Allongé, brunâtre, les élytres d'un flave testacé avec la suture
et le bord externe noirs, revêtu d'une pubescence fauve, couchée ,
subsoyeuse. Front convexe, très-ponctué, finement sillonné longitudinalement. Antennes d'un brun clair. Prothorax allongé, peu
convexe, parallèle sur les côtés, densément ponctué, ses angles
postérieurs divergents, aigus, carénés. Elytres plus larges que le
prothorax, peu à peu rétrécies de la base à l'extrémité où elles
sont armées, chacune, d'une épine assez longue, très-aigue ,

l'angle sutural bien marqué, et droit, très-finement ponctuées-
striées, avec les intervalles ponctués. Dessous du corps brun avec le
métathorax et l'abdomen rougeâtres. Pattes d'un jaune flave.

De la Nouvelle Grenade.

Collection de M. de la Ferté Sénectère.

15. P. MACILENTUS. *Flavo-testaceus , nitidus, pubescens ; fronte*
convexa , punctata , tenuiter sulcata ; prothorace elongato, paral-
lelo , crebre punctato, angulis posticis divaricatis ; elytris basi
parallelis, apice spinosis, subtilissime striato-punctatis, postice
striatis, sutura margineque externa brunneis ; corpore subtus
abdomine excepto obscuriore ; pedibus testaceis. — Long. 13-14 mill.,
lat. 2 1/2 mill.

Voisin du précédent. Entièrement d'un jaune testacé assez brillant, revêtu d'une pubescence à demi redressée et n'ayant point
l'aspect soyeux qu'elle a chez le *ligneus*, les élytres bordées de
brun. Front convexe, ponctué, finement sillonné. Prothorax
allongé, parallèle, un peu convexe, densément ponctué, ses angles
postérieurs divergents, aigus, carénés. Elytres plus larges que le
prothorax, parallèles sur les côtés dans leur tiers antérieur, épineuses à l'extrémité, finement striées-ponctuées, présentant des
stries fines dans leur partie postérieure, les intervalles ponctués.
Dessous du corps obscur avec l'abdomen jaunâtre. Pattes testacées.

De la Nouvelle-Grenade.

Il est moins effilé que le *ligneus*, son prothorax est plus convexe et ses élytres ne sont atténuées qu'à partir du tiers antérieur
tandis qu'elles le sont dès la base chez le précédent. Peut-être
n'est-il que la femelle du *ligneus*.

16. P. GUTTATUS. *Obscure brunneus, nitidus, pubescens ;*
fronte valde convexa, basi subimpressa ; prothorace latitudine
longiore, parallelo, sparsim punctato, postice canaliculato; elytris
punctato-striatis, apice acuminatis , testaceis , guttulis nigris
adspersis ; corpore subtus pedibusque obscuris. — Long. 10 mill., lat.
lat. 2 mill. (Pl. I, fig. 14.)

D'un brun obscur, brillant, légèrement pubescent, les élytres
d'un jaune testacé obscur, ornées d'une multitude de petites taches
arrondies, noires. Front très-convexe, ponctué, impressionné à la

base. Antennes obscures. Prothorax allongé, parallèle sur les côtés, assez convexe en avant, éparsément ponctué, sillonné au milieu dans sa moitié postérieure, ses angles postérieurs divergents et carénés. Elytres plus larges que le prothorax, à peu près parallèles jusqu'au milieu, puis curvilinéairement rétrécies de ce point à l'extrémité où elles sont divariquées et acuminées, striées, les stries fortement ponctuées. Dessous du corps et pattes d'un brun rougeâtre obscur, brillant.

Du Brésil ; Ste-Catherine.

Je n'ai vu qu'un seul exemplaire de cette espèce, dans la collection de M. Deyrolle.

17. P. COLLARIS. *Niger, nitidus, griseo-pubescens ; fronte valde convexa, basi impressa ; prothorace elongato, parallelo, sparsim punctato, canaliculato, obscure sanguineo ; elytris postice attenuatis, apice breviter mucronatis, punctato-striatis, basi et ultra medium maculis flavis : corpore subtus obscure sanguineo, abdominis segmento ultimo nigro, pedibus obscuris.* — Long. 10 mill., lat. fere 2 mill.

Noir et assez brillant, pubescent, le prothorax d'un rouge sanguin obscur, les élytres présentant deux points jaunes sur le bord basilaire et quelques taches linéaires, obsolètes, testacées, vers les épaules et au-delà du milieu. Front très-convexe, ponctué, impressionné vers la base. Antennes obscures. Prothorax allongé, parallèle, convexe, éparsément ponctué, canaliculé longitudinalement, ses angles postérieurs très-divergents, carénés. Elytres plus larges que le prothorax, rétrécies peu à peu à partir de la base, épineuses au sommet, striées, les stries fortement ponctuées, la suturale très-enfoncée, les intervalles aplatis. Dessous du corps rougeâtre brillant, avec l'extrémité de l'abdomen noir. Pattes obscures.

Du Brésil.

Cette jolie espèce à le *facies* de certains *Cardiorhinus*, mais ses caractères l'éloignent beaucoup de ce genre.

18. P. SUTURELLA. *Flavus, nitidus, pubescens ; fronte minus convexa ; oculis nigris ; prothorace subquadrato, parum convexo, punctato ; elytris subtilius punctato-striatis, apice acuminatis, margine suturali obscuris ; corpore subtus nigro, antepectoris*

lateribus , epipleuris , abdominis apice pedibusque flavis. —
Long. 8 mill. , lat. 1 1/2 mill.

Brillant, finement pubescent, jaune avec les yeux et la suture
des élytres noirs. Front moins convexe que chez les autres
espèces du genre, densément ponctué. Antennes flaves. Prothorax
presque carré, peu'convexe, ponctué, ses angles postérieurs un
peu divergents et carénés. Elytres un peu plus larges que la
base du prothorax, atténuées en arrière, faiblement ponctuées-
striées, acuminées et non divariquées à l'extrémité. Dessous du
corps noir avec les flancs prothoraciques, les épipleures et
l'extrémité de l'abdomen flaves. Pattes flaves.
De la Nouvelle-Grenade.
Collection de M. Chevrolat.

DEUXIÈME SECTION.

19. P. CARMELITA. *Castaneus, longius pubescens; fronte convexa, basi breviter sulcata; prothorace latitudine longiore,
antice parallelo, crebre punctato; elytris elongatis, ultra medium parallelis, punctato-striatis, apice oblique truncatis;
pedibus dilutius castaneis. —* Long. 11-12 mill. , lat. 2 mill.

Très-allongé, entièrement brun, revêtu d'une pubescence
d'un gris fauve. Front convexe, portant une impression allongée
vers la base. Antennes brunes. Prothorax plus long que large
se rétrécissant à partir de la base jusqu'au milieu, parallèle
dans sa moitié antérieure, peu convexe, assez fortement et
densément ponctué, ses angles postérieurs divergents, aigus,
finement carénés. Elytres plus larges que le prothorax, parallèles jusqu'au delà du milieu, un peu déprimées vers la
suture, ponctuées-striées, obliquement échancrées ou plutôt
tronquées à l'extrémité. Pattes d'un brun plus clair que le
corps.
De la Nouvelle-Grenade.
Cette espèce se trouve dans la collection de M. de la Ferté-
Sénectère.

20. P. TERMINATUS. *Niger, subnitidus, pubescens; fronte*

valde convexa; prothorace latitudine paulo longiore, convexo, subtiliter minus dense punctato, angulis posticis subdivaricatis, carinatis; elytris convexiusculis, punctato-striatis, emarginatis, badiis, nigro-terminatis. — Long. 6 mill., lat. 1 1/2 mill.

Noir, revêtu d'une pubescence grise, les élytres rougeâtres avec l'extrémité noire. Front très-convexe, ponctué. Protoorax un peu plus long que large, ses côtés très-faiblement arqués, convexe, finement ponctué, ses angles postérieurs à peine divergents et carénés. Elytres plus larges que le prothorax, curvilinéaires sur les côtés, tronquées au sommet, ponctuées-striées, les intervalles ponctués. Dessous du corps obscur avec l'abdomen rougeâtre. Pattes entièrement jaunes.

Du Brésil.

Il a tout à fait le système de coloration du *P. melanurus*, de la première section, mais il diffère de ce dernier par l'absence des épines à l'extrémité des élytres.

21. P. MELANOCEPHALUS. *Badius, nitidus, pubescens; fronte nigra; prothorace latitudine haud longiore, subquadrato, convexo, angulis posticis divaricatis, longe carinatis; elytris punctato-striatis, apice emarginatis, basi, marginis parte antica fasciaque brevissima externa nigris; pedibus testaceis.* — Long. 8 mill., lat. 1 2/3 mill.

Rougeâtre, assez brillant, pubescent, avec la tête noire et une ligne de même couleur sur chaque élytre, suivant le bord antérieur puis le bord externe dans ses deux cinquièmes antérieurs, et se recourbant sur le disque sans atteindre la suture. Front très-bombé, densément ponctué. Antennes assez longues, d'un brun ferrugineux clair. Prothorax aussi large que long, rétréci au sommet, bombé, ponctué, les points plus gros et plus serrés sur les côtés que sur le milieu du disque, ses angles postérieurs divergents et portant une carène assez longue. Elytres plus larges que le prothorax et parallèles jusqu'au milieu, échancrées à l'extrémité, ponctuées-striées, les intervalles des stries peu distinctement pointillés. Dessous du corps brunâtre avec l'abdomen rouge-ferrugineux. Pattes testacées.

Du Brésil.

La ligne noire des élytres est quelquefois peu marquée, surtout à son extrémité postérieure c'est-à-dire au point où elle quitte le bord externe pour se recourber sur le disque.

22. P. GRANULIPENNIS. *Fusco-niger, parum nitidus, griseo-pubescens; antennis ferrugineis; prothorace latitudine longiore, a basi parum angustato, crebre punctato, angulis posticis vix divaricatis, ferrugineis; elytris rufo-ferrugineis, sutura late margineque anguste nigris, punctato-striatis, interstitiis granulatis, apice nonnihil emarginatis; pedibus flavis.* — Long. 8 mill., lat. 1 2/3 mill.

Assez étroit, mat, revêtu d'une pubescence grise, la tête et le prothorax noirâtres avec les angles postérieurs de ce dernier ferrugineux, les élytres rougeâtres avec la suture et le bord externe noirâtres. Antennes ferrugineuses. Prothorax plus long que large, à peine rétréci en avant, presque droit sur les côtés, densément ponctué, ses angles postérieurs un peu recourbés en dehors au sommet, carénés. Elytres à peine plus larges que la base du prothorax et subparallèle dans leurs deux tiers antérieurs, à peine visiblement échancrées au sommet, ponctuées-striées, les intervalles des stries granuleux. Dessous du corps obscur avec le métathorax et l'abdomen d'un brun rougeâtre. Pattes flaves.

J'ai trouvé cette espèce, sans indication de patrie, dans les cartons de M. Guérin-Méneville. Elle me paraît ressembler davantage aux espèces de la Nouvelle-Grenade qu'à celles du Brésil.

23. P. LINEARIS. *Fusco-niger, dense olivaceo-pubescens; fronte convexa; prothorace latitudine longiore, lateribus fere parallelo, creberrime punctulato; elytris ad suturam depressis, punctato-striatis, apice truncatis, angulo suturali acuto; corpore subtus concolore, abdominis segmento ultimo pallescente.* — Long. 7-8 mill., lat. 1 1/2-1 2/3 mill.

D'un brun plus ou moins obscur, revêtu d'une pubescence olivâtre à reflet doré. Front régulièrement convexe. Antennes brunes. Prothorax plus long que large, à peu près parallèle sur les côtés, quelquefois même un peu concave, son disque médiocrement convexe, très-densément ponctué, ses angles pos-

térieurs un peu divergents, carénés, quelquefois ferrugineux.
Elytres un peu plus larges que le prothorax , parallèles jusqu'au
delà de leur milieu , leur extrémité offrant une échancrure peu
visible, l'angle sutural acuminé , déprimées vers la suture ,
ponctuées - striées avec les intervalles pointillés , convexes à la
base. Dessous du corps de la couleur du dessus avec la totalité
ou l'extrémité seule de l'abdomen d'un testacé ferrugineux. Pattes,
quelquefois seulement les cuisses , testacées.

De la Nouvelle-Grenade.

24. P. ฆฑosurus. *Fuscus , densius pubescens ; fronte æqualiter
convexa ; prothorace latitudine multo longiore , basi subangustato , creberrime subtiliter punctato ; elytris depressis , punctato-
striatis , apice breviter emarginatis , macula nebulosa , versus
basim , testacea; pedibus testaceis.* — Long. 9 mill., lat. 1 2/3 mill.

Brun obscur , les élytres présentant, chacune, vers la base,
une tache testacée fondue sur ses bords avec la teinte du fond ;
revêtu d'une pubescence très-apparente, grisâtre. Front régulièrement bombé et très-ponctué. Antennes de la couleur générale , leur premier article légèrement ferrugineux. Prothorax
beaucoup plus long que large , un peu rétréci vers la base ,
couvert de points fins et serrés , laissant seulement un petit
espace , de chaque côté de la ligne médiane , où ils sont plus clair-
semés. Ses angles postérieurs divergents et carénés , son bord
postérieur portant un petit tubercule. Elytres plus larges que le
prothorax , parallèles sur les côtés dans leurs deux premiers tiers ,
déprimées au milieu , peu profondément ponctuées-striées , les
intervalles des stries ponctués , leur extrémité brièvement échancrée. Dessous du corps noir avec l'extrémité de l'abdomen ferrugineux. Pattes d'un testacé obscur.

Du Brésil.

Collection de M. de la Ferté-Sénectère.

25. P. scapularis. *Angustus , niger, subtiliter griseo-pubescens ; fronte æqualiter convexa ; prothorace latitudine sexqui
longiore , lateribus parallelo , crebre punctato , angulis posticis
divaricatis , carinatis ; elytris ad suturam depressis , punctato-
striatis , apice emarginatis , macula humerali rufo-testacea.* —
Long. 6 mill., lat. 1 mill.

Allongé, linéaire, noir avec une tache humérale d'un testacé rougeâtre, revêtu d'une fine pubescence grise. Front fortement et régulièrement convexe. Antennes noires. Prothorax une demi fois plus long que large, parallèle sur les côtés, densément ponctué, ses angles postérieurs un peu divergents, assez longuement carénés. Elytres de la largeur du prothorax, parallèles dans leur moitié antérieure, déprimées vers la suture, ponctuées-striées avec les intervalles ponctués, granuleux en avant, leur extrémité échancrée. Dessous du corps et pattes noirs.

De la Nouvelle-Grenade.

Je n'ai vu cette espèce que dans la collection de M. de la Ferté-Sénectère.

26. P. minutus. *Fuscus, pubescens; fronte convexa, obsolete sulcata; prothorace latitudine vix longiore, lateribus recto parallelo, punctato, angulis posticis rufescentibus; elytris subtiliter punctato-striatis, apice subtruncatis, macula basali, fascia ultra medium apiceque flavis; pedibus testaceis.* — Long. 4 1/2 mill., lat. 1 mill.

Petit, d'un brun noirâtre, pubescent, les élytres présentant une tache diffuse à la base, une fascie un peu arquée au-delà du milieu et l'extrémité d'un flave testacé. Front convexe, vaguement sillonné longitudinalement. Antennes noirâtres, leur base rougeâtre. Prothorax à peu près aussi large que long, droit et parallèle sur les côtés, convexe, couvert d'un pointillé très-fin, ses angles postérieurs divergents, carénés, rougeâtres. Elytres à peine plus larges que le prothorax, presque parallèles dans leurs deux tiers antérieurs, légèrement tronquées à l'extrémité, finement et peu distinctement ponctuées-striées. Dessous du corps noirâtre. Pattes testacées.

Cette petite espèce se trouve à la Guyane.

27. P. nanus. *Niger, nitidus, subtiliter griseo-pubescens; fronte valde convexa; prothorace subquadrato, convexo, punctato, angulis ferrugineis; elytris prothorace vix latioribus, punctato-striatis, interstitiis granulatis, apice breviter truncatis, puncto ante fasciaque ultra medium flavis; antennis pedibusque testaceis.* — Long. 5 mill. lat. 1 1/4 mill.

6

Noir , assez brillant , revêtu d'une très-fine pubescence grise , les élytres ornées d'une petite tache triangulaire vers le tiers antérieur et d'une fascie tout-à-fait transversale au-delà du milieu, flaves. Front fortement convexe et ponctué. Antennes testacées. Prothorax à peine plus large que long , droit et parallèle sur les côtés , convexe et ponctué , ses angles antérieurs et postérieurs ferrugineux , ceux-ci assez fortement carénés. Elytres de la largeur du prothorax et deux fois et demie plus longues , parallèles jusqu'au milieu , brièvement tronquées au sommet, ponctuées-striées , les intervalles granuleux surtout dans la moitié antérieure. Dessous du corps noir ; pattes testacées.

De Bahia.

Je n'ai vu cette petite espèce que dans la collection de M. de Mniszech. Il diffère du précédent , avec lequel il a quelques rapports de taille et de coloration , par la disposition des taches des élytres.

28. P. SCENICUS. *Flavus , nitidus , subtiliter pubescens ; fronte nigra ; antennis testaceis ; prothorace latitudine paulo longiore , disco lateribusque obscurato , sparsim punctato ; scutello nigro ; elytris subtilissime punctato-striatis , apice emarginatis , sutura basi , vitta brevi obliqua humerali , fasciis duabus arcuatis apiceque nigris.* — Long. 4 1/2 mill. , lat. 1 mill. (Pl. I , fig. 15.)

Jaunâtre , très-finement pubescent , assez brillant , le front et l'écusson noirs , une tache médiane et deux latérales sur le prothorax noirâtres , une bande très-courte, oblique , partant des épaules , sur les élytres , la base de la suture , deux fascies arquées en sens inverse et l'extrémité noire. Front convexe et finement pointillé. Antennes allongées , testacées. Prothorax un peu plus long que large , à peu près parallèle sur les côtés , légèrement convexe , finement et éparsément ponctué , ses angles postérieurs un peu divergents et carénés. Elytres un peu plus larges que le prothorax , très-finement striées , les stries ponctuées , échancrées à l'extrémité. Dessous du corps ferrugineux , plus obscur en avant. Pattes d'un testacé ferrugineux.

Du Brésil. Rio-Janeiro.

Collection du musée de Stockholm.

29. P. histrio. *Niger, nitidus, pubescens; fronte æqualiter convexa; prothorace latitudine longiore, convexo, sparsim punctulato, angulis posticis divaricatis, carinatis; elytris punctato-striatis, apice emarginatis, macula basali oblongo-annulari, fascia arcuata, punctoque apicali luteis; pedibus flavis.* — Long. 7 mill., lat. 1 1/2 mill. (Pl. I, fig. 16.)

Noirâtre, assez brillant, revêtu d'une pubescence jaunâtre, les élytres ornées d'une tache annulaire oblongue, à la base, d'une fascie arquée un peu au-delà du milieu et d'un point apical, jaunes. Front régulièrement et fortement convexe. Antennes noires. Prothorax plus long que large, à peu près parallèle sur les côtés, convexe, éparsément ponctué, les angles postérieurs un peu divergents, assez fortement carénés. Elytres un peu plus larges que le prothorax, curvilinéaires sur les côtés, échancrées au sommet, ponctuées-striées, les intervalles des stries faiblement convexes. Dessous du corps brunâtre avec le métathorax et la base de l'abdomen ferrugineux. Pattes testacées.

Du Brésil.

Cette jolie espèce fait partie de la collection de M. Deyrolle.

30. P. trifasciatus. *Niger, nitidus, pubescens; fronte convexa, impressa; prothorace latitudine paulo longiore, punctato, canaliculato, margine rufescente; elytris punctato-striatis, apice breviter emarginatis, fasciis tribus rufo-testaceis; corpore subtus ferrugineo, pedibus pallidis.* — Long. 7 mill., lat. 1 1/2 mill.

Assez brillant, revêtu d'une pubescence d'un fauve grisâtre; noir avec les bords du prothorax et trois larges fascies sur les élytres, rougeâtres. Front convexe, très-ponctué, impressionné au milieu. Antennes ferrugineuses. Prothorax un peu plus long que large, droit et parallèle sur les côtés, convexe, ponctué, sillonné longitudinalement dans toute sa longueur, ses angles postérieurs un peu divergents et carénés. Elytres un peu plus larges que le prothorax, curvilinéairement atténuées à partir de la base, ponctuées-striées, les intervalles faiblement convexes, échancrées et brièvement épineuses à l'extrémité. Dessous du corps rougeâtre avec les épipleures noires. Pattes flaves.

Du Brésil.

Collection de M. Deyrollé.

31. P. INTERRUPTUS. *Luteo-testaceus, flavo-pubescens; fronte
convexa; prothorace latitudine paulo longiore, antice paulo dilatato, punctato, utrinque nigro-marginato; scutello nigro; elytris a
basi attenuatis, punctato-striatis, apice subtruncatis, sutura basi,
lineis sparsis abbreviatis, fascia postica apiceque nigris. —*
Long. 8 mill., lat. fere 2 mill.

Jaune, revêtu d'une pubescence de même couleur, les bords
latéraux du prothorax et l'écusson noirs, la moitié antérieure de la
suture des élytres, leur extrémité, une ligne transversale arquée
postérieure, enfin de petites raies éparses, noires. Front fortement
convexe. Prothorax un peu plus long que large, un peu élargi en
avant, convexe et ponctué, ses angles postérieurs un peu divergents. Elytres un peu plus larges que le prothorax, atténuées à
partir de la base, finement striées, les stries ponctuées, à peine
visiblement tronquées à l'extrémité. Dessous du corps et pattes de
la couleur du dessus avec le métasternum un peu plus obscur.
Du Brésil.

32. P. GRAPHIPTERUS. *Luteo-ferrugineus, nitidus, parce pubescens; fronte convexa; prothorace latitudine paulo longiore, antice
subdilatato, punctulato, puncto discoidali lateribusque nigris;
scutello nigro; elytris punctato-striatis, fasciis angustis arcuatis
duabus, punctis anticis apiceque nigris. —* Long. 6 1/2 - 7 mill., lat.
1 1/2 mill.

Plus petit que le précédent et d'un jaune plus ferrugineux, légèrement pubescent avec les bords latéraux et un point dorsal noirs
sur le prothorax, l'écusson, quelques points à la base des élytres,
deux fascies très-fines arquées en sens inverse, l'extrémité de la
suture et le bout de ces organes, noirs. Front très-convexe. Prothorax un peu plus long que large, un peu élargi en avant, légèrement
convexe, éparsément ponctué, ses angles postérieurs un peu divergents, carénés. Elytres à peine plus larges que le prothorax, atténuées seulement à partir du milieu, ponctuées-striées, brièvement
échancrées à l'extrémité. Dessous du corps et pattes de la couleur
du dessus; épipleures noires.
Du Brésil.

33. P. LINEOLATUS. *Flavus, nitidus, parce pubescens; fronte* *convexa prothorace latitudine haud longiore, punctu'ato, vitta brevi media nigra; elytris a basi attenuatis, apice breviter truncatis, punctato-striatis, lineolis multis nigris.* — Long. 5 mill., lat. 1 1/2 mill.

Petit, flave, légèrement pubescent, avec une ligne noire au milieu du prothorax et une multitude de petites lignes longitudinales courtes, de même couleur, sur les élytres, sans aucune ligne transversale. Front convexe. Antennes très-longues, testacées. Prothorax aussi large que long, médiocrement convexe, finement ponctué. Elytres un peu plus larges que le prothorax, atténuées à partir des épaules, ponctuées-striées, brièvement échancrées à l'extrémité. Dessous du corps et pattes jaunâtres.

Du Brésil ; St-Paul.

Communiqué par M. Waterhouse.

54. P. TITILLATUS. *Flavus, subnitidus, pubescens ; fronte nigra, æqualiter convexa, prothorace latitudine haud longiore, apice angustato, vitta media nigra, angulis posticis divaricatis, carinatis ; elytris punctato-striatis, apice truncatis, sutura, puncto humerali, macula discoidali antica, fasciis duabus undatis apiceque nigris ; corpore subtus ferrugineo ; pedibus testaceis.* — Long. 6 mill., lat. 1 1/2 mill.

Jaune, revêtu d'une pubescence de même couleur, le front, une bande longitudinale sur le prothorax, sur les élytres la suture, l'extrémité, un point huméral, une tache irrégulière à la partie antérieure du disque, enfin deux fascies ondulées, noires. Front régulièrement convexe et ponctué. Antennes d'un brun ferrugineux. Prothorax aussi large que long, rétréci au sommet, faiblement arqué sur les côtés, légèrement convexe, pointillé, ses angles postérieurs un peu divergents, carénés. Elytres un peu plus larges que le prothorax, sensiblement élargies vers le milieu, tronquées au sommet, ponctuées-striées, les intervalles faiblement convexes. Dessous du corps d'un ferrugineux rougeâtre, plus obscur antérieurement. Pattes testacées.

Du Brésil.

Il se trouve dans la collection de M. Deyrolle.

55. P. PALLIATUS. *Flavo-rufescens, nitidus, helvo-pubescens ;*

46 POMACHILIUS.

fronte convexa, nigra ; prothorace latitudine paulo longiore, sparsim punctato ; elytris punctulato-striatis, apice emarginatis, parte basali maculisque duabus posticis apicalibus nigris. — Long. 6 1/2 - 7 mill., lat. 1 1/2 mill.

Var. *a.* **Fronte flavo-rufescente, nigro-maculata.**

Var. *b.* **Elytrorum maculis apicalibus confluentibus.**

Var. *c.* **Elytris apice nigro bipunctatis.**

D'un jaune clair, plus ou moins rougeâtre sur le prothorax, revêtu d'une pubescence jaune, la tête et l'écusson noirs, le tiers antérieur des élytres ainsi que deux taches placées l'une derrière l'autre à l'extrémité, de la même couleur. Front très-convexe, faiblement sillonné, ponctué. Antennes longues. Prothorax un peu plus long que large, faiblement élargi en avant, convexe, éparsément ponctué, ses bords latéraux saillants, ses angles postérieurs divergents et carénés. Elytres plus larges que le prothorax, atténuées à partir de la base, ponctuées-striées, échancrées au sommet. Dessous du corps et pattes jaunâtres. Epipleures noires.

Du Brésil ; Rio-Janeiro.

Je n'ai vu cette jolie espèce que dans la collection du musée de Stockholm et dans celle de M. Schaum. Le système de coloration des élytres la fera aisément reconnaître ; on n'observe en effet quelque chose d'analogue que chez le *P. œoloides*, mais cette espèce a le prothorax tout-à-fait noir et l'extrémité des élytres épineuse.

36. P. INQUINATUS. *Rufo-testaceus, nitidus, pubescens ; fronte convexa, punctata ; prothorace latitudini longitudine æquali, antice paulo ampliato, disco nigricante, punctato ; elytris punctato-striatis, apice breviter emarginatis, linea longitudinali angulata nigra.* — Long. 6 mill., lat. 1 1/2 mill.

D'un testacé rougeâtre, revêtu d'une pubescence gris fauve, le prothorax obscur sur le disque et une série longitudinale de taches linéaires plus ou moins distinctes, obscures, sur le dos de chaque élytre. Front convexe et ponctué. Prothorax aussi large que long, un peu élargi en avant, éparsément ponctué, ses angles postérieurs faiblement divergents et carénés. Ecusson obscur. Elytres à

peine plus larges que le prothorax, rétrécies seulement à partir
du milieu, ponctuées-striées, échancrées très-brièvement à l'extrémité. Dessous du corps rougeâtre, un peu plus obscur en avant.
Pattes de la couleur de l'abdomen.

Du Brésil ; Rio-Janeiro.

37. P. FRAGILIS. *Rufo-testaceus, nitidus, pubescens; fronte
convexa, nigra; prothorace quadrato, convexo, obsolete canaliculato, angulis posticis paulo divaricatis, carinatis; elytris punctato-substriatis, basi cum scutello, macula submedia, fascia
arcuata apiceque emarginato nigris.* — Long. 5-6 mill., lat. 1 1/4 mill.

Var. *a. Elytrorum maculis plus minusve obsoletis.*

D'un testacé rougeâtre, revêtu d'une pubescence jaune, le front
et l'écusson noirs, la base et l'extrémité des élytres ainsi qu'une
tache un peu en avant du milieu et une fascie vers le tiers postérieur, de même couleur. Front très-convexe, ponctué, portant
une trace de sillon médian. Prothorax à peu près carré, convexe,
surtout en avant, finement ponctué, sillonné en arrière, ses angles
postérieurs un peu divergents, carénés. Elytres plus larges que le
prothorax, peu à peu atténuées à partir du tiers antérieur,
échancrées à l'extrémité, ponctuées-substriées, les intervalles
aplatis. Dessous du corps et pattes de la couleur du dessus.

Du Brésil ; Rio-Janeiro.
Collection du musée de Stockholm.

38. P. PILEATUS. *Rufo-testaceus, nitidus, pubescens; fronte
convexa, nigra; prothorace subquadrato, convexo, punctulato
haud canaliculato; scutello obscuro; elytris punctato-striatis, apice
subtruncatis, nigro-maculatis.* — Long. 5 6 mill., lat. 1/4 - 1/2 mill.

Var. *a. Elytrorum maculis plus minusve obsoletis.*

D'un testacé rougeâtre, pubescent, le front et l'écusson noirs,
les élytres avec le commencement de la suture, l'extrémité, une
petite tache humérale et deux fascies en zigzag plus ou moins interrompues, sur le dos, de même couleur. Front convexe et ponctué. Prothorax aussi long que large, convexe, finement pointillé,
ses angles postérieurs à peine divergents et carénés. Elytres un peu

plus larges que le prothorax et subparallèles jusqu'au milieu, ponctuées-striées, entières à l'extrémité. Dessous du corps et pattes de la couleur du dessus.

Du Brésil; Rio-Janeiro.

Collection du musée de Stockholm.

Il ressemble au *P. fragilis*, mais on l'en distinguera facilement par les taches des élytres ; quant aux variétés des deux espèces elles se reconnaîtront à la présence ou à l'absence de sillon sur le front et le prothorax.

TROISIÈME SECTION.

39. P. ORNATUS. *Niger, nitidus, pube:cens; fronte convexa, basi subimpressa; prothorace latitudine paulo longiore, convexo, sparsim punctato, subcanaliculato; elytris thorace vix latioribus, punctato-striatis, apice acuminatis haud divaricatis, rufo-testaceis, plaga communi scutellari, puncto humerali, sutura, macula media, fascia postica apiceque nigris; corpore subtus obscuro; pedibus flavis*. — Long. 6 mill., lat. 1 2/3 mill. (Pl. I, fig. 18.)

Brillant, pubescent, noir, les élytres d'un rouge testacé avec la suture, une tache commune allongée à la base, un point huméral, une tache angulaire médiane, une fascie vers le tiers postérieur et l'extrémité, noirs. Front très-convexe, ponctué et subimpressionné à la base. Antennes ferrugineuses. Prothorax un peu plus long que large, convexe, droit et parallèle sur les côtés, sillonné longitudinalement au milieu, éparsément ponctué, ses angles postérieurs un peu divergents, carénés, rougeâtres. Elytres à peine plus larges que le prothorax, curvilinéaires sur les côtés jusqu'à l'extrémité où elles sont simplement acuminées, mais non divariquées, ponctuées-striées, les intervalles des stries faiblement convexes. Dessous du corps noirâtre. Pattes flaves.

Du Brésil.

40. P. PULCHELLUS. *Niger, nitidus, pubescens; fronte convexa; prothorace latitudini longitudine fere æquali, punctato, angulis posticis rufescentibus; elytris punctato-striatis, apice subintegris, rufotestaceis, plaga scutellari communi, macula marginali apiceque nigris; corpore subtus obscuro, abdomine rufescente; pedibus testaceis.* — Long. 4-5 mill., lat. 1 - 1 1/4 mill. (Pl. I, fig. 17.)

Var. a. Elytris nigris, plaga humerali fasciaque ultra medium rufo-testaceis.

Noir, assez brillant, pubescent, les élytres jaune-rougeâtres, avec une tache commune scutellaire, plus ou moins prolongée sur la suture, une tache latérale vers le milieu et l'extrémité noires. Front convexe, fortement ponctué, impressionné à la base. Prothorax aussi, ou même un peu plus large que long, convexe, ponctué, ses angles postérieurs rougeâtres, divergents, carénés. Elytres un peu plus larges que le prothorax, parallèles ou légèrement élargies vers le milieu, curvilinéairement atténuées au sommet où elles sont entières, ponctuées-striées, les intervalles faiblement convexes. Dessous du corps noirâtre avec l'abdomen rougeâtre. Pattes testacées.

Du Brésil.

Dans la variété, les taches noires se sont agrandies et les latérales se sont réunies entre elles et à la scutellaire, de sorte que le noir parait être la couleur foncière.

41. P. PUMILUS. *Niger, subtiliter pubescens; fronte æqualiter convexa, punctata; antennis nigris; prothorace longitudine paulo latiore, apice angustato, fortius punctato, angulis posticis vix divaricatis, rufescentibus; elytris punctato-striatis, apice integris, fasciis duabus arcuatis flavis; pedibus testaceis.* — Long. 4 mill., lat. 1 mill.

Plus étroit, en proportion, que les précédents; noir, finement pubescent, les élytres parées de deux bandes flaves, arquées en sens inverse, de façon à former comme les deux extrémités d'une ellipse. Front régulièrement convexe et ponctué. Antennes noires, leur base rougeâtre. Prothorax un peu plus large que long, rétréci au sommet, densément et plus fortement ponctué, ses angles postérieurs peu distinctement divergents, aigus, fortement carénés. Elytres un peu plus larges que le prothorax, entières au sommet, assez profondément ponctuées-striées, les intervalles des stries convexes, granuleux à la base. Dessous du corps noir. Pattes testacées.

Du Brésil intérieur.

Il ressemble beaucoup au *P. nanus* de Bahia, mais ses antennes sont noires, ses fascies arquées, enfin ses élytres entières au sommet.

7

SOUS-TRIBU VII,

CRYPTOHYPNITES.

*Front grand, rebordé en avant ; prosternum large, générale-
ment dilaté au milieu, en sorte que ses sutures latérales sont convexes ; hanches postérieures très-larges en dedans, brusquement
rétrécies en dehors ; tarses ordinairement simples, leurs crochets
jamais pectinés ; écusson non cordiforme.*

On voit par la formule ci-dessus que les *Cryptohypnites*, groupe
constitué presque entièrement par les espèces du genre *Cryptohypnus*, se distinguent surtout par la grandeur du prosternum. Cet
organe forme à lui seul, chez la plupart, les trois quarts de la face
inférieure du prothorax ; dans une espèce de Ceylan, même, les
sutures qui le séparent des flancs sont à peu près complètement
effacées, de façon que l'antépectus offre une surface uniforme comme le pronotum, ce qui est une exception remarquable dans la
famille.

Grâce à ce caractère, on ne pourra confondre les *Cryptohypnites* avec les *Elatérites*, avec les premiers genres desquels (*Drasterius*, etc.), ils ont une grande analogie d'organisation.

La forme de la tête et des hanches, ainsi que la tournure générale,
rapprochent d'une manière évidente les *Cryptohypnites* des *Cardiophorites*, auxquels nous allons arriver ; la plupart des auteurs
ont en effet classé les *Cryptohypnus* dans le voisinage de ces derniers.

Les trois genres *Monadicus*, *Cryptohypnus* et *Arhaphes* composent à eux seuls cette petite sous-tribu.

Le premier comprend quelques espèces qui représentent les
Cryptohypnus au Brésil, mais qui s'en séparent nettement par leurs
tarses lamellés.

Le genre *Cryptohypnus* a été fondé par Eschscholtz (1) sous le
nom d'*Hypolithus*, qu'il a changé plus tard (2) en celui qu'il porte
actuellement, pour cause de double emploi.

(1) *Arch. Entom.* de THON, 1829.
(2) *Rev. Entom.* de SILBERM. IV, 1836.

Dans la faune les insectes d'Allemagne, qui se publie actuellement, M. de Kiesenwetter a modifié l'orthographe de ce nom et l'écrit : *Crypthypnus* ; je n'ai pas adopté ce changement, bien qu'il soit plus conforme à l'étymologie, parceque l'usage a consacré la première appellation.

J'ai séparé des *Cryptohypnus*, sous le nom d'*Arhaphes*, l'espèce curieuse de Ceylan dont j'ai parlé ci-dessus, qui se distingue par l'absence des sutures du prosternum.

On connaît les mœurs d'une espèce de cette sous-tribu, le *Cryptohypnus riparius*, dont les métamorphoses ont été très-bien décrites par M. Perris (3). Voici les remarques intéressantes que l'auteur ajoute à la description de la larve ; je crois qu'il ne sera pas hors de propos de les reproduire ici.

« En septembre 1853, j'ai trouvé assez abondamment cette larve avec des nymphes et des insectes parfaits, dans les Hautes Pyrénées, sous les pierres, delà le lac de Gaube, près Cauterets. J'ignore de quoi elle vit, et si elle est carnassière comme la plupart de celles de la famille, ou phytophage comme d'aut res

» Sa forme, sa contexture, ses caractères sont bien, en général, ceux des larves d'Elatérides, mais elle donne lieu pourtant de ma part aux remarques suivantes : l'épistome et le labre sont libres, tandis qu'ils sont soudés dans toutes les autres larves de la même famille que j'ai été en position d'observer ; le bord antérieur de la tête est à peine sinué, et ne présente pas ces saillies, ces apophyses qu'offrent celles des *Melanotus*, *Athous*, *Elater*, *Agriotes*, etc. Les palpes labiaux sont insérés à la base de la lèvre, ce qui serait, ainsi que je l'ai fait remarquer, un acheminement vers les larves de Buprestides. Enfin, le dernier segment est régulier, très-obtusément arrondi, ce qui l'éloigne des larves de *Melanotus*, d'*Athous*, de *Lacon*, d'*Agrypnus*, etc., qui l'ont échancré et lobé, et de celles d'*Elater* et d'*Agriotes*, où il est terminé par une épine droite. Je vois là un commencement de dégénérescence qui me porte à penser que les *Cryptohypnus* devraient être placés, ainsi que l'ont fait quelques auteurs, aux derniers rangs de la famille. »

Je ferai observer, à propos de la phrase qui termine l'article que je viens de transcrire, que la structure des larves ne peut encore être prise en considération dans l'arrangement des genres, à cause des lacunes nombreuses qui existent à cet égard dans l'état ac-

(3) *Mém. d. l. Soc. d. Sc. d. Liége*, X, p. 236.

tuel de nos connaissances, et alors que la conformation des organes à l'état parfait appelle aux limites de la famille, c'est-à-dire, dans le voisinage des Buprestides et des Eucnémides, d'une part, des Cebrionides de l'autre, des espèces dont les caractères se fondent insensiblement dans ceux de ces groupes.

Les *Cryptohypnites* sont liés étroitement aux *Cardiophorites*, ainsi que je l'ai dit plus haut; c'est le genre *Coptosthetus*, de la sous-tribu suivante, qui sert de trait d'union et qui a déterminé la place que j'ai assignée au groupe actuel.

Voici les caractères distinctifs des genres :

A   Quatrième article des tarses dilaté et sublamellé.   *Monadicus.*

AA   Tarses filiformes.
    a Sutures latérales du prosternum très-distinctes.   *Cryptohypnus.*
   aa Sutures latérales du prosternum indistinctes.   *Arhaphes.*

MONADICUS.

Cryptohypnus. Germ. *Zeitschr. f. d. Entom.* V, p. 145.

Tête grande, enfoncée et mobile dans le prothorax ; front peu convexe ou aplati, sa carène transversale antérieure peu saillante. Mandibules fortes, bidentées. Palpes maxillaires terminés par un article sécuriforme.

Antennes assez courtes, composées de onze articles, le premier gros, les suivants à peu près tous de même longueur, mais seulement plus larges à mesure qu'ils s'éloignent de la base.

Prothorax court et large, très-bombé, son ouverture antérieure plus grande que l'épaisseur de la tête, de sorte qu'entre celle-ci et le bord antérieur du pronotum, il existe une fente plus ou moins large, selon que la tête, qui est très-mobile, est plus ou moins engagée.

Écusson large et triangulaire.

Elytres très-larges en proportion de leur longueur, très-obtusément arrondies en arrière.

Prosternum fort élargi, muni en avant d'une longue mentonnière, sa pointe postérieure droite.

Hanches postérieures dilatées en dedans en une lame subquadrangulaire.

Pattes peu allongées, tarses courts, le quatrième article dilaté et
muni d'une courte lamelle en dessous.

Corps court, large, épais.

Ce genre, composé jusqu'ici d'un petit nombre d'espèces, représente les *Cryptohypnus* au Brésil. Il se place bien évidemment à
côté de ces derniers, avec lesquels il a les plus grands rapports, par
son prosternum très-large, dilaté au milieu, par la forme des hanches postérieures, par le soulèvement du bord antérieur du prothorax, caractère que nous retrouvons dans quelques espèces de
Cryptohypnus.

D'un autre côté, il mérite de former un genre particulier à
cause de la conformation de ses tarses, et, sous ce rapport, il forme
un passage entre les *Monocrépidiites* et la sous-tribu actuelle.

Le genre Monadicus est encore fort rare dans les collections. Sur
sept exemplaires que j'ai pu examiner, j'ai trouvé trois espèces
bien distinctes, dont une était déjà décrite par Germar. Ceci me fait
soupçonner que les espèces en sont assez nombreuses, et que leur
rareté pourrait bien tenir à leur genre de vie qui en rendrait la
capture difficile. En effet, quelques particules terreuses, que j'ai
remarquées sur les téguments de l'un des exemplaires, me font
supposer qu'ils ont les mêmes mœurs que les *Cryptohypnus*.

A Des espaces dénudés sur les élytres.   1. *M. bilæsus.*

AA Pubescence des élytres également répartie.

a Elytres incomplètement sillonnées.   2. *M. mobiliceps.*
aa Elytres sillonnées de la base au sommet.   3. *M. emys.*

1. M. BILÆSUS. *Niger, subnitidus, pilis subsquamiformibus
albidis sparsim tectus ; antennis articulo secundo luteo-rufo ; prothorace transverso, medio gibboso, granulato, antice elevato porrecto, margine antica rufa, lateribus carinatis ; elytris thorace
latioribus, subsulcatis, interstitiis punctatis, plaga media in
singulo denudata ; pedibus nigris, tibiis tarsisque rufescentibus.
—Long.* 1 3/4 - 2 1/2 mill., lat. 1 - 1 1/2 mill.

Cryptohypnus bilæsus. GERM. *Zeitschr. f. d. Entom.* V, p. 145, 17.

Petit, moins de deux fois plus long que large, noir, de petits poils subsquamiformes blancs assez brillants, peu denses, les élytres présentant une bande transversale dénudée, vers le milieu. Front rugueux. Antennes peu allongées, noires avec le deuxième et quelquefois le troisième article jaune rougeâtre. Prothorax transversal, brusquement rétréci en avant, très-élevé dans son milieu, fortement granuleux, surtout dans sa partie antérieure, son bord antérieur avancé et rougeâtre, ses côtés présentant chacun une fine carène à peu près parallèle au bord latéral, carène qui n'est que le prolongement jusqu'au bord antérieur de celle de chaque angle postérieur. Ecusson grand, subtriangulaire. Elytres plus larges que le prothorax, courtes, élargies au-delà du milieu, convexes, légèrement sillonnées, les intervalles ponctués. Pattes noires avec les jambes et les tarses plus ou moins brun rougeâtre.

Du Brésil; Rio-Janeiro et Ste-Catherine.

2. M. MOBILICEPS. *Niger, parum nitidus, pilis subsquamiformibus cinereis sat dense vestitus ; antennis brunneis, basi rufescentibus ; prothorace transverso, medio gibboso, granulato, antice porrecto, lateribus carinatis ; elytris thorace vix latioribus, ultra medium subparallelis, punctatis ; pedibus rufo-testaceis, femoribus infuscatis.* — Long. 5-6 mill., lat. 2 1/4 - 2 3/4 mill.

Beaucoup plus grand que le *bilœsus* et bien distinct par l'absence des bandes dénudées sur les élytres. Noir, peu brillant, revêtu de poils courts et rudes, assez denses, cendrés ; ceux de la partie postérieure des élytres un peu brunâtres. Front déprimé, ponctué-rugueux. Antennes d'un ferrugineux rougeâtre, obscures au sommet. Prothorax plus large que long, fortement et brusquement rétréci en avant à partir du milieu, fortement bombé, granuleux, son bord antérieur rougeâtre, avancé et ne s'appliquant pas sur la tête, ses côtés présentant une fine carène courbe qui se termine dans les angles antérieurs et postérieurs. Elytres à peine plus larges que le prothorax, à peu près parallèles jusqu'au-delà du milieu, sillonnées seulement à la base, densément ponctuées. Pattes d'un testacé rougeâtre, les cuisses plus obscures.

Du Brésil ; Ste-Catherine.

Collection de MM. Deyrolle et Clark.

3. M. EMYS. *Niger, parum nitidus, densius cinereo-pubescens;*

antennis basi rufis ; prothorace transverso , medio gibboso , valde
granulato-rugoso , antice porrecto , lateribus carinatis ; elytris
thorace haud latioribus , ultra medium parallelis , leviter sulcatis,
interstitiis convexis , punctatis ; pedibus dilute rufo-testaceis. —
Long. 6 mill. , lat. fere 3 mill. (Pl. II, fig. 1.).

Un peu plus large que le *mobiliceps* , dont il se distingue surtout
par ses élytres sillonnées. Noir, peu luisant, revêtu de petits poils
raides, cendré blanchâtre à reflet légèrement fauve , également et
assez densément repartis sur les élytres. Front un peu impressionné
au milieu. Antennes brunes, rouges à la base. Prothorax transversal, fortement et brusquement rétréci en avant à partir du milieu ,
fortement bombé , granuleux et rugueux , son bord antérieur très-
distant de la tête et avancé dans la portion moyenne, ses angles
postérieurs aplatis, et envoyant le long des bords latéraux une carène qui ne se termine que dans les angles antérieurs. Ecusson
grand, subtriangulaire. Elytres de la largeur du prothorax, parallèles jusqu'au-delà du milieu , sillonnées peu profondément , mais
régulièrement , de la base au sommet , les intervalles convexes et
ponctués. Pattes d'un jaune rougeâtre clair.

Du Brésil.

Je n'ai vu cette espèce que dans la collection du musée de Stockholm.

CRYPTOHYPNUS.

Eschs. in Silberm. *Rev. entom.* IV, 1856.

Hypolithus. Eschs. in Thon, *Entom. Arch.* II, 1 , p. 33.
Hypnoidus. Steph. *Ill. of brit. Entom.* III.
Cryphthypnus. Kiesenw. *Naturg. d. Ins. Deutschl.* IV, p. 357.

Tête généralement assez grande, peu inclinée; front large , plus
ou moins convexe, son bord antérieur arrondi, médiocrement saillant en avant, souvent finement rebordé au-dessus de l'insertion
des antennes. Plaque nasale nulle ou à peu près. Mandibules
courtes, bifides. Palpes maxillaires terminés par un article triangulaire ou obovale.

Antennes peu allongées en général , filiformes, composées de onze articles , le premier très-gros en proportion des autres , le second court , les suivants subégaux , obconiques , le dernier ovalaire.

Prothorax souvent rétréci à la base , arrondi sur les côtés , plus souvent transversal qu'allongé, ses angles postérieurs généralement courts et grèles, carénés chez la plupart, quelquefois présentant une ligne longitudinale élevée , au milieu.

Ecusson grand, tronqué en avant , ogival ou vaguement pentagonal.

Elytres courtes en proportion du prothorax, arquées sur les côtés, quelquefois sans stries , plus souvent présentant des stries sans points ou à stries externes seules ponctuées ; ponctuées-striées chez un petit nombre.

Prosternum très-large chez tous, sa largeur , prise dans son milieu, beaucoup plus grande que celle de la partie correspondante de chacun des flancs, souvent élargi dans sa partie moyenne ce qui rend les sutures latérales convexes; ces sutures fines. La mentonnière grande , arrondie ou tronquée en avant. La pointe postérieure droite , courte et robuste.

Mésosternum déclive.

Hanches postérieures assez brusquement et fortement élargies , dans leur moitié interne, en une lame généralement quadrangulaire, leur moitié externe très-amincie et quelquefois réduite à rien.

Pattes grèles; tarses filiformes, ciliés, simples, leurs articles décroissant graduellement du premier au quatrième ; ongles simples.

Corps ordinairement assez luisant, plus ou moins pubescent.

Les *Cryptohypnus* sont tous des insectes de petite taille et c'est dans leur genre que l'on rencontre les plus petits Elatérides connus , l'une des espèces ayant à peine 1 1/2 mill. Leur système de coloration est uniforme ; presque tous sont d'un bronzé obscur ou d'un brun plus ou moins noir. Quelques espèces ont des taches ou des points jaunes.

Je ne comprends ici qu'une partie du genre tel que l'entend M. Lacordaire; je l'ai borné, comme M. Le Conte, aux espèces qui ont le prosternum très-large et les tarses et les hanches conformés ainsi qu'il est indiqué ci-dessus.

M. Le Conte (1) y a établi deux divisions basées sur la structure

(1) *Am. Phil. Soc. Trans.* X , New Ser. p. 486.

du bord antérieur de la mentonnière et du dernier article des palpes. Sa première division comprend les espèces qui ont la mentonnière arrondie et le dernier article des palpes trangulaires ; la seconde, celles où la mentonnière est tronquée en avant et les palpes
terminés par un article obovale. Je n'ai pu admettre ces divisions,
parceque j'ai rencontré, chez plusieurs espèces, des passages de
forme tels qu'il eut été difficile de décider à quelle division les rapporter.

J'en dirai autant des sections créées par M. de Kiesenwetter (1)
pour les espèces d'Allemagne. Ces sections, au nombre de trois,
sont basées sur la forme du premier article des antennes, de la
mentonnière, du prosternum et du dernier article des palpes.

Les *Cryptohypnus* sont presque tous propres aux régions septentrionales des deux continents, où ils ne descendent guère au-delà
du 30° degrés de latitude nord. Je ne connais que deux espèces des
pays chauds, qui font exception à cet égard.

Ils vivent aux bords des eaux. On les trouve, pendant le jour, sous
les pierres, les troncs d'arbres, ou enfouis même dans le sable. Ce
n'est que le soir qu'on les prend sur les plantes ou au vol.

Les espèces se reconnaitront aux caractères mentionnés dans le
tableau suivant :

A Elytres distinctement striées.
  a Prothorax simplement ponctué et ne présentant
     pas de carène longitudinale médiane.
  α Corps unicolore en dessus.
    * Corps très-déprimé ; élytres élargies au-delà
       du milieu.
      × Corps brun ; élytres moins de deux fois
         aussi longues que le prothorax.   1. C. *hyperboreus.*
      × × Corps noir ; élytres deux fois aussi lon-
            gues au moins que le prothorax.
        + Ponctuation du prothorax égale et
           éparse.   4. C. *scotus.*
        + + Ponctuation du prothorax inégale
             et dense.
          o Elytres plus larges que le pro-
             thorax.   2. C. *depressus.*
          oo Elytres de la largeur du pro-
              thorax.   3. C. *funebris.*
    ** Corps ou au moins le prothorax bombé ; ély-
        tres élargies au milieu ou avant le milieu.

(1) *Naturg. d. Ins. Deutschl.* IV, p. 359.

8

× Noir, sans reflet bronzé.

   + Toutes les stries des élytres ponctuées.   5. *C. gracilis.*

   ++ Stries internes au moins des élytres
non-ponctuées.

     o Front peu convexe.   13. *C. gibbus.*

     oo Front fortement bombé.

       s Stries externes des élytres ef-
facées.   6. *C. musculus.*

       ss Stries externes des élytres bien
marquées.   9. *C. arcticus.*

×× Téguments offrant un reflet bronzé.

   + Toutes les stries des élytres ponctuées.

     o Côtés du prothorax subanguleux ;
antennes testacé rougeâtre à la
base.   11. *C. silaceipes.*

     oo Côtés du prothorax régulière-
ment courbes; antennes entièrement obscures.

       s Intervalles des stries des élytres
plats et subrugueux ; protho-
rax visiblement plus large
que long.   12. *C. nocturnus.*

       ss Intervalles des stries des ély-
tres faiblement convexes
luisants et pointillés; prothorax à peine plus large que
long.   17. *C. canaliculatus.*

   ++ Stries externes seules des élytres
ponctuées.

     o Prothorax très-visiblement plus
large que long.   10. *C. riparius.*

     oo Prothorax aussi ou plus long que
large.

       s Corps assez large; stries des ély-
tres bien marquées , les ex-
ternes au moins ponctuées.

         v Prothorax aussi large que
long, assez fortement rétréci
en avant.   15. *C. rivularius.*

         vv Prothorax plus long que large,
peu rétréci au sommet.   16. *C. frigidus.*

       ss Corps étroit ; stries des élytres
très-faibles , les externes obsolètes.   20. *C. tenuicornis.*

 αα Téguments bicolores en dessus.

  * Elytres très-bombées, les intervalles des stries
fortement granuleux, surtout en arrière, le
bord marginal flave.   18. *C. littoralis.*

  ** Elytres à intervalles des stries non granuleux.

    × Corps rouge testacé, tête obscure.   14. *C. rufotestaceus.*

    ×× Tête de la couleur du prothorax.

        + Prothorax fortement rétréci à la base ;

           quatre taches flaves sur les élytres. 19. *C. quadripustulatus.*

     + + Prothorax non ou à peine rétréci à

         la base.

         o Intervalles des stries des élytres

           aplatis.   7. *C. bicolor.*

         oo Intervalles des stries des élytres

           convexes.   8. *C. limbatus.*

•• Prothorax rugueux ou granuleux et présentant le plus souvent une carène longitudinale médiane.

α Elytres profondément sillonnées, les intervalles costiformes.

  * Elytres beaucoup plus larges que le prothorax ; celui-ci noir avec des poils dorés, celles-là jaunes, tachetées de noir. 23. *C. choris.*

  ** Elytres pas ou à peine plus larges que le prothorax, noires avec des taches flaves.

    × Elytres atténuées en arrière et acuminées au bout. 21. *C. pulchellus.*

    ×× Elytres non atténuées dans leur tiers postérieur. 22. *C. ornatus.*

αα Elytres simplement striées, les intervalles plats ou simplement convexes.

  * Prothorax portant deux tubercules rapprochés en arrière. 37. *C. binodulus.*

  ** Prothorax caréné au milieu, sans tubercules en arrière.

    × Bord antérieur du prothorax avancé, soulevé et détaché de la tête au milieu.

      + Pubescence simple, couchée, angles postérieurs du prothorax carénés. 24. *C. curtus.*

     + + Pubescence double, composée de poils fins et couchés et de poils longs, herissés, épars; angles postérieurs du prothorax sans carènes. 25. *C. alysidotus.*

    × × Bord antérieur du prothorax droit ou largement échancré, non soulevé.

      + Elytres moins de deux fois aussi longues que le prothorax, ordinairement marquées de quatre points flaves.

        o Angles postérieurs du prothorax carénés. 26. *C. quadriguttatus.*

        oo Angles postérieurs du prothorax non carénés. 27. *C. exilis.*

╼╁ Elytres deux fois plus longues que
le prothorax.
o Elliptique; antennes entièrement
noires; pattes noires sauf les tro-
chanters et le bout des jambes. 29. *C. méridionalis.*
oo Parallèle dans le milieu ; base des
antennes jaune ainsi que les
pattes. 28. *C. dermestoides.*

AA Elytres non ou à peine distinctement striées.
 a Carènes des angles postérieurs du prothorax
prolongées, de chaque côté, jusqu'au bord antérieur de cet organe.
  α Corps deux fois et demie plus long que large;
prothorax non rétréci à la base , ses angles
bien marqués ainsi que ses carènes latérales ;
élytres obtusément arrondies à l'extrémité.
   * Carènes des angles postérieurs du prothorax
courbes en arrière. 30. *C. minutissimus.*
   ** Carènes des angles postérieurs du prothorax
rectilignes en arrière. 32. *C. misellus.*
  αα Corps deux fois plus long que large; prothorax
un peu rétréci à la base, ses carènes latérales
extrêmement fines; élytres atténuées à partir
de leur milieu. 31. *C. liliputanus.*
 aa Carènes des angles postérieurs du prothorax
courtes,
  α Testacé, quelques taches obscures sur les
élytres. 35. *C. futilis.*
  αα Obscur, plus ou moins tacheté.
   * Luisant, très-rétréci à la base du prothorax
et des élytres , celles-ci brunes avec une
fascie oblique, courte, flave , sur chacune,
vers le milieu. 34. *C. obliquatulus.*
   ** Peu luisant; pas de bande oblique, flave, au
milieu des élytres.
    ✕ Prothorax finement et densément ponctué. 33. *C. pectoralis.*
    ✕✕ Prothorax rugueusement ponctué. 36. *C. inops.*

1. **C.** HYPERBOREUS. *Depressus , nigro-brunneus , nitidus, pube
tenuissima obductus; fronte biimpressa; prothorace æqualiter haud
dense punctato , lateribus arcuato. canaliculato , angulis posticis
tenuibus , divaricatis ; elytris ultra medium subdilatatis, striatis,
striis externis punctatis , interstitiis convexis , punctulatis. —*
Long. 6 1/2 - 8 mill. , lat. 2 1/4 - 2 3/4 mill.

Elater hyperboreus. GYLL. *Ins. Suec.* IV, p. 350. — ZETTERST. *Ins. lapp.*, p. 145,
9. — GEBL. in LEDEB. *Reise* , II, 3, p. 83, 18.

Cryptohypnus hyperboreus. Dej. *Cat.* ed. 3, p. 105. — Germ. *Zeitschr. f. d. Entom.* V, p. 137. 2. — Gebl. *Bull. d. Mosc.* XX, 1847, p. 422, 4. — Mannerh. *Käf. faun. d. Al.* 3e part. p. 132, 191. — Küster, *Käf. Europ.* XX, 46. — De Mars. *Cat.* p. 97.

Hypolithus planatus. Eschs. in Thon, *Arch.* II, 1, p. 34.

Var. *a. Corpore toto brunneo-ferrugineo.*

Gyll. et Zetterst. loc .cit

Très-déprimé, assez luisant, d'un brun plus ou moins obscur, quelquefois ferrugineux, recouvert d'une pubescence courte et fine, peu visible. Front biimpressionné, aplati. Antennes dépassant un peu les angles postérieurs du prothorax chez le mâle. Prothorax aussi large que long chez la femelle, plus étroit chez le mâle, très-peu convexe, arrondi sur les côtés, sillonné au milieu, peu densément ponctué, son bord antérieur fortement échancré, ses angles postérieurs petits, grêles, très-divergents, carénés. Ecusson large, un peu bombé. Elytres moins de deux fois plus longues que le prothorax, peu à peu élargies de la base jusqu'au-delà du milieu, striées, les stries externes seules ponctuées, les intervalles convexes et pointillés. Dessous du corps d'une teinte plus claire que le dessus; les antennes et les pattes ferrugineux rougeâtre clair.

Cette espèce se trouve en Laponie, dans le nord de la Sibérie, au Kamtschatka, dans l'Amérique russe et probablement dans toutes les régions polaires de l'ancien et du nouveau continent. Elle vit sous les pierres, au bord des eaux.

2. C. depressus. *Depressus, piceo-niger, densius pubescens; fronte subconvexa; antennis obscuris; prothorace dense inæqualiterque punctato, longitudine paulo latiore, haud canaliculato, angulis posticis tenuibus, divaricatis; elytris prothorace latioribus, ultra medium paulo dilatatis, striatis, striis externis punctatis, interstitiis fere planis, punctulatis; pedibus obscuris, geniculis tarsisque ferrugineis.* — Long., 7 - 8 mill., lat. 2-2 1/4 mill. (Pl. II, fig. 2.)

Cryptohypnus depressus. Gebl. *Bull. d. Mosc.* XX, 1847, p. 420, 2.

Var. *a. Antennis pedibusque ferrugineis.*

Il a la tournure générale du précédent, mais il en diffère par son prothorax proportionnément plus petit et plusieurs caractères de détail.

Noir ou noirâtre, peu brillant, revêtu d'une pubescence grisâtre beaucoup plus visible que chez l'*hyperboreus*. Front à peine impressionné, légèrement convexe, tronqué presque carrément en avant. Antennes obscures, rarement ferrugineuses à la base, plus rarement encore ferrugineuses dans toute leur étendue. Prothorax un peu plus large que long, inégalement, fortement et densément ponctué, non sillonné, arrondi sur les côtés, très-échancré pour recevoir la tête, ses angles postérieurs petits, divergents, carénés. Ecusson large, tronqué à la base. Elytres plus larges que le prothorax et au moins deux fois plus longues, élargies peu à peu de la base jusqu'au-delà du milieu, très-déprimées, régulièrement striées, les stries externes seules ponctuées, les intervalles à peu près plans et ponctués. Dessous du corps revêtu d'une pubescence grise, soyeuse, plus dense que celle du dessus. Pattes obscures, ordinairement avec les genoux et les tarses ferrugineux quand les antennes sont de cette couleur.

Sibérie; les exemplaires de la collection Gebler sont de Kusnezk dans l'Altaï.

3. C. FUNEBRIS. *Depressus, niger, opacus, nigro-pubescens; fronte parum convexa; prothorace longitudine paulo latiore, dense fortiter inæqualiterque punctato, angulis posticis tenuibus, acutissimis, divaricatis; elytris prothorace haud latioribus, punctato-striatis, interstitiis fere planis; tibiis testaceis.* — Long. 7 1/2 mill. lat. fere 2 mill. (Pl. II, fig. 2.)

Voisin du *depressus*, mais plus étroit en proportion, surtout du côté des élytres qui ne sont pas plus larges que le prothorax. Il en diffère encore par son aspect opaque qui est dû à la densité plus grande de la ponctuation, par sa pubescence noirâtre, enfin par ses tibias testacés.

Il se trouve en Californie.

Collection de M. Murray.

4. C. SCOTUS. *Depressus, niger, griseo-pubescens; fronte impressa, antice arcuata; antennis nigris; prothorace minus dense subtilius æqualiter punctato, haud caniculato, angulis posticis*

*tenuibus , divaricatis ; elytris deplanatis , prothorace latioribus ,
striis subtiliter punctatis ; pedibus obscuris.* — Long. 5 mill., lat. 1 1/2
mill.

Déprimé , noir , revêtu d'une légère pubescence grisâtre. Front
assez grand , triangulairement impressionné, son bord antérieur
arqué. Antennes noirâtres , épaisses et très-longues. Prothorax
presque aussi long que large, plus rétréci au sommet qu'à la base ,
arqué sur les côtés , finement et également ponctué, offrant une
ligne longitudinale médiane lisse peu visible, son bord antérieur
médiocrement échancré pour recevoir la tête, ses angles postérieurs grêles , aigus, divergents, longuement carénés. Elytres plus
larges que le prothorax et au moins deux fois plus longues, très-
aplaties, peu à peu élargies jusqu'au milieu ou un peu au-delà,
curvilinéairement rétrécies à l'extrémité , finement striées, toutes
les stries légèrement mais visiblement ponctuées, les intervalles
aplatis et ponctués. Dessous du corps et pattes noirâtres.

On le trouve en Ecosse.

Cette remarquable espèce m'a été communiquée par M. Wollaston. Elle a des rapports de forme très-évidents avec les précédents,
surtout avec le *depressus*, mais elle diffère notablement de ce dernier par sa taille , par la ponctuation bien différente du prothorax,
et ses élytres, dont toutes les stries sont ponctuées.

Elle relie ces espèces , essentiellement septentrionales, aux autres *Cryptohypnus* européens, qui ont une forme plus bombée.

5. **C. GRACILIS.** *Niger , subnitidus , tenuiter cinereo-pubescens ;
fronte leviter convexa punctato-subrugulosa ; antennis elongatis ,
obscure brunneis ; prothorace longitudine vix latiore , basi apiceque angustato , lateribus arcuato, convexo , subtiliter punctulato,
antice linea media lœvi , angulis posticis tenuibus divaricatis ,
carinatis ; elytris prothorace latioribus , lateribus arcuatis , punctato-striatis, interstitiis convexiusculis; pedibus gracilibus, obscuris.*
— Long. 5 mill. , lat. 1 2/3.

Cryptohypnus gracilis. MULS. et GUILLEB. *Op. entom.* VI , p. 30.

Cryptohypnus morio. KIESENW. *Naturg. d. Ins. Deutschl.* IV , p. 362.

Noir, un peu luisant, revêtu d'une pubescence fine, courte ,
peu dense , d'un cendré blanchâtre. Front légèrement convexe ,

ponctué rugueux , son bord antérieur arrondi. Antennes grêles ,
aussi longues que la moitié du corps, noirâtres. Prothorax à peine
plus large que long, fortement rétréci au sommet et à la base ,
arrondi sur les côtés, assez convexe, finement et densément ponctué, offrant en avant une fine ligne médiane lisse et en arrière un
sillon obsolète , ses angles postérieurs grêles, recourbés en dehors,
carénés. Ecusson subogival. Elytres plus larges que le prothorax
et plus de deux fois aussi longues , arquées sur les côtés, subacuminées au sommet, striées , les stries distinctement ponctuées, les
intervalles légèrement convexes et finement ruguleux. Pattes assez
longues, grêles, noirâtres.

Suisse; Tyrol; France orientale.

Cette espèce est bien caractérisée par la longueur de ses antennes
et de ses pattes, le rétrécissement de la base du prothorax et la
largeur des élytres , ce qui lui donne une tournure de carabique ,
enfin par les stries ponctuées de ces dernières.

Elle ressemble un peu au *scotus*, mais elle est plus large en proportion, beaucoup moins déprimée , ses stries sont plus profondes
et plus fortement ponctuées.

6. C. **musculus**, *Niger, nitidus , griseo-pubescens; fronte lata,
valde convexa; antennis nigris; prothorace longitudine latiore ,
convexo , subtilissime punctulato, postice angustato , angulis posticis brevibus ; elytris medio dilatatis , tenuiter striatis , striis
externis obsoletis , interstitiis planis ; pedibus obscuris.* —
Long. 2 1/2 mill. , lat. fere 1 mill.

Elater musculus. Eschs Entomogr. p. 70 , 42.

Cryptohypnus musculus. Mannerh. in *Bull. Mosc.* XVI, 1843, p. 239, 139.
— Ejusd. *Beitrag z. Käf. faun. d. Aleut. Ins.*, 1e part. p. 67, 139.

Petit , noir, brillant, revêtu d'une pubescence fauve-grisâtre.
Front grand, très-convexe. Antennes entièrement noires. Prothorax
un peu plus large que long, élargi vers son tiers antérieur , fortement convexe , peu distinctement ponctué , ses angles postérieurs
très-courts , non divergents , très-brièvement carénés. Ecusson
large , un peu bombé. Elytres de la largeur du prothorax à la base ,
plus larges au milieu , finement striées sur le dos , les stries effacées sur les côtés , les intervalles aplatis et pointillés. Pattes obscures .

D'Unalaska , dans les iles Aléoutiennes et de la péninsule de Kenaï.

7. **C. BICOLOR.** *Nigro-subœneus , nitidus, longius fulvo-pubescens ; fronte leviter convexa , antice marginata ; prothorace longitudine vix latiore, convexo, sparsim punctato, obsolete canaliculato , utrinque ferrugineo-marginato ; elytris brevibus, ferrugineis, dorso infuscatis, subtiliter striatis, striis externis punctatis , interstitiis planis , punctulatis ; antennis pedibusque dilute ferrugineis.* — Long. fere 5 mill., lat. 1 1/2 mill.

Hypolithus bicolor. ESCHS. in THON. *Arch.* II, 1 , p. 33.

Cryptohypnus bicolor. GERM. *Zeitschr. f. d. Entom.* V, p. 141 , 8.

Cryptohypnus picescens. LEC. *Rev. Elat. Un. St.* in *Am. Phil. Soc. Trans.* X, n. ser. p. 486 , 3.

Cryptohypnus pumilus. DEJ. *Cat.* ed. 3, p. 105.

Var. a. Elytris infuscatis , plaga humerali tantum rufo-ferruginea.

Cryptohypnus scarificatus. MANNERH. *Beitr. z. Kaf.-faun.* 4ᵉ part. 1853, p. 133, 194. — EJUSD. *Bull. d. Mosc.* XXV, p. 235.

Var. b. Elytris totis ferrugineis.

D'un noir légèrement bronzé , assez luisant , revêtu de poils fauves, couchés, les bords latéraux du prothorax, la base et les côtés des élytres d'un ferrugineux plus ou moins clair. Front légèrement convexe , rebordé au-dessus des fossettes antennaires. Antennes ferrugineuses , un peu plus obscures à l'extrémité. Prothorax à peine plus large que long, arrondi sur les côtés, un peu rétréci en arrière, convexe , éparsément ponctué, présentant au milieu un sillon longitudinal peu marqué , ses angles postérieurs petits , divergents , carénés. Ecusson large, tronqué en avant. Elytres moins de deux fois plus longues que le prothorax, curvilinéaires sur les côtés , finement striées , les stries externes plus profondes et ponctuées, les intervalles tout-à-fait plans.

Il se trouve dans toutes les régions qui avoisinent la mer de Behring et dans la Nouvelle-Bretagne , jusqu'au nord des grands lacs. Il vit sous les pierres dans les lieux arides.

La var. *a* est plus spécialement désignée comme provenant de l'île de Kadjak.

Il porte dans plusieurs collections le nom d'*E. hypolithus* Eschs.

9

Mannerheim, en décrivant cette espèce sous le nom de *scarifi-catus*, la compare à la suivante et signale les caractères qui la distingue du *C. limbatus* ; mais il ne fait aucunement mention, à propos de ces deux espèces, du *C. bicolor* d'Eschscholtz.

C'est en comparant les types même d'Eschscholtz, de Mannerheim et de M. Le Conte, que j'en ai établi la synonymie.

· 8. C. LIMBATUS. *Niger , nitidus , pubescens ; fronte leviter convexa, antice marginata ; prothorace longitudine paulo latiore , convexo, sparsim punctato , basi haud angustato, angulis posticis rufis , vix divaricatis ; elytris basi margineque rufescentibus , profundius striatis, interstitiis convexis.* — Long. 5 mill., lat. 1 ⅓ mill.

Cryptohypnus limbatus. MANNERH. *Beitr. z. Käfer faun. d. Aleut.* 3ᵉ part. 1852, p. 45, 84. — EJUSD. *Bull. d. Mosc.* XXV, p. 327, 84.

Très-voisin du *bicolor* , mais plus trapu, et bien distinct par les stries des élytres plus profondes , et les intervalles de celles-ci convexes dans toute leur étendue. Noir, assez brillant, revêtu d'une pubescence d'un grisâtre fauve, les angles postérieurs du prothorax, la base et le bord externe des élytres rougeâtres. Front légèrement convexe, rebordé au-dessus des cavités antennaires. Antennes noires avec la base ferrugineuse. Prothorax un peu plus large que long, convexe, ponctué, arrondi sur les côtés, non rétréci vers la base, ses angles postérieurs non ou à peine divergents, carénés. Ecusson large et tronqué en avant. Elytres un peu plus larges que le prothorax et deux fois plus longues, assez bombées, striées , les stries externes seules ponctuées, les intervalles très-convexes. Dessous du corps obscur avec les flancs prothoraciques rougeâtres. Pattes d'un ferrugineux clair avec les jambes testacées.

Russie américaine ; péninsule de Kenaï.

9. C. ARCTICUS. *Niger , subnitidus , parce griseo-pubescens ; fronte valde convexa ; antennis nigris ; prothorace transverso , convexo, punctato, lateribus rotundato , angulis posticis divaricatis, carinatis ; elytris prothorace latioribus, brevibus, striatis , striis internis haud punctatis, externis antice abbreviatis, interstitiis planis ; tibiis tarsisque testaceis.* — Long. 4 mill., lat. 1 ¼ mill.

. Petit, assez large, noir, médiocrement luisant, revêtu d'une pubescence peu serrée, grise. Front très-convexe, ponctué. Antennes obscures. Prothorax plus large que long, arrondi sur les côtés, convexe, assez densément ponctué, un peu rétréci à la base, ses angles postérieurs divergents et carénés. Elytres plus larges que le prothorax et deux fois et demie plus longues, arrondies sur les côtés, plus larges au milieu qu'à la base, striées, les stries internes non ponctuées, les externes graduellement raccourcies en avant à partir de la sixième que n'atteint pas le calus huméral, les intervalles aplatis. Pattes obscures, avec les jambes et les tarses des deux premières paires au moins, jaunes.

Laponie.

Collection de M. de Mniszech.

10. C. RIPARIUS. *Fusco-œneus, nitidus, pube griseo-fulva minus dense obductus; fronte leviter convexa; antennis obscuris, articulo primo rufo; prothorace longitudine multo latiore, apice angustato, lateribus arcuato, convexo, vage punctato; elytris convexis, striatis, interstitiis remote punctulatis; pedibus rufo-testaceis.* — Long. 5 1/2 - 7 mill., lat. 2 1/2 - 2 3/5 mill.

Elater riparius. FABR. *Entom. Syst.* II, 232, 74.— EJUSD. *Syst. Eleuth.* II, 243, 110. — PAYK. *Faun. suec.* 3, p. 41, 47. — GYLL. *Ins. suec.* I, p. 402, 31. — SCHÖNH. *Syn. Ins.* 3, p. 310, 209. — ZETTERST. *Faun. lapp.* I, p. 250, 19. — EJUSD. *Ins. lapp.*, p. 147, 20. — SAHLB. *Ins. fenn.* 1, p. 137, 17.—GEBL. in LEDEB. *Reis.* 1830, p. 82.

Hypolithus riparius. ESCHS. in THON, *Arch.* II, 1, p. 33. — STEPH. *Man. of brit. Col.*, p. 180. — SPRY and SHUCK. *Brit. Col. delin.* p. 39, 348 pl. 47, fig. 8.

Cryptohypnus riparius. DEJ. *Cat.* ed 3 p. 105. — GERM. *Zeitschr. f. d. Entom.* V, p. 139, 5. — GEBL. *Ins. Sib.* in *Bull. d. Mosc.* XX, p. 423, 5. — KÜST. *Käf. Europ.* f. XX, p. 47, 1850. — REDT. *Faun. Austr.* p. 502, g. 347. GAUB. *Cat.* p. 110. — DE MARS. *Cat.* p. 97. — KIESENW. *Naturg. d. Ins. Deutschl.* IV, p. 359. (*Cryphthypnus.*)

Elater politus. FABR. *Entom. Syst.* 2, 234, 82.

Elater littoreus. HERBST, *Col.* X, p. 86, 98, Tab. 165, 12.

Elater œneus. MARSH. *Entom. brit.* p. 388, 33.

Athous riparius. BRULL. *Exp. d. Mor.* III, Zool. 1832, p. 139.

(*Larva.*) PERRIS, *Mem. d. l. Soc. d. Sc. d. Liége* X, p. 236, pl. V, f. 9-19.

Var. *a. Nigro-subcyanescens.*

Var. *b. Antennarum articulo primo obscuro.*

Large et bombé, d'un noirâtre très-légèrement bronzé, revêtu d'une pubescence couchée, médiocrement dense, gris-fauve. Front grand, légèrement convexe, finement rebordé sur les côtés et aux angles sus-antennaires. Antennes peu allongées, noires, avec le premier article rougeâtre. Prothorax plus large que long, très-bombé, plus large au milieu qu'à la base et assez fortement rétréci au sommet, arrondi sur les côtés, subsillonné au milieu, très-éparsément ponctué, ses bords latéraux finement rebordés, ses angles postérieurs dirigés en arrière et un peu en dehors, ferrugineux à l'extrémité, carénés. Ecusson large, subacuminé en arrière, tronqué en avant. Elytres deux fois plus longues que le prothorax, une demi-fois seulement plus longues que larges, bombées, curvilinéaires sur les côtés, marquées de stries fines et assez profondes, les intervalles aplatis et à peine visiblement ponctués. Dessous du corps obscur, revêtu d'une pubescence serrée, soyeuse, grise; pattes testacé rougeâtre.

Cette espèce est répandue dans tout le nord de l'Europe et de l'Asie. On la trouve aussi, mais plus rarement, dans le sud, spécialement dans les régions montagneuses, en Suisse, au centre de la France, dans les Pyrénées, dans les Alpes styriennes, en Hongrie, en Grèce, dans l'Altaï au sud de la Sibérie, etc.

Elle se rencontre également dans les terres polaires de l'Amérique septentrionale. Plus au midi, elle est remplacée, dans ce continent, par l'espèce qui suit.

11. C. SILACEIPES. *Olivaceo-niger, subœnescens, nitidus, pube griseo-fulva minus dense vestitus; fronte leviter convexa, punctata; antennis obscuris, basi rufescentibus; prothorace longitudine latiore, a medio angustato, lateribus subangulatis, punctato, canaliculato; elytris striatis, striis distincte punctatis, interstitiis planis, punctulatis; pedibus obscure testaceis.* — Long. 5 1/2 - 6 mill., lat. 2 - 2 1/8 mill.

Cryptohypnus silaceipes. GERM. *Zeitschr. f. d. Entom.* V, p. 139, 6. — LEC. *Rev. Etat. Un. St. in Am. Phil. Soc. Trans.* X, p. 486, 1.

Cryptohypnus riparius. Var. DEJ. *Cat.* ed 3 p. 105.

Var. a. *Elytris brunneo-testaceis, subœnescentibus.*

De la forme générale du précédent, mais un peu moins large.

D'un noir olivâtre légèrement bronzé, revêtu d'une pubescence fauve, plus ou moins enlevée sur le dos du prothorax et des élytres (1). Front faiblement convexe, ponctué. Antennes obscures avec la base souvent rougeâtre. Prothorax plus larges que long, très-convexe, fortement rétréci en avant avec ses côtés un peu anguleux, ponctué plus densément que chez le *riparius*, sillonné au milieu. Ecusson très-pubescent. Elytres un peu plus larges que le prothorax, convexes, arrondies sur les côtés, striées, les stries finement mais distinctement ponctuées, les intervalles aplatis. Pattes d'un testacé obscur.

Commun au nord des Etats-Unis.

Il diffère seulement du *riparius* par les stries de ses élytres ponctuées.

Une espèce très-voisine de celle-ci, et plus encore du *riparius* dont elle ne parait différer que par les intervalles des stries des élytres légèrement convexes, a été décrite, sous le nom de *C. lacustris*, par M. J. Le Conte. Elle habite les rives du lac Supérieur.

12. C. NOCTURNUS. *Olivaceo niger, subæneus, fulvo-pubescens; fronte leviter convexa, punctata, breviter marginata; antennis nigris; prothorace longitudine paulo latiore, lateribus arcuato, convexo, remote æqualiter punctato; elytris latitudine fere duplo longioribus, medio dilatatis, striatis, striis distincte punctulatis, interstitiis planis, punctulatis; pedibus obscure testaceis.* — Long. 6-7 mill., lat. 2-2 1/2 mill.

Hypolithus nocturnus. Eschs. in Thon., *Arch.* II, I, p. 33.

Cryptohypnus nocturnus. Mannerh. in *Bull. Mosc.* 1843, XVI, p. 258, 135. — Euse. *Beitrag. z. Käf. faun. d. Aleut.* part. I, p. 67, 138. — Germ. *Zeitschr. f. d. Entom.* V, p. 138, 4. — Dej. *Cat.* ed. 3, p. 105.

Un peu plus étroit encore que le précédent, en proportion de sa taille. D'un bronzé obscur, revêtu d'une pubescence fauve. Front légèrement convexe, ponctué, étroitement rebordé latéralement et au-dessus des cavités antennaires. Antennes entièrement noirâtres. Prothorax seulement un peu plus large que long,

---

(1) Il résulte de cette caducité des poils que la pubescence de la partie postérieure des élytres, à l'abri de tout frottement lorsque l'insecte chemine sous les pierres, persiste, alors que le reste est dénudé, sous la forme de deux taches pileuses.

rétréci en avant, régulièrement courbe sur les côtés, convexe, régulièrement et éparsément ponctué, subsillonné au milieu, ses angles postérieurs assez larges, divergents, carénés. Ecusson presque arrondi. Elytres presque deux fois plus longues que larges, peu à peu élargies de la base au milieu ou un peu au-delà, convexes, finement striées, les stries légèrement mais distinctement ponctuées, les intervalles aplatis et subanguleux. Pattes d'un testacé obscur.

Iles Aléoutiennes ; Sitkha.

Il se rapproche beaucoup du *silaceipes*, mais il est plus allongé, moins bombé, les côtés du prothorax sont régulièrement courbes et non subanguleux, les antennes sont entièrement obscures, etc.

13. **C. gibbus.** *Niger, nitidus, sparsim breviter pubescens; fronte fere plana, punctata; antennis nigris, basi rufescentibus; prothorace longitudine latiore, tumido, basi apiceque angustato, lateribus æqualiter arcuato, sparsim, lateribus fortius crebriusque punctato, angulis posticis retrorsum productis, acute carinatis; elytris brevibus, gibbosis, ovatis, apice subacuminatis, leviter striatis, interstitiis planis vix punctulatis; pedibus ferrugineo-testaceis.* — Long. 5-6 mill. lat. 2 1/4-2 1/2 mill. (Pl. II, fig. 5.)

Cryptohypnus gibbus. Gebler, *Mém. d. l. Soc. Imp. d. nat. d. Moscou*, XX, 1847, p. 421, 3.

Var. *a. Nigro-subæneus.*

Court, bombé, noir et brillant, revêtu d'une pubescence peu apparente d'un gris obscur. Front grand, presque plan, rebordé au-dessus de cavités antennaires. Antennes noires, avec la base d'un brun plus ou moins rougeâtre. Prothorax plus large que long, rétréci un peu à la base, davantage au sommet, avec ses côtés arrondis, fortement et transversalement convexe, surtout en arrière, subsillonné en arrière, ponctué, les points très-clair-semés vers la base et au milieu, plus gros latéralement et en avant, ses angles postérieurs dirigés en arrière et assez fortement carénés. Ecusson large, ogival. Elytres d'un quart seulement plus longues que la tête et le corselet réunis, moins

d'une demi fois plus longues que larges, très-convexes, arrondies
sur les côtés, subacuminées au sommet, marquées de stries
fines et peu profondes, si ce n'est à la base, les intervalles
plans et à peine visiblement pointillés. Pattes d'un ferrugineux
testacé plus ou moins clair.

Sibérie ; les exemplaires de la collection Gebler viennent du
mont Kuznezk, dans l'Altaï.

Cette espèce, ainsi que le fait remarquer Gebler, est
voisine du *riparius*, mais elle en diffère par son prothorax
moins transversal et ses élytres plus courtes, plus bombées,
sa couleur générale plus noire et sa pubescence bien moins
apparente.

Les stries de ses élytres sont aussi bien moins profondes, ses
antennes plus courtes, etc.

14. C. RUFOTESTACEUS. *Brevis, rufo testaceus, parce longius
griseo-pubescens ; fronte nigricante, vix convexa ; prothorace
longitudine latiore, medio dilatato, lateribus arcuato, gibboso,
medio infuscato, sparsim punctulato, angulis posticis vix divaricatis, carinatis ; elytris prothorace angustioribus, haud
duplo longioribus, postice attenuato-subacuminatis, striatis,
interstitiis planis, punctulatis; corpore subtus pedibusque concoloribus.* — Long. 4 mill., lat. 1 1/2 mill.

Cryptohypnus rufo-testaceus. GEBL. *Mém. d. l. Soc. Imp. d. Nat. d. Moscou*,
XX, 1847, p. 423, 7.

Court, large, gibbeux, d'un testacé rougeâtre avec la tête
noirâtre, surtout à la base, et le milieu du prothorax d'un
rougeâtre plus obscur, revêtu d'une pubescence assez longue
et peu serrée, grise. Front presque plat, rebordé en avant.
Antennes ? Prothorax plus large que long, très-échancré en
avant, rétréci à la base et au sommet avec ses côtés fortement
arqués, très-bombé, brusquement déclive vers la base, peu
distinctement ponctué, ses angles postérieurs aigus, dirigés en
arrière et à peine très-faiblement en dehors, carénés. Écusson
pentagonal. Élytres un peu plus étroites que le prothorax et
moins de deux fois plus longues que lui, en forme de cœur
allongé, subacuminées au sommet, convexes, striées, les stries
à peine distinctement ponctuées, les intervalles aplatis et éparsé-

ment pointillés. Dessous du corps et pattes d'un testacé rougeâtre
un peu plus clair.

Des monts Altaï.

Je n'ai vu que l'exemplaire qui a servi de type à Gebler.
Il me semble que la coloration de cet insecte ne tient qu'à
un défaut de maturité des téguments, mais faute de certitude
à cet égard je dois me borner à émettre simplement cette supposition. Par sa forme, du reste, et indépendamment de ses
couleurs il constitue une espèce bien distincte de toutes celles
qui sont décrites ici. C'est du *C. gibbus* qu'il se rapproche
le plus.

15. C. RIVULARIUS. *Æneo.-niger, nitidus, parce griseo-pubescens; fronte leviter convexa, antice marginata; antennis ferrugineo-testaceis, articulo primo dilutiore; prothorace latitudine
longitudine æquali, basi paulo apice magis angustato. sparsim
punctato, canaliculato, angulis posticis divaricatis, carinatis,
rufescentibus; elytris prothorace paulo latioribus, convexis,
striatis, striis externis punctatis, interstitiis convexiusculis;
epipleuris rufescentibus; pedibus dilute rufo-testaceis,* — Long.
5 mill., lat. 1 1/2 mill.

Elater rivularius. GYLL. *Ins. succ.* p. 403, 32. — ZETTERST. *Faun. lapp.* I,
p. 250, 20.— SAHLB. *Ins. fenn.* p. 137, 28. — BOISD. et LAC. *Faun. ent. d.
env. d. Paris,* I, p. 639, 16. — *E. rivularis.* SCHÖNH. Syn. III, 310, 210. —
LAP. *Hist. nat. d. Ins. col.* I, p. 245, 35.

Cryptohypnus rivularius. GERM. *Zeitschr. f. d. Entom.* V, p. 140, 7. —
DEJ. *Cat.* ed. 3, p. 105. — DE MARS. *Cat.* p. 97. — KIESENW. *Naturg. d. Ins.
Deutschl.* IV, p. 360 (*Cryphthypnus*).

Cryptohypnus rivularis. GEBL. *Bull. d. Mosc.* XX, 1847, p. 474, 6. —
GAUB. *Cat.* p. 110. — KUST. *Käf. Europ.* H. XX, 48.

Hypolithus rivularius. STEPH. *Man. of brit. Col.* p. 180.

Elater riparius. PANZ. *Faun. Germ.* fasc. 34, 12.

D'un bronzé obscur, brillant, revêtu d'une pubescence grise.
Front grand, légèrement convexe, rebordé finement en avant
et au-devant des yeux. Antennes peu allongées, d'un jaunâtre
ferrugineux avec le premier article jaune plus clair; quelquefois
le milieu des articles obscur. Prothorax aussi large que long,
un peu rétréci à la base, beaucoup plus fortement en avant
à partir du milieu, subanguleusement arqué sur les côtés, très-

convexe, portant un sillon médian plus prononcé dans le milieu du disque, éparsément ponctué, ses angles postérieurs divergents, aigus, carénés, rougeâtres ou simplement bruns. Ecusson sub-pentagonal. Elytres un peu plus larges que le prothorax et deux fois plus longues, un peu élargies vers leur milieu, convexes, finement striées, les stries externes seules ponctuées, les intervalles faiblement convexes et pointillés. Dessous du corps brun noirâtre. Epipleures rougeâtres. Pattes d'un rouge jaune clair.

Cette espèce se trouve dans tout le nord de l'Europe, dans les montagnes du centre et en Sibérie. Elle vit sous les pierres au bord des eaux douces.

M. Lacordaire l'indique (loc. cit.) comme existant aux environs de Paris d'après un individu de l'ancienne collection Dejean qui proviendrait de cette localité.

Zetterstedt (loc. cit.) signale une variété qu'il appelle *alpestris*, noire, presque glabre, avec les élytres d'un testacé rougeâtre. Est-ce bien une variété de cette espèce ou simplement un défaut de maturité, ainsi que j'ai eu l'occasion d'en observer ?

16. C. FRIGIDUS. *Æneo-niger, nitidus, flavo-pubescens ; fronte leviter convexa, antice marginata ; prothorace latitudine longiore, basi apiceque vix angustato, lateribus parum arcuato, crebrius punctato, angulis posticis vix divaricatis, subcarinatis ; elytris brevibus, striis minus distincte punctulatis ; pedibus rufis.* — Long. 5 mill., lat. 1 1/2 mill.

Cryphthypnus frigidus. KIESENW. *Naturg. d. Ins. Deutschl.* IV, p. 361, 3.

Voisin du *rivularius* mais cependant bien distinct par sa forme plus oblongue, plus parallèle sur les côtés et par les caractères de détail qui suivent : d'un noir bronzé, revêtu d'une pubescence flave. Front légèrement convexe et ponctué. Antennes rougeâtre testacé, ou ferrugineux obscur. Prothorax plus long que large, peu rétréci au sommet et à la base, peu et non anguleusement arqué sur les côtés, ponctué, ses angles postérieurs à peine divergents et peu distinctement carénés. Elytres de la largeur du prothorax ou à peine plus larges, moins de deux fois plus longues, presque parallèles sur les côtés en avant, striées, les stries à peine visiblement ponctuées. Pattes rouges. •

Des mêmes pays que le précédent.

Il ne serait pas impossible que cette espèce, séparée avec raison par M. de Kiesenwetter du précédent, fut le véritable *rivularius* de Gyllenhal ; il paraît en effet encore plus répandu dans le nord que ce dernier, avec lequel il a été jusqu'ici confondu dans les collections.

17. C. CANALICULATUS. *Ænescenti-niger, nitidus, parce griseo pubescens ; fronte fere plana, marginata ; antennis obscuris ; prothorace longitudine paulo latiore, basi paulo, apice magis angustato, lateribus æqualiter arcuato, confertim punctato, medio linea longitudinali impressa lævi, angulis posticis divaricatis, carinatis, rufescentibus ; elytris prothorace vix latioribus, vix duplo longioribus, convexis, striatis, striis externis punctatis, internis punctulatis ; epipleuris brunneis ; pedibus rufis, femoribus infuscatis.* — Long. 5 mill., lat. 1 2/3 mill.

Cryptohypnus canaliculatus. GEBL. *Bull. d. l. Soc. Imp. d. nat. d. Mosc.* XIV, p. 585 et XX, p. 419.

Voisin du *rivularius*, mais un peu plus grand et distinct par plusieurs caractères. D'un noir légèrement bronzé, revêtu d'une pubescence peu serrée, grise. Antennes d'un brun noirâtre. Front presque plat, rebordé en avant et sur les côtés au devant des yeux. Prothorax plus large que long, un peu rétréci à la base, davantage au sommet avec ses côtés régulièrement arqués, très-convexe, assez densément ponctué, marqué au milieu, dans toute sa longueur, d'un léger sillon lisse, ses angles postérieurs aigus, divergents, carénés, rougeâtres. Ecusson irrégulièrement pentagonal. Elytres à peine plus larges que le prothorax, et tout au plus deux fois plus longues, faiblement élargies vers le milieu, arrondies sur les côtés postérieurement, convexes, striées, les stries externes ponctuées, les internes pointillées, les intervalles à peine convexes, éparsément pointillés. Dessous du corps noirâtre. Epipleures d'un brun rougeâtre. Pattes rougeâtres avec les cuisses plus ou moins obscures.

Des Monts Altaï.

Je n'ai vu cette espèce que dans la collection de M. de Mniszech, qui possède les types de Gebler. Elle se distingue du *rivularius* par ses antennes obscures, son prothorax plus large que long, plus densément ponctué, et dont le sillon médian est complet, mieux marqué et lisse.

18. C. LITTORALIS. *Gibbus, fusco-æneus, thoracis elytro-rumque marginibus, antennis pedibusque pallide testaceis, prothorace nitido, convexo, sparsim punctato, lateribus rotundato; elytris profunde striatis, interstitiis granulatis; corpore subtus fusco.* — Long. 8-10 mill., lat. 3 1/2 - 4 mill., crassit. 3 mill. (Pl. II, fg. 4.)

Hypolithus littoralis. ESCHSCH. *in* THON, *Entom. Arch.* II, p. 34.

Cryptohypnus littoralis. DEJ. *Cat.* ed. 3, p. 105. — GERMAR, *Zeitschr.* V, p. 137, 5. — MANNERH. *Bull. Mosc.* 1846, II, 60, 5. — EJUSD., *Beitrag z. Käf. fn. d. Aleut. ins.* etc. 2ᵉ part. p. 10, 5.

VAR. *a. Fulvo-ferrugineus, oculis nigris.*

MANNERH. *Käf. fn.* 3ᵉ part. 133, 192.

Brun, légèrement bronzé, avec une bordure latérale sur le corselet et les élytres, les antennes et les pattes, testacées, fortement convexe, revêtu d'une pubescence très-rare et extrêmement courte sauf à la base du corselet et des élytres, où elle est un peu plus longue. Chaperon légèrement convexe, ponctué et impressionné, arrondi en avant. Antennes courtes, grenues, leurs deuxième et troisième articles presque égaux. Corselet convexe, assez brillant, plus large que long, fortement et largement échancré en avant, son bord antérieur un peu avancé au milieu sur la tête, ses angles correspondants très-saillants en avant, ses côtés arrondis, rebordés, ses angles postérieurs grêles, très-aigus, légèrement carénés. Écusson presque carré, son côté postérieur un peu convexe. Élytres très-bombées, fortement élargies au milieu, régulièrement arrondies sur les côtés, opaques, moins bronzées que la tête et le corselet, assez profondément striées, les stries non ponctuées, la troisième réunie à la quatrième avant l'extrémité, les intervalles chargés de petits tubercules surtout dans leur moitié postérieure. Dessous du corps brun , assez convexe et pubescent ; les flancs du prothorax jaunes.

Il se trouve au Kamtschatka , dans la péninsule de Kénaï , ainsi que dans les îles de Sitkha et d'Unalaschka ; commun au bord de la mer , sous les troncs d'arbres rejetés par les eaux.

Le comte de Mannerheim fait remarquer , à propos de la variété entièrement fauve qu'il signale , que la dureté des téguments ne lui a pas permis de supposer qu'il eut sous les yeux un individu fraichement métamorphosé et encore peu coloré, mais bien une variété distincte. J'ai sous les yeux plusieurs individus de la même variété qui confirment tout-à-fait cette opinion.

Le *C. littoralis* est le plus grand du genre.

19. C. QUADRIPUSTULATUS. *Brunneo - niger, nitidus , perpaulum snbænescens , subtiliter griseo-pubescens ; fronte lata , leviter convexa ; antennis brunneis , basi testaceis ; prothorace longitudine latiore , basi apiceque angustato , lateribus rotundato , convexo , confertim subtiliter punctato , angulis posticis brevibus acutissimis , rufis ; elytris striatis , macula humerali alteraque subapicali oblongis flavis ; pedibus dilute testaceis.* — Long. 3 mill. , lat. 1 mill.

Elater quadripustulatus. FABR. *Syst. Eleut.* II, 248 , 137. — HERBST , *Col.* X , p. 143 , 187. — LAP. *Hist. nat. d. Col.* I, p. 245, 35 (1840).

Cryptohypnus quadripustulatus GERM. *Zeitschr. f. d. Entom.* V, p. 142. — L. REDT. *Fn. Austr.* p. 305. — GAUB. *Cat.* p. 110. — DE MARS. *Cat.* p. 97. — KIESENW. *Naturg. d. ins. Deutschl.* IV , p. 364 (*Cryphthypnus*).

Elater agricola. ZETTERST. *Act. Holm.* 1824 , p. 155, 49.

Cryptohypnus agricola. SPRY and SHUCK. *Brit. Col. del.* p. 39 , 349 , pl. 47 , fig. 9.

Elater quadrum. GYLL. *Ins. Suec.* IV , app. p. 357.

Cryptohypnus quadrum. DEJ. *Cat.* ed. 3 p. 105.

Var. *a. Elytrorum macula subapicali obsoleta.*

Cryptohypnus Höpfneri. DEJ. *Cat.* ed. 3 , p. 105.

Var. *b. Elytris dilute castaneis , flavo-quadripustulatis.*

Brun noirâtre, plus ou moins obscur avec un très-léger reflet bronzé, assez luisant, revêtu d'une fine pubescence grise, les angles postérieurs du prothorax rougeâtres, les élytres marquées, chacune, de deux taches oblongues, flaves, l'une derrière l'épaule, l'autre près du sommet. Front grand, assez densément ponctué, arrondi et finement rebordé en avant, légèrement convexe. Antennes brunes avec la base testacée. Prothorax notablement plus large que long, fortement rétréci à la base et au sommet, très arrondi sur les côtés, convexe, finement et assez densément ponctué, sans carène longitudinale médiane, ses angles postérieurs petits, très-aigus, divergents, carénés assez longuement. Ecusson large, court, ogival. Elytres deux fois plus longues que le prothorax et un peu plus larges, arquées sur les côtés, finement striées, avec les intervalles un peu convexes et pointillés-ruguleux. Dessous du corps noir et luisant avec les hanches postérieures brunes, médiocrement dilatées en dedans. Pattes testacées.

Suède, Danemarck, Allemagne septentrionale ; peu commun. Rare en France et en Sardaigne.

Cette petite espèce a le *facies* d'un *Cardiophorus* à cause du rétrécissement du prothorax à la base. Elle est confondue par beaucoup d'auteurs avec une autre espèce, également quadrimaculée, mais très-distincte, le *C. quadriguttatus* décrit plus bas.

20. C. TENUICORNIS. *Obscure œneus, parum nitidus, subtiliter griseo-pubescens ; fronte leviter convexa; antennis obscure brunneis ; prothorace latitudini longitudine œquali, basi apiceque angustato, lateribus arcuato, convexo, subtiliter punctulato, angulis posticis brevibus, divaricatis, carinatis ; elytris prothorace paulo latioribus, sesquiduplo longioribus, usque ad medium parallelis, ultra attenuatis, tenuiter striatis, striis externis obsoletis, interstitiis planis punctulatis, callo humerali ferruginescente; tibiis tarsisque testaceis.* — Long. 4 1/2 mill., lat 1 1/3 mill.

Elater tenuicornis. GERM. *Ins. Sp. Nov.* 60, 97.

Cryphthypnus tenuicornis. KIESENW. *Naturg. d. Ins. Deutschl.* IV, p. 363.

Cryptohypnus elongatus. L. REDT. *Faun. Austr.* ed. I, p. 305.

Cryptohypnus consobrinus. MULS. et GUILL. *Opusc. entom.* VI, p. 30.

Limonius musculus. BACH. *Käferf.* III, p. 33, 9.

Elater palustris. Zi.GL. in litt.

Var. *a. Minor , nitidior , fere niger.*

Assez étroit et allongé , en comparaison des autres espèces du
genre, d'un bronzé obscur, revêtu d'un fine pubescence grise.
Front peu convexe , assez déclive, son bord antérieur arrondi.
Antennes obscures. Prothorax aussi long que large , rétréci à la
base et au sommet , arrondi sur les côtés , régulièrement convexe ,
très-finement ponctué , ses angles postérieurs petits , arqués , recourbés en dehors , carénés. Ecusson oblong, droit sur les côtés ,
acuminé en arrière, tronqué en avant. Elytres un peu plus large
que le prothorax , deux fois et demie plus longues, parallèles sur
les côtés jusqu'au milieu , atténuées à partir de ce point, finement
striées , les stries externes effacées, les intervalles aplatis et ponctués , l'angle huméral un peu ferrugineux. Dessous du corps noirâtre bronzé ; pattes obscures avec les jambes et les tarses testacés.
Autriche.

J'ai trouvé dans la collection de M. de la Ferté Senectère, sous le
nom de *C. Ghilianii* , la variété *a* de cette espèce qui provient du
Piémont. Elle diffère du type par sa taille un peu plus petite , son
prothorax plus brillant et sa teinte générale plus noire , moins
bronzée.

21. C. PULCHELLUS. *Niger , opacus , pilis subsquamiformibus
helvolo-griseis sparsis ; fronte lata , granulata; antennis basi luteis ; prothorace latitudine longiore , basi apiceque angustato ,
lateribus arcuato , confertissime aciculato , medio longitrorsum
carinato , angulis posticis brevibus , retrorsum productis , obtusis ,
acute carinatis; elytris lateribus arcuatis , convexis , sulcatis ,
sulcis punctatis , interstitiis elevatis , flavo-variegatis ; pedibus
testaceis , femoribus infuscatis.* — Long. 4 - 5 mill., lat. 1 1/3 - 1/2 mill.

Elater pulchellus. LINNÉ , *Fn. Suec.* 745. — *Syst. Nat.* I , II , p. 656 , 35,
ed. Gmel. I , IV , p. 1910 , 35. — FABR. *Entom. Syst.* I , II , p. 233 , 77. —
Syst. Eleuth. II , p. 243 , 114. — OL. *Entom.* II , 31 , p. 51 , 73 , pl. 4 fig.
38 . a , b. — HERBST , *Col.* X , p. 87 , 100 , pl. 166, fig. 2 , 6. — EJUSD. *Arch.*
V , p. 112 , 22 , pl. 27 , fig. 7. — GYLL. *Ins. Suec.* I , p. 423 , 53. — PAYK.
Fn. Suec. III , p. 22 , 23. — PANZ. *Fn. Germ.* 74 , 8. — ROSSI , *Fn etrusc.* 1 ,
p. 182 , 451 ed. Helw. I , p. 209 , 451. — SCHRANK , *Enum. Ins.* p. 189 ,
354. — SCHÖNH. *Syn. Ins.* III . p. 311 , 219. SAHLB. *Ins. fenn.* p. 142 , 47. —
ZETTERST. *Fn. lapp.* I , p. 256 , 34. — EJUSD. *Ins. lapp.* p. 130 , 34. — BOISD.

et Lac. *Fn. entom. d. env. d. Paris* , p. 659 , 17. — Lap. *Hist. Nat. d Col.* I , p. 245 , 34.

Cryptohypnus pulchellus. Germ. *Zeitschr. f. d. Entom.* V , p. 142 , 10. — Lssr. *Käf. Europ.* H. XIV, 28. —L. Rsdr. *Fn. Austr.* p. 502. — Lec. *Rev. Elat. Un. St. in Am. Phil. Soc. Trans.* X , p. 487, 7. — Dej. *Cat. ed.* 3 , p. 105. — Gaus. *Cat.* p. 110. — De Mars. *Cat.* p. 97. — Kiesenw. *Naturg. d. Ins. Deutschl.* IV , p. 365. (*Cryphthypnus.*)

Elater exiguus. Randall , *Bost. Journ. Nat. Hist.* II , 35.

Cryptohypnus guttatulus. Mels. *Proc. Acad. Nat. Sc.* II , p. 214.

Var. *a. Elytris flavis, fasciis abbreviatis tribus nigris.*

Elater trimaculatus. Fabr. *Entom. Syst.* II , p. 233 , 80. — *Syst. Eleuth.* II , 245 , 123. — Herbst, *Col.* X. p. 138, 178. — Panz. *Ent. Germ.* I , p. 245 , 54. — Gyll. loc. cit. Var. *b.*

Var. *b. Elytris nigris , immaculatis.*

Noir , mat , présentant quelques petits poils raides, jaunâtres, semés çà et là, assez caduques, les élytres parées d'une tache trilobée , à la base , d'une autre arrondie un peu au-delà du milieu et de petites mouchetures à l'extrémité, d'un jaune plus ou moins blanchâtre ; les taches quelquefois reliées entre elles et formant ainsi divers dessins. Front grand , très-légèrement convexe , granuleux , rebordé en avant. Antennes noires avec la base jaune. Prothorax aussi long que large , rétréci à la base et davantage au sommet à partir du milieu , arqué sur les côtés , bombé, surtout en arrière , longitudinalement caréné , sa surface finement vermiculée , ses angles postérieurs courts, dirigés directement en arrière , obtus au bout, surmontés d'une carène aiguë. Ecusson subogival , déclive , granuleux. Elytres de la largeur du prothorax et deux fois plus longues , curvilinéaires sur les côtés , atténuées et acuminées postérieurement, fortement sillonnées avec des points au fond des sillons , les intervalles costiformes. Dessous du corps noirâtre. Pattes jaunes , les cuisses ordinairement brunâtres.

Répandu dans toute l'Europe, au bord des rivières; il vit sous les pierres et dans les racines de certaines plantes , spécialement du *Triticum repens* , au dépens desquelles sa larve paraît se nourrir. (Lac.)

Il se trouve aussi , en Amérique, dans les Etats de New-York et du Massachusetts. Comme on ne le trouve pas dans l'intérieur du continent , M. J. Le Conte émet l'opinion qu'il pourrait bien y avoir été importé de l'Europe.

Il serait trop long et pour ainsi dire impossible , inutile du reste, d'énumérer toutes les variétés qui résultent des dessins que peuvent former les taches jaunes des élytres; il me suffira de dire qu'après le type, la variété la plus commune est celle où ces taches affectent la figure d'un *x* sur le dos.

La Var. *a* est rare et généralement plus grande. Dans cette variété, le jaune a envahi la plus grande partie de la surface des élytres et ne laisse plus paraître , de la couleur noire primitive, que trois fascies linéaires.

La Var. *b* est encore plus rare. Elle a les élytres entièrement noires. Je n'en ai vu que trois exemplaires, provenant de la Suède, dans la collection de M. de la Ferté Senectère.

22. C. ORNATUS. *Niger , opacus , pilis subsquamiformibus helvolo-griseis confertim tectus ; fronte lata, rugosa ; antennis nigricantibus; prothorace latitudine haud longiore , basi apiceque angustato , lateribus arcuato , grossius dense aciculato-scabro , medio longitrorsum carinato, angulis posticis brevibus, retrorsum productis , acute carinatis; elytris lateribus arcuatis, postice haud attenuatis , convexis , sulcatis , sulcis punctatis , interstitiis elevatis , macula basali angulata , alteraque ultra medium transversa lœte flavis ; pedibus obscure testaceis , femoribus infuscatis.* — Long. 4-5 mill., lat. 1 1/2 - 1 1/3 mill

Cryptohypnus ornatus. LEC. Rev. Elat. Un. St. in *Am. Phil. Soc. Trans.* X p. 487 , 6.

Cette espèce ressemble beaucoup au *pulchellus* et il suffira , ce dernier étant très-connu , d'indiquer en quoi elle en diffère pour la caractériser. Ses antennes sont entièrement obscures ; son prothorax est proportionnément un peu moins long et plus fortement rugueux que dans le *pulchellus* ; ses élytres sont beaucoup moins atténuées dans leur tiers postérieur et leur système de coloration , moins variable , consiste en deux taches sur chacune : la première transversale , anguleuse, élargie en dehors est placée un peu au-delà de la base , le seconde moins large et subovalaire, également transversale , se trouve au-delà du milieu. Les pattes sont d'une teinte plus obscure avec les cuisses à peu près noires.

Au rapport de M. J. Le Conte, cette espèce se trouve en abondance sur le sable humide, au mois de juin, dans les environs de San-Diego en Californie.

Je l'ai reçue, en communication, de cet entomologiste.

23. C. CHORIS. *Niger, opacus, pilis subsquamiformibus aura-tis, nitidis, confertim tectus; prothorace latitudine longiore, basi apiceque angustato, lateribus arcuato, aciculato-rugoso, convexo, carina longitudinali elevata, angulis posticis brevibus, rufescenti-bus, carinatis; elytris ovatis, prothorace latioribus, sulcatis, sulcis punctatis, interstitiis elevatis, flavo-helvolis, basi fasciis-que obliquis nigris; pedibus rufo-testaceis.* — Long. 5 mill., lat. fere 2 mill.

Elater choris. SAY, *Am. Phil. Soc. Trans.* VI, p. 172.

Voisin de la var. *a* du *pulchellus*, mais plus large en proportion et bien distinct par sa pubescence. Noir, mat, revêtu de poils subsquamiformes dorés, brillants, les élytres jaune paille avec une tache à la base, une fascie plus ou moins interrompue au milieu et une tache triangulaire postérieure noires. Front? Prothorax plus long que large, rétréci à la base et au sommet, légèrement arqué sur les côtés, sa surface rugueuse, légèrement caréné au milieu, ses angles postérieurs rougeâtres, très-courts, carénés. Ecusson subtriangulaire avec les angles latéraux arrondis. Elytres élargies au milieu où elles sont plus larges que le prothorax, très-régulière-ment arquées sur les côtés, convexes, profondément sillonnées avec des points au fond des sillons, les intervalles élevés, costiformes. Dessous du corps noir, avec la mentonnière rougeâtre. Pattes d'un testacé rougeâtre.

Des Etats-Unis.

Collection de M. Riehl.

24. C. CURTUS. *Niger, parum nitidus, pube tenui grisea vesti-tus; antennis nigris, articulo secundo apiceque primi rufis; pro-thorace longitudine latiore, apice angustato, lateribus arcuato, medio carinato, basi leviter antice fortius alutaceo, angulis posti-cis brevibus, carinatis, margine antica medio paulo producta et subelevata; scutello lato; elytris prothorace duplo longioribus, planiusculis, striatis, subœnescentibus; pedibus rufis, femoribus nigris.* — Long. 4 - 4 1/2 mill., lat. 1 1/4 - 1 1/2 mill.

11

Cryptohypnus curtus. Germ. *Zeitschr. f. d. Entom.* V, p. 141, 9. — Lucas, *Expl. Scient. de l'Alger.*, p. 165. — Kust. *Käf. Europ.* H. XVIII. (1840) 14. — Kolen. *Meletem.* V. — Gaur. *Cat.* p. 110. — De Mars. *Cat.* p. 97.

Cryptohypnus troglodites. Dej. *Cat.* ed. 3, p. 105.

Petit, déprimé, assez large, noir, avec un très-léger reflet sub-métallique bronzé sur les élytres, revêtu d'une pubescence courte, très-fine, couchée, assez dense, grise. Front un peu convexe et ponctué. Antennes noires avec le sommet du premier article et le deuxième rougeâtres. Prothorax un peu plus large que long, rétréci à la base et plus encore au sommet, arrondi sur les côtés, impressionné de chaque côté sur la base, légèrement caréné longitudinalement au milieu, très-finement ruguleux dans la partie moyenne et postérieure du disque, plus fortement en avant, son bord antérieur avancé et un peu soulevé au milieu, ses angles postérieurs courts, aigus, finement et assez longuement carénés. Ecusson grand, bombé, subacuminé en arrière, tronqué en avant, arrondi sur les côtés. Elytres de la largeur du prothorax et deux fois plus longues, parallèles dans leur moitié antérieure, conjointement arrondies en arrière, déprimées, finement striées avec les intervalles plans, rebordées latéralement. Dessous du corps noir. Pattes testacé-rougeâtres avec les cuisses noires.

On le trouve en Espagne, dans le midi de la France, la Suisse et le Piémont, en Italie, en Sicile, en Grèce et en Algérie.

25. C. ALYSIDOTUS. *Niger, parum nitidus, pube tenui grisea dense pilisque erectis sparsim tectus; antennis nigris, basi brunneis, articulo primo apice rufo; prothorace longitudine latiore, apice angustato, lateribus arcuato, medio subcarinato, basi leviter antice fortius alutaceo, angulis posticis brevibus, haud carinatis, margine antica medio paulo producta et subelevata; scutello lato; elytris prothorace duplo longioribus, planiusculis, striatis, subœnescentibus; pedibus rufo-brunneis, femoribus fuscescentibus.* — Long. 4 mill., lat. 1 1/2 mill.

Cryphthypnus alysidotus. Kiesenw. *Naturg. d. Ins. Deutschl.* IV, p. 368. (note.)

Cryptohypnus fibrinus. Cand. in litt.

Fort voisin du *curtus* dont il a la couleur, la taille et l'aspect général, mais bien distinct par deux caractères essentiels qu'il suffira

de mentionner pour le faire de suite reconnaître. Ces caractères
consistent dans les angles postérieurs du prothorax, complètement
dépourvus de carènes, et la nature de la pubescence, qui est double,
c'est-à-dire constituée par une couche de petits poils gris, soyeux,
courts, couchés, comme dans le *curtus* et en outre par des poils
noirâtres, très-longs, épars et hérissés.

Il présente encore quelques différences de moindre importance
telles que la coloration des pattes et des antennes.

Il est du Piémont et de la Lombardie.

Deux exemplaires, provenant de la Turquie et faisant partie de la
collection de M. de la Ferté Senectère, ont le prothorax plus étroit
en arrière, les élytres un peu plus courtes et plus arquées sur les
côtés; ils appartiennent cependant, je pense, à cette espèce, dont
ils ont les caractères essentiels.

26. C. QUADRIGUTTATUS. *Niger, parum nitidus, griseo-pubescens; fronte lata, leviter convexa; antennis obscuris, basi testaceis; prothorace latitudini longitudine fere æquali, basi parum ,
apice magis angustato, lateribus arcuato, convexo, confertim
subtiliter aciculato, medio longitrorsum carinato, angulis posticis
brevibus, longe tenuiter carinatis; elytris prothorace haud duplo
longioribus, subtiliter striatis, interstitiis planis, gutta humerali,
altera rotundata postica flavo-luteis; pedibus testaceis; laminis
coxalibus posticis valde subito dilatatis.* — Long. 2 1/2 - 3 mill., lat.
2/3 - 3/4 mill.

Elater quadriguttatus. LAP. *Hist. Nat. d. Col.* I, (1840), p. 248, 36.

Elater quadripustulatus. PAYK. *Faun. Suec.* III, p. 44, 51. — GYLL. *Ins. Suec.*
I, p. 424, 54. — SCHÖNH. *Syn. Ins.* III, 315, 251. — SAHLB. *Ins. fenn.*, p.
143, 48. — ZETTERST. *Ins. lapp.* p. 150, 35. — EJUSD. *Faun. lapp.* p. 256,
35. — BOISD. et LAC. *Fn. Entom. d. env. d. Paris*, p. 660, 18.

Cryptohypnus tetragraphus. GERM. *Zeitschr. f. d. Entom.* V (1844) p. 143,
12. — KOLEN. *Meletem.* V, 1846. — KUST. *Käf. Europ.* H. XIV, 29. — L. REDT.
Fn. Austr. p. 303. — GAUB. *Cat.* p. 110. — DE MARS. *Cat.* p. 97. — KIESENW.
Naturg. d. Ins. Deutschl. IV, p. 366. (*Cryphthypnus.*)

Cryptohypnus quadripustulatus. DEJ. *Cat.* ed. 3 p. 105.

Var. a. *Elytrorum maculis humeralibus obsoletis.*

Var. b. *Elytrorum maculis quatuor fere vel omnino obsoletis.*

Noir, médiocrement luisant, revêtu d'une fine pubescence

grise, les élytres marquées d'une petite tache jaune à l'épaule et
d'un point arrondi, de même couleur, près de l'extrémité. Front
grand, un peu convexe, finement rebordé en avant, ponctué. Antennes noirâtres, jaunes à la base. Prothorax aussi long que large,
un peu rétréci à la base, beaucoup plus au sommet à partir du
milieu, arqué sur les côtés, convexe, finement rugueux, caréné
longitudinalement dans son milieu, impressionné de chaque côté
à la base, ses angles postérieurs courts, leur extrémité un peu recourbée en dehors, longuement carénés. Ecusson large, ogival.
Elytres un peu plus larges que le prothorax à la base et moins de
deux fois aussi longues, insensiblement rétrécies à partir de la base,
ou parallèles en avant, obtusément arrondies à l'extrémité, finement striées, les intervalles aplatis et pointillés. Dessous du corps
noir. Hanches postérieures brusquement et très-largement dilatées
dans leur moitié interne, à peu près réduites à rien dans leur
moitié externe. Pattes jaunes.

Répandu dans toute l'Europe. On le trouve communément en
été, sous les pierres, au bord des rivières.

Ce *Cryptohypnus*, pris par beaucoup d'auteurs pour l'*Elater
quadripustulatus* Fabr., et décrit par eux sous ce nom, en a été
nettement séparé par M. Laporte de Castelnau (l. c.) qui le donne
comme une espèce inédite et le décrit sous le nom d'*E. quadriguttatus.* Ce n'est que quatre ans après que Germar en a débrouillé
la synonymie et en décrivant la véritable espèce de Fabricius, a imposé à celle-ci le nom de *tetragraphus*, qui a été généralement
adopté depuis. Cependant le nom de M. Laporte, qui se rapporte
bien positivement à cette espèce, ayant la priorité, doit être adopté
de préférence.

Quant aux caractères qui distinguent les deux espèces en question, ils sont fort nombreux. Il me suffira de mentionner les proportions, la ponctuation et la ligne élevée médiane du prothorax,
la longueur relative des élytres et la forme des hanches postérieures.

27. C. EXILIS. *Niger, parum nitidus, subtiliter sat dense cinereo-pubescens; fronte rotundata; antennis articulo primo testaceo; prothorace longitudine haud latiore, basi a medio vix attenuato, apice breviter angustato, antice aciculato-subrugoso,
carinula longitudinali media, angulis posticis haud carinatis; elytris ultra medium parallelis, depressis, striatis; pedibus testaceis.*
— Long. vix 2 mill., lat. 3/5 mill.

Cette espèce a la taille , la couleur, et les proportions générales de la précédente , mais elle en diffère par son prothorax un peu plus rétréci dans sa moitié postérieure, et surtout par l'absence complète de carène aux angles postérieurs de cet organe. C'est la seule, avec le *C. alysidotus* , qui présente cette particularité.
De l'Espagne.

28. C. DERMESTOIDES. *Niger, parum nitidus , subtiliter sat dense cinereo-pubescens ; fronte antice rotundata, breviter marginata ; antennis basi testaceis ; prothorace longitudine latiore , basi vix , apice a medio magis angustato, convexo, antice aciculato-subrugoso , carinula longitudinali media , angulis posticis longissime carinatis ; elytris ultra medium subparallelis , parum convexis, striatis ; pedibus testaceis.* — Long. 2 - 2 1/2 mill. , lat. 1/3 - 2/3 mill.

Elater dermestoides. HERBST , Col. X , p. 85 , 96 , pl. 165, fig. 10.

Cryptohypnus dermestoides. GERM. *Zeitschr. f. d. Entom.* V , p. 143 , 15. — L. REDT. *Fn. Austr.* , ed. 1 , p. 305. — GAUB. *Cat.* p. 110. — DE MARS. *Cat.* p. 97. — KIESENW. *Naturg. d. Ins. Deutschl.* IV , p. 367. (*Cryphthypnus.*)

Elater minimus. BOISD. et LAC. *Fn. Entom. d. env. d. Paris* , p. 660 , 10.

Cryptohypnus minimus. DEJ. *Cat.* ed. 3 , p. 105.

Elater quadripustulatus Var. GYLL. *Ins. Suec.* I , p. 424, 54. — PAYK. *Fn. Suec.* III , p. 44.

Var. *a. Elytris postice obsolete testaceo-bipunctatis.*

Petit, noir, médiocrement luisant , revêtu d'une pubescence fine et cendrée. Front très-légèrement convexe, arrondi et finement rebordé en avant. Antennes noires, avec le premier et quelquefois le second et le troisième article jaunes. Prothorax un peu plus large que long, un peu rétréci à la base, davantage au sommet à partir du milieu, un peu convexe, présentant une légère carène longitudinale au milieu , rugueux dans sa partie antérieure, ses angles postérieurs petits , aigus , surmontés d'une carène qui se prolonge jusqu'à la moitié de la longueur des bords latéraux au moins. Écusson plus large que long, acuminé en arrière, tronqué en avant , arrondi sur les côtés. Élytres de la largeur du prothorax et deux fois plus longues, parallèles sur les côtés dans leur moitié antérieure , un peu déprimées , finement striées. Hanches postérieures brusquement et fortement dilatées en dedans. Pattes jaune clair.

Il est répandu , mais peu communément, dans toute l'Europe.

On le reconnaîtra aisément à la longueur de la carène des angles postérieurs du prothorax et à la sculpture de ce dernier, beaucoup plus fortement rugueux dans sa moitié antérieure qu'en arrière. La différence qu'il présente avec les variétés du précédent , consiste surtout dans la longueur relativement plus grande des élytres , tandis que le prothorax est plus court.

Le *Cryptohypnus flavipes* Aubé (*Ann. d. l. Soc. entom. d. Fr.* 1850 , p. 338), me paraît différer fort peu de cette espèce , si elle n'est pas identiquement la même. M. Aubé compare son espèce au *minutissimus* , et les caractères distinctifs qu'il lui attribue sont précisément ceux du *dermestoides*.

29. C. MERIDIONALIS. *Ater, opacus , subtiliter cinereo-pubescens ; fronte parum convexa, punctata ; antennis nigris ; prothorace apice sensim angustato , latitudine vix breviore , parum convexo , subtilissime rugoso , linea elevata media lævi , angulis posticis carinatis ; elytris prothorace duplo longioribus , parum convexis, tenuiter striatis, interstitiis subtilissime confertim punctulatis ; pedibus obscuris , trochanteribus tibiarumque apice rufis.* — Long. 2 mill., lat. 2/3 mill.

Elater meridionalis. LAP. *Hist. Nat. d. Col.* I, p. 246 , 37.

Cryptohypnus lapidicola. GERM. *Zeitschr. f. d. Entom.* V , p. 144 , 14. — KUST. *Käf. Europ.* Heft XVI , 30. — L. REDT. *Fn. Austr.* p. 303. — GAUB. *Cat.* p. 110. — DE MARS. *Cat.* p. 97. — KIESENW. *Naturg. d. Ins. Deutschl.* IV , p. 367. (*Cryphthypnus.*)

Cryptohypnus exiguus. DEJ. *Cat.* ed. 3 , p. 105.

Assez large, elliptique , d'un noir mat , revêtu d'une fine pubescence cendrée. Front grand , un peu convexe, finement granuleux. Antennes entièrement noires. Prothorax un peu plus large que long, légèrement rétréci en avant , à peine sinueux sur les côtés en arrière , faiblement arqué sur les côtés , peu convexe, finement rugueux , portant une ligne longitudinale un peu élevée et lisse , au milieu, impressionné de chaque côté à la base, ses angles postérieurs assez larges , courts , aigus à l'extrémité , surmontés d'une fine carène. Ecusson large , subsemielliptique, Elytres deux fois plus longues que le prothorax , curvilinéaires sur les côtés , peu convexes, finement striées , les intervalles des stries aplatis et

pointillés. Dessous du corps noir. Hanches postérieures brusquement et très-fortement dilatées en dedans en une lame triangulaire.
Pattes noires avec les trochanters et souvent l'extrémité des jambes
rouge-testacés.

On trouve cette espèce en Autriche , en Suisse , en Lombardie ,
dans le Piémont et le midi de la France.

J'ai la certitude que la courte diagnose donnée par M. Laporte
de Castelnau s'applique à cette espèce, et comme ce nom de *meridionalis* , qu'il lui a imposé , est antérieur à celui de *lapidicola* ,
le premier de ces noms doit prévaloir.

On la distinguera du *C. dermestoides* à son prothorax uniformément rugueux , à la couleur des antennes et des pattes , à sa forme
plus large , plus elliptique , etc.

Le *C. pumilio* de Sicile, signalé par M. de Kiesenwetter (1) ,
diffère à peine de l'espèce actuelle et elle me paraît en différer trop
peu pour en être distraite; elle a le prothorax un peu plus développé et quelques autres différences peu appréciables.

30. C. MINUTISSIMUS. *Niger , nitidus , griseo-pubescens; fronte
lata, convexa , antice subacuminata ; antennis obscuris , pilosis ;
prothorace transverso , convexo , punctato , angulis posticis validis , carinatis , carina postice incurva , utrinque marginem anticam attingente ; sutura scutellari postice parum perspicua; elytris
vix striatis , depressiusculis , apice conjunctim obtuse rotundatis;
pedibus fuscis.* — Long. 2 mill., lat. 3/4 mill.

Elater minutissimus. GERM. *Fn. Ins. Europ.* fasc. VI , tabl. 8. — LAP.
Hist. Nat. d. Col. I , p. 246 , 39.

Cryptohypnus minutissimus. GERM. *Zeitschr. f. d. Entom.* V , p. 145, 15.
— INST. *Käf. Europ.* H. XIV, 31. — DEJ. *Cat.* ed. 3 p. 105. — GAUB. *Cat.* p.
110. — DE MARS. *Cat.* p. 97. — KIESENW. *Naturg. d. Ins. Deutschl.* IV , p. 369
(*Cryphthypnus.*)

Petit , d'un noir brillant, revêtu d'une pubescence gris clair.
Front grand , convexe , un peu acuminé en avant. Antennes courtes , poilues , noirâtres. Prothorax notablement plus large que long,
arqué sur les côtés, convexe et assez densément ponctué, sans carène
médiane , mais présentant, de chaque côté, une fine carène qui
n'est que le prolongement de celle de l'angle postérieur , qui at-

(1) *Naturg. d. Ins. Deutschl.* IV , p. 368 , note.

teint le bord antérieur en s'écartant graduellement du bord latéral ,
et se recourbe en dehors en arrière , les angles postérieurs robustes. Écusson assez grand , la suture qui le sépare des élytres peu
marquée. Elytres aussi larges que le prothorax et plus de deux fois
plus longues, parallèles sur les côtés dans leur moitié antérieure ,
obtusément arrondies au sommet , un peu déprimées , à peine
visiblement striées, finement ponctuées. Dessous du corps noir et
brillant. Pattes obscures.

Cette petite espèce se trouve dans la France orientale, en Suisse,
dans le Piémont, la Lombardie, la Dalmatie , la Styrie, la Hongrie,
etc. ; en un mot dans la partie méridionale du centre de l'Europe.

La longueur des carènes latérales du prothorax ne permettra pas
de la confondre avec aucune des espèces précédentes.

31. C. LILIPUTANUS. *Niger , nitidus , griseo-pubescens ; fronte
lata , convexa , antice acuminata ; antennis obscuris , pilosis ;
prothorace transverso , minus convexo , fortius minus dense
punctato , basi angustato , angulis posticis brevibus , carinatis ,
carina utrinque subtili marginem anticam attingente ; sutura
scutellari impressa; elytris vix striatis , depressiusculis , postice
subattenuatis ; pedibus nigris.* — Long. 1 1/2 mill., lat. 2/5 mill.

Cryptohypnus Liliputanus. GERM. *Zeitschr. f. d. Entom.* V, p. 145, 16. —
GAUB. *Cat.* p. 110. — DE MARS. *Cat.* p. 97.

Très-petit , plus étroit en proportion que le précédent ; noir ,
brillant , revêtu de poils d'un gris clair. Front grand , convexe.
acuminé en avant. Antennes noires et poilues. Prothorax plus large
que long , rétréci à la base , arqué sur les côtés, peu convexe ,
ponctué un peu plus fortement et moins densément que chez le
minutissimus, sans carène médiane, ses angles postérieurs petits ,
carénés , la carène prolongée sous la forme d'une. ligne élevée très-
fine et à peine visible jusqu'au bord antérieur ou à peu près. Écusson large, bien détaché des élytres, sa suture étant enfoncée et très-
visible. Elytres un peu plus de deux fois plus longues que le prothorax , atténuées vers l'extrémité , un peu déprimées , sans stries
distinctes. Dessous du corps et pattes noirs.

De Sicile.

Le *C. liliputanus* est le plus petit Elatéride connu ; il a tout-à-
fait l'aspect d'un *Atomaria.*

Il se distingue de tous les autres , sauf du précédent , par le prolongement exagéré des carènes des angles postérieurs du prothorax. Il diffère du *minutissimus* par sa taille, son prothorax rétréci à la base et dont les angles postérieurs sont très-petits , ses élytres atténuées vers l'extrémité et encore moins distinctement striées , enfin par la suture scutellaire enfoncée.

32. **C. MISELLUS.** *Niger , nitidus , subtiliter griseo-pubescens ; fronte convexa , antice subacuminata; antennis nigris; prothorace transverso, convexo , punctato , angulis posticis valde carinatis , carina postice recta , utrinque marginem anticam attingente ; elytris punctatis , striis nullis, apice conjonctim obtuse rotundatis ; pedibus nigris.* — Long. 2 mill., lat. 3/4 mill.

Cryptohypnus misellus. Boh. *Eugen. Res. omkr. Jord. entom. Bidrag.* p. 69.

Il ressemble beaucoup au *minutissimus* , mais il est plus large ; la pubescence qui le recouvre est plus fine , la carène des angles postérieurs du prothorax qui , chez le *minutissimus* , se recourbe en dehors dans sa portion postérieure pour atteindre l'extrémité des angles , est ici tout-à-fait rectiligne ; enfin les élytres sont complètement dépourvues de stries.

Il est de Java.

Je ne l'ai vu que dans les Elatérides du musée de Stockholm.

33. **C. PECTORALIS.** *Obscure brunneus, pube subtili flavo-grisea sat dense vestitus ; fronte convexa , punctata ; antennis testaceis ; prothorace transverso , basi apiceque angustato , brunneo rufescente , parum convexo , punctato , linea subelevata longitudinali , angulis posticis brevissimis ; elytris dense punctulatis, basi apiceque flavescentibus ; antepectore pedibusque testaceis.* — Long. 2 1/2 - 3 mill., lat. 3/4 mill.

Elater pectoralis. Say, *Am. Phil. Soc. Trans.* VI, p. 173.

Cryptohypnus pectoralis. Lec. *Rev. Elat. Un. St.* in *Am. Phil. Soc. Trans. New Ser.* X , p. 488, 10.

Var. *a. Prothorace obscuro , margine antica tantum rufescente , elytrorum maculis testaceis subobsoletis.*

Brunâtre , revêtu d'une pubescence fine , assez dense , d'un gris

12

flave , le prothorax plus ou moins rougeàtre , les élytres offrant
chacune une tache sur la moitié antérieure et une autre à l'extrémité, toutes deux se fondant sur les bords avec la teinte foncière ,
d'un flave testacé. Front assez grand , convexe et ponctué, finement
rebordé. Antennes jaunes. Prothorax plus large que long , rétréci
au sommet et à la base , arrondi sur les côtés , légèrement convexe ,
ponctué , ses angles postérieurs fort petits , finement carénés.
Ecusson subtriangulaire , un peu arrondi sur les côtés. Elytres un
peu plus larges que le prothorax, obtusément arrondies au sommet,
médiocrement convexes, finement et densément ponctuées, à peine
visiblement marquées de très-fines stries incomplètes. Dessous du
corps obscur avec l'antepectus jaunâtres. Pattes testacées.

Assez commun dans les Etats-Unis du centre et du nord, et vers
les rives du lac Supérieur.

Communiqué par M. J. Le Conte.

34. C. OBLIQUATULUS. *Obscure brunneus , subtiliter griseo-pubescens ; fronte lata , convexa ; antennis testaceis ; prothorace longitudine latiore , antice posticeque valde angustato , lateribus rotundato , convexo , subtilius punctulato , angulis posticis brevibus ,
acutissimis , carinatis ; elytris punctulatis , haud striatis , apicem
versus testaceis ac in medium fascia brevi obliqua albicante ;
pedibus testaceis. — Long. 2 1/2 mill. , lat. 3/4 mill. (Pl. II , fig. 7.)*

Cryptohypnus obliquatulus. MELSH. *Proc. Acad. Nat. Sc.* II , p. 214.— LEC.
Rev. Elat. Un. St. in *Am. Phil. Soc. Trans.* X , p. 488 , 11.

Petit , brunâtre , revêtu d'une légère pubescence grise, les élytres d'une teinte plus pâle vers l'extrémité et parées, chacune, dans
leur milieu, d'une courte fascie oblique, blanchâtre. Front grand et
assez convexe. Antennes jaunes. Prothorax plus large que long ,
rétréci au sommet et plus fortement encore à la base , très-arrondi
sur les côtés , convexe et finement pointillé , ses angles postérieurs
fort petits , très-aigus , présentant une fine carène parallèle à leur
bord externe. Ecusson large et tronqué à la base , subogival. Elytres un peu plus larges que le prothorax, arquées sur les côtés ,
obliquement coupées aux épaules, assez convexes , dépourvues de
stries , finement ponctuées. Dessous du corps brun avec les pattes
jaunes. .

Pensylvanie.

Communiqué par M. J. Le Conte.

35. C. futilis. *Flavo-testaceus , pube brevi , albida, vestitus ; fronte picea . punctata ; thorace quadrato , confertim , rugose punctulato , linea dorsali lœvi ; elytris basi thorace sublatioribus , ultra medium paulo dilatatis , haud striatis , punctulatis , macula subscutellari fasciaque pone medium infuscatis ; pedibus flavis.* Long. 2 mill. , lat. vex 2/3 mill.

Cryptohypnus futilis. Le Conte, *Rev. Elat. Un. St.* in *Am. Phil. Soc. Trans.* X, p. 488 , 12.

Très-petit et étroit , d'un testacé pâle, revêtu d'une pubescence courte, peu serrée et blanchâtre. Front assez grand , un peu convexe , pointillé , arrondi en avant. Prothorax à peine plus large que long , rétréci en arrière , arrondi sur les côtés , finement et densément pointillé avec une ligne longitudinale au milieu du disque un peu élevée et non ponctuée, son bord antérieur largement et peu profondément échancré , ses angles postérieurs petits , faiblement carénés , très-légèrement divergents. Ecusson assez grand , subtriangulaire, ses côtés arqués. Elytres assez convexes, plus larges à la base que la partie correspondante du prothorax , un peu élargies au-delà du milieu, sans stries, mais couvertes de points petits et assez serrés quoique beaucoup moins que sur le corselet , maculées de brun un peu en arrière de l'écusson et offrant une tache transversale de même couleur au-delà de leur partie moyenne. Dessous du corps brunâtre à l'exception des flancs prothoraciques et du prosternum ; pattes testacées.

San-Diego , en Californie.

36. C. inops. *Piceus , breviter cinereo-pubescens ; prothorace longitudine paulo latiore , rugose punctulato, lateribus arcuato , linea tenui dorsali impunctata , sœpe macula discoidali testacea ; elytris haud striatis , punctulatis , testaceis , macula magna communi scutellari , fascia pone medium suturaque late nigro-piceis ; antennis pedibusque flavis.* — Long. 2 1/4 mill. , lat. 3/4 mill.

Cryptohypnus inops. Le Conte , *Rev. Elat. Un. St.* in *Phil. Am. Soc. Trans.* X, p. 488 , 13.

Très-petit , brunâtre, couvert d'une fine pubescence très-courte, peu serrée et grise. Front assez grand , un peu convexe , pointillé, arrondi en avant. Antennes courtes , testacées. Prothorax un peu plus large que long, très-légèrement convexe, finement et très-den-sément pointillé avec une ligne lisse au milieu, son bord antérieur échancré, ses côtés arrondis, ses angles postérieurs petits, un peu divergents, plus distinctement carénés que dans l'espèce précédente, souvent orné d'une tache testacée au milieu du disque. Ecusson conformé comme chez l'espèce précédente. Elytres à peine plus larges que le corselet à la base, élargies au-delà du milieu, non striées, pointillées, testacées, avec une grande tache commune sur l'écusson, une large bande sur la suture et une fascie transversale au-delà du milieu, brunâtres. Pattes testacées.

De la même localité que le précédent auquel, à part le système de coloration, il ressemble beaucoup, mais il est constamment d'une largeur relativement plus grande ; son corselet transversal avec ses angles postérieurs plus distinctement carénés l'en distingue, en outre, suffisamment.

37. C. BINODULUS. *Æneus, subnitidus, dense griseo-pubescens; fronte parum convexa, antice subacuminata ; antennis basi testaceis ; prothorace tranverso, convexo, rugoso, postice bituberculato, angulis posticis longe carinatis ; scutello triangulari, carinato ; elytris subtiliter striatis, striis remote parum distincte punctatis ; pedibus testaceis.* — Long. 2 1/2 mill., lat. 1 1/2 mill. (Pl. II fig. 6.)

Elater (Hypolithus) binodulus. KLUG, *Ins. v. Madagasc.* p. 68, 75.

Petit, assez large, très-bombé, bronzé, revêtu d'une pubescence soyeuse assez dense, grise. Front médiocrement grand, subacu-miné en avant. Antennes brunâtres, testacées à la base. Prothorax plus large que long, rétréci en avant avec ses côtés arrondis, non rétréci à la base, convexe, rugueux, surtout dans sa partie antérieure, présentant vers la base, au devant de l'écusson, deux tubercules rapprochés, ses angles postérieurs non divergents et portant une carène qui se prolonge fort loin sur les parties latérales du disque. Ecusson triangulaire portant une carène longitudinale. Elytres de la largeur du prothorax, une demi fois à peine plus longues que larges, arrondies sur les côtés, convexes, finement striées. les stries peu distinctement ponctuées, les intervalles fine-ment ruguleux. Dessous du corps bronzé, revêtu d'une pubescence dorée. Hanches postérieures présentant une longue dent en dehors de l'insertion des pattes. Pattes jaunes.

De Madagascar.

Malgré son pays orginaire si différent de ceux de tous les autres *Cryptohypnus* , cette petite espèce présente absolument les mêmes caractères génériques.

Dans la sous-tribu des *Cryptohypnites* doit se placer probablement un genre créé par M. Le Conte sur un petit insecte des Etats-Unis, que je n'ai point vu en nature. Voici ses caractères tels qu'ils sont reproduits par M. Lacordaire (1) :

OEDOSTHETUS.

Lec. *Trans. of the Amer. Phil. Soc.* new Ser. X p. 489.

Front plan , semi-circulaire et caréné. Labre arrondi en avant. Mandibules un peu saillantes , obtuses au bout. Antennes assez longues , à peine dentées , à article 1 obconique , médiocre , 3 du double plus long que 2, et pas plus court que le suivant , 11 aigu au bout, sans faux article. Prothorax plus long que large, convexe, arrondi sur les côtés ; ses angles postérieurs petits , divergents. Hanches postérieures élargies presque subitement au côté interne ; tarses allongés , très-grêles, leurs articles 1—4 décroissant graduellement ; crochets munis d'une forte dent médiane. Mésosternum déclive. Mentonnière du prosternum très-courte , sa saillie postérieure droite ; sutures prosternales un peu convexes en dehors.

Les caractères de l'unique espèce de ce genre sont formulés ainsi qu'il suit par M. Le Conte.

O. femoralis. *Nigro-piceus, tenuiter cinereo-pubescens, thorace convexo , rotundato , latitudine longiore , subtiliter punctulato , angulis posticis parvis , divergentibus , elytris confertim punctulatis, striis obsoletis , basi et versus suturam parum distinctis , antennarum articulis duobus pedibusque flavis , his femoribus infuscatis.* — Long. 1 4/5 m.

Lec. loc. cit.

(1) *Gener. d. Coléopt.* IV , p. 198.

Cet insecte se trouve dans les parties septentrionales des Etats-Unis.

Je n'ai point vu les espèces suivantes, rapportées au genre *Cryptohypnus* par les auteurs :

1° Deux espèces d'Europe.

1. C. CRUX. *Niger, pubescens; thorace oblongiusculo, granulato-punctato, angulis anticis rufis ; elytris parallelis, striatis, macula tranversa humerali alteraque ante apicem orbiculata rufo-flavis, antennarum basi pedibusque rufo-testaceis.* — Long. 1 1/2 ''', lat. 1 1/2 '''.

Cryptohypnus crux. Küster, *Käf. Europ.* H. XVIII, 15.

Se trouve en Sardaigne ; très-rare.

2. C. TETRATOMA. *Oblongus, niger, flavescenti-pubescens, dense punctulatus, parum nitidus; capite prothoraceque dense rugoso-punctatis, opacis, hoc oblongo, parum convexo, angulis posterioribus acutis, flavis; elytris striatis, singulo maculis duabus magnis flavis, altera humerali oblonga, altera ante apicem rotunda; ore, antennarum basi pedibusque testaceis.* — Long. 1 1/4 ''' lat. 1 1/2 '''.

Cryptohypnus tetratoma. Rosenh. *D. Thiere Andalus.* 1856, p. 136.

Andalousie.

2° Cinq espèces de l'Amérique russe.

1. C. IMPRESSICOLLIS. *Convexus, nigro-fuscus, opacus, supra subœneus, fusco-pubescens; thorace latitudine longiore, lateribus subrectis, angulis posticis prominulis acutiusculis, crebre punctulato, medio canaliculato, postice utrinque fovea oblonga obliqua impresso; elytris striatis, interstitiis subtiliter granulatis et dense punctulatis, epipleuris rufo-testaceis ; pedibus ferrugineo-testaceis, femoribus infuscatis.* — Long. 3 ''' lat. 1 '''.

Habitat in peninsula Kenai, rarissimus. *D. Holmberg.*

A *C. nocturno* Esch. difert statura convexiore , punctura multo crebriore, pubescentia fusca et thorace canaliculato , biimpresso , lateribus rectis haud rotundatis, angulisque posticis bre· vioribus , tenue tantum carinatis.

MANNERH. *Käf. fn. d. Aleut. Ins.* 4ᵉ part. p. 133 , 193.

2. C. FALLAX. *Niger , parcius griseo-pubescens ; thorace latitudine fere dimidio longiore, valde remote punctulato , lateribus subrectis , angulis basalibus prominulis acutiusculis , minime divaricatis , postice in medio longitudinaliter impresso ; elytris oblongis , sublinearibus , striatis, ad suturam leviter impressis , interstitiis sat crebre punctulatis ; antennarum articulo primo , thoracis angulis posticis et margine inflexo , elytrorum basi late, sutura, margine laterali et epipleuris pedibusque rufo-ferrugineis.* — Long. 2 1/2 ″ lat. 3/4 ‴.

Ad ostia fl. Kaktnu peninsulæ Kenai , exitu junii , sub lapidibus et lignis cœsis rarius. *D. Holmberg.*

C. *scarificato* (*bicolori*) et *limbato* Man. valde propinquus , sed thorace angustiore, multo remotius punctato et elytris adhuc longioribus , sublinearibus imprimis diversus.

MANNERH. loc. cit. 4ᵉ part. p. 134 , 195.

3. C. VESTITUS. *Subdepressus , nigro-fuscus , longe et dense griseo-pubescens ; thorace latitudine longiore , creberrime subtiliter punctulato , antrorsum vix angustato , lateribus parum rotundato, in medio distincte canaliculato , angulis posticis elongatis , acutis , divaricatis , apice incurvis ; elytris leviter punctato-striatis , interstitiis subtiliter transversim strigosis , subrugulosis , macula humerali et margine laterali cum epipleuris rufo-testaceis, apice latius rufescenti-pellucidis; pedibus ferrugineo-testaceis. —* Long. 2 1/2 ″ lat. 1 ″.

Eodem loco uti precedens species a *D. Holmberg* rarissime lectus.

Forma thoracis angulisque ejus posticis *Diacanthum* quodem modo mentiens , sed characteres generis *Cryptohypni.*

MANNERH. loc. cit. 4ᵉ part. p. 135 , 196.

4. C. LUCIDULUS. *Convexiusculus, parce griseo-pubescens, supra obscure æneus, violaceo-micans, remote punctulatus, subtus nigro-piceus; thorace latitudine longiore, lateribus subrectis, angulis posticis acutis, productis, haud divaricatis; elytris striatis, striis remote punctulatis; thoracis angulis posticis antennis pedibusque ferrugineo-testaceis.* — Long. 2 1/8 " lat. 3/4 ".

Habitat ad sinum Woskresensk peninsulæ Kenai, medio junii, sub lapidibus frequens. *D. F. Frankenhauser.*

MANNERH. loc. cit. 4° part. p. 135, 197.

5. C. RESTRICTULUS. *Oblongiusculus, niger, tenue griseo-pubescens, subtiliter sat crebre punctulatus; thorace latitudine vix breviore, supra convexo, lateribus rotundato ampliato et postice valde restricto, angulis acutiusculis productis; elytris in medio tantum obsoletissime substriatis; palpis, antennarum basi, sutura postice, margine et epipleuris elytrorum pedibusque rufo-ferrugineis, femoribus plus minusve infuscatis.* — Long. 1 3/4 " lat. 2/8 ".

Ad Castellum Nicolajevsk peninsulæ Kenai, medio junii sub lapidibus et lignis cœsis a *D. Holmberg* rarius inventus.

MANNERH. loc. cit. 4° part. p. 136, 198.

3° Quatre espèces des Etats-Unis.

1. C. TUMESCENS. *Obesus, virescenti-ater, cinereo-pubescens, thorace convexo, antrorsum valde angustato, lateribus rotundatis, dense subtilius punctato, elytris striis vix obsolete punctatis, interstitiis paulo convexis, pedibus flavo-testaceis, antennis piceis, articulis 2 et 3 æqualibus flavis, 4° sequenti æquali.* — Long. 1 1/2 ".

LEC. Revis. Elat. Un. St. in Am. Phil. Soc. Trans. X, new Ser. p. 486, 4.

One specimen, north shore of Lake Superior. The front is flat, with the anterior margin distinct: it is as finely punctured as the thorax. This species has very much the appearance of *Cardiophorus*, but the prosternal spine is long.

2. C. squalidus. *Depressus, fuscus, pube grisea, subsqua-mosa minus dense vestitus, thorace dense grossius punctato, sub-æciculato, antrorsum subangustato, lateribus late rotundatis, elytri striis subtilibus, distinctis, punctatis, interstitiis planis confertim punctatis, antennis pedibusque flavis. —* Long 3 1/3 ".

Lec. loc. cit. p. 487, 5.

One specimen, San Jose, California. The lobe of the proster-num is longer than in the preceding species and more rounded: the general appearance is that of *Adelocera.* The anterior margin of the front is slightly elevated : the fourth joint of the antennæ is equal to the fifth.

3. C. guttatulus. *Ater, nitidus, pubescens, thorace antror-sum valde angustato, punctulato, elytris distincte striatis, inters-titiis subconvexis, impunctatis, macula humerali, alteraque utrinque ante apicem, antennis pedibusque testaceis. —* Long. 1 1/3 ".

Cryptohypnus guttatulus. Melsheim. *Proc. Acad. Nat. Sc.* II , p. 214. — Lec. loc. cit. p. 487, 8.

J have seen only a badly preserved Pennsylvanian specimen, in Dr. Melsheimer's collection. The lobe of the prosternum is short, and hardly deflexed, and not well defined from the rest of the sternum. This species seems to have been confounded by Dr. Mels-heimer with the preceding (*C. pulchellus*): in fact his description agrees entirely with the preceding, except in the description of the spots of the elytra. J have, however, retained Dr. Melsheimer's name, as this specimen was placed as the type in his collection. It is quite possibly identical with *C.* 4 *— pustulatus,* a european spe-cies, and may have become erroneously labelled as american. The state of the specimen, however, is very unsatisfactory.

4. C. striatulus. *Ater, minus convexus, opacus, tenuiter cinereo-pubescens, thorace latitudine non longiore, antrorsum angustato, lateribus regulariter sat rotundatis, confertissime punctulato, linea dorsali lævi, elytris distincte striatis, intersti-tiis planiusculis, dense rugose punctulatis, antennis pedibusque piceis, tibiis tarsisque subtestaceis. —* Long. 1 1/3 ".

13

Lec. loc. cit. p. 488 , 9.

Two specimens , Lake Superior. The lobe of the prosternum is
short , broad , and well defined by a deep transverse impression :
the last joint of the palpi is rounded at the extremity as in *C. pulchellus.*

———

Plusieurs espèces , rapportées au même genre par différents
auteurs, ne lui appartiennent pas. Ainsi le *C. (Drasterius) nigellus*
White (1) est un Eucnemide; le *C. ochreatus* Germ. (2) est un
Cebrionide voisin des *Physodactylus* ; le *C. puberulus* Mannerh. (3) est probablement un *Anchastus.*

ARHAPHÈS.

Tête médiocre , peu convexe , la bouche dirigée à peu près dans
le sens de l'axe du prothorax. Rebord antérieur du front peu saillant. Plaque nasale étroite. Mandibules courtes , bifides. Palpes
maxillaires terminés par un article obconique , acuminé.

Antennes médiocrement longues , composées de onze articles ,
le premier assez gros , le second subglobuleux, les suivants égaux,
cylindro-coniques.

Prothorax un peu allongé, de forme régulière, ses angles postérieurs peu saillants.

Ecusson large, bombé.

Elytres assez courtes.

Prosternum confondu avec les flancs prothoraciques, sans sutures
distinctes entre eux ; la mentonnière séparée du sommet des
flancs par une échancrure située de chaque côté, d'où part une très-
fine ligne , à peine perceptible , rapprochée des bords latéraux ;
seul vestige indiquant la largeur du prosternum.

Hanches postérieures un peu dilatées, en dedans , en une lame
subquadrangulaire , transversale.

Pattes médiocres ; tarses simples.

(1) *Voy. of the Erebus and Terror.*; Entom. p. 7.
(2) *Zeitschr. f. d. Entom.* V, p. 156, 1.
(3) *Bullet. d. Mosc.* 1843 , p. 240.

Le caractère qui distingue ce genre et qui consiste dans l'absence des sutures latérales du prosternum est unique, je pense, parmi les Elatérides ; les deux échancrures, fort espacées, qui existent de chaque côté de la mentonnière et les très-légères lignes qui en partent, lignes qu'on n'aperçoit qu'en les cherchant très-attentivement non loin des bords latéraux, indiquent seules la largeur réelle du prosternum. Ce genre se place donc naturellement à côté des *Cryptohypnus.*

Le prothorax est très-mobile sur la partie postérieure du corps, au point que chez les individus que j'ai sous les yeux, cet organe est fortement incliné et forme un angle droit avec les élytres.

Ce genre ne renferme jusqu'ici que l'espèce suivante :

A. DIPTYCHUS. *Nigro-fuscus, pube fulvo-grisea dense vestitus ; antennis basi testaceis ; prothorace latitudine longiore, basi apiceque angustato, subtiliter sparsim punctulato, angulis posticis breviter carinatis ; scutello testaceo, gibboso ; elytris basi parallelis, convexis, subtiliter punctato-striatis, macula postica in singulo lutea ; pedibus pallide-testaceis.* — Long. 3 1/2, lat. 1 1/4 mill.

Var. a. *Elytris immaculatis.*

Brunâtre obscur, revêtu d'une pubescence assez dense d'un gris fauve, les élytres marquées près de l'extrémité, chacune, d'une tache triangulaire jaune. Front presque carré, peu convexe, ponctué. Antennes un peu plus longues que la tête et le prothorax, obscures avec la base jaune. Prothorax plus long que large, rétréci à la base et au sommet, arqué sur les côtés, convexe, finement ponctué, ses angles postérieurs courts, obtus, testacés, un peu recourbés en dehors, portant une courte carène qui s'écarte brusquement du bord latéral dans sa partie antérieure. Ecusson large, bombé, testacé, logé dans une dépression ménagée pas les élytres. Elytres à peine deux fois plus longues que le prothorax, parallèles sur les côtés dans leur moitié antérieure, obtusément arrondies au sommet, assez convexes, striées, les stries ponctuées, les intervalles à peu près plats. Dessous du corps noirâtre, luisant. Pattes d'un jaune clair.

Cette curieuse espèce est de Colombo.

Je n'en ai vu que cinq exemplaires, sans nom, dans la collection de M. Dohrn ; sur ce nombre, deux avaient les élytres sans taches.

SOUS-TRIBU VIII.

CARDIOPHORITES.

*Front arrondi et rebordé en avant ; écusson cordiforme; pros-
ternum assez large, ses sutures rectilignes et généralement parallèles, sa saillie postérieure courte ; bords de la fossette mésosternale
verticaux; hanches postérieures fortement dilatées en dedans ;
articles et crochets des tarses variables.*

Le groupe des *Cardiophorites* est, après celui des *Monocrépidiites*, le plus riche en espèces; il est, en outre, le plus naturel
et le mieux limité de la tribu des *Elatérides vrais.*

La forme particulière de trois organes suffit pour le caractériser :
l'écusson cordiforme, le prosternum à saillie postérieure tronquée,
enfin la verticalité des bords de la fossette mésosternale ; lorsque
ces trois caractères se trouvent réunis chez le même Elatéride on
est assuré qu'il appartient au groupe actuel.

La tête des *Cardiophorites* est assez fortement enchâssée dans le
prothorax. Le front est, à très-peu d'exceptions près, régulièrement convexe ; il varie quant à sa largeur, selon les genres : ceux
de l'ancien continent et de l'Amérique du Nord l'ont assez large et
médiocrement rebordé ; chez ceux de l'Amérique méridionale,
au contraire, qui forment les trois derniers genres de la sous-tribu,
le front est rétréci et fortement échancré par les yeux, tandis qu'il
s'avance davantage en avant, au-dessus de la plaque nasale.

Les antennes sont grêles et plus ou moins longues. La grandeur
du second article égale, assez uniformément, la moitié de celle du
quatrième ; le troisième a une taille intermédiaire.

Le prothorax présente deux formes tranchées, qui séparent assez
nettement les espèces de l'ancien continent et celles du nouveau.
Je m'en suis servi comme de base dans la formation des genres.

Chez les premières, auxquelles il faut joindre les espèces, peu
nombreuses du reste, de l'Amérique septentrionale, le prothorax
est bombé, rétréci presque aussi fortement à la base qu'au sommet
et dépourvu, sur les côtés, de cette arête qui forme latéralement la
limite exacte du pronotum et le sépare des flancs; la suture du
pronotum est alors reportée tout-à-fait en dessous, elle est généra-

lement incomplète et il n'est même pas rare de la voir manquer entièrement.

Les *Cardiophorites* de l'Amérique du Sud, au contraire, ont, sans exception que je sache, cette suture située sur la partie la plus externe du repli latéral et jamais sur les flancs ; cette suture est visible dans la moitié postérieure au moins du repli, lequel affecte toujours, dans cette même moitié, la forme d'une arête aiguë. Il en résulte que, chez ces espèces, on ne peut apercevoir en dessous aucune portion du pronotum, ce qui est la conformation normale.

Les angles postérieurs du prothorax sont toujours petits, très-rarement recourbés un peu en dehors, en sorte que, chez presque tous, cette partie du corps est plus étroite à la base qu'au milieu au lieu d'être en forme de cône tronqué.

On remarque en général, en dedans des angles postérieurs, surtout chez les vrais *Cardiophorus*, deux stries obliques plus ou moins longues et profondes. Ces stries, qui caractérisent essentiellement les *Melanotus*, sont moins constantes ici.

La ponctuation du prothorax, aussi bien en dessus qu'en dessous, est très-variable chez les *Cardiophorites*. Beaucoup ont une ponctuation composée de points fins, gros et moyens, qui paraissent semés sans ordre ; ce genre de ponctuation, que nous avons déjà eu l'occasion d'observer chez un assez grand nombre de *Monocrepidius*, est dite alors *inégale ;* mais une quantité d'espèces des régions tropicales nous présentent la ponctuation double des *Heteroderes* (*Monocrépidiites*), constituée par un pointillé fin et serré sur lequel se détachent des points plus gros, espacés et régulièrement placés : ces gros points sont quelquefois ombiliqués, et, lorsque ce caractère existe, il est beaucoup plus prononcé et plus apparent sur les flancs que sur le pronotum.

La forme de l'écusson est toujours celle d'un cœur. Généralement son bord latéro-antérieur est épaissi et coupé par une échancrure ou un court et profond sillon médian ; chez beaucoup d'espèces américaines ce sillon n'existe pas.

Les élytres sont généralement peu allongées, conjointement arrondies à l'extrémité, quelquefois très-acuminées, mais jamais tronquées ou échancrées ; beaucoup d'espèces ont un ou plusieurs intervalles de stries élevés en carène, soit dans toute leur longueur, soit seulement à l'extrémité.

Le prosternum est toujours assez large ; ses sutures latérales s'ou-

vrent un peu au sommet, en se recourbant en dehors, sans présenter de canaux prothoraciques; elles sont fines, rectilignes et
parallèles en arrière, chez la plupart, concaves dans un petit
nombre. La saillie postérieure est toujours courte, conique, cunéiforme; elle s'engage à peine dans la fossette mésosternale.

Les branches de celle-ci ont une direction tout-à-fait verticale,
en sorte qu'en regardant la face inférieure du corps on n'en voit
que les extrémités, qui s'élèvent au niveau du métasternum sous la
forme de deux dents quelquefois très-aiguës, tantôt séparées de ce
dernier par une suture, tantôt confondues complètement avec lui
comme chez les *Chalcolépidiites.*

Les hanches postérieures sont, chez tous, fortement dilatées au
côté interne et très-atténuées en dehors.

Les pattes, de longueur moyenne, sont généralement grêles.
Les tarses sont simples chez la plupart; chez un petit nombre le
quatrième article est dilaté et cordiforme, quelquefois même
lamellé.

On observe, chez les *Cardiophorites,* les plus grandes variations
dans la structure des crochets des tarses. Ces crochets, lorsqu'ils
sont simples, sont tantôt très-développés, tantôt très-petits, fortement recourbés ou presque droits. Beaucoup les ont armés, au
bord concave, d'une dent très-courte ou aussi longue que le crochet lui-même: dans le premier cas, le crochet s'élargit depuis la
base jusque vers son milieu, puis s'amincit brusquement pour se
terminer en pointe aiguë: dans le second cas, il est bifide et chaque
tarse parait muni de quatre crochets. Quelques *Cardiophorites* ont
les ongles tricuspidés, d'autres les ont pectinés à la manière des
Melanotus.

On trouve les *Cardiophorites* dans tous les pays. Ils sont surtout
abondants dans l'Amérique méridionale, en Afrique et aux Grandes-
Indes. Ils paraissent comparativement plus rares dans l'extrême
orient, c'est-à-dire, en Chine, dans les îles de la Malaisie et en
Australie, régions qui ne m'ont fourni que 5 espèces sur 232, que
j'ai pu examiner.

Les *Cardiophorites* se répartissent en sept genres qui sont les
suivants :

*Coptosthetus, Cardiophorus, Aptopus, Cardiotarsus, Horis-
tonotus, Triplonychus* et *Esthesopus.*

Les genres *Cardiophorus* et *Cardiotarsus* ont été créés par Eschscholtz, le premier dans son travail sur la classification des Elaté-

rides (1), le second dans le tableau synoptique publié quelques années plus tard (2) par M. de Castelnau. Erichson (3) n'a pas admis ce second et n'en a fait qu'une section des *Cardiophorus*.

Les genres *Aptopus* et *Esthesopus* ont été fondés par le même auteur dans le premier travail cité ci-dessus. Eschscholtz a pris pour type du genre *Aptopus* deux espèces du Brésil dont une, la seule que je connaisse, rentre pour moi dans un autre genre ; mais comme la formule qu'il en donne caractérise parfaitement des espèces exclusivement propres au Mexique, qu'il n'a peut-être pas connues, mais qu'il eut certainement placées dans ses *Aptopus*, comme Erichson l'a fait plus tard en réduisant le genre en simple section, j'ai conservé ici ce nom générique.

Le nom d'*Esthesopus* a été primitivement appliqué à une seule espèce du Brésil. En développant ses caractères, j'ai compris sous ce nom un certain nombre de *Cardiophorites* de l'Amérique du Sud, dont le caractère principal réside dans la forme du quatrième article des tarses, combinée avec la structure du prothorax.

Le genre *Coptosthetus* est de M. Wollaston (4), qui a appliqué ce nom à des *Cardiophorites* très-remarquables sous le rapport du genre de vie.

Les genres *Horistonotus* et *Triplonychus* sont nouveaux et fondés sur des espèces de l'Amérique méridionale.

Erichson (5) a publié, en 1840, une monographie des *Cardiophorus* sur les espèces existant alors au musée de Berlin. Le nombre de celles qu'il décrit ne s'élève pas à moins de 109. Il comprend sous ce nom générique, et en y créant plusieurs sections, tous les insectes qui correspondent à la sous-tribu entière des *Cardiophorites* telle qu'elle est entendue ici. Cet auteur a formé ses sections d'après la structure du quatrième article des tarses et des ongles, sans tenir compte de la conformation du prothorax, laquelle m'a servi de point de départ pour la classification de ce groupe.

Les *Cardiophorites* ont des rapports intimes avec les *Cryptohypnites*, ainsi que je l'ai dit à propos de ces derniers. D'un autre côté ils sont reliés aux *Melanotites* par les *Aptopus*, dont les crochets

(1) In TNON, *Entom. Arch.* I, II, , p. 34.
(2) In SILBERM. *Rev. entom.* IV.
(3) *Zeitschr. f. d. Entom.* II.
(4) *Ins. Mader.* p. 238.
(5) *Zeitschr. f. d. Entom.* II, p. 279.

des tarses ont une conformation entièrement semblable. La présence des sillons basilaires latéraux du prothorax, particularité qui ne s'observe guère que dans ces deux sous-tribus, les rapproche également.

Voici les caractères distinctifs des genres.

A. Ailes inférieures nulles.   *Coptostethus.*

AA. Ailes inférieures normales.
   a Sutures latérales du pronotum nulles, ou, lorsqu'elles existent, ordinairement incomplètes et situées, en dessous, sur les flancs du prothorax.
     α Tarses simples.
        * Crochets des tarses simples ou dentés, non pectinés.   *Cardiophorus.*
       ** Crochets des tarses pectinés.   *Aptopus.*
     αα Quatrième article des tarses cordiforme, plus ou moins lamellé.   *Cardiotarsus.*
   aa Pronotum limité de chaque côté, au moins dans sa moitié postérieure, par une arête aiguë, ses sutures latérales jamais en dessous de cette arête.
     α Tarses simples.
       * Crochets simples ou dentés.   *Horistonotus.*
      ** Crochets tricuspidés.   *Triplonychus.*
     αα Quatrième article des tarses cordiforme ou lamellé.   *Esthesopus.*

COPTOSTETHUS.

WOLLAST. *Ins. maderens.*, p. 238.

Tête enchâssée dans le prothorax, son bord antérieur légèrement saillant; plaque nasale rétrécie par l'insertion rapprochée des antennes. Mandibules assez fortes, dentées avant le sommet. Palpes maxillaires terminés par un article subfusiforme, obliquement tronqué au sommet.

Antennes longues, grêles, le premier article court et épais, le second plus court que les suivants qui sont obconiques et subégaux, l'onzième terminé par un faux article.

Prothorax grand.

Ecusson transversalement cordiforme.

Élytres courtes en proportion du prothorax , ovales.

Prosternum large , ses sutures latérales fines , rectilignes et parallèles, sa pointe postérieure courte , tronquée.

Mésosternum vertical, la fossette regardant directement en avant.

Métasternum coupé carrément entre les pattes moyennes.

Face extérieure des hanches postérieures , réduite à une lame presque aussi longue que large, échancrée vers le milieu de son bord libre.

Pattes longues, grêles ; les tarses filiformes , à articles 1—4 diminuant graduellement de longueur , le cinquième de longueur variable , les crochets très-petits , peu arqués et simples.

Corps aptère.

Comme on le voit par l'exposé de ces caractères , ce genre rentre parfaitement dans la sous-tribu des *Cardiophorites*. D'un autre côté l'absence des ailes inférieures , la conformation des hanches postérieures , enfin les habitudes des espèces qu'il renferme le rapprochent incontestablement des *Cryptohypnites* à côté desquels je l'ai placé.

Les *Coptostethus* paraissent exclusivement propres aux îles Canaries où ils sont les seuls représentants de la famille des Elatérides.

On n'en connaît jusqu'ici que deux espèces trouvées et décrites pour la première fois par M. Wollaston.

Ils vivent sous les pierres, les troncs d'arbres , etc., au bord des eaux.

C. CANARIENSIS. *Nigro-brunneus , nitidus , cinereo-pubescens ; prothorace latitudine vix breviore , basi apiceque angustato , lateribus arcuato , convexo , subtilissime confertissimeque punctato ; elytris brevibus, convexis, ellipticis, striis tenuibus punctatis ; antennis pedibusque testaceis.* — Long. 6–8 mill., lat. 2 - 2 c/s mill.

Coptostethus ? canariensis. WOLLAST. *Ann. and Magaz. of Nat. His'or.* septemb. 1858.

VAR. a. *Elytris dilutius brunneis.*

Brun et luisant , quelquefois avec les élytres d'un brun rougeâtre , revêtu d'une fine pubescence cendrée. Front légèrement

14

convexe , arrondi en avant , ponctué. Antennes longues, grêles, testacées. Prothorax grand, aussi long que large ou à peu près , rétréci à peu près également à la base et au sommet ce qui lui donne une forme arrondie, la tête comprise, très-convexe, très-finement et très-densément ponctué. Elytres à peine plus larges que le prothorax et une fois et trois quarts seulement aussi longues , curvilinéairement élargies depuis la base jusqu'à la limite du quart antérieur, puis très-faiblement atténuées de ce point au tiers postérieur où elles se rétrécissent par une courbe brusque jusqu'au sommet , convexes , finement striées, les stries marquées de points qui les échancrent légèrement , les intervalles aplatis et finement ridés en travers. Pattes jaunes.

Des Iles Canaries.

Communiqué par M. Wollaston.

J'ai pu examiner , au Musée britannique , la seconde espèce , *C. femoratus* , trouvée et décrite par le même auteur (1) avant l'espèce ci-dessus et formant, par conséquent, le type du genre. Elle diffère du *C. canariensis* par ses tarses plus allongés et à cinquième article plus long , sa taille plus petite, son reflet bronzé, sa pubescence plus longue et redressée , les angles du prothorax plus allongés , etc.

Malgré le signe de doute placé par l'auteur après le nom générique du *C. canariensis* , je pense que ces deux espèces , présentant du reste des caractères communs assez tranchés , doivent rester dans le même genre, ce que semble indiquer , en outre , la conformité de leur genre de vie et ce fait remarquable qu'elles sont les seuls Elatérides qui se trouvent dans les îles Canaries.

CARDIOPHORUS.

Eschs. in Thon , *Entom. Arch.* II , 1 , p. 54.

Dicronychus. Baullé , *Exped. Sc. d. Morée ; Entom.* p. 138.

Caloderus. Steph. *Illustr. of brit. Entom.* III. — Lap. *Hist. Nat. d. Ins. Col.* I , p. 249.

(1) *Insect. maderens.* p. 238.

Aplotarsus (pars). Stepil. *Ibid.*

Drasterius et *Dolopius*. Faldern. *Fn. Transc.* p. 172 et 179.

Tête inclinée , à demi enchâssée dans le prothorax , légèrement
et régulièrement convexe; front paraboliquement arrondi en avant
chez la plupart, muni d'une saillie médiocre au-dessus de la plaque
nasale ; celle-ci transversale. Mandibules courtes, bidentées au
sommet. Palpes terminés par un article triangulaire ou semilunaire.

Antennes de longueur variable, dépassant ordinairement un peu,
chez les mâles , les angles postérieurs du prothorax , grêles , le
premier article gros, ovalaire , le second court , le troisième égal
au quatrième ou un peu plus court , ce dernier et les suivants en
triangle allongé , le dernier ovalaire.

Prothorax ordinairement assez bombé , arrondi sur les côtés ,
quelquefois aussi étroit à la base qu'au sommet, toujours plus
étroit qu'au milieu , ce qui tient à la brièveté des angles postérieurs, ses bords latéraux effacés et dépourvus de la ligne suturale
qui limite le pronotum de chaque côté dans les autres genres, ligne
qu'on retrouve , plus ou moins complète , sur les flancs ; le bord
postérieur bisinué et présentant de chaque côté , en dedans des
angles postérieurs, un sillon oblique quelquefois très-long.

Écusson cordiforme.

Élytres courtes , généralement arrondies aux épaules et au sommet.

Prosternum muni d'une mentonnière normale , sa saillie postérieure courte , cunéiforme, ses sutures latérales rectilignes et
parallèles dans leurs trois quarts postérieurs.

Mésosternum vertical , n'apparaissant au niveau du métasternum , que sous la forme de deux petites dents qui limitent de chaque côté la fossette mésosternale, laquelle est large et très-peu
profonde.

Parapleures du métathorax larges.

Hanches postérieures brusquement élargies en dedans en une
lame arrondie sur son bord libre , très-amincies et finissant en
pointe aiguë en dehors.

Pattes de longueur moyenne ; articles des tarses décroissant graduellement du premier au quatrième , le cinquième à peu près de
la longueur du premier, tous simples ; ongles simples ou munis en
dedans d'un appendice quelquefois court et obtus , quelquefois

allongé jusqu'au niveau de l'extrémité de l'ongle lui-même, au
point que celle-ci paraît dédoublée.

Corps pubescent.

Le genre *Cardiophorus* est l'un des plus naturels de la famille et
le plus facilement reconnaissable, ce qui explique le petit nombre
de ses noms synonymiques, bien qu'il soit très-riche en espèces.

Ces espèces ont, en effet, une physionomie spéciale qui les fait
reconnaître au premier coup d'œil et qui tient au rétrécissement du
prothorax à la base et de la partie correspondante des élytres. Elles
possèdent, en outre, quelques caractères qui, réunis, les distinguent exclusivement. Ces caractères sont l'absence des bords tranchants latéraux du pronotum, la forme de l'écusson, celle du
prosternum et du mésosternum, enfin celle des hanches postérieures. Je citerai encore la brièveté des angles prothoraciques, la présence des sillons basilaires latéraux du pronotum, la ponctuation
de ce dernier, la conformation des crochets, caractères secondaires
sur lesquels je reviendrai plus loin.

L'absence du bord tranchant qui, chez les Elatérides et la plupart des Coléoptères, limite le pronotum de chaque côté, caractérise essentiellement le genre *Cardiophorus*, tel qu'il est entendu
ici. Deux genres seulement, peu nombreux, présentent cette
conformation en commun avec lui, ce sont, comme nous l'avons
vu dans le tableau des genres exposé plus haut, les *Coptostethus* et
les *Aptopus*; mais les premiers en diffèrent par l'absence des ailes
inférieures et les seconds par leurs crochets pectinés. Le bord tranchant en question ne se forme que dans le voisinage de l'angle
postérieur, mais il ne porte jamais la suture du pronotum, qui,
lorsqu'elle existe, est placée sur les flancs mêmes du prothorax,
c'est-à-dire, tout-à-fait en dessous, et de telle façon qu'il faut
retourner complètement l'insecte pour l'apercevoir. Ces sutures
sont quelquefois complètes, mais plus souvent elles s'effacent en
partie, et c'est alors vers les angles postérieurs qu'il faut en cher-
cher la trace; quelquefois elles n'existent pas.

L'écusson a une forme constante et caractéristique auquel le
genre doit son nom. Cette forme est celle d'un cœur de cartes,
avec le bord antérieur soulevé de chaque côté et profondément sillonné au milieu.

Le parallélisme des sutures prosternales, la brièveté de la saillie
postérieure du prosternum, la verticalité des bords de la fossette

mésosternale, sont aussi autant de caractères qui ne présentent pas d'exception dans le genre, mais qui ne lui sont pas exclusifs, car on les retrouve dans les autres genres des *Cardiophorites.*

Il en est de même de la forme des hanches postérieures qui ne varie guère chez les nombreuses espèces de ce groupe important.

Quant aux caractères secondaires, ils méritent aussi quelques mots de développement.

La brièveté des angles postérieurs du prothorax et le rétrécissement de celui-ci en arrière s'observent chez toutes les espèces, et leur donnent cette tournure particulière qui les fait reconnaître au premier abord.

Presque tous les *Cardiophorus* ont, à la base du prothorax, deux petites stries obliques, tantôt réduites à de simples échancrures du bord postérieur, tantôt prolongées jusqu'au tiers moyen. Ces stries que j'ai désignées, dans les descriptions des espèces, sous le nom de *sillons basilaires latéraux,* m'ont fourni de bons caractères pour la distinction spécifique. Nous retrouverons cette particularité à un degré plus prononcé encore et élevé au rang de caractère principal, dans le genre typique de l sous-tribu suivante, le genre *Melanotus.*

Les *Cardiophorus* ont les crochets des tarses simples, ou armés d'une dent ou d'une épine vers le milieu de leur bord concave ; je n'ai pas admis dans le genre, ainsi que l'ont fait Erichson et M. Lacordaire, les espèces qui ont les ongles pectinés ou tridentés, parceque, outre ces modifications de la pièce en question, il existe d'autres caractères qui, combinés avec celui-ci, me paraissent lui donner assez de valeur pour l'élever au rang de caractère générique. Quant aux espèces qui ont les crochets simplement dentés, elles sont sous tous les autres rapports, conformées comme celles à crochets simples.

La ponctuation du prothorax offre, dans ce genre, trois formes bien distinctes : elle est simple et égale, ou inégale, ou double. La première est la forme normale, celle qui s'observe chez presque tous les Elatérides. La seconde, que nous avons déjà rencontrée chez beaucoup de *Monocrepidius*, et la troisième qui caractérise essentiellement les Elatérides du genre *Heteroderes*, se présentent également chez beaucoup de *Cardiophorus.* Comme j'en ai déjà parlé plus longuement dans les généralités de la sous-tribu, je n'y reviendrai pas ici.

Les *Cardiophorus* sont des insectes de moyenne ou de petite taille. Le plus grand ne dépasse pas les proportions de l'*Adolocera fasciata*, le plus petit n'a guère que trois millimètres de longueur ; la plupart ont pour taille la moyenne de ces deux extrêmes. Beaucoup sont ornés de couleurs brillantes et variées, formant des taches ou des dessins agréables à l'œil.

Leur distribution géographique est extrêmement étendue ; on les trouve dans toutes les régions du globe, excepté dans l'Amérique méridionale, où ils sont remplacés par les trois derniers genres de la sous-tribu.

Ils vivent sur les plantes.

Voici le tableau synoptique des espèces, divisées naturellement en deux sections d'après la structure des crochets des tarses.

SECTION I.

Crochets des tarses simples.

I. Dessus du corps de couleur variée.

A Prothorax rouge, avec ou sans tache.
  a Prothorax entièrement rouge et sans tache, sauf, quelquefois, le bord postérieur noir.
    α Elytres entièrement noires.
      * Pattes noires.
        ✕ Prothorax d'un rouge de corail ; intervalles des stries des élytres aplatis.   1. *C. thoracicus.*
        ✕✕ Prothorax d'un rouge orangé vif ; intervalles des stries des élytres convexes.   2. *C. miniaticollis.*
      ** Pattes jaunes ou rouges.
        ✕ Front noir.   5. *C. sanguinicollis.*
        ✕✕ Front rouge.   6. *C. lectus.*
    αα Elytres variées.
      * Deux larges fascies blanchâtres formées par des poils sur les élytres.   3. *C. syriacus.*
      ** Elytres diversement variées.
        ✕ Elytres noires avec des fascies jaunes.
          + Un point jaune, outre les fascies, sur le bord basilaire des élytres.   37. *C. sexguttatus.*
          ++ Pas de point jaune basilaire sur les élytres.
            o Ponctuation du prothorax simple.
              c Ponctuation fine et serrée ; écusson sillonné.   36. *C. histrio.*
              cc Ponctuation éparse ; écusson plan.   33. *C. venustus.*

    oo Ponctuation double, avec des
        points ombiliqués.   29. *C. analicus.*

  ✕✕ Un point rouge sur chaque élytre.   21. *C. ornatus.*

  ✕✕✕ Elytres jaunes, avec une tache fusi-
      forme sur la suture , brune.   7. *C. œgyptiacus.*

α Prothorax rouge maculé de noir.

 α Elytres unicolores.

  * Partie antérieure du prothorax noir.

   ✕ Pattes noires (1).   12. *C. ruficollis.*

   ✕✕ Pattes rouges.   14. *C. anticus.*

  ** Une bande transversale noire au milieu du
      prothorax.   15. *C. argiolus.*

  *** Une tache discoïdale noire sur le prothorax.

   ✕ Elytres noires.

    + Tache du prothorax oblongue , fusi-
       forme (2).   9. *C. discicollis.*

    ++ Tache du prothorax cruciforme. 10. *C. sacratus.*

    +++ Tache du prothorax puncti-
       forme.   4. *C. maculicollis.*

   ✕✕ Elytres d'un bleu obscur.   8. *C. cyanipennis.*

 αα Elytres variées.

  * Plusieurs taches sur le prothorax.

   ✕ Quatre petites taches noires plus ou moins
      confluentes sur le prothorax.   30 *C. mirabilis.*

   ✕✕ Trois taches ordinairement confluentes,
      placées transversalement sur le pro-
      thorax (3).

   ✕✕✕ Deux taches noires antérieures sur le
      prothorax.

    + Elytres rouges à la base.   27. *C. notatus.*

    ++ Elytres noires avec des raies jaunes. 26. *C. ophidius.*

   ✕✕✕✕ Deux bandes noires sur le protho-
      rax.   34. *C. staurophorus.*

  ** Une seule tache noire sur le prothorax.

   ✕ Des fascies jaune clair sur les élytres.

    + Un point basilaire jaune , outre les
       fascies , sur les élytres (4).

    ++ Pas de point basilaire jaune sur les
       élytres (5).

   ✕✕ Une tache arrondie rouge au milieu des
      élytres (6).

   ✕✕✕ Une tache subrectangulaire humérale
      jaune sur les élytres.   11. *C. Kindermannii.*

(1) Voyez aussi *C. ornatus* var. *a.*
(2) Voyez aussi *C. sacratus* var. *a.*
(3) *C. sexpunctatus* var. *a.*
(4) *C. sexguttatus* var. *b.*
(5) *C. histrio* var. *b.*
(6) *C. ornatus* var. *a.*

AA Prothorax de couleur autre que rouge, avec ou
    sans tache.
   a Prothorax maculé, soit sur le disque, soit sur les
     bords ou les angles postérieurs.
      α Elytres sans taches.
        * Prothorax noir avec le bord postérieur rouge
          ou rougeâtre.
          X Elytres d'un chatain clair.   17. *C. numida.*
          XX Elytres noires ou bronzées.
            + Bord antérieur du prothorax égale-
              ment rouge.   16. *C. ulcerosus.*
            ++ Bord postérieur seul du prothorax,
              rouge.   13. *C. collaris.*
        ** Prothorax noir avec les quatre angles rou-
          ges (1).
        *** Prothorax noir avec une tache latérale
          rouge (2).
     αα Elytres maculées.
       * Angles postérieurs du prothorax jaune clair. 42. *C. lætus.*
       ** Bord antérieur et postérieur du prothorax
         rougeâtres.   58. *C. repandus.*
       *** Bord postérieur seul du prothorax rouge. 28 *C. eximius.*
  aa Prothorax sans tache.
    α Elytres simplement ornées de bandes longitudi-
     nales plus ou moins fondues, ou sans taches,
     mais alors d'une autre couleur que le protho-
     rax.
     * Une épine à la base du prothorax, devant
      l'écusson.   85. *C. hoploderus.*
     ** Pas d'épine à la base du prothorax.
      X Ponctuation du prothorax serrée, simple,
       égale.
       + Elytres d'un brun rougeâtre uniforme. 96. *C. castanopterus.*
       ++ Elytres noires avec une bande lon-
         gitudinale ferrugineuse. 88. *C. influxus.*
       +++ Elytres testacées avec la suture
         largement et le bord externe
         étroitement obscurs. 47. *C. suturalis.*
       ++++ Elytres avec une bande longi-
         tudinale jaune (3).
      XX Ponctuation du prothorax inégale ou
       double.
       + Ponctuation du prothorax inégale.
        o Elytres avec une bande longitudi-
         nale jaune.   49. *C. Eleonoræ.*

(1) Voyez *C. sacratus* var. *b.*
(2) Voyez *C. princeps* var. *a.*
(3) *C. junceus* var. *a.*

    oo Elytres uniformément brunes (1).

    c Elytres déprimées.   45. *C. phæopterus.*

    cc Elytres convexes.   76. *C. exaratus.*

  + + Ponctuation du prothorax double.

    c Elytres brun rougeâtre avec la
        suture obscure.   48. *C. fulvicornis.*

    cc Elytres jaunâtres avec le dos
        obscur.   46. *C. discipennis.*

    ccc Elytres noires avec une bande
        longitudinale ferrugineuse. 85. *C. princeps.*

ox Elytres maculées.

  * Trois taches sur chaque élytre.

    × Deux fascies obliques et un point basilaire
      sur chaque élytre (2).

    ×× Trois points jaunes sur chaque élytre.   18. *C. sexpunctatus.*

    ××× Deux taches irrégulières et un point
      apical sur chaque élytre.   31. *C. argutulus.*

  ** Une ou deux taches sur chaque élytre.

    × Couleur foncière des élytres noire, ou
      brune, ou rougeâtre.

    + Deux taches sur chaque élytre.

      o Ponctuation du prothorax simple,
        égale.

      c Pattes jaune clair.

        v Taches des élytres oblongues. 41. *C. spilotus.*

        vv Taches des élytres transver-
          sales, onduleuses (3).

      cc Pattes noires ou brunes.

        v Tache antérieure des élytres
          allongée, linéaire, oblique,
          quelquefois divisée.   75. *C. cardisce.*

        vv Tache antérieure des élytres
          arrondie, ponctiforme ou
          transversale.

          x Tache antérieure des élytres
            située tout-à-fait à la base.

          y Tache postérieure des ély-
            tres terminale et bien
            marquée.   39. *C. quadriguttatus.*

          yy Tache postérieure des
            élytres subterminale et
            obsolète.   40. *C. colon.*

          xx Tache antérieure des ély-
            tres située au-delà de la
            base.

(1) *C. numida* var. *a* et *C. junceus* var. *b.*
(2) *C. sexguttatus* var. *c.*
(3) Voyez *C. repandus.*

      y Couleur foncière des élytres noire.
         z Cette tache arrondie.   70. *C. Lorquinii.*
         zz Cette tache transversale (1).
      yy Couleur foncière des élytres rouge.   19. *C. bipunctatus.*
    oo Ponctuation du prothorax inégale ou double.
    c Taches des élytres oblongues ; pattes jaunes.
      v Sutures du pronotum bien marquées et même élevées, sur les flancs.   43. *C. crux.*
      vv Sutures du pronotum peu distinctes sur les flancs.   44. *C. quadriplagiatus.*
    cc Taches des élytres raccourcies ; pattes obscures.   25. *C. tetradicus.*
++ Une seule tache sur chaque élytre.
  o Cette tache basilaire.
    c Pattes obscures (2).
    cc Pattes rouges ou jaunes.
      v Tache basilaire jaune (3).   100. *C. junceus.*
      vv Tache basilaire rouge.
         x Prothorax plus long que large, sa ponctuation simple.   32. *C. mesopyrrhus.*
         xx Prothorax plus large que long, sa ponctuation double.   33. *C. binotatus.*
    oo Cette tache discoïdale.
    c Angles postérieurs du prothorax nullement saillant, celui-ci très-rétréci à la base (4).
    cc Angles postérieurs du prothorax saillants et dirigés en arrière, celui-ci médiocrement rétréci à la base.
      v Elytres noires.
         x Tache des élytres rouge.   20. *C. biguttatus.*
         xx Tache des élytres jaune.   22. *C. Gebleri.*
      vv Elytres rouges (5).
×× Couleur foncière des élytres jaune.

(1) *C. histrio* var. *b.*
(2) *C. colon* var. *a.*
(3) Voy. *C. præmorsus.*
(4) *C. cardisce* var. *a.*
(5) *C. bipunctatus* var. *b.*

+ Un point huméral, un autre latéral,
   la suture et l'extrémité des élytres
   noirs.   23. C. nigropunctatus.
++ Une tache marginale oblongue der-
   rière les épaules, noire.   24. C. marginalis.

II. **Corps unicolore en dessus, la couleur des élytres exceptionnellement un
peu moins obscure que celle du prothorax.**

A **Noir, noir bronzé, noir plombé ou brun.**

  a Prothorax dépourvu de tubercule ou de carène
    longitudinale au milieu de son bord postérieur;
    sa surface non rugueuse.
    « Ponctuation simple, serrée, égale.
     * Abdomen noir ou brun.
      X Téguments bronzés ou plombés.
        + Pattes entièrement ou partiellement
          noires.
          o Prothorax notablement plus large
            que long.   68. C. robustus.
          oo Prothorax aussi long que large.
           c Prothorax plus rétréci à la base
             qu'au sommet.   55. C. Kiesenwetteri.
           cc Prothorax au moins aussi ré-
             tréci au sommet qu'à la base. 69. C. tenebrosus.
        ++ Pattes entièrement rouges.   54. C. tenellus.
      X X Téguments noirs ou bruns.
        + Prothorax simplement convexe.
          o Pattes noires, les tibias rouge
            jaune (1).   58. C tibialis.
          oo Pattes rouges ou jaunes.
           c Noir, antennes noires.
            v Téguments luisants.   52. C. rufipes.
            vv Téguments mats.   71. C. luridipes.
           cc Noir, antennes brunes, anne-
             lées de testacé; un sillon bien
             marqué sur le prothorax.   50. C. megacephalus.
          ccc Brun, antennes testacées (2).
           v Prothorax très-rétréci vers la
            base.   93. C. præmorsus.
           vv Prothorax très-peu rétréci
            vers la base.   92. C. segnis.
         cccc Noir brunâtre, antennes noires
           avec la base rouge.
          v Prothorax plus long que large,

(1) **Voyez** aussi le C. turgidus, qui a quelquefois les tibias jaune obscur.
(2) **Voyez** aussi C. erythropus var. a.

        ses points bien visibles, mé-
diocrement denses ; pubes-
cence cendré brun.   73. *C. amictus.*

  vv   Prothorax aussi large que
long sa ponctuation extrêmement fine et serrée ; pu-
bescence cendré blanchâtre. 72. *C. erythropus.*

ccccc   Noir, antennes rouges.   51. *C. nuptus.*

ccccc   Noir ou brun, antennes brunes (1).

  ooo   Pattes noires ou noirâtres.

  c   Une fascie de poils blancs au
milieu des élytres (2).

  cc   Pas de fascie de poils blancs
sur les élytres.

  v   Intervalles des stries subcos-
tiformes en arrière (3).

  vv   Intervalles plats ou simplement convexes.

    x   Un sillon médian à la base
du prothorax.

    y   Prothorax au moins aussi
long que large ; pattes
entièrement noires.

    z   D'un noir peu luisant.   66. *C. atramentarius.*

    zz   D'un noir luisant (4).   65. *C. turgidus.*

    yy   Prothorax plus large que
long ; tarses testacés.   63. *C. asellus.*

  xx   Prothorax non sillonné en
arrière.   67. *C. gagates.*

+ + Prothorax très-fortement bombé,
fortement canaliculé dans sa partie
postérieure.

  o   Noir, élytres cylindriques.   95. *C. hottentotus.*

  oo   Brun, élytres déprimées au milieu (5).

**   Abdomen rouge.   56. *C. ventralis.*

αα   Ponctuation du prothorax inégale ou double.

*   Abdomen rouge (6).   57. *C. abdominalis.*

**   Abdomen noir ou brun.

  ✕   Pattes jaunes ou d'un rouge clair.

    +   Angles postérieurs du prothorax por-

---

(1) *C. junceus* var. *b.*
(2) *C. biguttatus* var. *a.*
(3) *C. cardisce* var. *immaculatus.*
(4) Voyez aussi le *C. ebeninus.*
(5) *C. castanopterus* var. *a.*
(6) Voyez aussi *C. princeps* var. *a.*

tant une longue carène (1).

+ + Angles postérieurs du prothorax
    peu longuement carénés.

  o Noir légèrement bronzé; antennes
    noires.   53. *C. vestigialis.*

  oo Brun rougeâtre; antennes jaunes. 102. *C. brunneus.*

  ooo Noir brunâtre.

    c Antennes rouges; front légère-
      ment convexe.   77. *C. pallipes.*

    cc Antennes brunes; front impres-
      sionné.   78 *C. moratus.*

× × Pattes noires, brunes, brun rougeâtre
  ou testacé brunâtre.

  o Une fascie blanchâtre formée par
    des poils vers le milieu des ély-
    tres.   79. *C. beniniensis.*

  oo Pas de fascie blanchâtre sur les
    élytres.

    c Ponctuation des flancs du pro-
      thorax égale.

      v Antennes faiblement dentées
        en scie; prothorax rétréci à la
        base.

        x Pubescence brune, cendrée
          seulement aux angles pos-
          térieurs du prothorax; pat-
          tes brunes.   61. *C. Graëllsii.*

        xx Pubescence cendrée; pattes
          noires.

          y Sillons basilaires latéraux
            du prothorax très-courts. 60. *C. melampus.*

          yy Sillons basilaires latéraux
            du prothorax longs. 64. *C. ebeninus.*

      vv Antennes fortement dentées
        en scie; prothorax non ré-
        tréci à la base.   59. *C. nigerrimus.*

    cc Flancs du prothorax inégalement
      ponctués, présentant habituelle-
      ment une ponctuation fine, ser-
      rée, avec de gros points dissé-
      minés.

      v Téguments bruns.
        x Prothorax plus long que
          large; corps subcylindrique,
          acuminé en arrière. 99. *C. cognatus.*

        xx Prothorax aussi large que
          long; corps large, peu acu-

(1) *C. aspalax.*

              miné en arrière.   89. *C. holosericeus.*

     vv   Téguments noirs ou plombés.

          x   Plombés.   62. *C. musculus.*

          xx   Noirs.

             y   Prothorax très-bombé, un peu plus large que long.   94. *C. convexicollis.*

            yy   Prothorax peu bombé, aussi long que large au moins.

                z   Pattes rougeâtres; pubescence médiocre.   89. *C. accensus.*

               zz   Pattes brunes; pubescence épaisse, modifiant la couleur des téguments.

                   .   Pubescence cendré blanchâtre.   90. *C. fastidiosus.*

                 . .   Pubescence cendré fauve.   87. *C. thebaicus.*

aa   Bord postérieur du prothorax offrant un petit tubercule ou une carène longitudinale au milieu, ou sa surface rugueuse.

   α   Surface du prothorax rugueuse.   98. *C. gibbulus.*

   αα   Surface du prothorax ponctuée.

      *   Une carène ou ligne élevée longitudinale au milieu de la base du prothorax.

        ✕   Corps large, noir, la carène du prothorax très-fine.

          ╇   Angles postérieurs du prothorax non carénés.   91. *C. anax.*

          ╇╇   Angles postérieurs du prothorax munis d'une longue carène latérale.   84. *C. aspalax.*

       ✕✕   Corps étroit, brun; carène médiane basilaire du prothorax forte.   97. *C. carinicollis.*

      **   Un tubercule médian sur le bord postérieur du prothorax.

        ✕   Pattes testacées.   81. *C. languidus.*

        ✕✕   Pattes obscures.

          ╇   Pubescence très-fine, cendré blanchâtre.   80. *C. subspinosus.*

          ╇╇   Pubescence cendré fauve.   82. *C. sparvarius.*

AA   Corps testacé, rougeâtre ou châtain clair.

  a   Prothorax fortement rétréci à la base.   101. *C. flavus.*

  aa   Prothorax peu rétréci à la base.

   α   Rouge testacé, pubescence rougeâtre.   103. *C. permodicus.*

   αα   Testacé, pubescence flave.   104. *C. dilutus.*

   ααα   Châtain clair, pubescence cendrée.   74. *C. insulsus.*

SECTION II.

Crochets des tarses dentés ou bifides.

I. **Téguments bruns, ferrugineux, testacés, bicolores ou maculés**

A **Corps ou seulement les élytres uniformément bruns, brun ferrugineux ou testacés, les élytres quelquefois d'une autre couleur que le prothorax, sans bandes ni taches.**

  a Prothorax et élytres de couleur semblable, la teinte variant seulement du foncé au clair.

    x Prothorax plus large que long.

      * Ponctuation du prothorax simple, dense, égale.

        X Carène des angles postérieurs du prothorax très-longue.   114. *C. fallax.*

        XX Carène des angles postérieurs du prothorax nulle.   115. *C. lentus.*

      ** Ponctuation du prothorax double.   116. *C. febriens.*

    aa Prothorax aussi ou plus long que large dans les deux sexes.

      * Lignes représentant les sutures latérales du pronotum sur les flancs prothoraciques complètes de la base au sommet.

        X Aucun intervalle de strie costiforme au sommet, sur les élytres.

          + Téguments rouges, tête noire.   142. *C. gangeticus.*

          ++ Brun luisant; prothorax également ponctué.   122. *C. equinus.*

          +++ Noir, très-pubescent; prothorax inégalement ponctué.   127. *C. servilis.*

        XX Un intervalle de strie, au moins, costiforme, au sommet des élytres.

          + Pubescence blanchâtre, celle du prothorax à reflets moirés.   139. *C. sobrinus.*

          ++ Pubescence grise à reflet fauve, non moirée sur le prothorax.

            o Sommet des élytres présentant une seule carène de chaque côté, formée par le septième intervalle (1).   141. *C. bucculatus.*

            oo Tous les intervalles de stries élevés en carène au sommet.   138. *C. æquabilis.*

      ** Flancs du prothorax ne présentant que des traces de lignes suturales, vers les angles postérieurs.   124. *C. conicipennis.*

(1) Voyez aussi *C. systenus* var. *b*.

  aa Elytres de couleur uniforme mais différente de
      celle du prothorax.
    α Prothorax d'un rouge sanguin.
       * Tête rouge.   143. *C. erythronotus.*
       ** Tête noire (1).
    αα Prothorax noir ou brun.
      * Sillons basilaires latéraux du prothorax dis-
        tincts.
         × Prothorax plus étroit que les élytres.   108. *C. testaceus.*
         ×× Prothorax aussi ou plus large que les
             élytres.   109. *C. decorus.*
      ** Sillons basilaires latéraux nuls.   120. *C. instrenuus.*

AA Elytres avec des bandes ou des taches, ou seule-
    ment la suture d'une autre couleur que le fond.
  a Des taches sur les élytres.
    α Elytres noires avec une grande tache rouge à la base.
      * Antennes et pattes rouges.
        × Ponctuation du prothorax inégale ; stries
          des élytres légères.   118. *C. hœmatomus.*
        ×× Ponctuation du prothorax égale et très-
          dense ; stries des élytres profondes.   131. *C. lacertosus.*
      ** Antennes et pattes brunâtres.   132. *C. humerosus.*
    αα Quatre taches sur les élytres.
      * Ces taches arrondies.   133. *C. Moorii.*
      ** Ces taches irrégulières ou oblongues.
        × Noir, avec des taches irrégulières jaunes. 134. *C. quadrillum.*
        ×× Brunâtre, avec des taches oblongues tes-
          tacées.
           + Ligne suturale du pronotum complète,
              élevée et très-distincte sur les flancs
              prothoraciques.   135. *C. conductus.*
           ++ Cette ligne à peine distincte et non-
              élevée.   121. *C. Mionii.*
  aa Des bandes sur les élytres.
    α Elytres noires avec une bande latérale jaune.
      * Sillons basilaires latéraux du prothorax dis-
        tincts.   137. *C. limbatus.*
      ** Sillons basilaires latéraux nuls.
        × Antennes brunâtres.   125. *C. comptus.*
        ×× Antennes rouges.   119. *C. inquinatus.*
    αα Elytres jaunes ou rougeâtres avec la suture
      noirâtre.
      * Sillons basilaires latéraux du prothorax nuls
        ou très-courts.
        × Très-courts.   113. *C. extinctus.*
        ×× Nuls.

(1) *C. gangeticus* var. *a.*

　　+　Prothorax doublement ponctué.　117. *C. Hedenborgii.*
　　　++　Prothorax subinégalement ponctué.　136. *C. stolatus.*
　** Sillons basilaires latéraux allongés, obliques,
　　très-distincts (1).　140. *C. systenus.*

II. Téguments noirs ou noirâtres en dessus, sans taches.

A Ponctuation du prothorax simple en dessus.
　e Pas de ligne longitudinale saillante sur les flancs
　　du prothorax, si ce n'est, quelquefois, à la base.
　　e Hanches postérieures brusquement et fortement
　　　dilatées en dedans.
　　　* Sillons basilaires latéraux très-distincts sur
　　　　le prothorax.
　　　　× Elytres curvilinéaires sur les côtés, de la
　　　　　base au sommet ; pubescence médiocre-
　　　　　ment dense.
　　　　　+　Prothorax moins long que large; inter-
　　　　　　valles des stries des élytres aplatis. 105. *C. cinereus.*
　　　　　++　Prothorax aussi long que large.
　　　　　　o Elytres deux fois aussi longues que
　　　　　　la tête et le prothorax réunis.
　　　　　　c Pubescence gris brunâtre, pattes
　　　　　　　généralement obscures.　106. *C. agnatus.*
　　　　　　cc Pubescence fulvescente ; pattes
　　　　　　　brunes avec les genoux et les
　　　　　　　tarses ferrugineux clair.　107. *C. crassicollis.*
　　　　　　oo Elytres moins de deux fois aussi
　　　　　　　longues que la tête et le protho-
　　　　　　　rax réunis, pattes généralement
　　　　　　　rouges (2).　112. *C. rubripes.*
　　　　×× Elytres parallèles sur les côtés.
　　　　　+ Pubescence cendré blanchâtre, dense. 110. *C. equiseti.*
　　　　　++ Pubescence d'un gris fauve.　111. *C. asperulus.*
　　** Sillons basilaires latéraux à peine marqués
　　　sur le bord postérieur du prothorax.　128. *C. stolidus.*
　ee Hanches postérieures à peu près graduellement
　　rétrécies de dedans en dehors.　126 *C. contemptus.*
　ee Flancs prothoraciques présentant une ligne longi-
　　tudinale saillante atteignant presque le sommet.
　　e Des fascies de poils blanchâtres sur les élytres. 129. *C. nebulosus.*
　　ee Pas de fascies blanchâtres sur les élytres.　130. *C. javanus.*

AA Ponctuation du prothorax double ou inégale.
　e Stries des élytres affaiblies au sommet.　123. *C. fabalis.*
　ee Stries approfondies ou non affaiblies au sommet.

(1) Voyez aussi *C. decorus* var. *a.*
(2) Voyez aussi *C. decorus* var. *b.*

<table>
<tr><td>α   Intervalles des stries élevés en carène au sommet.</td><td></td></tr>
<tr><td>*   Pubescence fauve doré.</td><td>145. C. fulvivellus.</td></tr>
<tr><td>**   Pubescence fauve grisâtre.</td><td>144. C. oxypterus.</td></tr>
<tr><td>***   Pubescence gris cendré.</td><td>146. C. venaticus.</td></tr>
<tr><td>αα   Intervalles des stries non élevés en carène au sommet (1).</td><td></td></tr>
</table>

PREMIÈRE SECTION.

1. **C. THORACICUS.** *Niger , nitidus , subtiliter pubescens ; prothorace rufo, longitudine paulo latiore , convexo, confertim subtiliter punctato , margine postica anguste nigra ; elytris subtiliter punctato-striatis , interstitiis planis.* — Long. 9-10 mill., lat. 2 1/2 - 2 3/4 mill.

Elater thoracicus. LINN. *Syst. nat.* I , IV , p. 1905, 47. — FABR. *Syst. Eleuth.* II , 236 , 77. — EJ. *Entom. Syst.* I , II , p. 227, 51. — OLIV. *Entom.* II , 31 , p. 44 . 59 , pl. III , f. 24. — PANZ. *Faun. Germ.* VI , 12. — ROSSI , *Faun. etrusc.* I , p. 59 , 143. — MARSH. *Entom. br.* I , p. 376 , 3. — SCHÖNH. *Syn. ins.* III , p. 297 , 154. — BOISD. et LAC. *Faun. entom. d. env. d. Paris* , p. 652 , 1.

Cardiophorus thoracicus. ERICHS. *Zeitschr. f. d. Entom.* II , p. 282 , 1. — SPRY and SCHUCK. *Col. brit. del.* pl. 48 , f. 4. — KÜST. *Käf. Europ.* H. XII , 65. — BACH , *Käferf.* III , p. 54. — REDT. *Faun. Austr.* ed. 2 , p. 496. — DE MARS. *Cat.* p. 96. — KIESENW. *Naturg. d. Ins. Deutschl.* IV , p. 377.

Caloderus thoracicus. LAP. *Hist. Nat. Ins. Col.* I , p. 249 , 2.

Elater gramineus. SCOP. *Entom. carn.* 95 , 290.

Elater ruficollis. SCHRANK , *Enum. Ins. Austr.* 188 , 351.

Noir , brillant , très-finement pubescent , le prothorax d'un rouge sanguin avec le bord postérieur teinté de noir. Antennes noires. Prothorax un peu plus large que long, régulièrement arqué sur les côtés , convexe, finement et densément ponctué. Elytres un peu déprimées, finement striées , les stries ponctuées, les intervalles aplatis , pointillés. Dessous du corps noir avec les flancs prothoraciques rouges, revêtu d'une pubescence subsoyeuse, grise. Pattes noires.

Il est répandu dans tout le centre et le midi de l'Europe.

2. **C. MINIATICOLLIS.** *Ater , minus nitidus , subtiliter pubescens ; prothorace luteo-miniato , transverso , dense subtiliter punctato , margine postica nigra ; elytris punctato-striatis , interstitiis basi posticeque convexis.* — Long. 7 1/2 - 8 mill., lat. 2 1/4 mill.

(1) *C. servilis* var. *a.*

Cardiophorus miniaticollis. Reiche, Mss.

D'un noir profond, peu brillant, finement pubescent, le prothorax d'un rouge orangé vif. Antennes noires. Prothorax plus
court et par conséquent plus large en proportion, que celui du
thoracicus, plus largement bordé de noir à la base, assez densément ponctué, arrondi sur les côtés. Elytres déprimées sur le dos,
striées un peu plus fortement que chez le *thoracicus*, les stries
ponctuées, les intervalles distinctement convexes, surtout à la base
et dans leur moitié postérieure. Dessous et pattes noirs avec les
flancs du prothorax jaunes.

De la Grèce.

Cette jolie espèce se distingue au premier coup d'œil de la précédente par ses élytres d'un noir plus mat et son prothorax
orange ; elle diffère en outre par son prothorax plus court et la
convexité des intervalles des stries des élytres.

Je ne l'ai vue que dans la collection de M. Reiche.

3. C. syriacus. *Niger, pubescens ; prothorace rufo, convexo,
confertissime subtiliter punctulato ; elytris punctato-striatis, interstitiis planis, fascia basali alteraque ultra medium albido-to-
mentosis.* — Long. 7 - 9 mill., lat. 2 - 2 s/s mill. (Pl. II, fig 9.)

Elater syriacus. Linn. *Syst. nat.* II, 655, 11. — Fabr. *Ent. Syst.* II, 225,
39. — Ejusd. *Syst. Eleuth.* II, 232, 56. — Schönh. *Syn. ins.* III, 290, 120.

Cardiophorus pictus. Falderm. *Faun. transc.* in *N. Mem. d. l. Soc. imp. d.
Nat. d. Moscou*, IV, 1836, I, p. 170, 153, pl. VI, f. 1. — Germ. *Faun.
ins. Europ.* fasc. XXIII, 6. — Kolen. *Melelem.* pars V.

Elater Hinkei. Faiw. in litt.

Noir avec le prothorax entièrement rouge, les élytres recouvertes
dans leur quart antérieur, ainsi que l'écusson, d'une pubescence
longue, serrée, couchée, soyeuse, blanchâtre, qui forme en
outre une large bande transversale un peu au-delà de leur milieu ;
le reste des élytres revêtu d'une pubescence plus courte et brune.
Antennes brunâtres. Prothorax atténué en arrière, curvilinéairement rétréci au sommet, aussi long que large, convexe, très-finement, très-densément et régulièrement ponctué, subcanaliculé à
la base. Elytres parallèles ou un peu élargies en arrière, finement
striées, les intervalles aplatis. Dessous du corps noir avec les flancs
prothoraciques et la mentonnière rouges. Pattes brunâtres.

On trouve cette espèce dans la Turquie méridionale , l'Asie mineure , les provinces du Caucase et la Perse.

4. C. MACULICOLLIS. *Niger , parum nitidus , dense subtiliter pubescens ; prothorace longitudine latiore , parum convexo , dense subtiliter subinæqualiterque punctato , dilute rufo , macula rotundata media nigra ; elytris punctato-striatis , interstitiis fere planis ; corpore subtus pedibusque dilute rufis , metathorace prosternoque nigris.* — Long. 7 mill. , lat. 2 mill. (Pl. II, fig. 10.)

Cardiophorus *maculicollis.* Reiche et Saulcy , *Ann. d. l. Soc. entom. d. Fr.* 1856 , p. 420 , 111.

Cardiophorus *punctum.* Chev. in litt.

D'un noir peu luisant , avec le prothorax rouge clair , marqué au milieu du disque d'une petite tache parfaitement arrondie , noire ; revêtu d'une pubescence fine et assez serrée , grise sur les parties noires , rouge sur le prothorax. Antennes noirâtres avec la base et le sommet de chaque article roussâtres. Prothorax plus large que long , régulièrement arrondi sur les côtés , finement , densément et subinégalement ponctué. Elytres striées , les stries assez fortement ponctuées , les intervalles à peine convexes et finement rugueux. Dessous du corps et pattes de la couleur du prothorax avec le prosternum , le métathorax et les épipleures noirs.

Grèce et Asie mineure.

5. C. SANGUINICOLLIS. *Niger, parum nitidus, dense subtiliter cinereo-pubescens ; antennis fuscis , basi rufis ; prothorace latitudini longitudine fere æquali , parum convexo , confertim subtiliter æqualiter punctato , rufo , apice medio nigricante; elytris punctato-striatis , interstitiis subconvexis ; pedibus testaceis.* — Long. 8 mill. , lat. 2 1/4 mill.

Cardiophorus *sanguinicollis.* Erichs. *Zeitschr. f. d. Entom.* II , p. 285 , 9.

Cardiophorus *capicola.* Dej. *Cat.* ed. 3 , p. 104.

Var. *a. Elytris macula humerali rufa.*

Noir , densément revêtu d'une pubescence cendrée qui modifie sensiblement la couleur foncière , le prothorax rouge avec la portion moyenne antérieure plus ou moins noirâtre. Antennes brunes avec la base et les articulations rougeâtres. Prothorax un peu plus large que long , régulièrement arqué sur les côtés , peu convexe , densément et également ponctué , les sillons basilaires longs. Elytres deux fois et demie plus longues que le prothorax, curvilinéaires sur les côtés, un peu déprimées , ponctuées-striées, les intervalles légèrement convexes et pointillés. Antépectus rouge avec le milieu du prosternum noirâtre ; métathorax noir ; abdomen brun rougeâtre , rouge sur les bords ; pattes testacées.

Du Cap de Bonne-Espérance et de Natal.

La variété a une tache rougeâtre , médiocrement apparente , sur le calus huméral.

6. **C. lectus.** *Dilute rufo-testaceus , subnitidus , pubescens ; prothorace latitudini longitudine æquali , convexo , confertim punctato ; elytris nigris, dense cinereo-pubescentibus , punctato-striatis , interstitiis convexiusculis ; metathorace abdomineque obscuris , pedibus rufis.* — Long. 8 mill. , lat. fere 2 mill.

D'un rouge jaunâtre clair avec les élytres noires , assez densément revêtu d'une pubescence fauve-cendrée sur les parties rouges, cendrée sur les élytres. Front déprimé , avec une trace de ligne longitudinale élevée. Antennes rouges. Prothorax à peu près aussi large que long , peu rétréci à la base et au sommet , légèrement atténué depuis le tiers antérieur jusqu'à la base , peu arqué sur les côtés , convexe , densément ponctué , les angles postérieurs dirigés en arrière et un peu en dehors , les sillons basilaires latéraux bien marqués. Ecusson noir. Elytres aussi larges que la partie antérieure du prothorax , à peu près parallèles dans leur première moitié, peu convexes , ponctuées-striées , les intervalles légèrement convexes et ponctués. Dessous du corps obscur avec l'antépectus rouge. Pattes de cette dernière couleur.

Indes Orientales.

Collection de M. Schaum , où j'en ai vu trois exemplaires sans nom.

7. **C. ægyptiacus.** *Rufus , pube flavo-cinerea vestitus ; prothorace basi attenuato , convexo , subtilissime confertim dupliciter punctato; elytris flavis , macula suturali fusiformi obscura ; corpore subtus ferrugineo , pedibus flavis.* — Long. 6 1/2 - 8 mill. , lat. 2 - 1/2 mill. (Pl. II , fig. 14.)

D'un rouge un peu ferrugineux, les élytres jaunes avec une
tache fusiforme commune sur la suture, brune, revêtu d'une pubescence cendré flave. Front convexe et ponctué. Antennes rougeâtres. Prothorax aussi long que large ou à peu près, assez fortement
rétréci à la base, sa plus grande largeur tombant en avant du milieu, très-arqué sur les côtés, convexe, finement, densément et
doublement ponctué, les sillons basilaires latéraux très-courts.
Elytres rétrécies à la base et subacuminées au sommet, arquées sur
les côtés, de la largeur du prothorax dans leur milieu, un peu
déprimées sur le dos, ponctuées-striées assez fortement, les intervalles à peu près plats. Dessous du corps ferrugineux ; pattes
jaunes.

De l'Egypte.
Collection de M. Reiche et Chevrolat.

8. C. CYANIPENNIS. *Nitidissimus, vix pubescens ; fronte antennisque nigris ; prothorace convexo, subtiliter sparsim inæqualiter
punctato, sanguineo·, macula discoidali antica nigra ; scutello
nigro ; elytris virescenti-cyaneis, depressis, punctato-substriatis ;
pedibus rufis, apice nigris.* — Long. 8 mill., lat. 2 1/2 mill.

Cardiophorus cyanipennis. MULS. et WACH. *Mem. d. l'Acad. d. Lyon*, nouv.
ser., II, p. 2.

Assez large et épais, très-brillant, à peine pubescent, la tête,
les antennes et l'écusson noirs, le prothorax rouge de sang avec
une tache noire à la partie antérieure du disque, les élytres d'un
bleu plus ou moins verdâtre. Antennes assez longues. Prothorax
plus large que long, convexe et arrondi sur les côtés, marqué de
points très-fins, peu serrés et de grosseur inégale, les sillons basilaires latéraux presque nuls, le bord postérieur étroitement teinté
de noir. Elytres curvilinéaires sur les côtés, déprimées, finement
striées, les stries assez fortement ponctuées, les intervalles à peu près
plats et finement pointillés. Flancs du prothorax sans trace de ligne
suturale élevée, bordés de rouge extérieurement. Pattes rouges,
avec l'extrémité des jambes et les tarses noirâtres.

Cette jolie espèce est propre aux provinces méridionales de l'Asie
mineure. J'en ai vu un assez grand nombre d'exemplaires provenant de Tarsous.

9. C. DISCICOLLIS. *Niger, nitidus, cinereo-pubescens ; protho-*

race convexo , dense subtiliter subinæqualiter punctato , rufo , plaga dorsali antice dilatata,postice attenuata abbreviataque, margineque postica , nigris ; elytris punctato-striatis , marginatis. — Long. 6 - 7 mill., lat. 1 3/4 - 2 mill.

Elater discicollis. Herbst, *Käf.* X, 92, 106, pl. 166, fig. 8. — Schönh *Syn. ins.* III, p. 296, 157. — Gebl. in Leder. *Reis.* p. 81.

Cardiophorus discicollis. Erichs. *Zeitschr. f. d. Entom.* II, p. 283, 2. — Bach, *Käferf.* III, p. 36. — Redt. *Faun. Austr.* ed. II, p. 496. — Kiesenw. *Naturg. d. Ins. Deutschl.* IV, p. 377.

Elater volgensis. Fischer, *Entomogr.* II, p. 202, pl. XXIII, f. 4.

Noir, revêtu d'une fine pubescence cendrée, assez dense pour modifier légèrement la couleur foncière, le prothorax rouge avec une tache discoïdale noire partant du bord antérieur, large en avant, sinueusement atténuée en arrière et n'atteignant pas le bord postérieur qui est lui-même étroitement teinté de noir. Antennes noires. Prothorax un peu plus large que long, arqué sur les côtés, convexe, densément, finement et subinégalement ponctué, les sillons basilaires latéraux très-courts. Elytres un peu atténuées à partir du tiers antérieur, rebordées latéralement, surtout en arrière, déprimées sur la suture, ponctuées-striées, les intervalles faiblement convexes. Dessous noir avec les flancs prothoraciques rouges. Pattes noires avec les articulations rougeâtres.

On le trouve en Autriche et surtout en Hongrie, dans le midi de la Russie, le Turkestan et jusque dans l'Altaï.

10. C. SACRATUS. *Niger , nitidus , cinereo-pubescens ; prothorace convexo , dense subtiliter æqualiter punctato , rufo , macula cruciformi nigra ; elytris punctato-striatis, interstitiis fere planis.* — Long. 6 - 7 mill., lat. 1 3/4 - 2 mill.

Cardiophorus sacratus. Erichs. *Zeitschr. f. d. Entom.* II, p. 284, 3.
Cardiophorus venustulus. Dej. *Cat.* ed. 3, p. 104.

Var. *a. Prothorace macula fusiformi puncioque laterali nigris.*

Var. *b. Prothorace nigro, angulis rufis.*

Noir, revêtu d'une pubescence cendrée, fine et assez dense, le prothorax rouge avec une grande tache quadrilobée noire qui ne laisse paraître la couleur foncière que vers les angles, le bord postérieur très-étroitement teinté de noir. Antennes noires. Prothorax plus large que long, arrondi sur les côtés, légèrement convexe, densément, finement et également ponctué, les sillons basilaires latéraux très-courts. Elytres curvilinéaires sur les côtés, déprimées, ponctuées-striées, les intervalles des stries à peu près plans. Dessous du corps noir avec les angles de l'antépectus rouges. Pattes d'un noir brunâtre, rougeâtres aux articulations.

Syrie et Mésopotamie.

La variété *a* qui ressemble plus, au premier abord, au *discicollis* qu'à celui-ci, n'a qu'une tache fusiforme et un point noir latéral, qui lui-même peut manquer à peu près complètement. Mais il sera toujours facile de distinguer cette variété du *sacratus*, du *discicollis*, par la forme même de la tache discoïdale qui est ici fusiforme, tandis qu'elle est pyriforme ou triangulaire chez le précédent; la ponctuation du prothorax est, en outre, chez ce dernier, visiblement inégale tandis qu'ici les points sont tous de même valeur; enfin les provenances sont différentes.

Quelquefois (var. *b*) la tache cruciforme du prothorax s'agrandit au point de couvrir la presque totalité de sa surface, sauf les quatre angles.

11. **C. Kindermannii.** *Niger, nitidus, tenuiter griseo-pubescens ; prothorace rufo, macula discoidali nigra; elytris punctato-striatis, plaga subquadrata humerali lutea; antennis femoribusque nigris, tibiis tarsisque testaceis.* — Long. 6 - 7 mill., lat. 1 3/4 - 2 mill.

Noir, luisant, revêtu d'une légère pubescence grise, le proth orax rouge avec une tache discoïdale et quelquefois un point latéral noirs, les élytres ornées d'une tache humérale, de forme subrectangulaire, jaune. Front convexe, assez densément ponctué. Antennes noires, le premier article rougeâtre au sommet. Prothorax à peine plus large que long, rétréci à la base et au sommet, arrondi sur les côtés, convexe, finement et subinégalement ponctué. Elytres striées, les stries ponctuées, les intervalles légèrement convexes. Dessous du corps, sauf les flancs prothoraciques, et cuisses noirs, les jambes et les tarses testacés.

Des environs de Beirout en Syrie.

Je n'ai vu que deux exemplaires de cette jolie espèce, trouvée par M. Kindermann et qui m'ont été communiqués par M. Reiche.

12. C. RUFICOLLIS. *Niger, subnitidus, tenuissime griseo-pu-bescens; prothorace confertim subtiliter subæqualiterque punctato, rufo, tertia parte antica nigra; elytris punctato-striatis, interstitiis planiusculis, tarsis brunneis.* — Long. 6 1/2 - 7 1/2 mill., lat. fere 2 mill.

Elater ruficollis. LINN. *Faun. Suec.* 724. — EJUSD. *Syst. Nat.* I, II, p. 655, 14. — FABR. *Syst. Eleuth.* II, 237, 78. — OLIV. *Entom.* II, 31, p. 44, 60 pl. VI, f. 61, a. b. — HERBST, *Col.* X, p. 50, 57, pl. 162, fig. 7. — GYLL. *Ins. suec.* I, p. 422, 52. — PAYK. *Faun. Suec.* III, p. 38, 43. — ROSS. *Faun. etrusc.* I, p. 179, 445. — MARSH. *Col. brit.* 1 p. 376, 2. — PANZ. *Ent. Germ.* I, p. 240, 30. — SCHÖNH. *Syn. Ins.* III, p. 298, 156. — GEBL. in LEDEB. *Reise*, p. 82.

Cardiophorus ruficollis. ERICHS. *Zeitschr. f. d. Entom.* II, p. 283, 3. — GEBL. *Bull. d. Mosc.* XX. — KÜST. *Käf. Europ.* H. XII, 66. — BACH, *Käferf.* III, p. 36. — REDT. *Faun. Austr.* ed. II, p. 496. — KIESENW. *Naturg. d. Ins. Deutschl.* IV, p. 376.

Caloderus ruficollis. LAP. *Hist. Nat. d. Ins. Col.* I, p. 249, 3.

Var. *a. Elytris nigro-subcærulescentibus.*

Noir, très-finement et peu densément pubescent, le prothorax rouge avec sa partie antérieure, ordinairement le tiers, noire. Antennes noires. Prothorax un peu plus large que long, arrondi sur les côtés, convexe, finement, densément et également ponctué, subsillonné à la base, les sillons basilaires latéraux bien marqués. Elytres parallèles dans leur portion antérieure, un peu déprimées, assez profondément ponctuées-striées, les intervalles des stries aplatis et finement rugueux. Dessous noir avec les flancs du prothorax rouges. Pattes noires avec les tarses bruns ou rougeâtres.

Cette espèce est répandue plus ou moins communément dans toute l'Europe, surtout au nord et à l'est. Elle ne paraît pas se trouver en Espagne et je n'en ai vu aucun exemplaire de France. On la trouve également en Sibérie. Elle vit spécialement dans les bois de Pins.

On rencontre des individus qui ont les élytres d'un bleu sombre. Cette variété est signalée en Angleterre par Marsham.

13. C. COLLARIS. *Niger, subnitidus, densius cinereo-pubescens; prothorace confertim subtilissime punctato, latitudini longitudine subæquali, postice rufo; elytris punctato-striatis, interstitiis sub-*

17

convexiusculis ; geniculis tarsisque rufescentibus. — Long. 7 mill.,
lat. 1 3/4 mill.

Cardiophorus collaris. Erichs. *Zeitschr. f. d. Entom.* II , p. 285 , 4.
Cardiophorus ruficollis. var. Dej. *Mus.*

Un peu plus étroit en proportion que le précédent , notablement
plus pubescent , d'un noir plutôt bronzé que bleuâtre avec le tiers
ou le quart postérieur du prothorax rouge. Antennes noires. Prothorax aussi long que large , arrondi sur les côtés , convexe , plus
finement et plus densément ponctué que chez le *ruficollis* , les sillons basilaires latéraux fort courts. Elytres parallèles dans plus de
leur moitié antérieure , déprimées sur le dos , ponctuées-striées ,
les intervalles faiblement convexes et pointillés. Dessous du corps
noir avec la partie postérieure des flancs prothoraciques rouges.
Pattes noires avec les genoux et les tarses bruns.

Italie méridionale et Sicile.

Il parait être, au premier abord, une variété du *ruficollis* , où la
bande noire antérieure du prothorax s'est étendue au point de ne
plus laisser qu'une mince bande rouge en arrière, mais en l'examinant plus attentivement , on reconnaît dans la pubescence , la ponctuation , etc. , des différences bien tranchées.

14. C. anticus. *Niger , nitidus , tenuiter sparsim cinereo-*
pubescens ; prothorace convexo , longitudini latitudine æquali ,
minus dense subinæqualiter punctato , rufo , margine antica nigra ;
elytris depressiusculis , punctato-substriatis , interstitiis planis ,
punctatis ; pedibus rufis. — Long. 6 mill., lat. 1 3/4 mill.

Cardiophorus anticus. Erichs. *Zeitschr. f. d. Entom.* II , p. 285 , 8.

Noir , brillant , revêtu d'une fine et assez rare pubescence cendrée , le prothorax rouge avec le bord antérieur noir. Antennes
entièrement noires. Prothorax aussi long que large , arqué sur les
côtés , convexe , marqué d'une ponctuation médiocrement dense et
subinégale , brièvement sillonné en arrière , les sillons basilaires
latéraux courts. Elytres subparallèles dans leur portion antérieure,
moins de deux fois plus longues que la tête et le prothorax réunis ,
déprimées , finement striées , les stries assez profondément ponctuées , surtout en dehors , les intervalles plans et ponctués. Dessous du corps noir avec les flancs du prothorax rouge. Pattes
rouges.

Des Iles Ioniennes.

Il diffère surtout du *ruficollis* par ses pattes entièrement roûges. J'en ai vu un exemplaire dans la collection de M. Chevrolat indiqué comme provenant du midi de la France. Cette indication est-elle exacte ?

15. C. ARGIOLUS. *Niger, tenuiter cinereo-pubescens; prothorace longitudine paulo latiore , dense inæqualiter punctato , sanguineo , fascia media nigra ; elytris prothorace haud latioribus , punctato-striatis; antennarum basi , pedibus abdomineque apice rufis.* — Long. 6 - 8 mill. , lat. 1 1/2 - 2 1/4 mill.

Cardiophorus argiolus. Géné , *Ins. Sard. fasc.* I , 14 , 14 , pl. I , fig. 5. — Lucas. *Zeitschr. f. d. Entom.* II , p. 284 , 7. — Küst. *Käf. Europ.* H. XVIII, 11. — Rosenh. *d. Th. Andal.* p. 136. — De Mars. *Cat.* p. 96.

Cardiophorus corsicus. Dej. *Cat.* ed. 3 p. 103.

Var. a. *Prothoracis fascia nigra medio interrupta.*

Cardiophorus sardeus. Dej. loc. cit.

Var. b. *Femoribus nigricantibus ; abdomine apice concolore.*

Var. c. *Elytris nigro-subænescentibus.*

Noir, quelquefois avec un très-léger reflet bronzé sur les élytres, revêtu d'une pubescence cendrée, assez dense pour modifier sensiblement la couleur foncière , le prothorax rouge vif, avec une bande transversale noire, d'épaisseur habituellement égale au tiers de la longueur du disque, quelquefois plus large , souvent interrompue au milieu. Antennes dépassant très-peu , chez le mâle , les angles postérieurs du prothorax , noires avec la base rougeâtre. Prothorax un peu plus large que long, convexe , finement , très-densément et subinégalement ponctué, les intervalles séparant les points plus étroits que les plus gros points , les sillons postérieurs médiocres, le bord postérieur teinté de noir. Elytres aussi larges ou un peu plus étroites que le prothorax , déprimées , ponctuées-striées les intervalles faiblement convexes et ponctués. Dessous du corps noir avec les flancs prothoraciques et souvent l'extrémité de l'abdomen rouge. Pattes rouges avec les cuisses quelquefois obscures.

On trouve cette espèce dans le midi de l'Italie, la Sicile, la Corse et la Sardaigne, l'Andalousie et l'Algérie.

La variété *a* est assez commune ; quelquefois les deux taches noires qui résultent de la section de la bande transversale sont réduites à deux petits points. Je n'en ai pas vu à corselet sans taches.

16. C. ULCEROSUS. *Niger, subœnescens, tenuiter cinereo-pubescens ; prothorace latitudini longitudine æquali, sparsim punctulato, basi apiceque sanguineo-marginato ; elytris prothorace sublatioribus, punctato-striatis ; antennarum basi, tibiis tarsisque rufis.* — Long. 5 - 6 mill., lat. 1 1/4 - 1 1/2 mill.

Cardiophorus ulcerosus. GÉNÉ, *Ins. Sard* I, 15, 15 pl. I, f. 6. — ERICHS. *Zeitschr. f. d. Entom.* II, p. 284, 6. — KÜST. *Käf. Europ.* H. XIV, 26. — DE MARS. *Cat.* p. 96.

Cardiophorus siculus. DEJ. *Cat.* ed. 3, p. 103.

D'un noir légèrement bronzé, revêtu d'une pubescence cendrée assez dense, le prothorax bordé de rouge au sommet et à la base. Antennes noires avec la base rougeâtre, dépassant notablement les angles postérieurs du prothorax dans les deux sexes. Prothorax aussi long (♀) ou plus long (♂) que large, finement et subinégalement ponctué, les points espacés de façon que leurs intervalles sont plus larges que les plus gros d'entr'eux. Elytres un peu plus larges que le prothorax, peu déprimées, ponctuées-striées, les intervalles très-faiblement convexes et pointillés. Dessous du corps noir. Pattes rougeâtres avec les cuisses noires.

De Sicile.

Il est fort difficile de distinguer cette espèce de certaines variétés de l'*argiolus*, où la tache noire a envahi presque tout le prothorax. Dans l'*ulcerosus* les antennes sont plus longues, les élytres plus larges, la ponctuation du prothorax moins dense. Malgré ces quelques différences je doute qu'elle doive constituer une espèce distincte.

17. C. NUMIDA. *Niger, tenuiter griseo-pubescens ; prothorace latitudini longitudine fere æquali, crebre punctulato, basi ferrugineo-marginato ; elytris prothorace paulo latioribus, profunde punctato-striatis, dilute castaneis ; prosterni suturæ, abdominis maculaque postica dilute rufo-ferrugineis.* — Long. 5 - 6 mill., lat. 1 1/2 mill.

Var. a. Prothorace nigro, immaculato, elytris brunneis.

Noir, le bord postérieur et quelquefois aussi le bord antérieur
du prothorax d'un ferrugineux rouge, les élytres d'un châtain ferrugineux, très-clair. Antennes obscures avec la base rouge. Prothorax
à peu près aussi long que large, rétréci à la base et au sommet,
arqué sur les côtés, convexe, finement, densément et également
ponctué. Élytres un peu plus larges que le prothorax et parallèles
jusqu'au-delà du milieu, profondément striées, les stries ponctuées, les intervalles convexes et ponctués. Dessous du corps noir,
avec les sutures du prosternum et une grande tache sur les derniers segments de l'abdomen d'un ferrugineux rouge clair. Pattes
testacées avec les cuisses quelquefois obscures.

De Tunis.

La variété a le prothorax noir, avec le sommet des angles postérieurs seul quelquefois rougeâtre ; les élytres sont d'un brun plus
ou moins sombre. Les exemplaires que j'ai sous les yeux sont de
Tanger.

18. C. SEXPUNCTATUS. *Niger, parum nitidus, pube brunnea
cinereaque sat dense vestitus; prothorace latitudini longitudine
subæquali, lateribus rotundato, confertissime subtiliter æqualiterque punctato; elytris punctato-striatis, macula basali, altera laterali antica, tertiaque submedia albido-luteis.* — Long. 6 - 8 mill., lat.
1 3/4 - 2 1/4 mill.

Elater sexpunctatus. ILLIG. *Magaz.* VI, p. 9, 15. — SCHÖNH. *Syn. Ins.* III,
p. 312, 230.

Cardiophorus sexpunctatus. ERICHS. *Zeitschr. f. d. Entom.* II, p. 286, 10. —
ROSENH. d. *Th. Andal.*, p. 136. — DE MARS. *Cat.* p. 96.

Var. a. Prothorace postice et sæpe antice sanguineo ; elytris apice testaceis.

Elater signatus. OLIV. *Entom.* II, 31, p. 48, 68, pl. VII, fig. 71.

Elater sexpunctatus. LATR. *Hist. Nat. d. Crust. et d. Ins.* IX, p. 31, 49. —
Var. 3. ILLIG. loc. cit.

Caloderus sexpunctatus. LAP. *Hist. Nat. d. Ins. Col.* I, p. 250, 14.

Var. b. Elytrorum sutura rufescente.

Var. c. Elytrorum maculis plus minusve obsoletis.

Noir , revêtu d'une pubescence brunâtre sauf la base du prothorax et le pourtour des élytres où cette pubescence est cendrée ; les
élytres ornées chacune de trois taches d'un jaune blanchâtre , la
première située sur la base , la seconde sur le bord latéral , vers
le tiers antérieur , la troisième à peu près à la partie moyenne, cette
dernière plus grande que les autres. Prothorax de forme subarrondie , assez convexe, couvert d'une ponctuation fine , dense , égale ,
ses angles postérieurs un peu saillants en arrière , ses sillons basilaires latéraux très-courts. Elytres plus larges que le prothorax ,
curvilinéaires sur les côtés, ponctuées-striées avec les intervalles un
peu convexes et finement pointillés. Pattes obscures avec les jambes
et les tarses souvent testacés.

Espagne et Portugal.

Illiger en signale six variétés qui ne sont que de légères modifications des trois que j'indique.

Je ne partage nullement l'opinion de M. Janson (1) qui rapporte
à une variété de cette espèce le *Cardiophorus formosus* Curtis (2) ,
lequel ressemble d'une manière étonnante à une autre espèce du
même genre , décrite plus bas , le *C. anaticus* des Indes Orientales.

19. C. bipunctatus. *Niger , subnitidus , sat dense cinereo-pubescens ; prothorace subtiliter , confertim subæqualiter punctato ;
postice angustato ; elytris ultra medium parallelis, profunde punctato-striatis , rufo-testaceis , maculis duabus nigris.* — Long. 7 - 8
mill., lat. 1 3/4 -2 mill. (Pl. III, fig. 1.)

Elater bipunctatus. Fabr. *System. Eleuth.* II , 245, 120. — Illig. *Mag.* VI ,
p. 11 , 16. — Schönh. *Syn.* III , p. 312 , 229.

Cardiophorus bipunctatus. Erichs. *Zeitschr. f. d. Entom.* II , p. 290 , 18. —
Rosenh. *d. Th. Andalus.* p. 136.

Caloderus bipunctatus. Lap. *Hist. Nat. d. Ins. Col.* I , p. 249 , 8.

Cardiophorus bæticus. Rambur in Dej. *Cat.* ed. 3 pag. 103.

Var. *a. Elytrorum maculis nigris conjunctis.*

Var. *b. Elytrorum maculis anticis vel posticis obsoletis.*

(1) *Trans. of the entom. Soc. of Lond.* 1855 , p. 224.
(2) *Ibid.* 1854 , p. 6.

Noir, densément recouvert d'une pubescence cendrée, les élytres d'un testacé rouge, marquées chacune de deux taches noires.
Antennes noires, assez courtes. Prothorax aussi long que large,
rétréci en arrière, surtout chez le male, médiocrement convexe,
finement, densément et subégalement ponctué, ses angles postérieurs légèrement saillants en arrière, les sillons basilaires latéraux
très-courts. Elytres parallèles sur les côtés dans leur portion antérieure, assez profondément ponctuées-striées, les intervalles des
stries convexes. Dessous du corps noir. Pattes noires avec les jambes et les tarses souvent jaunâtres.

Espagne, Portugal, Italie et Algérie.

Illiger (l. c.) en mentionne sept variétés selon que les taches des
élytres se réunissent et couvrent plus ou moins le disque, ou s'effacent en partie.

20. C. BIGUTTATUS. *Niger, pube densa, subtili, cinereo-brunnea
vestitus; prothorace latitudini longitudine subæquali, confertissime subtilissimeque punctato; elytris punctato-striatis, interstitio
primo albicanti-pubescente, macula media rufa; tarsis geniculisque ferrugineis.* — Long. 7 - 8 mill., lat. fere 2 mill.

Elater biguttatus. FABR. *Syst. Eleuth.* II, 244, 118. — OLIV. *Entom.* II,
31, p. 47, 66 pl. VI, f. 59. — HERBST, *Col.* X, p. 115, 136, pl. 169, fig.
2. — ILLIG. *Mag.* IV. p. 102, 118. — SCHÖNH. *Syn. Ins.* III, p. 312, 227.

Cardiophorus biguttatus. ERICHS. *Zeitschr. f. d. Entom.* II, p. 290, 17. —
LUC. *Expl. Sc. d. l'Alg.* p. 16. — DE MARS. *Cat.* p. 96.

Caloderus biguttatus. LAP. *Hist. Nat. d. Ins. Col.* I, p. 249, 1.

Var. a. *Elytris immaculatis, plagis duabus albicanti-pubescentibus.*

Noir, médiocrement luisant, revêtu d'une pubescence brun-
grisâtre, cendré-blanchâtre vers la suture des élytres et la base du
prothorax, les élytres parées, au milieu, d'une tache ronde ou
transversale, atteignant ou non le bord externe, rouge. Antennes
noires. Prothorax convexe, très-densément et très-finement ponctué, les sillons basilaires latéraux très-courts. Elytres de la largeur
du prothorax, déprimées, assez fortement ponctuées-striées, les
intervalles faiblement convexes, ponctués. Dessous du corps noir,
revêtu d'une pubescence soyeuse, cendrée, dense. Pattes noires
avec les genoux et les tarses ferrugineux.

Commun au midi de la France, surtout aux environs de Perpignan. On le trouve aussi dans le Piémont, en Grèce, en Algérie ; enfin un exemplaire de la collection de M. de la Ferté Sénectère a été pris par M. Friwaldski aux environs de Pesth, en Hongrie.

La variété sans taches sur les élytres se distingue de toutes les espèces uniformément noires de *Cardiophorus* européens , par la densité plus grande et la couleur blanchâtre de la pubescence aux endroits occupés normalement par les taches rouges ; elle provient des environs de Perpignan.

21. C. ORNATUS. *Niger , pube densa , cinereo-fulvescente , vestitus; prothorace latitudini longitudine subæquali , confertissime subtilissimeque punctato , rufo ; elytris punctato-striatis , ad suturam densius pubescentibus , macula media rufa ; tarsis geniculisque ferrugineis.* — Long. 8 - 9 mill., lat. 2 - 2 1/4 mill.

Cardiophorus submaculatus. DEJ. *Cat.* ed. 3 , p. 103.

Var. *a. Prothorace macula discoïdali antica nigra.*

Cardiophorus ornatus. DEJ. loc. cit.
Caloderus pictus. LAP. *Hist. Nat. d. Ins. Col.* I, p. 249 , 5.

Var. *b. Elytris immaculatis densius pubescentibus.*

Caloderus submaculatus. LAP. loc. cit.

Noir, assez densément revêtu d'une pubescence fauve cendré , le prothorax rouge , les élytres ornées d'une tache de même couleur, arrondie ou transversale , au milieu. Antennes noires. Prothorax aussi long que large ou à peu près , arqué sur les côtés , convexe, très-densément et très-finement ponctué , les sillons basilaires latéraux à peu près nuls , le bord postérieur teinté de noir. Elytres de la largeur du prothorax, parallèles sur les côtés ou un peu élargies vers le milieu , déprimées sur le dos , ponctuées-striées, les intervalles un peu convexes et ponctués. Dessous noir avec les flancs du prothorax rouges. Tarses et genoux des pattes ferrugineux.

Pyrénées Orientales ; Perpignan.

Ce *Cardiophorus* est considéré par Erichson comme une simple variété du *biguttatus.* Il diffère cependant plus de ce dernier que l'*anticus* ne diffère du *collaris*, ou l'*ulcerosus* de l'*argiolus* et dans le nombre assez grand d'individus des deux espèces que j'ai pu examiner, je n'en ai trouvé aucun formant passage , c'est-à-dire , n'ayant que les angles postérieurs du prothorax colorés en rouge. La pubescence a aussi , dans cette espèce , une teinte jaunâtre ou brunâtre qui n'existe pas dans le *biguttatus.*

Le nom de *pictus*, sous lequel il a été brièvement décrit par M. Laporte de Castelnau , aurait du , à la rigueur , lui être donné de préférence à celui de Dejean ; mais ce nom de *pictus,* ayant été déjà appliqué par Faldermann à une autre espèce (*syriacus Fabr.*) assez répandue dans les collections , eut pu induire en erreur ; j'ai donc adopté la désignation spécifique sous laquelle l'espèce actuelle est généralement connue.

22. C. Gebleri. *Niger, nitidus , pube subfulvescenti-cinerea vestitus ; prothorace latitudini longitudine subæquali , confertissime subtilissimeque punctato ; elytris punctato-striatis , macula oblonga media lutea; pedibus brunneis.* — Long. 7 mill. , lat. 1 3/4 mill. (**Pl. III , fig. 2.**)

Noir , assez brillant , revêtu d'une pubescence d'un cendré légèrement fauve , les élytres ornées chacune d'une tache discoïdale médiane oblongue, jaune clair. Antennes ? Prothorax aussi long que large , presque aussi fortement rétréci à la base qu'au sommet, arrondi sur les côtés , peu convexe , très-densément et très-finement ponctué , les sillons basilaires latéraux à peine perceptibles. Elytres un peu plus larges vers le milieu qu'à la base , curvilinéaires sur les côtés , déprimées , ponctuées-striées , les intervalles faiblement convexes , finement et densément ponctués. Dessous du corps noir ; pattes brunâtres , avec les articulations rougeâtres.

Des monts Altaïques ;. bords de l'Abakan.

Je n'en ai vu qu'un seul individu , sans nom , dans la collection de M. de Mniszech , provenant des insectes recueillis par Gebler. Il se rapproche beaucoup du *biguttatus.*

23. C. nigropunctatus. *Niger, pube flava vestitus ; prothorace latitudini longitudine subæquali , parum convexo , minus confertim inæqualiter punctato ; elytris dilute flavis , sutura , apice , puncto humerali alteraque submarginali versus medium fuscis ; tibiis tarsisque testaceis.* — Long. 5 mill. , lat. 1 1/2 mill.

Cardiophorus nigropunctatus. Motsch. in litt.

18

Petit et assez déprimé, noir, revêtu d'une pubescence flave, les élytres d'un blond testacé clair avec la suture, une partie plus ou moins grande du bord externe, un point huméral et un autre submarginal vers le milieu de la longueur, brun noirâtre. Antennes noires. Prothorax aussi large que long, rétréci à la base et au sommet, arqué sur les côtés, convexe, inégalement ponctué. Elytres plus larges que le prothorax dans leur milieu, atténuées au sommet, ponctuées-striées. Dessous du corps et pattes noirs avec les jambes et les tarses brun-rougeâtres.

Russie méridionale.

Collections de MM. Reiche, Guérin-Méneville et Chevrolat.

24. C. MARGINALIS. *Fusco-niger, flavo-pubescens; prothorace longitudine paulo latiore, minus confertim inæqualiter punctato, angulis anticis rufescentibus; elytris flavis, sutura margineque brunneis, plaga marginali ultra humerum nigra; antennis pedibusque testaceis.* — Long. 4 mill., lat. 1 1/4 mill.

Petite espèce assez voisine de la précédente. Noirâtre, revêtu d'une pubescence flave, les élytres blond jaunâtre avec la suture et le bord marginal obscurs, et une tache oblongue latérale noire, un peu en arrière des épaules. Antennes testacées. Prothorax un peu plus large que long, légèrement convexe, peu densément et inégalement ponctué, ses angles antérieurs rougeâtres. Elytres de la largeur du prothorax ou un peu plus étroites, linéaires, ponctuées-striées, les intervalles aplatis. Pattes testacées.

De l'Hindoustan septentrional.

25. C. TETRADICUS. *Niger, tenuiter cinereo-pubescens; prothorace convexo, latitudine paulo longiore, inæqualiter punctato; elytris sat profunde punctato-striatis, maculis quatuor dilute sulfureis, anticis inæqualiter triangulis, posticis quadratis; corpore subtus pedibusque nigris.* — Long. 5 mill., lat. 1 1/2 mill. (Pl. III, fig. 8.)

Noir et assez brillant, revêtu d'une pubescence légère, d'un cendré fauve, médiocrement apparente, les élytres parées de quatre taches assez grandes et rapprochées, deux sur chacune, les antérieures vaguement triangulaires, les postérieures assez régulièrement carrées, d'un jaune de soufre clair. Antennes noires. Prothorax un peu plus long que large, rétréci au sommet et à la base,

arrondi sur les côtés, convexe, couvert de points inégaux en grosseur, dépourvu de sillons basilaires latéraux. Elytres de la largeur
du prothorax et deux fois plus longues, à peu près parallèles sur
les côtés dans leur portion moyenne, un peu acuminées à l'extrémité, assez profondément ponctuées-striées, les intervalles des stries
convexes et même élevés vers le sommet. Dessous du corps et pattes
noirs.

Hindoustan septentrional ; Morad-Abad.

26. C. ophidius. *Niger, sat longe helvo-pubescens ; prothorace
latitudini longitudine, subæquali, convexo, confertim subtiliter
punctato, sanguineo, plagis duabus anticis, conjunctis, nigris ;
elytris punctato-striatis, villa sinuata, abbreviata, lutea.* —
Long. 5 1/2 mill., lat. 1 1/2 mill. (Pl. III, fig. 3.)

Noir, revêtu d'une pubescence jaunâtre assez longue, moins
dense sur la partie antérieure du prothorax, ce dernier rougeâtre
avec deux taches noires, confluentes, en avant, les élytres parées
d'une raie jaune, figurant assez bien un S allongé, partant de la
base pour se terminer vers le quart postérieur de chaque élytre.
Prothorax à peu près aussi long que large, arrondi sur les côtés,
convexe, finement et densément ponctué, sans sillons basilaires
latéraux distincts. Elytres à peine plus larges que le prothorax,
parallèles dans leur portion moyenne, marquées de stries assez
fortement ponctuées. Dessous du corps et pattes noirs, les flancs
du prothorax rouges.

Des monts Neel-Gherries, dans l'Hindoustan méridional.

Je n'ai vu qu'un exemplaire, sans nom, de cette espèce, dans la
collection de M. Guérin-Méneville.

27. C. notatus. *Niger, haud nitidus, pubescens; prothorace
tumido, basi attenuato rufoque; elytris basi rufis, fascia obliqua
fere mediâ, fusiformi, lutea alteraque albido-pubescente, ante apicem; pedibus rufis, femoribus nigricantibus.* — Long. 7 - 8 mill.,
lat. 2 - 2 1/4 mill. (Pl. II, fig. 12.)

Elater notatus. Linn. *Syst. Nat.* I, IV, p. 1910, 62. — Fabr. *Syst. Eleuth.*
II, p. 247, 132. — Ejusd. *Ent. Syst.* I, II, p. 234, 66. — Oliv. *Entom.*
II, p. 31, 48, 67, pl. IV, f. 37, a, b. — Herbst, *Col.* X, p. 115, 137,
pl. 160, f. 3, b.

Cardiophorus notatus. Erichs. *Zeitschr. f. d. Entom.* II, p. 286, 13.

D'un noir mat, assez densément pubescent, le prothorax rouge dans sa moitié postérieure, sa moitié antérieure portant deux cercles de poils gris, les élytres rouges dans leur quart antérieur et ornées chacune d'une fascie oblique, fusiforme, d'un jaune clair, située presque vers le milieu, et d'une seconde également oblique formée de poils blancs, près du sommet. Antennes noires, rougeâtres à la base. Prothorax fortement bombé, rétréci en arrière à partir du tiers antérieur, recouvert d'une ponctuation fine et très-dense masquée par la pubescence, les sillons basilaires latéraux à peine distincts. Elytres subelliptiques, assez déprimées, ponctuées-striées, les intervalles un peu convexes. Dessous très-convexe, noir avec l'antépectus et les épipleures rouges, revêtu d'un pubescence cendrée, couchée, soyeuse. Pattes rouges avec les cuisses noirâtres.

Cette jolie espèce est propre à la côte de Coromandel. Elle se trouve aussi à Ceylan.

28. C. EXIMIUS. *Niger, parum nitidus, pubescens; antennis ferrugineis; prothorace convexo, margine postica rufescente; elytris dimidia parte antica rufis, fascia transversa lutea apiceque albido-pubescentibus; pedibus rufis, femoribus nigricantibus.* — Long. 7 mill., lat. 2 mill. (Pl. II, fig. 11.)

Voisin du *notatus* par son système de coloration mais bien distinct par la disposition des couleurs. Noir, plus brillant, pubescent, le prothorax simplement bordé de rouge en arrière et moins bombé. Elytres rouges dans toute leur moitié antérieure, offrant, au milieu et sur la limite postérieure de la couleur rouge, une bande jaune atténuée en dedans et transversale, au lieu d'être fusiforme et très-oblique comme dans le *notatus*, leur extrémité entièrement recouverte de poils blanchâtres. Dessous du corps noir avec le métathorax rougeâtres. Pattes rouges avec les cuisses noires.

Du Nepaul.

Cette espèce se trouve dans la collection de M. de la Ferté Sénectère.

29. C. ANATICUS. *Niger, pubescens; prothorace rufo, inaequaliter punctato, punctis majoribus umbilicatis, angulis posticis flavescentibus; elytris brevibus, punctato-substriatis, fasciis duabus dilute luteis.* — Long. 5 - 5 1/2 mill., lat. fere 2 mill. (Pl. II, fig. 13.)

Noir, revêtu d'une pubescence variant de couleur selon les parties qu'elle recouvre , le prothorax rouge , peu luisant , avec les angles postérieurs jaunâtres , translucides, les élytres ornées de deux fascies d'un jaune clair , la première n'atteignant pas toujours la suture. Antennes brunes, leur second article rouge. Prothorax assez fortement bombé , rétréci en arrière, peu arrondi sur les côtés , légèrement sillonné dans sa portion postérieure , couvert de points de grosseur inégale, les plus gros assez serrés et ombiliqués, au moins ceux des côtés , les angles postérieurs obliquement tronqués. Elytres ordinairement un peu plus larges que le prothorax , courtes, atténuées curvilinéairement à partir du tiers antérieur , marquées de stries fines fortement ponctuées, les intervalles plans. Pattes rougeâtres avec les cuisses noirâtres.

Indes Orientales.

Cette jolie espèce est communément répandue, dans l'Inde , depuis les montagnes du Thibet jusqu'à Ceylan. Elle se distingue par les points ombiliqués du prothorax.

M. Curtis a décrit et figuré, dans les *Annales de la Soc. entom. de Londres, année* 1854 , sur un exemplaire unique privé de pattes et d'antennes, une espèce nouvelle qu'il a nommée *Card. formosus.* Cet insecte trouvé dans un jardin de l'Yorkshire par M. Simmons , a tous les caractères de l'espèce actuelle, et il n'est pas impossible, si toutefois il a réellement été trouvé vivant , qu'un individu ait été transporté, avec des plantes , de l'Inde en Angleterre, chose fort vraisemblable vu les relations fréquentes des deux pays.

30. C. MIRABILIS. *Niger , pubescens; fronte scutelloque albidopubescentibus ; prothorace rufo , maculis quatuor conjunctis nigris, elytrisque basi rufis, pube albida , fulva nigraque variegatis ; corpore subtus pedibusque rufis.* — Long. 3 mill. , lat. vix 1 mill. (Pl. III, fig. 5.)

Petit , noir, densément pubescent ; le front et l'écusson revêtus d'une pubescence argentée ; le prothorax rouge , avec quatre taches reliées entre elles et masquant presque la couleur foncière, noires, revêtu d'une pubescence blanche , obscure et jaunâtre ; les élytres rouges à la base, ornées de poils blancs, fauves et noirs formant des dessins sur toute la surface. Antennes rougeâtres. Prothorax aussi long que large, aussi rétréci à la base qu'au sommet, régulièrement arrondi sur les côtés, éparsément ponctué. Elytres cour-

tes , ovales, atténuées en arrière , ponctuées-striées. Dessous du
corps et pattes rouges.

Cette remarquable espèce , l'une des plus jolies du genre, est des
Indes Orientales. Je n'en ai vu que deux exemplaires sans indica-
tion plus précise du lieu de provenance , dans la collection de M.
Deyrolle.

31. C. ARGUTULUS. *Niger , cinereo-pubescens ; antennis basi*
rufis ; prothorace latitudine longiore , basin versus angustato, con-
fertissime subtiliter æqualiterque punctato ; elytris macula hume-
rali reniformi , fascia ultra medium obliqua , subsinuata puncto-
que apicali , carneo-testaceis. — Long. 4 1/2 mill., lat. 1 1/2 mill.

Petit , noir , revêtu d'une pubescence cendrée , les élytres ornées
d'une tache rêniforme placée longitudinalement sur les épaules ,
d'une fascie oblique et subsinueuse au-delà du milieu et d'un point
plus ou moins marqué sur l'angle apical , d'un testacé un peu rosé.
Antennes noires avec les deux premiers articles rouges. Prothorax
un peu plus long que large , rétréci au sommet et à la base mais
plus graduellement vers cette dernière , sa plus grande largeur se
trouvant au tiers antérieur , assez convexe , finement et très-densément ponctué, les sillons basilaires latéraux point ou à peine indiqués. Elytres courtes , convexes , ponctuées-striées, les intervalles
à peu près plats. Dessous du corps noir avec les épipleures et les
pattes testacé rougeâtre.

Hindoustan septentrional.

32. C. MESOPYRRHUS. *Niger , cinereo-pubescens ; prothorace*
latitudine longiore , basin versus angustato ; elytris fere dimidia
parte antica rufis , punctato-striatis ; pedibus rufis. — Long. 7
mill., lat. fere 2 mill.

Un peu allongé , noir , revêtu d'une pubescence très-visible, gris
cendré, les élytres rouges dans près de leur moitié antérieure.
Front convexe, sa saillie antérieure assez forte. Antennes rougeâtres. Prothorax un peu plus long que large, rétréci vers la base ,
arrondi sur les côtés en avant , assez convexe , très-finement ponctué, dépourvu de sillons basilaires latéraux, de carène sur les angles postérieurs et de sutures latérales. Elytres parallèles dans les
deux tiers antérieurs , ponctuées-striées, les intervalles des stries

convexes. Dessous du corps noir avec les épipleures ét les pattes rouges.

Des Indes Orientales.

Collection de M. de la Ferté Sénectère.

33. C. VENUSTUS. *Niger, breviter pubescens ; prothorace rufo, postice angustato, crebre punctato, medio canaliculato; elytris brevibus , depressis , punctato-striatis, fasciis abbreviatis duabus obliquis luteis ; antennis pedibusque rufis.* — Long. 3 mill. lat. 1 1/2 mill. (Pl. II, fig. 15.)

Petit , noir, légèrement pubescent , le prothorax rouge, les élytres parées de deux fascies raccourcies, obliques en sens inverse , d'un jaune clair. Antennes rouges. Prothorax aussi large que long, élargi vers le tiers antérieur, peu convexe, assez densément ponctué, sillonné au milieu , les sillons basilaires latéraux fins et très-obliques. Elytres au plus deux fois aussi longues que le prothorax , déprimées, ponctuées-striées, les points gros, les stries fines , les intervalles aplatis et pointillés. Dessous noir, avec les flancs du prothorax et les pattes rouges.

De la Nouvelle-Hollande.

Cette jolie espèce a des rapports avec l'*anaticus* quant au système de coloration, mais , chez ce dernier , les fascies des élytres sont transversales, tandis qu'elles sont obliques chez le *venustus*.

34. C. STAUROPHORUS. *Rufus , flavo-pubescens; fronte nigra ; prothorace longitudine paulo latiore , parum convexo , confertim subtiliter punctato, vittis duabus marginibusque nigris ; elytris prothorace latioribus, guttula humerali, plaga scutellari communi, fascia media , altera angusta subapicali nigris ; antennis pedibusque testaceis.* — Long. 4 mill. , lat. 1 mill.

Petit , revêtu d'une pubescence flave , la tête noire , le prothorax rougeâtre avec deux bandes longitudinales discoïdales et les bords latéraux noirs, l'écusson brun , les élytres jaunes avec une linéole noire sur les épaules, une tache oblongue commune derrière l'écusson, une fascie transversale médiane et une autre très-étroite près de l'extrémité, également noires. Antennes testacées. Prothorax un peu plus large que long, rétréci légèrement à la base et au sommet , peu convexe, finement et densément ponctué, les sillons

basilaires latéraux très-courts, les sutures latérales distinctes en-
dessous jusque près des angles antérieurs. Elytres un peu plus larges que le prothorax, curvilinéaires sur les côtés, ponctuées-striées,
les intervalles à peine convexes. Dessous du corps obscur avec l'antépectus rougeâtre et l'extrémité de l'abdomen brun. Pattes testacées.

De Madagascar.

Je n'en ai vu qu'un exemplaire, rapporté par M. Coquerel, dans
la collection du marquis de la Ferté Sénectère.

35. C. BINOTATUS. *Niger, subnitidus, tenuiter pubescens ; prothorace longitudine paulo latiore, postice subangustato, convexo,
subtiliter punctato, interstitiis punctorum tenuissime punctulatis;
elytris brevibus, punctato-striatis, macula humerali subquadrata,
dilute rufa; pedibus pallide testaceis.* — Long. 4 3/4 mill., lat. 1/2 mill.

Cardiophorus binotatus. BOHEM. *Ins. Caffr.* pars I, fasc. II, p. 400.

Petit, d'un noir brunâtre, revêtu d'une pubescence d'un brun
gris, les élytres offrant sur chaque épaule une assez grande tache
de forme à peu près carrée, d'un rouge clair. Antennes brun clair
ou noirâtres, quelquefois avec le premier article rouge. Prothorax
un peu plus large que long, un peu élargi dans sa portion antérieure, convexe, ponctué, les intervalles des points présentant
un pointillé très tenu et visible seulement au moyen d'une très-forte
loupe. Elytres courtes, curvilinéaires sur les côtés, finement
ponctuées-striées, les intervalles à peine convexes et finement
ponctués. Dessous du corps noirâtre avec les hanches postérieures
brun testacé. Pattes d'un testacé clair.

Cafrerie.

Communiqué par M. Boheman.

36. C. HISTRIO. *Niger, nitidus, subtilissime griseo-pubescens ;
prothorace convexo, confertim subtiliter punctato, rufo; elytris
subdepressis, punctato-striatis, fasciis obliquis abbreviatis duabus,
albidis.* — Long. 6 - 7 mill., lat. 2 - 2 1/4 mill. (Pl. II, fig. 17.)

Cardiophorus histrio. ERICHS. *Zeitschr. f. d. Entom.* II, p. 287, 12. —
BOHEM. *Ins. caffr.* pars I, fasc. II, p. 400.

Cardiophorus variabilis. GUÉRIN-MÉN. *Voyag. d. Lefebv. en Abyss.*, p. 285,
pl. II, fig. 7, 8. — EJUSD. *Rev. Zool.* 1847, p. 52.

Var. a. Prothorace rufo, macula antica nigra.

Var. b. Prothorace nigro.

Var. c. Elytrorum fasciis læte luteis.

Déprimé, d'un noir brillant, le prothorax rouge, ou avec une grande tache noire antérieure, ou tout-à-fait noir, les élytres ornées, chacune, de deux taches transversales, obliques, partant du bord externe et s'atténuant graduellement en dedans sans atteindre la suture. Antennes noires, brunes ou rouges selon la couleur du prothorax. Prothorax aussi long que large, atténué vers la base, arrondi sur les côtés, convexe, finement et densément ponctué, les sillons basilaires latéraux de longueur normale. Elytres peu allongées, curvilinéaires sur les côtés, ponctuées-striées, les intervalles à peu près plats, très-finement ponctués. Dessous du corps noir, les flancs du prothorax rouges ou noirs. Pattes obscures avec les tarses et les genoux ferrugineux.

Cafrerie, Cap de Bonne-Espérance et Abyssinie.

La forme typique est la plus rare; je ne l'ai vue que dans la collection de M. de la Ferté Sénectère. La variété *c* qui correspond à la variété *B* de M. Boheman est plus répandue.

C'est la variété *a*, la plus commune, qui a servi de type à Erichson.

37. **C. sexguttatus.** *Niger, nitidus, sat dense pubescens; prothorace tumido, confertissime subtiliterque punctato, rufo; elytris punctato-striatis, macula basali fasciisque duabus obliquis, abbreviatis, albidis.* — Long. 7 - 8 mill. lat. 2 1/4 - 2 1/2 mill. (Pl. II, fig. 18.)

Elater sexguttatus. Thunb. *Diss.* III, p. 184, pl. IX, fig. 12.
Cardiophorus sexguttatus. Erichs. *Zeitschr. f. d. Entom.* II, p. 286, 11.
Cardiophorus Klugii. Dej. *Cat.* ed. 3, p. 103.

Var. a. Prothorace macula antica nigra.

Var. b. Prothorace nigro.

Noir, assez brillant, revêtu d'une pubescence assez serrée et très-fine, de couleur variable selon les parties qu'elle recouvre, le prothorax entièrement rouge ou noir, les élytres ornées d'une tache à la base et en outre de deux fascies disposées comme chez le *histrio*, à ceci près que l'antérieure est un peu plus étroite, plus courbe et plus longue. Antennes d'un brun plus ou moins rougeâtre. Prothorax atténué en arrière, très-convexe, finement et très-densément ponctué, les sillons basilaires latéraux à peu près nuls. Elytres en ovale allongé, un peu moins déprimées que chez le précédent, ponctuées-striées, les intervalles des stries à peu près plats et pointillés. Dessous du corps noir avec l'antépectus rouge ou noir. Pattes brunâtres avec les tarses plus clairs.

Du Cap de Bonne-Espérance.

Cette espèce présente les mêmes variétés que la précédente.

38. **C. REPANDUS.** *Fuscus, dense pubescens; prothorace latitudini longitudine æquali, subtiliter punctato, basi apiceque rufescente; elytris punctato-striatis, fasciis duabus latis, angulatis, abbreviatis, testaceis; pedibus fusco-testaceis.* — Long. 6 mill., lat. 1 1/2 mill. (Pl. III, fig. 7.)

Cardiophorus repandus. ERICHS. *Zeitschr. f. d. Entom.* II, p. 290, 19.

Allongé, brunâtre, revêtu d'une pubescence assez dense et jaunâtre, le prothorax bordé en avant et en arrière de rougeâtre, les élytres marquées, chacune, de deux larges fascies anguleuses, raccourcies, jaunes. Antennes brunâtres. Prothorax aussi long que large, assez régulièrement rétréci en avant et en arrière, médiocrement convexe, finement et pas très-densément ponctué, les sillons basilaires latéraux presque nuls. Elytres elliptiques, peu convexes, finement ponctuées-striées, avec les intervalles des stries à peu près plats et ponctués, subacuminées au sommet. Dessous du corps noirâtre, revêtu d'une pubescence cendrée, soyeuse. Pattes d'un testacé obscur.

Du Cap de Bonne-Espérance.

39. **C. QUADRIGUTTATUS.** *Curtus, niger, nitidus, tenuissime griseo-pubescens; prothorace confertim æqualiter punctato, latitudini longitudine subæquali; elytris punctato-striatis, striis postice profundius impressis, apice haud acuminatis, guttulis duabus albidis, anteriore basali, posteriore subapicali; pedibus ferrugineis, femoribus nigricantibus.* — Long. 5 1/2 mill., lat. 1 2/3 mill.

Cardiophorus quadriguttatus. Erichs. *Zeitschr. f. d. Entom.* II, p. 288, 14.

Court et trapu, noir luisant, revêtu d'une très-fine pubescence grise, les élytres marquées, chacune, de deux petites taches blanchâtres, l'antérieure située immédiatement à la base, la seconde très-près du sommet, aussi distincte que l'antérieure. Front convexe, arrondi en avant, finement ponctué. Prothorax à peu près aussi long que large, légèrement arrondi sur les côtés, finement, densément et également ponctué, assez convexe. Elytres de la largeur du prothorax, moins de deux fois aussi longues, assez profondément striées, les stries ponctuées, plus fortement enfoncées en arrière qu'en avant, l'extrémité non acuminée, les intervalles aplatis et finement ponctués. Pattes ferrugineuses avec les cuisses noirâtres.
Du Cap de Bonne-Espérance.

40. C. COLON. *Curtus, niger, nitidus, griseo-pubescens; prothorace confertim æqualiter punctato, latitudini longitudine fere æquali; elytris profunde punctato-striatis, striis postice haud profundius impressis, apice acuminatis, guttulis duabus albidis, anteriore humerali, altera postica, subobsoleta; pedibus brunneis, tarsis rufescentibus.* — Long. 5 mill., lat. 1 1/2 mill.

Cardiophorus colon. Erichs. *Zeitschr. f. d. Entom.* II, p. 288, 15.

Var. α. *Guttula postica elytrorum obliterata.*

Voisin du précédent, mais cependant distinct par quelques caractères résidant surtout dans les élytres. Court, d'un noir luisant, revêtu d'une pubescence grise un peu moins fine, les élytres marquées, chacune, de deux petites taches blanchâtres, la première située à l'épaule, la seconde généralement peu distincte (ou même tout-à-fait effacée) vers le quart postérieur. Front légèrement convexe, ponctué, arrondi en avant. Antennes brunes. Prothorax presque aussi long que large, arrondi sur les côtés, convexe, finement, densément et également ponctué. Elytres de la largeur du prothorax ou un peu plus étroites, moins de deux fois aussi longues, arquées sur les côtés, acuminées au bout, profondément ponctuées-striées, les stries d'égale profondeur en avant et en arrière, les intervalles aplatis et finement ponctués. Pattes brunes, les articulations et les tarses rougeâtres.
Du Cap de Bonne-Espérance.

41. C. SPILOTUS. *Fuscus, dense griseo-pubescens; prothorace latitudini longitudine fere æquali, leviter convexo, confertissime æqualiter punctato; elytris punctato-striatis, interstitiis planis, maculis oblongis testaceis, antica humerali, altera subapicali; antennis pedibusque flavis.* — Long. 5 1/2 mill., lat. 1 1/2 mill. (Pl. III, fig. 10.)

Brun, densément pubescent, les élytres marquées, chacune, de deux taches oblongues, jaunes, la première humérale, la seconde oblique, à l'extrémité sans atteindre les bords. Front convexe et ponctué. Antennes jaune clair. Prothorax à peu près aussi long que large, rétréci à la base et au sommet, arqué sur les côtés, légèrement convexe, densément et également ponctué, les sillons basilaires latéraux bien marqués. Elytres de la largeur du prothorax ou un peu moins larges, à peine deux fois aussi longues, convexes, ponctuées-striées, les intervalles aplatis ou à peu près, même à l'extrémité, ponctués. Pattes jaune clair.

Du Cap de Bonne-Espérance.

Il se rapproche, par son système de coloration, du *C. quadriplagiatus*, mais il en diffère par de nombreux caractères, notamment par la ponctuation égale du prothorax, les intervalles des stries non élevés au sommet, etc.

Je ne l'ai vu que dans la collection de M. Chevrolat.

42. C. LAETUS. *Niger, griseo-pubescens; prothorace latitudine vix longiore, convexo, punctis umbilicatis latis adsperso, angulis posticis dilute sulfureis; elytris punctato-substriatis, antice rugose punctatis, macula marginali antica fasciaque obliqua postica dilute sulfureis.* — Long. 5 mill., lat. 1 1/2 mill. (Pl. II, fig. 16.)

Petit, noir, revêtu d'une pubescence grise, les angles postérieurs du prothorax, une tache vers le tiers antérieur des élytres reliée au bord latéral et une fascie oblique au tiers postérieur, d'un jaune de soufre clair. Antennes obscures. Prothorax à peu près aussi large que long, convexe, un peu rétréci dans sa portion postérieure, couvert de points très-larges et très-peu profonds, ombiliqués au centre, dans les intervalles desquels on en aperçoit de plus petits, ses angles postérieurs saillants, un peu redressés, obtus au sommet. Elytres deux fois à peine plus longues que le prothorax et un peu plus étroites, faiblement atténuées à partir de la base, pré-

sentant, sur des stries à peine visibles, des séries de points de plus
en plus gros en se rapprochant de la base où les intervalles sont
eux-mêmes fortement ponctués-rugueux. Dessous du corps et pattes obscurs.

Du Sénégal.

Cette jolie espèce fait partie de la collection de M. de la Ferté
Sénectère; elle se rapproche, par le système de coloration, du *C.
histrio* de l'Afrique australe.

43. C. CRUX. *Fuscus, pube grisea, holosericea, vestitus; prothorace basi apiceque angustato, latitudine sublongiore, convexo,
inæqualiter subtiliter punctato; elytris punctato-striatis, interstitiis apice subelevatis, maculis in singulis duabus oblongis, fere
conjunctis, testaceis; suturis pronoti subtus elevatis; antennis
pedibusque pallide flavis.* — Long. 7 mill., lat. 1 1/2 mill.

Cardiophorus crux. ERICHS. *Zeitschr. f. d. Entom.* II, p. 291, 21.

Allongé, brun, revêtu d'une courte pubescence grise à reflets
moirés sur le prothorax, les élytres marquées, chacune, de deux
longues taches jaunes qui se fondent presque entre elles au milieu;
(on peut aussi considérer les élytres comme jaunes avec la suture et
une fascie transversale brunes). Antennes flaves. Prothorax un peu
plus long que large, rétréci assez fortement à la base et au sommet,
sinueux sur les côtés en arrière, arqué en avant, convexe, finement et inégalement ponctué, les sillons basilaires latéraux longs
et obliques. Elytres arquées légèrement sur les côtés, profondément
ponctuées-striées, les intervalles convexes, élevés au sommet. Dessous du corps brun rougeâtre; lignes suturales du pronotum saillantes sur les flancs prothoraciques. Pattes flave clair.

De la Haute-Egypte et de la Nubie.

Musée de Berlin. Communiqué par M. le Dr. Gerstaecker.

Il se rapproche beaucoup du suivant dont il diffère, au reste,
entr'autres caractères, par les sutures des flancs prothoraciques.

44. C. QUADRIPLAGIATUS. *Elongatus, niger, breviter cinereo-
pubescens; prothorace latitudine longiore, convexo, dense subinæqualiter punctato; elytris punctato-striatis, interstitiis apice
elevatis, macula humerali alteraque postica oblongis testaceis;*

suturis pronoti subtus parum distinctis ; antennis pedibusque obscure testaceis. — Long. 7 - 8 mill. , lat. 1 1/2 - 1 2/3 mill. (Pl. III, fig. 6.)

Cardiophorus quadriplagiatus. Ericks. *Zeitschr. f. d. Entom.* II , p. 219, 20.

Allongé, noir , revêtu d'une courte pubescence gris-cendrée, les élytres ornées , chacune, de deux taches oblongues jaunes, la première à l'épaule , la seconde entre le milieu et l'extrémité. Antennes d'un testacé obscur. Prothorax plus long que large , régulièrement convexe et arrondi sur les côtés, assez densément et subinégalement ponctué, ses angles antérieurs jaunes, les postérieurs un peu saillants et tronqués, ses sillons basilaires latéraux obliques et assez longs. Elytres parallèles dans leur partie antérieure, profondément ponctuées-striées , les intervalles des stries, le huitième surtout, élevés vers le sommet. Dessous du corps noir ; lignes suturales des flancs prothoraciques peu marquées.

Commun au Sénégal.

45. C. PHÆOPTERUS. *Elongatus , niger , nitidus , breviter cinereo-pubescens ; prothorace latitudine longiore , convexo , dense subinæqualiter punctato ; elytris dilute rufo-brunneis , depressis , punctato-striatis , interstitiis vix convexiusculis.* — Long. 7 mill., lat. 1 2/3 mill.

Un peu allongé, noir et assez luisant, revêtu d'une légère pubescence cendrée, les élytres d'un brun rougeâtre clair. Antennes rougeâtres. Prothorax plus long que large, aussi rétréci à la base qu'au sommet , arqué sur les côtés , convexe, couvert de points fins , subinégaux et serrés, les sillons basilaires latéraux longs. Elytres déprimées , de la largeur du prothorax , parallèles dans plus de leur moitié antérieure , ponctuées-striées, les intervalles des stries presque plats jusqu'au sommet. Pattes rougeâtres ou brunâtres.

Du Sénégal.

Il ne peut être considéré comme une variété du précédent, dont il diffère par ses élytres déprimées et à intervalles des stries ne s'élevant pas en carène au sommet.

46. C. DISCIPENNIS. *Fusco-brunneus , cinereo-pubescens ; prothorace longitudine vix latiore , convexo , lateribus arcuato , dupli-*

citer punctato ; elytris punctato-striatis, flavis, dorso late infus-
catis; corpore subtus pedibusque flavo-ferrugineis. — **Long. 5 mill.,**
lat. 1 1/2 mill.

Cardiophorus discipennis. **Des.** *Cat.* **ed. 3, p. 104.**

Petit, brunâtre, revêtu d'une pubescence cendrée, les élytres
jaunâtres avec le dos obscur, ou, en d'autres termes, obscures avec
le pourtour passant insensiblement au jaune. Prothorax à peu près
aussi long que large, assez brusquement rétréci au sommet, plus
faiblement à la base, couvert d'un pointillé fin, avec des points plus
gros clair-semés, les sillons basilaires latéraux à peu près nuls. Elytres de la largeur du prothorax ou un peu plus larges, peu convexes, arquées sur les côtés, ponctuées-striées, les intervalles un
peu convexes et ruguleux. Dessous du corps, antennes et pattes
d'un flave ferrugineux.

Du Sénégal.

47. **C. suturalis.** *Testaceus, breviter griseo-pubescens; pro-*
thorace latitudine vix longiore, basi apiceque angustato, lateribus
arcuato, parum convexo, confertissime subtiliter æqualiterque
punctato ; elytris vitta suturali lutea, abbreviata, margineque an-
guste fuscis; antennis pedibusque dilutioribus. — **Long. 8 mill., lat.**
1 3/4 mill.

Cardiophorus suturalis. **Bohem.** *Ins. Caffr.* **pars I, fasc. II, p. 401.**

Testacé, avec la tête et le prothorax testacé-ferrugineux, les élytres présentant une large bande suturale commune, raccourcie, et
le bord latéral étroitement brunâtres. Antennes d'un testacé clair.
Prothorax à peine plus long que large, rétréci au sommet et à la
base, arrondi sur les côtés, peu convexe, couvert d'une ponctuation égale, fine et très-dense, ses angles postérieurs courts, non
carénés, ses sillons basilaires latéraux fins et assez longs. Elytres
deux fois et demie plus longues que la tête et le prothorax réunis,
atténuées vers l'extrémité, un peu déprimées le long de la suture,
ponctuées-striées, les intervalles des stries à peu près plats. Pattes
de la couleur des antennes.

De la Cafrerie.

Je n'en ai vu qu'un exemplaire provenant des chasses de Wahl-
berg et communiqué par M. Boheman.

48. C. FULVICORNIS. *Nigro-fuscus , subtiliter sat dense griseo-*
pubescens ; antennis fulvo-brunneis ; prothorace latitudine paulo
longiore , basi apiceque angustato , dupliciter punctato ; elytris
castaneo-testaceis, ad suturam infuscatis , æqualiter sat profunde
punctato-striatis ; pedibus fulvescentibus. — Long. 9 - 10 mill. , lat. 2
2/3 - 2 3/4 mill.

> *Cardiophorus fulvicornis.* ERICHS. *Faun. Angol.* in WIEGM. *Arch.* 1843 , p. 223.

Brun noir , avec les élytres d'un châtain rougeâtre ou jaunâtre
plus ou moins clair , obscurci vers la suture. Antennes d'un brun
fauve. Prothorax un peu plus long que large, régulièrement rétréci au sommet et à la base avec ses côtés curvilinéaires , convexe, ponctué , les intervalles des points couverts d'un pointillé
fin et serré, le milieu du bord postérieur légèrement redressé, les
sillons basilaires latéraux fins et courts. Elytres de la largeur du
corselet et à peu près parallèles sur les côtés jusqu'au-delà du milieu , régulièrement et assez profondément ponctuées-striées , les
intervalles finement et densément pointillés. Dessous du corps noirâtre, densément revêtu d'une pubescence soyeuse. Pattes fauves.
    Angola.
    Il a quelques rapports de forme et de coloration avec la variété
a du *C. testaceus* Fabr. d'Europe.

49. C. ELEONORÆ. *Niger , subnitidus , tenuiter helvo-pubes-*
cens ; prothorace longitudini latitudine fere æquali , confertim
inæqualiter punctato , angulis posticis testaceis ; elytris prothorace
latioribus , punctato-striatis , vitta integra testacea ; antennis pe-
dibusque testaceis. — Long. 4 mill. lat. 1 1/2 mill. (Pl. III fig. 4.)

> *Cardiophorus Eleonoræ.* GÉNÉ, *Ins. Sardin.* I , 17 ; 16 , pl. I , fig. 7. —
> ERICHS. *Zeitschr. f. d. Entom.* II , p. 292, 22. — KÜST. *Kæf. Europ.* H. XVIII,
> 31. — DE MARS. *Cat.* p. 96.
>   *Cardiophorus bivittatus.* — DEJ. *Cat.* ed. 3, p. 103.

Petit, d'un noir ordinairement brunâtre, assez luisant, revêtu
d'une pubescence fine et longue, jaune, les angles du prothorax
jaunâtres , les élytres parées d'une large bande longitudinale testacée, d'une teinte de plus en plus claire en se rapprochant de la base.

Antennes longues , jaunâtres. Prothorax au moins aussi long que large, légèrement arrondi sur les côtés , convexe, densément et inégalement ponctué , les sillons basilaires latéraux fins et longs. Elytres presque parallèles dans leur moitié antérieure , un peu déprimées vers la suture, ponctuées-striées, les intervalles plans , très-finement et densément pointillés. Dessous du corps brunâtre avec les pattes testacées.

    Sicile et Sardaigne.

    50. C. **megacephalus**. *Niger , nitidus , depressiusculus , pube cinerea vestitus ; antennis fuscis, articulis apice testaceis; prothorace parum convexo , canaliculato, subtiliter confertissime æqualiter punctato ; elytris punctato-striatis , interstitiis convexiusculis, punctulatis ; pedibus testaceis , tibiis infuscatis.* — Long. 6 1/2 mill., lat. 1 2/3 mill.

    Assez déprimé , noir et brillant , revêtu d'une pubescence cen-drée. Antennes brunes avec le sommet de chaque article testacé. Front assez grand, convexe , ponctué. Prothorax aussi long que large, rétréci à la base , peu arqué sur les côtés , sillonné au milieu dans les deux tiers postérieurs , très-densément et finement ponc-tué. Elytres deux fois et demie plus longues que le prothorax, très-peu convexes, parallèles sur les côtés dans leur portion moyenne , ponctuées-striées , les intervalles des stries légèrement pointillés. Dessous du corps noir ; pattes testacées , les jambes obscures.

    Du Cap de Bonne-Espérance.

    Je l'ai trouvé dans la collection de M. de la Ferté Sénectère sous le nom de *C. megacephalus* Gory. Il se rapproche beaucoup du suivant, mais il forme bien évidemment une espèce distincte par son prothorax plus déprimé, plus rétréci en arrière , moins arrondi sur les côtés , plus longuement sillonné , plus densément et moins subtilement ponctué, et par la couleur des antennes et des pattes.

    51. C. **nuptus**. *Niger , dense cinereo-pubescens; prothorace latitudine paulo longiore , basin versus angustato, convexo , confertissime subtiliter æqualiterque punctato ; elytris punctato-striatis , interstitiis planis , punctatis , apice subelevatis ; antennis pedibusque rufis.* — Long. 7 mill., lat. 1 3/4 mill.

    Assez étroit, noir , médiocrement luisant , revêtu d'une pubescence cendré blanchâtre assez dense. Antennes rouges. Prothorax un peu plus long que large, dilaté dans ses deux tiers antérieurs, assez fortement rétréci dans le tiers postérieur avec ses côtés peu arqués, assez convexe, finement, très-densément et également ponctué, subsillonné en arrière, ses angles postérieurs grêles, dirigés en arrière, les sillons basilaires latéraux bien marqués. Elytres plus larges que la base du prothorax, deux fois et un tiers aussi longues, arrondies à la base et au sommet, parallèles jusqu'au-delà du milieu, ponctuées-striées avec les intervalles des stries aplatis et pointillés, un peu élevés vers le sommet.

Des Indes Orientales.

Collection de M. Schaum.

52. C. RUFIPES. *Niger, nitidus, pube brunnea vestitus; antennis nigris; prothorace parum convexo, dense subtiliter, subæqualiter punctato; elytris punctato-striatis, interstitiis convexis, dense punctulatis; pedibus rufis tarsis nigricantibus.* — Long. 7 1/2 - 9 mill., lat. 2 - 2 1/4 mill.

Elater rufipes. FOURCR. *Entom. Par.* I, p. 38, 14. — BOISD. et LAC. *Faun. Entom. d. env. d. Paris*, p. 653, 4.

Cardiophorus rufipes. ERICHS. *Zeitschr. f. d. Entom.* II, p. 292, 23. — LUC. *Expl. de l'Algér.* p. 165. — GEBL. *Bull. d. Mosc.* 1847. — BACH, *Käf.* III, p. 57. — REDT. *Faun. Austr.* ed. 2, p. 496. — DE MARS. *Cat.* p 96. — KIESENW. *Naturg. d. Ins. Deutschl.* IV, p. 378.

Caloderus rufipes. LAP. *Hist. Nat. d. Ins. Col.* I, p. 249, 4.

Var. a. *Elytris suturam versus cinereo-pubescentibus.*

Noir et brillant, revêtu d'une fine pubescence brune. Antennes noires. Prothorax aussi long que large, médiocrement rétréci à la base, peu convexe, subsillonné en arrière, couvert d'une ponctuation très-fine, dense, subégale. Elytres deux fois et demie plus longues que le prothorax, peu ou point rétrécies à la base où elles présentent, ainsi que la partie correspondante du prothorax, quelques poils cendrés, parallèles ou à peu près jusqu'au milieu, assez déprimées, ponctuées-striées, les intervalles convexes, finement et densément pointillés. Dessous du corps noir, revêtu d'une pubescence soyeuse, cendrée. Pattes rouges avec les tarses obscurs.

Cette espèce est répandue dans toute l'Europe, le nord de l'Afrique et l'Asie occidentale.

Elle est citée dans la plupart des auteurs de faunes européennes postérieurs à Fabricius , mais il est impossible , sans l'examen du type , de décider s'ils ont entendu parler de l'espèce actuelle ou de la suivante qui est fort voisine; il est donc préférable de ne pas les mentionner à propos du *C. rufipes* , ce qui du reste importe peu.

53. C. VESTIGIALIS. *Nigro-subœnescens, vel plumbeo-niger, subnitidus , pube densa cinerea vestitus; antennis nigris ; prothorace convexo , dense inæqualiter punctato ; elytris punctato-striatis , interstitiis vix convexis , parum distincte punctulatis ; pedibus rufis, tarsis sœpe obscuris.* — Long. 7 - 8 mill., lat. fere 1 - 2 mill.

Cardiophorus vestigialis. ERICHS. *Zeitschr. f. d. Entom.* II , p. 293 , 24. — REDT. *Faun. Austr.* , ed. 2 , p. 496. — DE MARS. *Cat.* p. 96. — ROSENH. *d. Th. Andal.* p. 136. — KIESENW. *Naturg. d. Ins. Deutschl.* IV , p. 579.

Elater rufipes. ILLIG. *Mag. d. Entom.* VI , 8 . 12.

Cardiophorus rufipes. — DEJ. *Cat.* ed. 3 , p. 103.

Elater (Cardiophorus) pallipes. BRULLÉ, *Exped. d. Mor.* III , p. 141.

Var. *a. Prothoracis disco elytrorumque dorso pube infuscata.*

Fort voisin du précédent avec lequel il paraît se relier par la variété *a* ; il en diffère par sa forme un peu plus épaisse, sa pubescence plus dense, plus apparente et cendrée , bien que l'on rencontre des individus où elle passe sensiblement au brun , par la ponctuation du prothorax , bien distinctement inégale, ses tarses souvent obscurs , enfin par sa couleur générale ordinairement bronzée.

Les caractères ci-dessus s'affaiblissent chez certains individus au point qu'il est difficile de décider à laquelle des deux espèces ils appartiennent; aussi ce n'est qu'avec doute que j'admets l'espèce en question.

Le *C. vestigialis* se trouve surtout en Espagne, en Italie, en Autriche. On le rencontre également en France jusqu'à Paris, mais il y est fort rare. C'est en Grèce et dans les îles de la Méditerranée orientale qu'il paraît être le plus commun.

54. C. TENELLUS. *Æneo-niger, nitidus, subtiliter cinereopubescens ; prothorace tumidulo , minus dense subæqualiter subtilissime punctato; elytris convexis, ultra medium sensim dilatatis, punctato-striatis , interstitiis planiusculis ; pedibus rufis, tarsis obscuris.* — Long. 5 - 7 mill. , lat. 1 1/4 - 2 1/2 mill.

Cardiophorus tenellus. Reiche et Saulcy , *Ann. d. l. Soc. entom. d. Fr.* IV , ser. III , 1856 , p. 421 , 112.

Var. *a. Pedibus piceis , commissuris rufis.*

D'un bronzé obscur , assez brillant , revêtu d'une pubescence cendrée , fine et médiocrement dense. Antennes obscures avec la base ordinairement rougeâtre. Prothorax assez fortement convexe , assez fortement rétréci à la base et au sommet, très-arrondi sur les côtés, couvert d'une ponctuation fine, moins serrée que dans les deux précédents. Elytres légèrement et insensiblement élargies à partir de la base jusqu'au-delà du milieu, plus chez le mâle que chez la femelle, subacuminées au sommet, ponctuées-striées avec les intervalles des stries presque plans et pointillés. Pattes rouges avec les tarses obscurs , ou obscures avec les articulations rougeâtres.

Cette espèce se trouve dans l'Asie mineure , la Syrie , les îles de Chypres, de Rhôde, de Candie , de l'Archipel grec , etc.

Elle diffère surtout des deux précédentes par sa forme plus convexe , sa couleur bronzée , son prothorax plus arrondi et ses élytres élargies dans leur partie postérieure. J'ai reçu les types de M. Reiche.

55. C. Kiesenwetteri. *Nigro-subœneus , nitidus, pube albicanti-cinerea vestitus ; antennis nigris ; prothorace ad basin sensim angustato , fortius dense subæqualiter punctato ; elytris ultra medium subparallelis ; punctato-substriatis , interstitiis planis ; pedibus obscuris , geniculis tarsisque ferrugineis. —* Long. 5 mill., lat. 1 1/4 mill.

D'un noir légèrement teinté de bronzé olivâtre , revêtu d'une pubescence cendré blanchâtre. Antennes longues , noires. Prothorax aussi long que large , assez fortement et graduellement rétréci à la base, de telle sorte que sa plus grande largeur se trouve en avant du milieu, arqué sur les côtés , convexe , assez densément et assez fortement ponctué, les points égaux , ses angles postérieurs aigus , un peu recourbés en dehors , les sillons basilaires latéraux courts. Elytres à peu près de la largeur de la partie antérieure du prothorax, parallèles ou à peu près dans plus de leur moitié antérieure , curvilinéairement rétrécies au-delà , finement striées , les stries assez fortement ponctuées , les intervalles aplatis et ruguleusement pointillés. Pattes noirâtres avec les genoux et les tarses ferrugineux.

Des îles de la Méditerranée orientale.

Je n'ai vu que quatre exemplaires de cette petite espèce: deux, de Syra, communiqués par M. de Kiesenwetter, à qui je la dédie, deux autres, de Candie, faisant partie de la collection de M. Dohrn.

56. C. ventralis. *Niger, parum nitidus, dense breviter cinereo-pubescens; antennis brunneo-nigris, basi rufis; prothorace confertissime subæqualiter punctato; elytris punctato-striatis, interstitiis fere planis; abdomine rufo; pedibus testaceis.* — Long. 6 mill., lat. fere 2 1/4 mill.

Cardiophorus ventralis. Erichs. *Zeitschr. f. d. Entom.* II, p. 294, 27.

Cardiophorus erythrogaster. Dej. *Cat.* ed. 3, p. 104.

Noir, revêtu d'une pubescence cendré-blanchâtre courte, mais assez dense pour modifier sensiblement la couleur foncière. Antennes obscures avec la base rougeâtre. Prothorax un peu moins long que large, convexe sur les côtés, peu bombé, couvert d'une ponctuation fine, très-dense et subégale, sillonné à la base, les sillons basilaires latéraux assez longs. Elytres arquées sur les côtés, assez déprimées, ponctuées-striées, les intervalles des stries à peu près plats, très-finement et densément pointillés. Abdomen rouge au moins dans sa moitié postérieure. Pattes jaunes.

Du Cap de Bonne-Espérance.

57. C. abdominalis. *Niger, parum nitidus, parcius cinereo-pubescens; antennis brunneis, basi rufis; prothorace dense subtilissime subinæqualiter punctato; elytris punctato-striatis, interstitiis convexiusculis; abdomine pedibusque dilute rufis.* — Long. 7 mill., lat. 1 3/4 mill.

Cardiophorus abdominalis. Aubé, *Ann. d. l. Soc. entom. d. Fr.* VIII, ser. d. 1850, p. 337, 49.

Plus petit et surtout plus étroit que le précédent duquel il se rapproche par la couleur de l'abdomen; noir, peu brillant, revêtu d'une fine pubescence gris-cendré moins apparente que chez le *ventralis.* Antennes brunes, rouges à la base. Prothorax un peu plus large que long, rétréci assez fortement vers la base, peu convexe, couvert d'une ponctuation extrêmement fine, un peu moins serrée que dans le précédent, subinégale surtout en avant, présentant une trace de sillon médian en arrière, les sillons basilaires latéraux

courts. Elytres ponctuées-striées, les intervalles un peu convexes et
finement pointillés. Abdomen et pattes d'un rouge clair, revêtus
d'une pubescence fauve.

Algérie et Tunis.

58. **C. ruficruris.** *Niger, nitidus, subtiliter cinereo-pubescens ;
antennis nigris; prothorace latitudini longitudine subæquali , convexo , dense subtiliter æqualiter punctato ; elytris punctato-striatis,
interstitiis planis rugulosis; tibiis rufo-testaceis.* — Long. 6 mill.,
lat. 1 1/2 mill.

Elater (Cardiophorus) ruficruris. Brullé , *Exped. d. Mor. Zool.* III , 140.

Cardiophorus tibialis. Erichs. *Zeitschr. f. d. Entom.* II , p. 295 , 28.

Noir, souvent avec un très-léger reflet bronzé, revêtu d'une
fine pubescence cendrée. Antennes noires. Prothorax aussi long
que large ou à peu près , rétréci à la base et au sommet, légèrement arqué sur les côtés , convexe, couvert de points fins et égaux
en grosseur , ses angles postérieurs courts , grêles , les sillons basilaires latéraux médiocres. Elytres de la largeur du prothorax,
peu convexes , ponctuées-striées , les intervalles aplatis et finement
rugueux. Pattes noires avec les jambes d'un rouge testacé.

Des Iles Ioniennes, de Grèce , de Sicile , etc.

Il diffère du *rufipes* non-seulement par la couleur des pattes,
mais encore par ses formes plus délicates ; son *facies* le rapproche
davantage de l'*ebeninus* dont il diffère par la ponctuation moins
dense , moins fine et plus égale du prothorax.

59. **C. nigerrimus.** *Niger , nitidus , pube obscura subtili haud
dense vestitus ; prothorace latitudini longitudine æquali , minus
convexo , confertim subtiliter inæqualiterque punctato ; elytris
prothorace paulo latioribus , depressis , punctato-striatis, interstitiis fere planis , dense punctulatis ; pedibus nigris.* — Long. 8 1/2 -
9 1/2 mill. , lat. 2 1/2 - 2 2/3 mill.

Cardiophorus nigerrimus. Erichs. *Zeitschr. f. d. Entom.* II , p. 296 , 30. —
Bach, *Käferf.* III , p. 37. — Redt. *Faun. Austr.* ed. 2 , p. 496. — Kiesenw.
Naturg. d. Ins. Deutschl. IV , p. 380.

Cardiophorus serricornis. Ziegl. in *Dej. Cat.* ed. 3 , p. 103.

Noir et brillant , revêtu d'une fine pubescence noire ou d'un gris

très-obscur, peu dense et peu apparente. Antennes noires , assez
longues et plus fortement dentées que dans la plupart des autres
espèces du genre. Prothorax médiocrement convexe, rétréci beaucoup plus fortement au sommet qu'à la base, légèrement sillonné
en arrière, couvert de points serrés , fins, inégaux, ses sillons
basilaires latéraux courts. Elytres un peu plus larges que le prothorax, deux fois plus longues, peu atténuées en arrière , assez
largement rebordées vers le sommet, déprimées, ponctuées-striées ,
les intervalles à peu près plats , finement et densément pointillés.
Pattes noires, recouvertes ainsi que le dessous du corps d'une
pubescence couchée, fine , soyeuse , grise.

Allemagne ; rare en France ; je n'ai sous les yeux, de ce dernier
pays , qu'un seul individu pris par M. Chevrolat à Fontainebleau.

Le caractère principal auquel on reconnaîtra cette espèce, consiste dans la couleur de la pubescence.

60. **C. MELAMPUS.** *Niger, nitidus, sat dense subtiliter cinereo-
pubescens ; prothorace latitudini longitudine æquali, basi apiceque
angustato , convexo, confertim subtiliter , subinæqualiter punctato , angulis posticis retrorsum productis ; elytris punctato-striatis, interstitiis planis ; antennis pedibusque nigris.* — Long. 6
mill., lat. 1 2/3 mill.

Elater melampus. Illig. *Mag.* VI, p. 8, 14.

Cardiophorus melampus. Erich., *Zeitschr. f. d. Entom.* II , p 298 , 54. —
Rosenh. *D. Thiere Andal.* p. 136.

Elater malvarum. Waltl, in litt.

Elater advena. Fabr. *Syst. Eleuth.* II , 245 , 112 ?

Var. a. *Prothorace elytrisque subæneo nigris.*

D'un noir souvent légèrement bronzé, revêtu d'une fine pubescence cendrée. Antennes noires. Prothorax aussi long au moins que
large, rétréci à la base et au sommet, arqué sur les côtés, convexe,
très-finement , densément et subinégalement ponctué , ses angles
postérieurs saillants en arrière , les sillons basilaires latéraux très-
courts. Elytres de la largeur du prothorax ou un peu plus larges ,
peu arquées sur les côtés , ponctuées-striées , les intervalles des
stries aplatis. Dessous du corps et pattes noirs ou noir bronzé
comme le dessus.

Espagne , Portugal , Sicile et Grèce.

Chez plusieurs exemplaires appartenant bien évidemment à cette espèce , j'ai eu peine à constater l'inégalité de grosseur des points du dessus du prothorax , qui du reste est , en général , peu prononcée ; ceux des flancs sont égaux.

61. C. GRAELLSII. *Niger , parum nitidus , pube brunnea sat dense vestitus , prothoracis angulis posticis scutelloque cinereo-pubescentibus ; antennis nigris ; prothorace latitudini longitudine subæquali , antice paulo dilatato , convexo , dense subtilissime subinæqualiter punctato , angulis posticis retrorsum productis , truncatis ; elytris ultra medium parallelis , dorso depressiusculis, punctato-striatis , interstitiis planis , confertissime rugose punctulatis ; pedibus brunneis.* — Long. 7 - 8 mill. , lat. 2 1/4 - 1 1/2 mill. (Pl. III, fig. 14.)

Noir , médiocrement brillant , revêtu d'une pubescence brune excepté aux angles postérieurs du prothorax et sur l'écusson où cette pubescence est gris cendré. Antennes noires. Prothorax à peu près aussi long que large , peu rétréci à la base et au sommet , légèrement arqué sur les côtés , convexe , sillonné en arrière , densément, très-finement et subinégalement ponctué , ses angles postérieurs assez grands , dirigés en arrière et tronqués obliquement au sommet. Elytres de la largeur du prothorax ou un peu plus larges selon le sexe, déprimées sur le dos , subparallèles sur les côtés dans leur partie moyenne , ponctuées-striées , les intervalles aplatis , rugueusement et densément pointillés. Dessous du corps revêtu d'une pubescence soyeuse à reflet cendré. Pattes brunes avec les jambes et les tarses ordinairement d'un brun ferrugineux.

Il se trouve en Espagne.

Cette espèce est facile à reconnaître aux angles postérieurs du prothorax bien développés , tronqués au bout, et auxquels la pubescence qui les revêt , d'une couleur différente de celle du corps , donne un reflet particulier.

62. C. MUSCULUS. *Plumbeo-niger, parum nitidus, dense subtiliter cinereo-pubescens ; prothorace latitudini longitudine subæquali, basi apiceque angustato , leviter convexo , dense inæqualiter punctato , angulis posticis obtusis ; elytris brevibus , parum convexis , punctato-striatis , interstitiis planis , rugulosis ; antennis pedibusque nigris.* — Long. 7 mill. , lat. 2 mill. (Pl. III , fig. 13.)

Cardiophorus musculus. Ericks. *Zeitschr. f. d. Entom.* II , p. 299 , 35. — Rdt. *Faun. Austr.* ed. II , p. 497. — Kiesenw. *Naturg. d. Ins. Deutschl.* IV, p. 381.

Cardiophorus advena. Fabr. in Dej. *Cat.* ed. 3 , p. 103.

Var. a. *Niger, nitidior , minus dense pubescens.*

Cardiophorus curtulus. Muls. et Guilleb. *Opusc. entom.* VI, p. 197 ?

D'un noir plombé, peu brillant, revêtu d'une pubescence fine, assez dense, cendrée. Antennes noires. Prothorax à peu près aussi long que large, rétréci à la base et au sommet ; ses côtés régulièrement arqués, nullement sinués vers les angles postérieurs, légèrement convexe, sillonné en arrière, couvert de points fins serrés et de grosseur inégale, les angles postérieurs du prothorax courts, les sillons basilaires latéraux longs. Elytres courtes, plus larges que le prothorax chez le mâle, arquées sur les côtés de la base au sommet, peu convexes, finement striées, les stries fortement ponctuées, les intervalles aplatis et ruguleux. Pattes noires, les crochets rougeâtres.

On rencontre cette espèce dans le midi de la Russie, la Turquie, dans toute l'Allemagne, le Piémont, le midi de la France, où elle est assez commune. Je n'en ai pas vu provenant de l'Espagne.

On la reconnaît au premier coup d'œil, entre toutes, à sa teinte plombée, et surtout aux angles postérieurs du prothorax qui ne font aucune saillie, les bords latéraux conservant leur courbe jusqu'à la rencontre du bord postérieur. (v. pl. III , fig. 13,.)

La variété tout-à-fait noire est plus rare.

La brièveté des élytres me fait supposer que c'est cette espèce que MM. Mulsant et Guillebeau ont décrit sous le nom de *C. curtulus*, mais comme les auteurs n'indiquent nullement dans la description, très-détaillée du reste, qu'ils en donnent, ce qui la distingue des espèces voisines, notamment si les ongles sont simples ou dentés, je n'ai aucune certitude à cet égard.

63. C. asellus. *Niger, parum nitidus , sat dense cinereo-pubescens ; antennis fusco-nigris ; prothorace longitudine paulo latiore, basi apiceque angustato , leviter convexo , dense subtiliter æqualiterque punctato , postice canaliculato ; elytris prothorace latioribus, lateribus arcuatis , postice subacuminatis , punctato-striatis , interstitiis convexis , dense punctulatis ; pedibus obscuris*

geniculis tarsisque ferrugineo-testaceis. — Long. 8 - 10 mill. , lat.
2 - 2 1/2.

Cardiophorus *asellus.* Eᴀɪᴄʜs. *Zeitschr. f. d. Entom.* II , p. 300 , 36. —
Rᴇᴅᴛ. *Faun. Austr.* ed. II , p. 497. — Bᴀᴄʜ. *Käferf.* III , p. 37. — Kɪᴇsᴇɴᴡ.
Naturg. d. Ins. Deutschl. IV , p. 381 , 9.

Cardiophorus *equiseti* pars. Dᴇᴊ. *Cat.* ed. 3 , p. 103.

Elater *equiseti* var. Bᴏɪsᴅ. et Lᴀᴄ. *Faun. entom. Par.* p. 633 , 2.

Noir , peu brillant, revêtu d'une pubescence cendrée. Antennes
d'un noir brunâtre. Prothorax un peu plus large que long , rétréci
à la base et surtout au sommet , arrondi sur les côtés , légèrement
convexe, sillonné au milieu en arrière , couvert d'une ponctuation
serrée, assez fine, égale , ses angles postérieurs dirigés en arrière ,
aigus , les sillons basilaires latéraux assez longs. Elytres un peu
plus larges que le prothorax , arquées sur les côtés, subacuminées
à l'extrémité, ponctuées-striées, les intervalles des stries légèrement
convexes , finement et densément pointillés. Pattes noir brunâtre
avec les genoux et les tarses d'un testacé plus ou moins obscur.

Répandu dans le nord et le centre de l'Allemagne ainsi que dans
le nord de la France. Il n'est pas rare dans les environs de Paris.
On le confond habituellement , dans les collections , avec le *C. cine-*
reus Hbst. (*equiseti* Dej. et Lac.) dont il a assez bien le *faciès* ;
sous ce rapport il se rapproche encore plus de l'*agnatus*. Il suffira,
pour le distinguer de ces deux espèces, d'examiner les crochets des
tarses , qui sont simples chez l'*asellus* tandis qu'ils sont dentés chez
les deux autres.

64. C. ᴇʙᴇɴɪɴᴜs. *Niger , nitidus , pube cinerea sæpe subfus-*
cescente parcius vestitus ; antennis nigris ; prothorace latitudini
longitudine subæquali , basi apiceque angustato, lateribus ar-
cuato , convexo , subtiliter confertim vix inæqualiter punctato ,
angulis posticis tenuibus retrorsum productis ; elytris lateribus
arcuatis , parum convexis , punctato-striatis , interstitiis planis
dense punctulatis ; pedibus nigris, articulis apice rufescentibus. —
Long. 5 1/2 - 6 mill. , lat. 1 2/3 - 1 3/4 mill.

Elater *ebeninus.* Gᴇʀᴍ. *Spec. Ins. nov.*, p. 58 , 94. — Eᴊᴜsᴅ. *Faun. Ins.*
Europ. XI , pl. 7.

Cardiophorus *ebeninus.* Eᴀɪᴄʜs. *Zeitschr. f. d. Entom.* II , p. 298 , 33. —

Kür. Fuen. *Austr.* ed. II , p. 497. — Bach, *Käferf.* III , p. 37. — Kiesenw.
Naturg. d. Ins. Deutschl. IV, p. 380 , 7.

Var. a. Pedibus ferruginescentibus.

Peu allongé, noir et luisant, revêtu d'une très-fine pubescence
cendrée, quelquefois légèrement brunâtre, médiocrement serrée.
Antennes noires. Prothorax aussi long que large ou à peu près,
assez fortement rétréci à la base et au sommet, arrondi sur les
côtés, convexe, densément couvert de points fins et à peine distinctement inégaux en grosseur, finement sillonné au milieu en
arrière, ses angles postérieurs dirigés en arrière, rebordés en dehors, grêles au sommet, les sillons basilaires latéraux longs, leur
bord externe soulevé. Elytres de la largeur du prothorax ou plus
étroites, peu convexes, curvilinéaires sur les côtés, striées, les
stries assez fortement ponctuées, les intervalles plats et densément
pointillés. Pattes noires avec les articulations rougeâtres, quelquefois entièrement d'un brun ferrugineux.

Répandu çà et là dans toute l'Allemagne, la Russie méridionale,
la Turquie d'Asie et d'Europe, la Grèce et les îles de la Méditerranée orientale.

C'est à peine si les points du prothorax peuvent être considérés
comme inégaux chez cette espèce, et si j'avais eu à la décrire sans
tenir compte des descriptions d'Erichson et de M. Kiesenwetter, je
les aurais indiqués comme égaux et tels qu'ils paraissent, comparés, par exemple, à ceux du *C. melampus*, du *C. musculus*, etc.
L'égalité ou l'inégalité de la ponctuation ne peut pas, en effet,
s'apprécier d'une manière absolue, attendu qu'entre les degrés
extrêmes de ces états il existe tous les passages, et qu'il doit arriver un moment où l'on hésite dans l'appréciation en question. L'espèce actuelle me parait être précisément dans ce cas. Quant à la
détermination exacte de l'espèce je n'ai pu me tromper, ayant sous
les yeux les types mêmes de Germar (Erichson) et de M. de Kiesenwetter.

65. C. turgidus. *Niger , nitidus , cinereo-pubescens ; antennis
brunneo-nigris ; prothorace latitudini longitudine subæquali, basi
apiceque angustato, lateribus arcuato, convexo, dense subtiliter
æqualiterque punctato , angulis posticis tenuibus retrorsum productis ; elytris lateribus arcuatis , depressiusculis , punctato-*

*striatis , interstitiis convexiusculis , rugose punctulatis ; pedibus
piceis.* — Long. 6 mill. , lat. 1 3/4 mill.

Cardiophorus turgidus. Erichs. *Zeitschr. f. d. Entom.* II , p. 295, 29.

Il diffère très-peu du précédent et c'est avec doute que je l'admets
comme espèce distincte. Par ses pattes il se rapproche surtout de
la variété *a* de l'*ebeninus*. Ses différences consistent dans sa pubescence d'un cendré plus blanc, la ponctuation du prothorax plus
distinctement égale, les élytres un peu plus déprimées, plus atténuées vers la base et les intervalles de leurs stries faiblement convexes. Il a quelquefois les tibias jaunâtres.

De la Syrie, de l'Asie mineure, de Rhodes, de Candie, etc.

66. C. ATRAMENTARIUS. *Niger , parum nitidus , cinereo-pubescens ; prothorace latitudini longitudine œquali , convexo , confertissime subtiliter œqualiterque punctato, basi canaliculato ; elytris
prothorace paulo latioribus , depressis , punctato-striatis , interstitiis convexiusculis , dense punctulatis ; pedibus nigris.* — Long.
6 - 7 1/2 mill., lat. 2 - 2 1/4 mill.

Cardiophorus atramentarius. Erichs. *Zeitschr. f. d. Entom.* II , p. 297 , 31.
— Bach, *Käferf.* III , p. 37. — Redt. *Faun. Austr.* ed. 2 , p. 497. — Kiesenw.
Naturg. d. Ins. Deutschl. IV , p. 382.

Cardiophorus advena (pars). Fabr. in Dej. *Cat.* ed. 3, p. 103.

Cardiophorus megathorax. Faldern. *Fn. Transcauc.* p. 171 , 154 , pl. VI,
fig. 2 ?

Noir , revêtu d'une pubescence cendrée , assez serrée et fine ,
quelquefois très-légèrement bronzé, au moins sur les élytres. Antennes entièrement noires. Prothorax à peine plus large que long,
quelquefois plus long que large chez le mâle, rétréci assez fortement à la base et au sommet avec les côtés arrondis, convexe, très-
densément couvert de petits points d'égale grosseur , sillonné au
milieu postérieurement , les sillons basilaires latéraux fins et assez
allongés. Elytres un peu plus larges que le prothorax , peu allongées, arquées sur les côtés, déprimées sur le dos, ponctuées-striées,
les intervalles légèrement convexes et pointillés. Dessous du corps
et pattes noirs et pubescents.

Allemagne méridionale, Italie et Grèce.

67. C. GAGATES. *Niger, nitidus, subtiliter cinereo-pubescens ; prothorace latitudini longitudine subæquali, convexo, subtilissime confertim æqualiter punctulato ; elytris prothorace haud latioribus, depressis, punctato-striatis, punctis remotis, interstitiis convexiusculis, dense punctulatis ; pedibus nigris.* — Long. 7 mill., lat. 2 mill.

Cardiophorus gagates. Erichs. *Zeitschr. f. d. Entom.* II, p. 297, 52. — Lec. *Rev. Elat. Un. St. in Am. phil. Soc. Trans.* X, p. 498, 7.

Var. *a. Pedibus rufis.*

Cardiophorus lævicollis. Dej. *Cat.* ed. 3, p. 101. — Erichs. loc. cit. ?

Noir, assez brillant, revêtu d'une fine pubescence cendrée, médiocrement dense. Antennes noires. Prothorax aussi long que large, rétréci au sommet et à la base, ses côtés arrondis, convexe, couvert d'une ponctuation serrée, égale et extrêmement fine, les sillons basilaires latéraux bien marqués. Elytres de la largeur du prothorax ou un peu plus larges, rétrécies faiblement à partir de la base, déprimées, striées, les stries marquées de points assez gros et espacés aux stries latérales, les intervalles légèrement convexes et pointillés. Dessous du corps et pattes noirs et pubescents.

Assez commun dans les Etats-Unis du Sud.

Plusieurs exemplaires de la variété à pattes rouges de cette espèce portent dans la collection Dejean le nom de *C. lævicollis* ; comme Erichson a fait sa description sur des exemplaires envoyés par Dejean, il est probable que son *C. lævicollis* est identique avec celui-ci.

M. Le Conte (loc. cit.) décrit une autre espèce qu'il rapporte avec doute au *lævicollis* Er. On en trouvera la diagnose à la fin du genre.

68. C. ROBUSTUS. *Plumbeo vel æneo-niger, subopacus, sat dense cinereo-pubescens ; prothorace longitudine latiore, tumido, subcanaliculato, dense subtilissimeque punctulato : elytris dorso subdepressis, punctato-striatis, interstitiis dense punctulatis ; pedibus fuscis apice rufescentibus* — Long. 10 - 11 mill., lat. fere 3 mill.

Cardiophorus robustus. Le Conte, *Rev. Elater. Un. St. in Am. phil. Soc. Trans.* X, new ser. p. 499, 11.

D'un noir plombé ou bronzé, mat, revêtu d'une pubescence cendrée assez dense. Front légèrement convexe, son bord antérieur arrondi, relevé. Antennes de la longueur de la tête et du corselet réunis. Prothorax très-convexe, notablement moins long que large, ses côtés arrondis, légèrement canaliculé dans son milieu, entièrement recouvert d'une ponctuation extrêmement fine et serrée, ses angles postérieurs bien accusés, les sillons basilaires latéraux grands. Elytres plus larges que le prothorax, non rétrécies en avant, assez déprimées au milieu, striées, les stries ponctuées, les intervalles aplatis, au moins vers la base, et densément marqués de points très-petits. Dessous du corps opaque, peu pubescent, très-densément et finement ponctué; pattes robustes, aplaties, brunes avec la partie antérieure des jambes et les tarses rougeâtres, quelquefois rouges avec les cuisses obscures au milieu.

Des parties centrales des Etats-Unis, où il n'est pas rare.
Communiqué par M. J. Le Conte.

69. C. TENEBROSUS. *Æneo vel plombeo-niger, nitidus, pube fusco-grisea, subsericea, sat dense vestitus; prothorace latitudine vix longiore, basi apiceque angustato, confertim subtiliter punctato; elytris prothorace sublatioribus, ad suturam depressiusculis, punctato-striatis, interstitiis punctulatis, fere planis; antennis pedibusque nigris.* — Long. 8 - 9 mill., lat. 2 1/2 - 2 2/3 mill.

Cardiophorus tenebrosus. Lec. *Rev. Elater. Un. St.* in *Am. phil. Soc. Trans.* X, new ser. p. 498, 8.

D'un noir gris-bleuâtre ou bronzé ou olivâtre, revêtu assez densément d'une fine pubescence subsoyeuse et couchée, gris-brun. Antennes noires. Prothorax à peine plus long que large chez le mâle, et plutôt plus large que long chez la femelle, rétréci au sommet et à la base, convexe, finement et densément ponctué, ses angles postérieurs assez bien accusés et un peu divergents, les sillons basilaires latéraux très-distincts. Elytres un peu plus larges que le prothorax, un peu déprimées sur le dos, aussi larges au tiers postérieur qu'au tiers antérieur, ponctuées-striées, les intervalles finement ponctués, à peine distinctement convexes. Dessous du corps et pattes noirs, celles-ci avec les articulations souvent rougeâtres.

Il provient de San-Francisco, en Californie.

70. **C. Lorquinii.** *Niger, subnitidus, fusco-pubescens ; pro-*
thorace longitudine paulo latiore, lateribus arcuato, canaliculato,
confertissime subtiliter æqualiterque punctato ; elytris depressis ,
punctato-striatis , maculis in singulis duabus subrotundatis , pos-
tica minore , flavo-subcarneis ; antennis pedibusque nigris. —
Long. 7 mill. , lat. 2 1/2 mill. (pl. III , fig. 9.)

Noir , médiocrement luisant , revêtu d'une pubescence brunâtre,
les élytres parées chacune de deux taches subarrondies, d'un
flave plus ou moins rosé, la première placée un peu en avant du
milieu , la seconde plus petite , près de l'extrémité. Antennes noires. Prothorax plus large que long , rétréci presque également à
la base et au sommet, convexe, faiblement sillonné au milieu , très-
densément et finement ponctué , les sillons basilaires latéraux bien
marqués. Elytres égales au prothorax en largeur ou plus larges ,
déprimées , assez profondément ponctuées-striées, les intervalles
aplatis et couverts d'un pointillé fin. Dessous du corps et pattes
noirs.

Californie.

Cette jolie espèce, que je décris sous le nom que lui a imposé
M. Chevrolat , n'est pas mentionnée par M. Le Conte dans son
histoire des Elatérides des Etats-Unis. Elle fait partie de la collection du Museum de Paris et de celle de M. de la Ferté Sénectère.

71. **C. luridipes.** *Niger , opacus , fusco-pubescens ; prothorace*
latitudine non longiore , lateribus arcuato , subcanaliculato , con-
fertissime subtiliter æqualiterque punctato ; elytris prothorace
haud latioribus , dorso deplanatis , punctato-striatis , interstitiis
planis dense punctulatis; pedibus rufis. — Long. 7 mill. , lat. 1 3/4
mill.

Noir ou d'un noir légèrement plombé , mat, revêtu d'une fine
et courte pubescence brune. Antennes noires. Prothorax à peine
aussi long que large , arqué sur les côtés, moins fortement rétréci
à la base qu'au sommet, convexe , très-finement et très-densément
couvert de points, faiblement sillonné au milieu , ses angles postérieurs courts , les sillons basilaires latéraux bien marqués. Elytres
de la largeur du prothorax et assez courtes , déprimées sur le dos ,
subparallèles dans plus de leur moitié antérieure, ponctuées-striées,

les intervalles des stries aplatis et densément couverts d'un pointillé fin. Pattes rouges.

Californie.

Comme la précédente, cette espèce n'est pas mentionnée dans l'ouvrage de M. Le Conte. Elle se rapproche beaucoup de son *C. obscurus* dont elle diffère par ses pattes rouges.

Museum d'Histoire naturelle de Paris. Le nom est de M. Chevrolat.

72. C. ERYTHROPUS. *Fusco-niger, subnitidus, sat dense cinereopubescens; antennis basi rufis; prothorace latitudine haud longiore, apice angustato, convexo, obsolete canaliculato, confertissime subtilissime æqualiter punctulato, angulis posticis divaricatis; elytris a basi arcuatim attenuatis, punctato-striatis, interstitiis fere planis, punctulatis; pedibus rufis.* — Long. 8 mill., lat. 2 ⅓ mill.

Cardiophorus erythropus. ERICHS. *Zeitschr. f. d. Entom.* II, p. 293, 25.

Cardiophorus saturninus. LEC. *Rev. Etat. Un. St. in Am. Ph. Soc. Trans.* X, new ser. p. 497, 2.

Var. *a. Elytris basi ferruginescentibus.*

D'un noir brunâtre, revêtu d'une pubescence très-fine, cendré blanchâtre, quelquefois avec la base des élytres passant au ferrugineux. Antennes noires avec la base rouge. Prothorax aussi long que large, assez fortement rétréci au sommet à partir du milieu et arqué sur les côtés, surtout chez le mâle, convexe, subsillonné longitudinalement, couvert d'un pointillé extrêmement fin, égal et serré, ses angles postérieurs divergents, les sillons basilaires latéraux courts. Elytres plus larges que le prothorax peu à peu atténuées à partir des épaules, ou au moins du tiers antérieur, jusqu'au sommet, finement striées, les stries assez fortement ponctuées, les intervalles à peine légèrement convexes et pointillés. Pattes rouges.

Des Etats-Unis du Sud.

Je l'ai reçu de M. Schaum.

73. C. AMICTUS. *Fusco-niger, subnitidus, fortius, minus dense fusco-cinereo-pubescens; antennis basi rufis; prothorace latitudine*

*longiore, apice angustato , convexo , minus dense subtiliter æqua-
literque punctato, angulis posticis vix divaricatis; elytris a basi attenuatis, punctato-substriatis , interstitiis paulo convexis , punctulatis ; pedibus rufis.* — Long. 10 mill., lat. fere 3 mill.

Cardiophorus amictus. Melsh. *Proc. Acad. Nat. Sc.* II , p. 158.

Cardiophorus erythropus. Leconte , *Rev. Etat. Un. St.* in *Am. Phil. Soc.
Trans.* X , new ser. p. 497 , 1.

Var. *a. Antennis latis , rufis.*

Plus grand que le précédent dont il a à peu près la forme générale. D'un noir brunâtre , revêtu d'une pubescence d'un cendré
plutôt brun que blanchâtre, plus forte et plus longue, mais un peu
moins serrée. Prothorax plus long que chez l'*erythropus*, également rétréci au sommet, mais bien différent de ce dernier par la
ponctuation moins fine et moins dense. Elytres plus larges que le
prothorax , atténuées à partir de la base , assez fortement rétrécies
vers l'extrémité , finement striées, les stries fortement ponctuées ,
les intervalles un peu convexes et ponctués. Pattes rouges.
Des Etats-Unis du Centre et du Sud.
Je l'ai reçu en communication de M. Le Conte. Cet auteur rapporte cette espèce à l'*erythropus* d'Erichson et décrit, comme nouvelle, l'espèce précédente qui est le véritable *erythropus* ainsi que
j'ai pu m'en assurer par l'examen du type.

74. C. insolsus. *Pallide castaneus , pube longiuscula , cinerea
vestitus; prothorace longitudini latitudine æquali, apice angustato , basi sinuato, convexo , subtilissime confertim æqualiterque
punctato , obsolete canaliculato , angulis posticis divaricatis; elytris ante medium attenuatis , apice acuminatis , punctato-striatis ,
interstitiis convexis.* — Long. 8 mill., lat. 2 1/4 mill.

Tout entier d'un châtain pâle en dessus, revêtu d'une pubescence
assez longue et d'un gris cendré. Antennes brunes avec la base
d'un brun testacé. Prothorax aussi large que long , rétréci au sommet, sinueux sur les côtés en arrière, convexe , très-densément et
très-finement ponctué , obsolètement sillonné en arrière, ses angles postérieurs divergents , les sillons basilaires latéraux distincts.
Elytres plus larges que le prothorax et deux fois et demie aussi

longues, rétrécies curvilinéairement à partir du tiers antérieur, acuminées au sommet, assez profondément striées, les stries fortement ponctuées, les intervalles convexes. Dessous du corps brunâtre ; pattes d'un testacé brun.

Des Etats-Unis.

Collection de M. Murray.

75. C. CARDISCE. *Niger, parum nitidus, cinereo-pubescens ;
prothorace latitudine paulo longiore, basi apiceque angustato,
confertim subtiliter punctulato. Elytris prothorace paulo latioribus, flavo-maculatis, convexis, postice acuminatis, striis exaratis punctatis, interstitiis convexis, postice elevatis; pedibus obscuris, tarsis dilutioribus.* — Long. 6 mill., lat. 1 1/2 mill. (Pl. III, fig. 11.)

Elater cardisce. SAY, *Trans. Am. Phil. Soc.* VI, p. 169. — EJUSD. *Journ.
Acad. Nat. Sc.* III, p. 169.

Cardiophorus cardisce. LEC. *Rev. Elat. Un. St.* in *Trans. Am. Phil. Soc.*
X, new ser. p. 497.

Cardiophorus convexus. ERICHS. *Zeitschr. f. d. Entom.* II, p. 289, 16. —
DEJ. *Cat.* ed. 3, p. 104.

Var. *a. Elytrorum maculis partim vel omnino obsoletis.*

Noir, revêtu d'une pubescence cendrée, les élytres souvent un
peu brunâtres et marquées, chacune, de deux taches jaunes ou jaune
blanchâtre, l'antérieure linéaire, allongée, quelquefois divisée,
la seconde anguleuse et transversale. Antennes noires. Prothorax
à peine plus long que large, rétréci au sommet et à la base avec
ses côtés arqués, très-convexe, très-finement et densément ponctué, les sillons basilaires latéraux grands, le milieu du bord postérieur un peu élevé. Elytres un peu plus larges que le prothorax,
arquées sur les côtés en arrière, acuminées au sommet, convexes,
profondément et largement striées, les intervalles des stries convexes, élevés vers l'extrémité où ils se réunissent entre eux. Pattes
obscures avec les tarses et souvent les jambes testacés.

Des Etats-Unis du Centre.

Il a une analogie de forme très-marquée avec notre *C. exaratus*
ce qui m'a engagé à l'en rapprocher.

La variété où les taches des élytres sont réduites à deux se rencontre fréquemment ; il est plus rare de trouver des individus en-

tièrement noirs ; j'ai pu cependant en observer un dans la collection de M. de la Ferté Sénectère.

Erichson a décrit cette espèce comme étant l'*E. convexus* de
Say , erreur qui a été relevée par M. Le Conte dans l'ouvrage cité
ci-dessus. L'*E. convexus* Say serait, dans l'opinion du savant auteur
américain, identique avec son *Cardiophorus erythropus*. M. Le
Conte rapporte à son *C. Dejeanii* (1) , espèce entièrement voisine
du *cardisce*, le *convexus* d'Erichson. J'ai sous les yeux les exemplaires de la collection du comte Dejean , sur la détermination
duquel Erichson a décrit son espèce , et je pense qu'ils doivent être
rapportés plutôt au *C. cardisce* Say qu'au *C. Dejeanii* Lec.

76. C. **EXARATUS**. *Niger , sat nitidus , subtiliter cinereo-pubescens; prothorace longitudine latiore, inæqualiter punctato, margine antica rufescente ; elytris brunneis , convexis , sulcatis , sulcis
punctatis.* — Long. 5 - 6 mill., lat. 1 1/2 mill. (Pl. III , fig. 12.)

Cardiophorus exaratus. ERICHS. *Zeitschr. f. d. Entom.* II , p. 504 , 43. —
DEJ. *Cat.* ed. 3 , p. 103.

Caloderus exaratus. LAP. *Hist. Nat. d. Ins. Col.* I , p. 250 , 11.

Noir , un peu luisant , avec les élytres brunes , revêtu d'une fine
pubescence cendrée , assez rare. Antennes obscures avec les articulations rougeâtres. Prothorax un peu plus large que long, très-
arrondi sur les côtés , convexe, ponctué inégalement, impressionné
au milieu à la partie postérieure , les sillons basilaires latéraux à
peine marqués. Elytres peu allongées , arquées sur les côtés , acuminées au sommet , profondément sillonnées avec des points au
fond des sillons. Dessous du corps noir ; pattes brunes, quelquefois
avec le milieu des cuisses et des jambes noirâtres.

France méridionale , Espagne , Suisse et Piémont.

77. C. **PALLIPES**. *Angustus , elongatus , fusco-niger , pube
fulvo-cinerea sat dense vestitus; prothorace latitudine longiore ,
basi apiceque angustato, confertim subinæqualiter punctato, punctis nullis umbilicatis, striis basilaribus elongatis; elytris depressiusculis , profunde punctato-striatis , apice acuminatis ; antennis
pedibusque testaceis.* — Long. 7 mill., lat. 1 1/2 mill. (Pl. III , fig. 18.)

(1) Voyez à la fin du genre.

Elater pallipes. **Fabr.** *Syst. Eleuth.* II, 241, 102.

Cardiophorus pallipes. **Erichs.** *Zeitschr. f. d. Entom.* II, p. 305, 46.

Etroit et allongé, d'un brun obscur, revêtu assez densément
d'une pubescence fauve-cendrée. Front assez grand, ponctué-rugueux. Prothorax plus long que large, rétréci presque aussi fortement à la base qu'au sommet, arrondi sur les côtés, subsinueux
vers les angles postérieurs, couvert densément de points d'inégale
grosseur, les plus gros de ces points ne paraissant nullement ombiliqués au centre, les sillons basilaires latéraux fins et assez longs.
Elytres longues, de la largeur du prothorax ou un peu plus larges,
un peu déprimées sur le dos, acuminées à l'extrémité, profondément ponctuées-striées, les intervalles des stries convexes, le septième assez fortement élevé au sommet. Antennes et pattes d'un
testacé rougeâtre clair.

De l'Hindoustan méridional et de Ceylan.

78. **C. moratus.** *Angustus, fuscus, pube brunneo-grisea ves-*
titus ; fronte impressa ; prothorace latitudine longiore, basi apice-
que angustato, confertim punctato, antice lateribus punctis umbi-
licatis notato ; elytris punctato-striatis, apice acuminatis; antennis
brunneis, pedibus testaceis. — Long. 7 - 8 mill., lat. 1 2/3 - 1 3/4 mill.

Var. *a.* *Abdomine rufo-brunneo.*

Etroit et assez allongé, brun, revêtu d'une pubescence d'un
gris brunâtre. Front impressionné en avant. Antennes longues,
brunâtres. Prothorax plus long que large, rétréci à la base et plus
fortement au sommet, arqué sur les côtés, convexe, densément
et finement ponctué avec des points plus gros et ombiliqués vers les
angles antérieurs, les sillons basilaires latéraux courts et obliques.
Elytres de la largeur du prothorax ou un peu plus larges, deux
fois et un quart plus longues, légèrement arquées sur les côtés,
peu déprimées sur le dos, fortement ponctuées-striées, les intervalles des stries convexes. Pattes testacées.

Du Gabon.

Cette espèce a été trouvée par M. H. Deyrolle.

79. **C. beniniensis.** *Niger, subopacus, sat dense pubescens ;*
antennis nigris, articulo secundo rufo ; prothorace convexo, ver-

sus basin attenuato , subtilissime punctulato, utrinque punctis ma-joribus umbilicatis , elytris striato-punctatis , fascia media cine-reo-pubescente ; pedibus obscure testaceis, femoribus nigricantibus.
— Long. 6 mill. , lat, 1 s|s mill.

Elater beniniensis. PAL. *Ins.* p. 11, pl. VII, f. 5.

Cardiophorus beniniensis. DEJ. *Cat.* ed. 3 , p. 10.

Noir , mat , revêtu assez densément d'une pubescence obscure avec des poils blanchâtres vers la base du prothorax et des élytres , celles-ci présentant en outre, vers leur milieu , une fascie de poils d'un cendré blanchâtre. Antennes noires avec le second article et le sommet du premier rougeâtre. Prothorax aussi long que large , convexe, atténué en arrière, finement et peu densément ponctué , présentant latéralement des points plus larges , ombiliqués, ses sillons basilaires latéraux très-courts , peu visibles et situés presque dans les angles postérieurs. Elytres deux fois plus longues que le prothorax , curvilinéaires sur les côtés , atténuées au sommet , striées-ponctuées, les intervalles plans. Pattes d'un testacé obscur , avec les cuisses noirâtres.

Du Benin.

M. de La Ferté Sénectère possède un exemplaire typique de cette espèce donné par Palisot de Beauvois au comte Dejean.

80. C. SUBSPINOSUS. *Niger, tenuiter sat dense cinereo-pubes-cens ; prothorace latitudine paulo longiore , parum convexo , du-pliciter punctato , margine postica medio tuberculo acuminato ; elytris fusco-brunneis, striis parum profundis punctatis , intersti-liis subconvexis , punctulatis ; antennis pedibusque brunneis.* —
Long. 9 - 10 mill., lat. 2 s/s - 2 s/s mill.

Elater subspinosus. PAL. *Ins.* p. 78 , pl. VIII , fig. 5.

Var. a. *Elytris nigris.*

D'un noir plus ou moins brunâtre avec les élytres ordinaire-ment brunes , revêtu d'une fine pubescence d'un cendré clair. An-tennes brunes. Prothorax un peu plus long que large , peu arqué sur les côtés , médiocrement convexe , légèrement ponctué avec les intervalles des points couverts d'un pointillé fin , les sillons basilaires latéraux à peu près nuls, son bord postérieur un peu prolongé au milieu où il présente un tubercule acuminé. Elytres de la largeur du prothorax ou même un peu plus larges, faiblement curvilinéaires sur les côtés, portant des stries peu profondes, ponctuées, les intervalles de celles-ci un peu convexes et pointillés. Pattes brunes.

Côte de Guinée et Sénégal.

On rencontre souvent des individus entièrement noirs.

81. C. LANGUIDUS. *Fusco-niger, cinereo-pubescens; prothorace latitudine longiore, postice angustato, lateribus parum arcuato, parum convexo, dupliciter punctato, punctis majoribus umbilicatis, margine postica medio tuberculata, elytris prothorace subangustioribus, depressis, striis fortiter punctatis; antennis pedibusque dilute rufo-testaceis.* — Long. 6 - 7 mill., lat. 1 1/2 mill.

Cardiophorus languidus. Buq. et Dej. *Cat.* ed. 3, p. 104.

Etroit et allongé, subparallèle, d'un noir brunâtre, revêtu d'une pubescence cendrée. Antennes testacées. Prothorax plus long que large, peu à peu élargi de la base jusqu'au tiers antérieur où il se rétrécit par une courbe assez forte jusqu'au sommet, peu convexe, couvert de points de grosseur inégale, les plus gros très-distinctement ombiliqués au centre, légèrement sillonné en arrière, les sillons basilaires latéraux fins et longs, le milieu du bord postérieur présentant un petit tubercule. Elytres un peu plus étroites que le prothorax, allongées et parallèles en avant, un peu déprimées, striées, les stries marquées de gros points. Pattes d'un testacé rougeâtre clair.

Du Sénégal.

On le distinguera facilement du précédent par sa taille plus petite, son prothorax plus rétréci en arrière et pourvu de longs sillons basilaires latéraux, ses élytres déprimées, enfin par la couleur des antennes et des pattes.

82. C. SPARVARIUS. *Niger, pube fulvo-cinerea densius vestitus; prothorace latitudine longiore, parum convexo, crebrius dupliciter punctato, margine postica medio tuberculo acuminato; elytris parallelis, punctato-striatis; interstitiis convexiusculis, puncta-*

tis; antennis pedibusque brunneis. — Long. 12 - 13 mill., lat. 3 - 3
1/4 mill.

Voisin du *subspinosus* et présentant comme lui un tubercule
acuminé au milieu du bord basilaire du prothorax. Il en diffère
par sa taille constamment plus grande et surtout par la densité
plus forte et la couleur plus fauve de sa pubescence. Son prothorax
est proportionnément plus long et couvert plus densément de points
plus gros; les intervalles de ceux-ci présentant, comme chez le
précédent, un pointillé fin et serré.
Côte de Guinée et Sénégal.

83. C. HOPLODERUS. *Niger, nitidus, parce longius fulvo-pu-*
bescens; prothorace latitudine longiore, parum convexo, subtili-
ter dupliciterque punctato, margine postica medio tuberculo acu-
minato; elytris rufo-castaneis, sutura late nigra, punctato-stria-
tis, interstitiis fere planis, punctulatis. — Long. 9 - 10 mill., lat.
2 1/2 mill.

Var. a. *Prothorace rufo-castaneo, vitta media nigra.*

Var. b. *Elytrorum sutura anguste nigra.*

De la taille du *subspinosus*, noir, assez luisant, revêtu d'une
pubescence plus rare et plus longue, fauve, les élytres rougeâtres
avec la suture noire. Antennes d'un brun plus ou moins clair.
Prothorax plus long que large, rétréci à la base et au sommet,
médiocrement convexe, couvert de points assez fins et peu profonds, dans les intervalles desquels on en aperçoit d'autres plus fins
et plus denses, la base armée d'un tubercule acuminé, redressé. Elytres un peu plus larges que le prothorax, parallèles en avant, portant des stries assez fortement ponctuées, les intervalles subconvexes et ponctués. Pattes brunes.
On trouve cette espèce au Sénégal, dans le Maroc et l'Algérie.

84. C. ASPALAX. *Niger, nitidus, helvo-pubescens; prothorace*
longitudine paulo latiore, minus convexo, inæqualiter punctato,
angulis posticis longe carinatis, carinula basali antescutellari
longitrorsum elevata; elytris punctato-striatis, interstitiis con-
vexiusculis; antennis pedibusque rufis. — Long. 5 1/2 - 6 mill., lat.
1 1/2 - 1 2/3 mill.

Petit, noir et brillant, revêtu d'une pubescence jaunâtre. Antennes rouges. Prothorax un peu plus large que long, moins rétréci à la base qu'au sommet, arqué sur les côtés, médiocrement convexe, couvert de points de grosseur inégale, ses angles antérieurs rougeâtres, les postérieurs longuement carénés, les sillons basilaires latéraux longs et obliques, le milieu de la base offrant une petite ligne longitudinale élevée. Elytres de la largeur du prothorax et deux fois et demie plus longues, légèrement arquées sur les côtés, subacuminées au sommet, ponctuées-striées assez fortement, les stries plus enfoncées vers l'extrémité, leurs points plus gros vers les parties latérales, les intervalles faiblement convexes. Pattes rougeâtres.

Du Gabon.

La petite carène antéscutellaire du prothorax est quelquefois peu marquée.

85. C. princeps. *Latus, depressus, niger, nitidus, pube grisea vestitus; prothorace dupliciter punctato, basi apiceque angustato, postice canaliculato, lateribus sæpe rufescente; elytris prothorace paulo latioribus, punctato-substriatis, vitta ferruginea; abdomine rufescente.* — Long. 14 - 15 mill., lat. 4 - 4 1/4 mill.

Var. *a.* *Elytris nigris.*

Grand, large, déprimé, d'un beau noir brillant malgré la pubescence grise qui le recouvre, les côtés du prothorax souvent d'un brun ferrugineux, les élytres parées d'une bande allant des épaules à l'extrémité, ferrugineuse. Front légèrement convexe et ponctué. Antennes brunâtres. Prothorax à peu près aussi large que long, rétréci à la base et au sommet, arqué sur les côtés, peu convexe, couvert de deux sortes de points, les uns très-fins, à peine perceptibles, serrés, les autres gros, clair-semés au milieu du disque, plus nombreux sur le pourtour, surtout vers les angles antérieurs, la partie postérieure présentant un sillon médian, ses angles postérieurs courts, carénés, les sillons basilaires latéraux très-courts. Elytres un peu plus larges que le prothorax dans leur partie moyenne, assez déprimées, marquées de fines stries fortement ponctuées. Dessous du corps et pattes d'un noir brunâtre avec les articulations de celles-ci et l'abdomen ferrugineux rougeâtre.

Du Sénégal.

Cette espèce est la plus grande du genre après le *C. anax.*

86. C. INFLUXUS. *Niger, cinereo-pubescens ; prothorace longitudine paulo latiore, basi apiceque angustato, convexo, confertissime æqualiterque punctato ; elytris punctato-striatis, vitta ferruginea subobsoleta.* — Long. 6 1/2 mill., lat. 1 3/4 mill.

Noir, un peu luisant, revêtu d'une pubescence cendrée, les élytres présentant une bande étroite, partant des épaules et prolongée plus ou moins distinctement jusqu'au sommet, peu marquée en général si ce n'est à la base, ferrugineuse. Antennes brunes. Prothorax un peu plus large que long, rétréci à peu près également à la base et au sommet, arqué sur les côtés, convexe, finement, également et très-densément ponctué, les sillons basilaires latéraux longs et obliques. Elytres plus larges que le prothorax, parallèles sur les côtés jusqu'au-delà du milieu, un peu déprimées vers la suture, striées, les stries ponctuées, les intervalles un peu convexes et densément pointillés. Dessous du corps noir, pattes brunâtres.

Du Cap.

87. C. THEBAICUS. *Niger, parum nitidus, pube cinereo-fulva dense obductus, prothorace latitudini longitudine æquali, lateribus arcuato, convexo, inæqualiter punctato ; elytris ultra medium parallelis, punctato-striatis, interstitiis convexiusculis ; corpore subtus sericeo, pedibus obscure brunneis.* — Long. 10 - 11 mill., lat. 3.3 1/4 mill.

Epais, noir, peu luisant, revêtu d'une pubescence gris fauve assez dense pour modifier notablement la couleur foncière. Antennes brunes. Prothorax aussi long que large, légèrement rétréci à la base, davantage au sommet, arrondi sur les côtés, convexe, inégalement ponctué, présentant un petit sillon médian en arrière, ses angles postérieurs courts, brièvement carénés, les sillons basilaires latéraux très-courts. Elytres bombées dans le sens transversal, parallèles sur les côtés dans leurs deux tiers antérieurs, terminées en pointe par une courbe très-régulière, ponctuées-striées avec les points des stries profonds, ceux des stries externes plus gros. Dessous du corps revêtu d'une pubescence couchée à reflet soyeux. Pattes d'un brun obscur avec la base des cuisses et les tarses rougeâtres.

De l'Egypte, surtout de l'Egypte méridionale.

23

88. C. HOLOSERICEUS. *Fusco-brunneus , pube densa, holoseri-cea , cinereo-fulva , tectus ; prothorace latitudini longitudine sub-æquali, convexo, sparsim inæqualiter punctato ; elytris striis subtilibus fortiter punctatis.* — Long. 10 - 13 mill., lat. 3 - 3 ½ mill.

Cardiophorus striato-punctatus. DEJ. *Cat.* ed. 3, p. 104.

Brun, densément revêtu d'une pubescence d'un cendré fauve, dirigée en différents sens, surtout sur le prothorax. Antennes brunes. Prothorax aussi long que large, arqué sur les côtés, peu rétréci à la base, convexe, peu densément ponctué, les points de deux grosseurs différentes, les angles postérieurs bien accusés, les sillons basilaires latéraux courts. Elytres souvent un peu plus étroi-tes que le prothorax, un peu plus de deux fois plus longues, pres-que parallèles dans leur partie antérieure, peu atténuées en arrière, assez déprimées sur le dos, finement striées, les stries marquées de gros points plus larges qu'elles, ce qui les fait paraître seulement striées-ponctuées, les intervalles aplatis. Dessous du corps et pat-tes à peu près de la couleur du dessus ou un peu plus rougeâtres.
    Du Sénégal.
    J'ai changé le nom appliqué par Dejean à cette espèce parceque ce nom avait déjà été donné par M. Laporte de Castelnau à une autre, également du Sénégal, le *C. fastidiosus* Er.

89. C. ACCENSUS. *Depressus , niger , griseo-pubescens ; anten-nis rufis ; prothorace latitudini longitudine æquali , basi leviter apice magis rotundatim angustato , subtiliter punctato , punctis majoribus raris adsperso ; elytris striis fortiter punctatis , inters-titiis planis , punctatis ; pedibus obscure rufis.* — Long. 11 mill. , lat. fere 3 mill.

Assez déprimé, noir, revêtu d'une légère pubescence grise qui n'est guère visible, à l'œil nu, que par son reflet. Antennes rougeâ-tres. Prothorax aussi long que large, rétréci assez fortement en avant et légèrement à la base, régulièrement arqué sur les côtés, faiblement sillonné en arrière, finement ponctué avec des points plus gros éparsément disséminés, les sillons basilaires latéraux fins, courts, obliques. Elytres un peu plus larges au-delà des épaules que le prothorax, curvilinéaires sur les côtés depuis les épaules jusqu'à l'extrémité, striées, les stries fortement ponctuées, les intervalles à peu près plats et ponctués. Pattes rougeâtres.

Du Vieux-Calabar.

Collection de M. Murray.

90. C. FASTIDIOSUS. *Subdepressus, niger, densius longiusque cinereo-pubescens; prothorace, parum convexo, latitudini longitudine æquali, dupliciter punctato; elytris parum profunde punctato-striatis, interstitiis fere planis, punctatis; antennis pedibusque fusco-testaceis.* — Long. 10, lat. 2 3/4 mill.

Cardiophorus fastidiosus. ERICHS. *Zeitschr. f. d. Entom.* II, p. 301, 39. — DEJ. *Cat.* ed. 3, p. 104.

Caloderus striato-punctatus. LAP. *Hist. Nat. d. Ins. Col.* I, p. 249, 9.

Assez déprimé, noir, densément revêtu d'une pubescence cendré clair, longue, qui modifie notablement la teinte du fond. Antennes d'un testacé brun. Prothorax aussi long que large, rétréci un peu plus fortement au sommet qu'à la base, arqué régulièrement sur les côtés, peu convexe, à peine distinctement sillonné en arrière, couvert de deux sortes de points, les uns larges, à peine imprimés, au moins sur le milieu du disque où ils sont peu apparents, les autres beaucoup plus fins et très-denses, les sillons basilaires latéraux fort courts. Elytres un peu plus de deux fois plus longues que le prothorax, un peu plus larges au milieu qu'à la base, arquées sur les côtés des épaules à l'extrémité, peu profondément ponctuées-striées, les intervalles aplatis ou à peu près, densément ponctués. Pattes de la couleur des antennes.

Du Sénégal.

91. C. ANAX. *Brunneo-niger, nitidus, pube fulvo-cinerea vestitus; fronte antice excavata; prothorace latitudine vix longiore, lateribus antice rotundato, postice sinuato, convexo, inæqualiter punctato, basi medio subcarinato; elytris prothorace latioribus, ultra medium ampliatis, punctato-striatis, interstitiis planis, punctatis.* — Long. 16 mil., lat. 4 2/3 mill.

Athous madagascariensis. DEJ. *Cat.* ed. 3, p. 101.

D'un noir un peu brunâtre, brillant, revêtu d'une pubescence

d'un fauve cendré. Front assez profondément excavé en avant ,
fortement caréné transversalement en avant. Antennes brunes.
Prothorax presque aussi large que long , arrondi sur les côtés en
avant, sinué en arrière , couvert de points fins, inégaux en grosseur
et inégalement distribués , son bord antérieur et son bord postérieur portant tous deux une petite saillie médiane, les angles postérieurs bien accusés , les sillons basilaires latéraux assez longs. Elytres plus larges que le prothorax et peu à peu élargies depuis la base
jusqu'au-delà du milieu, puis curvilinéairement rétrécies depuis ce
point jusqu'à l'extrémité , convexes, ponctuées-striées , les intervalles plans et ponctués. Pattes brunes avec les articulations ferrugineuses.

De Madagascar.

Cette espèce est la plus grande du genre actuel.

92. C. segnis. *Brunneus , griseo-pubescens; prothorace latitudini longitudine subæquali , apice a medio angustato , parum
convexo , æqualiter punctato , elytris subdepressis , striis fortiter
punctatis ; antennis pedibusque testaceis.* — Long. 5 mill. , lat. 1
1/4 mill.

Brun , revêtu d'une légère pubescence grise. Antennes testacées.
Prothorax à peu près aussi long que large , rétréci en avant à partir
du milieu , rétréci très-peu à la base, arqué sur les côtés, peu convexe, également ponctué, les sillons basilaires latéraux minces et
assez longs, le milieu du bord postérieur soulevé, mais ne présentant pas de tubercule proprement dit. Elytres de la largeur du prothorax et deux fois au moins aussi longues, curvilinéairement rétrécies en arrière à partir du milieu , déprimées , striées , les stries
fortement ponctuées, les intervalles aplatis et ponctués. Pattes
testacées.

Angola.

Collection de M. Guérin-Méneville.

93. C. proemorsus. *Brunneus , pube subtili cinerea sat dense
vestitus ; prothorace longitudini latitudine fere æquali , postice
angustato , creberrime æqualiter punctato ; elytris antice subparallelis , punctato-striatis , interstitiis convexis; antennis pedibusque testaceis.* — Long. 8 - 10 mill. , lat. 1 3/4 - 3 mill.

♂ *Cardiophorus præmorsus.* Bohem. *Ins. Caffr.* pars. I fasc. II, p. 403.
♀ *Cardiophorus vetustus.* Bohem. loc. cit.

Brun obscur, revêtu assez densément d'une très-fine pubescence
cendrée. Front peu convexe. Antennes testacées. Prothorax à peu
près aussi large que long, rétréci peu à peu en arrière, arqué sur
les côtés, convexe, très-densément couvert de points fins et égaux :
subsillonné en arrière, ses angles postérieurs fort petits, les sillons basilaires latéraux de grandeur moyenne. Elytres parallèles ou
à peu près dans leur partie moyenne, un peu aplaties dans le voisinage de la suture, ponctuées-striées avec les intervalles convexes,
leur bord antérieur et la suture passant au ferrugineux ou même
au testacé. Dessous du corps ferrugineux ; pattes d'un testacé
clair.

De la Cafrerie.

Communiqué par M. Boheman.

La femelle diffère du mâle par son prothorax plus gros en proportion, sa couleur plus obscure et plus uniforme sur les élytres.
Ces différences ont induit en erreur M. Boheman, qui en a fait une
espèce distincte.

94. C. CONVEXICOLLIS. *Niger, subnitidus, dense longius griseo-*
pubescens ; antennis fusco-testaceis ; prothorace convexo, dupli-
citer punctato, postice canaliculato ; elytris antice parallelis, sub-
depressis, punctato-striatis, interstitiis convexis punctatis ;
pedibus piceis. — Long. 10 mill., lat. 3 1/4 mill.

Cardiophorus convexicollis. Bohem. *Ins. Caffr.* I, fasc. II, p. 398.

Noir, revêtu assez densément d'une pubescence grise, longue.
Antennes d'un testacé obscur. Prothorax plus large que long,
bombé, sillonné en arrière, densément couvert de points de deux
grosseurs différentes, les sillons basilaires latéraux petits. Elytres un
peu déprimées, parallèles jusqu'au milieu au moins, ponctuées-
striées, les intervalles convexes et ponctués, non caréniformes à
l'extrémité. Pattes d'un brun testacé obscur.

De la Cafrerie.

Il partage avec le *fastidiosus* le caractère de la double ponctuation du prothorax, mais les gros points sont ici beaucoup plus ser-

rès que chez ce dernier et uniformément répartis. Pour la forme il se rapproche davantage du suivant.

Je l'ai reçu de M. Boheman.

95. **C. HOTTENTOTTUS.** *Subcylindricus, niger, subopacus, cinereo-pubescens ; prothorace gibbulo, confertissime punctato, subsulcato ; elytris parallelis, punctato-striatis, interstitiis convexiusculis, punctatis, apice elevatis ; pedibus piceis.* — Long. 8 - 10 mill., lat. 2 1/2 - 3 mill. (Pl. III, fig. 15.)

Cardiophorus hottentottus. Erichs. *Zeitschr. f. d. Entom.* II, p. 302, 40.

Subcylindrique, d'un noir peu brillant, revêtu d'une pubescence cendrée assez dense. Antennes courtes, noires. Prothorax très-bombé, plus large que long, rétréci vers la base, sillonné au milieu, surtout en arrière, très-densément ponctué, son bord postérieur déprimé, les sillons basilaires latéraux médiocres, logés dans deux dépressions oblongues et obliques. Elytres parallèles dans leurs deux tiers antérieurs, subacuminées assez brusquement à l'extrémité, portant des stries bien marquées, les intervalles légèrement convexes et ponctués, élevés au sommet, les septième et huitième même caréniformes. Pattes brunâtres.

Du Cap de Bonne Espérance et de la Cafrerie.

Ainsi que le fait remarquer Erichson cette espèce a assez bien le *facies* d'un *Melasis*, ce qui est dû à sa forme subcylindrique, à la grande convexité du prothorax et au parallélisme des élytres.

96. **C. CASTANOPTERUS.** *Niger, parum nitidus, pube fulvo-cinerea obductus ; fronte impressa, densius pubescente ; prothorace valde convexo, confertissime, subtiliter æqualiterque punctato, canaliculato ; elytris basi parallelis, dorso depressiusculis, castaneis, punctato-striatis, interstitiis planis ; corpore subtus nigro, pedibus piceis.* — Long. 7 - 9 mill., lat. 2 1/2 - 2 3/4 mill.

Var. *a. Prothorace castaneo.*

Noir avec les élytres d'un brun châtain plus ou moins clair, quelquefois entièrement brun en dessus, le dessous toujours d'un noir profond, revêtu d'une pubescence d'un fauve cendré. Front biimpressionné, revêtu d'une pubescence plus serrée. Prothorax aussi

long que large, élargi en avant, très-fortement bombé, sillonné
au milieu dans toute sa longueur, finement et très-densément
ponctué, ses angles postérieurs très-petits, non carénés, les sillons basilaires latéraux peu distincts. Elytres plus larges que la base
du prothorax, parallèles dans leur portion antérieure, déprimées
vers la région suturale, ponctuées-striées, les intervalles des stries
aplatis et densément ponctués. Pattes brunes ou noirâtres.

Du Cap de Bonne-Espérance.

Il se rattache aux deux précédents; il diffère d'abord de tous
deux par la couleur des élytres, mais il se distingue tout spécialement du *convexicollis* par la ponctuation égale et simple du prothorax, et du *hottentottus* par cette même ponctuation plus fine et
plus dense, par la forme beaucoup moins cylindrique des élytres
qui sont déprimées sur le dos.

97. C. CARINICOLLIS. *Fusco-ferrugineus, breviter griseo-pubescens; prothorace longitudini latitudine subæquali, convexo, confertissime subinæqualiter punctato, basi medio carina elevata,
sulcis basilaribus elongatis; elytris punctato-striatis, interstitiis
convexis; pedibus dilute testaceis.* — Long. 5 1/4 mill., lat. 1 1/4 mill.

Cardiophorus carinicollis. BOHEM. *Ins. Caffr.* pars I, fasc. II, p. 406.

Brun légèrement ferrugineux, revêtu d'une fine pubescence gris
clair. Antennes d'un brun plus pâle. Front convexe, un peu
obscur. Prothorax à peu près aussi long que large, rétréci au sommet et à la base, arqué sur les côtés, médiocrement convexe,
très-densément couvert de points subinégaux, le milieu de la base
présentant une carène qui se prolonge en avant sur le disque en
s'effaçant peu à peu, les sillons basilaires latéraux longs, avec leur
bord externe un peu élevé, en sorte que le prothorax paraît tri-
caréné à la base, les angles postérieurs saillants et carénés, les
sutures latérales complètes et très-visibles un peu en dessous du
replis latéral. Elytres sensiblement plus larges que le prothorax,
parallèles en avant, un peu déprimées sur le dos, profondément
ponctuées-striées, les intervalles convexes et pointillés-ruguleux.
Pattes d'un jaune clair.

Cafrerie.

Je n'ai vu qu'un exemplaire de cette espèce, trouvée par Wahl-
berg sur les rives du Gariep, et qui m'a été communiqué par
M. Boheman.

98. C. GIBBULUS. *Niger , opacus , pube brevi albida sparsim tectus ; prothorace tumido , lateribus rotundato , medio longitrorsum elevato , ruguloso; elytris oblongo-ovatis , convexis , punctato-striatis, interstitiis planis, granulatis, tibiis tarsisque testaceis.* — Long. 5·6 mill., lat. 1 1/2 - 1 2/3 mill. (Pl. III , fig. 16.)

Cardiophorus gibbulus. ERICHS. *Zeitschr. f. d. Entom.* II, p. 302, 41.

D'un noir quelquefois légèrement brunâtre, mat, revêtu de petits poils peu visibles, blanchâtres. Antennes noires. Prothorax fortement bombé, arrondi sur les côtés, offrant au milieu une légère saillie longitudinale, fortement rétréci en avant et au sommet, finement rugueux sur toute sa surface, ses angles postérieurs petits, grêles, très-aigus, les sillons basilaires latéraux peu marqués. Elytres très-bombées, en ovale allongé, atténuées et acuminées au sommet où elles sont plus ou moins redressées, striées, les stries marquées de points, les intervalles aplatis et granuleux. Dessous du corps noir opaque. Pattes testacées avec les cuisses noirâtres.

Du Cap de Bonne-Espérance.

Cette espèce est remarquable par sa tournure de *Cryptohypnus.*

99. C. COGNATUS. *Elongatus , fusco-brunneus , pube brevi , albida , adpersus; prothorace latitudine longiore , postice obsolete canaliculato , antice linea subtili subelevata , dupliciter punctato ; elytris apice attenuatis , punctato-striatis , interstitiis elevatis , postice carinatis.* — Long. 9 mill., lat. 2 mill. (Pl. III, fig. 17.)

Cardiophorus cognatus. ERICHS. *Zeitschr. f. d. Entom.* II, p. 303, 42.— DEJ. *Cat.* ed. 3 p. 104.

Allongé, subcylindrique, atténué en arrière, peu luisant, brunâtre, avec les élytres quelquefois d'une teinte plus claire, revêtu de petits poils blanchâtres, courts, dirigés dans différents sens. Antennes brunes. Prothorax plus long que large, rétréci à peu près également à la base et au sommet, arqué régulièrement sur les côtés, convexe, marqué de gros points peu profonds dans l'intervalle desquels on observe un pointillé fin, brièvement sillonné en arrière, sa partie antérieure présentant, au milieu, une très-fine ligne élevée, lisse, les sillons basilaires latéraux extrêmement courts. Elytres très-atténuées dans leur partie postérieure, forte-

ment ponctuées-striées , les intervalles élevés , surtout à l'extrémité où ils forment de véritables carènes. Dessous du corps et pattes
à peu près de la couleur du dessus , revètus d'une pubescence
soyeuse , plus dense.

Du Sénégal.

100. C. JUNCEUS. *Elongatus , fusco-niger , flavescenti-pubes-*
cens; prothorace latitudini longitudine æquali , lateribus parum
arcuato, convexo , creberrime subtiliter æqualiterque punctato ;
elytris prothorace latioribus , depressis , striis fortiter punctatis ,
summa basi luteis ; pedibus flavis. — Long. 7 - 8 mill. , lat 1 3/4 -
2 mill.

Cardiophorus junceus. ERICHS. *Zeitschr. f. d. Entom.* II , p. 305 , 45.

Var. *a. Elytrorum macula basali usque ad apicem obsolete extensa.*

Var. *b. Elytris brunneis , immaculatis.*

Allongé , noir brun ou brun , revètu d'une pubescence d'un
gris flavescent , les élytres marquées à la base- d'une tache d'un
jaune clair , laquelle s'étend quelquefois , mais avec sa teinte très-
affaiblie , jusqu'au sommet ; tout le corps offrant souvent un léger
reflet submétallique. Front convexe et ponctué. Antennes aussi
longues que la moitié du corps chez le màle, brunes. Prothorax
aussi long que large, rétréci seulement au sommet , convexe , très-
densément et également ponctué, les sillons basilaires latéraux
fort courts. Elytres plus larges que le prothorax et près de trois fois
aussi longues , à peine insensiblement rétrécies jusqu'au tiers postérieur , déprimées , striées , les stries fortement ponctuées , les
intervalles un peu convexes et ponctués. Abdomen chàtain ; pattes
flaves.

De Madagascar.

101. C. FLAVUS. *Dilute flavus , subtiliter flavo-pubescens; pro-*
thorace tumido , versus basin angustato ; elytris sulcatis , sulcis
punctatis , interstitiis postice carinatis. — Long. 7 mill. , lat. 1 3/4
mill.

Cardiophorus flavus. ERICHS. *Zeitschr. f. d. Entom.* II , p. 304 , 44. —
(C. *flavius*) DEJ. *Cat.* ed. 3 , p. 104.

Tout entier d'un flave clair, revêtu d'une pubescence de même couleur. Antennes courtes, grenues. Prothorax très-bombé, rétréci en arrière, arrondi sur les côtés, son plus grand diamètre transversal tombant un peu en avant du milieu, sa ponctuation fine et médiocrement dense, sans sillons basilaires latéraux. Elytres sillonnées, les sillons ponctués, les intervalles élevés, carénés vers le sommet. Dessous du corps et pattes de la couleur du dessus.

De l'Arabie.

Cette espèce est facilement reconnaissable à sa coloration toute particulière et unique dans la section actuelle.

102. C. BRUNNEUS. *Brunneus, nitidus, subtiliter griseo-pubescens; prothorace latitudini longitudine subæquali, basi apiceque angustato, lateribus arcuato, confertissime dupliciter punctato; elytris prothorace subangustioribus, depressis, punctato-striatis, interstitiis convexiusculis; antennis pedibusque testaceis.* — Long. 7 mill., lat. 2 2/4 mill.

Cardiophorus brunneus. Eaichs. *Zeitschr. f. d. Entom.* II, p. 307, 49.

Entièrement brun et luisant, revêtu d'une fine pubescence grise. Antennes jaunes. Prothorax à peu près aussi large que long, assez fortement rétréci à la base et au sommet, mais plus brusquement au sommet en sorte que sa plus grande largeur tombe un peu en avant du milieu, arqué sur les côtés, légèrement convexe, finement ponctué avec les intervalles des points remplis par un pointillé très-tenu, légèrement sillonné en arrière, les sillons basilaires latéraux nuls. Elytres un peu plus étroites que le prothorax, atténuées en arrière, déprimées, ponctuées-striées assez profondément avec les intervalles des stries convexes et finement ponctués. Sutures du pronotum bien marquées seulement en arrière, sur les flancs prothoraciques. Pattes jaunes.

De la Nubie.

Musée de Berlin. Communiqué par M. le Dr. Gerstaecker.

103. C. PERMODICUS. *Rufo-testaceus, pube rufescente tectus; fronte angusta; prothorace longitudine vix latiore, apice tantum angustato, parum convexo, subtilissime dupliciter punctato, angulis posticis retrorsum productis; elytris striis punctatis, interstitiis convexiusculis; corpore subtus antennis pedibusque concoloribus.* — Long. 5 1/2 mill., lat. 1 2/5 mill.

Drasterius permodicus. F**aldeam.** *Fn. Transc. in N. Mém. d. l. Soc. Imp. d. Nat. d. Mosc.* IV, 1856, pars I, p. 172, 155, pl. VI, fig. 3.

Rouge testacé, revêtu d'une pubescence de même couleur. Front petit, à peine convexe, presque carré. Yeux noirs. Prothorax presque aussi long que large, rétréci seulement au sommet, droit sur les côtés et parallèles dans sa partie postérieure, peu convexe, couvert d'un pointillé dense et extrêmement tenu sur lequel se détachent des points clair-semés un peu plus gros, ses angles postérieurs nettement accusés, les sillons basilaires latéraux à peu près nuls. Elytres de la largeur du prothorax et un peu plus de deux fois aussi longues, parallèles sur les côtés jusqu'au milieu puis curvilinéairement rétrécies de ce point jusqu'à l'extrémité où elles sont acuminées, assez déprimées, striées, les stries fortement ponctuées, les intervalles légèrement convexes. Dessous du corps, antennes et pattes de la couleur du dessus.

De la Perse et de l'Arménie.

J'ai pu examiner un exemplaire typique de cette espèce dans la collection Faldermann, appartenant actuellement à M. de Mniszech.

104. C. **dilutus.** *Testaceus, pube flava vestitus; fronte antice arcuata; prothorace subquadrato, convexo, parce punctato, interstitiis punctorum tenuissime vix visibiliter punctulatis; elytris punctato-striatis, interstitiis convexis; corpore subtus antennis pedibusque concoloribus.* — Long. 5 mill., lat. 1 2/3 mill.

Cardiophorus dilutus. E**richs.** *Zeitschr. f. d. Entom.* II, p. 307, 50.

Très-voisin du précédent, mais un peu plus court en proportion de la largeur, assez déprimé, testacé, revêtu d'une pubescence flave. Front petit, son bord antérieur arqué. Prothorax à peu près aussi long que large, arrondi sur les côtés en avant, légèrement convexe, offrant des points clair-semés dans l'intervalle desquels on aperçoit, au moyen d'une forte loupe, un pointillé très-tenu, ses angles postérieurs courts, dirigés en arrière, les sillons basilaires latéraux à peine distincts. Elytres un peu plus larges, au milieu, que le prothorax, fortement striées, les stries ponctuées, les intervalles convexes. Dessous du corps, pattes et antennes de la couleur du dessus.

Egypte, Nubie et Abyssinie.

Il diffère du *permodicus* par sa longueur relativement moindre , sa couleur , sa pubescence , et surtout par la ponctuation du prothorax constituée par deux sortes de points plus dissemblables entr'eux, c'est-à-dire que le pointillé est ici tellement tenu qu'il est à peine perceptible, et les points plus gros sont plus distincts que les correspondants du précédent.

DEUXIÈME SECTION.

105. C. CINEREUS. *Niger, nitidus , pube griseo-subfulvescente sat dense vestitus ; prothorace longitudine paulo latiore , lateribus basin versus sinuato, convexo , obsolete canaliculato , confertissime tenuissime æqualiterque punctato , sulcis basilaribus elongatis ; elytris prothorace paulo latioribus, subtiliter punctato-striatis, interstitiis planis , punctulatis ; laminis coxalibus haud angulatis ; geniculis tarsisque rufescentibus.* — Long. 9 - 12 mill., lat. 2 s/s - 3 1/4 mill.

Elater cinereus. HERBST, *Arch.* V , p. 114 , 35.

Cardiophorus cinereus. ERICHS. *Zeitschr. f. d. Entom.* II , p. 310 , 55. — REDT. *Faun. Austr.* ed. II , p. 497. — KIESENW. *Naturg. d. Ins. Deutschl.* IV , p. 382 , 11.

Elater pilosus. PAYK. *Faun. Suec.* III , p. 26, 29.

Elater equiseti. HERBST, *Käf.* X , p. 67 , 74, pl. 163, 12. — GYLL. *Ins. suec.* I, p. 396 , 24. — BOISD. et LAC. *Faun. Entom. d. env. d. Paris* I , p. 652.

Cardiophorus equiseti. DEJ. *Cat.* ed. 3 p. 163.

Caloderus equiseti. LAP. *Hist. Nat. d. Ins.* I , p. 250 , 12.

Elater Weberi. WALTL , *Isis* 1838 , Heft IV.

Cardiophorus versicolor. MULS. et GUILLEB. *Opusc. entom.* VII , p. 96 ?

Dicronychus obesus. BRULLÉ , *Exped. Sc. d. Morée,* III ; Zool. p. 138 , 191 et 192.

Noir, luisant, avec un léger aspect olivâtre que lui donne sa pubescence fine , soyeuse , d'un gris fulvescent , dirigée en divers sens sur le prothorax. Antennes noires, souvent un peu ferrugineuses aux articulations. Prothorax plus large que long , rétréci à la base et au sommet , arrondi sur les côtés , convexe , légèrement sillonné au milieu en arrière, finement et très-densément ponctué, ses angles postérieurs petits, grêles , dirigés en arrière , les sillons basilaires latéraux allongés et divergents. Elytres un peu plus larges que le prothorax , curvilinéaires sur les côtés des épaules à l'extrémité , très-finement striées , les stries finement ponctuées ,

les intervalles aplatis et présentant un pointillé extrêmement léger.
Bord libre des hanches postérieures non anguleux vers le milieu.
Pattes obscures avec les genoux, quelquefois la base et les tarses
rougeâtres.

Répandu dans tous les pays de l'Europe mais plus spécialement
dans la zône moyenne. Je ne sais jusqu'où il s'avance vers l'Orient,
les exemplaires récoltés dans l'Altaï par Gebler se rapportant à
l'espèce qui suit, mais j'en ai vu des exemplaires de Russie dans la
collection du Musée de Stockholm.

La délimitation spécifique exacte est fort difficile à établir pour
cet insecte ainsi que pour les espèces qui suivent ; les anciens auteurs et même les modernes les ont, en effet, souvent confondues,
et Herbst même, dans son *Histoire des insectes Coléoptères*, à
changé les noms qu'il avait appliqué dans ses *Archives* à deux
d'entr'elles. Aussi j'ai suivi complètement, pour ces espèces, l'ex-
cellent travail d'Erichson qui, possédant les types de cet auteur, à
pu se guider dans le dédale de leur synonymie.

Les caractères principaux du *C. cinereus*, tel qu'il est entendu
ici, résident dans le luisant des téguments, l'aspect fulvescent de la
pubescence, les stries des élytres et l'aplatissement des intervalles,
enfin la courbe du bord libre des hanches postérieures. Je considère
comme de peu d'importance la couleur des palpes, des antennes et
des pattes, qui varie beaucoup.

La pubescence varie quant à sa densité et a quelquefois un reflet
doré. J'ai vu un individu de cette espèce, provenant des Alpes
françaises, recouvert d'un duvet fauve clair et moiré qui masquait
complètement la couleur des téguments. C'est, je crois, à cette
forme, que je considère comme une simple variété, qu'il faut
rapporter le *C. versicolor* de MM. Mulsant et Guillebeau.

Je regarde également comme une simple variété du *C. cinereus*
le *Dicronychus obesus* de Brullé, qui, par sa pubescence dorée,
se rapporte à la même variété que le *versicolor*.

---

106. C. AGNATUS. *Niger, parum nitidus, pube griseo-subfulvescente vestitus ; prothorace latitudini longitudine fere æquali,
lateribus basin versus sinuato, convexo, canaliculato, confertissime tenuissime æqualiterque punctato, sulcis basilaribus brevior-
bus; elytris prothorace paulo latioribus, punctato-striatis, interstitiis contextusculis, dense punctulatis; laminis coxalibus intus*

maxime dilatalis, haud angulatis; geniculis tarsisque rufescentibus.
— Long. 8 - 10 mill., lat. 2 ɪ/ₛ - fere 3 mill.

Confondu, dans les collections, avec le précédent, dont il est cependant distinct par un certain nombre de caractères qu'il suffira de mentionner pour le faire reconnaître. Il est d'abord moins luisant et quelquefois même à peu près mat, sa pubescence est d'un gris tendant au brun, couleur qu'elle présente parfois; les stries des élytres sont mieux marquées de même que les points placés au fond de ces stries, les intervalles sont toujours légèrement, quelquefois assez fortement convexes dans toute leur longueur, et leur ponctuation est notablement plus dense et plus visible, enfin les hanches postérieures sont plus largement dilatées en dedans. La forme générale est la même, la taille un peu plus petite.

Il habite les mêmes pays que le *cinereus* et s'étend, à l'est, jusqu'en Sibérie. La collection Gebler en renferme quelques exemplaires pris dans les monts Altaïques.

J'en ai sous les yeux un assez grand nombre d'individus qui proviennent de différents points de l'Europe.

107. C. CRASSICOLLIS. *Niger, nitidus, pube griseo-fulvescente vestitus; antennis palpisque ferrugineis; prothorace latitudini longitudine æquali, subtiliter canaliculato, confertissime æqualiter punctulato; elytris prothoracis latitudine vel paulo angustioribus, punctato-striatis, interstitiis convexis, punctulatis; laminis coxalibus haud angulatis; geniculis tarsisque rufescentibus.* —
Long. 8 mill., lat. 2 ɪ/ₛ mill.

Cardiophorus crassicollis. ERICHS. *Zeitschr. f. d. Entom.* II, p. 313, 59.

Voisin, également, du *cinereus*; plus petit, d'un noir luisant, revêtu d'une pubescence fauve grisâtre dirigée en divers sens sur le prothorax. Antennes et palpes ferrugineux. Prothorax aussi long que large, également rétréci à la base et au sommet, arqué régulièrement sur les côtés, convexe, finement, très-densément et également ponctué, présentant un sillon médian très-étroit dans sa moitié postérieure, les sillons basilaires latéraux fins, obliques, assez longs. Elytres de la largeur du prothorax ou plus étroites, arquées sur les côtés, ponctuées-striées, les intervalles des stries légèrement convexes dans toute leur longueur, finement ponctués.

Hanches postérieures largement dilatées et non anguleuses en dedans. Pattes brunâtres avec les genoux et les tarses ferrugineux. De Crimée.
Communiqué par M. Gerstaecker.

·108. C. TESTACEUS. *Niger, subnitidus, pube tenui, fulva, vestitus; prothorace longitudine paulo latiore, basi apiceque angustato, lateribus basin versus vix sinuato, convexo, subcanaliculato, confertissime tenuissime subæqualiterque punctato, sulcis basilaribus elongatis; elytris testaceis, prothorace paulo latioribus, punctato-striatis, interstitiis convexis, minus dense punctulatis; pedibus brunneo-testaceis.* — Long. 9 - 11 mill., lat. 2 2/3 - 5 1/4 mill.

Elater testaceus. FABR. *Entom. Syst.* II, 239, 27. — EJUSD. *System. Eleuth.* II, p. 238, 86.

Cardiophorus testaceus. ERICHS. *Zeitschr. f. d. Entom.* II, p. 315, 60. — BACH, *Käferf.* III, p. 38. — REDT. *Faun. Austr.* ed. II, p. 497.

Var. *a. Elytris brunneis.*

Var. *b. Elytris fusco-testaceis, sutura lateribusque late fuscis.*

Elater fugax. FABR. *System. Eleuth.* II, 237, 80. (*second. Erichs.*)
Cardiophorus suturalis. ESCHS. en THON. *Arch.* I, II, p. 33.

Noir, un peu luisant, revêtu d'une pubescence fauve, grisâtre dans les variétés, les élytres testacées, quelquefois brunes à la suture et sur les côtés, quelquefois entièrement brunes. Antennes noires avec la base et l'extrémité rougeâtres ou tout-à-fait rougeâtres. Prothorax un peu plus large que long, quelquefois aussi long que large chez quelques mâles, rétréci au sommet et à la base, arrondi sur les côtés, très-légèrement sinueux vers la base des angles postérieurs, convexe, subsillonné soit dans toute sa longueur soit seulement en arrière, densément et finement ponctué, les points à peu près égaux mais moins manifestement que dans les espèces voisines, les angles postérieurs petits, les sillons basilaires latéraux longs. Elytres arquées sur les côtes, un peu plus larges que le prothorax, convexes, ponctuées-striées, les intervalles convexes et pointillés mais moins densément que chez l'*agnatus*. Pattes testacé-brunâtres ou rouge-testacées.

On le trouve en Autriche, en Hongrie, en Styrie, en Illyrie et les pays voisins; la variété est plus spécialement propre à l'Autriche.

Il est fort voisin des précédents et M. de Kiesenwetter le regarde même comme une variété du *cinereus*. A part la coloration des élytres qui a elle seule a peu d'importance, on trouve cependant quelques particularités distinctives qui, ajoutées à ce caractère, m'ont engagé à suivre l'exemple d'Erichson et à considérer le *C. testaceus* comme une espèce : ainsi les côtés du prothorax sont moins sinueux en arrière, où celui-ci est également moins rétréci que chez le *cinereus* ; en outre, les intervalles des stries des élytres sont convexes; d'autre part il diffère de l'*agnatus* par ces mêmes intervalles beaucoup moins densément pointillés, d'où il suit que les élytres ont un aspect plus luisant. La teinte de la pubescence doit aussi entrer en ligne de compte.

109. C. DECORUS. *Niger, sat nitidus, griseo-pubescens ; antennis rufescentibus; prothorace latitudini longitudine subæquali, convexo, confertissime, subtilissime æqualiterque punctulato ; elytris ferrugineis, punctato striatis, interstitiis convexiusculis ; pedibus rufis.* — Long. 7 - 8 mill., lat. 2 - 2 1/2 mill.

Dolopius decorus. FALDERM. *Faun. Transc.* in *N. Mem. d. l. Soc. Imp. d. Nat. d. Mosc.* 1836, I, p. 179, 162.

Var. *a. Sutura margineque elytrorum infuscatis.*

Cardiophorus melanothorax. EVERSM. in litt.

Var. *b. Elytris nigris.*

Noir, avec une fine pubescence grise, les élytres ferrugineuses ou brun rougeâtre plus ou moins clair, quelquefois avec la suture et le bord externe largement obscurs, quelquefois tout-à-fait noirs. Antennes rougeâtres. Prothorax généralement grand, convexe, arrondi sur les côtés, aussi long que large, couvert d'une ponctuation extraordinairement fine et dense, ses angles postérieurs petits, les sillons basilaires latéraux bien marqués. Elytres curvilinéaires sur les côtés, ponctuées-striées, les intervalles convexes et pointillés. Dessous du corps noir ; pattes rougeâtres.

Répandu dans tout le midi de la Russie, la Crimée, les provinces du Caucase , l'Arménie et probablement une grande partie de l'Asie mineure.

J'ai sous les yeux un exemplaire typique de la collection Falder-mann.

110. C. EQUISETI. *Angustior, niger , dense cinereo-sericeus ; prothorace latitudine longiore , basi apiceque angustato , lateribus basin versus sinuato, convexo, confertim subtilissime æqualiterque punctato , obsolete canaliculato, sulcis basilaribus minus elongatis; elytris prothorace latioribus , punctato-striatis , interstitiis confertissime punctulatis; laminis coxalibus maxime intus dilatatis , angulatis ; pedibus rufescentibus. —* Long. 7 - 9 mill., lat. 1 s/4 - 2 t/4 mill.

Elater equiseti. HERBST, *Arch.* V , p. 114 , 36. — GERM. *Faun. Ins. Europ.* fasc. XI , 8.

Cardiophorus equiseti. ERICHS. *Zeitschr. f. d. Entom.* II , p. 311 , 57. — REDT. *Faun. Austr.* ed. II , p. 497 , g. 544 , 11. — KIESENW. *Naturg. d. Ins. Deutschl.* IV , p. 383 , 12.

Elater pilosus. HERBST, *Käf.* X , p. 68 , 75 , pl. 164 , fig. 1.

Elater filiformis. ROSS. *Faun. etrusc.* II , p. 177 , 438.

Cardiophorus luridipes. DEJ. *Cat.* ed. 3 , p. 103.

Elater luridipes. BOISD. et LAC. *Faun. Entom. Par.* p. 653.

Plus petit et surtout plus étroit que les précédents , plus densé-ment recouvert d'une pubescence cendrée , qui modifie notable-ment la couleur noire des téguments. Antennes brunes ou noir brunâtre. Prothorax plus long que large , au moins aussi long que large chez la femelle , rétréci à la base et au sommet , arqué sur les côtés , obsolètement sillonné , densément couvert de petits points égaux , ses angles postérieurs petits , grêles, dirigés en ar-rière et un peu en dehors , ce qui rend les bords latéraux sinueux vers la base de ces angles , les sillons basilaires latéraux peu allon-gés. Elytres notablement plus larges que le prothorax , parallèles sur les côtés dans plus de leur moitié antérieure , déprimées vers la suture , ponctuées-striées avec les intervalles des stries un peu convexes vers la base et le sommet , densément pointillés. Hanches postérieures fortement élargies en dedans , leur bord libre suban-guleux vers le milieu. Pattes d'un rougeâtre plus ou moins clair.

Répandu dans les mêmes pays que le *cinereus*, mais en général moins communément. Il vit dans les endroits marécageux.

25

111. C. ASPERULUS. *Angustus, niger, pube longiuscula, fulvo-grisea, dense vestitus; prothorace latitudine longiore, basi apice-que angustato, lateribus basin versus sinuato, convexo, confer-tim subtiliter œqualiterque punctato, obsolete |canaliculato, sulcis basilaribus brevibus; elytris prothorace latioribus, punctato-stria-tis; laminis coxalibus maxime intus dilatatis, haud angulatis; pedibus testaceis, femoribus nigricantibus.* — Long. 6 - 6 1/2 mill., lat. 1 1/2 - 1 3/4.

De la forme de l'*equiseti*, mais plus petit et bien distinct par sa pubescence plus longue, plus rude et d'un gris fauve. Front assez fortement rebordé en avant, le rebord soulevé au-dessus des fossettes antennaires. Antennes brunâtres. Prothorax plus long que large, rétréci à la base et au sommet avec ses côtés arqués, un peu si-nueux en arrière au devant des angles postérieurs, convexe, fine-ment, densément et également ponctué, obsolètement sillonné au milieu en arrière, ses angles postérieurs petits, grêles, dirigés en arrière, les sillons basilaires latéraux courts et étroits. Elytres plus larges que le prothorax, parallèles jusqu'au tiers postérieur, dé-primées le long de la suture, subacuminées à l'extrémité, assez fortement ponctuées-striées avec les intervalles un peu convexes et ponctués. Hanches postérieures fortement dilatées en dedans, leur bord libre nullement anguleux dans leur milieu. Pattes testacé obscur avec les cuisses noirâtres.

Du Portugal.

Collection de M. Deyrolle.

112. C. RUBRIPES. *Niger, subnitidus, pube griseo-cinerea sat dense vestitus; prothorace latitudine in mari longiore, in femina longitudini æquali, basi apiceque angustato, lateribus arcuato, versus basin subsinuato, subtilissime punctulato; elytris punctato-striatis, interstitiis planis, punctulatis; pedibus rufo-testaceis vel brunneo-testaceis.* — Long. 5 - 6 mill., lat. 1 1/2 - 1 3/4 mill.

(♂) *Elater rubripes.* GERM. *Spec. ins. nov.* p. 59, 96.

(♀) *Elater pollux.* GERM. *Ibid.* p. 59, 95. — MÉNÉTR. *Cat. rais.* p. 159, 644.

Cardiophorus rubripes. ERICHS. *Zeitschr. f. d. Entom.* II, p. 312, 58. — REDT. *Faun. Austr.* ed. II, p. 497. — KIESENW. *Naturg. d. Ins. Deutschl.* IV, p. 384, 13.

Cardiophorus albipes. DEJ. *Cat.* ed. 3 p. 103.

Beaucoup plus petit que le *cinereus*, noir, médiocrement luisant, revêtu d'une pubescence d'un gris cendré. Antennes noires avec les premiers articles rougeâtres ou tout-à-fait rougeâtres. Prothorax plus long que large chez le mâle, aussi large que long chez la femelle, rétréci à la base et au sommet, arrondi sur les côtés, surtout chez la femelle, convexe, couvert d'une ponctuation médiocrement dense et extrêmement fine, ses angles postérieurs un peu prolongés en arrière avec les bords latéraux faiblement sinueux vers la base de ces angles, les sillons basilaires latéraux fins et assez longs. Elytres plus larges que le prothorax (♂) ou aussi larges (♀), curvilinéaires sur les côtés, finement striées, les stries ponctuées, les intervalles aplatis et pointillés. Dessous du corps noir ; pattes rougeâtre testacé ou testacé brunâtre. Flancs prothoraciques présentant à peine une trace de suture vers les angles postérieurs.

Assez commun dans le midi de l'Autriche, la Dalmatie, l'Illyrie et les pays avoisinants.

Le *Dicronychus messenicus* Brullé (1) me paraît devoir être rapporté à cette espèce.

113. C. **exstinctus**. *Fuscus, sat dense cinereo-pubescens; prothorace latitudini longitudine subæquali, basi apiceque angustato, dense, subtiliter dupliciterque punctato ; elytris punctato-striatis, vitta obsoleta dilutiore ; antennis pedibusque testaceis.* — Long. 7 mill., lat. fere 2 mill.

Cardiophorus exstinctus. Erichs. *Zeitschr. f. d. Entom.* II, p. 317, 66.

D'un brun plus ou moins obscur ou rougeâtre, avec une bande dorsale sur chaque élytre, quelquefois bornée à la base et se fondant de chaque côté dans la teinte foncière, d'un testacé rougeâtre, revêtu d'une pubescence cendrée assez dense. Antennes testacées. Prothorax aussi long que large et même ordinairement un peu plus long chez le mâle, rétréci au sommet et à la base, arqué sur les côtés, médiocrement convexe, couvert d'un pointillé très-fin et très-dense sur lequel se détachent des points un peu plus gros, également distribués et beaucoup plus rares, les sillons basilaires latéraux très-courts. Elytres un peu rétrécies aux épaules, peu

(1) *Exped. Sc. d. Morée ;* Zool. III, p. 138, 192.

convexes, ponctuées-striées, les intervalles faiblement convexes.
Dessous du corps à peu près de la couleur du dessus. Pattes testacées.

Mésopotamie.

114. C. FALLAX. *Castaneus, pube cinereo-grisea, subtili, sat densa obductus ; prothorace longitudine paulo latiore, lateribus arcuato, convexo, subtiliter confertim punctato, angulis posticis longe carinatis; elytris convexis, lateribus arcuatis, punctato-striatis, interstitiis convexis, dense punctatis; pedibus testaceis.* — Long. 7 mill. lat. 2 mill.

Brun châtain avec les élytres d'une teinte un peu plus claire que le prothorax, revêtu assez densément d'une fine et courte pubescence d'un gris cendré. Antennes testacées. Prothorax plus large que long, rétréci à la base et au sommet, très-arqué sur les côtés, convexe, densément, finement et également ponctué, ses angles postérieurs munis d'une longue carène qui se prolonge sur le repli latéral jusqu'au tiers antérieur, les sillons basilaires latéraux fins, longs, très-obliques. Elytres assez fortement élargies au-delà des épaules où elles sont plus larges que le prothorax, très-arquées sur les côtés depuis la base jusqu'au sommet, convexes, striées, les stries ponctuées, les intervalles convexes et densément ponctués. Pattes testacées.

De Guinée.

La carène des angles du prothorax, située sur le repli latéral de ce segment, simule une suture, telle qu'on l'observe chez les *Horistonotus*; il se pourrait donc que l'on prît cet insecte pour une espèce du genre en question, mais en examinant les flancs du prothorax on aperçoit la véritable suture, située en dessous et en dedans de la carène et conséquemment du repli latéral qui porte cette dernière.

115. C. LENTUS. *Rufo-testaceus, parum nitidus, pube albicanti-cinerea sat dense vestitus ; prothorace longitudine paulo latiore, apice subito arcuatim, basi gradatim angustato, leviter convexo, confertim subtiliter æqualiterque punctato; elytris dorso depressiusculis, punctato-striatis; antennis pedibusque flavis.* — Long. 10 mill., lat. fere 3 mill.

Cardiophorus lentus. ERICHS. *Zeitschr. f. d. Entom.* II, p. 315, 62.
Var. *a. Omnino brunneo-testaceus.*

D'un testacé rougeâtre ou brunâtre, revêtu d'une pubescence assez serrée, cendré blanchâtre. Front convexe. Antennes assez longues et flave rougeâtre. Prothorax un peu plus large que long , assez brusquement rétréci au sommet, graduellement atténué depuis le tiers antérieur jusqu'à la base , convexe, finement, densément et également ponctué, ses angles postérieurs courts , dirigés en arrière , leur extrémité un peu recourbée en dedans , les sillons basilaires latéraux très-distincts. Elytres un peu déprimées vers la suture, subparallèles dans leur moitié antérieure, ponctuées-striées, les intervalles aplatis, très-finement ponctués. Pattes de la couleur des antennes.

Du Cap de Bonne-Espérance.

116. C. FEBRIENS. *Rufo-testaceus , nitidus , pube fulvo-cinerea restitus ; fronte convexa . punctata ; prothorace longitudine paulo latiore , basi apiceque angustato , lateribus arcuato , convexo , subtiliter dupliciterque punctulato; elytris depressis , punctato-striatis; antennis pedibusque flavis.* — Long. 7 mill. , lat. 2 mill.

Testacé rouge , revêtu d'une fine pubescence d'un cendré fauve très-clair. Front convexe et ponctué. Antennes flaves. Prothorax un peu plus large que long , assez brusquement rétréci au sommet et graduellement vers la base , sa plus grande largeur se trouvant vers le tiers antérieur , arqué sur les côtés , convexe, finement , densément et inégalement ponctué, obsolètement sillonné au milieu, les sillons basilaires latéraux nuls. Elytres de la largeur du prothorax et deux fois un quart plus longues , parallèles sur les côtés jusqu'au-delà du milieu , déprimées , ponctuées-striées avec les intervalles très-peu convexes et finement ponctués. Pattes flaves.

De l'Egypte.

Je n'ai vu cette espèce que dans la collection de M. de Heyden.

117. C. HEIDENBORGII. *Brunneo-niger , cinereo-pubescens; prothorace longitudine latiore , basi leviter, apice rotundatim angustato , convexo, confertim dupliciter punctato ; elytris punctato-striatis , flavis , plaga suturali . fusiformi, brunneo-nigra.* — Long. 7 mill. , lat. 2 1/4 mill. (Pl. III, fig. 24.)

D'un noir brun , médiocrement luisant , les élytres flaves avec une tache suturale fusiforme commune, d'un noir brunâtre. Front convexe et ponctué. Antennes rougeâtres. Prothorax plus large que long, légèrement et insensiblement rétréci vers la base, plus brusquement, plus fortement et curvilinéairement au sommet, arqué sur les côtés, convexe, très-densément et très-finement ponctué avec des points plus gros, régulièrement semés, moins denses, les sillons basilaires latéraux indistincts. Elytres de la largeur du prothorax ou à peu près, faiblement atténuées en arrière, curvilinéairement rétrécies au sommet, striées, les stries fortement ponctuées en avant, plus légèrement en arrière, les intervalles, convexes seulement à la base. Dessous du corps brun ferrugineux, très-densément recouvert d'une pubescence cendré blanchâtre; pattes testacées.

Du Sennaar.

Collection du Musée de Stockholm.

118. **C. hæmatomus.** *Niger, nitidus, subtiliter griseo-pubescens; prothorace longitudini latitudine vix æquali, subtilissime inæqualiter punctulato, linea media subimpressa; elytris brevibus, punctato-substriatis, plaga basali lata rufo-sanguinea; antennis pedibusque rufis.* — Long. 6 mill. lat. 1 3/4 mill. (Pl. III, fig. 19.)

D'un noir brillant avec la moitié antérieure des élytres, ou à peu près, d'un rouge sanguin, cette couleur s'avançant un peu plus loin, sur chaque élytre, vers le bord externe qu'à la suture; revêtu d'une légère pubescence grise. Antennes rougeâtres. Prothorax à peine aussi large que long, s'élargissant peu à peu de la base jusqu'au tiers antérieur, médiocrement arqué sur les côtés, très-convexe, couvert de points tenus, inégaux. Elytres moins de deux fois aussi longues que le prothorax, en ellipse tronquée en avant, médiocrement convexes, très-finement striées, les stries ponctuées, les intervalles plats et pointillés plus fortement que le prothorax. Pattes rouges.

De l'Algérie méridionale.

119. **C. inquinatus.** *Fusco-niger, subnitidus, griseo-pubescens; prothorace longitudine nonnihil latiore, basi attenuato, convexo, dupliciter punctato, angulis anticis rufescentibus; elytris punctato-striatis, testaceis, plaga communi subtriangulari, extensa, nigra; corpore subtus brunneo-nigro; pedibus testaceis.* — Long. 6 - 7 mill., lat. 1 3/4 - 2 mill. (Pl. III, fig. 26.)

Noir , assez luisant , revêtu d'une légère pubescence grise , les
élytres jaunes avec une grande tache triangulaire allongée , noire ,
qui ne laisse apparaître la couleur foncière qu'à la base et sur les
côtés. Front convexe , légèrement impressionné au milieu. Antennes d'un testacé ferrugineux. Prothorax un peu plus large que long ,
arrondi sur les côtés en avant , atténué vers la base , convexe , densément couvert de points de deux grosseurs , dépourvu de sillons
basilaires latéraux. Elytres un peu déprimées sur le dos , curvilinéaires sur les côtés au moins dans leur moitié postérieure , assez
fortement ponctuées-striées , les intervalles des stries faiblement
convexes , le premier déprimé au sommet. Dessous du corps d'un
brun plus ou moins noirâtre ; pattes testacées.

Abyssinie.

J'ai trouvé cette espèce , sans nom , dans la collection de M.
Guérin-Méneville.

120. C. INSTRENUUS. *Fusco-brunneus, nitidus , pubescens ; prothorace latitudine longiore , basi apiceque parum angustato , convexo , dense subtiliter æqualiterque punctato , sulcis basalibus nullis ; elytris rufo-brunneis , punctato-stria'is , interstitiis convexis ; antennis pedibusque rufescentibus.* — Long. 8 mill. , lat. 2 mill.

Cardiophorus instrenuus. Boo. in Dxj. Cat. ed. 3 , p. 104.

Assez luisant, brun obscur avec les élytres rougeâtres , médiocrement pubescent. Antennes rougeâtre clair. Prothorax plus long que
large , peu rétréci au sommet et à la base , peu arqué , par conséquent , sur les côtés , assez convexe , très-densément couvert de
points d'égale grosseur , les sillons basilaires latéraux nuls. Elytres
à peu près de la largeur du prothorax et au plus deux fois aussi
longues , très-faiblement rétrécies à partir des épaules ou parallèles
jusqu'au-delà du milieu , striées , les stries assez fortement ponctuées , les intervalles convexes et finement ponctués. Pattes testacé
rougeâtre.

Du Sénégal.

Dejean a confondu , sous ce nom , avec celle-ci , une espèce
précédemment décrite , le *C. phœopterus* , qui au premier abord
lui ressemble par son système de coloration , mais qui en diffère
par ses crochets simples et la ponctuation inégale du corselet.

121. C. MIONII. *Subelongatus , brunneo-niger , griseo-pubescens ; prothorace latitudini longitudine subæquali, dense subtiliter subinæqualiter punctato ; elytris punctato-striatis , interstitiis vix convexis , apice haud elevatis , macula basali rhomboidali alteraque apicali luteis ; antennis pedibusque dilute testaceis.* — Long. 6 mill., lat. 1 1/2 mill. (Pl. III, fig. 21.)

Noir brun , souvent un peu rougeâtre sur le prothorax , revêtu d'une pubescence grise , les élytres parées , chacune , de deux taches jaunes , la première a la base terminée en pointe en arrière , la seconde , oblongue, au sommet. Front légèrement convexe et ponctué. Antennes jaune clair. Prothorax aussi long que large ou à peu près , assez fortement rétréci à la base et au sommet avec ses côtés arqués , convexe , finement, densément et subinégalement ponctué , ses angles antérieurs jaunâtres , les sillons basilaires latéraux fort courts. Elytres un peu plus larges que le prothorax , rétrécies à la base et au sommet , médiocrement convexes, ponctuées-striées avec les intervalles très-peu convexes et ponctués. Lignes suturales peu marquées sur les flancs prothoraciques. Pattes jaunes.

Du Sénégal.

Il ressemble au premier abord au *quadriplagiatus* du même pays, mais il est plus court , les taches des élytres sont autrement disposées et d'une autre forme , enfin il a les ongles dentés.

On le distinguera du *conductus* de l'Inde , décrit plus bas, par les lignes suturales du pronotum qui sont peu marquées sur les flancs prothoraciques, tandis qu'elles sont complètes, élevées et très-distinctes chez ce dernier.

122. C. EQUINUS. *Brunneo-ferrugineus , nitidus , griseo-pubescens; fronte plana; prothorace latitudine paulo longiore , basi apiceque angustato , parum convexo, confertim subtiliter æqualiterque punctato; elytris profunde punctato-striatis , interstitiis convexis ; corpore subtus obscuro , pedibus ferrugineis.* — Long. 10 mill. , lat. 2 3/4 mill. (Pl. III, fig. 27.)

D'un ferrugineux brunâtre assez brillant , en dessus , revêtu d'une pubescence courte, flave grisâtre. Front plat. Antennes ferrugineuses. Prothorax un peu plus long que large , rétréci à la base et au sommet avec ses côtés régulièrement courbes, peu convexe , finement et densément ponctué , les points de plus

en plus gros en allant de la base au sommet , son bord postérieur
ne présentant pas de sillons latéraux. Elytres deux fois au moins
plus longues que le prothorax , curvilinéaires sur les côtés , convexes , profondément ponctuées-striées , les intervalles convexes.
Dessous du corps brun-noirâtre. Pattes ferrugineuses.

Sierra-Leone.

Collection du Musée de Stockholm.

123. C. FABALIS. *Niger , sat dense cinereo-pubescens; antennis
rufis; prothorace longitudine vix latiore , convexo , dupliciter
punctato ; elytris depressis , striis basi fortiter , apice subtilius
punctatis ; pedibus rufescentibus.* — Long. 8 mill., lat. 2 1/2 mill.

Noir , revêtu d'une pubescence cendrée assez dense, déprimé
sur les élytres. Antennes rougeâtres. Prothorax à peine plus large
que long , rétréci au sommet et à la base , arrondi sur les côtés , sa
plus grande largeur tombant un peu en avant du milieu, convexe,
finement et doublement ponctué, impressionné au milieu vers la
base, les sillons basilaires latéraux à peu près nuls. Elytres un peu
plus de deux fois aussi longues que le prothorax , striées , les stries
obsolètes vers l'extrémité , marquées de gros points vers la base, les
points devenant de plus en plus petits d'avant en arrière , les intervalles plats , convexes seulement à la base. Pattes d'un rouge plus
ou moins brunâtre.

Abyssinie.

124. C. CONICIPENNIS. *Fusco-brunneus , pube grisea obductus ;
antennis serratis ; prothorace latitudine haud longiore , basi
apiceque angustato , convexo , dense punctato ; elytris dilutioribus ,
basi prothorace latioribus , ab humeris sensim attenuatis , profunde punctato-striatis , interstitiis postice acute elevatis ; pedibus
fusco-testaceis.* — Long. 7 mill., lat. 1 2/3 mill.

D'un brun plus ou moins obscur , avec les élytres plus claires ,
revêtu d'une pubescence grise. Antennes longues et assez fortement
dentées en scie. Prothorax aussi long que large , à peu près également rétréci à la base et au sommet , arqué sur les côtés , convexe,
densément ponctué , les sillons basilaires latéraux indiqués par la
direction des poils qui convergent sur leur tracé , ainsi que sur la

26

ligne médiane. Elytres un peu plus de deux fois plus longues que le prothorax, plus large que ce dernier aux épaules, à partir desquelles elles diminuent graduellement de largeur jusqu'à l'extrémité où elles sont subacuminées, assez profondément ponctuées-striées, les intervalles des stries convexes en avant, élevés et tranchants en arrière. Pattes testacé brun.

Cette espèce habite la Guinée, spécialement le Grand-Bassam.

125. C. comptus. *Niger, nitidus, cinereo-pubescens; antennis obscuris; prothorace basi apiceque angustato, confertissime æqualiter punctato; elytris nigris, punctato-striatis, vitta integra lutea; pedibus brunneis.* — Long. 7 - 10 mill., lat. 2 - 3 1/2 mill. (Pl. III, fig. 25.)

Var. a. *Prothorace rufo.*

(♂) D'un noir assez brillant, revêtu d'une pubescence fauve-cendrée, les élytres parées, chacune, d'une bande nettement tracée, étendue des épaules au sommet, jaune. Antennes brun noir, la base brun rougeâtre. Prothorax à peu près aussi long que large, peu rétréci au sommet, et presque point à la base, à peu près droit et parallèle sur les côtés en arrière, convexe, finement et densément ponctué, dépourvu de sillons basilaires latéraux. Elytres un peu plus larges que le prothorax, faiblement atténuées en arrière, assez profondément ponctuées-striées, les intervalles des stries convexes et densément ponctués. Pattes d'un brun clair.

De l'Hindoustan méridional; Mysore.

(♀) La femelle est beaucoup plus forte dans ses proportions que le mâle, surtout du côté du prothorax qui est chez elle très-bombé, plus large que long, arrondi sur les côtés; les élytres sont subcylindriques et plus parallèles.

126. C. contemptus. *Niger, nitidus, griseo-pubescens; prothorace subquadrato, convexo, subtiliter confertim punctato; elytris prothorace latioribus, versus basin parallelis, punctato-striatis, interstitiis subconvexis; antennis pedibusque brunneis, tarsis ferrugineis.* — Long. 8 - 10 mill., lat. 2 1/2 - 3 mill.

(♂) Epais et subcylindrique, noir, revêtu d'une pubescence gris cendré qui lui communique une teinte générale légèrement grisâtre. **Front grand et très-convexe. Antennes brunes.** Prothorax aussi long que large, peu rétréci au sommet, point ou à peine à la base ce qui lui donne une forme subquadrangulaire, assez convexe, très-finement et densément ponctué, les sillons basilaires latéraux peu visibles. Elytres plus larges que le prothorax et deux fois et demie au plus aussi longues, parallèles sur les côtés de la base au milieu, curvilinéairement rétrécies au-delà, ponctuées-striées, les intervalles légèrement convexes et pointillés. Dessous du corps noir; pattes brunâtres avec les tarses ferrugineux.

Hindoustan méridional; Pondichery et Mysore.

(♀) Comme chez le précédent la femelle est beaucoup plus robuste et son prothorax est plus bombé et plus large; ses élytres sont également plus parallèles. Ce n'est peut-être qu'une variété entièrement noire du *comptus.*

127. C. SERVILIS. *Brunneus, parum nitidus, dense pubescens; prothorace latitudini longitudine subæquali, confertim subtiliter subinæqualiterque punctato; elytris thoracis latitudine, punctato-substriatis, interstitiis planis; antennis pedibusque dilutioribus.* — Long. 7 - 8 mill., lat. fere 2 - 2 1/2 mill.

Var. a. *Nigro-brunneus.*

Entièrement d'un brun châtain ou noirâtre, revêtu d'une pubescence assez épaisse, flave brunâtre. Front convexe. Prothorax aussi long que large, y compris les angles, rétréci curvilinéairement et assez brusquement au sommet, plus graduellement vers la base, assez convexe, finement, densément et subinégalement ponctué, les sillons basilaires latéraux marqués seulement sur le bord postérieur. Elytres de la largeur du prothorax et presque parallèles dans leur première moitié, curvilinéairement rétrécies au-delà, finement striées, les stries ponctuées, les intervalles aplatis. Flancs du prothorax marqués d'une ligne suturale complète. Antennes et pattes d'un brun plus clair que le corps, quelquefois rougeâtres.

De l'Hindoustan.

Cette espèce, par sa couleur brune uniforme, se distingue aisément de toutes les autres du même pays et de la même section.

Collection de MM. Deyrolle et Schaum.

128. C. stolidus. *Niger, nitidus, pùbe grisea longiuscula vestitus ; prothorace longitudine latiore , convexo , minus dense subtilissime æqualiter punctulato ; elytris punctato-striatis . interstitiis basi convexiusculis ; pedibus brunneis. —* Long. 5 mill., lat. 1 1/5 mill.

Petit , noir , luisant , revêtu d'une assez longue pubescence grise. Antennes noires. Prothorax plus large que long , un peu rétréci à la base et davantage au sommet , arqué sur les côtés , très-convexe , très-finement et peu densément ponctué , les angles postérieurs bien marqués , les sillons basilaires latéraux peu marqués. Elytres paraissant un peu plus larges que le prothorax à la base ou de même largeur, peu à peu , mais très-faiblement , atténuées à partir des épaules chez le mâle , parallèles chez la femelle , ponctuées-striées, les intervalles un peu convexes seulement vers la base. Pattes brunâtres.

Des monts Neel-Gherries , dans l'Hindoustan méridional.
Collection de M. Guérin-Méneville.

129. C. nebulosus. *Niger , nitidus, pubescens ; prothorace longitudine latiore, sparsim subtiliter æqualiter punctato ; elytris substriato-punctatis , fascia basali alteraque media cinereo-pubescentibus ; tibiis tarsisque testaceis. —* Long. 4 1/2 mill., lat. 1 1/2 mill.

Pseudonychus nebulosus. Motsch. in litt.

Noir , assez luisant, revêtu d'une pubescence brune, avec le pourtour du prothorax et le front revêtu d'une pubescence blanchâtre et deux fascies sur les élytres, l'une à la base, l'autre vers le milieu, formée par des poils de cette dernière couleur. Front convexe. Antennes obscures avec le sommet du premier article et le second rougeâtres. Prothorax plus large que long , légèrement rétréci au sommet avec ses côtés un peu arqués, convexe, finement, éparsément et également ponctué , les sillons basilaires latéraux indistincts. Elytres courtes, de la largeur du prothorax , rétrécies dans leur tiers postérieur , parallèle en avant, un peu déprimées, finement ponctuées-striées , les intervalles des stries aplatis. Dessous du corps et cuisses noirs , les jambes et les tarses testacés.

De l'Hindoustan septentrional.
Je n'ai vu cette espèce que dans la collection de M. Chevrolat.

130. C. JAVANUS. *Niger , nitidus , pube brunnea vestitus ; fronte convexa ; prothorace longitudine sublatiore, basi vix angustato , parum convexo , subtiliter inæqualiterque punctato ; elytris longitudine haud duplo longioribus , punctato-striatis , interstitiis planis ; antennis pedibusque rufescentibus.* — Long. 6 1/2 mill. , lat. 2 1/2 mill.

Assez large en proportion de sa longueur, un peu déprimé , noir brillant , revêtu d'une pubescence brune qui altère peu la couleur foncière. Front convexe. Antennes rougeâtres. Prothorax un peu plus large que long , rétréci au sommet , à peine atténué à la base , arqué sur les côtés, peu convexe, finement et inégalement ponctué , les sillons basilaires latéraux nuls, les angles postérieurs aplatis , tranchants sur les côtés. Elytres de la largeur du prothorax , moins de deux fois plus longues que larges , curvilinéairement rétrécies de la base ou à peu près jusqu'au sommet, peu convexes , ponctuées-striées, les points des stries assez gros , surtout aux stries externes , les intervalles presque plats , ponctués. Pattes rougeâtres.

De Java.

Collection du Musée de Stockholm.

131. C. LACERTOSUS. *Niger, griseo-pubescens ; prothorace latitudini longitudine subæquali , basi apiceque angustato , confertissime subtiliter punctato ; elytris lateribus arcuatis , profunde punctato-striatis , macula magna basali rufo-testacea ; antennis pedibusque rufis.* — Long. 7 mill. , lat. 2 1/2 mill.

Cardiophorus lacertosus. ERICHS. *Zeitschr. f. d. Entom.* II , p. 316, 65.

Noir, revêtu d'une pubescence grisâtre , les élytres marquées à la base d'une grande tache d'un testacé rouge plus ou moins vif. Antennes rougeâtres. Prothorax aussi long que large; rétréci au sommet et à la base , arqué assez régulièrement sur les côtés, convexe , très-densément couvert de points fins , les sillons basilaires latéraux assez allongés , obliques , les angles postérieurs grêles , courts , dirigés directement en arrière. Elytres plus larges au milieu qu'aux épaules, de la largeur du prothorax, un peu plus du double plus longues que ce dernier , profondément ponctuées-striées , les intervalles des stries convexes et ponctués. Dessous du corps noir ; pattes rouges.

Des Indes Orientales.

152. C. humerosus. *Niger , nitidus , griseo-pubescens ; prothorace longitudine latiore , basi apiceque angustato , sparsim subtiliter punctato : elytris striis subtilibus punctatis , macula humerali dilute rufo-lutea ; antennis pedibusque brunneis.* — Long. 5 mill., lat. 1 1/2 mill.

Pseudonychus humerosus. Motsch. in litt.

Noir et brillant , revêtu d'une fine pubescence grise , les élytres ornées d'une tache humérale d'un jaune rougeâtre clair. Antennes brunes. Prothorax plus large que long , rétréci légèrement à la base et davantage au sommet , arqué sur les côtés, convexe , subéparsément et également ponctué , les sillons basilaires latéraux reduits à une échancrure du bord postérieur. Elytres un peu plus larges que le prothorax et deux fois et un quart plus longues , légèrement dilatées dans le milieu , atténuées vers l'extrémité , déprimées sur le dos , légèrement striées sauf à la base où les stries sont fortement imprimées , celles-ci assez fortement ponctuées , les intervalles presque plats. Pattes brunâtres.

De l'Hindoustan septentrional.

Il diffère du précédent par plusieurs caractères, notamment par sa ponctuation moins serrée , la dimension du prothorax, ses élytres moins profondément striées , la couleur des antennes et des pattes , etc.

Je ne l'ai vu que dans la collection de M. Chevrolat.

133. C. Moorii. *Niger , nitidus , parce pubescens ; antennis basi rufis ; prothorace longitudine latiore , basi apiceque angustato , convexo , confertim subtiliter punctato ; elytris profunde striatis , striis punctatis , interstitiis lateribus posticeque elevatis , macula basali alteraque ultra medium rotundatis luteis ; pedibus obscure testaceis.* — Long. 10 mill. , lat. 3 mill. (Pl. III, fig. 20.)

D'un noir luisant avec quatre petites taches rondes sur les élytres, deux sur le bord basilaire , deux vers le tiers postérieur , d'un jaune légèrement orangé ; revêtu d'une pubescence gris fauve , peu dense. Front large , ponctué. Antennes obscures avec la base rouge. Prothorax plus large que long , rétréci à la base et plus fortement au sommet , régulièrement arqué sur les côtés , convexe , densément couvert de points très-fins , présentant une faible ligne

longitudinale élevée, peu visible , ses angles postérieurs petits ,
aigus , les sillons basilaires latéraux nuls. Elytres un peu plus larges que le prothorax, convexes, profondément striées ou plutôt
sillonnées , surtout sur les côtés et à l'extrémité où les intervalles
sont costiformes, avec des points au fond des sillons. Pattes d'un
testacé obscur ; crochets des tarses fortement dentés.

De Madras.

Cette remarquable espèce existe au Musée indien de Londres ;
j'en dois la communication à M. le Dr. Moore , à qui je la dédie.

134. C. QUADRILLUM. *Niger , parum nitidus , cinereo-pubescens ; prothorace latitudini longitudine subœquali , convexo , subtiliter punctato ; elytris punctato-striatis , fascia arcuata , abbreviata , marginali guttulaque flavis.* — Long. 4 1/2 - 5 mill., lat. 1 1/4 - 1
1/5 mill., (Pl. III , fig. 22.)

Petit , peu brillant , noir , revêtu d'une pubescence cendrée , les
élytres offrant , chacune , vers le tiers antérieur , une petite fascie
arquée , partant du bord externe et atteignant au plus la troisième
strie , ordinairement dilatée en dedans , et vers le tiers postérieur
une petite tache oblongue ou arrondie , rapprochée du bord marginal , d'un jaune plus ou moins blanchâtre. Front convexe et ponctué. Prothorax à peu près aussi long que large, rétréci légèrement
à la base et davantage au sommet, avec ses côtés arqués, convexe ,
très-finement ponctué , dépourvu ou à peu près de sillons basilaires
latéraux. Elytres légèrement arquées sur les côtés , un peu déprimées, assez fortement ponctuées-striées. Dessous du corps, antennes et pattes noirs.

Répandu dans tout l'Hindoustan ; on le trouve aussi à Ceylan.
Le nom est de M. Chevrolat.

135. C. CONDUCTUS. *Niger, sat nitidus, subtiliter griseo-pubescens ; antennis rufo-testaceis ; prothorace latitudini longitudine
subœquali , subtilissime inœqualiter punctulato , angulis anticis
rufescentibus ; elytris brevibus , depressiusculis , punctato-striatis , maculis quatuor obsoletioribus testaceis ; pedibus flavis.* —
Long. 6 mill., lat. 2 mill. (Pl. III , fig. 23.)

Cardiophorus conductus. ERICHS. *Zeitschr. f. d. Entom.* II , p. 316, 64.

Assez large et déprimé, noir brunâtre, les angles antérieurs du
prothorax rougeâtres et les élytres marquées de quatre grandes
taches mal limitées, testacées, les premières basilaires et se pro-
longeant postérieurement en un filet jusqu'aux secondes plus grandes, oblongues, couvrant presque toute la seconde moitié des élytres ; revêtu d'une fine pubescence grise. Front légèrement convexe. Antennes rougeâtres. Prothorax aussi long que large, curvilinéairement et assez brusquement rétréci au sommet, rétréci
graduellement à la base, convexe, couvert d'un pointillé extrêmement fin composé de points d'inégale grosseur, les sillons basilaires
latéraux très-courts. Elytres un peu plus larges que le prothorax,
moins de deux fois plus longues que larges, parallèles dans leur
partie antérieure, déprimées, ponctuées-striées, les intervalles
aplatis. Lignes suturales élevées, complètes et bien marquées sur les
flancs prothoraciques. Pattes flaves.

De Siam.

Communiqué par M. Schaum.

136. C. STOLATUS. *Piceo-niger, pube subtili grisea obductus ;
prothorace latitudini longitudine fere æquali, basi apiceque angustato, confertius subtiliter subinæqualiterque punctato, sulcis
basalibus nullis ; elytris punctato-striatis, rufo-testaceis, sutura
late margineque externa anguste fusco-nigris ; pedibus flavis.* —
Long. 7-8 mill., lat. 2 mill.

Cardiophorus stolatus. Erichs. *Zeitschr. f. d. Entom.* II, p. 515, 65.

Var. a. *Elytris sutura tantum infuscata.*

Déprimé, d'un noir plus ou moins brunâtre, revêtu d'une fine
pubescence gris clair, les élytres testacées ou testacé rougeâtre, avec
une large bande suturale commune, ordinairement dilatée au milieu, une mince bordure externe et souvent un petit trait longitudinal partant des épaules, noirâtres. Antennes d'un jaune rougeâtre. Prothorax à peu près aussi long que large, rétréci à la base
et au sommet, arrondi sur les côtés, convexe, finement et très-
densément couvert de points subinégaux, les sillons basilaires
latéraux nuls, les angles antérieurs plus ou moins rougeâtres. Elytres un peu déprimées, à peine plus de deux fois plus longues que

le corselet , ponctuées-striées avec les points plus gros en avant ,
les intervalles des stries aplatis et ponctués. Dessous du corps
brunâtre et pubescent avec le prosternum souvent rouge. Pattes
flaves.

Hindoustan et Ceylan.

La variété a les élytres entièrement d'un testacé rougeâtre avec
la suture , seulement , plus obscure.

Cette espèce ressemble au *C. Hedenborgii* d'Egypte décrit plus
haut, mais il en diffère par son prothorax plus long, inégalement
ponctué , tandis qu'il est doublement ponctué chez le *C. Heden-*
borgii.

137. C. LIMBATUS. *Elongatus , fuscus, sat longe griseo-pubes-*
cens ; prothorace latitudine longiore , basi apiceque angustato ,
minus dense subæqualiter punctato, angulis posticis haud pro-
ductis ; elytris acuminatis , vitta laterali lutea, punctato-striatis ,
interstitiis apice carinatis ; pedibus flavis. — Long. 7 mill. , lat.
1 1/2 mill.

Etroit et allongé, brunâtre , revêtu d'une pubescence grisâtre
assez longue, les élytres présentant de chaque côté une large bande
jaune. Antennes ferrugineuses. Prothorax notablement plus long
que large, aussi rétréci à la base qu'au sommet, légèrement arqué sur
les côtés , convexe , finement , peu densément et à peu près également ponctué , ses angles postérieurs très-courts , les sillons basilaires latéraux assez longs, le bord postérieur de même que le bord
antérieur ferrugineux. Elytres deux fois à peine plus longues que le
prothorax , faiblement arquées sur les côtés , acuminées au sommet, ponctuées-striées, les intervalles, surtout le huitième, élevés en
forme de carène vers l'extrémité. Dessous du corps brun , pattes
flaves.

Des Indes Orientales.

Collection de M. Schaum.

Il tient au précédent par le système de coloration , mais il a la
forme élancée des suivants.

138. C. ÆQUABILIS. *Brunneus , pube obscura, griseo-fulvescente*
vestitus ; prothorace latitudine paulo longiore , basi apiceque an-
gustato, convexo, basi canaliculato, subtiliter confertim punctato ;

elytris subparallelis , apice acuminatis , punctato-striatis , interstitiis convexis , postice carinatis ; antennis pedibusque obscuris. — Long. 10 mill., lat. 2 3/4 mill.

Brun obscur, revêtu d'une pubescence grisâtre à reflet fauve. Antennes brunes. Prothorax un peu plus long que large , rétréci à la base et au sommet, arqué sur les côtés, convexe, sillonné en arrière, assez finement et densément ponctué, les sillons basilaires latéraux assez allongés, obliques. Elytres à peine plus larges que le prothorax, atténuées seulement dans leur tiers postérieur, acuminées au sommet, profondément ponctuées-striées, les intervalles convexes en avant, élevés en forme de carène en arrière. Dessous du corps et pattes de la couleur du dessus.

De l'Hindoustan.

139. C. SOBRINUS. *Testaceo-ferrugineus , pube albo-flavescente vestitus ; prothorace latitudine longiore , basi apiceque angustato , convexo , canaliculato , subtiliter confertim punctato ; elytris postice attenuatis , punctato-striatis , interstitiis convexiusculis ; corpore subtus antennis pedibusque concoloribus.* — Long. 8 - 11 mill., lat. 2 - 3 mill.

Calederus sobrinus. LAP. *Hist. Nat. d. Ins.* I, p. 250, 10.
Cardiophorus sobrinus. — DEJ. *Cat.* ed. 3, p. 104.

D'un testacé ferrugineux, quelquefois très-clair , quelquefois obscur , aussi bien en dessus qu'en dessous, revêtu d'une pubescence flave blanchâtre. Front assez saillant et légèrement redressé en avant, présentant quelquefois une faible saillie au milieu. Prothorax plus long que large , rétréci à la base et au sommet, arqué sur les côtés, convexe, finement et densément ponctué, canaliculé dans sa moitié postérieure et même quelquefois plus en avant, les sillons basilaires latéraux bien marqués. Elytres un peu plus larges que le prothorax, atténuées en arrière, curvilinéaires sur les côtés, convexes sur le dos , ponctuées-striées , les intervalles convexes surtout vers le sommet. Pattes de la couleur générale, les crochets des tarses fortement dentés.

De l'Hindoustan méridional et de Ceylan.

140. C. SYSTENUS. *Fusco-ferrugineus , pube flava dense vesti-*

tus ; prothorace elongato , basi apiceque arcuatim angustato , convexo, subtiliter inæqualiterque punctato ; elytris angustis, subdepressis , apice acuminatis carinatisque , punctato-striatis , interstitiis planis , sutura late margineque sæpe infuscatis. — Long. 9-11 mill., lat. 2 - 2 ¼ mill. (Pl. III , fig. 29.)

Var. a. Prothoracis dimidia parte antica rufa.

Var. b. Prothorace elytrisque ferrugineo-testaceis.

Étroit, allongé , un peu déprimé surtout sur les élytres , d'un brun ferrugineux plus ou moins obscur, avec le prothorax de même couleur , ou avec la moitié antérieure rouge , les élytres brunâtres vers la suture et le bord marginal , quelquefois entièrement d'un testacé ferrugineux ; revêtu d'une pubescence serrée , flave. Front à peu près carré , peu convexe. Antennes ferrugineux rougeâtre. Prothorax beaucoup plus long que large , presque aussi rétréci à la base qu'au sommet , convexe , finement et inégalement ponctué , brièvement sillonné en arrière au milieu , les sillons basilaires latéraux longs. Élytres atténuées en arrière , très-acuminées au sommet , fortement ponctuées-striées , les intervalles des stries aplatis et finement ponctués , l'extrémité présentant une courte et forte carène qui semble formée par le septième intervalle. Dessous du corps noirâtre avec le prosternum rouge dans la première variété, de la couleur du dessus dans la seconde ; pattes rougeâtre clair.

De l'Hindoustan.

141. C. **bucculatus**. *Ferrugineus, pube flava sat dense vestitus ; fronte antice valde prominula , dilatata ; prothorace elongato basi apiceque arcuatim angustato , convexo , subtiliter inæqualiterque punctato ; elytris angustis , subdepressis , apice acuminatis carinatisque , punctato-striatis, striis internis subtiliter punctatis , interstitiis planis.* — Long. 10 mill., lat. 2 ⅕ mill.

Étroit et allongé , un peu déprimé sur les élytres, d'un ferrugineux rougeâtre , revêtu d'une pubescence flave. Front grand, ponctué , sa carène transverse antérieure très-saillante et un peu redressée, élargie au devant des yeux. Antennes rougeâtres. Prothorax beaucoup plus long que large , à peu près aussi rétréci à la base qu'au sommet avec ses côtés régulièrement arqués , convexe , finc-

ment, densément et inégalement ponctué , quelquefois légèrement
sillonné au milieu, les sillons basilaires latéraux assez longs et
obliques. Elytres de la largeur du prothorax ou plus étroites selon
le sexe , à peu près parallèles en avant et très-atténuées en arrière,
acuminées à l'extrémité, finement striées , les stries externes seules
assez fortement ponctuées , les internes quelquefois sans points
distincts , les intervalles à peu près plats et finement pointillés ,
présentant une courte et forte carène vers le sommet. Pattes
rouges.

De l'Hindoustan.

Il se rapproche beaucoup du précédent , mais il en diffère par
les stries des élytres beaucoup moins fortement ponctuées et surtout par son front très-saillant , redressé et plus large en avant.

142. C. GANGETICUS. *Depressus , pube flavo-grisea dense vestitus ; fronte nigra ; prothorace latitudine longiore , rufo, basi
apiceque angustato , subtiliter inæqualiterque punctato ; elytris
prothorace paulo latioribus , apice minus attenuatis , punctato-
striatis , interstitiis planis , rufo-ferrugineis , sutura margineque
infuscatis. — Long. 9 mill. , lat, 2 4/2 mill.*

Var. a. *Elytris obscuris.*

Voisin des précédents, mais plus large en proportion, beaucoup
plus déprimé et le prothorax moins long. Rouge avec la tête noire,
les élytres rouge ferrugineux, plus ou moins largement bordées de
noirâtre , revêtu d'une pubescence assez dense, gris-flave. Antennes rouges. Prothorax un peu plus long que large, un peu convexe,
rétréci à la base et en avant , arqué sur les côtés , finement et
inégalement ponctué, les sillons basilaires latéraux peu allongés.
Elytres plus larges que le prothorax , très-déprimées , beaucoup
moins atténuées au sommet que dans l'espèce précédente , ponctuées-striées, les intervalles aplatis , le huitième seul élevé en forme
de carène à l'extrémité. Dessous du corps et pattes obscurs , antépectus rouge.

De l'Hindoustan septentrional ; Dinapour.

143. C. ERYTHRONOTUS. *Rufo-sanguineus , subnitidus , cinereo-
pubescens ; prothorace latitudine paulo longiore , basi apiceque*

angustato , subtiliter inæqualiterque punctato; elytris prothorace vix latioribus , punctato-striatis , nigris. — Long. 7 mill., lat. 1 ½ mill.

Plus petit que le précédent , rouge avec les élytres noires , revêtu d'une pubescence cendrée. Antennes rouges. Prothorax un peu plus long que large , rétréci à la base et au sommet, avec ses côtés arqués , légèrement convexe , finement , densément et inégalement ponctué, les sillons basilaires latéraux allongés, obliques. Élytres un peu plus large que le prothorax et deux fois et un tiers plus longues, à peu près parallèles jusqu'au milieu , puis curvilinéairement atténuées au-delà jusqu'au sommet où elles ne sont pas acuminées, ponctuées-striées, les intervalles aplatis, non élevés à l'extrémité. Dessous du corps noir avec l'antépectus rouge ; pattes brunes avec les cuisses noirâtres au milieu et les tarses ferrugineux.

De l'Hindoustan ; Dinapour.

Collection de M. Deyrolle. On ne le confondra pas avec la variété du *gangeticus*, qui a toujours la tête noire et les élytres d'un noir brun.

144. C. oxypterus. *Fusco-niger , pube fulvo-grisea dense obductus ; prothorace elongato , basi apiceque angustato , convexo, dense inæqualiter punctato ; elytris postice attenuatis , apice acuminatis , punctato-striatis , interstitiis planis , apice breviter carinatis; pedibus obscuris.* — Long. 13 - 14 mill., lat. 3 ¼ - 3 ½ mill. (Pl. III, fig. 28.)

Allongé, brunâtre obscur , recouvert densément d'une pubescence fauve grisâtre qui modifie d'une façon notable la couleur foncière. Antennes brunes. Prothorax plus long que large , rétréci au sommet et à la base , arqué sur les côtés , convexe , couvert d'un pointillé serré sur lequel se détachent des points plus gros et clair-semés , ce qui n'est visible qu'aux endroits où la pubescence est enlevée, le bord postérieur sinueux de chaque côté , avec les sillons basilaires latéraux allongés et obliques. Élytres peu à peu rétrécies à partir des épaules jusqu'au milieu , ou parallèles jusqu'en cet endroit, puis plus rapidement jusqu'au sommet où elles se terminent en pointe , ponctuées-striées , les intervalles plats et ponctués jusque près de l'extrémité où ils s'élèvent en forme de carène et se réunissent le 2ᵐᵉ au 8ᵐᵉ, le 3ᵐᵉ au 7ᵐᵉ et le 4ᵐᵉ au 6ᵐᵉ en formant des angles emboîtés. Pattes obscures.

Hindoustan septentrional ; Dinapour.

145. C. FULVIVELLUS. *Fusco-niger, pube fulva dense obductus; prothorace latitudine vix longiore, basi apiceque angustato, convexo, postice canaliculato, inæqualiter punctato; elytris punctato-striatis, interstitiis planis; pedibus obscuris.* — Long. 12 mill., lat. 2 1/2 mill.

Plus large en proportion que le précédent, plus déprimé, moins acuminé postérieurement ; noirâtre, revêtu d'une pubescence d'un fauve doré, assez dense pour masquer en partie la couleur foncière. Antennes noirâtres avec le sommet de chaque article brun clair. Prothorax à peu près aussi large que long, rétréci au sommet et à la base, arqué sur les côtés, convexe, légèrement sillonné dans sa moitié postérieure, densément et inégalement ponctué, les sillons basilaires latéraux bien marqués et assez longs. Elytres de la largeur du prothorax, curvilinéairement atténuées au sommet où elles sont un peu acuminées, ponctuées-striées, les intervalles des stries aplatis. Pattes obscures.

De l'Hindoustan.

Je n'ai vu cette espèce que dans la collection de M. de la Ferté Sénectère.

146. C. VENATICUS. *Niger, depressiusculus, pube cinereo-grisea minus dense vestitus ; prothorace elongato, basi apiceque angustato, sparsim inæqualiter punctato; elytris postice attenuatis, apice subacuminatis, punctato-striatis, interstitiis planis, apice breviter carinatis ; pedibus brunneis.* — Long. 8 mill., lat. 2 1/2 mill. (Pl. III, fig. 30.)

Plus petit que les précédents, assez allongé, noir luisant, revêtu d'une pubescence d'un gris cendré médiocrement dense. Antennes brunes. Prothorax plus long que large, rétréci à la base et au sommet avec ses côtés arqués, peu convexe, présentant une ponctuation inégale, pus forte en avant et sur les côtés qu'à la base, peu serrée, légèrement sillonné en arrière, ses angles postérieurs courts et un peu divergents, les sillons basilaires latéraux

longs et obliques. Elytres un peu plus larges que le prothorax à la
base , deux fois et un quart plus longues , déprimées , atténuées en
arrière , subacuminées au bout , ponctuées-striées avec les intervalles aplatis , élevés en carène au sommet. Pattes brunes.
De Java.
Collection de M. de Heyden.

Il faut rapporter à ce genre les espèces suivantes que je n'ai
point vues.

1° Deux espèces décrites par Eschscholtz.

1. C. LATIUSCULUS. *Niger, frontis margine reflexo , thorace
lato , canaliculato, fusco-tomentoso , pedum geniculis ferrugineis.*
— Long. 3 s/4." Californie.

Eschs. in Thon. *Arch.* II , p. 34. — Mannerh. *Bullet. Mosc.* 1843, 238.

2. C. LUZONICUS. *Niger, fusco-tomentosus, elytris antennis
pedibusque fuscis , antennarum basi pedumque geniculis rufo-
ferrugineis , thorace elongato , depressiusculo. —* Long. 3 s/4 ".
Manille.

Eschs. loc. cit.

2° Sept espèces décrites par Erichson dans sa Monographie du
genre.

1. C. RHODOPUS. *Cinereo-pubescens, niger , antennis pedibusque rufis, thorace subdepresso, confertim subtiliter punctato.*

Nahe an 4 Lin. lang , schwarz, wenig glänzend mit feiner,
anliegender , ziemlich dichter grauer Behaarung. Fühler und Taster sind roth. Die Stirn ist sehr dicht und fein punktirt , ziemlich
flach, vorn scharf gerandet. Das Halsschild ist reichlich von der
Breite der Flügeldecken , nach vorn nicht verengt , an den Seiten
ziemlich gerade und erst an den Vorderecken abgerundet, vollkom-
men so lang als breit , sehr flach gewölbt fein und äusserst dicht

punktirt. Die Flügeldecken sind 1 ½ mal so lang als das Halsschild , auf dem Rücken etwas flach gedrückt , stark punktirt-gestreift , die Streifen überall gleich tief, die Zwischenräume ziemlich flach dicht und fein punktirt. Das letzte Hinterleibssegment ist
in der Mitte seicht eingedrückt, an der äussersten Spitze rothbraun.
Die Beine sind mit Einschluss der vordersten Hüften blassroth, die
hintersten Schenkel unten bräunlich.

Vom Vorgebirge der guten Hoffnung.

ERICHS. *Zeitschr. f. d. Entom.* II , p. 294 , 26.

2. C. FUSCATUS. *Subtiliter griseo-pubescens , nigro-fuscus .
thorace modice convexo , dense subtiliter inæqualiter punctato ,
elytris brunneis , intra humeros lutescentibus , trochanteribus ,
geniculis tarsisque testaceis.*

Aus Madagaskar.

Diese so wie die beiden andern, weiter unten aufzuführenden
neuen Arten aus Madagaskar werden vom Hrn. Geh. Rath *Klug*
in seinem zweiten Bericht über die Fauna dieser Inseln genauer
beschrieben werden.

ERICHS. loc. cit. p. 301 , 38.

3. C. LONGULUS. *Elongatus , dense subtiliter cinereo-pubescens , niger , ore, prosterni margine antico pedibusque rufis ,
femoribus medio nigricantibus.*

Von der langgestreckten schmalen Gestalt des vorigen, (*pallipes*)
2 ½ Lin. lang, schwarz mit geringem Glanze, mit feiner anliegender grauer Behaarung dicht überzogen. Die Fühler sind ziemlich
lang , schwarz. Die Mundtheile sämmtlich roth. Das Halsschild
etwas schmäler als die Flügeldecken , länger als breit, in der Mitte
sanft gerundet , nach vorn ein wenig mehr als nach hinten verengt , leicht gewölbt , äusserst fein und ziemlich dicht punktirt ;
die Dornen an den Hinterwinkeln sind Verhältnissmassig lang und
spitz. Die Flügeldecken sind fast doppelt so lang als das Halsschild , von der Mitte ab nach hinten ziemlich allmählig versch-
mälert , punktirt-gestreift , die Streifen nach hinten nicht stärker
vertieft, die Zwischenräume sind flach gewolbt, äusserst fein punk-

tirt. Auf der Unterseite ist der Vorderrand des Prosternum roth. Die Beine sind blassroth, die Schenkel in der Mitte schwærzlich.

Von Bukhara.

Erichs. loc. cit. p. 306, 47.

4. C. NIGRICOLLIS. *Subtiliter albido-pubescens , niger , nitidus , antennis pedibusque flavo-testaceis, elytris fuscis, basi dilatioribus.*

Etwas kleiner und im Verhæltniss kürzer als der Vorige, 2 1/2 Lin. lang, glænzend schwarz, mit feiner, anliegender, ziemlich dünner weisslicher Behaarung. Die Fühler sind ziemlich lang und dick; hell ræthlichgelb. Die Mundtheile sind hellbraun. Die Stirn ist æusserst fein und undeutlich punktirt, durch unbestimmte Eindrücke etwas uneben, sehr wenig gewœlbt, vorn scharf gerandet. Das Halsschild ist vor der Mitte von der Breite der Flügeldecken, an den Seiten sanft gerundet, nach hinten eben so sehr als nach vorn verengt, ziemlich gewœlbt, dicht æusserst fein punktirt. Die Flügeldecken sind braun, gegen die Wurzel hin lichter, gelblich braun, nicht ganz doppelt so lang als das Halsschild, von den Wurzel nach der spitze hin ziemlich allmæhlig verschmælert, punktirt-gestreift, die Punktstreifen gegen die Spitze hin etwas schwæcher, die Zwischenræume etwas flach, æusserst fein gerunzelt. Auf der Unterseite ist das letzte Hinterleibssegment bræunlichgelb, am Grunde dunkler. Die Beine sind gelb.

Von Bukhara.

Erichs. loc. cit. p. 306, 48.

5. C. HUMILIS. *Subdepressus, dense subtiliter griseo-pubescens, fuscus, pedibus flavis, thorace parum convexo, parce subtiliter punctato.*

Von der flacheren Gestalt des vorigen (*dilutus*), aber længlicher, fast 3 Lin. lang, braun, wenig glænzend und mit kurzer, feiner, anliegender, seidenartiger Behaarung dicht überzogen. Fühler und Taster sind ræthlichgelb. Die Stirn ist einzeln und fein punktirt, sehr flach gewœlbt, vorn scharf gerandet. Das Halsschild ist von der Breite der Flügeldecken, an den Seiten sanft gerundet, nach hinten sehr wenig, nach vorn stærker verengt, so lang als breit, flach gewœlbt, weitlæuftig und fein, dazwischen dicht und æusserst fein, nur unter sehr starker vergrœsserung bemerkbar punktirt. Die Flügeldecken sind mehr als doppelt so lang als das Halsschild, von der Mitte ab nach der Spitze sehr allmæhlig abgerundet, ziemlich flach, punktirt-gestreift, die Punkstreifen überall von gleicher Stærke, die Zwischenræume flach, sehr dicht und fein punktirt. Die Beine sind blassgelb.

Aus Nubien.

Erichs. loc. cit. p. 308, 51.

Ces cinq espèces appartiennent à la première section ; les suivantes ont les crochets dentés et se rangent dans la seconde.

6. C. ɪɴᴄᴀɴᴜs. *Griseo-sericeus, niger, antennis, palpis, geniculis tarsisque ferrugineis, thorace convexo, confertim omnium subtilissime punctato.*

Dem vorigen (*cinereus*) nahe verwandt, aber gewœlbter, mehr van cylindrischer Form und dabei kürzer, 3 1/2 Lin. lang, schwarz, mit anliegender seidenartiger bræunlich-greiser Behaarung sehr dicht überzogen. Die Fühler sind ziemlich kurz und dünn, rostroth, das erste dickere Glied schwarz. Die Taster sind rostroth. Die Stirn ist gleichmæssig gewœlbt, æusserst dicht fein punktirt, vorn ziemlich scharf gerandet. Das Hasschild ist reichlich von der Breite der Flügeldecken, an den Seiten sanft gerundet, nach hinten fast etwas mehr als nach vorn verengt, so lang als breit, polsterartig ziemlich stark gewœlbt, æusserst fein und dicht punktirt. Die Flügeldecken sind etwa nur doppelt so lang als das Hasschild, gewœlbt, punktirt-gestreift, die Streifen an der Spitze nicht stærker vertieft, die Zwischenræume eben, dicht und fein punktirt. Die beiden letzten Hinterleibsringe haben an der Spitze einen schmalen rœthlichen Rand. Die Beine sind schwarz, die Trochanteren, Kniee und Füsse rostroth.

Aus Sardinien.

Erichs. loc. cit. p. 311, 56.

7. C. ɢᴇᴍɪɴᴀᴛᴜs. *Subdepressus, griseo-pubescens, antennis pedibusque testaceis, elytris fuscis, striis punctatis per paria approximatis.*

3 1/2 Lin. lang , ziemlich flach , schwarz , mit feiner , kurzer ,
anliegender, greiser Behaarung. Die Fühler und Taster sind rothgelb, der Mund braunroth. Die Stirn ist flach und eben , ziemlich
fein und sehr dicht punktirt, vorn sehr scharf gerandet. Das Halsschild ist fast von der Breite der Flügeldecken , an den Seiten
kaum gerundet, etwas hinter der Mitte am breitesten , nach hinten
kaum, nach vorn deutlicher verschmælert , reichlich so lang als
breit, schwach gewœlbt , ziemlich fein sehr dicht punktirt , auf
der Mitte mit kurzer Spur einer Langsrinne. Die Flügeldecken sind
nur doppelt so lang als das Halsschild , ziemlich flach , braun ,
punktirt-gestreift , die mittleren sechs Streifen paarweise etwas
genæhert , die Zwischenræume dicht und fein punktirt, die brei-
teren etwas gewœlbt , die anderen flach. Auf der Unterseite sind
die beiden letzten Hinterleibssegmente am Hinterrande bræunlich.
Die Beine sind rœthlichgelb.

Aus der Krim.

Erichs. loc. cit. p. 314 , 61.

3°   Une espèce d'Algérie (1).

C. SEXMACULATUS. *Capite thoraceque nigris , hoc antice postice-*
que rubro ; elytris nigris sutura margineque rubro cinctis, utrin-
que flavo trimaculatis ; abdomine nigro , segmentis 4 , 5 , rubro
postice marginatis ; pedibus testaceis. — Long. 7 mill. , lat. 2 mill.

Lucas, *Expl. Sc. de l'Alger.* p. 164 pl. 16 , fig. 9.

4° 2 Deux espèces du Cachemire.

1. C. VICINUS. *Niger , ex flavo-cinerascenti sericeus , antennis*
pedibusque obscure piceis , thorace convexo , confertim subtilissi-
me punctato, elytris manifestissime striato-punctatis. — Long 4 3/4'"

Mit *Cardioph.* equiseti Erichs. sehr nahe verwandt ; und viel-
leicht nur eine Abart davon. Die wesentlichsten Unterscheidungs-

(1) Je soupçonne fortement cette espèce de n'être qu'une variété du C.
sexguttatus.

merkmale sind; ein mehr gedrungener, hœher gewœlbter Bau , die
tieferen , deutlicher punktirten Streife der Flügeldecken und seine
nicht silbergraue, sondern mehr gelbgraue Behaarung. — Farbe
des ganzen Korpers schwarz mit ziemlich starkem Fettglanze.
Fuhler, Palpen und Beine , mit Ausnahme der Schenkel, welche
ganz schwarz sind, dunkel pechfarben. Kopf mæssig gewœlbt, stark
behaart. Halsschild sehr stark polsterartig erhœht, dicht und fein
punktirt, an den Seiten stark abgerundet, ⅕ der Lange der Flügeldecken gleich. — Flügeldecken tief gestreift , grob punktirt ,
die Zwischenræume mæssig gewœlbt, mit undeutlicher Punktirung.
Auf der Unterseite der hintere Rand des vorletzten Bauchringes
und die Spitze des letzten weniger deutlich roth als bei *C. equiseti.*
— Die Schienbeine und tarsen dunkel pechbraun.

Nur ein Exemplar aus Kaschmir.

KOLLAR in HUGEL, *Kachsmir* , p. 567.

2. C. CONSENTANEUS. *Rufo-fuscus , antennis pedibusque dilutioribus , thorace convexo , lucido , subtilissime dense punctato ,
elytris punctato-striatis.* — Long. 4 ᵐ.

Sehr dunkel rothbraun , spærlich greis behaart , schmal. —
Kopf dicht punktirt Augen ziemlich gross , schwarz , Fuhler und
Palpen rothgelb. — Halsschild betrægt weniger als ein Drittel der
ganzen Korperlange, ist stark gewœlbt, glatt glænzend , sehr dicht
und fein punktirt. — Die Flügeldecken durchaus gleich gestreift
punktirt, die Zwischenræume ziemlich flach ohne punkte. — Auf
der Unterseite die Behaarung deutlicher, als auf der Oberseite.

Aus Kaschmir nur ein Exemplar.

KOLLAR, loc. cit. p. 508.

—

5• Les suivantes de l'Amérique du nord :

(*ungues simplices.*)

1. C. DEJEANII. *Plumbeo-niger, dense cinereo-fusco-pubescens,
thorace latitudine sublongiore , convexo , dense punctulato, lateribus late rotundatis , elytris striis postice exaratis , interstitiis
convexis , dense punctulatis , postice acutis , maculis duabus*

obsolete testaceis, pedibus piceis, tibiis tarsisque testaceis. —
Long. 2 1/2. "

Le Conte, *Rev. Elat. Un. St.* in *Am. Phil. Soc. Trans.* X, new ser., p.
497, 4.

Il se rapproche du *C. cardisce* dont il diffère par son prothorax
plus long, moins arrondi sur les côtés et plus densément ponctué.

2. C. TUMIDICOLLIS. *Nigerrimus, obesus, tenuissime cinereo-*
pube·cens, thorace transverso, tumido, antrorsum angustato,
lateribus valde rotundatis, angulis posticis non divergentibus,
subtilissime punctulato, obsolete canaliculato, elytris striis punc-
tatis, postice non exaratis. — Long. 2 1/2 '''.

One specimen, collected in Oregon by Dr. J. K. Townsend,
and given me by M. Wilcox. Ressembles the next, but is a much
thicker species, with a more tumid thorax. Colour deep black,
sprinkled with very fine whitish hairs : front very finely punctulate ;
margin slightly reflexed : thorax at its greatest breadth nearly one-
half wider than long, strongly narrowed in front, and very much
rounded on the sides, gradually narrowed for the posterior third,
with the sides straight near the base : disc convex, very finely,
almost imperceptibly punctulate, obsoletely channelled : basal
striæ moderately short, deep : elytra about twice as long as wide,
not wider than the widest part of the thorax, oval, slightly poin-
ted behind : striæ finely punctured, not deeper posteriorly : interstices flat, scarcely perceptibly punctulate : feet black ; claws
diaphanous.

This species is perhaps related to *C. latiusculus* Esch. but the
pubescence of the thorax is not fuscous, nor are the knees ferrugi-
neous, as is required by the description of that species.

Lec. loc. cit. p. 498, 5.

3. C. CONVEXULUS. *Niger, nitidus, tenuiter cinereo-pubescens,*
thorace latitudine breviore, tumido, antice valde angustato, pos-
tice parum angustato, lateribus rotundatis, angulis posticis non
divergentibus subtilissime punctulato, elytris striis punctatis,
interstitiis dense punctulatis, subconvexis, 6to et 8to paulo eleva-
tis, tibiis versus apicem, tarsisque rufe·centibus. — Long. 3 1/2 ".

Maine and Ohio, sent by Dr. Harris under the name adopted.
Similar to the next (*gagates*) species, but larger and more robust,
with a much shorter thorax. The thorax is considerably less narrowed ad the base than at the apex : the dorsal channel is very
faint an short : the basal lines arc short and well defined : the antennæ are entirely black, and a little longer than the head and
thorax : the clypeus is more deeply concave than in *C. gagates*.

Lec. loc. cit. p. 498, 8.

4. C. obscurus. *Plumbeo-niger, opacus, dense fusco-pubescens, thorace latitudine non longiore, lateribus valde rotundato,
convexo, confertissime subtilius punctato, postice subcanaliculato,
angulis posticis divergentibus, elytris dorso subdepressis, striis
punctatis, postice minus distinctis, interstitiis planis, dense
punctulatis.* — Long. 2 1/2 ".

San Diego, California. Resembles the next species, but the
feet are entirely black, and the thorax is less lustrous ; the basal
striæ of the thorax are very short, and the base is deeply and
decidedly transversely impressed between them.

Lec. loc. cit. p. 498, 9.

Ces quatre espèces se rapportent à la première division du genre.
Celles que M. Le Conte a placées dans la seconde division et que
je n'ai point vues, doivent, je pense, faire partie du genre *Horistonotus.*

———

6°   4 du Mozambique dont voici les formules très-brèves :

1. C. tæniatus. *Fuscus, cinereo-pubescens, elytris punctato-
striatis, vitta laterali sanguinea, antennis pedibusque rufescentibus.*
— 4 1/2 ".

2. C. vestitus. *Fuscus, cinereo-pubescens, elytris obsolete
punctato-striatis, antennis pedibusque testaceis.* — 3 1/2 ".

3. C. lateritius. *Thorace confertim punctato, elytris punctato-striatis, rufo-castaneus, elytrorum basi, antennis pedibusque
pallidis.* — 3 ".

4. C. RUFESCENS. *Fuscus, thorace antice rufo, elytris punctato-striatis, cinereo-pubescentibus, antennis pedibusque rufo-testaces. — 3 ".*

KLUG, *Bullet. d. l'Acad. de Berlin* 1853, p. 647.

Ces espèces, vu leur pays originaire, doivent peut-être, en tout ou en partie, être rapportées au genre suivant.

CARDIOTARSUS.

ESCHSCH. in SILBERM. *Rev. entom.* VI.

Cardiophorus. ERICHS. *Zeitschr. f. d. Entom.* II, p. 333 et 334. — GUÉRIN-MÉNEV. *Voy. en Abyss* p. 284. — BOHEM. *Ins. Caffr.* pars I, fasc. II, p. 396.

Limonius. BOHEM. loc. cit. p. 394.

Les *Cardiotarsus* ont les mêmes caractères que les *Cardiophorus* qui précédent, excepté en ce qui concerne la conformation des tarses, dont le quatrième article est dilaté et cordiforme.

M. Lacordaire (1) signale en outre le prolongement normal de la saillie prosternale et l'absence des sutures du pronotum sur les flancs du prothorax ; mais ces deux caractères ne s'appliquent pas à toutes les espèces du genre et n'ont pas, du reste, grande valeur, puisque beaucoup de *Cardiophorus* à tarses simples offrent également le premier ; quant au second, j'ai trouvé la plus grande variation chez la même espèce.

Les *Cardiotarsus* se trouvent principalement dans l'Afrique australe et les iles voisines.

Deux de ceux que j'ai pu examiner et dont l'un habite Ceylan, l'autre la Chine, font exception.

La forme de crochets des tarses les partage, comme les *Cardiophorus*, en deux sections.

(1) *Gener. d. Coléopt.* IV, p. 193.

SECTION I.

Crochets des tarses simples.

A Ponctuation du prothorax inégale.
   a Prothorax aussi large que long.   2. *C. dorsalis.*
   aa Prothorax plus long que large.
     α Brun obscur, pubescence cendrée à reflet moiré
       sur le prothorax.   1. *C. acuminatus.*
     αα Brun clair, rougeâtre ou testacé; pubescence
       sans reflet moiré.   3. *C. silaceus.*

AA Ponctuation du prothorax égale.
   a Intervalles des stries des élytres inégaux en hauteur. 4. *C. capensis.*
   aa Intervalles des stries des élytres égaux.
     α Elytres testacées.   6. *C. labidus.*
     αα Elytres noires avec une bande jaune.   5. *C. philautus.*

SECTION II.

Crochets des tarses dentés.

A Prothorax aussi long que large.
   a Elytres maculées.
     α Elytres avec une tache rouge à la base.   9 *C. vulneratus.*
     αα Elytres marquées d'une bande interrompue tes-
       tacée.   7. *C. bivittatus.*
   aa Elytres sans taches.   10. *C. sinensis.*

AA Prothorax plus large que long.   8 *C. brunneicollis.*

PREMIÈRE SECTION.

1. C. ACUMINATUS. *Fusco-castaneus , pube cinereo-albida subholosericea dense vestitus ; prothorace basi apiceque subæqualiter
angustato, latitudine longiore , parum convexo , confertim subtilissime inæqualiter punctato , angulis posticis brevibus , divaricatis ; elytris postice acuminatis , punctato-striatis , interstitiis convexis.* — Long 12 - 15 mill. , lat. 3 - 3 3/4 mill. (Pl. IV, fig. 2.)

Cardiophorus acuminatus. GUÉRIN-MÉN. *Voyag. en Abyss. d. Lefebvre* p. 284,
pl. II , fig. 6. — EJUSD. *Rev. Zool.* 1847 , p. 52.

Cardiophorus byssinus. BOHEM. *Ins. Caffr.* pars. I, fasc. II, p. 390.

Allongé, brun, revêtu assez densément d'une pubescence cendré blanchâtre à reflet moiré sur le prothorax. Front médiocre, à peine convexe. Antennes testacées. Prothorax un peu plus long que large, aussi rétréci à la base qu'au sommet, sa plus grande largeur tombant un peu en arrière du milieu, curvilinéaire et subsinueux sur les côtés, peu convexe, très-finement, très-densément et inégalement ponctué, ses angles postérieurs grêles, divergents, son bord postérieur tridenté au devant de l'écusson. Elytres plus larges que le prothorax et deux fois et demie plus longues, atténuées à partir des épaules, acuminées au sommet, ponctuées-striées avec les intervalles des stries convexes. Dessous du corps d'un brun obscur ou plus ou moins ferrugineux, pubescent comme le dessus. Pattes testacées, quelquefois brunes en totalité ou en partie.

De l'Abyssinie et de la Cafrerie et probablement de tous les pays intermédiaires.

2. C. DORSALIS. *Fusco-niger, griseo-pubescens ; prothorace latitudini longitudine subæquali, basi apiceque æqualiter angustato, convexo, confertissime subtiliter inæqualiterque punctato, angulis posticis brevibus, haud divaricatis ; elytris punctato-striatis, interstitiis convexis, fusco-brunneis.* — Long. 14-16 mill., lat. 3 3/4 - 4 mill.

Cardiophorus dorsalis. Erichs. *Zeitschr. f. d. Entom.* II, p. 333, 96.

Plus robuste que le précédent et beaucoup moins acuminé en arrière ; brun noirâtre avec les élytres d'un brun moins obscur, revêtu d'une pubescence gris clair, dépourvue du reflet moiré qu'on observe chez l'*acuminatus*. Antennes d'un testacé obscur ou rougeâtre. Prothorax aussi large que long, aussi rétréci à la base qu'au sommet, arrondi sur les côtés, convexe, subsillonné au milieu, couvert d'une ponctuation fine, très-dense, inégale, ses angles postérieurs petits, non divergents, son bord postérieur tridenté au devant de l'écusson. Elytres un peu plus larges vers le milieu qu'au niveau des épaules, ponctuées-striées, les intervalles des stries convexes et égaux entre eux. Dessous du corps noirâtre; pattes d'un brun plus ou moins ferrugineux, quelquefois flaves.

Du Cap et de la Cafrerie. Deux exemplaires de la collection de M. de la Ferté Sénectère, indiqués comme provenant du Sénégal, m'ont paru tout-à-fait identiques avec cette espèce.

29

3. C. SILACEUS. *Elongatus , pallide testaceus , pube flavo-cine-rea dense vestitus ; fronte lata , convexa ; prothorace latitudine longiore , basi apiceque angustato , confertim subinæqualiter punctato ; elytris ultra medium fere parallelis , apice acuminatis, punctato-striatis , interstitiis vix convexis. — Long. 10 - 15 mill., lat. 2-5 mill.*

Limonius silaceus. Boheм. *Ins. Caffr.* pars I , fasc. II, p. 394.

Var. *a. Corpus fuscum vel brunneum.*

Voisin de l'*acuminatus* mais plus étroit en proportion , d'un brun plus ou moins clair, revêtu assez densément d'une pubescence cendré flave , dirigée en différents sens , sans reflet moiré. Front large et bombé. Antennes brun testacé. Prothorax plus long que large, au moins aussi rétréci à la base qu'au sommet mais un peu plus brusquement en avant en sorte que sa plus grande largeur se trouve en avant du milieu , faiblement convexe , densément et subinégalement ponctué, sillonné en arrière, ses angles posté-rieurs courts, faiblement divergents , les sillons basilaires latéraux distincts. Elytres longues , presque parallèles jusqu'au tiers posté-rieur , acuminées au sommet , ponctuées-striées mais beaucoup moins profondément que chez l'*acuminatus* , les intervalles à peine convexes , si ce n'est à la base, et ponctués. Pattes flaves ou brunâtres.

Du Cap de Bonne-Espérance et de Natal.

La variété , qui atteint le maximum de la taille indiquée, est sur-tout propre au Cap. Les petits exemplaires sont de Natal. M. Bohe-man a rapporté à tort cette espèce au genre *Limonius.*

4. C. CAPENSIS. *Brunneus , pube griseo-cinerea, dense vestitus; fronte lata ; prothorace latitudine haud longiore , basi apiceque angustato , lateribus æqualiter arcuato , confertissime æqualiter punctato ; elytris punctato-striatis , interstitiis alternis elevatis ; antennis pedibusque rufo-testaceis. — Long. 12 mill. , lat. 3 1/2 mill.*

Cardiotarsus capensis. Des. *Cat.* ed. 3 , p. 103.

Plus court que les précédents, brun , revêtu d'une pubescence d'un cendré gris. Front assez large , légèrement convexe. Protho-rax au moins aussi large que long , également rétréci à la base et au sommet , régulièrement arqué sur les côtés , convexe et très-densément ponctué. Elytres plus larges que le prothorax , atté-nuées à partir de la base , striées, les stries ponctuées, les inter-valles très-visiblement inégaux , les impairs plus élevés que les autres. Antennes et pattes d'un testacé rougeâtre clair.

Du Cap de Bonne-Espérance.

5. C. PERAUTUS. *Niger , nitidus , subtiliter flavo-pubescens ; prothorace longitudine vix latiore , basi apiceque angustato , parum convexo , confertim subtiliter æqualiter punctato ; elytris punctato-striatis , vitta integra dorsali in utroque testacea ; pedibus dilute flavis.* — Long. 7 - 8 mil. , lat. 1 2/3 - fere 2 mill.

Var. *a. Prothorace rufo-brunneo , elytris dilutioribus.*

Cardiophorus anxius. Dej. *Cat.* ed. 3, p. 103.

Noir, noir rougeâtre ou brun rougeâtre, assez luisant, revêtu d'une légère pubescence flave , les élytres parées , chacune , d'une bande jaune étendue des épaules à l'extrémité. Front convexe. Antennes brun clair , jaunes à la base. Prothorax à peine plus large que long, rétréci à la base et au sommet, arqué régulièrement sur les côtés , légèrement convexe, sillonné en arrière , densément et également ponctué , les sillons basilaires latéraux longs et bien marqués. Elytres à peine plus larges que le prothorax, à peu près parallèles sur les côtés jusqu'au-delà du milieu , finement striées , les stries fortement ponctuées , les intervalles très-faiblement con-vexes et pointillés. Pattes d'un jaune clair.

Du Cap de Bonne-Espérance.

6. C. TABIDUS. *Fuscus , subtiliter cinereo-pubescens ; pro-thorace basi apiceque angustato , lateribus arcuato , conve-xiusculo , subtilissime confertissimeque punctato , lateribus pallidiore ; elytris flavis , sutura margineque externa anguste brunneis ; pedibus anoque testaceis.* — Long. 7 mill. , lat. 2 mill.

Cardiophorus tabidus Erichs. *Zeitschr. f. d. Entom.* II , p. 334, 97.
Cardiophorus difficilis. pars. Dej. *Cat.* ed. 3 , p. 104.

Var. *a. Omnino flavo-testaceo.*

Brunâtre, revêtu d'une pubescence flave, le pourtour ou seulement les bords latéraux du prothorax testacés, les élytres flaves. Front convexe. Prothorax à peine plus large que long, rétréci au sommet et à la base avec ses côtés arqués, peu convexe, densément et finement ponctué, ses bords latéraux sinueux vers la base des angles postérieurs, ceux-ci grêles mais bien détachés, dirigés en arrière, les sillons basilaires latéraux médiocres. Elytres à peine plus larges que le prothorax, curvilinéaires sur les côtés des épaules au sommet, peu convexes, fortement ponctuées-striées, les intervalles convexes et ponctués. Dessous du corps de la couleur du dessus ; extrémité de l'abdomen, antennes et pattes testacés.

De Madagascar.

Cette espèce a été confondue par Dejean avec une autre du même pays, le *C. brunneicollis*, de taille et de couleur analogues, mais bien distincte par la conformation des crochets des tarses.

Le *C. vitellinus* Kl. (1) mentionné par Erichson (l. c.) ne se distingue de celui-ci que par quelques différences de coloration qui me paraissent de peu d'importance.

DEUXIÈME SECTION.

7. C. BIVITTATUS. *Fusco-niger, pube fulvescente vestitus ; prothorace latitudini longitudine subæquali, subtiliter crebre punctato ; elytris punctato-striatis, vitta interrupta flavo-testacea ; antennis pedibusque dilute flavis.* — Long. 4 1/2 mill., lat. 1 mill.

Cardiophorus bivittatus. BOHEM. *Ins. Caffr.* pars I, fasc. II, p. 404.

Noirâtre, assez luisant, revêtu d'une fine pubescence d'un gris fauve, les élytres offrant, chacune, une bande d'un testacé flave interrompue au milieu. Antennes longues, flave clair. Prothorax à peu près aussi long que large, un peu rétréci à la base et au sommet, faiblement convexe, densément couvert de points très-fins, ses angles postérieurs petits, dirigés en arrière, ferrugineux à l'extrémité, les sillons basilaires latéraux visibles. Elytres un peu plus larges que le prothorax, arquées sur les côtés, marquées de stries ponctuées, avec les intervalles convexes. Pattes d'un flave très-pâle.

De Natal.

Communiqué par M. Boheman.

(1) *Ins. Madagasc.* 67, 73.

8. **C. BRUNNEICOLLIS.** *Fuscus , subtiliter sat dense cinereo-pu-*
bescens ; prothorace longitudine latiore , basi apiceque angus-
tato , dupliciter confertim punctato ; elytris prothorace latioribus ,
puncto basali rufo-testaceo ; pedibus flavis. — Long. 7 - 8 mill. , lat.
2 - 2 1/4 mill.

Var. a. *Elytris testaceis , prothorace lateribus pallescente.*

Cardiophorus brunneicollis. ERICHS. *Zeitschr. f. d. Entom.* II , p. 334 , 99.

Brunâtre , revêtu d'une pubescence cendrée, fine et assez dense ,
les élytres marquées d'un point jaune à la base ou tout entières testacées. Antennes jaunes. Front convexe , oblong , saillant en avant
et en bas. Prothorax plus large que long , rétréci graduellement
à la base et un peu plus brusquement au sommet, en sorte que sa
plus grande largeur tombe un peu en avant du milieu , très-arqué
sur les côtés , assez convexe , densément et inégalement ponctué ,
les sillons basilaires latéraux à peine indiqués par une petite échancrure sur le bord postérieur. Elytres un peu plus larges que le prothorax , atténuées en arrière , finement ponctuées-striées. Dessous
du corps brun ; pattes testacées.

Des îles Madagascar , Maurice et Bourbon.

9. **C. VULNERATUS.** *Piceus , subnitidus , fulvo-pubescens ; pro-*
thorace valde convexo , confertim punctato ; elytris punctato-stria-
tis , lateribus arcuatis , apice subacuminatis , plaga basali san-
guinea ; antennis pedibusque rufis. — Long. 10 mill. , lat. 2 3/4 mill.
(Pl. IV , fig. 3.)

D'un noir brunâtre assez luisant, revêtu d'une longue pubescence
fauve, les élytres présentant une petite tache rouge à la base. Front
petit , un peu convexe et très-ponctué. Antennes rougeâtres. Prothorax un peu plus large que long , beaucoup moins rétréci à la
base qu'au sommet , arqué sur les côtés , très-convexe , très-densément ponctué, les angles postérieurs courts , dirigés en arrière ,
les sillons basilaires latéraux à peu près nuls. Elytres arrondies,
sur les côtés, des épaules à l'extrémité où elles sont un peu acuminées , assez convexes , ponctuées-striées , les points des stries gros ,
surtout vers le bord marginal , les intervalles un peu convexes et
ponctués. Dessous du corps de la couleur du dessus; pattes rouges.

De Ceylan.

Communiqué par M. Dohrn.

10. C. sinensis. *Brunneo-niger, griseo-pubescens; prothorace longitudini latitudine æquali, basi apiceque angustato, parum convexo, confertim subtiliter punctato ; elytris rufo-castaneis, punctato-striatis, interstitiis planis; pedibus rufo-testaceis.* — Long. 8 mill., lat. 2 1/4 mill.

D'un noir légèrement brunâtre avec les élytres châtain rouge, assez luisant, revêtu d'une pubescence grise, un peu fauve au reflet. Front convexe et ponctué. Antennes brun rouge. Prothorax aussi long que large, rétréci à la base et au sommet, arqué sur les côtés, peu convexe, finement et densément ponctué, impressionné au milieu, vers la base, les sillons basilaires latéraux bien marqués. Elytres atténuées curvilinéairement en arrière, déprimées, ponctuées-striées, les intervalles aplatis et finement pointillés. Dessous du corps noir avec l'abdomen bordé de rougeâtre. Pattes jaune rouge.

De Hong-Kong.

Cette espèce, que je n'ai vu que dans la collection de M. Riehl, est le seul *Cardiophorite* originaire de la Chine que je connaisse.

APTOPUS.

Eschs. in Thon, *Entom. Arch.* I, II, p. 32.

Cardiophorus. Eschs. *Zeitschr. f. d. Entom.* II, p. 328. — Lac. *Génér. d. Coléopt.* IV, p. 193.

Tête enchâssée dans le prothorax ; front arrondi en avant, assez étroit, convexe.

Antennes longues, grêles ; le premier article petit, le second plus court que le troisième ou plus rarement de même taille, le dernier allongé.

Prothorax bombé, fortement rétréci à la base, sans arête latérale, sauf chez une espèce (*agrestis*), ses angles postérieurs très-courts.

Elytres toujours plus larges que le prothorax, bombées, striées, avec les stries marquées d'une seule série de points.

Dessous du corps comme chez les *Cardiophorus.*

Pattes à tarses simples , les crochets pectinés.

La pectination des ongles caractérise nettement ce genre à l'exclusion de tous les autres de la même sous-tribu.

Il renferme quelques espèces propres à l'Amérique intertropicale , surtout au Mexique , qu'on reconnaît facilement à leur prothorax plus bombé et à leur forme générale plus épaisse.

En donnant la formule du genre, Eschscholtz a cité , comme types, deux espèces du Brésil, dont une , la seule qui me soit connue, n'a pas à proprement parler les crochets des tarses pectinés, mais tricuspidés, et rentre pour moi dans le genre suivant.

Les *Aptopus* peuvent être divisés en deux sections selon que le prothorax est ou n'est pas limité par une arête dans sa moitié postérieure. La première section comprend toutes espèces du Mexique; elle présente les caractères généraux des *Cardiophorus*. La seconde est fondée sur une espèce du Brésil qui , avec les crochets des tarses véritablement pectinés, a , comme tous les *Cardiophorites* de l'Amérique méridionale , les bords latéraux du prothorax tranchants en arrière, et , comme les *Triplonychus* qui suivent, l'avant dernier intervalle des stries des élytres caréné, bien que ces stries ne présentent pas la même particularité que dans le genre que je viens de citer.

SECTION I.

Pas de rebord tranchant latéral dans la moitié postérieure du prothorax.

A Pas de tache rouge à la base des élytres.
  a Corps épais et subcylindrique.
    α Téguments bruns ou rougeâtres.

* Pubescence blanc argenté.	1. *A. pruinosus.*
** Pubescence cendré fulvescent.	2. *A. spadiceus.*
αα Téguments noirs.	3. *A. concolor.*
aa Corps allongé , linéaire.	5. *A. campylinus.*

AA Une tache rouge à la base de chaque élytre.   4. *A. lateralis.*

SECTION II.

Moitié postérieure du prothorax limitée de chaque côté par un bord tranchant.

                        6. *A. agrestis.*

PREMIÈRE SECTION.

1. A. PRUINOSUS. *Brunneo-piceus, pube densa albicanti-cinerea vestitus ; prothorace basi apiceque angustato , longitudine latiore, convexo , subtiliter inæqualiterque punctato ; elytris ultra medium parallelis , punctato-striatis ; antennis pedibusque brunneo-rufis.* — Long. 11 - 13 mill., lat. 3 ³/₄ - 4 mill.

Cardiophorus pruinosus. ERICHS. *Zeitschr. f. d. Entom.* II , p. 329 , 87.

Aptopus venator. DEJ. *Cat.* ed. 3 , p. 98.

Epais et subcylindrique, d'un brun plus ou moins noirâtre ou rougeâtre , revêtu d'une pubescence assez épaisse , à reflet soyeux, dirigée en différents sens , surtout sur le prothorax , d'un cendré blanc argenté. Front subquadrangulaire, inégal , plus densément pubescent que le reste du corps. Antennes rougeâtre obscur. Prothorax transversal , rétréci presque autant à la base qu'au sommet, arqué sur les côtés , convexe , inégalement ponctué , ses sillons basilaires latéraux bien marqués. Elytres plus larges que le prothorax , très-convexes dans le sens transversal , parallèles sur les côtés presque dans leurs trois-quarts antérieur , obtusément arrondies conjointement au sommet , striées , les stries fortement ponctuées , les intervalles convexes et ponctués. Dessous du corps bombé , très-pubescent ; pattes brun rougeâtre.

Commun au Mexique , surtout dans l'Etat de Vera-Cruz.

2. A. SPADICEUS. *Rufo-brunneus , cinereo-pubescens ; prothorace longitudine vix latiore , basi apiceque angustato , minus convexo , sparsim subinæqualiter punctato ; elytris ultra medium parallelis , profunde punctato-striatis , interstitiis convexis ; antennis pedibusque concoloribus.* — Long. 8 mill., lat. 2 ¹/₄ mill.

Cardiophorus spadiceus. ERICHS. *Zeitschr. f. d. Entom.* II , p. 331 , 93.

Tout entier d'un rougeâtre plus ou moins clair , revêtu d'une pubescence beaucoup moins serrée que chez le *pruinosus* , d'un cendré un peu fauve. Prothorax à peine plus large que long , rétréci à la base et au sommet , arqué sur les côtés , peu convexe , finement , peu densément et subinégalement ponctué , les sillons basilaires latéraux courts. Elytres plus larges que le prothorax ,

parallèles sur les côtés , jusques un peu au-delà du milieu, moins
obtuses à l'extrémité , assez fortement ponctuées-striées , les intervalles convexes et ponctués. Dessous du corps, antennes et pattes
de la couleur du dessus.

Du Mexique.

3. A. CONCOLOR. *Niger , minus dense cinereo-pubescens ; pro-*
thorace longitudine latiore , basi apiceque angustato , lateribus
arcuato , minus convexo, fortius subinæqualiter punctulato ; ely-
tris ultra medium parallelis , profunde punctato-striatis , inters-
titiis convexis; antennis pedibusque concoloribus. — Long. 9 - 10.
mill., lat. 3 mill.

Cardiophorus concolor. ERICHS. *Zeitschr. f. d. Entom.* II , p. 329 , 88.

Aptopus sericatus. KLUG, in litt.

De la tournure générale du *pruinosus*, mais plus petit et entièrement noir , revêtu d'une pubescence moins serrée, cendrée.
Front un peu convexe, son bord antérieur arrondi. Antennes
noires. Prothorax transversal , rétréci à la base et au sommet ,
arqué légèrement sur les côtés,. convexe, ponctué subinégalement,
ses sillons basilaires latéraux larges. Elytres plus larges que le
prothorax et parallèles comme chez le *pruinosus* , beaucoup plus
prolondément et plus largement ponctuées-striées , les intervalles
convexes et ponctués. Pattes noires.

Du Mexique.

4. A. LATERALIS. *Niger, pube cinereo-grisea sat dense vestitus ;*
prothorace transverso, confertim inæqualiter punctato , lateribus
corallino ; elytris profunde punctato-striatis , interstitiis convexis,
punctatis , puncto basali rufo ; antennis pedibusque nigris. —
Long. 7 mill., lat. 2 mill. (Pl. IV, fig. 4.)

Cardiophorus lateralis. ERICHS. *Zeitschr. f. d. Entom.* II , p. 330 , 89.

Var. a. *Prothorace toto corallino.*

Var. b. *Prothorace toto nigro.*

Cardiophorus basalis. ERICHS. loc. cit. p. 330 , 90.

De la forme générale du *concolor,* mais plus petit , le prothorax latéralement ou entièrement rouge , ou noir , une petite tache basilaire sur chaque élytre, rouge jaune. Antennes noires. Prothorax plus large que long , peu bombé, rétréci légèrement à la base et au sommet , arqué sur les côtés , assez densément et inégalement ponctué, sillonné vers la base , les sillons basilaires latéraux courts. Elytres plus larges que le prothorax , parallèles jusqu'au-delà du milieu, profondément striées, les stries ponctuées , leurs intervalles convexes et ponctués. Dessous du corps et pattes noirs, l'antépectus rouge.

Du Mexique.

Cette espèce varie beaucoup et elle n'est même peut-être qu'une variété du *concolor* , car , si l'on fait abstraction de la taille et des taches des élytres , elle ne diffère pas de ce dernier.

La variété, très-remarquable, à prothorax entièrement rouge de corail, existe dans la collection de M. de Mniszech.

   5. A. campylinus. *Linearis , niger , cinereo-pubescens ; prothorace subquadrato , parum convexo, confertim subtiliter punctato ; elytris prothorace latioribus , fere quadruplo longioribus , parallelis , punctato-substriatis , interstitiis planis , punctatis.* — Long. 6 - 8 mill. , lat. 1 1/2 - 2 mill. (Pl. IV , fig. 5.)

Var. *a. Niger , antennis pedibusque testaceis.*

Cardiophorus decumanus. Erichs. Zeitschr. f. d. Entom. II , p. 332 , 93.

Var. *b. Niger, elytris fuscis , antennis pedibusque testaceis.*

Cardiophorus linearis. Erichs. loc. cit. p. 332 , 94.

Var. *c. Niger , elytris brunneis , antennis pedibusque testaceis.*

Cardiophorus campylinus. Erichs. loc. cit. p. 333 , 95.

Var. *d. Corpus totum brunneum vel testaceum.*

Noir, y compris les antennes et les pattes, très-étroit et très-allongé , linéaire, revêtu d'une pubescence cendrée. Antennes plus longues que la moitié du corps. Prothorax carré ou un peu plus large que long selon le sexe , peu rétréci à la base et au sommet , peu arqué sur les côtés , faiblement convexe , sillonné au milieu dans sa moitié postérieure, finement et densément ponctué, les sillons basilaires latéraux bien marqués. Elytres plus larges que le prothorax et près de quatre fois plus longues, à peu près parallèles jusqu'au quart postérieur, faiblement convexes dans le sens transversal, conjointement arrondies au sommet, finement striées, les stries fortement ponctuées, les intervalles aplatis et ponctués. Pattes longues, surtout les antérieures, noires.

Du Mexique ; terres froides.

Cette espèce varie extrêmement sous le rapport de la coloration qui n'est conséquemment ici d'aucune valeur spécifique.

La femelle a le prothorax plus grand et plus finement ponctué.

Je n'ai pas vu les types d'Erichson, {mais j'ai sous les yeux plusieurs exemplaires parmi lesquels il n'y en a pas deux qui se ressemblent quant à la couleur des élytres et des pattes, aussi je ne doute pas que les espèces en question ne soient de simples variétés combinées avec les deux sexes d'une seule.

J'ai donné la préférence au nom de *campylinus* qui rappelle la forme caractéristique de cette espèce.

SECONDE SECTION.

6. A. AGRESTIS. *Brunneus, sat dense griseo-pubescens; prothorace longitudini latitudine subæquali, basi apiceque angustato, convexo, subtiliter dupliciter punctato ; elytris prothorace latioribus, a basi attenuatis, profunde punctato-striatis, interstitiis convexis, nono carinato; pedibus testaceis.* — Long. 10 - 12 mill., lat. 2 2/3 - 3 mill. (Pl. IV, fig. 6.)

Cardiophorus agrestis. ERICHS. *Zeitschr. f. d. Entom.* II, p. 331, 91.

D'un brun rougeâtre, assez densément revêtu d'une pubescence d'un gris clair. Front convexe et ponctué. Antennes brunes. Prothorax à peu près aussi large que long, légèrement rétréci à la base et un peu plus fortement au sommet, arqué sur les côtés, convexe, couvert d'un pointillé extrêmement ténu et dense et de points un peu plus gros et régulièrement épars, ses angles postérieurs grêles au sommet, dirigés en arrière, ses bords latéraux tranchants dans leur moitié postérieure au moins. Elytres plus larges que le prothorax et deux fois et deux tiers aussi longues, curvilinéairement atténuées à partir de la base, profondément striées, les stries

fortement ponctuées, les intervalles convexes et même élevés au
sommet, le neuvième caréné dans toute sa longueur. Pattes
jaunes.

Du Brésil.

·Cette espèce, bien qu'appartenant au genre actuel par les crochets
des tarses nettement pectinés, se rapproche visiblement des *Triplonychus* par son prothorax limité de chaque côté par une arête,
en arrière, et le neuvième intervalle des stries des élytres caréné.
D'un autre côté, ces mêmes stries ne portent qu'une série de
points comme dans la majorité des espèces de la sous-tribu, tandis
que, chez les *Triplonychus*, la sculpture des élytres est toute différente.

Elle est très-rare dans les collections.

TRIPLONYCHUS.

Aptopus. Eschs. in Thon, *Entom. Arch.* 1, II, p. 32.

Cardiophorus. Erichs. *Zeitschr. f. d. Entom.* II, p. 322 (1). — Lac. *Génér.
d. Coléopt.* IV, p. 193.

Tête à demi engagée dans le prothorax; front subquadrangulaire, tronqué en avant, généralement plan, quelquefois triangulairement excavé.

Antennes longues, dentées en scie, leur article 2 petit, 3 presque égal au suivant.

Prothorax généralement allongé et plus ou moins parallèle sur
les côtés, limité latéralement par une arête qui porte la suture du
pronotum.

Elytres ordinairement atténuées en arrière et acuminées au bout,
sillonnées, avec les sillons marqués de deux rangées de points ou
irrégulièrement ponctués, mais ne présentant jamais une série

____

(1) Erichson considère les insectes de ce groupe comme se rapportant au
genre *Dicronychus*, qu'Eschscholtz a fondé, sans citer aucune espèce, dans
le tableau publié par M. Laporte de Castelnau (*Rev. entom. d. Silberm.* IV).
Mais comme les caractères de ce genre, brièvement formulés par l'auteur
russe, s'appliquent mieux à des insectes du Sénégal qui se rangent dans la
tribu des Campylides, j'ai réservé, à l'exemple de M. Lacordaire, le nom de
Dicronychus à ces derniers.

unique de points comme chez les autres genres de *Cardiophorites*;
les intervalles, soit tous, soit seulement les impairs, mais toujours
le neuvième, élevés en forme de carène.

Dessous du corps comme chez les *Cardiophorus*.

Pattes longues, les cuisses souvent renflées; tarses simples, à
crochets tricuspidés, c'est-à-dire, munis de deux dents indépendamment de la pointe.

Outre la forme particulière des crochets des tarses, on observe
encore, chez les *Triplonychus*, quelques caractères qui en font un
genre très-naturel. Ainsi, la façon dont les sillons des élytres sont
ponctués est unique chez les *Cardiophorites*; il en est de même de
l'élévation constante du neuvième intervalle qui forme une carène
latérale. Enfin la manière dont les élytres, larges aux épaules,
s'atténuent en arrière pour se terminer en pointe, la longueur relative du prothorax, celle des antennes, donnent aux insectes qui
composent ce genre une tournure caractéristique.

Ils habitent l'Amérique du sud et forment conséquemment le
premier genre où le prothorax a les bords latéraux tranchants.

Ils se répartissent en 10 espèces qui sont les suivantes :

A Prothorax manifestement plus long que large dans les
    deux sexes.
  a Intervalles des sillons des élytres également élevés ou
    à peu près.
    α Prothorax également et simplement ponctué.
      * Une ligne lisse, longitudinale, plus ou moins
        élevée, sur le prothorax.   5. *T. ephippiger.*
      ** Pas de ligne élevée sur le prothorax.   2. *T. acuminatus.*
    αα Prothorax inégalement ou doublement ponctué.
     * Prothorax sans taches.
       X Abdomen de la couleur générale du des-
         sous du corps.
        + Sillons des élytres profonds, les interval-
          les élevés.   1. *T. longicollis.*
        ++ Sillons des élytres peu profonds, les
          intervalles convexes.   6. *T. cayennensis.*
      XX Abdomen rougeâtre.   4. *T. ventralis.*
     ** Prothorax maculé.   3. *T. plagiatus.*
  aa Intervalles impairs des sillons des élytres seuls
    costiformes, les autres peu élevés.   8. *T. Lebasii.*

AA Prothorax aussi large que long.
  a Corps entièrement rougeâtre.
    α Intervalles impairs des sillons des élytres costiformes. 9. *T. costatus.*
    αα Intervalles égaux et peu élevés.   7. *T. rufus.*
  aa Élytres maculées.   10. *T. debilis.*

1. **T.** LONGICOLLIS. *Fuscus , pube cinereo-fulva dense vestitus ;*
fronte impressa ; prothorace elongato , antrorsum angustato ,
inæqualiter punctato', elytris prothorace latioribus , a basi atte-
nuatis , apice acuminatis , punctato-sulcatis , interstitiis elevatis ,
macula basali rufa. — Long. 12 - 14 mill., lat. 3 - 3 1/2 mill. (Pl. IV ,
fig. 7.)

Cardiophorus longicollis. ERICHS. *Zeitschr. f. d. Entom.* II , p. 326 , 82.

Allongé , brunâtre , la base des élytres rougeâtre, revêtu d'une
pubescence assez serrée, cendrée, à reflet fauve doré. Front subrectangulaire , un peu plus long que large , impressionné en avant.
Antennes longues , dentées , obscures. Prothorax allongé , rétréci
en avant , bombé, inégalement ponctué , sa base sinueuse et offrant de chaque côté une courte échancrure. Elytres plus larges
que le prothorax , arrondies aux épaules, atténuées à partir de la
base avec leurs côtés formant une courbe légère, acuminées à
l'extrémité, sillonnées, avec des points au fond des sillons, les
intervalles étroits et élevés , surtout le neuvième et les autres vers
le sommet où ils deviennent de véritables carènes. Dessous du
corps de la couleur du dessus ; pattes d'un testacé clair avec les
jambes et les tarses généralement plus obscurs.

Du Brésil ; Bahia.

2. **T.** ACUMINATUS. *Piceus , nitidus , minus dense fulvo-pubes-*
cens ; fronte impressa ; prothorace elongato , antice vix angustato ,
æqualiter , sparsim , fortiter punctato ; elytris prothorace latiori-
bus , a basi attenuatis , apice acuminatis , sulcis punctatis , inters-
titiis elevatis, macula basali læte lutea. — Long. 9 mill. , lat. 2 mill.

Plus petit que le *longicollis* et plus luisant , ce qui tient à ce
que la pubescence fauve qui le recouvre est beaucoup moins forte ,
d'un noir de poix avec une petite tache jaune clair à la base des
élytres. Front subquadrangulaire , échancré par les yeux, impressionné en avant , son bord antérieur très-saillant. Antennes longues , noir brunâtre. Prothorax plus long que large , à peine rétréci en avant , subcylindrique , assez fortement, éparsément et
également ponctué. Elytres plus larges que le prothorax , atténuées
à partir de la base avec ses côtés un peu courbes , acuminées
au sommet , sillonnées avec des points au fond des sillons , les inter-

valles étroits et élevés, surtout le neuvième, et tous vers le sommet où ils deviennent de véritable carènes. Dessous du corps de la couleur du dessus ; pattes tout entières d'un jaune clair.

De Cayenne.

3. **T. PLAGIATUS.** *Niger , pube cinereo-fulva minus dense vestitus; prothorace elongato , antrorsum vix angustato , sparsim inæqualiter punctato , testaceo-bivittato ; elytris prothorace latioribus , a basi attenuatis , apice acuminatis , punctato-sulcatis , interstitiis elevatis , vitta testacea.* — Long. 8 mill. , lat. 1 3/4 mill.

Cardiophorus plagiatus. Ericus. *Zeitschr. f. d. Entom.* II , p. 326 , 83.

Etroit et allongé , le prothorax paré de deux bandes longitudinales testacées, les élytres avec une bande de la même couleur sur chacune , plus claire à la base que vers l'extrémité , revêtu d'une pubescence cendrée à reflet fauve. Front légèrement convexe , ponctué. Antennes longues, dentées, obscures. Prothorax allongé, presque droit et parallèle sur les côtés , un peu bombé , luisant , inégalement et éparsément ponctué , sa base sinueuse. Elytres plus larges que le prothorax, arrondies aux épaules , atténuées à partir de la base avec les côtés légèrement curvilinéaires , un peu bombées , sillonnées , les sillons avec deux séries de points , les intervalles élevés , surtout les externes impairs au sommet , leur extrémité acuminée. Dessous du corps noir avec l'extrémité de l'abdomen rougeâtre. Pattes testacé clair.

Du Para.

4. **T. VENTRALIS.** *Brunneo-niger , cinereo-pubescens ; fronte rufescente ; prothorace elongato, basi apiceque leviter angustato , inæqualiter punctato , medio rufescente ; elytris testaceis , sutura lateribusque brunnescentibus, sulcatis, sulcis punctatis ; abdomine rufo ; pedibus testaceis , femoribus infuscatis.* — Long. 10 mill., lat. 2 3/4 mill.

D'un noir brunâtre, revêtu d'une pubescence cendrée , le front et le milieu du prothorax, rougeâtres , les élytres testacées avec la suture et les parties latérales brunâtres. Front oblong , déprimé dans le milieu en avant , très-ponctué. Antennes longues , brunes. Prothorax allongé , un peu rétréci à la base et au sommet, inéga-

lement ponctué. Elytres plus larges que le prothorax et deux fois
plus longues , rétrécies à partir de la base , acuminées au sommet,
sillonnées , les sillons présentant deux séries de points, les intervalles
les élevés. Dessous du corps obscur avec l'abdomen rougeâtre.
Pattes testacées avec les cuisses un peu obscures.

Du Brésil.

5. T. EPHIPPIGER. *Nigro-brunneus , fulvo-pubescens ; fronte
antice impressa ; prothorace latitudine longiore , apice leviter
angustato , sparsim punctato , linea media elevata lœvi ; elytris a
basi attenuatis , sulcatis , sulcis punctatis , interstitiis convexis ,
margine suturali interstitioque nono elevatis , plaga oblonga basali
lutea.* — Long. 10 mill. , lat. 2 1/2 mill.

Aplopus ephippiger. ESCHS. en THON , *Arch.* I, II , p. 32.

Cardiophorus bisignatus. ERICHS. *Zeitschr. f. d. Entom.* II , p. 327 , 84.

Brun noir, revêtu d'une pubescence d'un fauve doré, les élytres
parées à la base d'une grande tache oblongue , jaune. Front convexe,
ponctué , légèrement déprimé dans le milieu de son bord
antérieur. Antennes noirâtres. Prothorax plus long que large , rétréci
seulement au sommet, avec ses côtés , sauf dans le quart
antérieur , à peu près droits et parallèles, convexe dans le sens
transversal , éparsément et subégalement ponctué , présentant une
ligne élevée, lisse, dans son milieu. Elytres plus larges que le prothorax
et un peu plus de deux fois plus longues , rétrécies à partir
de la base, leurs côtés curvilinéaires depuis la base jusqu'au sommet
où elles sont acuminées, sillonnées assez fortement avec les
sillons ponctués , les intervalles convexes , le bord sutural élevé en
arrière , le neuvième intervalle costiforme dans toute sa longueur.
Dessous du corps noir brunâtre; pattes d'un jaune clair, les cuisses
courtes et épaisses.

Du Brésil ; Bahia et Para.

6. T. CAYENNENSIS. *Nigro-brunneus , griseo-pubescens ; fronte
antice impressa; prothorace latitudine longiore , antice angustato ,
lateribus leviter arcuato , convexo , inœqualiter punctato ; elytris
prothorace paulo latioribus , postice minus attenuatis , subsulcatis,
sulcis punctatis ; pedibus flavis.* — Long. 10 mill. , lat. 2 2/3 mill.

Cardiophorus cayennensis. Erichs. *Zeitschr. f. d. Entom.* II', p. 527, 85.
Athous cayennensis. Dej. *Cat.* ed. 3, p. 102.

Brun obscur avec les élytres d'un brun rougeâtre, revêtu d'une pubescence grise. Front subquadrangulaire, transversalement impressionné en avant. Antennes brunâtres. Prothorax un peu plus long que large, rétréci en avant avec ses côtés légèrement courbes, convexe, inégalement ponctué, les sillons basilaires latéraux à peu près nuls. Elytres un peu plus larges que le prothorax, curvilinéairement atténuées seulement au-delà du milieu, acuminées à l'extrémité, légèrement sillonnées avec des points dans les sillons, les intervalles élevés en arrière. Pattes flaves.

De Cayenne.

7. T. RUFUS. *Rufus, nitidus, pube fulvo-rufa vestitus; fronte valde prominula, antice excavata; prothorace antice angustato, subinæqualiter punctato; elytris sulcis tenuibus punctatis, interstitiis apice elevatis.* — Long. 9 mill., lat. 2 1/2 mill.

Très-voisin du précédent pour la forme; d'un rouge jaunâtre clair, revêtu d'une pubescence rougeâtre à reflet fauve. Front très-saillant en avant, fortement excavé. Antennes de la couleur générale. Prothorax aussi long que large, rétréci en avant à partir du milieu avec ses côtés courbes, assez convexe, subinégalement ponctué. Elytres à peine visiblement plus larges que le prothorax, régulièrement courbes sur les côtés depuis la base jusqu'au sommet où elles sont médiocrement acuminées, peu convexes, peu profondément sillonnées, avec des points dans les sillons, les intervalles à peu près plats vers la base, élevés à l'extrémité. Dessous du corps de la couleur du dessus; pattes d'un jaune clair.

De Cayenne.

Cette espèce fait partie de la collection de M. de la Ferté Sénectère.

8. T. LEBASII. *Fusco-niger, griseo-pubescens; prothorace latitudine longiore, subtiliter punctato; elytris brevibus, ultra medium costis quatuor.* — Long. 3 mill., lat 1/2 mill.

Cardiophorus Lebasii. Dej. *Cat.* ed. 3, p. 104.

Très-petit, étroit et subcylindrique, noirâtre, peu luisant, revêtu d'une pubescence grise. Antennes de la longueur de la tête et du prothorax réunis, noires. Front large, ponctué. Prothorax plus long que large, également rétréci à la base et au sommet, avec ses côtés régulièrement arqués, assez convexe, finement ponctué, légèrement sillonné à la base. Elytres à peu près de la largeur du prothorax ou plus étroites et à peine deux fois aussi longues, atténuées en arrière, sillonnées, avec des points dans les sillons, les intervalles impairs élevés en arrière en forme de carène aiguë. Dessous du corps noir. Pattes testacées avec les cuisses noires.

De la Nouvelle-Grenade ; Carthagène.

9. T. costatus. *Testaceo-Fuscus, griseo-pubescens; prothorace latitudini longitudine æquali, densius punctato ; elytris brevibus, ultra medium costis quatuor.* — Long. 4 mill., lat. 1 mill. (Pl. IV, fig. 8.)

Un peu plus grand que le précédent, brun testacé, pubescent. Front convexe et ponctué. Antennes de la longueur de la tête et du prothorax réunis, d'un testacé obscur. Prothorax aussi long que large, rétréci un peu moins fortement à la base qu'au sommet, légèrement arqué sur les côtés, convexe et assez densément ponctué, les sillons basilaires latéraux très-courts. Elytres un peu plus larges que le prothorax et à peine deux fois aussi longues, rétrécies à partir de la base, légèrement sillonnées avec des points dans les sillons, les intervalles impairs formant en arrière quatre carènes aiguës. Dessous du corps à peu près de la couleur du dessus avec l'abdomen plus obscur. Pattes testacées.

Du Para.

Cette petite espèce, remarquable ainsi que la précédente par la sculpture des élytres, a été trouvée par M. Bates. Elle diffère du *Lebasii* par les proportions du prothorax et la couleur.

10. T. debilis. *Fuscus, subtiliter griseo-pubescens; prothorace latitudini longitudine subæquali, subtiliter punctato, margine antica testacea ; elytris maculis oblongis testaceis, apice costatis.* — Long. 4 mill., lat. 1 mill.

Cardiophorus debilis. Erichs. *Zeitschr. f. d. Entom.* II, p. 340, 100.

Noir brunâtre, assez luisant, revêtu d'une fine pubescence
grise, le bord antérieur du prothorax et une bande sur chaque
élytre, étendue depuis la base jusqu'au sommet, un peu rétrécie et
affaiblie vers le milieu (1), testacé. Front légèrement convexe et
ponctué. Antennes noirâtres avec le premier article rouge brun,
plus longues que la moitié du corps, au moins chez le mâle. Prothorax aussi large que long, à peu près également rétréci à la base
et au sommet avec ses côtés arqués, convexe, finement et assez
densément ponctué, les sillons basilaires latéraux très-courts. Élytres plus larges que le prothorax, atténuées en arrière, sillonnées, avec des points au fond des sillons, les intervalles impairs et
surtout le cinquième costiformes vers le sommet, le neuvième caréné dans toute sa longueur. Mentonnière et pattes jaunes.

De la Colombie.

Musée de Berlin. Communiqué par M. le Dr. Gerstaecker.

HORISTONOTUS.

Elater. Say, Am. phil. Soc. Trans. VI, p. 173.

Cardiophorus. Erichs. Zeitschr. f. d. Entom. II, p. 279. — Erichs. in
Wiegm. Arch. 1847, p. 78. — Sol. in Gay, *Histor. d. Chile; Zool.* V, p. 16.—
Le Conte, *Am. phil. Soc. Trans.* X, new ser. p. 500. — Lac. *Génér. d.
Coléopt.* IV, p. 193. — Bohem. *Eug. Res. Omkr.* p. 70.

Dicronychus. Germ. Zeitschr. f. d. Entom. II, p. 251.

Tête à demi enchâssée dans le prothorax, peu inclinée; front faiblement convexe, étroit, quelquefois fortement échancré de chaque
côté par les yeux, sa saillie horizontale antérieure généralement
assez avancée. Yeux globuleux. Plaque nasale étroite, les antennes
ayant leurs points d'insertion rapprochés. Palpes terminés par un
article triangulaire.

Antennes dépassant les angles postérieurs du prothorax, peu
dentées en scie, leur premier article gros, le deuxième générale-

---

(1) Il existe probablement une variété où cette bande est interrompue au
milieu.

ment de la longueur de la moitié du suivant , celui-ci égal au quatrième.

Prothorax ordinairement peu convexe , limité de chaque côté ,
au moins dans sa moitié postérieure , par un bord tranchant qui
porte la suture du pronotum , celle-ci n'étant jamais reportée en
dessous.

Elytres médiocrement convexes , marquées de stries a série de
points unique.

Saillie postérieure du prosternum canaliculée dans sa longueur ;
les autres détails du dessous du corps comme chez les *Cardiophorus*.

Pattes assez longues , les cuisses souvent renflées , les tarses
simples , les crochets simples , dentés ou bicuspidés.

––––

Les *Horistonotus* représentent les *Cardiophorus* dans l'Amérique du Sud. Ils en diffèrent essentiellement par le bord latéral du
prothorax.

Ainsi que je l'ai dit plus haut , ce caractère sépare nettement les
Cardiophorites de l'Amérique méridionale de ceux des autres
pays , en ce sens qu'on ne trouve, dans cette partie du nouveau
continent , aucune espèce de la sous-tribu actuelle qui ait le prothorax conformé comme chez les *Cardiophorus*. Mais le caractère
en question n'est pas exclusivement propre au *Cardiophorites* de
cette région , car je l'ai constaté chez deux espèces des Indes orientales, chez une de l'Australie, une de Taïti , une des Etats-Unis du
Sud , enfin chez quelques unes des Antilles , qui rentrent conséquemment dans ce genre.

Outre cette structure du prothorax , les *Horistonotus* ont encore
une tournure qui les distinguent des *Cardiophorus* : ils sont moins
rétrécis aux épaules et plus déprimés ; le front est plus saillant en
avant et beaucoup plus étroit ; les antennes sont plus rapprochées
à l'insertion , avec leur premier article plus gros.

Ils peuvent être divisés , comme les *Cardiophorus* , en deux sections selon que les crochets des tarses sont simples ou bien dentés ,
mais, contrairement à ce qui s'observe chez les *Cardiophorus* , les
espèces à crochets simples sont ici en beaucoup plus petit nombre
que les autres , et peuvent même être considérées comme formant
exception.

SECTION I.

Crochets des tarses simples.

A Points du prothorax ombiliqués.   **2.** *H. bignoniæ.*

AA Points du prothorax non ombiliqués.
   a Corps brun.   **3.** *H. elegans.*
   aa Corps noir bronzé.   **1.** *H. subæneus.*

SECTION II.

Crochets des tarses dentés ou bicuspidés.

A Téguments maculés ou bicolores en dessus. (1)

   a Prothorax uniformément noir ou noirâtre.
     α Elytres noires , le tiers postérieur rouge.   **4.** *H. dimidiatus.*
     αα Elytres rouges, le prothorax brunâtre. (2)
     ααα Elytres rouges ou jaunes, maculées de noir.
       * Elytres rouges avec un point basilaire jaune,
         l'extrémité et quelquefois une fascie médiane
         noires.   **12.** *H. apicalis.*
       ** Elytres jaunes avec la suture et une fascie
         noires.   **31.** *H. cruciger.*
     αααα Elytres noires, maculées de rouge ou de jaune.
       * Un point huméral jaune sur chaque élytre.
         X Pattes jaunes avec les cuisses noirâtres.   **34.** *H. exiguus.*
         XX Pattes entièrement jaunes.   **35.** *H. humeralis.*
       ** Une ou deux taches sur chaque élytre.
         X Une tache à l'extrémité de chaque élytre. (3)
         XX Deux taches sur chaque élytre.
           + La tache postérieure terminale.
            o Abdomen rougeâtre.   **13.** *H. effusus.*
            oo Abdomen noir.   **32.** *H. curiatus.*
          ++ La tache postérieure n'atteignant pas
            l'angle apical.
           o Taches des élytres nettement limitées
            sur les bords.
            s Pattes jaunes.   **30.** *H. tetraspilotus.*
            ss Pattes noires.   **39.** *H. australis.*

(1) Plusieurs espèces de couleur brunâtre ont le bord basilaire des élytres
d'une teinte rougeâtre ; je ne les ai point comprises dans cet embranchement.
(2) *H. effusus* var. *b.*
(3) *H. oblitus* var. *a.*

oo Taches des élytres diffuses sur les
bords. 14. *H. oblitus.*

aa Prothorax jaune , rougeâtre , ou maculé.

a Elytres rougeâtres , bordées extérieurement de noir. 16. *H. ligatus.*

aa Elytres maculées.

* Prothorax entièrement jaune. 7. *H. zonatus.*

** Prothorax maculé.

✕ Prothorax jaune avec une bordure latérale et
une ligne médiane noires. 8. *H. œoloides.*

✕✕ Prothorax jaune avec une bande médiane
noire. 6. *H. eloctus.*

✕✕✕ Prothorax brun ou noir, rougeâtre sur
les côtés.

+ Front fortement échancré par les yeux de
chaque côté. 9. *H. diplothrix.*

++ Front presque droit sur les côtés. 10. *H. dioptricus.*

AA Téguments non-maculés en dessus.

a Intervalles des stries des élytres costiformes au sommet.

a Elytres moins de deux fois aussi longues que le
prothorax. 25. *H. parmenoides.*

aa Elytres deux fois ou plus aussi longues que le
prothorax.

* Hanche postérieure à bord libre courbe dans
son milieu.

✕ Intervalles des stries convexes à partir de la
base. 18. *H. exoletus.*

✕✕ Intervalles des stries aplatis dans les trois
quarts antérieurs. 19. *H. attenuatus.*

** Hanche postérieure à bord libre fortement an-
guleux vers son milieu. 20. *H. acutipennis.*

aa Intervalles des stries des élytres non costiformes
au sommet.

* Des points ombiliqués sur le prothorax.

✕ Sillons basilaires latéraux du prothorax ,
à peu près nuls. 28. *H. popularis.*

✕✕ Sillons basilaires latéraux du prothorax ,
assez longs et très-distincts.

+ Rougeâtre; prothorax plus large que long. 27. *H. insularis.*

++ Brunâtre; prothorax aussi long que large.

o Prothorax très-rétréci à la base. 29. *H. Cleryi.*

oo Prothorax à peine rétréci à la base. 26. *H. spernendus.*

** Pas de points ombiliqués sur le prothorax.

✕ Téguments bruns , rougeâtres ou testacés.

+ Prothorax déprimé avec ses côtés peu
arqués.

o Corps entièrement d'un jaune clair. 5. *H. flavidus.*

oo Corps brun ou rougeâtre.

s Corps d'un brun obscur , très-pubescent.
  v Saillie antérieure du front arron-
    die , très-forte.   17. *H. pubescens.*
  vv Saillie antérieure du front peu
    arquée, médiocre.   21. *H. pubipennis.*
ss Corps testacé obscur ou rougeâtre.
  v Une petite tache jaune à la base des
    élytres.   11. *H. biguttatus.*
  vv Pas de tache jaune à la base des
    élytres.   22. *H. peruvianus.*
++ Prothorax convexe avec ses côtés arqués.
  o Prothorax fortement sillonné.   24. *H. convexicollis.*
  oo Prothorax peu ou point sillonné.
    s Corps rougeâtre obscur.   23 *H. badius.*
    ss Corps jaune clair.
      v Corps jaune avec les élytres plus
        obscures.   38. *H. fuscipennis.*
      vv Corps entièrement jaune.
        x Front fortement rétréci en avant,
          sans ligne élevée longitudinale. 33. *H. asthenicus.*
        xx Front aussi large que long, avec
          une ligne élevée longitudinale. 37. *H. unitinctus.*
×× Téguments tout-à-fait noirs.
  + Premier article des antennes rouge; cuis-
    ses épaisses.   15. *H. femoratus.*
  ++ Premier article des antennes brun ;
    cuisses normales.   36. *H. melanorhax.*

PREMIÈRE SECTION.

1. H. SUBÆNEUS. *Niger-subæneus , griseo-pubescens ; protho-*
race basi apiceque angustato , convexo , confertissime subtiliter
subinæqualiterque punctato ; elytris brevibus , punctato-striatis ;
antennis pedibusque nigris. — Long. 7 mill., lat. 2 mill.

Noir bronzé, revêtu d'une fine pubescence grise. Antennes noires.
Front biimpressionné longitudinalement. Prothorax à peine plus
large que long, rétréci à la base et au sommet , arqué sur les
côtés, légèrement convexe, finement , densément et subinégalement ponctué , les sillons basilaires latéraux très-distincts , obliques , assez allongés. Elytres à peine plus larges que le prothorax
et un peu plus de deux fois plus longues, très-faiblement atténuées
au-delà du tiers antérieur , déprimées, ponctuées-striées avec les
intervalles aplatis et finement pointillés. Dessous du corps et pattes
noirs.
    Des Indes orientales.

Collection du Musée de Stockholm. Cette espèce a tout-à-fait la tournure d'un *Cardiophorus* proprement dit , mais les bords latéraux de son prothorax munis , sur le repli même , d'une arête très-distincte , étendue depuis la base jusqu'au sommet , la distinguent nettement des espèces de ce genre.

2. H. BIGNONIÆ. *Fuscus, sat dense cinereo-pubescens ; fronte rufescente ; prothorace longitudine paulo latiore , apice rotundatim angustato , punctis umbilicatis crebris adsperso , antice sæpe rufescente ; elytris punctato-striatis ; pedibus flavis.* — Long. 4 1/2 - 5 mill. , lat. 1 1/2 - 1 1/2 mill.

Brunâtre , revêtu assez densément d'une pubescence cendré blanchâtre , le front et la partie antérieure du prothorax souvent teintés de rougeâtre. Front petit , étroit , très-ponctué. Antennes brun clair. Prothorax un peu plus large que long , assez fortement rétréci au sommet avec ses côtés arqués , médiocrement convexe , couvert de points ombiliqués , les sillons basilaires latéraux longs et obliques. Elytres de la largeur de la base du prothorax et deux fois et demie plus longues , curvilinéairement rétrécies seulement au-delà du milieu , profondément ponctuées-striées. Pattes jaune clair.

St.-Domingue.

Cette petite espèce a été trouvée , par M. Sallé , en avril , sur le Roble (*Bignonia longissima*) à la Boca de Nigua et à Santiago. Par les points ombiliqués du prothorax , sa taille , sa couleur et sa pubescence, elle a quelque ressemblance avec une autre espèce , commune dans le Venezuela , l'*H. spernendus* décrit plus bas , mais on l'en distinguera aisément à ses ongles simples , aux sillons basilaires latéraux du prothorax longs et obliques , etc.

3. H. ELEGANS. *Castaneus, pube longiuscula , sat densa , flavo-cinerea , vestitus ; prothorace tumido, cordiformi , dupliciter punctato , angulis posticis retrorsum productis ; elytris lateribus arcuatis , punctato-striatis, interstitiis leviter elevatis ; antennis pedibusque dilute luteis.* — Long. 10 - 12 mill., lat. 3 - 3 1/2 mill.

Cardiophorus elegans. SOL. in GAY , *Histor.· d. Chile*, Zool. V , p. 16 , 1 , pl. 13 , fig. 7.

Châtain , revêtu d'une pubescence assez longue et assez dense ,

d'un cendré flave. Antennes jaune clair. Front large, bombé,
déclive. Prothorax fortement rétréci vers la base, ce qui le rend
cordiforme, bombé, très-finement pointillé avec des points plus
gros clair-semés, ses côtés munis d'une arête tranchante seulement
dans leur moitié postérieure, ses angles postérieurs aigus, dirigés
en arrière. Elytres fortement rétrécies à la base chez le mâle où
elles sont très-arquées sur les côtés, depuis la base jusqu'au sommet, presque parallèles dans les deux tiers antérieurs chez la femelle, bombées, ponctuées-striées avec les intervalles un peu
élevés. Pattes d'un jaune clair.

Du Chili ; Illapel.

La largeur du front, l'étranglement du prothorax en arrière,
les ongles simples et enfin les côtés du prothorax tranchants seulement dans leur moitié postérieure, rapprochent beaucoup cette
espèce des vrais *Cardiophorus*.

SECTION II.

4. H. DIMIDIATUS. *Niger, nitidus, griseo-pubescens; prothorace
antrorsum angustato, sparsim inæqualiter punctato; elytris profunde punctato-striatis, postice rufo-testaceis; abdomine rufo,
pedibus flavis.* — Long. 8 - 9 mill., lat. 2 2/3 - 2 3/4 mill.

Cardiophorus dimidiatus. ERICHS. *Zeitschr. f. d. Entom.* II, p. 317, 67.

Var. a. *Puncto humerali rufescente.*

Noir, luisant, revêtu d'une assez longue pubescence grise, les
deux tiers postérieurs des élytres d'un testacé rougeâtre. Antennes
d'un testacé ferrugineux. Prothorax un peu plus long que large,
rétréci en avant à partir de la base, ses côtés très-faiblement courbes, marqué de points clair-semés et inégaux, peu convexe, ses
angles postérieurs dirigés en arrière, obtus à l'extrémité. Elytres plus
larges que le prothorax à la base, élargies un peu au-delà du milieu,
curvilinéaires sur les côtés depuis la base jusqu'au sommet, légèrement et régulièrement convexes sur le dos, profondément striées,
les stries ponctuées, les intervalles convexes. Dessous du corps
noir avec l'abdomen, moins le premier segment, rouge testacé.
Pattes jaune clair.

Du Brésil.

32

5. H. **FLAVIDUS**. *Ellipticus , ferrugineo-luteus , longe fulvo-*
pubescens ; prothorace longitudine latiore , sparsim inæqualiter
punctato ; elytris medio dilatatis , striis profundis punctatis. —
Long. 9 - 10 mill. , lat. 3 - 3 1/4 mill.

Assez déprimé, large , elliptique , d'un jaune clair légèrement
teinté de ferrugineux, le prothorax et l'écusson étroitement bordés
de brun, revêtu d'une pubescence assez longue et subhérissée ,
jaune. Front presque carré , éparsément ponctué. Antennes jaunes.
Prothorax plus large que long , rétréci peu à peu de la base au
sommet , ses côtés très-faiblement arqués , très-peu convexe , éparsément et inégalement ponctué , ses angles postérieurs prolongés
en arrière , obtus au bout. Elytres un peu élargies au-delà des
épaules, curvilinéaires sur les côtés depuis la base jusqu'au sommet , faiblement convexes , profondément striées, les stries marquées de gros points brunâtres , les intervalles convexes. Dessous
du corps de la couleur du dessus ; pattes d'un jaune plus clair.
Du Brésil ; Rio-Janeiro.

6. H. **ELECTUS**. *Rufo-testaceus , nitidus , fulvo-pubescens ; pro-*
thorace longitudine latiore, antice a basi angustato, disperse punc-
tulato , medio nigricante ; elytris profunde punctato-striatis ,
nigris, macula magna basali alteraque oblonga apicali luteis. —
Long. 10 mill. , lat. 3 mill. (Pl. IV, fig. 9.)

Assez déprimé , en ellipse allongée , jaune rouge avec le milieu
du prothorax noirâtre , les élytres noires avec une grande tache
basilaire et une autre couvrant les deux cinquièmes postérieurs des
élytres , jaunes , les taches limitées de façon que la portion noire
apparaît sous la forme d'une grande tache rhomboidale transversale au milieu des élytres , revêtu d'une pubescence fauve. Front
étroit. Antennes jaunes. Prothorax plus large que long , rétréci
peu à peu d'arrière en avant à partir de la base , droit ou peu
arqué sur les côtés, très-peu convexe , finement et éparsément
ponctué. Elytres sensiblement élargies au-delà de la base, atténuées
en arrière , courbes sur les côtés depuis la base jusqu'au sommet ,
peu convexes , profondément striées, les stries fortement ponctuées,
les intervalles convexes. Dessous du corps rouge ; pattes jaunes.
Cette jolie espèce provient des environs de Rio-Janeiro.
Je ne l'ai vu que dans la collection du Musée de Stockholm.

7. **H. ZONATUS.** *Ellipticus , rufo-luteus , flavo-pubescens ; prothorace longitudine latiore , sparsim punctato ; elytris brevibus , medio subdilatatis , striis profundis punctatis , fascia lata, media, nigra.* — Long. 8 mill. lat. 2 s/4 mill.

Assez déprimé , large , elliptique, d'un jaune orange, avec les yeux et une large bande transversale vers le milieu des élytres , noirs, revêtu d'une pubescence jaune. Front petit , éparsément ponctué. Antennes de la couleur du corps. Prothorax plus large que long , faiblement et curvilinéairement rétréci au sommet, très-peu convexe , éparsément ponctué , luisant , ses angles postérieurs dirigés en arrière, arrondis au sommet. Elytres de la largeur du prothorax à la base et un peu élargies vers le milieu , un peu plus du double plus longues, curvilinéaires sur les côtés depuis la base jusqu'au sommet, brièvement acuminées à l'extrémité , peu convexes , striées assez profondément , les stries ponctuées , les intervalles convexes vers la base et en arrière , la première marquée d'un point lisse. Dessous du corps et pattes jaune orange.

Du Para.

Communiqué par M. Saunders.

8. **H. ÆOLOIDES.** *Flavus , flavo-pubescens; prothorace confertim punctulato , linea media margineque laterali nigris; elytris striis subtilibus indistincte punctatis , sutura antice fasciaque media nigris.* — Long. 6 mill., lat. 1 s/2 mill.

D'un flave clair, revêtu d'une pubescence de même couleur , le prothorax marqué d'une ligne médiane raccourcie en avant et en arrière , et d'une ligne marginale de chaque côté , noires , les élytres avec la moitié antérieure de la suture et une fascie vers le milieu également noires. Antennes longues , noirâtres. Prothorax un peu plus large que long , faiblement rétréci à la base et un peu plus fortement au sommet , arqué sur les côtés, faiblement convexe , finement et assez densément ponctué. Ecusson noirâtre. Elytres un peu plus larges que le prothorax au-delà des épaules, peu convexes , finement striées , les stries indistinctement ponctuées, les intervalles aplatis et ponctués. Dessous du corps et pattes de la couleur du dessus.

Du Para.

Cette espèce a été trouvée par M. Bates.

9. H. DIPLOTHRIX. *Brunneus, nitidus, subtiliter pubescens; prothorace planiusculo, dupliciter punctato, lateribus rufescente; elytris punctato-striatis, basi rufescentibus, apice plaga oblonga rufo-testacea, pube duplici helvola; pedibus testaceis.* — Long. 7 - 8 mill., lat. 2 1/2 - 3 1/2 mill.

Brun , rougeâtre sur les parties latérales du prothorax et à la base des élytres, celles-ci marquées de deux taches oblongues, testacé rougeâtre, à l'extrémité, finement pubescent, la pubescence des élytres jaune et double. Front étroit, très-échancré par les yeux. Antennes brun testacé. Prothorax très-peu convexe, luisant, rétréci légèrement au sommet avec ses côtés arqués, finement et doublement pointillé. Elytres à peine plus larges que le prothorax, très-faiblement élargies vers leur milieu avec les côtés curvilinéaires, déprimées, ponctuées-striées, les intervalles légèrement convexes et éparsément ponctués. Dessous du corps brun rougeâtre; pattes jaunes.

Du Para.

Je n'ai vu que deux exemplaires de cette espèce, dans la collection de M. Jekel, provenant des envois de M. Bates.

10. H. DIOPTRICUS. *Fuscus, griseo-pubescens; fronte rufescente; prothorace parum convexo, dupliciter punctato, lateribus antice rufo; elytris punctato-striatis, plaga obliqua ante apicem testacea; pedibus flavis.* — Long. 9 mill., lat. 2 1/2 mill.

Cardiophorus dioptricus. ERICHS. Zeitschr. f. d. Entom. II, p. 325, 77.

Noir brunâtre, revêtu d'une pubescence grise, le front et la portion antérieure des parties latérales du prothorax rougeâtres, les élytres marquées d'une tache oblique, testacée, située avant le sommet. Front petit, peu échancré latéralement, ponctué. Antennes rougeâtres. Prothorax aussi large que long, rétréci en avant à partir de la base ou du milieu selon le sexe, faiblement arqué sur les côtés, peu convexe, doublement ponctué. Elytres à peine plus larges que le prothorax, très-faiblement élargies au-delà des épaules, arquées sur les côtés depuis la base jusqu'au sommet, peu convexes, ponctuées-striées, les intervalles convexes, élevés à l'extré-

mité. Mentonnière du prosternum et sommet des flancs prothoraciques rougeâtres ; pattes jaunes.

De la Colombie.

Collection du Musée de Berlin. Communiqué par M. le Dr. Gerstaecker.

11. H. BIGUTTATUS. *Depressus, brunneo-testaceus , pube longiuscula flava vestitus; prothorace subquadrato , planiusculo , inæqualiter punctato , disco infuscato ; elytris prothorace vix latioribus ,
punctato-striatis, guttula basali lutea ; pedibus dilute flavis. —
Long. 6 1/2 mill.; lat. fere 2 mill.*

Subelliptique , déprimé , testacé brun avec une petite tache
jaune sur le bord basilaire des élytres , revêtu d'une pubescence
flave , de longueur inégale. Front étroit , assez saillant en avant.
Antennes testacé rougeâtre. Prothorax à peu près aussi long que
large, de forme à peu près carrée , aplati , finement et inégalement
ponctué, assez luisant, brunâtre vers le milieu du disque. Elytres à
peine plus larges que le prothorax et deux fois et demie plus longues , courbes sur les côtés dans leur tiers ou au plus dans leurs
deux cinquièmes postérieurs, striées, les stries fortement ponctuées.
Dessous du corps brunâtre ; pattes d'un jaune clair.

Du Brésil.

12. H. APICALIS. *Brunneo-niger , nitidus , parcius griseo-pubescens; prothorace parum convexo , sparsim dupliciter punctato;
elytris postice attenuatis , profunde punctato-striatis , rufis , guttula basali lutea maculaque apicali nigra notatis ; pedibus dilute
flavis. — Long. 10 mill., lat. 2 3/4 mill.*

Dicronychus apicalis. GERM. *Zeitschr. f. d. Entom.* II , p. 251, pl. I, fig. 5.

Var. *a. Elytris sutura infuscatis.*

Var. *b. Elytris fascia obsoleta nigricante medium versus.*

Var. *c. Elytris sutura late fasciaque media nigris.*

D'un noir un peu brunâtre , luisant , revêtu d'une fine pubescence grise, les élytres rougeâtres avec un point d'un jaune clair à la

base et une tache apicale noire. Front étroit , assez saillant en
avant. Antennes noir brun , souvent avec la base des articles rougeâtre. Prothorax aussi large que long , rétréci à la base et au sommet avec ses côtés arqués , peu convexe , à ponctuation éparse et
double , brièvement sillonné à la base , ses angles postérieurs dirigés en arrière. Elytres plus larges que le prothorax , élargies au
tiers antérieur puis atténuées curvilinéairement depuis ee point
jusqu'au sommet , médiocrement convexes , profondément striées ,
les stries ponctuées , les intervalles convexes. Dessous du corps
brun rougeâtre avec les épipleures jaunes. Pattes d'un jaune très-
clair , souvent avec la base des jambes et les tarses noirâtres.

Du Brésil.

Cette espèce n'est pas très-rare dans les collections ; j'en ai vu
plusieurs exemplaires dans celle de M. H. Clark , trouvée , par cet
entomologiste , pendant les mois de janvier et février dans la
province de Rio–Janeiro.

13. H. **effusus**. *Fuscus , pube longiuscula , grisea , obductus ;
prothorace subquadrato , subtilissime punctato ; elytris prothorace-
latioribus , punctato-striatis , macula basali apiceque late testaceo-
rufis ; abdomine rufo ; pedibus testaceis.* — Long. 10 - 12 mill. , lat. 2
¾ - 3 mill. (Pl. IV, fig. 10.)

Cardiophorus effusus. Ericks. *Zeitschr. f. d. Entom.* II , p. 322 , 75.

Var. *a. Elytrorum macula basali obsoleta.*

Var. *b. Elytris totis testaceo-rufis.*

Brunâtre , assez luisant , revêtu d'une pubescence grise très-
apparente à l'œil nu , les élytres marquées d'une tache oblongue et
un peu oblique, diffuse sur les bords , d'un rouge testacé, à la base,
et leur tiers postérieur au moins de la même couleur. Antennes
aussi longues que la moitié du corps chez les mâles , plus courtes
chez les femelles , d'un testacé brun. Front rétréci en avant , légèrement convexe , ponctué. Prothorax aussi long que large , légèrement rétréci au sommet , peu ou point arqué sur les côtés , peu
convexe , très-finement ponctué , quelquefois maculé de taches
diffuses , rougeâtres, son bord postérieur brièvement biéchancré de
chaque côté. Elytres plus larges que le prothorax et deux fois et
demie au moins plus longues , légèrement arquées sur les côtés

depuis la base jusqu'au sommet , leur plus grande largeur tombant en avant du milieu . fortement striées , les stries ponctuées , les intervalles convexes. Dessous du corps brunâtre avec l'abdomen et plus rarement le métathorax rougeâtres. Pattes testacées.

Du Brésil.

14. H. OBLITUS. *Fusco-niger , pube longiuscula , griseo-cinerea obductus ; prothorace lateribus arcuato , subtilissime punctato; elytris prothorace paulo latioribus , punctato-striatis , macula basali alteraque subapicali testaceis ; pedibus testaceis.* — Long. 11 - 14 mill. , lat. 3 - 4 mill.

Cardiophorus oblitus. ERICHS. *Zeitschr. f. d. Entom.* II , p. 322 , 76.

Voisin du précédent. Noirâtre, assez brillant, revêtu d'une pubescence d'un cendré grisâtre , les élytres marquées de quatre taches oblongues , testacées, quelquefois un peu rougeâtres , diffuses sur les bords , deux à la base , les deux autres vers l'extrémité, mais ne l'atteignant pas. Front un peu convexe, rétréci en avant, ponctué. Antennes testacées ou brunâtres , longues comme la moitié du corps chez le mâle. Prothorax aussi long que large , arqué sur les côtés , plus convexe que chez le précédent , très-finement ponctué , son bord postérieur brièvement biéchancré de chaque côté. Elytres un peu plus larges que le prothorax et au moins deux fois et demie aussi longues , arquées sur les côtés depuis la base jusqu'au sommet , convexes, profondément striées , les stries ponctuées , les intervalles convexes. Dessous du corps noirâtre avec l'abdomen quelquefois rougeâtre vers le sommet. Pattes testacées.

Du Brésil.

Les femelles atteignent le maximum de la taille des espèces de ce genre.

15. H. FEMORATUS. *Niger , nitidus , sat dense griseo-pubescens ; prothorace latitudine paulo breviore , basi apiceque angustato , subtiliter , sparsim inæqualiter punctato ; elytris brevibus , prothorace paulo latioribus , postice attenuatis , profunde punctato-striatis , interstitiis convexis , punctatis : pedibus rufis vel piceis , femoribus brevibus , incrassatis.* — Long. 7 - 8 mill.. lat. 2 1/2 - 2 3/4 mill.

Cardiophorus femoralus. Erichs. *Zeitschr. f. d. Entom.* II , p. 318 , 69.

Noir , assez luisant , quelquefois les élytres un peu brunâtres vers l'extrémité, revêtu d'une pubescence d'un gris clair, assez dense. Front convexe et ponctué , très-pubescent. Antennes noires avec le premier article rouge , assez fortement dentées en scie. Prothorax à peine aussi long que large , rétréci à la base et un peu plus au sommet , légèrement arqué sur les côtés , un peu convexe , finement, éparsément et inégalement ponctué , les sillons basilaires latéraux nuls. Ecusson assez large , plus densément pubescent que les élytres. Elytres deux fois et un tiers plus longues que le prothorax et un peu plus larges, atténuées en arrière à partir de la base , profondément ponctuées-striées, les intervalles convexes et ponctués. Dessous du corps revêtu d'une pubescence soyeuse. Pattes robustes , rouge jaune ou rouge brun , les cuisses courtes et renflées dans leur milieu.

Du Brésil.

Musée de Berlin. Communiqué par M. le Dr. Gerstaecker.

16. H. LIGATUS. *Testaceo-rufus , griseo-pubescens; prothorace antice attenuato , confertim punctulato ; elytris prothorace latioribus , punctato-striatis , margine laterali nigra ; pedibus concoloribus.* — Long. 8 - 10 mill., lat. 2 2/5 - 2 2/5 mill.

Cardiophorus ligatus. Erichs. *Zeitschr. f. d. Entom.* II , p. 327 , 78.

Rougeâtre , revêtu d'une pubescence grise à reflet jaunâtre , les élytres bordées extérieurement de noir. Front étroit , ponctué. Antennes de la couleur générale. Prothorax à peu près aussi long que large, peu à peu rétréci en avant à partir de la base chez les mâles, à partir du milieu seulement chez les femelles, peu convexe, assez densément ponctué. Elytres plus larges que le prothorax et deux fois et un tiers au moins plus longues , sensiblement élargies dans leur milieu avec leurs bords curvilinéaires depuis la base jusqu'au sommet, médiocrement convexes avec leurs côtés tombant perpendiculairement , assez profondément ponctuées-striées , les intervalles des stries convexes. Dessous du corps et pattes de la couleur du dessus , ces dernières quelquefois d'une teinte plus claire.

Du Brésil ; St-Paul.

17. H. pubescens. *Brunneus, pube flavo-cinerea, longiuscula, dense vestitus ; prothorace a basi leviter angustato, planato, inæqualiter punctato ; elytris postice arcuatim attenuatis, apice acuminatis, profunde punctato-striatis ; pedibus flavis.* — Long. 11 mill., lat. fere 3 mill.

Entièrement brun, revêtu d'une épaisse pubescence d'un cendré flave qui voile presque complètement la teinte des téguments. Front rectangulairement allongé. Antennes rougeâtres. Prothorax aussi long que large, rétréci en avant à partir de la base avec ses côtés légèrement arqués, presque plan, finement et inégalement ponctué. Elytres un peu plus larges que le prothorax et deux fois et deux tiers aussi longues, rétrécies à partir du milieu avec ses côtés régulièrement courbes depuis la base jusqu'au sommet, un peu bombées en avant, marquées de stries fortement ponctuées, les intervalles à peu près plats et ponctués. Pattes jaunes, les jambes et les tarses d'un jaune un peu moins clair que les cuisses.

Du Brésil ; Rio-Janeiro.

Collection du Musée de Stockholm.

18. H. exoletus. *Dilute fuscus, griseo-pubescens ; prothorace basi apiceque angustato, latitudine longiore, parum convexo, subtiliter inæqualiterque punctato ; elytris prothorace latioribus, postice attenuatis, apice acuminatis, profunde punctato-striatis, interstitiis postice carinatis ; antennis brunneis ; pedibus testaceis.* — Long. 8 - 9 mill., lat. 2 - 2 1/4 mill.

Cardiophorus patruelis. Dej. Cat. ed. 3, p. 106.

Var. a. Prothoracis margine antica, antennis elytrisque testaceis.

Cardiophorus exoletus. Erichs. Zeitschr. f. d. Entom. II, p. 325, 80.

Brunâtre plus ou moins clair, le bord antérieur du prothorax et les élytres quelquefois d'un brun très-clair ou même testacé, revêtu d'une pubescence grise. Front assez large, légèrement convexe. Antennes brunes, testacées dans la variété. Prothorax plus long que large, rétréci un peu plus fortement au sommet qu'à la base, arqué sur les côtés, peu convexe, finement et inégalement ponctué, son bord postérieur échancré de chaque côté. Elytres plus larges que le prothorax, même chez la femelle, et un peu plus de

33

deux fois plus longues, atténuées en arrière, acuminées au sommet, profondément striées, les stries ponctuées, les intervalles très-convexes en avant, élevés en carène en arrière. Pattes flaves.
Du Pérou et de la Nouvelle-Grenade.

19. H. ATTENUATUS. *Brunneo-niger, nitidus, pube griseo-cinerea vestitus ; prothorace latitudine longiore, basi apiceque angustato, subtiliter subinæqualiterque punctato; elytris postice attenuatis, apice acuminatis, punctato-striatis, interstitiis planis apice elevatis, antennarum basi pedibusque testaceis.* —Long. 6 - 7 mill., lat. 1 1/2 - 1 1/2 mill.

Cardiophorus attenuatus. Ericus. *Zeitschr. f. d. Entom.* II, p. 325, 81.

D'un noir brun assez luisant, revêtu d'une pubescence d'un cendré gris. Antennes noires avec la base testacée. Front assez large, légèrement convexe, finement ponctué. Prothorax plus long que large, rétréci à la base et au sommet, arqué sur les côtés, peu convexe, finement et subinégalement ponctué, son bord postérieur échancré de chaque côté. Elytres de la largeur du prothorax ou à peine plus larges, au moins deux fois plus longues, atténuées en arrière, acuminées à l'extrémité, assez fortement ponctuées-striées, les intervalles aplatis, élevés et costiformes seulement au sommet. Dessous du corps de la couleur du dessus; hanches postérieures à bord courbe; pattes testacées.
Venezuela; Valencia.
Il est plus étroit en proportion que l'*exoletus*, d'une autre couleur, et bien distinct, en outre, par les intervalles des stries des élytres élevés seulement au sommet.

20. H. ACUTIPENNIS. *Nigro-brunneus, nitidus, pube fulvo-grisea obductus ; antennis brunneo-testaceis ; prothorace latitudine longiore, basi apiceque subæqualiter angustato, lateribus arcuato, dupliciter punctato, angulis anticis rufescentibus ; elytris brunneis, profunde punctato-striatis, apice acuminatis interstitiisque carinatis; laminis coxalibus acutis angulatis; pedibus pallide flavis.* — Long. 11 mill., lat. 2 3/4 mill.

Allongé, d'un brun obscur, revêtu d'une pubescence d'un gris fauve. Antennes d'un testacé brun. Front légèrement convexe et ponctué. Prothorax plus long que large , rétréci à peu près également à la base et au sommet avec ses côtés régulièrement arqués, couvert d'une ponctuation fine et serrée avec des points plus gros disséminés. Elytres brunes avec l'extrême base un peu rougeâtre, plus larges que le prothorax et deux fois et demie plus longues , faiblement arquées sur les côtés, atténuées et acuminées à l'extrémité, profondément ponctuées-striées, les intervalles convexes et élevés en forme de carène au sommet. Dessous du corps d'un brun rouge et luisant ; hanches postérieures très-anguleuses vers le milieu de leur bord libre ; pattes d'un jaune clair.

Venezuela ; Caracas.

Il ressemble à l'*exoletus* , mais il est en général plus grand , et il en diffère notablement par ses hanches postérieures anguleuses.

21. H. PUBIPENNIS. *Obscure brunneus , subnitidus , pube flavescente longiuscula vestitus ; prothorace longitudine vix latiore , a basi sensim leviter angustato , parum convexo , subtiliter subinæqualiter punctato ; elytris lateribus arcuatis , profunde striatis , striis fortiter punctatis ; pedibus rufo-testaceis.* — Long. 9 mill. , lat. 2 3/4 mill.

Entièrement d'un brun obscur en dessus , assez luisant malgré la pubescence qui le recouvre , laquelle est assez longue , surtout sur les élytres , et jaunâtre , à reflet flave. Front échancré par les yeux , faiblement convexe et densément ponctué. Antennes d'un testacé obscur. Prothorax plus large que long , faiblement atténué en avant à partir de la base ou à peu près , peu arqué sur les côtés, peu convexe , finement, assez densément et inégalement ponctué , ses angles postérieurs très-prononcés. Elytres de la largeur du prothorax à la base , point ou à peine élargies au milieu , curvilinéairement atténuées au-delà jusqu'à l'extrémité où elles sont subacuminées, faiblement convexes , très-profondément striées, les stries marquées de gros points , surtout les stries externes , les intervalles un peu convexes. Pattes d'un jaune rouge.

De Caracas.

22. H. PERUVIANUS. *Testaceus , dense pubescens ; prothorace longitudine paulo latiore , a basi arcuatim angustato , parum convexo , subtiliter punctato ; elytris punctato-striatis ; pedibus flavis.* — Long. 8 mill., lat. 2 1/2 mill.

Cardiophorus peruvianus. Guér. *Voyag. d. l. Fav.* in *Mag. d. Zool.* IV, 1838, p. 26, pl. 229, fig. 3.

Testacé légèrement teinté de ferrugineux, revêtu d'une pubescence assez serrée, d'un flave grisâtre. Antennes de la couleur générale. Prothorax un peu plus large que long, rétréci en avant à partir de la base ou du tiers postérieur, arqué sur les côtés, peu convexe, très-finement ponctué. Elytres de la largeur du prothorax et deux fois et demie plus longues, atténuées curvilinéairement à partir du tiers antérieur, peu convexes, assez fortement striées, les stries fortement ponctuées, les intervalles à peu près plats. Dessous du corps de la couleur du dessus et plus luisant. Pattes flaves.

Du Pérou.

23. **H. BADIUS.** *Badius, nitidus, parce pubescens; prothorace latitudini longitudine æquali, basi leviter apice fortius angustato, dupliciter punctato; elytris postice attenuatis, profunde punctato-striatis; femoribus testaceis.* — Long. 10 mill., lat. 2 3/4 mill.

Tout entier d'un brun rougeâtre brillant, quelquefois avec le sommet des élytres un peu noirâtre, légèrement pubescent. Front petit, convexe et ponctué. Antennes médiocres, de la couleur du corps. Prothorax aussi long que large, un peu rétréci à la base et beaucoup plus fortement au sommet avec ses côtés arqués, convexe, couvert d'un pointillé extrêmement fin et serré avec des points plus gros disséminés, les sillons basilaires latéraux bornés à une double échancrure de chaque côté, au bord postérieur. Elytres un peu plus larges que le prothorax, et deux fois et demie plus longues, rapidement atténuées en arrière, subacuminées au sommet, déprimées sur la ligne médiane, profondément striées, les stries marquées de gros points qui ne les débordent cependant point, les intervalles aplatis. Cuisses jaunes. Dent des crochets longue et aiguë.

De Cuba.

24. **H. CONVEXICOLLIS.** *Crassiusculus, testaceus, flavo-pubescens; prothorace tumido, longitudine latiore, basi apiceque angustato, dupliciter punctato, postice late canaliculato; elytris elongatis, punctato-striatis, interstitiis planis.* — Long. 12 mill., lat. fere 3 2/3 mill.

Assez épais , testacé , revêtu d'une pubescence flave. Front assez large , un peu impressionné au milieu en avant. Antennes jaunes. Prothorax un peu plus large que long , un peu rétréci vers la base et très-fortement en avant à partir du milieu , avec ses côtés très-arqués , bombé , couvert d'un pointillé extrêmement fin et serré avec des points plus gros clair-semés, largement et peu profondément sillonné dans sa moitié postérieure , ses angles postérieurs saillants , dirigés en arrière , les sillons basilaires latéraux réduits à deux petites échancrures de chaque côté sur le bord postérieur. Elytres plus larges que le prothorax , trois fois aussi longues , légèrement élargies vers leur milieu ou un peu au-delà , striées, les stries fortement ponctuées, les intervalles aplatis , l'extrémité quelquefois teintée de noirâtre. Pattes d'un jaune clair, les jambes et les tarses quelquefois brunâtres.

Du Brésil.

25. H. PARMENOIDES. *Nigro-brunneus , griseo-pubescens ; prothorace tumido , latitudine longiore. basi valde angustato , dupliciter punctato; elytris prothorace angustioribus , haud duplo longioribus , profunde punctato-sulcatis , interstitio primo postice acute costiformi.* — Long. 5 1/2 mill. lat. 1 2/3 mill. (Pl. IV , fig. 12.)

D'un brun noirâtre , revêtu d'une pubescence gris cendré. Front déclive , impressionné, mat. Antennes testacé brunâtre clair, assez longues. Prothorax plus long que large , très-bombé, arrondi sur les côtés , aussi étroit au moins à la base qu'au sommet , sa plus grande largeur tombant un peu en avant du milieu, couvert d'une ponctuation fine, avec des points plus gros disséminés, son bord postérieur un peu échancré de chaque côté. Elytres plus étroites que le prothorax et moins de deux fois aussi longues , convexes , acuminées en arrière , sillonnées , les sillons fortement ponctués , les intervalles convexes avec le premier élevé en forme de carène dans sa moitié postérieure , le second également élevé vers l'extrémité , mais moins fortement que le premier, le calus huméral teinté de brun clair. Dessous du corps de la couleur du dessus ; pattes, au moins les antérieures, d'un testacé brunâtre.

De Montevideo.

Collection de M. de la Ferté Senectère.

26. H. SPERNENDUS. *Fuscus , sat dense griseo-pubescens ;*

*prothorace subquadrato, lateribus punctis latis, parum impressis,
umbilicatis, adsperso; elytris striis fortiter punctatis; antennis
pedibusque rufo-testaceis.* — Long. 3 - 3 1/2 mill., lat. 1 mill.

Cardiophorus spernendus. Erichs. *Zeitschr. f. d. Entom.* II, p. 320, 73.
Cardiophorus exilis. Des. *Cat.* ed. 3 p. 104.

D'un brun noirâtre, densément revêtu d'une pubescence grise.
Front assez large, convexe, teinté de rougeâtre. Antennes d'un
testacé rougeâtre. Prothorax aussi large que long, un peu rétréci
au sommet, légèrement arqué sur les côtés, un peu convexe, présentant, sur les parties latérales, des points larges, à peine imprimés, ombiliqués au centre, les sillons basilaires latéraux
obliques et allongés. Elytres de la largeur du prothorax ou un peu
plus étroites, peu convexes, légèrement élevées à la suture, surtout en arrière, marquées de stries fortement ponctuées. Dessous
du corps de la couleur du dessus; pattes testacé rougeâtre.

De la Nouvelle-Grenade, du Venezuela et du Para.

Cette espèce est très-bien caractérisée par la forme des points du
prothorax.

27. H. INSULARIS. *Fusco-brunneus, griseo-pubescens; prothorace longitudine paulo latiore, lateribus punctis latis, parum
impressis, umbilicatis, adsperso; elytris brunneis, striis fortius punctatis; antennis pedibusque testaceis.* — Long. 3 1/4 mill.,
lat. 1 mill.

Cardiophorus insularis. Boh. *Eugen. Res. Omkr. Jord. Entom. Bidr.*, p. 70,
149.

Var. α. *Supra ferrugineus, elytris basi dilutioribus.*

Il diffère peu du précédent; on l'en distinguera à sa couleur
brune moins obscure, surtout sur les élytres, sa pubescence un
peu moins dense, son prothorax sensiblement plus large, surtout
en avant, enfin, à ses élytres plus fortement ponctuées-striées.

Il se trouve à Taïti.

Je ne l'ai vu que dans la collection du Musée de Stockholm.

28. H. POPULARIS. *Niger, pube griseo-cinerea dense vestitus;*

prothorace longitudine latiore, lateribus punctis latis , parum impressis, umbilicatis , adsperso ; elytris brunneo-rufis, margine suturaque nigricantibus , punctato-striatis ; antennis pedibusque flavis. — Long. 5 mill., 1 1/3 mill.

Cardiophorus popularis. Erichs. *Coleopt. peruan* in Wiegm. *Arch.* 1847, P. 78, 4.

Fort voisin des deux précédents. Noir, les élytres rouge obscur, noirâtres vers la suture et le bord externe, revêtu d'une pubescence courte, dense, d'un cendré gris. Front bombé, un peu rougeâtre en avant. Antennes flaves. Prothorax notablement plus large que long, rétréci au sommet et à la base avec ses côtés très-arqués, légèrement convexe, marqué, sur les parties latérales, de larges points très-peu imprimés, ombiliqués, qui rendent sa surface rugueuse, les sillons basilaires latéraux très-courts, peu visibles. Elytres de la largeur du prothorax , et trois fois aussi longues, parallèles jusqu'au milieu au moins, peu et curvilinéairement atténuées au-delà, déprimées, ponctuées-striées, les intervalles plats. Pattes flaves.

Du Perou.

Musée de Berlin. Communiqué par M. le Dr. Gerstaecker.

Il se distingue surtout des précédents par l'absence presque complète des sillons basilaires latéraux du prothorax.

29. H. Cleryi. *Brunneus, pube pallide cinerea sat dense vestitus ; prothorace longitudine vix latiore , dupliciter punctato , punctis majoribus umbilicatis; elytris striis fortiter punctatis ; antennis pedibusque testaceis. — Long. 4-5 mill., lat. 1-1 1/4 mill.*

Cardiophorus Cleryi. Guér. *Ins. d. Voyag. d. l. Fav.* in *Mag. d. Zool.* IV , 1838, p. 27, pl. 229, fig. 4.

Cardiophorus micros. Dej. *Cat.* ed. 3, p. 104.

Cardiophorus immeritus. Boh. *Eugen.Res. Omkr. Jord.Entom.Bidr.* p. 70, 148.

Entiérement brun , revêtu d'une pubescence assez longue, d'un cendré blanchâtre. Antennes testacées. Prothorax à peine plus large que long, rétréci à la base et au sommet , arrondi sur les côtés, peu convexe, couvert d'un pointillé très-fin et serré et de points plus gros très-clair-semés sur le milieu du disque, plus

rapprochés sur les parties latérales et ombiliqués au centre, ses
angles postérieurs rebordés, les sillons basilaires latéraux très-
distincts. Elytres de la largeur du prothorax et deux fois plus longues, au moins, subacuminées au sommet, striées, les stries
marquées de points plus larges qu'elles. Dessous du corps brun et
pubescent comme le dessus; pattes testacées.

Du Pérou.

Il faut un examen très-attentif, au moyen d'une forte loupe, pour
s'assurer que les ongles sont dentés chez cette espèce. Le micros-
cope fait du reste aisément apercevoir la dent, qui est très-bien
détachée, quoique fort petite.

30. H. TETRASPILOTUS. *Niger, nitidus, pubescens; prothorace
basi apiceque angustato, subtilissime punctulato, angulis rufescentibus; scutello ferrugineo; elytris prothorace latioribus, lateribus arcuatis, macula oblonga antica alteraque postica ovali rufo-
testaceis.* — Long. 3 1/2 mill., lat. 1 1/2 mill.

Cardiophorus tetraspilotus. Guén. *Voyag. d. l. Fav. in Mag. d. Zool.* IV,
1838, p. 28, pl. 230, fig. 1.

Petit, noir et brillant, revêtu d'une fine pubescence grise sur le
prothorax, fauve sur les élytres, les dernières parées, chacune,
de deux taches d'un testacé rouge, la première allongée un peu
oblique, la seconde ovale, placée vers le sommet. Front quelquefois maculé de ferrugineux. Antennes jaunes. Prothorax un
peu plus large que long, rétréci légèrement à la base, plus fortement au sommet, arqué sur les côtés, médiocrement convexe,
très-finement pointillé, ses quatre angles rougeâtres, les sillons
basilaires latéraux fins, obliques et très-longs. Ecusson ferrugineux. Elytres deux fois et demie plus longues que le prothorax et
sensiblement plus larges, arquées sur les côtés, au moins aux
épaules et dans leur moitié postérieure, peu convexe, assez fortement ponctuées-striées. Pattes jaunes.

Du Pérou.

Deux exemplaires de la collection de M. de la Ferté Sénectère
sont indiqués comme originaires du Brésil.

31. H. CRUCIFER. *Convexiusculus, brunneus, griseo-pubescens; prothorace latitudini longitudine æquali, subtiliter punc-*

tato , angulis rufescentibus ; elytris profunde punctato-striatis ,
luteis , sutura late fasciaque brunneis. —Long. 4 - 4 1/2 mill., lat. 1 1/4 -
1 1/2 mill.

Cardiophorus cruciger. SAHLB. in litt.

Var. *a. Prothorace rufescente.*

Assez bombé , brunâtre , revêtu d'une pubescence grise , les
élytres d'un jaune clair avec une large bande sur la suture et une
fascie médiane plus étroite , brunes. Antennes jaunâtres. Prothorax aussi large que long , rétréci à la base et au sommet , arqué
sur les côtés , convexe , finement ponctué , ses angles rougeâtres ,
les sillons basilaires latéraux fins , longs , très-obliques. Ecusson
ferrugineux. Elytres élargies vers le milieu , arquées sur les côtés ,
profondément striées , les stries ponctuées , les intervalles convexes
et ponctués. Dessous du corps brunâtre avec la mentonnière du
prosternum et le sommet des flancs prothoraciques jaunes. Pattes
jaunes ; crochets des tarses fort petits et dentés.

Du Brésil ; Rio-Janeiro.

La variété a le prothorax entièrement rougeâtre.

32. H. CURIATUS. *Niger, nitidus, griseo-pubescens ; prothorace*
latitudini longitudine subæquali, parum convexo, parce punctulato;
elytris striis subtiliter punctatis, maculis quatuor magnis rufo-
flavis ; antennis pedibusque flavis. — Long. 4 mill. , lat. 1 1/4 mill.
(Pl. IV , fig. 13.)

Elater curiatus. SAY , *Am. Phil. Soc. Trans.* VI , p. 173.

Cardiophorus curiatus. LEC. *Rev. Elat. Un. St. in Am. Phil. Soc. Trans.*
X , new ser., p. 500 , 15.

Cardiophorus areolatus. ERICHS. *Zeitschr. f. d. Entom.* II , p. 320 , 73.

Cardiophorus nigro-fasciatus. DEJ. *Cat.* ed. 3 p. 104.

Noir et brillant , revêtu d'une fine pubescence grise , les élytres
parées de quatre grandes taches d'un jaune rougeâtre qui ne laissent
de la couleur foncière qu'une fascie médiane , la suture et une
partie du bord externe. Antennes jaunâtres. Prothorax aussi long
que large , peu rétréci à la base , peu convexe , finement, éparsément et inégalement ponctué , présentant de très-courts sillons

34

basilaires latéraux représentés plutôt par de légères échancrures du bord postérieur. Ecusson noirâtre. Elytres plus larges que le prothorax, peu rétrécies en arrière, assez profondément ponctuées-striées, les intervalles convexes. Dessous du corps noir; pattes jaunes.

Des Etats-Unis du centre et du Sud.

33. **H. ASTHENICUS.** *Rufo-testaceus, pube duplici concolore tectus; prothorace longitudine latiore, antice leviter arcuatim angustato, leviter convexo, dupliciter punctato; elytris antice parallelis, punctato-striatis.* — Long. 4-5 mill. lat., 1 1/4 - 1 1/3 mill.

Petit, d'un testacé rougeâtre, revêtu d'une pubescence de même couleur, de longueur inégale, ce qui s'observe surtout sur les élytres. Front très-rétréci en avant, fortement ponctué. Yeux globuleux et noirs. Antennes plus longues que la tête et le prothorax réunis, de la couleur générale. Prothorax plus large que long, rétréci en avant, avec ses côtés faiblement arqués, légèrement convexe, éparsément ponctué avec un pointillé très-tenu dans les intervalles, son bord postérieur assez fortement et largement échancré de chaque côté. Elytres de la largeur du prothorax, parallèles sur les côtés en avant, fortement ponctuées-striées, les intervalles convexes, le bord sutural quelquefois brun. Dessous du corps de la couleur du dessus; pattes jaunes.

De St-Domingue.

Cette espèce se trouve dans la collection de M. Sallé.

34. **H. EXIGUUS.** *Niger, nitidus, cinereo-pubescens; prothorace latitudini longitudine subæquali, subtilissime disperse punctulato, basi apiceque subæqualiter angustato; elytris punctato-striatis, gutta humerali flava; pedibus flavis, femoribus nigricantibus.* — Long. 2 mill., lat. 3/4 mill.

Cardiophorus exiguus. ERICHS. *Zeitschr. f. d. Entom.* II, p. 231, 71.

Très-petit, noir, brillant, revêtu d'une pubescence cendrée éparse, les élytres ornées d'une petite tache jaune sur le calus huméral. Front convexe et ponctué. Antennes noires avec la base et les articulations de chaque article jaunâtres. Prothorax à peu près aussi long que large, rétréci presque également à la base et au

sommet, ses côtés arqués, convexe, très-finement et éparsément
ponctué, son bord postérieur ne présentant pas de trace de sillons
basilaires latéraux. Elytres un peu plus larges que le prothorax,
curvilinéairement atténuées à partir de la base, un peu déprimées,
ponctuées-striées. Dessous du corps noir ; pattes jaunes avec les
cuisses noirâtres.

Colombie.

Musée de Berlin. Communiqué par M. le Dr. Gerstaecker.

35. H. **humeralis**. *Niger, nitidus, cinereo-pubescens; prothorace latitudini longitudine subæquali, disperse punctulato, basi
leviter apice magis angustato; elytris punctato-striatis, gutta
humerali flava; pedibus flavis.* — Long. 3 mill., lat. 4/5 mill.

Petit, noir, brillant, revêtu d'une pubescence cendrée, les
élytres ornées d'une petite tache flave sur le calus huméral. Front
convexe et ponctué. Antennes noires avec la base jaune. Prothorax
aussi long que large, rétréci légèrement à la base et plus fortement
au sommet avec ses côtés arqués, convexe, sa ponctuation fine et
clair-semée, son bord postérieur ne présentant pas de trace de sillons basilaires latéraux. Elytres un peu plus larges que le prothorax, peu allongées, un peu élargies dans leur partie moyenne, déprimées, ponctuées-striées. Dessous du corps noir, pattes jaunes.

Du Brésil ; Rio-Janeiro.

Il est extrêmement voisin du précédent, mais sa taille n'est
pas aussi petite et ses pattes sont entièrement jaunes. Je doute cependant qu'il constitue une espèce distincte.

36. H. **melanorhax**. *Niger, nitidus, subtiliter griseo-pubescens : prothorace latitudini longitudine subæquali, apice a medio
angustato, vix punctato ; elytris punctato-striatis ; pedibus flavis.*
— Long. 3 mill., lat. 3/4 mill.

De la taille du précédent, entièrement noir et brillant, revêtu
d'une pubescence grise. Antennes noires avec leur second article
rougeâtre. Prothorax aussi large que long, rétréci en avant à partir
du milieu avec ses côtés arqués, peu convexe, à peine distinctement marqué de quelques points très clair-semés. Elytres un peu
plus larges que le prothorax, courbes sur les côtés depuis la base
jusqu'au sommet, déprimées, assez fortement ponctuées-striées, les
intervalles des stries convexes. Dessous du corps noir; pattes jaunes.

Du Brésil ; Rio-Janeiro.

Il n'est peut-être qu'une variété sans taches du précédent ; cependant son prothorax me paraît moins distinctement ponctué que chez l'*humeralis.*

37. H. UNITINCTUS. *Dilute rufo-testaceus , fulvo-pubescens ; fronte linea longitudinali elevata ; prothorace apice valde angustato , sparsim subtiliter punctato ; elytris apice attenuatis , profunde punctato-striatis , interstitiis convexis.* — Long. 3 mill., lat. 1 mill.

Atténué aux extrémités, entièrement d'un testacé rouge clair , revêtu d'une pubescence fauve. Front présentant dans son milieu une ligne longitudinale élevée. Prothorax un peu plus large que long , assez fortement rétréci au sommet à partir du milieu , médiocrement convexe , sillonné en arrière , finement et éparsément ponctué. Elytres de la largeur du prothorax , ou à peine plus larges , curvilinéaires sur les côtés depuis la base jusqu'au sommet où elles sont atténuées , profondément ponctuées-striées , les intervalles des tries convexes. Pattes testacées.

Du Brésil ; Rio-Janeiro.

38. H. FUSCIPENNIS. *Rufo-testaceus , nitidus , breviter griseo-pubescens ; prothorace longitudine paulo latiore , sparsim punctato ; elytris fuscescentibus , profunde punctato-striatis , interstitiis convexis , punctatis.* — Long. 3 - 3 1/2 mill., lat. 1 1/2 - 1 1/4 mill.

Petit , d'un testacé un peu rougeâtre luisant, avec les élytres brunâtres et moins brillantes , revêtu d'une courte pubescence grise. Front assez large , convexe et finement ponctué. Antennes de la couleur du prothorax. Prothorax un peu plus large que long, rétréci légèrement à la base et plus fortement au sommet , arqué sur les côtés , convexe , finement ponctué , sans sillons basilaires latéraux distincts. Elytres de la largeur du prothorax , parallèles jusqu'au milieu ou un peu au-delà , conjointement arrondies au sommet, peu convexes , assez profondément striées , les stries fortement ponctuées, les intervalles convexes et densément ponctués, la base présentant , de chaque côté de l'écusson, un petit espace lisse et jaune. Dessus du corps et pattes jaunes.

De Ceylan.

Collection de M. Dohrn.

39. H. AUSTRALIS. *Niger, nitidus, pube duplici tenui vestitus; prothorace basi apice angustato, subtilissime punctato; elytris profunde punctato-striatis, macula obliqua posthumerali alteraque punctiformi ultra medium albido-flavis.* — Long 5 mill., lat. 1 1/2 mill. (Pl. IV, fig. 11.)

Noir, brillant, revêtu d'une fine pubescence couchée et en outre de poils épars plus longs et redressés, flaves, les élytres marquées, chacune, de deux taches d'un jaune blanchâtre, la première allongée, oblique, en arrière des épaules, la seconde plus petite, ponctiforme, au-delà du milieu. Front assez large, convexe et ponctué. Antennes noires. Prothorax un peu plus large que long, assez fortement rétréci à la base et au sommet, très-arqué sur les côtés, sa plus grande largeur tombant en avant du milieu, assez convexe, finement et doublement ponctué. Elytres un peu plus larges que le prothorax, profondément ponctuées-striées, les intervalles des stries convexes. Dessous du corps et pattes noirs.

De Sidney.

Cette espèce a la tournure des *Cardiophorus*, mais son pronotum parfaitement limité, de chaque côté, par une arête qui arrive jusqu'au quart antérieur, le fait rentrer dans le genre actuel.

———

Les espèces suivantes, que je n'ai point vues, rentrent probablement dans ce genre :

1. H. UMBROSUS. *Tenuiter griseo — pubescens, brunneus, antennis pedibusque testaceis, capite thoraceque supra nigris, hoc leviter convexo, inæqualiter punctato.*

Von kürzerer Gestalt, nahe an 4 Lin. lang, dunkel rœthlich-braun, auf der Oberseite des Kopfes und Halsschildes schwarz, ziemlich dünn und fein greis behaart. Fühler, Taster und Beine sind rœthlichgelb. Die Stirn ist einzeln tief punktirt, kaum etwas gewœlbt, mit vorgestrecktem scharfem Vorderrande. Das Halsschild ist von der Breite der Flügeldecken, an den Seiten gerundet, nach hinten kaum, nach vorn aber stark verengt, so lang als breit, sanft gewœlbt, ziemlich dicht und fein, dazwischen weitlæuftiger und stærker punktirt, an den Seiten von den Hinterwinkeln bis etwas über die Mitte hinaus gerandet. Die Flügeldecken sind doppelt so lang als das Halsschild, ein wenig gewœlbt, stark punktirt–gestreift, die Streifend nach hinten stærker vertieft, die Zwischenzæume vorn ziemlich flach, hinten schmal und gewœlbt, fein und einzeln punktirt.

Aus Para.

Cardiophorus umbrosus. ERICHS. *Zeitschr. f. d. Entom.* II, p. 308, 52.

2. H. MARCIDIPES. *Elongatus, dense subtiliter griseo-pubescens, fuscus, pedibus flavis, thorace longiore, convexo, subtiliter inæqualiter punctato.*

Ziemlich langgestreckt und schmal, fast 4 Lin. lang, braun, mit feiner, anliegender, seidenartiger, greiser Behaarung dicht bekleidet. Die Fühler und Taster sind rœthlichgelb. Die Stirn ist nicht dicht, aber ziemlich stark und tief punktirt, kaum etwas gewœlbt, zwischen den Augen auf jeder Seite mit einem kleinen Eindruck, der Vorderrand aufgeworfen, weniger stark gerundet. Das Halsschild ist von der Breite der Flügeldecken, an den Seiten sanft gerundet, nach vorn mehr als nach hinten verengt, etwas længer als breit, ziemlich stark polsterartig gewœlbt, sehr dicht und fein, dazwischen weitläuftig stærker punktirt. Die Flügeldecken sind etwas mehr als doppelt so lang als das Halsschild, vom zweiten drittel der Længe ab gegen die Spitze hin ziemlich allmæhlig verschmælert und zugespitzt, punktirt-gestreift, die Punkstreifen gegen die Spitze hin erweitert, die Zwischenræume fein und einzeln punktirt, nur wenig gewœlbt, hinten aber in ziemlich scharfe Kiele auslaufend. Das letzte Hinterleibssegment ist runzlich punktirt. Die Beine sind hellgelb.

Von Siara in Brasilien.

Cardiophorus marcidipes. ERICHS. loc. cit. p. 309, 53.

3. H. POSTICATUS. *Elongatus, apicem versus attenuatus, griseo-pubescens, niger, nitidus, elytris fuscis, postice testaceis, thorace convexo, parcius profunde punctato.*

Ebenfalls ziemlich lang gestreckt, aber keilfœrmig von vorn nach hinten gleichmæssig verschmælert, beinahe 4 Lin. lang, glænzend schwarz, mit nicht sehr feiner niederliegender grauer Behaarung. Fühler und Taster sind schwarz, die Mandibeln braun. Die Stirn ist stark und tief punktirt, wenig gewœlbt, vorn scharf gerandet. Das Halsschild ist in der Mitte fast etwas breiter als die Flügeldecken, an den Seiten schwach gerundet, nach hinten kaum, nach vorn etwas mehr verengt, ein wenig længer als breit, gewœlbt, tief punktirt. Die Punkte an den Seiten stærker und dichter, auf dem Rücken feiner und einzelner; die Seiten hinten bis etwas über die Mitte fein gerandet. Die Flügeldecken sind doppelt so lang als das Halsschild, von der Wurzel ab nach der Spitze hin gleichmæssig verengt und zugespitzt, gefurcht, die Furchen vorn ziemlich seicht, hinten stærker vertieft, jede mit einer unregelmæssigen Doppelreihe feiner Punkte. Die Farbe der Flügeldecken ist dunkelbraun von der Mitte ab nach hinten allmæhlig in ein dunkles Braungelb übergehend; doch zieht sichdas Dunkelbraun fast bis zur Naht und zur Spitze hin fort. Die Beine sind schwarz, mit rœthlichgelben Schienen und Fussen. — Es stimmt diese Art in der Gestalt und in der Sculptur der Flügeldecken nahe mit *C. longicollis* (1) überein, sie hat aber die einfachen Klauen dieser Abtheilung (2).

Aus Brasilien.

Cardiophorus posticatus. ERICHS. loc. cit. p. 309, 54.

4. H. RUFULUS. *Brevior, subdepressus, griseo-pubescens, rufus, antennis pedibusque testaceis, thorace planiusculo, subtiliter parce punctato.*

Von den kürzeren flachen Gestalt der *C. troglodytes*, mit dem er auch in dem gerandeten Halsschilde und der Gestalt der Brust übereinstimmt, aber etwas kleiner und im Verhæltniss auch etwas schmæler, etwas über 2 1/2 Lin. lang, hell braunroth, ziemlich glænzend, mit kurzer und feiner anliegender gelblichgreiser Behaarung. Fühler, Taster und Beine sind hell rœthlichgelb. Die Stirn ist einzeln punktirt, schwach gewœlbt, mit stark Vortretendem scharfem Vorderrande. Das Halsschild ist von der Breite der Flügeldecken, an den Seiten schwach gerundet, nach vorn etwas

(1) *Triplonychus longicollis* Er.
(2) Cette espéce et les deux précédentes appartiennent à la première section des *Cardiophorus* d'Erichson; les deux qui suivent à la seconde.

verschmælert, so lang als breit, sehr flach gewœlbt, weitlæuftig und fein, an dem niedergedrückten Hinterrande etwas stærker punktirt, an den Seiten bis fast zur Spitze hin fein gerandet. Die Flügeldecken sind doppelt so lang als das Halsschild, hinter der Mitte nach der Spitze hin allmæhlig zugerundet, ziemlich flach, punktirt-gestreift, die Punktstreifen an der Spitze etwas schwæcher, die Zwischenræume flach, weitlæuftig æusserst fein punktirt.

Aus Brasilien.

Cardiophorus rufulus. Erichs. loc. cit. p. 319, 70.

5. H. posthumus. *Breviusculus, subdepressus, densius-griseo-pubescens, fuscus, antennis pedibus elytrorumque summa basi testaceis, thorace brunneo, planiusculo, parce subtiliter punctato.*

Dem *C. infimus* sehr æhnlich, ziemlich kurz, breit und flach, 2 Lin. lang, mit anliegender gelblichgreiser Behaarung ziemlich dicht bekleidet. Fühler, Taster und Beine sind rœthlichgelb. Der kopf ist rothbraun, die Stirn ist schmal, leicht gewœlbt; weitlæuftig vorn fein, hinten stærker punktirt, vorn rœthlichgelb, mit aufgeworfenem scharfem Rande. Das Halsschild ist von der Breite der Flügeldecken, an den Seiten schwach gerundet, nach vorn ein wenig verengt, nicht ganz so lang als breit, sehr flach gewœlbt, weitlæuftig und fein punktirt, an den Seiten bis nahe zur Spitze hin fein gerandet, rothbraun, glænzend. Die Flügeldecken sind doppelt so lang als das Halsschild, von der Mitte ab bis zur Spitze allmæhlig zugerundet, etwas flach, punktirt gestreift, die Punktstreifen gegen die Spitze hin etwas schwæcher, die Zwischenræume flach, æusserst fein punktirt, der Vorderrand ist bræunlichgelb. Die Brust ist wie bei *C. troglodytes.*

Aus Columbien.

Cardiophorus posthumus. Erichs. loc. cit. p. 319, 71.

6. H. sufflatus. *Piceus, subtiliter griseo-pubescens, thorace latitudine sublongiore, antice posticeque angustato, lateribus rotundatis, valde convexo, subalutaceo, parce punctulato, elytris striis distincte punctatis, interstitiis subplanis, vix punctulatis, antennis palpis pedibusque flavis.* — Long. 2 - 2 1/2 ".

Two specimens, San Diego, California. As in the other species of this division of the genus (1), the posterior angles of the thorax are longer than in the species above described (2), and project directly backwards : the basal striæ are tolerably long, but faint : the disc of the thorax is obsoletely channelled posteriorly : the elytra are more rounded at the humerus than in the other species, and are not wider than the thorax.

Cardiophorus sufflatus. Lec. *Rev. Elat. Un. St.* in *Am. Phil. Soc. Trans.*, X new Ser. p. 499, 12.

7. H. INANUS. *Piceus, subtiliter griseo-pubescens ; thorace latitudine sublongiore, antice posticeque angustato, lateribus rotundatis, valde convexo, subalutaceo, parce punctulato, elytris striis parcius punctatis, interstitiis planis, vix punctulatis, basi rufis, antennis piceis, pedibus flavis.* — Long. 1 1/2 ''''.

Two specimens, San Diego. Independently of size, distinguished by the piceous antennæ from the preceding, which it very much ressembles in forme : the striæ of the elytra are less impressed than in *C. sufflatus* : the thorax is rufo-piceous in one specimen.

Cardiophorus inanus. Lec. loc. cit. p. 499, 13.

8. H. TRANSFUGUS. *Niger, subtiliter cinereo-pubescens, thorace latitudine sublongiore, antice angustato, postice subangustato, lateribus rotundatis, valde convexo, subalutaceo, parce punctulato, basi biimpresso, elytris striis subprofundis subtilius punctatis, interstitiis subconvexis, piceis, humeris late testaceis, pedibus antennisque flavis, his extrorsum fuscescentibus.* — Long. 1 4/5 ''.

·One specimen, San Jose, California. The species is allied to the next (*curiatus*), but the thorax is much more rounded on the sides : the basal striæ are reduced to extremely short fissures, and the space around them is broadly an tolerably deeply foveate : the hu-

(1) M. Le Conte range cette espèce et les deux qui suivent dans la seconde section du genre *Cardiophorus*, tel que l'entend Erichson.

(2) Les vrais *Cardiophorus*, de la première section.

meral spot is oblong , and its posterior limit badly defined , appearing inclined to form an obsolete vitta , extending nearly to the typ of the elytra ; the suture is darker thars the rest of the elytra.

Cardiophorus transfugus. Lᴇᴄ. loc. cit. p. 300 , 14.

<hr/>

ESTHESOPUS.

Eschs. in Thon , *Entom. Arch.* I , II , p. 32.

Cardiophorus. Eʀɪᴄʜs. *Zeitschr. f. d. Entom.* II , p. 279. — Lᴀᴄ. *Génér. d. Coléopt.* IV , p. 193.

Monocrepidius. Gᴇʀᴍ. *Zeitschr. f. d. Entom.* I , p. 232. — Dᴇᴊ. *Cat.* ed. 3, p. 98.

Les insectes de ce genre possèdent les mèmes caractères que les *Horistonotus*, sauf en ce qui concerne la structure des tarses , dont le quatrième article est dilaté comme chez les *Æolus* , avec un appendice lamelliforme plus ou moins développé.

Ils ont , tous , les crochets munis , dans leur concavité , d'une dent plus ou moins longue , comme les *Cardiophorus* de la seconde section.

C'est par erreur qu'Eschscholtz a donné à l'*E. castaneus*, type du genre , des crochets pectinés. Chez cette espèce les crochets sont seulement armés d'une très-longue dent.

Erichson (l. c.) a réparti les espèces qu'il décrit dans deux sections différentes parmi celles qu'il établit dans le genre *Cardiophorus* : Cet auteur sépare , en effet , les espèces à crochets simplement dentés de celles à crochets qu'il appelle fendus au bout ; mais cette dernière forme est reliée à la première, dont elle n'est qu'une simple exagération , par des passages intermédiaires. J'ai donc cru ne pas devoir établir de section d'après ce caractère , pas plus que chez les *Cardiophorus* et les *Horistonotus* de la seconde division , où le même cas se présente.

A Prothorax simplement , également et éparsément ponctué.
    a Dessus du corps maculé.

α Moitié antérieure des élytres rouge vif, le
   reste noir.   1. *E. Clarkii.*
αα Elytres maculées.
  * Prothorax noir.
   × Elytres avec une tache basilaire.
    + Prothorax rétréci à la base.   2. *E. delinitor.*
    ++ Prothorax droit sur les côtés
       en arrière.   6. *E. phisalus.*
   ×× Elytres quadrimaculées.
    + Taches des élytres oblongues.   5. *E. placidus.*
    ++ Taches des élytres subtransver-
       sales, obliques.   3. *E. quadrivulneratus.*
  ** Prothorax jaune.   4. *E. pœdicus.*
αα Dessus du corps noir, unicolore.
  α Stries des élytres obsolètes vers le sommet. 8. *E. nitudulus.*
  αα Stries des élytres bien marquées au
    sommet.   7. *E. curtus.*
AA Prothorax inégalement ou doublement ponctué.
 α Dessus du corps maculé ou bicolore.
  α Brunâtre, prothorax et élytres rouges à
    la base.   19. *E. infimus.*
  αα Prothorax brunâtre, élytres testacées. 12. *E. angusticollis.*
  ααα Prothorax rouge, élytres noires.   9. *E. atripennis.*
  αααα Prothorax noir, élytres brunâtres avec
    quatre taches testacées.   18. *E. quadripustulatus.*
 αα Dessus du corps unicolore.
  α Mentonnière dentée au milieu.   11. *E. castaneus.*
  αα Mentonnière simple.
   * Corps d'un noir luisant.   14. *E. carbonarius.*
   ** Corps brun, brunâtre ou rougeâtre.
    × Prothorax plus étroit que les élytres. 13. *E. troglodytes.*
    ×× Prothorax aussi large que les
      élytres.
     + Pas de sillons basilaires latéraux
      sur le prothorax.
      o Téguments d'un brun rou-
       geâtre.   16. *E. humilis.*
      oo Teguments, brunâtres obscurs.
       c Prothorax plus fortement
        ponctué à la base qu'au
        milieu du disque.
        v Intervalles des stries des
         élytres convexes.   15. *E. hepaticus.*
        vv Intervalles des stries des
         élytres aplatis.   17. *E. murinus.*
       cc Ponctuation du milieu du
        prothorax peu différente
        de celle de la base.   20. *E. inconspicuus.*
     ++ Des sillons basilaires latéraux
      très-distincts.   10. *E. prœcox.*

1. E. Clarkii. *Niger, nitidus, parce breviter pubescens; prothorace convexiusculo, disperse punctulato; elytris punctato-striatis, dimidia parte antica læte rufis; pedibus nigris.* — Long. 5 mill., lat. 1 1/2 mill. (Pl. IV, fig. 14.)

D'un beau noir brillant, avec la moitié antérieure des élytres rouge clair et un petit point rougeâtre vers l'extrémité. Front élargi à la base, marqué de points clair-semés. Antennes noires. Prothorax au moins aussi large que long, rétréci au sommet et faiblement à la base, arqué sur les côtés, convexe, très-éparsément ponctué, ses angles postérieurs courts, obtus, rebordés en dehors. Elytres un peu plus larges que le prothorax et au moins deux fois plus longues, peu convexes, parallèles sur les côtés dans leur première moitié, ponctuées-striées. Dessous du corps et pattes noirs, celles-ci rougeâtres aux articulations.

Du Brésil ; Constancia.

Je n'ai vu cette jolie espèce que dans la collection de M. Hamlet Clark, à qui je la dédie.

2. E. delinitor. *Niger, nitidus, tenuiter helvo-pubescens; prothorace longitudine latiore, basim versus attenuato, sparsim subtiliter punctato; elytris punctato-striatis, plaga basali lutea postice obsoletiore; pedibus flavis.* — Long. 4 1/2 - 5 mill., lat. 1 1/2 - 1 2/3 mill.

Noir, assez brillant, revêtu d'une fine pubescence jaunâtre plus rare sur le prothorax, les élytres ornées d'une tache d'un jaune clair à la base et qui s'obscurcit peu à peu en arrière mais qui reste quelquefois apparente jusqu'au sommet. Front convexe et ponctué. Antennes noirâtres avec la base rouge. Prothorax plus large que long, s'élargissant peu à peu de la base vers le sommet jusqu'au quart antérieur où ses côtés se recourbent brusquement en dedans, convexe, très-brillant, finement et éparsément ponctué, sa base présentant deux petites échancrures de chaque côté. Elytres un peu plus larges que le prothorax, peu atténuées en arrière, finement striées, les stries fortement ponctuées, les intervalles aplatis. Dessous du corps noir ; pattes d'un jaune clair.

Du Brésil ; Rio-Janeiro.

3. E. QUADRIVULNERATUS. *Niger, nitidus, subtilissime cinereo-pubescens; prothorace latitudine sublongiore, vix punctulato; elytris brevibus, maculis minutis, obliquis, quatuor, flavis.* — Long. 2 1/2 mill., lat. 1/3 mill.

Cardiophorus quadrivulneratus. ERICHS. *Zeitschr. f. d. Entom.* II, p. 339, 107. — DEJ. Cat. ed. 3 p. 104.

Le plus petit du genre. Noir et brillant, revêtu d'une pubescence cendrée très-tenue. Front assez large. Antennes longues, noires avec la base brunâtre. Prothorax un peu plus long que large, un peu plus large vers le tiers antérieur que vers le tiers postérieur, faiblement arqué sur les côtés, peu convexe, à peine distinctement ponctué, les sillons basilaires latéraux obliques, bien marqués. Elytres de la largeur du prothorax ou un peu plus étroites, moins de deux fois aussi longues, curvilinéaires sur les côtés depuis la base jusqu'au sommet, fortement ponctuées-striées avec les intervalles des stries convexes. Pattes jaunes.

De la Nouvelle-Grenade ; Carthagène.

4. E. POEDICUS. *Flavus, nitidus, flavo-pubescens; prothorace longitudine latiore, subtiliter punctato; elytris punctato-striatis, sutura fasciaque brunneis.* — Long. 3 mill., lat. fere 1 mill.

Monocrepidius unifasciatus. DEJ. Cat. ed. 3, p. 114.

Très-petit, d'un jaune clair, luisant, revêtu d'une pubescence flave, les élytres avec la suture et une fascie médiane brunes. Front convexe, assez large à la base. Prothorax un peu plus large que long, peu rétréci à la base et au sommet, faiblement arqué sur les côtés, peu convexe, finement ponctué, sans sillons basilaires latéraux distincts. Elytres un peu plus larges que le prothorax et un peu plus de deux fois aussi longues, curvilinéaires sur les côtés depuis la base jusqu'au sommet, peu convexes, assez fortement ponctuées-striées. Dessous du corps et pattes de la couleur du dessus.

Des Antilles.

5. E. PLACIDUS. *Niger, nitidus, griseo-pubescens; prothorace*

*longitudine latiore , basi leviter apice magis angustato , spar-
sim subtiliter punctato ; elytris prothorace latioribus , lateribus
arcuatis , punctato - striatis , maculis quatuor flavis.* — Long. 5-6
mill., lat. 1 3/4 - 2 mill., (Pl. IV, fig. 15.)

Cardiophorus placidus. Erichs. *Zeitschr. f. d. Entom.* II, p. 335, 101.

Noir quelquefois un peu brunâtre, revêtu d'une fine pubescence grise , les élytres marquées chacune de deux taches d'un
testacé très-clair , la première allongée , partant de la base, la
seconde ovale , au-delà du milieu , cette dernière envahissant
quelquefois les deux cinquièmes postérieurs de l'élytre. Antennes
noires avec le premier article testacé , plus longues que la moitié
du corps chez le mâle , dépassant de deux articles les angles
postérieurs du prothorax chez la femelle. Front assez fortement
ponctué. Prothorax plus large que long , rétréci légèrement à
la base et davantage au sommet, ses côtés arqués, peu convexe,
très-finement ponctué. Elytres plus larges que le prothorax et
deux fois et demie plus longues , arquées sur les côtés depuis
la base jusqu'au sommet, un peu élargies au-delà des épaules,
assez profondément ponctuées-striées , les intervalles convexes
et éparsément pointillés. Dessous du corps noir, avec l'extrémité
de l'abdomen quelquefois rougeâtre ; pattes d'un testacé obscur
avec leur base et les articulations d'une teinte plus claire.

Du Brésil ; Rio-Janeiro.

Chez quelques-uns les taches de chaque élytre sont reliées
entre elles; chez d'autres la tache postérieure couvre toute l'extrémité des élytres.

6. E. PHISALUS. *Brunneo - niger , nitidus , griseo-pubescens ;
prothorace longitudine latiore , a basi arcuatim angustato, depresso , parce subtiliter punctulato , angulis anticis flavis; elytris
prothorace latioribus , lateribus arcuatis , punctato - striatis ,
brunneis, puncto basali lineaque laterali antica flavis.* — Long. 5
mill., lat. 1 3/4 mill.

Brunâtre, luisant, finement pubescent; les élytres d'un brun
plus clair avec un point à la base et une ligne sur la partie
antérieure du bord latéral d'un jaune flave clair. Front assez large,
convexe, ponctué, sillonné au milieu, rougeâtre en avant.

Antennes longues˜ chez le mâle, noires avec le premier article testacé. Prothorax plus large que long, curvilinéairement rétréci en avant à partir de la base ou à peu près, très-peu convexe, finement et éparsément pointillé, les points plus rares au milieu du disque, souvent un très-faible sillon médian en arrière, ses angles antérieurs flaves. Elytres un peu plus larges que le prothorax, curvilinéaires sur les côtés, sensiblement dilatées vers leur milieu, finement et profondément striées, les stries ponctuées, les intervalles convexes et finement ponctués. Dessous du corps brunâtre avec l'abdomen étroitement bordé de brun clair; pattes testacées avec les jambes généralement noirâtres.

Du Brésil; Rio-Janeiro.

7. E. CURTUS. *Brevior, niger, nitidus, griseo-pubescens; prothorace longitudine latiore, lateribus arcuato, disperse subtilissime punctato; elytris medio dilatatis, punctato-striatis; prothoracis angulis anticis, antennarum articulo-primo pedibusque flavis.* — Long. 4 - 5 1/2 mill., lat. 1 2/3 - 2 1/4 mill.

Court et assez large, d'un beau noir brillant, revêtu d'une fine pubescence grise. Antennes noirâtres avec le premier article flave. Prothorax plus large que long, rétréci au sommet et très-faiblement à la base avec ses côtés arqués, peu convexe, finement et éparsément ponctué, ses angles antérieurs flaves. Elytres de la largeur du prothorax à la base, visiblement élargies au milieu, avec ses côtés curvilinéaires depuis la base jusqu'au sommet, peu convexes, assez profondément ponctuées-striées avec les intervalles convexes et éparsément pointillés. Pattes d'un flave clair.

Du Brésil; Rio-Janeiro.

Cette espèce fait partie du musée de Stockholm; elle m'a été communiquée par M. Boheman.

8. E. NITIDULUS. *Depressus, niger, nitidus, parcius pubescens; prothorace longitudine paulo latiore, antice vix angustato, disperse punctato, angulis anticis rufis; elytris prothoracis latitudine, punctato-striatis, striis apice obsoletioribus; antennis pedibusque testaceis.* — Long. 6 mill., lat. fere 2 mill.

Déprimé, noir, très-luisant, à peine pubescent. Front petit,

éparsément ponctué. Antennes testacées. Prothorax plus large
que long, peu rétréci au sommet, légèrement arqué sur les
côtés, très-éparsément ponctué, ses angles antérieurs rougeâtres.
Elytres de la largeur du prothorax, parallèles jusqu'au milieu
ou un peu au-delà, assez peu profondément striées, les stries
ponctuées, les intervalles aplatis et éparsément ponctués, l'extrémité un peu rougeâtre. Pattes testacées.

Du Mexique ; Mexico.

9. E. ATRIPENNIS. *Rufus, nitidus ; helvo-pubescens ; prothorace
subtiliter inœqualiter punctato, lateribus arcuato ; elytris punctato-
striatis, nigris.* — Long. 6 - 7 mill., lat. 1 3/4 - 2 mill., (Pl. IV, fig. 17.)

Cardiophorus atripennis. DEJ. *Cat.* ed. 3, p. 104.

Rouge, assez brillant avec les élytres noires, revêtu d'une
pubescence jaunâtre. Front convexe et ponctué. Prothorax plus
large que long, rétréci curvilinéairement au sommet, arqué
sur les côtés, médiocrement convexe, sa ponctuation double
et éparse. Ecusson d'un rouge ferrugineux ou brun. Elytres
de la largeur du prothorax et plus de deux fois plus longues,
parallèles sur les côtés en avant, profondément ponctuées-striées
avec les intervalles convexes. Dessous du corps entièrement rouge
y compris les épipleures. Pattes jaunes.

Du Mexique.

10. E. PRÆCOX. *Rufo-ferrugineus, nitidulus, subtiliter pubescens ; prothorace longitudine latiore, sparsim subinœqualiter
punctato, lateribus recto-parallelo sulcis basalibus distinctis ;
elytris depressis, punctato-striatis, interstitiis vix convexis.* —
Long. 5 - 6 mill., lat. 1 3/4 - 2 mill.

Cardiophorus præcox. ERICHS. *Zeitschr. f. d. Entom.* II, p. 337, 104.

Déprimé, d'un ferrugineux rouge assez luisant, légèrement
pubescent. Front étroit. Antennes assez longues. Prothorax plus
large que long, peu convexe, éparsément et subinégalement
ponctué, rétréci seulement au sommet, droit et parallèle sur
les côtés dans ses trois quarts postérieurs, les sillons basilaires
latéraux bien marqués. Elytres de la largeur du prothorax,

parallèles sur les côtés jusqu'au delà du milieu, striées, les
stries assez fortement ponctuées, les intervalles à peine convexes.
Dessous du corps et pattes de la couleur du dessus.

Du Brésil, spécialement du Para; on le trouve aussi à Rio-
Janeiro.

11. E. CASTANEUS. *Brunneus, parum nitidus, griseo-pubescens;
prothorace apice angustato, subtiliter subinæqualiter punctato;
elytris brunneo-rufescentibus, profunde punctato-striatis, apice
attenuatis; prosterno margine antica dentato; pedibus flavis.*
— Long. 8-9 mill., lat. 2 1/2 - 2 3/4 mill. (Pl. IV, fig. 18.)

Esthesopus castaneus. ESCHS. in THON, Arch. I, II, p. 32.

Cardiophorus sordidus. ERICHS. *Zeitschr. f. d. Entom.* II, p. 539, 108.

Var. a. *Omnino plus minusve pallide rufo-testaceus.*

Brun, peu luisant, revêtu d'une pubescence grise, les élytres
rougeâtres. Front rougeâtre, échancré de chaque côté par les
yeux. Antennes testacées. Prothorax un peu plus large que long,
curvilinéairement rétréci en avant, très-peu convexe, finement,
éparsément et subinégalement ponctué. Elytres de la largeur du
prothorax à la base ou un peu plus larges, atténuées en arrière,
curvilinéaires sur les côtés depuis la base jusqu'au sommet,
fortement striées, les stries ponctuées, les intervalles convexes
et ponctués. Dessous du corps brun; mentonnière du prosternum
présentant dans son milieu une petite dent saillante en-dessous.
Pattes jaune clair.

Du Brésil; Rio-Janeiro et Bahia.

Il est facilement reconnaissable à la structure de la mentonnière, ajoutée aux caractères génériques.

12. E. ANGUSTICOLLIS. *Brunneus, longe sat dense helvo-pubescens; fronte angusta; prothorace latitudine paulo longiore,
basi apiceque angustato, inæqualiter punctato; elytris prothorace
latioribus, profunde punctato-striatis, testaceis, apice infuscatis.*
— Long. 7 mill., lat. 1 4/5 mill.

Brun, revêtu d'une pubescence jaunâtre, longue, assez dense,
fine, à demi redressée, les élytres d'un testacé un peu rougeâtre

avec l'extrémité noirâtre. Front étroit, fortement échancré de chaque côté par les yeux. Antennes testacées. Prothorax un peu plus long que large, un peu rétréci à la base et au sommet, légèrement arqué sur les côtés, inégalement ponctué, ses angles postérieurs grêles et un peu divergents. Élytres plus larges que le prothorax, faiblement dilatées dans leur milieu, peu convexes, profondément ponctuées-striées, les intervalles des stries convexes et assez densément pointillés. Dessous du corps testacé rougeâtre clair. Pattes testacées.

Du Brésil; Rio-Janeiro.

Collection du Musée de Stockholm.

13. E. TROGLODYTES. *Depressus, fuscus, griseo-pubescens; prothorace a basi arcuatim angustato, longitudine paulo latiore, subtiliter subinæqualiterque punctato, angulis anticis testaceis; elytris prothorace latioribus, punctato-striatis, apice sæpe pallidioribus; pedibus rufo-testaceis.* — Long. 7-8 mill., lat. 2 s/s 2 t/s mill. (Pl. IV, fig. 16.)

Monocrepidius troglodytes. GERM. *Zeitschr. f. d. Entom.* I, p. 232, 19.

Cardiophorus troglodytes. ERICHS. *Ibid.* II, p. 336, 102.

Monocrepidius calamitosus. DEJ. *Mus.*

Brunâtre, revêtu d'une pubescence grise à reflet un peu fauve. Front subsillonné au milieu. Antennes testacé rougeâtre. Prothorax un peu plus large que long, rétréci en avant à partir de la base avec ses côtés arqués, aplati, finement et subinégalement ponctué, ses angles antérieurs testacés. Élytres sensiblement élargies vers leur milieu, arquées sur les côtés depuis la base jusqu'au sommet, un peu convexes, généralement d'une teinte plus claire au sommet, striées, les stries ponctuées, les intervalles un peu convexes et éparsément ponctués. Dessous du corps de la couleur du dessus; pattes testacé rougeâtre.

Du Venezuela et de la Nouvelle-Grenade.

14. E. CARBONARIUS. *Angustior, niger, nitidus, nigro-pubescens; prothorace transverso, lateribus arcuato, parum convexo, sparsim subtiliter subinæqualiter punctato; elytris prothorace fere triplo longioribus, a basi attenuatis, tenuiter punctato-*

striatis; antennis pedibusque brunneis. — Long. 7 mill., lat. fere
2 mill.

Plus étroit que le précédent, noir, brillant, revêtu d'une
pubescence très-courte, rare et noirâtre. Antennes brunes.
Prothorax plus large que long, rétréci curvilinéairement au
sommet, peu convexe, éparsément, finement et subinégalement
ponctué, très-légèrement sillonné au milieu, assez fortement
rebordé sur les côtés. Ecusson teinté de ferrugineux. Elytres
plus larges que le prothorax vers la base, près de trois fois
aussi longues, atténuées à partir des épaules, bombées seulement dans leur quart antérieur, finement striées, les stries
finement ponctuées, les intervalles à peine convexes. Pattes brunes
avec les articulations et les tarses rougeâtres.
De Cayenne.
Collection de M. de la Ferté-Sénectère.

15. E. HEPATICUS. *Depressus, brunneus; subtiliter griseo-
pubescens; prothorace longitudine latiore, apice rotundatim
angustato, dupliciter punctato; elytris brevibus, antice subparallelis, prothorace haud latioribus, striis fortiter punctatis,
interstitiis convexis; pedibus rufis.* — Long. 6 - 6 1/2 mill., lat. 2 1/4 -
2 1/2 mill.

Cardiophorus hepaticus. ERICHS. *Zeitschr. f. d. Entom.* II, p. 336, 103.

Var. *a. Brunneo-niger.*

Assez large, déprimé, brun plus ou moins noir, assez luisant,
revêtu d'une fine pubescence grise. Front. légèrement convexe
et ponctué. Antennes assez courtes, testacé rougeâtre. Prothorax
plus large que long, curvilinéairement rétréci seulement au
sommet, droit et parallèle sur les côtés en arrière, très-peu
convexe, finement pointillé avec des points plus gros disséminés.
Elytres exactement de la largeur du prothorax et un peu plus
de deux fois plus longues, non atténuées en arrière, conjointement arrondies au sommet, assez fortement ponctuées-striées,
les intervalles des stries convexes et ponctués. Dessous du corps
de la couleur du dessus ou d'un brun rougeâtre; Pattes jaune
rouge.

Cette espèce est répandue dans presque toute la zône inter-tropicale de l'Amérique.

Quelques individus ont les élytres d'un brun plus clair que le prothorax, avec la suture et les bords latéraux plus obscur.

16. E. HUMILIS. *Depressus, pallide rufo-castaneus, pube concolore vestitus ; prothorace longitudine latiore, apice rotundatim angustato, dupliciter punctato ; basi lateribusque punctis majoribus adsperso; elytris prothorace vix latioribus, striis fortiter punctatis, interstitiis convexis ; pedibus rufo-testaceis.* — Long. 6 1/2 mill., lat. 2 1/2 mill.

Monocrepidius humilis. Dsj. Cat. ed. 3, p. 98.

Cette espèce est très-voisine de l'*hepaticus* et ses proportions sont les mêmes, si ce n'est que ses élytres paraissent un peu plus larges. Elle en diffère par sa couleur, qui est d'un châtain rougeâtre clair, et la ponctuation du prothorax qui est constituée, à la base et sur les parties latérales, par de gros points.

Elle est indiquée, dans le catalogue de Dejean, comme originaire de l'Amérique septentrionale, sans désignation plus précise. Comme elle n'est pas mentionnée dans le travail de M. Le Conte je suppose qu'elle est du Mexique.

17. E. MURINUS. *Subdepressus, fusco-brunneus, densius cinereo-pubescens; prothorace longitudine latiore, apice rotundatim angustato, dupliciter punctato ; elytris parallelis, prothorace haud latioribus, minus profunde punctato-striatis ; pedibus rufo-testaceis.* — Long. 7 mill., lat. 2 1/4 mill.

Voisin de l'*hepaticus* mais plus long et plus fortement pubescent. Brunâtre, revêtu d'une pubescence assez serrée et cendrée. Antennes rougeâtres. Prothorax plus large que long, rétréci curvilinéairement seulement au sommet, droit et parallèle sur les côtés en arrière, peu convexe, finement pointillé avec des points plus gros disséminés, ses angles antérieurs rougeâtres. Elytres de la largeur du prothorax et deux fois et demie au moins plus longues, rétrécies curvilinéairement au sommet, finement striées, les stries moins fortement ponctuées que chez l' *hepaticus*, les intervalles à peu près plats et ponctués. Pattes d'un testacé rougeâtre.

Du Mexique.

18. E. QUADRIPUSTULATUS. *Niger, nitidus, subtiliter griseo-pubescens ; prothorace longitudine paulo latiore, apice tantum angustato, lateribus recto-parallelo, sparsim inæqualiter punctato, elytris brevibus, punctato-striatis, macula basali alteraque oblonga apicali testaceis. — Long. 5 - 6 mill., lat. 1 3/4 - 2 mill.*

Var. a. *Maculis elytrorum conjunctis.*

Var. b. *Maculis elytrorum subobsoletis.*

Noir, assez luisant, revêtu d'une légère pubescence grise. Front légèrement convexe et ponctué. Antennes testacées. Prothorax plus large que long, droit et parallèle sur les côtés, rétréci seulement au sommet, peu convexe, éparsément et doublement ponctué. Elytres de la largeur du prothorax et deux fois et un quart plus longues, très-peu arquées sur les côtés dans leur trois quarts antérieurs, conjointement arrondies au sommet, déprimées, ponctuées-striées avec les intervalles convexes. Dessous du corps brunâtre ; pattes testacées.

Venezuela.

Dans la variété *a* les taches des élytres sont diffuses et se relient confusément l'une à l'autre, de sorte que les élytres paraissent testacées, avec la suture et le bord externe seuls, noirs.

19. E. INFIMUS. *Fuscus, griseo-pubescens ; prothorace sub-quadrato, subtilissime inæqualiterque punctato, basi apiceque rufo-testaceo ; elytris versus medium vix dilatatis, punctato-striatis, basi rufo-testaceis ; pedibus flavis. — Long. 5 mill., lat. 1 1/2 mill.*

Cardiophorus infimus. Ericus. *Zeitschr. f. d. Entom.* II, p. 337, 105.

Brunâtre avec la base et le bord antérieur du prothorax ainsi que la base des élytres rougeâtres, revêtu d'une pubescence grise. Front étroit, convexe, ponctué, un peu rougeâtre en avant. Antennes rougeâtres. Prothorax à peu près aussi long que large, un peu rétréci en avant, très-peu convexe, finement et inégalement ponctué, les sillons basilaires latéraux nuls. Elytres deux fois et demie aussi longues que le prothorax, à peine élargies vers le milieu, subacuminées au sommet, ponctuées-striées, les intervalles un peu scabres. Pattes jaunes.

De la Colombie.

Musée de Berlin. Communiqué par M. le Dr Gerstaecker.

20. E. INCONSPICUUS. *Fuscus, griseo-pubescens; prothorace longitudine latiore, leviter convexo, subtiliter inæqualiterque punctato; clytris thoracis latitudine, punctato-striatis; pedibus testaceis.* — Long. 4 - 4 1/2 mil., lat. 1 1/3 mill.

Cardiophorus inconspicuus. ERICHS. *Zeitschr. f. d. Entom.* II, p. 338, 106.

Var. *a. Corpore toto dilute brunneo.*

Brunâtre plus ou moins obscur, revêtu d'une pubescence grise. Front rétréci de la base au sommet. Antennes jaunes. Prothorax rétréci seulement au sommet, un peu plus large que long, légèrement convexe, finement et inégalement ponctué. Elytres de la largeur du prothorax et deux fois et demie plus longues, parallèles sur les côtés dans leur moitié antérieure au moins, déprimées, fortement ponctuées-striées. Pattes jaunes.

Du Venezuela.

Elle a quelque ressemblance avec l'*H. spernendus* décrit plus haut, mais elle en diffère par la lamelle du quatrième article des tarses et la ponctuation très-différente du prothorax.

Cette espèce paraît se trouver également au Brésil.

SOUS - TRIBU IX.

MÉLANOTITES.

Front caréné ; sutures prosternales concaves , canaliculées ou simples ; hanches postérieures généralement étroites et graduellement rétrécies de dedans en dehors ; écusson non cordiforme ; crochets des tarses toujours pectinés.

Les *Mélanotites* constituent un groupe naturel et bien tranché, parmi les Elatérides. La courte formule qui précède les caractérise, en effet, nettement, à l'exclusion de tous les autres.

La pectination des crochets des tarses est le caractère essentiel de ces insectes, mais comme elle existe au même dégré dans quelques genres étrangers aux *Mélanotites,* tels que les *Aptopus,* les *Synaptus ,* les *Adrastus ,* elle ne constitue pas seule leur signe distinctif.

Pour prendre rang dans le groupe actuel, les Elatérides à crochets pectinés doivent avoir le front muni d'un rebord complet, bien distinct du bord d'insertion du labre , (forme que nous avons rencontrée jusqu'ici dans la tribu des *Elatérides vrais*), en outre leur écusson doit être oblongo-ovale ou subrectangulaire et non cordiforme.

La présence de la carène frontale les distingue des *Synaptus* et des *Adrastus ;* la figure de l'écusson établit une barrière bien tranchée entre eux et les *Aptopus ,* du groupe précédent.

Les *Mélanotites* comprennent trois genres, ce sont les suivants :

Ptellis , Diploconus et *Melanotus.*

Le premier ne comprend qu'une espèce qui s'éloigne des autres *Mélanotites* par la conformation des tarses.

Le genre *Diploconus* est fondé sur quelques *Mélanotites* de la Malaisie , très-distincts des vrais *Melanotus* par plusieurs caractères importants qui seront exposés plus loin. Bien qu'inédit

quant au nom, ce genre a déjà été indiqué et ses caractères
exposés par Erichson, dans une monographie que cet auteur a
donné du genre principal.

Le nom de *Melanotus* a été appliqué primitivement, par
Eschscholtz (1), aux Elatérides possédant les caractères exprimés
par la formule qui est en tête du groupe. Dejean, dans son
Species (1831), ayant fait emploi de ce nom pour des Cara-
biques, a désigné, dans son catalogue, les Elatérides qui nous
occupent sous le nom de *Cratonychus*, lequel a été successive-
ment adopté par MM. Boisduval et Lacordaire (2) par Erichson (3)
par M. J. Le Conte (4) et enfin par M. Lacordaire (5).

Tout récemment M. de Kiesenwetter (6) a fait observer avec
raison que le nom de *Melanotus*, ayant été créé par Eschscholtz deux ans avant que Dejean n'en fit usage, devait rester
aux Elatérides par droit de priorité (7). Il a rétabli la synonymie
telle qu'on la trouvera exposée plus bas.

La place qu'occupent les *Mélanotites* dans la tribu actuelle
est déterminée principalement par l'étroitesse de la lame extérieure des hanches postérieures, caractère qui les relie incontestablement aux *Athoites* qui suivent. D'autre part ils ont
des affinités avec les *Cardiophorites* chez lesquels la forme
bombée du front, la présence de sillons longitudinaux à la
base du prothorax, enfin et surtout des modifications remarquables dans la conformation des crochets des tarses, sont des
caractères fréquents que nous retrouvons également chez les
Mélanotites.

Les métamorphoses des *Melanotus* ne sont pas inconnues.
Bouché (8) a brièvement décrit les larves des *M niger* L. et
rufipes Herbst : la seconde seule appartient bien authentique-
ment à ce genre.

(1) In THON. *Entom. Arch.* I, II, p. 31 (1829).

(2) *Entom. d. env. d. Paris*, p. 631.

(3) *Zeitschr. f. d. Entom.* III, p. 88.

(4) *Rev. Elat. Un. St.* in *Am. phil. soc. Tran.* X, New Ser. p. 473.

(5) *Gener. d. Coléopt.* IV, p. 183.

(6) *Naturg. d. Ins. Deutschl.* IV, p. 247.

(7) Dans le *Catalogue des Larves des Coléoptères*, publié en 1853, M. Chapuis
et moi avions déjà restitué à ces insectes le nom de *Melanotus*.

(8) *Naturg. d. Insekt.* 1834.

Les trois genres du groupe se reconnaitront aux caractères suivants :

A Troisième article des tarses dilaté, emboîtant le quatrième;
   celui-ci très-petit.   *Psellis.*

AA Troisième article des tarses non dilaté.
   a Sutures prosternales non canaliculées ; hanches pos-
      térieures anguleuses vers le milieu de leur bord
      libre; pas de sillons latéraux à la base du pro-
      thorax.   *Diploconus.*
   aa Sutures prosternales creusées en gouttière dans la
      moitié antérieure au moins de leur bord libre ;
      hanches postérieures graduellement rétrécies de
      dedans en dehors et non anguleuses; des sillons
      basilaires latéraux sur le prothorax.   *Melanotus.*

PSELLIS.

Cratonychus. ERICHS. *Zeitschr. f. d. Entom.* III, p. 112.

L'unique espèce que renferme ce genre présente les mêmes caractères que les *Melanotus*, mais elle en diffère par la dilatation du troisième article des tarses et la petitesse du suivant ; elle est donc, sous ce rapport, conformée comme les *Physorhinites* et la plupart des *Pomachiliites*, mais avec la tournure générale et tous les autres caractères des vrais *Melanotus*.

P. PROMISCUA. *Brunnea, nitida, subtiliter griseo-pubescens; fronte declivi, fere plana; prothorace longitudine sublatiore, a basi angustato, lateribus arcuato, parum convexo, dense punctato; elytris prothorace subangustioribus, a basi attenuatis, punctato-substriatis; pedibus dilutioribus.* — Long. 11-12 mill., lat. 3-3 1/2 mill. (Pl. V, fig. 1).

Cratonychus promiscuus. ERICHS., *Zeitschr. f. d. Entom.* III, p. 112, 31.

Var. *a. Supra ferruginea vel brunneo-testacea.*

Brun obscur ou rougeâtre, luisant, revêtu d'une pubescence

37

fine et grise. Front aplati, déclive, arrondi en avant, densément couvert de points ombiliqués. Antennes allongées, jaune
rougeâtre, dentées en scie, leur troisième article un peu plus
long que le second. Prothorax un peu plus large que long,
rétréci à partir de la base avec ses côtés arqués, faiblement
convexe, assez densément ponctué, les points ombiliqués seulement vers les angles antérieurs, les angles postérieurs dirigés
en arrière, assez longuement carénés, les sillons basilaires
latéraux bien marqués et parallèles à la carène des angles postérieurs. Elytres un peu plus étroites que le prothorax, régulièrement atténuées à partir de la base avec leurs côtés très-
peu arqués, finement striées, les stries ponctuées, les intervalles
aplatis, marqués de points plus petits. Dessous du corps d'un
brun plus clair que le dessus ; pattes rougeâtres ainsi que
l'abdomen.

Des îles de France et Bourbon.

DIPLOCONUS.

Cratonychus. Erichs. *Zeitschr. f. d. Entom.* III, p. 109.

Tête oblongue, peu inclinée; front légèrement convexe, plan
ou excavé en avant, sa saillie antérieure toujours forte, quelquefois exagérée. Plaque nasale grande. Labre entier. Mandibules
échancrées au bout. Palpes maxillaires allongés, terminés par un
article subsécuriforme.

Antennes généralement courtes, dentées en scie, velues chez
le mâle, carénées longitudinalement sur la face externe, à
second article petit, globuleux, le troisième égal à celui-ci ou
un peu plus long, 4-10 triangulaires, 11 allongé, légèrement
sinueux avant l'extrémité.

Prothorax allongé chez la plupart, conique, souvent sillonné
au milieu, toujours dépourvu des deux courts sillons latéraux
qu'on remarque à la base du même segment chez les *Melanotus*.

Elytres souvent coniques, quelquefois échancrées au sommet.

Prosternum allongé, sa mentonnière grande, sa saillie postérieure droite, ses sutures latérales presque rectilignes et fines, non canaliculées en avant.

Fossette mésosternale étroite, ses bords élevés et presque horizontaux en arrière.

Hanches postérieures offrant, en dehors de l'insertion des cuisses, une dent quelquefois très-forte.

Pattes de grandeur normale, les articles 1-4 diminuant graduellement de longueur, villeux en dessous. Les crochets des tarses fortement pectinés.

Corps allongé, pubescent.

Les *Diploconus* habitent la Malaisie; une seule des espèces que je décris est originaire de la Chine.

Ainsi qu'on l'a vu par la formule ci-dessus, ils se distinguent nettement et par plusieurs caractères des *Melanotus;* je ne connais pas de forme intermédiaire.

A Elytres échancrées au sommet.
   a Prothorax sillonné au milieu dans presque toute
      sa longueur.
     α Ponctuation du prothorax et des stries des
       élytres fine.   1. *D. frontalis.*
     αα Ponctuation du prothorax et des stries des
       élytres forte.
       * Elytres déprimées vers la suture.   3. *D. peregrinus.*
       ** Elytres non déprimées à la suture.   4. *D. consanguineus.*
   aa Prothorax sillonné seulement à la base.   2. *D. prominens.*

AA Elytres entières ou à peine distinctement échancrées au sommet.
   a Noir, une tache rouge aux épaules.   6. *D. homosticus.*
   aa Pas de tache rouge aux épaules
     α Prothorax unicolore.
       * Prothorax à peine plus long que large.   7. *D. rufus.*
       ** Prothorax notablement plus long que
        large.
         × Téguments testacés.   8. *D. nigricornis.*
         ×× Téguments bruns.   10. *D. angulatus.*
     αα Prothorax bicolore.
       * Jaune avec une tache dorsale noire.   9. *D. plagiatus.*
       ** Brun avec les côtés rouges.   5. *D. exquisitus.*

1. D. **FRONTALIS.** *Ferrugineo - brunneus, nitidus, tenuiter pubescens; fronte valde porrecta; prothorace elongato, sparsim*

punctulato , sulcato ; elytris striis tenuibus punctulatis , apice emarginatis. — Long. 12-15 mill., lat. 2 s/s - 3 t/s mill. (Pl. V, fig. 2.)

Priopus frontalis. Lap. Hist. nat. d. Col. I (1840) p. 251 , 1.

Cratonychus porrectus. Erichs. Zeitschr. f. d. Entom. III, (1841) p. 109, 26.

Cratonychus porrectifrons. Dej. Cat. ed. 3, p. 98.

Etroit et allongé , brun ferrugineux , luisant , revêtu d'une fine pubescence d'un gris fauve. Front très-saillant en avant, impressionné , assez fortement ponctué. Antennes plus longues que la tête et le prothorax , dentées en scie , leur troisième article à peine plus long que le second , les deux , réunis , de la longueur du quatrième. Prothorax allongé , rétréci à partir de la base avec ses côtés légèrement arqués , sillonné au milieu depuis la base jusqu'au sommet , finement et éparsément ponctué , les angles postérieurs divergents et fortement bicarénés. Elytres plus larges que le prothorax , rétrécies à partir de la base avec leurs côtés légèrement courbes , très-finement striées , les stries ponctuées , les intervalles plats , marqués de points épars , l'extrémité échancrée. Dessous du corps et pattes rouge ferrugineux luisant.

Malaisie.

2. D. PROMINENS. *Dilute rufo-castaneus , nitidus , tenuiter pubescens ; fronte porrecta; prothorace elongato , parcius punctulato , basi sulcato ; elytris striis tenuibus punctatis , apice emarginatis.* — Long. 13 mill., lat. 3 mill.

Cratonychus prominens. Erichs. Zeitschr. f. d. Entom. III, p. 109 , 27.

Voisin du précédent , de même forme et de même taille , d'une teinte rougeâtre plus claire , également luisant et revêtu d'une fine pubescence gris fauve. Front très-saillant en avant, son bord arrondi , marqué de gros points serrés. Antennes fortement dentées en scie, plus longues que la tête et le prothorax , leur troisième article un peu plus long que le second, les deux , réunis , de la longueur du quatrième. Prothorax allongé , rétréci à partir de la base avec ses côtés presque droits, finement et plus éparsément ponctué que chez le précédent, sillonné au milieu seulement en arrière , ses angles postérieurs divergents , aigus , bicarénés. Elytres plus larges que le prothorax, atténuées graduellement de la base au sommet où elles sont échancrées, marquées de très-faibles stries ponctuées, les intervalles plats, marqués de points épars. Dessous du corps et pattes de la couleur du dessus.

Malaisie.

3. D. PEREGRINUS. *Brunneus, nitidus, pube brunneo-fulvescente vestitus; fronte leviter convexa; prothorace a basi angustato, elongato, canaliculato, punctato, angulis posticis longe acuteque bicarinatis; elytris rufo-ferrugineis, punctato-striatis, punctis brunneo-areolatis, apice emarginatis, suturam versus depressis; epipleuris late sanguineis, femoribus rufis.* — Long. 20 mill., lat. 5 mill.

Brun luisant, les élytres d'un ferrugineux rougeâtre mais dont la teinte générale est obscurcie par la couleur brune des points des stries, revêtu d'une pubescence fine, soyeuse, brune à reflet doré. Front légèrement convexe, fortement ponctué, sa saillie antérieure forte mais non exagérée comme dans la plupart des autres espèces. Antennes dentées en scie, les dents des articles velues, le troisième article un peu plus long que le second, les deux, réunis, de la longueur du quatrième. Prothorax allongé, conique, peu convexe, densément ponctué, fortement sillonné dans toute sa longueur, ses angles postérieurs longs, aigus, divergents, surmontés de deux fortes et longues carènes. Elytres de la largeur du prothorax, déprimées le long de la suture, échancrées au sommet, striées, les stries marquées de points aréolés de brun, les intervalles ponctués. Epipleures d'un rouge sanguin très-clair; cuisses rouges.

De Borneo; Sarawack.

Collection de M. Deyrolle.

4. D. CONSANGUINEUS. *Brunneus, nitidus, pube brunneo-fulvescente vestitus; fronte leviter convexa, minus porrecta; prothorace apice angustato, lateribus arcuato, latitudine longiore, tenuiter canaliculato, dense punctato; elytris punctato-substriatis, humeris nigricantibus, apice emarginatis; pedibus rufis.* — Long. 12 mill., lat. 3 mill.

Cratonychus consanguineus. DEJ. *Cat.* ed. 3, p. 99.

Plus petit que le précédent dont il se rapproche par plusieurs caractères. Brun rougeâtre luisant, avec le calus huméral noirâtre, revêtu d'une pubescence brune à reflet fauve. Front légèrement convexe, moins saillant que chez le précédent et beaucoup moins, par conséquent, que chez les deux premiers. Antennes dentées en scie, velues, rougeâtres, le troisième article à peine plus long que le second. Prothorax plus long que large, rétréci en avant à partir du milieu, arqué sur les côtés, assez densément ponctué, sillonné légèrement à peu près dans toute sa longueur, ses angles postérieurs un peu divergents, bicarénés. Elytres de la largeur du prothorax, atténuées à partir de la base, finement striées, les stries ponctuées, les intervalles éparsément ponctués, l'extrémité fortement échancrée. Abdomen d'un brun rouge plus clair que le dessus; pattes rouges.

Malaisie.

C'est à tort que cette espèce est indiquée comme originaire des Antilles, dans le catalogue de Dejean. Dans la collection, cette indication est, du reste, suivie d'un signe de doute.

5. D. EXQUISITUS. *Brunneus, nitidus, obscure fulvo-pubescens; fronte porrecta; prothorace latitudine longiore, a basi leviter angustato, lateribus rufescente, canaliculato, crebre fortiterque punctato, angulis posticis bicarinatis; elytris punctato-striatis, apice integris; pedibus rufis.* — Long. 9 mill., lat. 2 mill.

Brun, luisant, les côtés du prothorax rouges, revêtu de poils peu visibles si ce n'est par leur reflet. Front aplati, impressionné, couvert de gros points ombiliqués, son bord antérieur très-saillant. Antennes dentées, rougeâtres à la base, le troisième article intermédiaire pour la longueur entre le second et le quatrième. Prothorax plus long que large, rétréci insensiblement depuis la base jusqu'au quart antérieur puis plus fortement au sommet, convexe, fortement et densément ponctué, les points des parties latérales ombiliqués, sillonné au milieu dans toute sa longueur, les angles postérieurs dirigés en arrière, aigus, bicarénés. Ecusson oblong, aplati. Elytres de la largeur du prothorax, curvilinéaires sur les côtés depuis la base jusqu'au sommet où elles sont entières, marquées de stries fortement ponctuées, les intervalles plats et ponctués. Pattes rouge clair.

De Borneo; Sarawack.

Collection de M. Deyrolle.

6. D. homostictus. *Ater , subopacus , fusco-pubescens ; prothorace elongato , a basi angustato , creberrime fortiterque punctato , sulcato ; elytris brevibus , profunde punctato-striatis , interstitiis punctatis , plaga humerali sanguinea.* — Long. 12 mill., lat. 3 mill. (Pl. V, fig. 3.)

Médiocrement allongé , d'un noir peu luisant, revêtu d'une pubescence obscure , les élytres marquées à la base d'une tache oblongue , d'un rouge sanguin. Front excavé en avant , assez saillant , marqué de gros points ombiliqués. Antennes au moins aussi longues que la tête et le prothorax , larges , doublement dentées en scie , velues , au moins chez les mâles , les articles 2 et 3 subégaux et ensemble de la longueur du quatrième. Prothorax long , graduellement rétréci à partir de la base jusqu'au sommet , ses côtés peu arqués , marqué au milieu d'un sillon à fond lisse , s'étendant de la base au sommet , criblé de gros points ombiliqués qui rendent sa surface rugueuse , ses angles postérieurs prolongés dans la direction des bords latéraux , fortement uni-carénés. Ecusson oblong. Elytres à peine deux fois aussi longues que le prothorax , peu à peu et faiblement rétrécies à partir des épaules jusqu'au cinquième postérieur , mucronées à l'angle sutural , profondément striées, les stries ponctuées, les intervalles convexes et très-ponctués. Pattes brunâtres.

De Borneo ; Sarawak.

Cette remarquable espèce fait également partie de la collection de M. Deyrolle.

7. D. rufus. *Rufus , nitidus , longe pubescens ; antennis nigris , basi rufis , lanuginosis ; prothorace latitudine vix longiore , a basi angustato , canaliculato , tenuiter sparsim punctato , angulis posticis acutis , bicarinatis; elytris antice parallelis , apice integris , punctato-striatis , interstitiis subconvexis , punctulatis.* — Long. 11 mill., lat. 3 mill.

Rouge un peu ferrugineux , assez luisant , revêtu d'une pubescence gris brunâtre , longue , fine et redressée. Front convexe , densément et fortement ponctué , muni d'un rebord très-saillant. Antennes du mâle plus longues que la tête et le prothorax , fortement dentées en scie , très-velues , noires avec la base rouge. Prothorax à peine plus long que large , rétréci à partir de la base avec ses côtés droits, sillonné au milieu, marqué de points petits et peu serrés, les angles postérieurs prolongés dans la direction des bords latéraux, aigus, bicarénés. Elytres parallèles jusqu'au milieu, atténuées au-delà, entières au sommet, assez profondément ponctuées-striées, les intervalles très-faiblement convexes et ponctués. Dessous du corps et pattes de la couleur du dessus.

De Java.

8. **D.** NIGRICORNIS. *Testaceus, parum nitidus, flavo pubescens; antennis nigris, basi rufis; prothorace conico, canaliculato, grosse punctato, angulis posticis acutis, bicarinatis; elytris profunde punctato-striatis, interstitiis convexis, apice integris; corpore subtus pedibusque concoloribus.* — Long. 14 mill., lat. 3 3/4 mill.

Tout entier d'un jaune testacé peu luisant, sauf les antennes qui sont noires avec les trois premiers articles rouges. Front allongé, légèrement convexe, marqué de gros points ombiliqués, sa saillie antérieure très-grande mais non redressée. Antennes fortement dentées en scie, velues, le troisième article un peu plus long que le second, les deux, réunis, de la taille du quatrième. Prothorax conique, à peine plus long que large, criblé de gros points, sillonné au milieu, ses angles postérieurs divergents, aigus, bicarénés. Ecusson subquadrangulaire, caréné longitudinalement. Elytres parallèles jusqu'au milieu, profondément striées, les stries ponctuées, les intervalles convexes, ponctués, l'extrémité non échancrée. Dessous du corps de la couleur du dessus.

De Java.

Cette espèce fait partie de la collection du Musée indien de Londres.

9. **D.** PLAGIATUS. *Testaceus, subnitidus, flavo-pubescens; fronte nigra; prothorace conico, canaliculato, parce punctato, plaga discoidali nigra, angulis posticis acutis, bicarinatis; elytris infuscatis, punctato-striatis, interstitiis fere planis, apice integris; pedibus rufis.* — Long. 15 mill., lat. 4 mill.

Un peu plus robuste que le précédent, jaune testacé avec la tête et une tache à bords ondulés, sur le prothorax, noires, les élytres d'un jaune obscur, revêtu d'une pubescence flave. Front allongé, légèrement convexe , impressionné, éparsément ponctué , sa saillie antérieure forte. Antennes brunes , dentées en scie , le troisième article plus longs que le second, les deux, réunis, plus longs que le quatrième. Prothorax conique , plus long que large , éparsément ponctué , sillonné longitudinalement au milieu , ses angles postérieurs divergents, aigus, bicarénés. Ecusson non caréné. Elytres rétrécies à partir de la base , marquées de stries peu profondes, ponctuées , les points aréolés de brun , les intervalles à peu près plats et pointillés , l'extrémité entière. Dessous du corps noir avec les épipleures et le bord externe des flancs du prothorax jaunes ; pattes rouges avec les jambes et les tarses d'un rouge obscur.

De Java.

Collection du Musée indien de Londres. Je l'ai reçue , ainsi que l'espèce précédente , de M. le Dr. Moore.

10. D. ANGULATUS. *Brunneo-ferrugineus griseo-pubescens ; fronte plana , subimpressa , punctata ; prothorace elongato, haud convexo , medio canaliculato , crebre punctato , lateribus concavo , angulis posticis divaricatis , bicarinatis ; elytris thorace latioribus, punctcto-striatis, apice subemarginatis.* — Long. 15 mill., lat. 3 1/2 mill.

Allongé , peu brillant , ferrugineux brun , revêtu d'une fine pubescence grise plus ou moins redressée. Front grand , aplati , la carène avancée , arrondie en avant. Antennes de la longueur de la tête et du corselet , pubescentes , leur troisième article intermédiaire pour la longueur entre le deuxième et le quatrième. Prothorax assez fortement rétréci d'avant en arrière , déprimé , avec un sillon médian peu apparent et deux impressions transversales sur la base, assez densément ponctué, ses côtés convexes , ses angles postérieurs grands , divergents , bicarénés. Elytres plus larges que le prothorax à la base et deux fois et demie plus longues , parallèles jusqu'au milieu , ponctuées-striées , les intervalles plats et ponctués. Dessous du corps ferrugineux comme le dessus ; pattes ferrugineux rouge.

De Hong-Kong.

(Nota.) 11. D. CORACINUS. Voyez à la fin de ce volume.

MELANOTUS.

ESCHS. in THON , *Entom. Arch.* I , II , p. 32.

Cratonychus. (Dej.). ROISD. et LACORD. *Faun. entom. d. env. d. Paris*, I , p. 631. — ERICHS. *Zeitschr. f. d. Entom.* III , p. 89. — LE CONTE , *Rev. Elat. Un. St.* in *Am. Phil. Soc. Trans.* X , new Ser. p. 473.

Perimecus (Dillw). STEPH. *Illustr. of Brit. Entom.* III , p. 263.

Ctenonychus. MELSH. *Proc. Acad. Nat. Sc.* II , p. 151.

Priopus. LAP. *Hist. Nat. d. Ins. Col.* I , p. 231.

Tête à demi inclinée, à demi enchâssée dans le prothorax , généralement convexe , quelquefois plane ou même concave ; front plus ou moins arrondi en avant, sa saillie antérieure toujours bien détachée de la plaque nasale. Labre entier. Mandibules échancrées au bout. Palpes maxillaires terminés par un article sécuriforme.

Antennes de longueur très-variable , dentées en scie , généralement villeuses chez le mâle et simplement pubescentes chez la femelle , de onze articles : le premier médiocre , le second petit et globuleux , le troisième variable , tantôt aussi petit que le précédent , tantôt intermédiaire , pour la longueur , entre le second et le quatrième , tantôt même égal ou à peu près à ce dernier ; les suivants triangulaires et plus ou moins carénés sur leur face externe , le dernier ovalaire.

Prothorax de longueur variable mais le plus souvent aussi long que large, assez fortement rétréci au sommet , ses angles postérieurs de longueur médiocre , unicarénés , rarement bicarénés , son bord postérieur présentant, de chaque côté , en dedans des angles postérieurs, un sillon quelquefois très-longs.

Ecusson oblongo-ovale.

Elytres de deux et demi à quatre fois plus longues que le prothorax , curvilinéairement rétrécies en arrière chez presque tous.

Prosternum court , sa mentonnière normale , sa saillie postérieure longue et fléchie, ses sutures latérales concaves ou subrectilignes , toujours canaliculées dans leur moitié antérieure au moins, larges et lisses dans le reste.

Mésosternum déclive.

Hanches postérieures étroites, graduellement rétrécies de dedans

en dehors , sans dent sur leur bord libre en dehors de l'insertion
des pattes.

Pattes de longueur moyenne ; tarses à premier article allongé ,
les suivants décroissant graduellement , le troisième non élargi ;
crochets toujours pectinés.

Corps allongé , pubescent.

Comme les *Cardiophorus* , les *Melanotus* sont l'un des genres
les plus naturels de la famille. Ainsi que je l'ai dit dans les générali-
lités de la sous-tribu , il n'existe, en dehors du genre actuel ,
qu'un petit nombre d'Elatérides qui ont les crochets des tarses
pectinés, et ceux-ci présentent des caractères assez tranchés pour
qu'il soit impossible de les confondre avec eux.

Les espèces , assez nombreuses , ont en revanche une conformi-
mité d'organisation et de *facies* qui en rend la distinction souvent
très-difficile. J'ai tenté en vain d'y établir des sections et force m'a
été d'y renoncer, après beaucoup de tatonnement. J'en ai cherché
les éléments , tour-à-tour , dans la structure des antennes et notamment des premiers articles , dans la forme du front , dans les
sutures prosternales et dans les dents des crochets , et chaque fois
j'ai dû abandonner les bases d'arrangement que j'avais cru y
trouver.

Le front , tantôt convexe, tantôt concave, arrondi fortement et
très-saillant chez les uns , faiblement arqué chez les autres, passe
de l'une à l'autre de ces formes par des transitions tout-à-fait insensibles. Il en est de même de la longueur des canaux prothoraciques.

Quant à la grandeur du troisième article des antennes relativement à celle du second ou du quatrième , je m'en suis servi dans le
tableau synoptique ci-dessous , faute de mieux et pour faciliter la
recherche des noms spécifiques ; mais ce caractère laisse du doute
pour quelques espèces qui forment transition , et ne peut être
choisi comme caractère de section.

Le mode de pectination des crochets m'a encore moins satisfait.
En comptant leurs dentelures, je me suis bientôt convaincu que
le nombre en est variable , non-seulement chez la même espèce ou
le même individu , mais encore dans les deux crochets du même
tarse.

Chez les *Melanotus* les mâles diffèrent quelquefois notablement
des femelles , mais , cependant, pas au point où cette différence

est portée chez les *Athous*, de la sous-tribu suivante. Ils ont, en général, le prothorax plus étroit, plus conique, moins bombé, les antennes plus longues et plus velues, les élytres plus atténuées d'avant en arrière que dans les individus de l'autre sexe.

La plus grande uniformité existe dans la taille, la tournure et le système de coloration des *Melanotus*, et ce n'est pas une des moindres causes de la difficulté qu'offre la distinction des espèces. Ils sont presque tous de taille moyenne; chez la plupart la couleur ne varie guère entre le noir et le brun plus ou moins ferrugineux, et le nombre des espèces bicolores est extrêmement restreint.

Ils sont presque exclusivement propres à l'hemisphère boréal et je n'en connais qu'un seul (*M. umbilicatus*) qui fasse exception à cet égard. Près de la moitié sont originaires des Etats-Unis (1), les autres sont répartis en Europe et en Asie; je n'en connais aucun qui soit propre à l'Amérique du Sud ou à l'Australie.

On les trouve généralement sur les arbustes. Quelques-uns son nocturnes et se réfugient le jour sous l'écorce des arbres.

Tableau synoptique des espèces :

I. Troisième article des antennes égal au second ou plus long, mais se rapprochant plus de la taille et de la forme du second que de celles du quatrième; celui-ci généralement de même longueur ou plus long que les deux précédents ensemble.

A Prothorax aussi ou plus large que long dans les deux sexes. (2)
  a Corps médiocrement allongé, sa largeur dépassant le quart de sa longueur même chez les mâles.
   α Téguments d'un noir ou d'un brun obscur uniforme (3), abstraction faite des pattes.

(1) M. J. Le Conte a bien voulu me communiquer les nombreuses espèces qu'il a décrites, à l'exception de quelques-unes qu'il ne possède pas dans sa collection et dont les descriptions sont reproduites à la fin du genre. J'ai pu, ainsi, éviter les erreurs de synonymie que j'eusse probablement commises si je n'avais pas eu les types mêmes sous les yeux.

(2) Quand le prothorax est aussi long que large chez le mâle il est plus large que long chez la femelle; quand il est plus large que long chez le mâle, ces proportions sont encore exagérées chez la femelle. On ne doit pas oublier que la mesure de la longueur est prise sur la ligne médiane.

(3) Les espèces à téguments bruns ont souvent le dessous du corps ou l'abdomen seul d'un brun plus clair ou rougeâtre; elles rentrent dans cet embranchement.

* Pattes noires, brunes, ou brun rougeâtre , ou châtain rougeâtre obscur.

✕ Prothorax rétréci en avant à partir du milieu, ses côtés formant conséquemment une courbe assez forte.

   + Dernier segment de l'abdomen régulièrement arrondi au sommet , de structure normale.

     o Elytres nettement striées, les stries marquées de points serrés, corps opaque.

      s Côtés du prothorax anguleusement courbes; ce segment manifestement plus large que long même chez le mâle.   1. *M. niger.*

      ss Côtés du prothorax régulièrement courbes; ce segment aussi long que large chez le mâle.   2. *M. tenebrosus.*

     oo Elytres superficiellement striées, les stries marquées de points fins et espacés, corps assez luisant.   4. *M. monticola.*

   + + Dernier segment de l'abdomen élevé au milieu de son sommet, son bord postérieur tronqué et très-pubescent.   3. *M. brunnipes.*

✕✕ Prothorax rétréci graduellement à partir de la base, ses côtés presque droits.

   + Points du prothorax clair-semés, ombiliqués partout.   20. *M. umbilicatus.*

   + + Points du prothorax denses , simples au milieu du disque.

     o Pubescence gris jaunâtre.   41. *M. fuscus.*

     oo Pubescence brune.   43. *M. vafer.*

* * Pattes rouges ou ferrugineux clair.

  ✕ Téguments noirs.

   + Pubescence courte et fine.   10. *M. amplithorax.*

   + + Pubescence assez longue et modifiant la teinte des téguments.

     o Prothorax aussi long que large.   15. *M. robustus.*

     oo Prothorax plus large que long.   14. *M. œmulus.*

  ✕ ✕ Téguments bruns.

   + Prothorax aussi long que large.   12. *M. mauritanicus.*

   + + Prothorax plus large que long.

     o Ponctuation du prothorax grosse.   16. *M. torosus.*

     oo Ponctuation du prothorax moyenne. (1)   13. *M. compactus.*

ɛ ɑ Téguments ferrugineux rougeâtre ou testacé rougeâtre , ou bicolores.

(1) Voy. aussi le *M. dichrous* var. *a.*

* Elytres noires, rouges à la base ou au sommet.

× A la base.

  + Prothorax rouge maculé de noir. 60. *M. tænicollis.*
  ++ Prothorax brun , sans tache. 31. *M. cuneolus.*

×× Au sommet.   37. *M. hœmorrhous.*

** Elytres de couleur uniforme.

× Prothorax rouge ou rougeâtre obscur, élytres noires ou noirâtres.

  + Prothorax rouge vif, élytres noires. 61. *M. Leonardi.*
  ++ Prothorax rougeâtre obscur, élytres brunâtres.   11. *M. dichrous.*

×× Elytres et prothorax rougeâtres.

  + Crochets des tarses peu profondément pectinés.   19. *M. agriotides.*
  ++ Crochets des tarses profondément pectinés.

    o Ponctuation du prothorax dense ainsi que celle des intervalles des stries des élytres (1). 17. *M. fusciceps.*
    oo Ponctuation du prothorax éparse et forte, celle des intervalles des stries des élytres extrêmement fine. 18. *M. egens.*

aa Corps allongé, sa largeur équivalant au plus au quart de sa longueur.

 a Elytres noires ou couleur de poix.

  * Abdomen rougeâtre. 46. *M. prolixus.*
  ** Abdomen noir.

  × Prothorax plat, rugueusement ponctué. 35. *M. longicornis.*
  ×× Prothorax plus ou moins densément mais non rugueusement ponctué.

    + Elytres au moins trois fois et demie plus longues que le prothorax; celui-ci anguleusement courbe sur les côtés. 7. *M. castanipes.*
    ++ Elytres trois fois au plus aussi longues que le prothorax ; celui-ci régulièrement courbe sur les côtés.

     o Prothorax plus large que les élytres, sillonné dans sa moitié postérieure. 9. *M. crassicollis.*
     oo Prothorax de la largeur des élytres, sillonné faiblement vers la base. 8. *M. rufipes.*

aa Elytres brunes.

 * Prothorax rétréci curvilinéairement en avant à partir au moins du milieu.

(1) Voy. aussi *M. robustus* var. *a.*

    X Angles postérieurs du prothorax recour-
        bés en dedans , au bout.   22. *M. venalis.*
    X X Angles postérieurs du prothorax dirigés
        en arrière.   6. *M. Menetriesii*
    X X X Angles postérieurs du prothorax di-
        vergents.
      + Prothorax bombé.   62. *M. scrobicollis.*
      + X Prothorax déprimé.   63. *M. texanus.*
  * Prothorax droit et parallèle sur les côtés , ré-
    tréci seulement dans son cinquième an-
    térieur.   52. *M. despectus.*

AA Prothorax manifestement plus long que large, ou
    au moins aussi long que large chez la femelle.
  a Prothorax de la couleur des élytres.
    α Téguments noirs ou brunâtres en dessus, avec
      l'abdomen rougeâtre.
      * Elytres plus larges que le prothorax.   24. *M. phlogosus.*
      ** Elytres à peine de la largeur du prothorax. 23. *M. ventralis.*
    αα Téguments noirs ou brunâtres en dessus avec
      l'abdomen de la couleur générale.
     * Elytres simplement striées-ponctuées au-delà
       de la base.
      X Prothorax fortement sillonné dans toute
        sa longueur.
        + Pubescence gris cendré ou gris fauve. 44. *M. rusticus.*
        + + Pubescence d'un brun clair.   45. *M. sulcatus.*
      X X Prothorax faiblement sillonné ou seule-
        ment sillonné en arrière.
        + Front long , coupé carrément en avant.
          o Angles postérieurs du prothorax for-
            tement unicarénés.   29. *M. veles.*
          oo Angles postérieurs du prothorax bi-
            carénés.   30. *M. gobius.*
        + + Front à bord antérieur arrondi.
          o Téguments à peine pubescent. 42. *M. vermiculatus.*
          oo Téguments hérissés de poils fins. 32. *M. hirtellus.*
  * * Elytres striées.
    X Prothorax sillonné dans toute sa longueur
      ou à peu près.   5. *M. sulcicollis.*
    X X Prothorax non ou à peine sillonné en
      arrière.
      + Prothorax éparsément ponctué; anten-
        nes d'un rouge clair.   54. *M. secretus.*
      + + Prothorax densément ponctué ; an-
        tennes d'un rouge obscur.   53. *M. clandestinus.*
  αα α Téguments rougeâtres en dessus.
    * Pubescence fine et médiocrement dense. 27. *M. rubidus.*
    ** Pubescence hérissée et assez épaisse. 28. *M. puberulus.*

  aa Prothorax et élytres de couleurs dissemblables.

    α Prothorax noir , élytres testacées.   38. *M. badiipennis.*

    αα Prothorax rouge, élytres noires.   39. *M. nitidus.*

    ααα Prothorax rougeâtre, élytres brunes. (1)

II Troisième article des antennes intermédiaire pour la longueur entre le second et le quatrième ou presque égal à ce dernier.

A Troisième article des antennes intermédiaire entre le
précédent et le suivant pour la longueur.

  a Prothorax aussi large ou plus large que long,
même chez le mâle.

    α Deux carènes aux angles postérieurs du prothorax. 49. *M. incertus*

    αα Une seule carène aux angles postérieurs du pro-
thorax.

      * Front excavé.

        × Angles postérieurs du prothorax dirigés en
arrière.   50. *M. decumanus.*

        ×× Angles postérieurs du prothorax très-di-
vergents.   58. *M. sagittarius.*

      ** Front plan ou légèrement convexe.

        × Prothorax aussi long que large ou à peu
près.

          + Téguments noirs.   36. *M. cete.*

          + + Téguments bruns.

            o Pubescence fine et médiocre.

              s Pas de sillon sur le prothorax. 67. *M. parumpunctatus.*

              ss Un fort sillon sur le prothorax. 68. *M. effetus.*

            oo Pubescence raide ou dense.

              s Pubescence grise et rude.   26. *M. propexus.*

              ss Pubescence jaunâtre , longue,
dense.   34. *M. tomentosus.*

        ×× Prothorax plus large que long même
chez le mâle.

          + Côtés du prothorax assez fortement ar-
qués, sa ponctuation forte.

            o Ecusson oblong , sillonné.   21. *M. legatus.*

            oo Ecusson subquadrangulaire, plan. 25. *M. regalis.*

          + + Côtés du prothorax convergents et
peu arqués, sa ponctuation fine et
épaisse.

            o Elytres atténuées à partir de la
base.   69. *M. verberans.*

            oo Elytres arquées sur les côtés. 59. *M. trapezoideus.*

  aa Prothorax plus long que large au moins chez le
mâle, toujours aussi long que large chez la femelle.

(1) *M. clandestinus* var. *a.*

α   Front plat ou convexe.
  *   Ponctuation du prothorax dense.
    ✕   Téguments bruns.   66. *M. exuberans.*
    ✕ ✕   Téguments noirs.   47. *M. longulus.*
  **   Ponctuation du prothorax éparse au moins
    au milieu du disque.
    ✕   Noirâtre, front convexe.   75. *M. tenax.*
    ✕✕   Testacé brunâtre, front plat.   57. *M. morosus.*
αx   Front concave.
  *   Une seule carène aux angles postérieurs du
    prothorax.   48. *M. macer.*
  **   Angles postérieurs du prothorax bicarénés. 51. *M. canadensis.*
ΔΔ Troisième article des antennes aussi long ou à peu
près aussi long que le quatrième.
a   Angles postérieurs du prothorax bicarénés.
  α   Prothorax sillonné en arrière.   65. *M. communis.*
  αα   Prothorax non sillonné.
    *   Prothorax de la largeur des élytres, antennes
    très-courtes.   72. *M. cribricollis.*
    **   Prothorax plus large que les élytres; anten-
    nes assez longues.   64. *M. fissilis.*
aa   Une seule carène aux angles postérieurs du prothorax.
  α   Prothorax aussi large ou plus large que long.
    *   Téguments noirs ou noirâtres.
    ✕   Stries des élytres peu ou point marquées.
      +   Prothorax marqué de point ombiliqués. 40. *M. ebeninus.*
      + +   Prothorax marqué de points très-fins
      sur le milieu du disque.   74. *M. pertinax.*
    ✕✕   Elytres ponctuées-striées.
      +   Front plat, marqué de gros points om-
      biliqués, serrés.   55. *M. depressus.*
      + +   Front convexe, marqué de points à
      peine ombiliqués et peu serrés.   76. *M. americanus.*
    **   Téguments bruns ou testacés.
    ✕   Prothorax fortement ponctué.   71. *M. cribulosus.*
    ✕✕   Prothorax finement et éparsément ponctué. 56. *M. angustatus.*
    ✕✕✕   Prothorax finement et densément ponc-
    tué.   73. *M. paganus.*
  αα   Prothorax plus long que large.
    *   De taille moyenne; téguments bruns.
    ✕   Prothorax fortement ponctué.   33. *M. pisciculus.*
    ✕✕   Prothorax assez finement et éparsément
    ponctué.   70. *M. infaustus.*
    **   Très-petit; téguments testacés.
    ✕   Prothorax sillonné à la base.   77. *M. insipiens.*
    ✕✕   Prothorax non sillonné à la base.   78. *M. tenellus.*

1. M. NIGER. *Niger, parum nitidus, griseo-pubescens; anten* *nis subtiliter pubescentibus; prothorace confertissime punctis umbilicatis adsperso, antice subtiliter carinato; scutello latitudine vix longiore : elytris punctato-striatis, interstitiis punctatis.* — Long. 13 - 15 mill., lat. 3 1/2 - 4 1/2 mill.

Elater niger. Fabr. *System. Eleuth.* II, 227, 35. — Panz. *Faun. Germ.* 106, 16. — Schönh. *Syn. ins.* III, p. 278, 72.

Melanotus niger. Brullé, *Exped. Sc. d. Mor.* p. 136. — Latr. *Ann. de la Soc. entom. d. Fr.* III, p. 158. — Kiesenw. *Naturg. d. Ins. Deutschl.* IV, p. 248.

Cratonychus niger. Boisd. et Lac. *Fn. Entom. d. env. d. Paris* I : p. 632, 3. — Erichs. *Zeitschr. f. d. Entom.* III, p. 90, 1. — Gebl. *Bull. d Mosc.* XX. — Ménétr. *Mem. d. l'Ac. d. St-Pétersb.* VI, p. 31, 229. — Küster, *Käf. Europ.* III, 17. — Dej. *Cat.* ed. 3 p. 98.

Priopus niger. Lap. *Hist. Nat. d. Ins. col.* I, p. 231, 3.

Elater aterrimus. Ol. *Entom.* II, p. 28, 33, tab. 5 f. 33. — Herbst, *Käf.* 43, 50, tab. 161, fig. 12.

Ectinus aterrimus. Steph. *Man. of brit. Col.* p. 179.

Elater puncto-lineatus. Curtis, *Trans. entom. Soc. Lond.* III, févr. 1854.

(♂) Noir, presque mat, revêtu d'une pubescence grise, quelquefois cendrée, qui modifie un peu la couleur du fond. Antennes légèrement pubescentes, dépassant les angles postérieurs du prothorax. Prothorax un peu moins long que large, arqué sur les côtés, rétréci au sommet à partir du milieu, très-densément couvert de gros points ombiliqués, subsillonné vers la base, le sillon se transformant en avant en une ligne saillante, les angles postérieurs surmontés d'une carène à crête lisse, l'intervalle qui sépare cette carène du sillon basilaire latéral densément ponctué. Ecusson aussi large à peu près que long. Elytres de la largeur du prothorax et deux fois et demie plus longues, parallèles jusqu'au milieu ou un peu au-delà, assez fortement ponctuées-striées, les intervalles très-faiblement convexes, rugueux et ponctués. Dessous plus luisant que le dessus. Pattes brunâtres.

(♀) Beaucoup plus épaisse et proportionnément plus large que le mâle; ses antennes, également pubescentes, n'atteignent pas l'extrémité des angles du prothorax; celui-ci est notablement plus large que long et plus convexe, plus brusquement rétréci dans sa moitié antérieure, sa carène médiane est mieux marquée et se prolonge même souvent, dans le sillon postérieur, jusqu'à la base.

Répandu assez communément en Europe et en Sibérie sauf, je

pense , dans les régions tout-à-fait septentrionales. Il vit de préférence sur les plantes basses ; on le trouve fréquemment sur le sol
dans les endroits sablonneux et secs, tels que les dunes de l'Océan.
L'*Elater niger* de Linné n'est pas , selon M. de Kiesenwetter, identique avec l'espèce actuelle mais bien avec un de nos *Athous* , l'*A.
hirtus* Herbst. qui devient conséquemment l'*A. niger* Linné. Quant
au *Melanotus ater* d'Eschscholtz (1) il ne serait autre que celui-ci,
d'après Erichson, et la provenance brésilienne indiquée par l'auteur
russe serait une erreur.

Je partage l'opinion de M. Janson qui rapporte au *M. niger*
l'*E. puncto-lineatus* Curtis. J'ai reçu , en effet , de M. Curtis ,
l'opuscule détaché du volume des *Transactions de la Soc. entom.
de Londres* où cet *Elater* est décrit ; à la suite de la description l'auteur avait ajouté de sa main les mots caractéristiques « *Claws pec-
tinated* » qui lèvent tout doute relativement au nom générique qui
convient à cette espèce. Je crois devoir faire cette remarque parceque la question a été controversée.

2. M. TENEBROSUS. *Niger , parum nitidus , griseo-pubescens ;
antennis maris lanuginosis ; prothorace confertim æqualiter punctis umbilicatis adsperso , basi subimpresso ; scutello latitudine vix
longiore ; elytris punctato-striatis , interstitiis convexiusculis ,
punctatis.* — Long. 12 mill., lat. 3 - 3 1/4 mill.

Cratonychus tenebrosus. ERICHS. *Zeitschr. f. d. Entom.* III , p. 92 , 4. —
KÜSTER, *Käf. Europ.* XXIII.

Melanotus tenebrosus. KIESENW. *Naturg. d. Ins. Deutschl.* IV , p. 350.

Confondu souvent , dans les collections , avec le *niger* auquel il
ressemble , surtout par son aspect presque mat ; il en diffère par
sa taille plus petite , son prothorax moins bombé , plus fortement
encore et plus également ponctué , dépourvu de carène médiane ,
plus régulièrement courbe sur les côtés; enfin ses antennes sont
plutôt velues que pubescentes chez le mâle.

On le trouve dans le midi de l'Europe et le nord de l'Afrique.

3. M. BRUNNIPES. *Niger , parum nitidus , sat dense griseo-pubescens; antennis subtiliter pubescentibus ; prothorace confertim*

(1) THON, *Arch.* II , I , S. 32.

*œqualiter fortiterque punctato , basi subimpresso ; elytris pro-
thoracis latitudine , punctato-striatis , interstitiis fere planis ,
punctatis ; abdominis segmento ultimo apice elevato , truncato
ciliatoque.* — Long. 13 - 15 mill.. lat. 4 - 4 1/2 mill.

Elater brunnipes. GERM. *Ins. Sp. Nov.* 41, 67.

Cratonychus brunnipes. ERICHS. *Zeitschr. f. d. Entom.* III , p. 91 , 2. —
KÜSTER, *Käf. Europ.* III , 18. — REDT. *Faun. Austr.* ed. I, 294 ed. II, 488,
536.

Melanotus brunnipes. KIESENW. *Naturg. d. Ins. Deutschl.* IV , 249 , 2.

Melanotus subvestitus. BRULLÉ , *Exp. Scient. d. Mor.* III , p. 137.

Cratonychus fascicularis. KÜSTER, loc. cit. XXIII.

D'un noir peu luisant, revêtu assez densément d'une pubescence
gris clair. Front large , impressionné , marqué de gros points ombiliqués. Antennes assez courtes, dentées en scie , brunes , pubescentes , un peu velues chez le mâle au sommet de chaque article,
le troisième article presque intermédiaire pour la longueur entre le
second et le quatrième. Prothorax plus large que long , arrondi
sur les côtés, fortement rétréci au sommet à partir du milieu , peu
convexe , légèrement impressionné au milieu vers la base , fortement ponctué mais moins densément que chez les précédents , les
points ombiliqués sur les parties latérales , les angles postérieurs
dirigés en arrière et un peu en dehors, carénés , les sillons basilaires latéraux fortement marqués. Ecusson subquadrangulaire , un
peu plus long que large. Elytres de la largeur du prothorax, à peine
sensiblement atténuées de la base jusqu'au milieu , puis plus rapidement de ce point chez le mâle, du tiers postérieur chez la femelle , jusqu'au sommet, marquées de stries fortement ponctuées,
les intervalles presque plats et ponctués, subgranuleux. Pattes brunes , dernier segment de l'abdomen élevé au sommet , tronqué
presque carrément et chargé de longs poils gris.

Cette espèce, qui paraît peu commune , se rencontre dans le
sud-est de l'Allemagne , la Grèce , la Turquie et le midi de la
Russie. Elle est très-reconnaissable à la forme du dernier segment
de l'abdomen , caractère qui existe chez les deux sexes , mais à un
degré moins prononcé chez la femelle.

C'est sur la foi de M. Jaquelin Duval (1) que je lui rapporte le
M. subvestitus Brullé.

(1) *Glanures entom.* 1859.

4. M. MONTICOLA. *Niger, nitidus, cinereo-pubescens; antennis maris lanuginosis; prothorace longitudini latitudine subæquali, apice rotundatim angustato, crebre fortiterque punctato, basi canaliculato; elytris prothoracis latitudine, punctato-substriatis, interstitiis planis punctulatis; pedibus brunneis.* — Long. 12-13 mill., lat. 3-3 ½ mill.

Elater monticola. MÉNÉTR. *Cat. rais.* 156, 629.

Cratonychus monticola. ERICHS. *Zeitschr. f. d. Entom.* III, p. 92, 3.

Cratonychus brunnipes. KOLEN. *Meletem.* V, p. 113.

Très-voisin du *brunnipes*, plus luisant, noir, revêtu d'une pubescence cendrée moins dense. Front large, subimpressionné, marqué peu densément de gros points ombiliqués. Antennes noires avec l'extrémité brune, dentées en scie, très-velues chez le mâle où elles sont plus longues que la tête et le prothorax réunis, le troisième article un peu plus long que le second, les deux, réunis, plus courts que le quatrième. Prothorax à peu près aussi long que large, rétréci au sommet, dans les deux cinquièmes antérieurs, par une courbe régulière, les côtés droits et parallèles en arrière, peu convexe, assez densément ponctué, les points des parties latérales beaucoup plus gros que ceux du milieu du disque, la base sillonnée, les angles postérieurs non ou à peine divergents, portant une carène aigüe et courte, les sillons basilaires latéraux profonds, courts et presque droits. Écusson subquadrangulaire, un peu plus long que large. Élytres de la largeur du prothorax et deux fois et un tiers au plus aussi longues, très-faiblement rétrécies au milieu à partir de la base puis plus rapidement au-delà, ponctuées-striées, les stries à peine enfoncées, les intervalles plans et éparsément ponctués. Pattes brunes. Dernier segment de l'abdomen normal.

Provinces du Caucase, Arménie, Perse, etc.

Il diffère nettement du *brunnipes* par la forme normale du dernier segment de l'abdomen. J'en ai vu plusieurs exemplaires qui correspondent parfaitement à la description qu'en a donnée Erichson sur un individu du musée de St Pétersbourg. Il se distingue par ses antennes très-velues chez le mâle et la brièveté relative des élytres.

5. M. SULCICOLLIS. *Piceo-niger, nitidus, griseo-pubescens; prothorace latitudine longiore, fere a basi arcuatim angustato, late canaliculato, grosse punctato; elytris basi profunde, apice subtilius punctato-striatis, postice attenuatis; antennis pedibusque brunneis.* — Long. 17-20 mill., lat. 3 2/3 -5 mill.

Cratonychus sulcicollis. MULS. et GUILL. *Opusc. Entom.* VI, p. 19.

Allongé et plus fusiforme que les précédents, d'un noir de poix foncé, assez brillant, revêtu d'une pubescence grise ou gris cendré. Antennes brun obscur. Front médiocrement convexe, légèrement biimpressionné en avant, fortement ponctué. Prothorax plus long que large, curvilinéairement rétréci à partir de la base chez le mâle, du tiers postérieur chez la femelle, largement sillonné au milieu dans presque toute sa longueur, couvert de gros points moins serrés sur la ligne médiane que sur les parties latérales, ses angles postérieurs peu allongés, carénés. Écusson à peu près aussi large que long, arrondi en arrière. Élytres longues, assez fortement atténuées en arrière par une courbe légère et régulière, striées, les stries profondes et fortement ponctuées en avant, superficielles et moins largement ponctuées au sommet, les intervalles convexes vers la base, aplatis vers l'extrémité, éparsément ponctués. Dessous du corps plus longuement pubescent; pattes brunes.

France méridionale et Espagne. Il paraît assez commun dans les Pyrénées.

La longueur du prothorax et le large sillon que présente ce segment le rendent très-facile à reconnaître parmi les espèces européennes.

6. M. MENETRIESII. *Elongatus, rufo-piceus, nitidus, flavo-pubescens; prothorace longitudine vix latiore, lateribus sub-angulato, depresso, fortiter punctato; elytris prothoracis latitudine, triplo longioribus, striis subtilibus punctatis; corpore subtus pedibusque rufo-brunneis.* — Long. 12 mill., lat. 3 mill.

Cratonychus Menetriesii. FALDERM. *Fn. Transc.* p. 162, 246, Pl. V, fig. 9. — DEJ. *Cat.* ed. 3, p. 98.

Elater sobrinus. MÉNÉTR. *Cat. rais.* p. 157, 630.

Var. a. *Prothorace rufescente.*

Allongé, brun rougeâtre, revêtu d'une pubescence jaunâtre,
le prothorax quelquefois rougeâtre. Front légèrement convexe,
fortement ponctué. Antennes longues, dentées en scie. Prothorax
à peine plus large que long, très-peu convexe, rétréci en
avant avec ses côtés un peu coudés au milieu, assez fortement
ponctué, ses angles postérieurs dirigés en arrière et carénés.
Élytres de la largeur de la base du prothorax, parallèles jusqu'au delà du milieu, atténuées au-delà, très-légèrement striées,
les stries ponctuées, les intervalles à peu près plats et pointillés.
Dessous du corps brun rouge assez luisant, pattes de même
couleur ou rouges.

Des provinces transcaucasiques.

Il ressemble en petit au suivant, mais il s'en distingue par
son prothorax relativement plus allongé, moins fortement ponctué,
les points des stries des élytres plus gros, etc.

7. M. CASTANIPES. *Elongatus, piceus, nitidus, griseo-pubescens; prothorace longitudine latiore, lateribus subangulato,
parum convexo, parcius punctato; elytris prothoracis latitudine,
plus quam triplo longioribus, striis latis, inæqualiter punctatis;
pedibus rufo-brunneis.* — Long. 16 - 18 mill., lat. 4 - 4 1,2 mill.

Elater castanipes. PAYK. *Faun. Suec.* III, 23, 27.

Melanotus castanipes. KIESENW. *Naturg. d. Ins. Deutschl.* IV, p. 251, 4.

Cratonychus castanipes. ERICHS. *Zeitschr. f. d. Entom.* III, p. 95. 7. —
KOLEN. *Meletem.* V, 1846, p. 36 — KÜSTER, *Käf. Europ.* III, 19. — REDT.
Fn. Austr. ed. II, 488, 536.

Elater obscurus. FABR. *Syst. Eleuth.* II, 233, 63. — OL. *Entom.* II, 31,
p. 29. 33 tab. 168, fig. 6. — HERBST, *Käf.* X, 108, 128, tab. 168, fig. 6.
— GEBL. in LEDEB. *Reise*, 1830, p. 82.

Cratonychus obscurus. DEJ. *Cat.* ed. 3, p. 98. — GEBL. *Ins. d. Siber.* in
Bull. d. Mosc. 1847.

Priopus obscurus. LAP. *Hist. nat. Ins. Col.* I, p. 251, 2.

Elater fulvipes. GYLL. *Ins. Suec.* I, p. 407, 37.

Cratonychus fulvipes. BOISD. et LAC. *Faun. Entom. d. env. d. Paris*,
p. 632.

Perimecus fulvipes. KIRBY, *Faun. bor. Amer.* 148.

Cratonychus inæqualis. LEC. *Req. E'at. Un. St.* in *Am. phil. Soc. Trans.* X,
new ser. p. 476, 168?

Cratonychus longipennis. KÜSTER, *Käf. Europ.* 14, 25.

Cratonychus elongatus. ZIEGL. in litt.

Var. *a.* *Prothorace toto vel margine rufescente.*

Noir de poix ou brunâtre, assez luisant, allongé, revêtu
d'une pubescence grise médiocrement dense. Front aplati, impressionné au milieu, fortement ponctué. Antennes dépassant
les angles postérieurs du prothorax chez les deux sexes, velues
chez les mâles, pubescentes chez les femelles. Prothorax plus
large que long, assez fortement rétréci en avant à partir du
milieu où les côtés forment, surtout chez les mâles, un .coude
assez prononcé, très-peu convexe, sa ponctuation grosse et
serrée sur les côtés, pas très-dense au milieu et en arrière,
sillonné à la base, ses angles postérieurs faiblement divergents
à la base, un peu recourbés en arrière au sommet, surmontés
d'une forte et longue carène. Écusson oblong. Élytres de la
largeur du prothorax, trois fois et demie plus longues que
celui-ci mesuré sur la ligne médiane, parallèles ou à peu
près jusqu'au delà du milieu, graduellement rétrécies dans les
deux cinquièmes postérieurs, marquées de stries ou plutôt de
sillons, tantôt superficiels, tantôt très-profonds, inégalement
ponctués, les intervalles plus ou moins convexes et ponctués.
Dessous du corps noir, noir brunâtre, brun ou rougeâtre, luisant.
Pattes rougeâtres ou rouges.

Dans la variété le prothorax est rougeâtre, soit en totalité,
soit seulement sur les bords.

Cette espèce est répandue dans toute l'Europe, l'Asie mineure, la Sibérie et jusque dans le Canada. Elle est assez commune partout et vit spécialement sur le chêne.

Lorsque l'on compare entre eux des individus provenant de
diverses localités, on observe des variations telles dans la ponctuation du prothorax, les stries des élytres, etc., qu'on est
tenté d'y voir plusieurs espèces distinctes ; mais quand on en
examine un grand nombre, ainsi que je l'ai fait, on trouve
des degrés intermédiaires qui en rendent le démembrement impossible. D'un autre côté, comparé aux autres espèces, le
M. castanipes, dans toutes ses formes, se reconnaît facilement
à l'allongement et au parallélisme des élytres et à la courbe
plus ou moins anguleuse des côtés du prothorax.

Le *C. aspericollis* Muls et Guill. (1), de Sicile, diffère de
cette espèce, au dire des auteurs, par son prothorax plus fortement et plus rugueusement ponctué. D'après ce que je viens
de dire, je suis tenté de le considérer comme une simple variété
du *castanipes*.

Je pense qu'il faut aussi rapporter au *castanipes* le *C. inœqualis*
que M. Le Conte a établi sur un exemplaire du nord des
Etats-Unis. Je n'ai point vu cet exemplaire en nature, mais la
description fort complète qu'en donne le savant américain s'applique très-bien à l'espèce actuelle. L'identité est d'autant plus
vraisemblable que nous savons que le *M. castanipes* se trouve
au Canada.

8. M. RUFIPES. *Piceus, nitidus, griseo-pubescens; prothorace
longitudine paulo latiore, lateribus arcuato, haud angulato,
parum convexo, crebrius punctato; elytris prothoracis latitudine,
vix triplo longioribus, punctato-striatis, interstitiis rugulosis;
antennis pedibusque rufis.* — Long. 15-18 mill., lat. 3 3/4-4 1/2 mill.

Elater rufipes. HERBST, *Archiv.* V, 113, 28, pl. 27; fig. 22.

Melanotus rufipes. KIESENW. *Naturg. d. Ins. Deutschl.* IV, p. 351, 5.

Cratonychus rufipes. ERICHS. *Zeitschr. f. d. Entom.* III, p. 96, 8. — KÜSTER,
Käf. Europ. H. III, 20. — REDT. *Fn. Austr.* ed. I, 294, ed. II. 488, 536.

Cratonychus brunnipes. BOISD. et LAC. *Fn. Entom. d. env. d. Paris*, p. 633, 2.
— DEJ. *Cat.* ed. 3, p. 98.

Elater fulvipes. HERBST, *Käf.* X, 46, 52, pl. 162, fig. 2.

Var. *a. Prothorace rufo.*

Elater bicolor. FABR. *System. Eleuth.* II, p. 234, 64.

Voisin du précédent dont il diffère cependant pas les côtés
du prothorax régulièrement arqués et les élytres moins longues.
D'un noir de poix., couvert d'une pubescence gris clair, à
reflet légèrement fulvescent. Front fortement ponctué. Antennes
rougeâtres, dépassant les angles postérieurs du prothorax chez
le mâle seulement où elles sont velues, pubescentes chez la
femelle. Prothorax un peu plus large que long, fortement rétréci au sommet, arqué régulièrement sur les côtés, fortement

(1) *Opusc. Entom.* VI, p. 18.

40

et densément ponctué, les points ombiliqués en avant, peu convexe, ses angles postérieurs dirigés en arrière, carénés. Ecusson allongé. Elytres deux fois et demie à trois fois plus longues que le prothorax et aussi larges, rétrécies à partir de la base ou du tiers antérieur chez le mâle, à partir du milieu chez la femelle, peu profondément striées, les stries assez fortement ponctuées, les intervalles à peu près plats, ruguleux, éparsément pointillés. Pattes rouges, les cuisses généralement d'une teinte plus claire que les jambes et les tarses.

La variété à prothorax rouge est rare.

Cette espèce est répandue dans toute l'Europe et le nord de l'Afrique. Elle est commune dans l'ouest. C'est elle qui se rencontre le plus fréquemment en Belgique et dans le nord de la France.

Erichson fait remarquer que cet Elatéride a été souvent confondu par les auteurs avec le précédent, en sorte que sa synonymie est difficile à établir ; mais ce qui importe seul c'est l'exactitude du nom.

Quant à la variété rapportée à l'*E. bicolor* Fabr., le même auteur ajoute qu'il n'a pas vu l'exemplaire typique du musée de Lund, mais bien un de la collection Hagens que ce dernier avait sans doute reçu de Lund. On peut donc considérer la citation comme exacte.

9. M. CRASSICOLLIS. *Niger, nitidus, griseo-pubescens; prothorace longitudine paulo latiore, lateribus arcuato, haud angulato, parum convexo, dense punctato; elytris prothorace angustioribus, haud triplo longioribus, punctato-striatis, interstitiis rugulosis; antennis pedibusque rufis.* — Long. 15-16 mill. lat. 3 3/4 - 4 mill.

Cratonychus crassicollis. ERICHS. *Zeitschr. f. d. Entom.* III, p. 68 · 11. — REDT. *Fn. Austr.* ed. II, 488, 536.

Melanotus crassicollis. KIESENW. *Naturg. d. Ins. Deutschl.* IV, p. 252, 6.

Cratonychus tristis. KÜSTER, *Käf. Europ.* XXIII, 32 ?

Peu distinct du *rufipes* si ce n'est par la largeur plus grande du prothorax relativement aux élytres. Noir, revêtu d'une pubescence grise. Front comme chez le précédent. Antennes dépassant un peu les angles postérieurs du prothorax dans les deux sexes, rougeâtres, velues chez le mâle, pubescentes chez la femelle. Prothorax plus large que long, arqué sur les côtés, densément ponctué, légèrement sillonné en arrière chez le mâle, plus fortement chez la femelle, les angles postérieurs dirigés en arrière, carénés. Ecusson allongé. Elytres plus étroites que le prothorax dans les deux sexes, rétrécies à partir de la base chez le mâle, parallèles jusqu'au delà du milieu chez la femelle, ponctuées - striées, les intervalles aplatis et pointillés. Pattes rouges.

Cette espèce se trouve dans l'Europe centrale et méridionale, surtout en Allemagne. Elle paraît beaucoup plus rare que les deux précédentes.

Il existe, dans la collection de M. de la Ferté Sénectère, quelques exemplaires de Dalmatie qui correspondent assez bien à la description d'une espèce de ce pays que donne M. Küster sous le nom de *C. tristis*. Je ne puis affirmer que ces exemplaires doivent se rapporter au *C. tristis* Küst. mais si cela est, ils diffèrent, à mon avis, trop peu de *crassicollis* pour en être distraits.

Erichson s'est trompé en lui rapportant le *C. brunnipes* Lac. qui n'est autre que le précédent.

10. M. AMPLITHORAX. *Niger, nitidus, tenuiter griseo-pubescens; fronte lata, convexa; prothorace longitudine haud latiore; apice tantum angustato, convexo, dense subtiliter punctato; basi breviter canaliculato; elytris thoracis latitudine, ultra medium parallelis, striis subtilibus punctatis, interstitiis dense punctulatis; pedibus rufis.* — Long. 14 mill., lat. 3 3/4 mill.

Cratonychus amplithorax. MULS. et GUILLEB. *Opusc. Entom.* VI, p. 17.

D'un noir légèrement brunâtre, assez luisant, revêtu d'une pubescence grise, fine, soyeuse, couchée, courte et peu dense. Front grand, légèrement convexe, couvert de points subombiliqués. Antennes rougeâtres, à troisième article un peu plus long que le second, les deux, réunis, de la longueur du quatrième. Prothorax aussi long que large, arrondi sur les côtés, rétréci au sommet, très-convexe, finement et densément ponctué, marqué d'un court sillon à la base, les angles postérieurs un peu divergents, brièvement carénés, les sillons basilaires latéraux courts

et droits. Ecusson subanguleusement arrondi en arrière, une
demi fois plus long que large. Elytres de la largeur du prothorax, parallèles sur les côtés en avant, obtuses à l'extrémité,
finement striées, les stries ponctuées, les intervalles plans, densément pointillés. Dessous du corps brunâtre avec l'abdomen brun
rougeâtre ; pattes rouge ferrugineux.

De la France méridionale ; Narbonne.

Je l'ai reçu en communication de M. Mulsant. Il diffère du
précédent par son prothorax plus bombé, plus finement ponctué
et ses élytres plus obtuses au bout.

11. M. DICHROUS. *Piceus, nitidus, griseo-pubescens ; prothorace apice tantum angustato, rufo-piceo, convexo, crebre
punctato ; elytris brevibus, punctato-striatis, interstitiis punctulatis ; antennis pedibusque rufis, abdomine rufescente.* —
Long. 11 - 12 mill., lat. 3 - 3 1/4 mill.

Cratonychus dichrous. ERICHS. *Zeitschr. f. d. Entom.* III, p. 93, 5. —
LUCAS, *Expl. d. l'Algérie ; Zool.* p. 162.

Cratonychus cinerascens. DEJ. *Cat.* ed. 3, p. 98.

Var. *a. Prothorace elytrisque concoloribus.*

Noir de poix ou brun très-obscur, avec le prothorax plus
ou moins teinté de rougeâtre, luisant, revêtu d'une fine pubescence grise, assez large, proportionnément à sa longueur. Front
large, légèrement convexe, densément et fortement ponctué.
Antennes rouges, lanugineuses chez le mâle, pubescentes chez
la femelle, fortement dentées en scie, dépassant les angles
postérieurs du prothorax. Prothorax un peu plus large que long,
curvilinéairement rétréci dans sa moitié antérieure, convexe,
subsillonné en arrière, assez densément ponctué, les points
non ombiliqués, à peine sillonné en arrière, les angles postérieurs dirigés en arrière, carénés, les sillons basilaires latéraux
obliques. Ecusson plus long que large. Elytres de la largeur
du prothorax, parallèles jusqu'au milieu et même au-delà,
finement striées, les stries ponctuées, les intervalles pointillés.
Dessous du corps rouge brun, brillant, avec l'abdomen rougeâtre,
rouge au sommet. Pattes d'un rouge clair.

France méridionale, Espagne, Portugal, Italie et Algérie.

12. M. MAURITANICUS. *Fuscus, nitidus, subtiliter griseo-pubescens; prothorace latitudini longitudine æquali, a medio rotundatim angustato, convexo, crebre punctato, angulis posticis divaricatis, carinatis; elytris antice parallelis, apice attenuatis, punctato-striatis, interstitiis subconvexis, crebre punctatis; corpore subtus brunneo, antennis pedibusque rufis.* — Long. 15 mill., lat. 4 mill.

Cratonychus mauritanicus. LUCAS, *Exp. d. l'Algérie*, Zool. p. 162, Pl. XVI, fig. 6.

Brun, assez luisant, revêtu d'une fine pubescence grise à reflet soyeux. Front grand, déprimé au milieu, couvert de gros points peu distinctement ombiliqués. Antennes aussi longues que la tête et le prothorax, rougeâtres, à troisième article un peu plus long que le second, les deux réunis de la longueur du quatrième. Prothorax aussi long que large, arrondi sur les côtés en avant, médiocrement rétréci au sommet à partir du milieu, convexe, assez densément ponctué, les points plus serrés sur les parties latérales, faiblement sillonné en arrière, les angles postérieurs un peu divergents, portant une longue carène très-rapprochée du bord externe, les sillons basilaires latéraux presque droits. Ecusson presque aussi large que long, en pointe obtuse en arrière. Elytres de la largeur du prothorax et plus de deux fois et demie aussi longues, parallèles jusqu'au milieu, atténuées au-delà, ponctuées-striées, les intervalles presque plats et assez densément ponctués. Dessous du corps brun avec l'abdomen ferrugineux obscur; pattes rouges.

Algérie.

13. M. COMPACTUS. *Brevior, piceus, nitidus, cinereo-pubescens; prothorace longitudine latiore, a, ice subangustato, minus convexo, dense punctato; elytris brevibus, punctato-striatis, interstitiis punctulatis; antennis pedibusque rufis; abdomine apice rufescente.* — Long. 12-13 mill. lat. 4 mill.

Plus large que le précédent en proportion de sa longueur, couleur de poix, assez luisant, revêtu d'une pubescence cendrée assez dense. Front grand, aplati, presque tronqué en avant

densément mais peu fortement ponctué. Antennes rouges , au
moins aussi longues que la moitié du corps et très-velues chez
le male , les articles 2 et 3 subégaux , et , réunis , égalant
au plus les trois cinquièmes de là longueur du suivant, dans
le même sexe. Prothorax large , subtransversal , peu rétréci au
sommet, peu arqué sur les côtés , peu convexe ; densément
et assez finement ponctué ; ses angles postérieurs nullement
divergents , courts , brièvement carénés très-près de leur bord
externe ; les sillons basilaires latéraux peu profonds et rapprochés des angles. Elytres un peu plus étroites que le prothorax
même chez le mâle , deux fois et un quart plus longues que
larges , parallèles jusqu'au milieu , peu profondément ponctuées-
striées , les intervalles faiblement convexes et ponctués. Extrémité de l'abdomen rougeâtre. Pattes d'un rouge clair.
   Algérie.

   14. M. ÆMULUS. *Niger , griseo-pubescens ; prothorace lon-*
gitudine latiore , apice a medio rotundatim angustato , crebré
punctato; piceo ; elytris thoracis latitudine , punctato-striatis ,
interstitiis planis , punctulatis; antennis pedibusque rufis. —
Long. 13 - 16 mill. ; làt. 4 ½/3 - 5 mill.

Cratonychus æmulus, ERICHS. *Zeitschr. f. d. Entom* III , p. 97 , 9.

   Large en proportion de sa longueur , noir avec le prothorax
noir brunâtre , revêtu assez densément d'une fine pubescence
grise. Front grand , très-peu convexe , assez densément couvert
de points ombiliqués. Antennes longues , dentées en scie , rouges,
velues chez le mâle , leur troisième article un peu plus long
que le second ; les deux , réunis , de la longueur du quatrième:
Prothorax plus large que long , arrondi sur les côtés dans sa
moitié antérieure , droit et parallèle dans sa moitié postérieure ,
peu convexe , densément ponctué , les points simples , subombiliqués seulement vers les angles antérieurs , les angles postérieurs un peu divergents , carénés , les sillons basilaires latéraux perpendiculaires au bord postérieur. Ecusson un peu plus
long que large , déprimé au milieu. Elytres de la largeur du
prothorax et à peu près deux fois et demie aussi longues ,
parallèles dans leur moitié antérieure , peu convexes , peu pro-

fondément ponctuées-striées, les intervalles des stries pointillés. Pattes rouges.

Grèce et Turquie.

15. M. ROBUSTUS. *Niger, dense griseo-pubescens ; prothorace latitudini longitudine subæquali, apice rotundatim angustato, crebre fortiterque punctato ; elytris thorace subangustioribus, punctato-striatis, interstitiis planis, punctulatis ; antennis pedibusque rufis.* — Long. 18 - 20 mill., lat. 5 - 5 1/2 mill.

Cratonychus robustus. ERICHS. *Zeitschr. f. d. Entom.* III, p. 99, 12.

Var. α. *Brunneus vel rufo-brunneus.*

Grand et large, noir, revêtu assez densément d'une pubescence grise. Front large, aplati, plus ou moins impressionné, couvert de points subombiliqués. Antennes rougeâtres, velues, dentées en scie, aussi longues que la tête et le prothorax réunis, leur troisième article à peine plus long que le second, les deux ensemble de la longueur du quatrième. Prothorax à peu près aussi long que large, rétréci curvilinéairement seulement au sommet, droit sur les côtés en arrière, peu convexe, très-densément et fortement ponctué, les points ombiliqués seulement vers les angles antérieurs, les angles postérieurs dirigés en arrière et un peu en dehors, carénés, les sillons basilaires latéraux droits, très-rapprochés des angles. Ecusson un peu plus long que large. Elytres paraissant un peu moins larges que le prothorax et deux fois et demie aussi longues, parallèles au moins dans leur première moitié, peu convexes, finement ponctuées-striées, les intervalles des stries aplatis et assez densément pointillés. Pattes rouges.

Asie mineure et iles voisines.

On trouve quelquefois des individus d'un brun plus ou moins rouge et qu'on pourrait confondre avec le *M. fusciceps*, mais son prothorax est plus fortement ponctué.

16. M. TOROSUS. *Brunneus, nitidus, tenuiter griseo-pubescens ; prothorace longitudine latiore, apice rotundatim angustato, minus convexo, dense fortiterque punctato ; elytris prothorace subangustioribus, punctato-substriatis, interstitiis planis, punc-*

tulatis ; abdomine pedibusque ferrugineis. — Long. 16.-17. mill.,
lat. 4 1/2 - 5 mill.

Cratonychus torosus. ERICHS. *Zeitschr. f. d. Entom.* III, p. 100, 13.

Assez grand et large, brun, luisant, revêtu d'un fine pubescence grise. Front large, très-fortement ponctué. Antennes
brun rougeâtre, un peu plus longues que la tête et le prothorax et velues chez le mâle, ne dépassant pas les angles
postérieurs et pubescentes chez la femelle, dentées en scie, le
troisième article plus long que le second, les deux, réunis,
plus courts que le quatrième. Prothorax plus court que large,
peu et curvilinéairement rétréci au sommet, peu convexe,
densément et fortement ponctué, brièvement sillonné à la base,
ses angles postérieurs très-peu divergents, munis d'une longue
carène, les sillons basilaires latéraux obliques. Ecusson oblong,
subacuminé en arrière. Elytres un peu plus étroites que le
prothorax, au moins chez la femelle, finement striées, les
stries ponctuées, les intervalles aplatis et éparsément pointillés. Abdomen ferrugineux, pattes ferrugineuses. quelquefois
rouges.

Grèce, Turquie, Asie mineure et Syrie.

17. M. FÚSCICEPS. *Ferrugineus ; pube fulvo-grisea obductus ;
fronte antice concava ; prothorace latitudine haud longiore,
crebre punctato, non canaliculato ; elytris antice parallelis,
punctato-striatis, interstitiis confertim punctulatis.* — Long. 15-17.
mill., lat. 4-5 mill.

Elater fusciceps. GYLL. in SCHÖNH. *Syn. Ins.* III, Append. p. 133, 185.
Cratonychus fusciceps. ERICHS. *Zeitschr. f. d. Entom.* III, p. 101, 14.
(♂) *Melanotus villosus.* BRULLÉ, *Exped. Sc. d. Morée* ; Zool. III, p. 137.
(♀) *Melanotus fuscatocollis.* BRULLÉ, *Ibid.*
Elater orientalis. FAIV. in litt.
Elater rufipennis. WALTL, in litt.

Var. a. *Corpus totum dilute rufo-ferrugineum.*

Cratonychus aquilus. DEJ. *Cat.* ed. 3 p. 98.

Rouge ferrugineux plus ou moins clair, quelquefois avec

la tête, ou bien la tête et le prothorax, plus obscurs, revêtu d'une pubescence gris fauve. Front un peu avancé, concave en avant, densément ponctué. Antennes assez fortement dentées en scie, surtout chez le mâle où elles sont lanugineuses, finement pubescentes chez la femelle, le troisième article presque aussi petit que le second, les deux réunis de la longueur, au plus, du quatrième. Prothorax aussi large que long, curvilinéairement rétréci au sommet, densément ponctué, les points simples, ceux des angles antérieurs subombiliqués, sans sillon en arrière, ses angles postérieurs un peu divergents, unicarénés. Écusson oblong. Elytres de la largeur du prothorax, parallèles jusqu'au delà du milieu, finement striées, les stries ponctuées, les intervalles assez densément ponctués. Dessous du corps et pattes de la couleur du dessus.

Commun dans le sud-est de l'Europe et l'Asie mineure.

18. M. EGENS. *Ferrugineus, subnitidus, pube helvola, tenui, longiuscula vestitus; fronte plana; prothorace latitudini longitudine æquali, parum convexo, punctato, angulis posticis divaricatis, acute carinatis; elytris punctato-substriatis, interstitiis planis, subtilissime punctulatis; pedibus rufis.* — Long. 13-14 mill., lat. 3 1/2-3 3/4 mill.

Ferrugineux, un peu luisant, revêtu d'une pubescence peu serrée, assez longue, fine, jaunâtre. Front aplati, marqué de gros points ombiliqués. Antennes brunes, dentées en scie, très-peu velues chez le mâle, pubescentes chez la femelle, le troisième article un peu plus long que le second, les deux, réunis, de la longueur du quatrième. Prothorax aussi long que large, peu rétréci en avant et même de forme à peu près carrée chez la femelle, peu convexe, peu densément et fortement ponctué, présentant au milieu une ligne longitudinale élevée très-faible et visible seulement sous un certain jour, les angles postérieurs divergents, fortement carénés, les sillons basilaires latéraux presque perpendiculaires au bord postérieur. Écusson plus long que large, concave. Elytres de la largeur du prothorax, plus ou moins parallèles sur les côtés selon le sexe, déprimées, finement striées, les stries ponctuées, les intervalles très-finement pointillés. Pattes rouges.

Des Indes Orientales.

41

19. M. AGRIOTIDES. *Ferrugineo-testaceus , breviter griseo-pubescens ; prothorace latitudini longitudine æquali , apice tantum angustato , convexo , crebre fortiterque punctato ; elytris parallelis , striis subtilibus punctatis , interstitiis planis , punctulatis ; unguiculis serratis.* — Long. 10 mill., lat. 3 mill.

D'un testacé ferrugineux , revêtu d'une fine pubescence grise à reflet fauve. Front faiblement convexe, criblé de points ombiliqués. Antennes faiblement dentées, peu allongées, à articles 2 et 3 subégaux. Prothorax aussi long que large , de forme à peu près carrée , convexe, densément et assez fortement ponctué, ses angles postérieurs dirigés en arrière, courts , carénés , les sillons basilaires latéraux distincts. Ecusson subquadrangulaire. Elytres de la largeur du prothorax, parallèles dans leurs trois cinquièmes antérieurs , très-finement striées, les stries ponctuées , les intervalles plats et pointillés. Dessous du corps et pattes de la couleur du dessus avec l'abdomen plus rouge ; ongles dentés en scie plutôt que pectinés.

Du Sénégal.

Cette espèce a la tournure d'un *Agriotes.*

20. M. UMBILICATUS. *Niger , nitidus , longius parce griseo-pubescens ; antennis brevibus , dentis lanuginosis ; prothorace latitudini longitudine subæquali , apice rotundatim angustato , punctis latis , umbilicatis adsperso ; elytris punctis latis serialis , interstitiis parce punctatis ; pedibus rufo-piceis.* — Long. 12 - 13 mill., lat. 3 - 3 1/2 mill. (Pl. V, fig. 5.)

Elater umbilicatus. GYLL. in SCHÖNH. *Syn. Ins.* III, Append. p. 137, 188.

Cratonychus africanus. BOHEM. *Ins. Caffr.* pars I , fasc. II, p. 409.

Noir et luisant, revêtu d'une pubescence éparse , assez longue et à demi redressée , d'un gris à reflet quelquefois fauve. Front convexe , aplati et impressionné en avant , son rebord antérieur assez avancé et peu arrondi , couvert de points denses , ombiliqués. Antennes plus courtes que le prothorax dans les deux sexes , dentées, les dents des articles lanugineuses , les articles 2 et 3 subégaux. Prothorax aussi long que large , curvilinéairement rétréci au sommet , droit sur les côtés en arrière , régulièrement convexe , non sillonné , couvert de gros points

ombiliqués peu serrés, ses angles postérieurs longuement carénés, les sillons basilaires latéraux très-courts. Ecusson petit,
sillonné au milieu. Elytres rétrécies seulement dans leur moitié
postérieure, marquées de séries de gros points peu profonds,
les intervalles très-peu ponctués. Pattes d'un brun rouge.

Il se trouve au Sénégal, en Guinée, au Cap de Bonne-
Espérance et en Cafrerie.

M. Boheman a donné à des exemplaires de cette espèce, provenant de l'Afrique australe, le nom indiqué dans la synonymie;
je les ai comparés à ceux du Senégal et je n'ai trouvé entre
eux aucune différence appréciable.

21. **M. LEGATUS.** *Depressus, fusco-niger, pube fusco-helvola
vestitus; fronte convexa; prothorace longitudine paulo latiore,
lateribus arcuato, crebre fortiterque punctato, punctis lateribus
umbilicatis, angulis posticis planis, longe carinatis; elytris
prothorace paulo angustioribus, a basi attenuatis, striis punctatis, interstitiis planis, punctatis; pedibus rufo-ferrugineis.*
— Long. 18 mill., lat. 4 1/2 mill.

Déprimé, noirâtre, assez luisant, revêtu d'une pubescence
fine, longue, couchée, médiocrement serrée, d'un jaune obscur.
Front convexe, couvert de points ombiliqués. Antennes brun
rougeâtre, assez longues et lanugineuses chez le mâle, à
troisième article intermédiaire pour la longueur entre le second
et le quatrième. Prothorax un peu plus large que long, ses
côtés très-arqués, assez densément ponctué, les points des
parties latérales ombiliqués, ses angles postérieurs larges, aplatis,
munis d'une longue carène latérale, les sillons basilaires latéraux obliques, bien marqués. Ecusson subrectangulairement
allongé, sillonné longitudinalement au milieu. Elytres plus étroites
que le prothorax et deux fois et demie plus longues, atténuées
à partir de la base, ponctuées-striées, les intervalles aplatis
et ponctués. Pattes ferrugineux rouge.

Du Japon.

Collection de M. Guérin-Méneville.

22. M. **VENALIS.** *Elongatus, brunneus, griseo-pubescens;
prothorace latitudini longitudine fere æquali, a basi arcuatim
angustato, parum convexo, punctis umbilicatis adsperso; elytris*

antice parallelis, postice attenuatis, punctato-striatis, inters-
titiis punctulatis ; antennis pedibusque rufis. — Long. 14 mill.,
lat. 3 1/2 mill.

Allongé, brun obscur avec les élytres brun clair, revêtu d'une
pubescence grise. Front à peu près plat, couvert de points
ombiliqués. Antennes rougeâtres, velues chez le mâle, dépassant les angles postérieurs du prothorax, le troisième article
un peu plus long que le second, les deux réunis de la longueur du quatrième. Prothorax presque aussi long que large,
fortement rétréci au sommet avec ses côtés arqués, peu convexe, marqué de points larges, ombiliqués, serrés sur les parties
latérales, épars et fins sur le milieu du disque, ses angles
postérieurs peu allongés, dirigés en arrière, longuement carénés,
les sillons basilaires latéraux assez longs et un peu obliques.
Ecusson un peu plus long que large, subquadrangulaire. Elytres
de la largeur du prothorax, parallèles dans leur moitié antérieure, atténuées au-delà, ponctuées-striées, les intervalles à
peu près plats, éparsément ponctués. Pattes rouges.

Chine ; Chusang.

23. M. VENTRALIS. *Niger, parum nitidus; pube brevi cinerca*
obductus ; prothorace latitudine longiore, apice rotundatim an-
gustato, dense punctato, punctis antice lateribusque umbilicalis ;
elytris punctato-striatis, interstitiis subconvexis, punctatis ;
abdomine brunneo. — Long. 13 mill., lat. 3 1/2 mill.

Noir, peu luisant, revêtu d'une pubescence courte peu dense,
rude, cendrée. Front presque plat, densément couvert de gros
points ombiliqués. Antennes peu allongées, dentées en scie,
leur troisième article un peu plus long que le second, noires,
les dents des articles brunes. Prothorax plus long que large,
assez fortement rétréci au sommet, arqué sur les côtés, médiocrement convexe, ponctué, les points simples et espacés vers
la base, gros, serrés et ombiliqués au sommet et sur les côtés,
ses angles postérieurs dirigés en arrière, carénés simplement,
les sillons basilaires latéraux obliques. Ecusson subquadran-
gulaires. Elytres de la largeur du prothorax où à peu près,
plus ou moins parallèles dans leur moitié antérieure selon le
sexe, convexes, ponctuées-striées, les intervalles faiblement

convexes , ponctués. Pattes brunâtres , abdomen d'un brun rouge.

Chine ; Chusang.

24. M. PHLOGOSUS. *Ater , subnitidus , parce griseo-pubescens ; prothorace latitudine paulo longiore , apice rotundatim angustato , punctis umbilicatis adsperso; elytris prothorace latioribus , punctato - striatis , interstitiis convexis , punctatis ; abdomine pedibusque rufis , tibiis obscuris.* — Long. 14 mill., lat. 4 mill.

Noir , médiocrement luisant, revêtu d'une pubescence grise peu dense. Front légèrement convexe, assez saillant en avant , couvert de gros points ombiliqués. Antennes plus longues que la tête et le prothorax , au moins chez le mâle , dentées en scie , légèrement lanugineuses , brunes , à articles 2 et 3 petits et subégaux. Prothorax un peu plus long que large , fortement rétréci au sommet avec ses côtés arrondis, peu convexe, couvert de points gros , serrés , ombiliqués , en avant , fins et épars vers la base, les angles postérieurs un peu divergents , carénés , les sillons basilaires latéraux courts. Ecusson presque aussi large que long. Elytres plus larges que le prothorax et deux fois et demie plus longues , parallèles jusqu'au milieu , atténuées au sommet , assez profondément striées , les stries ponctuées , les intervalles convexes et ponctués. Abdomen rouge ; pattes de même couleur avec les jambes noirâtres.

Iles Philippines et Chine méridionale.

Collection de MM. de Mniszech et de la Ferté-Sénectère.

25. M. REGALIS. *Fuscus , cinereo-tomentosus ; fronte fere plana ; prothorace longitudine paulo latiore , antice arcuatim angustato , basi subtilius apice lateribusque rugose punctis umbilicatis adsperso ; elytris a basi arcuatim attenuatis , striis tenuibus punctatis , basi tantum profunde impressis ; pedibus castaneis.* — Long. 25 mill. , lat. 6 1/2 mill. (Pl V , fig. 6.)

Grand , large , assez déprimé , brunâtre , revêtu d'une épaisse pubescence cendrée. Front à peu près plat rugueusement ponctué. Antennes dentées en scie , brunes , à troisième article intermédiaire pour la longueur entre le second et le quatrième. Prothorax un peu plus large que long, arqué sur les côtés à

partir de la base, médiocrement convexe, largement et peu
profondément sillonné en arrière, couvert de points très-gros,
très-serrés et ombiliqués sur les parties latérales et antérieures
qu'ils rendent rugueuses, de plus en plus petits et espacés en
se rapprochant de la base, ses angles postérieurs larges, aplatis,
carénés très-près du bord externe, les sillons basilaires latéraux
larges et obliques. Ecusson presque aussi large que long. Elytres
à peu près de la largeur du prothorax à la base, curvilinéairement rétrécies à partir du tiers antérieur jusqu'au sommet où
l'angle sutural est submucroné, régulièrement striées, les stries,
ponctuées, profondes et larges à la base, s'effaçant de plus en
plus en arrière de sorte qu'à l'extrémité elles se transforment
en simples séries de points, les intervalles aplatis et ponctués.
Pattes châtain rougeâtre, les tibias aplatis et arqués.

De la Chine ; Shanghaï.

Cette espèce est la plus grande du genre.

26. M. PROPEXUS. *Fuscus, opacus, pube rudi cinerea dense
vestitus ; fronte plana ; prothorace latitudini longitudine æquali,
apice rotundatim angustato, planiusculo, confertim grosseque
punctato ; elytris a basi attenuatis ; punctato-striatis, interstitiis rugose punctatis ; pedibus rufo-castaneis.* — Long. 18 mill.,
lat. 4 3/4 mill.

Voisin du précédent mais plus petit et beaucoup plus fortement ponctué. Brunâtre, mat, revêtu de poils cendré blanchâtre, à demi redressés, rudes et assez denses, concentriquement
dirigés sur le prothorax. Front aplati, rugueusement ponctué.
Antennes brunes, dentées en scie, à troisième article intermédiaire pour la longueur entre le second et le quatrième.
Prothorax aussi long que large, arrondi sur les côtés en avant,
déprimé, impressionné à la base, criblé de gros points discrets sur le milieu du disque, confluents sur les côtés, profonds
et peu distinctement ombiliqués si ce n'est vers le bord antérieur, les angles postérieurs aplatis, munis d'une longue carène
rapprochée du bord externe. Ecusson large. Elytres un peu plus
étroites que le prothorax et deux fois et un tiers plus longues,
atténuées faiblement à partir de la base, curvilinéaires sur les
côtés, assez fortement ponctuées-striées avec les intervalles un

peu convexes et rugueusement ponctués. Pattes châtain rougeâtre.

De la Chine.

Collection de M. Saunders.

27. M. RUBIDUS. *Rufus , nitidus , tenuiter griseo-pubescens ;
fronte concava , porrecta ; prothorace latitudine longiore , apice
leviter angustato , parum convexo , grosse punctato , obsolete
sulcato ; elytris ultra medium attenuatis , punctato-striatis ,
interstitiis punctulatis ; pedibus dilutioribus.* — Long. 12 mill.,
lat. 2 s/s mill.

Cratonychus rubidus. ERICHS. *Zeitschr. f. d. Entom.* III , p. 110, 28.

Rougeâtre , assez luisant , revêtu d'une pubescence fine, médiocrement dense , un peu redressée , grise. Antennes peu
allongées , dentées en scie , velues , leur troisième article un
peu plus long que le second , les deux, réunis, surpassant un
peu la longueur du quatrième. Front plus long que large ,
concave au milieu, très-saillant en avant , criblé de gros points
ombiliqués. Prothorax allongé , droit et parallèle sur les côtés
en arrière, un peu rétréci en avant, peu convexe, faiblement
sillonné, fortement ponctué, les points subombiliqués sur les
parties latérales , ses angles postérieurs peu allongés, divergents
seulement au sommet, longuement carénés, les sillons basilaires
latéraux obliques. Ecusson allongé , sillonné. Elytres un peu
plus larges que le prothorax, parallèles jusqu'au milieu , atténuées au-delà , marquées de stries fines fortement ponctuées,
les intervalles éparsément pointillés. Dessous du corps et pattes
rouges comme le dessus , les dernières d'une teinte plus
claire.

De Java.

28. M. PUBERULUS. *Dilute badius , griseo-subhirsutus ; fronte
concava, porrecta; prothorace elongato, apice minus angustato,
parum convexo , crebrius punctato , obsolete sulcato; elytris
ultra medium angustatis , punctato-substriatis , interstitiis punctulatis.* — Long. 12-15 mill., lat. 2 s/4-3 mill.

Cratonychus puberulus. ERICHS. *Zeitschr. f. d Entom.* III. p. 111, 29.

Rougeâtre un peu brun, revêtu d'une pubescence grise, longue
et hérissée. Front un peu plus long que large, concave,
fortement ponctué, les points peu distinctement ombiliqués.
Antennes aussi longues que la tête et le prothorax, dentées en
scie, le troisième article plus long que le second, les deux
réunis plus longs que le quatrième. Prothorax plus long que
large, peu rétréci en avant, faiblement convexe, subsillonné,
densément ponctué, les points peu distinctement ombiliqués
sur les côtés, les angles postérieurs divergents, carénés, les
sillons basilaires latéraux un peu obliques. Ecusson un peu plus
long que large. Elytres de la largeur du prothorax, parallèles
jusqu'au delà du milieu, marquées de séries de points placées
sur des stries peu enfoncées, les intervalles pointillés. Dessous
du corps et pattes de la couleur du dessus.

De Java.

29. M. veles. *Nigro-brunneus, nitidus, pube albicanti,
sparsa, subhirsuta, vestitus; fronte valde producta, truncata;
prothorace latitudine longiore, convexo, sparsim subtiliter punctato, angulis posticis acute carinatis; elytris substriato-punctatis; pedibus rufis.* — Long. 15 mill., lat. 3 1/4 mill.

Etroit et allongé, noir brun luisant, revêtu de poils épars,
rudes, à demi redressés, blanchâtres. Front allongé, aplati,
marqué de quelques gros points ombiliqués, sa saillie antérieure
longue et coupée carrément. Antennes longues, fortement dentées
en scie, un peu velues chez le mâle, leurs articles 2 et 3
presque égaux et plus courts, réunis, que le quatrième. Prothorax allongé, rétréci seulement à partir du milieu, ses côtés
légèrement courbes, convexe, sillonné à la base, finement et
éparsément ponctué, ses angles postérieurs nullement divergents,
surmontés d'une très-forte carène, les sillons basilaires latéraux
profonds, courts, très-obliques. Ecusson oblong, sillonné,
subéchancré en arrière. Elytres presque de la largeur du prothorax et deux fois et deux tiers aussi longues, convexes dans le
sens transversal, atténuées en arrière à partir de la base,
marquées de quelques stries courtes, profondes, près du bord
antérieur, et seulement de séries de points dans le reste
de leur étendue, avec quelques points plus petits disséminés

dans les intervalles. Cuisses rouges, jambes et tarses ferrugineux.

De Java.

Collection du Musée indien de Londres.

30. M. GOBIUS. *Elongatus . nigro - brunneus , nitidus , longe
cinereo-pubescens; fronte truncata; prothorace latitudine longiore, sparsim punctato, angulis posticis bicarinatis; elytris
substriato -punctatis ; pedibus sanguineis.* — Long. 15 mill., lat.
3 mill.

Plus étroit encore que le précédent dont il a la longueur,
d'un noir brun luisant, revêtu d'une longue pubescence cendrée.
Front légèrement convexe, coupé carrément en avant. Antennes
courtes, brunâtres, dentées en scie, à troisième article à peine
plus long que le second, les deux, réunis, plus longs que
le quatrième. Prothorax plus long que large, faiblement rétréci au sommet, peu arqué sur les côtés, convexe, éparsément et assez finement ponctué, les angles postérieurs dirigés
en arrière et à peine un peu en dehors, très-distinctement
bicarénés, les sillons basilaires latéraux courts et très-obliques.
Ecusson oblong. Elytres de la largeur du prothorax ou un
peu plus large, graduellement rétrécies depuis la base jusqu'au
sommet où elles sont très-atténuées, et souvent ferrugineuses,
sans stries si ce n'est au bord antérieur, marquées seulement
de séries de points fins. Pattes rouges.

De Java.

Bien distinct du précédent par la structure des angles postérieurs du prothorax.

31. M. CUNEOLUS. *Fusco-brunneus , parum nitidus ; fronte
porrecta, concava ; prothorace cervino-pubescente , longitudine
latiore, a medio valde angustato, punctato, medio sulco lævi;
elytris conicis , cinereo-pubescentibus , basi sanguineo-tinctis ,
punctato-substriatis , pedibus rufis.* — Long. 15 mill., lat. 4 mill.

Assez allongé, brun avec la base des élytres teintée de
sanguin, la tête et le prothorax revêtus d'une pubescence longue,
dense, fauve, celle des élytres cendré blanchâtre. Front assez
grand, tronqué carrément en avant, excavé. Antennes brun
42

rouge, courtes, dentées en scie, à troisième article à peine plus long que le second, les deux, réunis, plus longs que le quatrième. Prothorax plus large que long, fortement rétréci au sommet à partir du milieu, arqué sur les côtés, peu convexe, ponctué, sillonné au milieu, le sillon lisse, les angles postérieurs courts, dirigés en arrière, fortement carénés. Ecusson subpentagonal. Elytres de la largeur de la base du prothorax et deux fois et trois quarts aussi longues, coniques, marquées de stries fines, ponctuées, les intervalles aplatis et ponctués. Pattes rouge testacé.

De Java.

32. M. HIRTELLUS. *Nigro-brunneus, nitidus, pube fusca longiuscula hirsutus; prothorace latitudine vix longiore, apice arcuatim angustato, parum convexo, punctis umbilicatis sparsim adsperso, angulis posticis longe acuteque carinatis; elytris striato-punctatis; pedibus rufis.* — Long. 11 mill., lat. 3 mill.

D'un brun presque noir, luisant, revêtu d'une pubescence assez fine, brunâtre, longue et hérissée. Front arrondi en avant, impressionné. Antennes courtes, brunes, à articles deux et trois égaux et plus longs, réunis, que le quatrième. Prothorax à peine plus long que large chez le mâle, arrondi sur les côtés au sommet, droit et parallèle en arrière, marqué de points ombiliqués, avec une trace à peine visible de sillon médian, ses angles postérieurs courts, dirigés en arrière, muni d'une carène très-longue et assez forte, les sillons basilaires latéraux très-petits. Elytres de la largeur du prothorax et deux fois et demie plus longues, peu atténuées en arrière, un peu déprimées, marquées de séries de points sans stries si ce n'est à la base. Pattes rouges.

De Java.

33. M. PISCICULUS. *Elongatus, fuscus, nitidus, griseo-pubescens; fronte leviter convexa; prothorace latitudine longiore, a basi angustato, margine laterali apice angulata, fortiter punctato, angulis posticis longe carinatis; elytris punctato-striatis, interstitiis subconvexis, punctulatis; pedibus ferrugineis.* — Long. 16 mill., lat. 3 s/4 mill.

Allongé, peu convexe, brunâtre, luisant, revêtu d'une

pubescence grise assez longue et couchée. Front grand , un peu
convexe , très-ponctué. Antennes médiocrement longues , brunes ,
leur troisième article une demi fois plus long que le second ,
les deux , réunis , plus longs que le quatrième. Prothorax plus
long que large , peu à peu rétréci à partir de la base avec
ses côtés légèrement courbes , très-peu convexe , assez fortement ponctué , les points denses sur les côtés , épars au milieu
du disque , les bords latéraux formant un angle près du sommet ,
les angles postérieurs dirigés en arrière , munis d'une longue
carène très-rapprochée du bord externe , les sillons basilaires
latéraux courts , un peu obliques. Ecusson oblong. Elytres de
la largeur du prothorax ou à peu près , rétrécies à partir de
la base mais très-faiblement jusqu'au milieu , courbes sur les
côtés , peu convexes , finement striées , les stries ponctuées ,
les intervalles un peu convexes et éparsément pointillés. Pattes
ferrugineuses.

De Manille.

34. M. tomentosus. *Elongatus , brunneus , flavo-cinereo-
tomentosus ; fronte plana , confertim punctata ; prothorace longitudine vix latiore , a basi subarcuatim leviter angustato ,
depresso , punctato , angulis posticis paulo divaricatis , longe
carinatis ; elytris a medio attenuatis , lateribus a basi leviter
arcuatis , striis punctatis , interstitiis punctulatis.* — Long. 18 mill. ,
lat. 4 s/4 mill.

Allongé , régulièrement elliptique , brun , revêtu d'une épaisse
pubescence qui voile à peu près la couleur des téguments , d'un
cendré fauve. Front aplati , densément et fortement ponctué.
Antennes médiocrement longues , dentées en scie , peu pubescentes , brun rougeâtre , à troisième article une demi fois plus
long que le second. Prothorax à peu près aussi long que large ,
légèrement rétréci en avant , avec ses côtés faiblement arqués en
avant , sinueux en arrière , peu convexe , ponctué , sans sillon
médian , ses angles postérieurs divergents et longuement carénés ,
les sillons basilaires latéraux petits. Elytres un peu plus larges
que le prothorax , à côtés légèrement courbes depuis la base
jusqu'au sommet , atténuées seulement à partir du milieu , près
de trois fois aussi longues que le prothorax , peu profondément

striées, les stries ponctuées, les intervalles presque plats et pointillés. Pattes brun rougeâtre.

De l'Hindoustan ; Pondichéry.

Je n'ai vu cette espèce que dans la collection de M. Guérin-Méneville.

35. M. LONGICORNIS. *Niger, cervino-pilosus ; antennis elongatis, serratis ; prothorace depresso, rugoso, a basi angustato ; elytris elongatis, punctato-striatis, interstitiis subconvexis ; pedibus castaneis.* — Long. 16 mill., lat. 4 mill.

Allongé, noir, revêtu de poils gris jaunâtre raides, longs, médiocrement denses. Front petit, rugueux. Antennes longues comme la moitié du corps, lanugineuses et fortement dentées en scie chez le mâle, à articles deux et trois petits, moins longs, réunis, que le suivant. Prothorax plus court que large, déprimé, rétréci à partir de la base avec ses côtés arqués vers le milieu, couvert de très-gros points qui rendent sa surface rugueuse, ses angles postérieurs très-divergents, fortement carénés. Ecusson oblong, atténué en arrière. Elytres près de quatre fois plus longues que le prothorax, plus larges à la base, atténuées graduellement à partir des épaules chez le mâle, ponctuées-striées, les intervalles faiblement convexes. Pattes d'un brun châtain.

Hindoustan.

Collection du Musée indien de Londres.

36. M. CETE. *Niger, nitidus, griseo-pubescens ; prothorace latitudini longitudine æquali, convexo, lateribus arcuato, confertissime grosseque, medio parcius subtiliusque punctato, angulis posticis divaricatis, longe carinatis ; elytris antice parallelis, convexis, striis subtilibus punctatis, interstitiis planis punctulatis ; antennis pedibusque rufis.* — Long. 20 mill., lat. fere 5 mill.

Allongé, subcylindrique, noir, luisant, revêtu d'une pubescence gris cendré. Front aussi long que large, très-densément ponctué, impressionné en avant. Antennes longues, rougeâtres, dentées en scie, leur troisième article plus long que le second, les

deux, réunis, plus longs que le quatrième. Prothorax aussi
long que large, rétréci à partir de la base avec ses côtés arqués,
assez convexe, couvert de points très-gros, très-serrés et subombiliqués sur les côtés, discrets et plus fins au milieu, ses angles
postérieurs un peu divergents, assez longs, munis d'une carène
longue et prolongée parallèlement au bord externe, les sillons
basilaires latéraux courts et droits. Ecusson presque aussi large
que long, très-pubescent. Elytres deux fois et demie plus
longues que le prothorax et de même largeur, parallèles jusqu'au milieu, finement striées, les stries ponctuées, les intervalles aplatis et éparsément ponctués. Pattes rouges.

Du Japon.

37. M. HÆMORRHOUS. *Niger, nitidus, griseo-pubescens ; prothorace latitudini longitudine subæquali, apice rotundatim
angustato, crebre fortiter punctato ; elytris seriatim punctatis,
basi tantum striis impressis, sutura late apiceque rufescentibus ;
pedibus abdominisque segmentis duobus ultimis rufis.* — Long. 11-
12 mill., lat. 2 2/3 mill.

Cratonychus hæmorrhous. Reiche in Dej. *Cat.* ed. 3, p. 98.

Var. a. Elytris apice tantum rufescentibus.

Noir, légèrement brunâtre, luisant, faiblement pubescent,
les élytres largement teintées de rougeâtre sur la suture et dans
leur tiers postérieur. Front à peine convexe, fortement rebordé
en avant, couvert de points ombiliqués. Antennes rouges, fortement dentées en scie, courtes. Prothorax aussi long que large,
droit et parallèle sur les côtés en arrière, arrondi et rétréci
en avant, assez convexe, densément ponctué, sans sillon médian, ses angles postérieurs dirigés en arrière, carénés. Ecusson
aplati, son bord antérieur échancré. Elytres de la largeur du
prothorax à la base, peu à peu atténuées à partir des épaules,
striées seulement à la base, marquées de simples séries de
points au-delà, les intervalles convexes à la base, aplatis au-
delà, éparsément pointillés. Dessous du corps noir brunâtre
luisant avec les deux derniers segments de l'abdomen rouges.
Pattes rouges.

Hindoustan ; Coromandel.

38. M. BADIIPENNIS. *Elongatus, niger, nitidus, pube pallida, longiuscula vestitus; fronte valde porrecta; prothorace elongato, sparsim punctato, angulis posticis acute carinatis; elytris badiis, subtiliter striato-punctatis; pedibus abdomineque apice ferrugineis.* — Long. 14-15 mill., lat. 3 1/4-3 1/2 mill.

Allongé, noir brillant avec les élytres d'un bai clair, revêtu d'une pubescence longue, redressée, médiocrement dense, cendrée, flave sur les élytres. Front très-saillant en avant, marqué de points ombiliqués peu serrés. Antennes brunes ou ferrugineuses, velues chez le mâle, pubescentes chez la femelle, les articles 2 et 3 subégaux et un peu moins longs, réunis, que le quatrième. Prothorax allongé, peu rétréci au sommet, presque droit sur les côtés chez le mâle, un peu arqué chez la femelle, convexe, éparsément ponctué, les points ombiliqués sur les parties latérales, ses angles postérieurs courts et gros, nullement divergents, fortement carénés, les sillons basilaires latéraux bien marqués et obliques. Ecusson oblong, canaliculé. Elytres plus étroites que le prothorax, surtout chez la femelle, deux fois et demie plus longues, de forme conique, marquées de stries de points fins avec les intervalles éparsément pointillés. Dessous du corps noir avec l'extrémité de l'abdomen et les pattes ferrugineux.

Des Indes Orientales.

Cette espèce est remarquable par la grandeur des canaux prothoraciques, qui s'étendent sur les sutures du prosternum presque jusqu'aux hanches des pattes antérieures.

39. M. NITIDUS. *Niger, nitidus, parce pubescens; fronte punctis umbilicatis crebre adspersa; prothorace elongato, sparsim punctato, croceo; elytris subtiliter striato-punctatis, interstitiis planis, disperse punctulatis.* — Long. 11 mill., lat. 2 3/4.

Noir, brillant, le prothorax orangé, revêtu d'une pubescence rare, noire, celle du prothorax fauve. Front très-faiblement convexe, couvert de points ombiliqués très-serrés, son rebord antérieur saillant. Antennes longues et sublanugineuses chez le mâle, fortement dentées en scie, le troisième article une demi fois plus long que le second. Prothorax allongé, faiblement

atténué en avant à partir de la base, presque droit sur les
côtés, peu convexe, marqués de petits points très-clair-semés,
brièvement sillonné vers la base, ses angles postérieurs divergents et bicarénés, les sillons basilaires latéraux nuls. Ecusson
allongé, longitudinalement élevé au milieu. Elytres plus larges
que le prothorax, abstraction faite des angles postérieurs, deux
fois et demie plus longues, atténuées à partir de la base,
peu convexes, finement striées-ponctuées, les intervalles aplatis
et éparsément ponctués. Pattes brunâtres.

Indes Orientales.

Je n'ai vu qu'un exemplaire de cette espèce, appartenant
au Muséum de Londres, et qui m'a été communiqué par M. A.
White.

40. M. EBENINUS. *Ater, nitidus, fere glaber ; antennis brevibus ; prothorace latitudini longitudine subæquali, apice arcuatim angustato, sparsim punctato ; elytris a basi angustatis,
seriatim punctatis ; pedibus brunneis.* — Long. 12 mill., lat. 3 mill.

Noir, très-luisant et comme vernissé, presque glabre, quelques
poils grisâtres seulement, surtout à la base et sur les côtés du
prothorax. Front plat, son bord antérieur saillant, marqué
de gros points ombiliqués. Antennes courtes, dentées, à articles
2 et 3 plus longs, réunis, que le suivant. Prothorax à peu
près aussi large que long, fortement rétréci au sommet avec
ses côtés arqués, peu convexe, marqué de points épars, ceux
du sommet ombiliqués, les angles postérieurs dirigés en arrière,
longuement carénés près de leur bord externe. Ecusson court
et large, sillonné au milieu, en avant. Elytres de la largeur du
prothorax ou un peu moins larges, rétrécies à partir de la base,
atténuées au sommet, leurs côtés curvilinéaires, sans stries,
marquées seulement de points dont les plus gros sont placés
en séries. Pattes brunes.

Des îles Philippines.

Collections de MM. Chevrolat et de Mniszech.

41. M. FUSCUS. *Nigro-brunneus, nitidus, griseo-pubescens ;
prothorace latitudini longitudine subæquali, antice arcuatim
angustato, parum convexo, fortiter confertim punctato, haud
canaliculato, angulis posticis validis, extrorsum carinatis ;*

elytris a basi angustatis, prothorace angustioribus, striis sub-
tilibus punctatis; pedibus obscure rufis. — Long. 15 -17 mill., lat.
5 - 5 1/4 mill.

Elater fuscus. Fabr. *System. Eleuth.* II , 228, 40 ?

Cratonychus fuscus. Erichs. *Zeitschr. f. d. Entom.* III, p. 106, 21. — Dej.
Cat. ed. 3, p. 98.

D'un brun presque noir, luisant, revêtu d'une pubescence
gris jaunâtre. Front légèrement convexe, criblé de points ombiliqués. Antennes courtes, dentées, le troisième article un
peu plus long que le second, les deux aussi longs, réunis, que le
quatrième. Prothorax aussi long que large, ou à peu près,
rétréci en avant à partir de la base, légèrement arqué sur
les côtés, régulièrement mais peu fortement convexe, fortement
ponctué, les points ombiliqués et plus serrés sur les côtés, épars
sur le milieu du disque, souvent avec une fine ligne longitudinale
élevée peu visible, les angles postérieurs robustes, fortement
carénés, les sillons basilaires latéraux larges, obliques. Elytres
généralement un peu plus étroites que le prothorax et seulement
deux fois et un quart plus longues, coniques chez les mâles,
arquées sur les côtés chez les femelles mais toujours atténuées
à partir de la base, marquées de stries larges et peu profondes, ponctuées, les intervalles pointillés. Pattes d'un rouge
obscur.

Commun aux Indes Orientales.

Cette espèce est portée dans le catalogue de Dejean comme
l'*E. fuscus* de Fabricius, ce qu'Erichson passe sous silence.

42. M. vermiculatus. *Ater , nitidus , vix griseo-pubescens;*
prothorace latitudine longiore, antice arcuatim angustato, parum
convexo, grosse confertim punctato, lateribus vermiculato, basi
subcanaliculato, angulis posticis validis, extrorsum carinatis;
elytris a basi angustatis, seriatim punctatis, .seriis apice ob-
soletis, striis basi profunde impressis; pedibus rufis. — Long. 15-17
mill., lat. 4 1/2 - 4 3/4 mill.

Var. *a. Pedibus brunneis.*

Voisin du *fuscus* mais noir et à peine pubescent. Front très-peu convexe, criblé de gros points ombiliqués. Antennes brunes, aussi longues que la tête et le prothorax chez le mâle, fortement dentées en scie, le troisième article un peu plus long que le second. Prothorax un peu plus long que large, assez fortement rétréci au sommet, ses côtés arqués, peu convexe, criblé de très-gros points ombiliqués, les parties latérales fortement vermiculées, les angles postérieurs grands, un peu divergents, carénés extérieurement, les sillons basilaires latéraux fortement marqués, le milieu de la portion postérieure impressionné. Ecusson court. Elytres de la largeur du prothorax, rétrécies à partir de la base, sans stries si ce n'est de très-courtes et très-profondes à la base, marquées de séries de points qui s'effacent au sommet, les intervalles ponctués. Pattes rouges ou brunes.

Des Indes orientales ; Ceylan.

43. M. VAFER. *Nigro - brunneus, nitidus, fusco - pubescens ; prothorace latitudini longitudine æquali, antice leviter angustato, parcius punctato, angulis posticis extrorsum carinatis ; elytris prothorace haud angustioribus, punctato - striatis ; pedibus obscure rufis.* — Long 15 mill., lat. 4 t/s mill.

Cratonychus vafer. ERICHS. *Zeitschr. f. d. Entom.* III, p. 168, 25.

Brunâtre, assez luisant, revêtu d'une pubescence brune, ce qui le distingue surtout des précédents. Front grand, fortement ponctué. Antennes de la longueur du prothorax, légèrement velues chez le mâle, dentées en scie, le troisième article un peu plus long que le second, les deux, réunis, aussi longs que le quatrième. Prothorax au moins aussi long que large, peu rétréci en avant, surtout chez la femelle, peu arqué sur les côtés, médiocrement convexe, ponctué densément seulement sur les côtés, les points du disque plus espacés, les angles postérieurs moins robustes que chez le *fuscus*, carénés près du bord externe, les sillons basilaires latéraux courts, bien marqués, très-obliques. Ecusson oblong. Elytres de la largeur du prothorax, atténuées à partir de la base ou seulement du milieu selon le sexe, finement ponctuées-striées, les intervalles aplatis, finement et éparsément pointillés. Pattes d'un rouge obscur ou même brunes.

44. M. RUSTICUS. *Nigro-brunneus , subnitidus , pube fulvo-grisea obductus ; prothorace latitudine longiore , apice arcuatim angustato , grosse minus dense punctato , medio canaliculato ; elytris a basi angustatis , punctato-substriatis ; pedibus rufis.* — Long. 13-15 mill. , lat. 3 1/2 - 4 mill.

Cratonychus rusticus. ERICHS. *Zeitschr. f. d. Entom.* III, p. 107 , 24.

D'un brun plus ou moins noir , revêtu d'une pubescence fauve grisâtre. Front fortement saillant en avant , marqué de larges points ombiliqués. Antennes plus courtes que le prothorax , fortement dentées en scie, les articles 2 et 3 plus longs réunis que le quatrième. Prothorax plus long que large , assez fortement rétréci au sommet, curvilinéaire sur les côtés, peu convexe , marqué de gros points subombiliqués et médiocrement serrés , sillonné dans toute sa longueur, ses angles postérieurs longuement carénés extérieurement, les sillons basilaires latéraux courts , très-obliques. Ecusson large. Elytres un peu plus étroites que le prothorax , rétrécies à partir de la base , peu arquées sur les côtés, finement striées, les stries ponctuées, les intervalles plats , éparsément ponctués. Pattes rouges ou brun rouge.

Des îles de la Sonde.

Il diffère surtout du *fuscus* par son prothorax sillonné.

45. M. SULCATUS. *Niger , nitidus , pube tenui , sat densa , dilute brunnea , vestitus; fronte concava; prothorace latitudine paulo longiore , a basi angustato , medio sulcato, apice grosse confertim , basi sparsim subtiliter punctato ; elytris striato-punctatis , interstitiis punctulatis.* — Long. 25 mill., lat. 6 mill.

Grand , épais, d'un noir luisant, revêtu d'une pubescence fine , assez dense, d'un brun clair. Front concave, fortement et densément ponctué. Antennes médiocrement longues, à articles 2 et 3 subégaux et à peine plus longs réunis que le quatrième. Prothorax plus long que large , graduellement rétréci à partir de la base, ses côtés courbes seulement au sommet, convexe en avant, couvert de points fins et clair-semés à la base, devenant de plus en plus gros et serrés au sommet, largement et assez profondément sillonné dans toute sa longueur, ses angles pos-

térieurs divergents et carénés, les sillons basilaires latéraux bien
marqués. Ecusson assez large, légèrement bombé. Elytres un
peu plus larges que le prothorax, deux fois et demie plus
longues, rétrécies à partir de la base, faiblement arquées sur
les côtés, convexes, finement striées-ponctuées, les intervalles
pointillés. Pattes obscures.

Hindoustan.

46. M. PROLIXUS. *Elongatus, niger, nitidus, griseo-pubescens;
prothorace a basi angustato, grosse minus dense punctato,
angulis posticis divaricatis, acutis, bicarinatis; elytris parallelis, substriato-punctatis; pectore abdomine pedibusque rufescentibus.* — Long. 13-14 mill., lat. 3-3 1/4 mill.

Cratonychus prolixus. Eaichs. Zeitschr. f. d. Entom. III, p. 94, 6.

Allongé, noir, assez luisant, revêtu d'une pubescence grise.
Front marqué de gros points ombiliqués qui le rendent rugueux.
Antennes longues, rouges, fortement dentées en scie, leurs
articles 2 et 3 petits, lanugineuses chez le mâle, pubescentes chez
la femelle. Prothorax aussi long que large, rétréci à partir de
la base avec ses côtés rectilignes chez le mâle, légèrement arqué
chez la femelle, peu convexe, marqué de gros points médiocrement denses, les antérieurs ombiliqués, ses angles postérieurs
divergents, acuminés au sommet, surmontés de deux carènes
rapprochées, l'interne fine. Ecusson petit, oblong. Elytres
plus larges que le prothorax et plus de trois fois plus longues,
parallèles dans leurs trois cinquièmes antérieurs, peu convexes,
marquées de séries de points avec quelques traces de stries.
Métathorax, abdomen et pattes rougeâtres.

Du Mexique.

47. M. LONGULUS. *Elongatus, niger, parum nitidus, griseo
pubescens; fronte plana, punctis umbilicatis creberrime fortiter
que adspersa; antennis serratis, rufo-brunneis; prothorace
latitudine longiore, grosse punctato, punctis umbilicatis, angulis posticis divaricatis, carinatis; elytris punctato-substriatis,
interstitiis planis, parce punctulatis; pedibus rufis.* — Long. 10-
14 mill., lat. 2-3 mill., (Pl. V, fig. 7).

Cratonychus longulus. Lec. *Rev. Elat. Un. St.* in *Am. phil. soc. Trans.* X, new ser. p. 473 . 2.

(♂) Étroit et allongé, noir, peu luisant et revêtu d'une pubescence grise. Front plat, couvert de très-gros points ombiliqués très-serrés. Antennes de la longueur de la tête et du prothorax réunis, dentées en scie, brun rougeâtre. Prothorax un peu plus long que large, droit sur les côtés, rétréci à partir de la base, un peu convexe, sillonné en arrière, couvert de gros points ombiliqués un peu moins denses que sur le front, ses angles postérieurs allongés, grêles, divergents, fortement carénés, les sillons basilaires latéraux courts. Élytres deux fois et demie plus longues que le prothorax, atténuées seulement à partir du milieu, très-finement striées, les stries ponctuées, les intervalles aplatis et ruguleusement ponctués. Pattes rouges.

. Californie ; San Diego.

La femelle diffère du mâle par son prothorax plus large, droit et parallèle sur les côtés et de la largeu des élytres.

Il varie beaucoup pour la taille.

48. M. MACER. *Elongatus, testaceus, nitidus, longius griseo-pubescens ; fronte antice foveolata, punctis umbilicatis creberrime fortiterque adspersa ; antennis serratis ; prothorace latitudine longiore, parum convexo, punctis haud umbilicatis parcius notatis, angulis posticis retrorsum productis, carinatis ; elytris a basi angustatis, punctato-substriatis, interstitiis planis, parce punctulatis.* — Long. 11 mill., lat. 2 1/2 mill.

Cratonychus macer. Lec. *Rev. Elat. Un. St.* in *Am. Phil. Soc. Trans.* X, new ser. p. 473, 3.

Var. *a. Corpus supra fuscum.*

Étroit et allongé, testacé ou brunâtre, assez luisant, revêtu d'une pubescence grise un peu plus longue que chez le précédent. Front fovéolé en avant, couvert de gros points ombiliqués. Antennes allongées, dentées en scie, à troisième article intermédiaire pour la longueur entre le second et le quatrième. Prothorax plus long que large, médiocrement rétréci en avant, presque droit sur les côtés, peu convexe, couvert de points non ombiliqués si ce n'est vers les angles antérieurs, les angles postérieurs dirigés directement en arrière, carénés très-près du bord externe. Elytres longues, atténuées à partir de la base, marquées de stries fines ponctuées, les intervalles aplatis et éparsément ponctués. Dessous du corps et pattes d'une teinte plus rougeâtre que le dessus.

Des Etats-Unis ; Georgie et New-York.

49. M. INCERTUS. *Piceus, pube longiuscula, fusco-helvola sat dense vestitus; fronte concava, antrorsum valde porrecta; antennis elongatis, serratis; prothorace latitudine paulo breviore, fortiter punctato, angulis posticis bicarinatis; elytris punctatostriatis, interstitiis planis, punctatis; pedibus rufo-castaneis.* — Long. 16 - 20 mill., lat. 4 3/4 - 5 1/2 mill.

Cratonychus incertus. Lec. *Rev. Elat. Un. St.* in *Am. Phil. Soc. Trans.* X, new. ser. p. 474, 5.

Grand, noir de poix, revêtu assez densément d'une longue pubescence brun jaunâtre. Front grand, un peu concave, densément couvert de gros points ombiliqués, son bord antérieur très-saillant et arrondi. Antennes longues, dentées en scie, brun rougeâtre, à troisième article intermédiaire pour la longueur entre le second et le quatrième. Prothorax plus large que long, rétréci en avant, peu convexe, fortement ponctué, ses angles postérieurs dirigés en arrière et un peu en dehors, bicarénés. Ecusson oblong, sinueux de chaque côté. Elytres deux fois et deux tiers plus longues que le prothorax, atténuées en arrière, finement ponctuées-striées, les intervalles aplatis et ponctués. Pattes châtain rougeâtre.

Etats-Unis ; Missouri.

50. M. DECUMANUS. *Depressus, brunneo-piceus, pube fuscofulvescente sat dense vestitus; fronte concava, antrorsum valde porrecta; antennis elongatis, serratis; prothorace latitudini longitudine subæquali, crebre fortiterque punctato; elytris punctato-striatis, interstitiis rugose punctulatis; pedibus rufo-castaneis.* — Long. 18 - 19 mill., lat. 5 - 5 1/2 mill.

Cratonychus decumanus. Erichs. *Zeitschr. f. d. Entom.* III, p. 104. — Lec. *Rev. Etat. Un. St.* in *Am. Phil. Soc. Trans.* X, new ser. 474, 6.

Grand, brunâtre, revêtu d'une pubescence fauve obscur. Front grand, un peu concave, très-densément couvert de gros points ombiliqués, son bord antérieur fort saillant et arrondi. Antennes longues, dentées en scie, plus ou moins pubescentes selon le sexe, leur troisième article intermédiaire pour la longueur entre le second et le quatrième. Prothorax à peu près aussi long que large, curvilinéairement rétréci seulement dans sa moitié antérieure, peu convexe, densément et fortement ponctué, sillonné au milieu, ses angles postérieurs dirigés en arrière, unicarénés, les sillons basilaires latéraux dirigés obliquement en avant et en dehors. Elytres de la largeur du prothorax, rétrécies seulement dans les deux cinquièmes postérieurs, parallèles en avant, finement ponctuées — striées, les intervalles aplatis et ponctués. Pattes châtain rougeâtre.

Etats-Unis; Maryland.

Il se rapproche du précédent dont il diffère cependant essentiellement par les angles postérieurs du prothorax surmontés d'une carène unique.

51. M. canadensis. *Piceus, brunneo-pubescens; fronte excavata; prothorace latitudine longiore, antice leviter angustato, parum convexo, fortiter punctato, punctis lateribus umbilicatis, angulis posticis bicarinatis; elytris a basi gradatim leviter angustatis, striis subtilibus punctatis, interstitiis planis, punctulatis; antennis pedibusque rufo-castaneis.* — Long. 17 mill., lat. 4 1/2 mill.

Brunâtre, revêtu d'une pubescence brun fauve. Front grand, excavé en avant, très-ponctué, son rebord antérieur très-saillant. Antennes rougeâtres, dépassant notablement les angles postérieurs du prothorax et velues chez le mâle, leur troisième article plus d'une demi fois plus long que le second, les deux, réunis, plus courts que le quatrième. Prothorax plus long que large, rétréci en avant à partir du milieu avec ses côtés faiblement courbes, peu convexe, assez fortement ponctué, sans sillon à la base, les angles postérieurs dirigés en arrière, leur extrémité paraissant un peu recourbée en dedans, bicarénés , les sillons basilaires latéraux courts et très-obliques. Elytres de la largeur du prothorax ou à peu près, faiblement rétrécies au milieu à partir de la base chez le mâle, peu convexes , finement striées , les stries marquées de points rapprochés , les intervalles pointillés. Pattes rougeâtres.

Du Canada.

52. M. DESPECTUS. *Fuscus, nitidus, pube fusco-grisea vestitus, fronte convexa , valde deflexa ; prothoracè subquadrato , apice tantum angustato, convexo, dense subtiliter punctato , medio longitrorsum subimpresso, angulis posticis longe unicarinatis ; elytris punctato-striatis , interstitiis vix distincte punctulatis ; pedibus rufis. — Long. 1½ mill. , lat. 3 mill.*

Brunâtre , assez luisant, revêtu d'une pubescence d'un gris obscur. Front convexe et très-fortement incliné , la bouche presque portée en dessous, couvert de points ombiliqués. Antennes rougeâtres, médiocrement longues , à troisième article une demi fois plus long que le second, les deux , réunis , de la longueur du quatrième. Prothorax aussi long que large, de forme carrée, sauf les angles antérieurs qui sont arrondis, convexe , finement et densèment ponctué, présentant un sillon longitudinal large mais très-peu profond et par conséquent peu visible , ses angles postérieurs assez forts, portant une longue et forte carène rapprochée du bord externe. Ecusson petit, un peu plus long que large. Elytres de la largeur du prothorax à la base , peu à peu atténuées à partir des épaules chez le mâle, parallèles ou à peu près chez la femelle, ponctuées-striées avec les intervalles à peine visiblement pointillés. Pattes rouge brun.

Des Etats-Unis ; Georgie.

53. M. CLANDESTINUS. *Fusco-niger, nitidus, griseo-pubescens; fronte concava , punctis umbilicatis crebre adspersa; prothorace latitudine paulo longiore , confertim punctato, postice canaliculato; elytris punctato-striatis , interstitiis rugose punctulatis; antennis pedibusque rufis. — Long. 7-9 mill., lat. 2 1/2 - 2 3/4 mill.*

Cratonychus clandestinus. ERICHS. *Zeitschr. f. d. Entom.* III, p. 112. — LEC. *Rev. Etat. Un. St.* in *Am. Phil. Soc. Trans.* X , new ser. p. 474, 7.

Cratonychus longiusculus. Dej. Cat. ed. 3, p. 99.

Var. *a. Prothorace rufescente.*

Noir brunâtre, quelquefois avec le prothorax rougeâtre, revêtu d'une fine pubescence grise. Front légèrement concave, couvert densément de gros points ombiliqués. Antennes assez fortement dentées en scie, rouges, très-pubescentes, à troisième article aussi petit que le second. Prothorax un peu plus long que large, très-arqué sur les côtés, peu convexe, densément ponctué, les points non ombiliqués, sillonné en arrière, les angles postérieurs dirigés en arrière, longuement et fortement carénés, les sillons basilaires latéraux placés presque sur les angles postérieurs. Elytres assez déprimées, à peine aussi larges que le prothorax, peu atténuées en arrière, fortement ponctuées-striées, les intervalles des stries ponctués. Pattes rouges.
Des Etats-Unis du Centre et du Sud.

54. M. SECRETUS. *Depressus, niger, nitidus, fusco-pubescens; fronte concava, punctis umbilicatis crebre adspersa; prothorace latitudine longiore, lateribus parallelis apice rotundatis, disperse punctato; elytris striis antice fortius, postice subtilius punctatis; antennis pedibusque læte rufis.* — Long. 8 - 10 mill., lat. 2 1/3 - 2 2/3 mill.

Cratonychus secretus. Lec. Rev. Etat. Un. St. in *Am. Phil. Soc. Trans.* X, new ser. p. 474, 8.

Cratonychus xanthopus. Dej. Cat. ed. 3, p. 99.

Déprimé, noir et luisant, revêtu d'une pubescence brune peu apparente à l'œil nu. Front légèrement concave, fortement rebordé en avant, couvert de gros points ombiliqués très-serrés. Antennes rouge clair, longuement pubescentes, à troisième article presque aussi petit que le précédent. Prothorax plus long que large, à peu près droit et parallèle sur les côtés, sauf en avant où ceux-ci se recourbent légèrement en dedans, ponctué, les points subombiliqués vers les angles antérieurs seulement, à peine sillonné en arrière, les angles postérieurs dirigés en arrière, longuement et fortement carénés très-près de leur bord latéral, les sillons basilaires latéraux petits, obli-

ques. Elytres de la largeur du prothorax et deux fois et un
quart plus longues, déprimées, striées, les stries marquées de
gros points dans leur moitié antérieure, de points beaucoup plus
fins dans leur moitié postérieure, les intervalles aplatis et ruguleusement pointillés. Pattes d'un rouge clair.

Etats-Unis ; Georgie.

55. M. DEPRESSUS. *Piceus, nitidus, griseo-pubescens; fronte
plana; prothorace latitudini longitudine subæquali, convexiusculo, parce subtiliter punctato, lateribus parum arcuatis,
angulis posticis apice divaricatis, carinatis; elytris punctato
striatis, interstitiis vage punctulatis; pedibus rufis.* — Long. 8 - 10
mill., lat. 2 1/3 - 2 2/3 mill.

Ctenonychus depressus. MELSH. *Proc. Acad. Nat. Sc.* II, p. 151.

Cratonychus depressus. LEC. *Rev. Elat. Un. St. in Am. Phil. Soc. Trans.* X,
new ser. p. 475, 10.

Noir de poix, assez luisant, revêtu d'une pubescence grise
médiocrement dense. Front à peu près plat, impressionné de
chaque côté, marqué de très-gros points ombiliqués. Antennes
brunes, plus ou moins pubescentes selon le sexe, leur troisième
article à peu près de la longueur du quatrième. Prothorax aussi
long que large où à peu près, rétréci d'arrière en avant,
droit sur les côtés au moins jusqu'au quart antérieur, chez
le mâle, plus large et plus arqué latéralement chez la femelle,
un peu convexe, finement et éparsément ponctué sur le disque,
plus fortement et plus densément vers les bords latéraux, les
points ombiliqués sur les angles antérieurs, subsillonné en arrière,
ses angles postérieurs divergents au sommet, longuement carénés, les sillons basilaires latéraux petits et très-obliques.
Elytres régulièrement arquées sur les côtés, atténuées en arrière,
ponctuées-striées, les intervalles aplatis et à peine ponctués.
Pattes rougeâtres.

Assez commun dans les Etats-Unis du Centre et du Sud.

56. M. ANGUSTATUS. *Rufo-testaceus, nitidus, griseo-pubescens; fronte plana; prothorace latitudini longitudine subæquali,
convexiusculo, parce punctato, lateribus rectis apice tantum
arcuatis, angulis posticis retrorsum productis, carinatis; elytris*

44

punctato-substriatis , interstitiis planis , discrete punctulatis;
pedibus pallidioribus. — Long. 9 mill. , lat. 2 1/2 mill.

Cratonychus angustatus. ERICHS. *Zeitschr. f. d. Entom.* III , p. 113. —
LEC. *Rev. Elat. Un. St.* in *Amer. Phil. Soc. Trans.* X . new ser. p. 475, 11.

D'un testacé rougeâtre assez luisant , revêtu d'une pubescence grise. Front aplati , couvert de gros points subombiliqués.
Antennes d'un rougeâtre obscur , à troisième article presque
de la taille du quatrième. Prothorax à peu près aussi long que
large , rétréci en avant avec ses côtés droits , recourbés seulement dans leur tiers antérieur , légèrement convexe , ponctué ,
les points fins et rares au milieu du disque , plus gros et plus
serrés sur les côtés , subombiliqués vers les angles antérieurs ,
très-brièvement sillonné en arrière , ses angles postérieurs dirigés en arrière , assez longuement carénés , les sillons basilaires
latéraux très-marqués , obliques. Ecusson subarrondi. Elytres
de la largeur du prothorax et à peine deux fois et demie aussi
longues , parallèles jusqu'au milieu , curvilinéairement rétrécies
au-delà , finement striées , les stries ponctuées , les intervalles
aplatis et à peine pointillés. Pattes testacé rougeâtre plus clair
que le corps.
Pensylvanie.
Communiqué par M. Schaum.

57. M. MOROSUS. *Testaceo-fuscus , cinereo-pubescens ; fronte*
fere plana ; prothorace latitudine sublongiore ; antice leviter
angustato , parce subtiliter punctato, postice breviter canaliculato;
elytris ultra medium attenuatis , punctato-substriatis , inter-
stitiis sparsim punctulatis. — Long. 9 mill., lat. 2 1/2 mill.

Cratonychus longulus. LEC. *Rev. Elat. Un. St.* in *Am. Phil. Soc. Trans.* X ,
new ser. p. 480 , 33.

Testacé brunâtre , revêtu d'une pubescence cendrée peu dense.
Front à peu près plat , densément couvert de points ombiliqués. Antennes médiocrement longues , peu dentées , à troisième
article intermédiaire pour la longueur entre le second et le
quatrième. Prothorax à peine plus long que large , rétréci en
avant à partir du milieu , médiocrement convexe , finement et
éparsément ponctué sauf vers les angles antérieurs où les points

sont plus gros et ombiliqués, brièvement sillonné en arrière, les angles postérieurs non où à peine divergents, munis d'une longue carène rapprochée du bord externe, les sillons basilaires latéraux parallèles à cette carène. Ecusson subquadrangulaire. Elytres un peu plus larges que le prothorax, parallèles jusqu'au milieu, atténuées au-delà, finement striées, les stries ponctuées, les intervalles éparsément pointillés. Pattes rougeâtres.

Etats—Unis du Sud ; Georgie.

Cette espèce a quelque ressemblance à l'*angustatus;* mais ce dernier est plus pubescent, son écusson est subarrondi et les sillons basilaires latéraux du prothorax sont obliques et non parallèles à la carène des angles postérieurs.

J'ai changé le nom que lui a donné M. Le Conte en celui de *morosus*, le nom de *longulus* ayant déjà été appliqué à un autre *Melanotus* de Californie, dans l'ouvrage du savant américain.

58. M. SAGITTARIUS. *Fuscus, elongatus, cinereo - fulvo -pubescens ; fronte concava, apice subangulata ; prothorace latitudine subbreviore, a basi angustato, depresso, sparsim fortiter punctato, canaliculato, angulis posticis validis, divaricatis, acute carinatis; elytris a basi angustatis, seriatim tenuiter punctatis.* — Long. 13 mill., lat. 3 1/2 mill.

Cratonychus sagittarius. Lec. Rev. Elat. Un.-St. in Am. Phil. Soc. Trans. X, new ser., p. 480, 34.

Var. *a. Corpus supra testaceum.*

Allongé, déprimé, brunâtre ou testacé, revêtu d'une pubescence fauve cendré assez rare. Front légèrement concave en avant, couvert de points denses, ombiliqués, son bord antérieur très-saillant, subanguleux au milieu. Antennes longues, dentées, à troisième article intermédiaire pour la longueur entre le second et le quatrième. Prothorax un peu plus court que large, rétréci graduellement de la base au sommet avec ses côtés légèrement arqués, déprimé, sillonné en arrière, marqué de points gros et peu serrés, ceux des parties antérieure et latérales sombiliqués, plus denses, les angles postérieurs grands, arqués, divergents, surmontés d'une forte carène, les sillons basilaires latéraux courts, dirigés directement en avant. Ecusson subquadrangulaire. Elytres plus larges à la base que le prothorax et graduellement atténuées de ce point jusqu'au sommet, striées-ponctuées, les intervalles aplatis et marqués de points fins et clair-semés. Pattes rougeâtres.

Des Etats-Unis du Centre.

59. M. TRAPEZOIDEUS. *Fusco-piceus, griseo-pubescens; prothorace trapezoideo, longitudine latiore, punctis umbilicatis disco parcius, lateribus crebrius adsperso, angulis posticis acuminatis, longe carinatis; elytris punctato-substriatis, interstitiis planis parce punctatis; pedibus rufis.* — Long. 8-10 mill., lat. 2 1/4-2 1/2 mill.

Cratonychus trapezoideus; LEC. *Rev. Elat. Un. St.* in *Am. Phil. Soc. Trans.* X, new ser., p. 475, 12.

Brun obscur ou légèrement rougeâtre, assez luisant, revêtu d'une pubescence grise. Front très-peu convexe, un peu impressionné de chaque côté, marqué de gros points ombiliqués assez serrés. Antennes fortement pubescentes chez le mâle, moins chez la femelle, rougeâtres. Prothorax un peu moins long que large, ses côtés rectilignes et convergents d'arrière en avant, arrondis seulement vers les angles antérieurs, peu convexe, marqué comme le front de gros points ombiliqués, serrés sur les parties latérales, rares au milieu; ses angles postérieurs acuminés, surmontés d'une carène aiguë aussi longue que les 2/5 du prothorax, les sillons basilaires latéraux longs et peu obliques. Ecusson petit. Elytres un peu plus larges que le prothorax, au moins chez le mâle, parallèles jusqu'au delà du milieu, curvilinéairement rétrécies au-delà, assez déprimées, marquées de stries fines ponctuées, les intervalles aplatis et éparsément ponctués. Dessous du corps luisant et d'une teinte plus rougeâtre que le dessus. Pattes rouges.

Etats-Unis; New Jersey.

60. M. TÆNICOLLIS. *Niger, albido-pubescens; prothorace latitudini longitudine subæquali, convexiusculo, lateribus antice rotundato, parce punctato, margine rufo; elytris profunde*

*punctato-striatis, macula basali rufa; corpore subtus pedibus-
que rufis, prosterno metathoraceque nigris.* — Long. 9 mill., lat.
2 1/2 mill.

Cratonychus tænicollis. Lec. *Rev. Elat. Un. St. in Am. Phil. Soc. Trans.* X,
new ser., p. 475, 13.

Noir, peu luisant, revêtu d'une pubescence rude, blanchâtre,
peu serrée, le prothorax largement bordé de rouge sur tout son
pourtour, les élytres marquées à la base d'une tache diffuse
de même couleur. Front légèrement convexe, marqué de très-
gros points. Antennes d'un rouge brunâtre, fortement pubescentes. Prothorax à peu près aussi long que large, rétréci et
arrondi sur les côtés en avant, convexe, fortement et densément ponctué sur les parties latérales, beaucoup plus éparsément sur le disque, faiblement sillonné au milieu à la partie
postérieure, ses angles postérieurs petits, un peu divergents,
surmontés d'une courte carène, les sillons basilaires latéraux
courts, un peu obliques. Écusson petit, noir. Elytres de la
largeur du prothorax et deux fois et demie plus longues,
atténuées en arrière, striées, les stries fortement ponctuées,
les intervalles aplatis, éparsément ponctués. Dessous du corps
rouge sombre avec le prosternum et le métathorax noirs. Pattes
rouges.

Des Etats-Unis; Philadelphie.

M. Le Conte m'a obligeamment communiqué le seul exemplaire
de cette espèce qu'il possède.

61. M. Leonardi. *Niger, nitidus, cinereo-pubescens; prothorace sanguineo, latitudini longitudine subæquali, parum
convexo, fortiter punctato, postice canaliculato; elytris striis
punctatis, interstitiis planis, parce punctatis; pedibus rufo-
piceis.* — Long. 10-11 mill., lat. 2 3/4-3 mill.

Cratonychus Leonardi. Le Conte, *Rev. Elat. Un. St. in Amer. Phil. Soc.
Trans.* X, new Ser. p. 475, 14.

Noir et assez luisant, avec le prothorax d'un rouge sanguin,
revêtu d'une pubescence rude, cendrée, médiocrement dense.
Antennes brunâtres. Front convexe, fortement ponctué. Pro-

thorax aussi long que large, droit et parallèle sur les côtés en
arrière, rétréci et arrondi en avant, peu convexe, ponctué
assez fortement, les points plus denses sur les côtés que sur le
milieu du disque, sillonné dans sa moitié postérieure, ses
angles postérieurs dirigés en arrière, surmontés d'une carène
très-distincte, noirs ainsi que le bord correspondant. Ecusson
oblong, ponctué. Elytres de la largeur du prothorax et deux
fois et demie plus longues, légèrement rétrécies à partir de la
base, obtuses au bout, striées, les stries fortement ponctuées,
les intervalles aplatis et éparsément ponctués. Pattes rougeâtre
obscur.

Des Etats-Unis de l'Est.

Cette espèce est très-facilement reconnaissable à la coloration
rouge de son prothorax. Elle est désignée dans quelques collections sous le nom d'*E collaris* Say, nom qui se rapporte
à une espèce d'*Elater* proprement dit.

62. M. SCROBICOLLIS. *Elongatus, brunneo-piceus, subtiliter
fusco-pubescens ; fronte subconvexa ; prothorace latitudini longitudine subæquali, a basi subarcuatim angustato, canaliculato,
parum convexo, grosse punctato, punctis anticis lateralibusque
umbilicatis ; elytris elongatis, parallelis, striis tenuibus punctatis.*
— Long. 18-20 mill., lat. 4-4 1/2 mill. (Pl. V, fig. 8.)

Cratonychus scrobicollis. LEC. Rev. Etat. Un. St. in *Am. Phil. Soc. Trans.* X,
new ser. p. 476, 15.

Cratonychus lugens. DEJ. Cat. ed. 3, p. 98.

Très-allongé, brun, revêtu d'une fine pubescence à peu près
de même couleur, et visible à l'œil nu seulement par un reflet
grisâtre. Front légèrement convexe, impressionné au milieu,
couvert de gros points ombiliqués. Antennes un peu plus longues
que la tête et le prothorax chez le mâle où elles sont lanugineuses, légèrement dentées en scie, à troisième article un peu
plus long que le second. Prothorax à peu près aussi long que
large, légèrement rétréci à partir de la base avec ses côtés
faiblement arqués, peu convexe, sillonné en arrière, couvert
de gros points, moins denses à la base, très-serrés, très-
larges et ombiliqués en avant et sur les côtés où ils rendent
sa surface rugueuse, les angles postérieurs un peu divergents,

surmontés d'une longue carène qui s'étend presque jusqu'à la moitié de la longueur des bords latéraux, les sillons basilaires bien marqués. Ecusson un peu plus long que large. Elytres trois fois plus longues que le prothorax, parallèles chez la femelle, très-peu rétrécies chez le mâle dans les deux tiers antérieurs, marquées de stries larges et très-peu profondes, ponctuées, les intervalles finement et éparsément ponctués. Dessous du corps et pattes à peu près de la couleur du dessus.

Des Etats-Unis du Centre et du Nord.

63. M. TEXANUS. *Elongatus, brunneus, griseo-pubescens; fronte subconvexa, medio leviter impressa; prothorace longitudine latiore, apice magis angustato, punctis umbilicatis inæqualiter adsperso, angulis posticis planis, divaricatis; elytris elongatis, planiusculis, striis subtilibus punctatis, interstitiis punctatis.* — Long. 16-20 mill., lat. 4-5 mill.

Allongé, brun, revêtu d'une pubescence grisâtre. Front légèrement convexe, subimpressionné au milieu, marqué de gros points ombiliqués médiocrement serrés, son rebord antérieur avancé, arqué. Antennes dépassant les angles postérieurs du prothorax de deux articles chez le mâle, d'un article chez la femelle, velues chez le premier, pubescentes chez la seconde, leur troisième article une demi fois plus long que le second, les deux, réunis, plus courts que le quatrième. Prothorax plus large que long, rétréci fortement au sommet avec ses côtés très-arqués, peu convexe, longitudinalement impressionné au milieu, au moins en arrière, marqué de gros points, tous ombiliqués, très-denses sur les parties latérales, épars et peu régulièrement disposés sur le milieu du disque, ses angles postérieurs très-divergents, fortement et longuement carénés, les sillons basilaires latéraux droits. Ecusson un peu plus long que large. Elytres plus larges que la base du prothorax, abstraction faite des angles de ce dernier, très-faiblement atténuées à partir des épaules chez le mâle, parallèles jusqu'au delà du milieu chez la femelle, déprimées, marquées de stries fines assez fortement ponctuées, les intervalles aplatis ou marqués de points plus fins, épars. Pattes d'un brun plus rouge que le dessus.

Du Texas.

Il se rapproche du précédent, mais il est plus large et plus déprimé, son prothorax est plus fortement rétréci au sommet et manifestement plus large que long.

64. M. FISSILIS. *Fusco-piceus, brunneo-pubescens ; fronte leviter convexa ; prothorace latitudine non breviore, apice angustato, lateribus valde arcuato, parum convexo, haud canaliculato, grosse punctato, punctis apice lateribusque umbilicatis, angulis posticis retrorsum productis, bicarinatis ; elytris prothorace angustioribus, a basi attenuatis, striato-punctatis, interstitiis rugose parce punctatis.* — Long. 13 - 15 mill., lat. 3 4/5 - 4 1/4 mill.

Elater fissilis. SAY, *Trans. Am. Phil. Soc.* VI, p. 183.

Cratonychus fissilis. LEC. *Rev. Elat. Un. St.* in *Am. Phil. Soc. Trans.* X, new ser. p. 477, 18.

Cratonychus laticollis. ERICHS. *Zeitschr. f. d. Entom.* III, p. 102.

Cratonychus ochraceipennis. MELSH. *Proc. Acad. Nat. Sc.* II, p. 150.

Cratonychus sphenoidalis. MELSH. *Loc. cit.*

Elater (Melanotus) cinereus. HARRIS, *Ins. injurious to vegetation* ; ed. II, p. 48.

Brunâtre, revêtu d'une pubescence brune. Front très-faiblement convexe, très-densément couvert de points ombiliqués. Antennes assez allongées, à troisième article presque aussi long mais plus étroit que le quatrième. Prothorax à peu près aussi large que long, fortement rétréci en avant à partir du milieu, ses côtés très-arqués, peu convexe, non sillonné au milieu, couvert de gros points simples au milieu et en arrière, ombiliqués au sommet et sur les parties latérales, ses angles postérieurs dirigés en arrière, portant deux carènes très-distinctes, les sillons basilaires latéraux courts et obliques. Ecusson court et large. Elytres plus étroites que le prothorax et deux fois et demie plus longues, peu à peu rétrécies depuis la base jusqu'un peu au-delà du milieu, puis plus fortement de ce point au sommet, médiocrement convexes, striées de points, les intervalles rugueusement et éparsément ponctués. Dessous du corps et pattes à peu près de la couleur du dessus.

Commun dans les Etats-Unis du Centre et du Sud.

Selon Erichson, cette espèce est peut-être l'*E. brevicollis* de Herbst.

65. M. COMMUNIS. *Fuscus, fusco-griseo-pubescens ; fronte leviter convexa ; prothorace latitudini longitudine subæquali, apice valde angustato, lateribus arcuato, convexiusculo, canaliculato. grosse punctato, punctis lateribus umbilicatis, angulis posticis bicarinatis ; elytris prothorace subangustioribus, a basi attenuatis, striis impressis punctatis, interstitiis rugose parcius punctulatis.* — Long. 11 - 13 mill., lat. 3 - 3 s/4 mill.

Elater communis. GYLL. in SCHÖNH. *Syn. Ins.* III, append. p. 138. (1817). — SAY, *Trans. Am. Phil. Soc.* VI, p. 184.

Cratonychus communis. ERICHS. *Zeitschr. f. d. Entom.* III, p. 102. — DU. *Cat. ed.* 3, p. 98. — LEC. *Rev. Elat. Un. St. in Am. Phil. Soc. Trans.* X, new ser., p. 477, 19.

Perimecus communis. KIRBY, *Faun. bor. Americ.* p. 148.

Elater (Melanotus) communis. HARRIS, *Ins. injurious to vegetation*, ed. II, p. 48.

Elater cinereus. WEBER, *Obs. Entom.* p. 77, 2 (1801).

Elater simplex. GERM. *Ins. Spec. Nov.* 42, 69.

Brun, revêtu d'une pubescence d'un gris brun, assez dense. Front peu convexe, couvert de points ombiliqués. Antennes assez allongées, dentées en scie, leur troisième article à peu près de la longueur du quatrième. Prothorax aussi long que large, fortement rétréci au sommet, arqué sur les côtés, légèrement convexe, canaliculé en arrière, ponctué un peu moins fortement que chez le précédent, avec les points ombiliqués sur les côtés, surtout vers les angles antérieurs, les angles postérieurs très-peu divergents, doublement carénés, les sillons basilaires latéraux rapprochés de la carène interne des angles, obliques, peu allongés. Elytres un peu plus étroites que le prothorax, rétrécies à partir de la base ou seulement du milieu selon le sexe, médiocrement convexes, striées, les stries ponctuées, les intervalles un peu convexes, légèrement rugueux. Dessous du corps un peu plus obscur que le dessus ; pattes châtain rougeâtre.

Commun aux Etats-Unis.

Je ne connais pas le type de l'espèce qu'Erichson a décrite

sous le nom de *C. spadix.* Un individu que m'a communiqué
M. Schaum, sous ce nom, ne m'a paru différer réellement de
celle-ci que par son prothorax égal en largeur aux élytres.

J'ai vu un exemplaire typique de l'*E. simplex* Germ., lequel
ressemble tout-à-fait à l'espèce actuelle. Cet exemplaire, qui
serait originaire du Brésil, suivant Germar, est le seul du genre
portant cette indication de provenance que j'aie observé dans les
nombreuses collections qui me sont passées sous les yeux. Il se
pourrait donc que Germar eut été induit en erreur en ce qui
concerne la patrie de cet insecte.

C'est d'après Erichson que je cite l'*E. cinereus* de Weber
en synonymie. Il est difficile, dit le premier de ces auteurs, de
décider si l'*E. cinereus* doit être rapporté à l'espèce actuelle ou
à la précédente.

66. M. EXUBERANS. *Fusco-piceus, brunneo-pubescens; fronte
leviter convexa; prothorace latitudine paulo longiore, a basi
leviter angustato, convexiusculo, fortiter punctato, punctis lateribus umbilicatis, angulis posticis bicarinatis; elytris prothorace haud angustioribus, a basi subattenuatis, striis subtilibus
punctatis, interstitiis planis punctulatis.* — Long. 14 mill., lat.
4 mill.

Cratonychus exuberans. Lec. *Rev. Elat. Un. St.* in *Am. Phil. Soc. Trans.* X,
new ser., p. 477, 20.

Très-voisin du précédent. Brun, revêtu d'une pubescence
d'un brun fauve assez dense. Front légèrement convexe, couvert
de points ombiliqués. Antennes de la longueur de la tête et du
prothorax, dentées en scie, à troisième article à peu près aussi
long que le quatrième. Prothorax un peu plus long que large,
beaucoup moins rétréci en avant que chez le *communis*, atténué
à partir de la base, ses bords latéraux arqués et très-abaissés
vers les angles antérieurs, convexe, à peine distinctement impressionné au milieu de la base, fortement ponctué, les points
des parties latérales ombiliqués, ses angles postérieurs dirigés
en arrière, bicarénés. Elytres sensiblement plus larges à la base
que le prothorax dans sa partie moyenne, faiblement rétrécies
au milieu, puis curvilinéairement atténuées au-delà du milieu
jusqu'au sommet, très-finement striées, les stries marquées

de petits points, les intervalles aplatis et éparsément pointillés. Pattes ferrugineuses.

Santa-Fé, dans le Nouveau-Mexique.

M. Le Conte n'a connu que deux exemplaires de cette espèce, qu'il a bien voulu me communiquer. Elle ressemble beaucoup au *communis* et ses seules différences consistent dans la forme plus étroite, plus longue du prothorax, dont les côtés sont en outre moins rétrécis et plus arrondis en avant.

67. M. **parumpunctatus**. *Nigro-piceus, cinereo-pubescens; fronte fere plana; prothorace latitudine haud longiore, a basi angustato, lateribus apice rotundato, parum convexo, parce subtilius punctato, punctis lateribus haud umbilicatis, postice subcanaliculato, angulis posticis non bicarinatis; elytris tenuiter punctato-striatis, interstitiis parce punctulatis.* — Long. 10 mill., lat. 2 1/2 mill.

Cratonychus parumpunctatus. Melsh. *Proc. Acad. Nat. Sc.* II, p. 150. — Lec. *Rev. Elat. Un. St.* in *Am. Phil. Soc. Trans.* X, new ser., p. 478, 21.

Plus petit que les précédents, brunâtre, revêtu d'une pubescence d'un gris cendré. Front presque plat, couvert densément de points ombiliqués. Antennes aussi longues que la tête et le prothorax, dentées, à troisième article un peu plus court que le quatrième. Prothorax aussi long que large, rétréci à partir de la base, brusquement arrondi sur les côtés au sommet, éparsément et beaucoup moins fortement ponctué que chez le *communis*, sans points ombiliqués sur les côtés, légèrement sillonné au milieu de la base, ses angles postérieurs munis d'une seule carène assez forte. Elytres au moins aussi larges que le prothorax, finement ponctuées-striées avec les intervalles des stries aplatis et éparsément pointillés. Pattes ferrugineuses.

Des Etats-Unis du centre.

Voisin du *communis* mais plus petit et bien distinct par la ponctuation du prothorax et la carène unique des angles postérieurs.

68. M. **effetus**. *Fusco-brunneus, nitidus, cinereo-pubescens; fronte leviter convexa; prothorace subquadrato, convexo, dense punctato, medio canaliculato, angulis posticis retrorsum pro-*

ductis , carinatis ; elytris striis tenuibus punctatis , interstitiis discrete punctulatis ; pedibus rufo-brunneis. — Long. 8 mill., lat. 3 1/4 mill.

Brunâtre, assez luisant, revêtu d'une pubescence cendrée. Front légèrement convexe, très-ponctué. Antennes aussi longues que la tête et le prothorax chez la femelle, plus longues chez le mâle, rougeâtres, leur troisième article intermédiaire pour la longueur entre le second et le quatrième. Prothorax à peu près aussi long que large, un peu plus large chez la femelle, rétréci seulement au sommet, convexe, assez densément ponctué, sillonné assez fortement dans plus de sa moitié postérieure, ses angles postérieurs dirigés en arrière, aigus, peu fortement carénés, les sillons basilaires latéraux obliques. Écusson oblong, concave. Élytres de la largeur du prothorax et deux fois et un quart plus longues, atténuées à partir de la base ou du milieu suivant le sexe, finement striées, les stries ponctuées, les intervalles plats, marqués de quelques points rares et fins. Pattes d'un rougeâtre obscur.

Des États-Unis ; Ohio.

69. M. VERBERANS. *Fuscus , cinereo-pubescens ; fronte plana; prothorace longitudine latiore, a basi rotundatim valde angustato, parcius punctato, angulis posticis unicarinatis, elytris a basi angustatis, subtiliter punctato-striatis, interstitiis parce punctulatis.* — Long. 12 mill., lat. 3 mill.

Cratonychus verberans. Lec. Rev. Elat. Un. St. in Am. Phil. Soc. Trans. X, new ser., p. 478, 22.

Cratonychus consobrinus. Dej. Cat. ed. 3, p. 99.

Brun clair, revêtu d'une pubescence cendrée. Front aplati, couvert de points ombiliqués serrés. Antennes allongées, dentées en scie, d'un testacé brun, leur troisième article intermédiaire pour la longueur entre le second et le quatrième. Prothorax plus large que long, rétréci à partir de la base, avec ses côtés arqué, peu convexe, peu densément et moins fortement ponctué que celui du *communis*, sans sillon postérieur, ses angles postérieurs dirigés en arrière, munis d'une carène unique assez forte, les sillons basilaires latéraux très-

courts. Elytres de la largeur du prothorax, atténuées assez
fortement à partir de la base, au moins chez le mâle, assez
étroites au sommet, finement ponctuées-striées, les intervalles
aplatis, peu ponctués. Pattes d'un testacé rougeâtre.
Etats-Unis ; Maryland.

70. M. INFAUSTUS. *Piceo-fuscus, cinereo-pubescens ; fronte
fere plana ; prothorace latitudine paulo longiore, lateribus rectis
fere parallelis, apice tantum rotundatim convergentibus, parum
convexo, parce subtilius punctato, angulis posticis unicarinatis ;
elytris a basi arcuatim attenuatis, punctato-striatis, interstitiis
parce punctulatis ; antennis pedibusque rufescentibus.* — Long. 12
mill., lat. 3 1/4 mill.

Cratonychus infaustus. LEC. Rev. Etat. Un. St. in *Am. Phil. Soc. Trans.* X,
new ser., p. 478, 24.

Brun obscur, revêtu d'une pubescence gris cendré. Front
à peu près plat, couvert de gros points ombiliqués. Antennes
médiocrement longues, rougeâtres, dentées en scie, à troisième
article à peine plus court que le suivant. Prothorax un peu
plus long que large, faiblement rétréci en avant, presque droit
sur les côtés, convexe, très-peu densément et finement ponctué,
non sillonné à la base, les angles postérieurs unicarénés, les
sillons basilaires latéraux obliques, assez longs. Elytres de la
largeur du prothorax, atténuées à partir de la base ou du milieu
selon le sexe, finement ponctuées-striées, les intervalles des
stries éparsément ponctués. Pattes rougeâtres, le dessous du
corps également teinté de rouge, surtout en avant.
Etats-Unis ; Georgie.

71. M. CRIBULOSUS. *Fuscus, longe cinereo-pubescens ; fronte
convexa, punctis umbilicatis cribrata ; prothorace longitudine
sublatiore, lateribus arcuato, convexo, crebre punctis umbilicatis adsperso, angulis posticis brevibus, unicarinatis ; elytris
punctato-striatis, interstitiis punctulatis.* — Long. 10 mill., lat.
2 3/4 mill.

Cratonychus cribulosus. LEC. Rev. Etat. Un. St. in *Am. Phil. Soc. Trans.* X,
new ser., p. 478, 25.

Brun, revêtu d'une assez longue pubescence d'un gris cendré. Front convexe, densément couvert de gros points ombiliqués, son rebord antérieur peu saillant, arrondi. Antennes peu allongées, légèrement dentées, leur troisième article aussi long que le quatrième. Prothorax un peu plus large que long, rétréci à partir de la base et peu arqué sur les côtés chez le mâle, arqué au contraire très-fortement, rétréci seulement à partir du milieu et un peu contracté à la base chez la femelle, convexe, densément couvert de points ombiliqués, non sillonné, ses angles postérieurs courts, non divergents, convergents même chez la femelle, unicarénés, les sillons basilaires latéraux distincts. Elytres de la largeur du prothorax, rétrécies à partir de la base, ponctuées-striées, les intervalles légèrement ponctués, aplatis. Pattes brun rougeâtre clair.

Etats-Unis ; Nebraska.

72. M. CRIBRICOLLIS. *Fusco-brunneus, nitidus, fulvo-pubescens ; fronte rugosa ; prothorace latitudine longiore, lateribus subparallelo, punctis umbilicatis cribrato, angulis posticis bicarinatis ; elytris prothoracis latitudine, antice parallelis, striato-punctatis, interstitiis punctulatis.* — Long. 13 mill., lat. 3 1/2 mill.

Brunâtre, assez luisant, revêtu d'une pubescence fauve. Front rugueusement ponctué, son bord antérieur un peu redressé. Antennes courtes, dépassant seulement un peu la moitié du prothorax chez la femelle, leur troisième article intermédiaire pour la longueur entre le second et le quatrième, les deux, réunis, plus longs que le dernier. Prothorax plus long que large, droit et parallèle sur les côtés dans ses trois quarts postérieurs, rétréci seulement au sommet, criblé de très-gros points ombiliqués, portant, au milieu, une trace de ligne élevée, ses angles postérieurs munis de deux carènes dont une peu nettement marquée. Ecusson petit, impressionné au milieu. Elytres de la largeur du prothorax, parallèles jusqu'au delà du milieu, peu convexes, marquées de séries de points, avec les intervalles éparsément pointillés. Dessous du corps et pattes de la couleur du dessus.

Amérique Septentrionale.

J'ai trouvé cette espèce, sous le nom que je lui ai conservé et sans indication plus précise du lieu d'origine, dans la collection de M. de la Ferté Sénectère. Elle est très-reconnaissable à la ponctuation du prothorax et à l'absence de stries sur les élytres.

73. M. PAGANUS. *Brunneus, nitidus, cinereo-pubescens ; fronte convexa ; prothorace longitudini latitudine æquali, apice angustato, convexo, crebre subtiliter punctato, angulis posticis retrorsum productis, unicarinatis ; elytris rufo-brunneis, striis subtilibus punctatis, interstitiis subtiliter sparsim punctulatis ; pedibus rufis.* — Long. 12 mill., lat. 3 1/2 mill.

Cratonychus paganus. DEJ. *Cat.* ed. 3 p. 99.

Brun luisant avec les élytres d'un brun rouge, revêtu d'une pubescence cendrée, caduque. Front convexe, très-ponctué. Antennes rougeâtres, un peu plus longues que la tête et le prothorax réunis même chez la femelle, à article 3 presque aussi long que le quatrième. Prothorax aussi long que large, rétréci seulement au sommet, avec ses côtés droits et parallèles, assez convexe, finement et densément ponctué, subsillonné en arrière, ses angles postérieurs dirigés en arrière, rougeâtres, carénés, les sillons basilaires latéraux très-courts et très-obliques. Ecusson rougeâtre, oblong. Elytres de la largeur du prothorax, parallèles ou à peu près jusqu'au-delà du milieu selon le sexe, atténuées au-delà, finement striées, les stries marquées de points rapprochés, les intervalles aplatis, très-finement et très-éparsément pointillés. Pattes rouges.

Etats-Unis.

Je n'ai pu rapporter cette espèce à aucune de celles décrites par M. Le Conte et Erichson. Je ne l'ai vue que dans la collection Dejean.

74. M. PERTINAX. *Piceo-niger, parcius cinereo-pubescens ; fronte plana, grosse, minus crebre punctata ; prothorace longitudine paulo latiore, apice rotundatim angustato, disperse punctulato, postice canaliculato, angulis posticis carinatis ; elytris parallelis, ultra medium attenuatis, striis subtilissimis punctatis ; antennis pedibusque rufis.* — Long. 11 mill., lat. 2 3/4 mill.

Elater pertinax. SAY, *Trans. Am. Phil. Soc.* VI, p. 185.

Cratonychus pertinax. LEC. *Rev. Elat. Un. St.* in *Am. Phil. Soc. Trans.* X, new ser. p. 479, 26.

Noirâtre, revêtu d'une pubescence assez longue, rare, cendrée. Front aplati, arrondi en avant, marqué de gros points ombiliqués moins serrés que chez les précédents. Antennes rouges, leur troisième article aussi long que le suivant. Prothorax un peu plus large que long, droit et parallèle sur les côtés en arrière, arrondi en avant, convexe, sillonné largement et peu profondément vers la base, marqué de points petits et rares sur le dos, à peu près obsolètes même sur le milieu du disque, plus gros seulement vers les angles antérieurs, les angles postérieurs courts, un peu divergents à l'extrémité, brièvement unicarénés, les sillons basilaires longs et à peu près parallèles aux carènes des angles. Écusson oblong. Élytres de la largeur du prothorax, rétrécies assez brusquement dans leurs deux cinquièmes postérieurs, convexes, très-finement striées, les stries marquées de points larges et peu profonds, les intervalles très-éparsément pointillés. Pattes rouges.

Des États-Unis. Massachusetts et Georgie. Cette espèce est facilement reconnaissable à la ponctuation du prothorax.

M. TENAX. *Piceo-niger, cinereo-pubescens ; fronte convexiuscula; prothorace latitudine paulo longiore, antrorsum parum angustato, apice tantum lateribus arcuato, convexiusculo, parce fortius punctato ; antennis pedibusque rufis.* — Long. 8 mill., lat. fere 2 mill.

Elater tenax. SAY, *Trans. Am. Phil. Soc.* VI, p. 185.

Cratonychus tenax. LEC. *Rev. Elat. Un. St.* in *Am. Phil. Soc. Trans.* X, ew ser. p. 479, 28.

Cratonychus gregarius. DEJ. *Cat.* ed. 3, p. 99.

Noir brunâtre, revêtu d'une pubescence cendrée. Front faiblement convexe, couvert de gros points ombiliqués médiocrement serrés. Antennes rougeâtres, leur troisième article un peu plus long que le second et un peu plus court que le quatrième. Prothorax à peine plus long que large, graduellement et très-légèrement rétréci en avant à partir de la base, avec ses côtés presque droits,

sauf au sommet où ils convergent curvilinéairement, convexe,
ponctué, les points épars et simples, les angles postérieurs peu
allongés, nullement divergents, carénés. Ecusson oblong. Elytres
un peu plus larges que le prothorax, leurs côtés courbes depuis la
base jusqu'au sommet, assez atténuées à l'extrémité, marquées de
stries fortement ponctuées, les intervalles fortement et éparsément
ponctuées. Pattes rougeâtres.

Des Etats - Unis du centre et du sud.

Cette espèce est bien caractérisée par la forte ponctuation des
intervalles des stries des élytres.

76. M. AMERICANUS. *Fuscus, cinereo-pubescens ; fronte leviter
convexa, parcius grosse punctata ; prothorace latitudini longitudine æquali, a medio arcuatim angustato, convexo, parce punctato, postice canaliculato ; elytris a basi augustatis, punctato-
striatis, interstitiis parce punctulatis ; pedibus brunneo-testaceis.*
—Long. 6 - 8 mill., lat. 1 s/s -3 mill.

Elater americanus. HERBST, *Käfer*, X, p. 74, 63, pl. 165, 2.

Cratonychus americanus. ERICHS. *Zeitschr. f. d. Entom.* III. p. 114, 34. —
LEC. *Rev. Elat. Un. St. in Am. Phil. Soc. Trans.* X, new ser. p. 479, 29.

Cratonychus diffinis. DEJ. *Cat.* ed. 3 p. 99.

Brunâtre, revêtu d'une pubescence cendrée. Front très-légèrement convexe, marqué de points subombiliqués médiocrement
serrés, son bord antérieur saillant. Antennes brunes, légèrement
dentées, le troisième article à peine plus long que le second. Prothorax aussi large que long, curvilinéairement et assez fortement
rétréci en avant à partir du milieu, légèrement convexe, sillonné
en arrière, marqué de points clair-semés et simples, ses angles
postérieurs petits, nullement divergents, carénés, les sillons basilaires latéraux courts. Ecusson oblong. Elytres de la largeur du
prothorax, atténuées à partir de la base sauf quelquefois chez les
femelles, ponctuées-striées, les intervalles finement et éparsément
ponctués. Pattes d'un testacé plus ou moins brunâtre.

Très-commun aux Etats-Unis.

77. C. INSIPIENS. *Testaceus, nitidus, flavo-pubescens ; fronte
convexa ; prothorace latitudine sublongiore, lateribus antice arcua-*

lo, *convexiusculo*, *postice canaliculato, sparsim punclato ; elytris punclato-striatis, interstitiis punctulatis.* — Long. 5-6 mill., lat. 1/4 — 1 1/3 mill.

Elater insipiens. SAY, *Am. Phil. Soc. Trans.* VI, p. 184.

Cratonychus insipiens. LEC. *Rev. Elat. Un. St.* in *Am. Phil. Soc. Trans.* X, new ser. p. 480, 30.

Petit, d'un testacé un peu rougeâtre, revêtu d'une pubescence flave. Front légèrement convexe, assez fortement rebordé en avant, couvert de points ombiliqués. Antennes plus longues que la tête et le prothorax chez le mâle, dentées en scie, les articles 2 et 3 subégaux et un peu plus courts, chacun, que le quatrième. Prothorax un peu plus long que large, rétréci au sommet avec ses côtés arqués, sillonné en arrière, éparsément ponctué, les points plus gros et subombiliqués vers les angles antérieurs, les angles postérieurs assez fortement carénés. Elytres un peu plus larges que le prothorax, parallèles jusqu'au milieu au moins, puis curvilinéairement rétrécies au-delà, ponctuées-striées, les intervalles ponctués. Dessous du corps et pattes de la couleur du dessus.

Des Etats-Unis du sud.

78. M. TENELLUS. *Testaceus, nitidus, flavo-pubescens ; fronte leviter convexa ; prothorace latitudine longiore, a basi gradatim angustato, lateribus fere rectis, convexiusculo, haud canaliculato, sparsim punctato ; elytris punctato-striatis, interstitiis punctulatis.* — Long. 5-6 mill., lat. 1 1/4 — 1 1/3 mill.

Cratonychus tenellus. ERICHS. *Zeitschr. f. d. Entom.* III, p. 114, 35. — LEC. *Rev. Elat. Un. St.* in *Am. Phil. Soc. Trans.* X, new ser. p. 480, 21.

Cratonychus egenus. DEJ. *Cat.* ed. 3, p. 99.

Cette petite espèce ressemble tout-à-fait à la précédente sous le rapport de la taille, de la couleur et des différents caractères de détail, sauf les deux suivants qui la feront reconnaître : le prothorax est rétréci à partir de sa base et ses bords latéraux sont tout-à-fait ou à peu près droits, tandis qu'ils sont arqués chez le *M. insipiens,* en outre il est complètement dépourvu de sillon médian à la base.

Des Etats-Unis du sud ; Georgie.

M. Le Conte fait remarquer que cette espèce ressemble à l'*Adrastus recticollis*, abstraction faite des caractères génériques qui les séparent (1) ; en effet, Dejean , trompé par cette ressemblance , a placé ce dernier dans sa collection, sous le nom de *Cratonychus modicus*, à côté de l'espèce actuelle.

———— ◄►► ————

Je n'ai point vu en nature les espèces qui suivent et dont voici la description :

1. M. SIMILIS. *Niger, pubescens, antennis pedibusque fulvis ; prothorace parcius punctato , haud canaliculato , elytris punctato-striatis.*

Similar *Perimecus*, black, downy : antennæ and legs tawny : prothorax less thickly punctured and not chanelled : elytra with larger punctures in rows. 6 $\frac{1}{4}$'''.
Taken in lat. 54°.

J. Sould have given this a merely a varietaty of the last (*communis*) ; but besides its blacker body , the punctures of the prothorax are not nearly so numerous, and there is no appearance of its being chanelled : the breast is chestnat.

Perimecus similis. KIRB. *Faun. bor. Americ.* p. 149 , 199.

2. M. PERSICUS. *Rufo-piceus , pubescens ; thorace nigro-piceo , profunde punctulato, anterius dilatato , elytris valde elongatis , tenue punctulato-striatis , interstitiis planis , minutissime punctulatis.* — Long. 6'', lat. 2''.

Magnitudine et quodammodo statura *El. fulvipedis* Schönh., sed thoracis structura antice latiori, et elytris posterius minus attenuatis praesertim differt.

(1) Ces caractères résident surtout dans la forme du front, car les *Adrastus* ont les crochets des tarses pectinés comme les *Melanotus*.

Caput subtransversum , piceum , crebre , grosse et profunde punctulatum ; fronte plana. Antennis thorace vix longioribus , fusco-ferrugineis. Thorax niger , longitudine latior, apice late marginatus , angulis parum prominulis , subacutis ; lateribus subrotundatus , ultra medium parum dilatatus , antice nonnihil angustatus , angulis posticis valde prominentibus , subarcuatis , acuminatis ; basi retusus ; supra valde convexus , ubique crebre æqualiter profunde punctulatus , intra basin transversim sat depressus. Scutellum rotundatum , nigrum , læve. Elytra thorace vix latiora ; humeris prominulis , rotundatis ; lateribus in medio tenue sinuata , pone medium parum dilatata , dense attenuata , apice subrotundata , ubique tenue marginata ; supra convexa , fusco-ferruginea , tenuissime punctulato-striata ; interstitiis totis deplanatis , minutissime punctulatis , ubique fusco-pubescentibus ; sutura deplanata , corpus subtus rufo-piceum , æqualiter tenue punctulatum , nitidum , pube testacea , brevi , obtectum. Pedes breviusculi , tenue pubescentes , ferruginei.

Cratonychus persicus. FALDERM. *Faun. Transc.* I, p. 161, 143.

3. M. CONFORMIS. *Lineari-elongatus , rubro-fuscus , subnitidus , pubescens ; thoracis angulis posticis valde productis , acuminatis ; elytris parallelis , pone medium subattenuatis , rude punctato-striatis , interstitiis concinne confertissime punctulatis.* — Long. 6 1/2''', lat. 1 3/4'''.

Præcedenti (*Menetriesii*) affinis , tamen angustior et paullo minus distincte punctatus ; thorace longiore nec non minus convexo etc, bene differt.

Caput productum , transversum , fuscum , subnitidum , antice rotundatum , apice tenuiter emarginatum , utrinque subsinuatum , supra modice convexum , ubique æqualiter confertissime distincte punctatum , pube tenui flava obductum. Oculi sat prominuli , globosi , fusci , subluridi. Antennæ thoracis basi multo longiores , filiformes , uno latere obtuse serratæ , totæ æqualiter fuscæ , pubescentes. Thorax elongatus , fuscus , ante medium angustatus , angulis valde deflexis , basi truncatus , angulis valde productis , angustatis , acuminatis , lateribus subparallelus , in medio vix rotundatus , supra æqualiter convexus , juxta basin transversim depressus , ibique dilutius fuscus , confertissime ubi-

que concinne nec non æqualiter punctatus , pube flava sat dense
obductus. Scutellum parum elongatum , postice rotundatum ,
supra deplanatum. Elytra thorace vix angustiora , valde elongata,
parallela, pone medium leviter attenuata , basi truncata , supra
convexa , intra basin transversim deplanata , evidenter punctato-
striata , rubro-fusca , subnitida , pube pallida sat dense vestita ,
interstitiis subconvexis , creberrime punctulatis , nonnihil rugulosis , lateribus ante medium dilatata ; margine laterali reflexo,
incrassato. Corpus subtus ubique æqualiter rude punctatum ,
rubrofuscum , multo reliquo corpore nitidius et parcius pubescens ; segmentorum marginibus in medio utrinque leviter impressis ; abdomine paullo dilutiori. Pedes elongati ; femoribus
parum incrassatis , rubris ; tibiis tarsisque paullo obscurioribus
nec non densius pubescentibus.

Cratonychus conformis. FALDERM. Loc. cit. p. 163 , 147.

4. M. ANACHORETA. *Elongatus , parallelus , convexus , fuscus ;
thorace nigro , rugoso-punctato , gibbo , angulis posticis porrectis , explanatis , reflexis ; corpore subtus pedibusque ru'o-
ferrugineis.* — Long. 6″, lat. 2″.

Elater anachoreta. MÉNÉTRIÉS , *Catalogue* , p. 159 , 637.

Præcedenti subsimilis sed magis parallelus ; capite retracto ,
antennis brevioribus , nec non thorace antice minus attenuato,
multo gibbiore et angulis posticis angustioribus reflexis eo præ-
cipue differt.
Caput retractum , triangulare , nigrum , opacum, densissime
ruguloso-punctatum , pube tenuissima perparce obtectum. Antennæ basi thoracis vix superantes, filiformes , totæ fuscæ , opacæ.
Oculi parum prominuli , rotundati , globosi , aterrimi , nitidi.
Thorax elongatus , parallelus , ante medium perparum angustatus , lateribus præsertim antice valde deflexus , immarginatus,
gibbus , basi retusus , angulis posticis porrectis , explanatis ,
reflexis , angustatis , acuminatis , supra gibbus , piceo-niger ,
opacus , creberrime rude tamen ubique æqualiter punctatus ,
pube tenuissima similiter ac caput obductus , pone medium
leniter canaliculatus. Scutellum elongatum , postice rotundatum ;
supra depressum , opacum. Elytra thorace latitudine , valde

elongata , parallela , pone medium vix dilatata , intra apicem
tantum attenuata , supra convexa , tota fusca , pube tenui vix
visibiliter vestita , intra basin valde depressa , sat profunde
striata , striis subpunctatis , interstitiis planis , obsoletissime ac
creberrime punctulatis. Corpus subtus subcylindricum , rufo-
fuscum , minutissime et densissime punctulatum nec non
densius pubescens. Pedes breviusculi , toti unicolores rufo-
brunnei.

Cratonychus anachoreta. FALDERM. Loc. cit. p. 165 , 148.

5. M. BAJULUS. *Antennis (feminœ) subtiliter pubescentibus pedibusque rufis , niger , thorace coleopteorum latitudine , longiore,
lateribus rotundato , dense fortiterque punctato , elytris punctato-
striatis.*

In der form weniger den zunæchst vorhergehenden Arten,
als dem *Athous hirtus* æhnlich, 6 Lin. lang, scharwz, mit kurzer,
aliegender, greiser Pubescenz maessig dicht bekleidet. Die Fühler
sind hœchtens von der Længe des Kopfes und Halsschildes,
braunroth, mit kurzer, feiner, anliegender und einzelner , læn-
gerer, abstehender Behaarung. Der kopf ist klein , die Stirn eben,
dicht und stark punktirt, vorn scharf gerandet. Das Halsschild ist
so lang als vor den Hinterecken breit , nach vorn verschmaelert,
an den Seiten aber ziemlich stark gerundet, so breit als die Flügeldecken, sanft gewœlbt , dicht und stark punktirt, hinter der
Mitte mit der Spur einer breiten Længsfurche. Das Schildchen ist
fein punktirt, pechbraun. Die Flügeldecken sind gleichbreit,
erst nahe der Spitze nach hinten abfallend, punktirt-gestreift, in
den Zwischenræumen einzeln und fein punktirt. Die Beine sind
hell braunroth.

Aus Syrien. Ein einzelnes Weibchen.

Cratonychus bajulus. ERICHS. *Zeitschr. f. d. Entom.* III, p. 96,10.

6. M. ABDOMINALIS. *Antennis subtiliter pubescentibus , fuscus,
griseo-pubescens, abdomine pedibusque dilute castaneis , thorace
coleoptororum latitudine, dense subtilius punctato , lateribus rotundato , elytris punctato-striatis.*

Ziemlich hell rœthlichbraun, mit ziemlich dichter, anliegender, gelblich-greiser Pubescenz, 7 ²/₃ Lin. lang. Die Fühler sind ein wenig længer als das Halsschild, hell braunroth, mit feiner anliegender, kurzer Behaarung. Die Stirn ist dicht punktirt, kaum etwas gewœlbt, durch seichte Eindrücke etwas uneben, vorn scharf gerandet. Das Halsschild ist von der Breite der Flügeldecken, etwas kürzer als vor den Hinterecken breit, an den Seiten gerundet, schwach gewœlbt, eben, dicht und ziemlich fein punktirt. Das Schildchen ist sehr fein punktirt. Die Flügeldecken sind fast dreimal so lang als das Halsschild, bis über die Mitte hinab gleichbreit, erst im letzten Drittel der Længe nach hinten Verschmælert, punktirt-gestreift, mit sehr schwach gewœlbten, fein und ziemlich dicht punktirten Zwischenræumen. Hinterleib und Beine sind licht braunroth.

Aus Nordamerika.

Cratonychus abdominalis. Erichs. loc. cit. p. 104. 18.

7. M. vetulus. *Antennis subtiliter pubescentibus, fuscus, dense griseo-pubescens, thorace coleopterorum latitudine, parcius punctato, elytris punctato-substriatis.*

Von der Gestalt den vorigen (*M. decumanus*), aber kleiner, durch das weniger dicht punktirte Halsschild und die sehr schwachen Streifen der Flügeldecken deutlich unterschieden, reichlich 7 Lin. lang, rœthlichbraun, mit anliegender, gelblich-greiser Pubescenz dicht bekleidet. Die Fühler sind kaum længer als Kopf und Halsschild, nach der Spitze za verdünnt, mit anliegender Behaarung. Die Stirn ist flach, dicht punktirt, mit etwas vorragendem Vorderrande. Das Halsschild ist von der Breite der Flügeldecken, reichlich so lang als vor den Hinterecken breit, an den Seiten in der Mitte sanft gerundet, etwas gewœlbt, auf der mitte ziemlich weitlæuftig, an den Seiten etwas dichter punktirt, hinter der Mitte mit einer kleinen Vertiefung, über welcher die anliegende Behaarung einen Wirbel bildet. Das Schildchen ist fein punktirt. Die Flügeldecken sind 2 ¹/₃ mal so lang als das Halsschild, bis zur mitte gleichbreit, von da bis zur Spitze allmæhlig verschmælert, mit regelmæssigen Punktreihen, welche in kaum bemerkbar vertieften Streifen ste-

hen, und mit flachen, fein und sparsam punktirten Zwichenræu-
men. Die Beine sind etwas heller als der Kœrper.

Aus Nordamerika.

Cratonychus vetulus. ERICHS. loc. cit. p. 105, 20.

8. M. PROMTUS. *Antennis brevioribus, lanuginosis, brunneus,
nitidus, griseo-puberulus, thorace coleopteris latiore, parce
fortius punctato, elytris striato-punctatis.*

Fast 5 Linien lang, etwas flach, glænzend braun, mit ziemlich
langer, wenig anliegender, nicht sehr dichter, greiser Behaarung.
Die Fühler sind nur von der Længe des Halsschildes, mit dichter,
flaumartiger Behaarung umkleidet. Die Stirn ist flach, durch
Eindrücke etwas uneben, mit grossen, aber flachen, genabelten
Punkten, und mit erweitertem, vortretendem Vorderrande. Das
Halsschild ist in der Mitte ein wenig breiter als die Flügeldecken,
ziemlich so lang als vor den Hinterecken breit, an den Seiten
gerundet, nach hinten weniger als nach vorn verengt, flach
gewœlbt, etwas weitlæuftig punktirt. Das schildchen unordent-
lich und fein punktirt. Die Flügeldecken sind 2 ¹/₄ mal so lang
als das Halsschild, von der Basis bis zur Spitze gleichmæssig
verschmælert, mit regelmæssigen Reihen weitlæuftiger Punkte,
flachen, sehr einzeln und fein punktirten Zwischenræumen, und
an der Schulter mit einem Længsfæltchen, wovon zwar auch bei
den übrigen Arten eine Spur vorhanden, welches hier aber
länger und schærfer ist als gewœhnlich. Die Beine sind rothbraun.

Aus Java.

Cratonychus promtus. ERICHS. loc. cit. p. 106, 22.

9. M. LABIDUS. *Antennis subtiliter pubescentibus, nigro-piceus,
griseo-pubescens, antennis pedibusque rufis, thorace coleopterorum latitudine, convexo, crebrius punctato, obsolete canaliculato,
elytris punctato-striatis.*

Fast von der Gestalt eines *Cardiophorus,* beinahe 5 Linien lang,
schwarzbraun, mit kurzer, anliegender, greiser Behaarung ziem-

lich dicht bekleidet. Die Fühler sind ziemlich kurz, braunroth, mit feiner, anliegender Pubescenz. Die Stirn ist etwas gewœlbt, etwas unregelmæssig punktirt, mit wenig vortretendem Vorderrande. Das Halsschild ist kürzer als vor der Hinterwinkeln breit an den Seiten etwas gerundet, erst nahe an den Vorderwinkeln etwas verengt, ziemlich stark gewœlbt, an den Seiten dicht und ziemlich stark, auf der Mitte des Rückens weitlæuftig und fein punktirt mit einer seichten, nicht ganz bis zum Vorderrande auslaufenden Længsrinne. Die Hinterecken sind verhæltnissmæssig kurz. Das schildchen ist weitlæuftig und fein punktirt. Die Flügeldecken sind 2 $2/3$ mal so lang als das Halsschild bis über die Mitte hinab gleich breit, dann hinten zugespitzt, punktirt-gestreift, die inneren Punkstreifen schwæcher, die Zwischenræume einzeln und fein punktirt, die aüssern leicht gewœlbt, die innern etwas breiter und flach. Der Beine sind bræunlich-roth.

Aus Bengalen.

Cratonychus labidus. Erichs. loc. cit. p. 112, 30.

10. M. CINERASCENS. *Antennis maris lanuginosis, feminœ pubescentibus; niger, cinereo-pubescens, nitidulus; thorace elytrorum latitudine, antice augustato; dense fortiterque punctato; elytris subangustatis, transversim rugulosis, punctato-striatis, interstitiis punctulatis.* — Long. 7 1/2''', lat. 1 3/4'''.

Ziemlich gross, langgestreckt, graulich schwarz, wenig glænzend, mit hellgreiser, etwas abstehender, kurzer und feiner Behaarung versehen und dadurch schwarzgraulich erscheinend, besonders durch die Form des Brustschilds von *crassicolis* verschieden, von dem er als Ubergangsglied zu *niger* erscheint. Die Fühler rœthlich pechbraun, fast schærzlich, beim Mænnchen længer als Kopf und Brustschild, innen sægezæhnig und mit hellen Flaumhærchen besetzt, beim Weibchen kürzer, gelblich pubescent. Der Kopf rundlich, sanft gewœlbt, grob punktirt, vorn mit dreieckigem flachem Eindruck, dessen Spitze nach oben gerichtet ist, der Vorderrand etwas scharf, kaum aufgebogen. Das Brustschild so lang als an der Basis breit, an den Seiten flach gerundet und vorn allmæhlig eingezogen, in der Mitte am breitesten vor derselben sehr schwach ausgerandet, vor den

47

Hinterecken kaum merklich geschweift, diese kurz, fast gerade nach hinten gerichtet ; die Oberseite mæssig gewœlbt, ziemlich dicht etwas runzelartig punktirt, die Punkte an den Seiten dichter beisammen und mehr in Runzeln zusammenfliessend, hinten eine feine kurze furchenartige Vertiefung auf der Mitte, im Grunde derselben eine unscheinbare, schwach erhœhte Længslinie. Das Schildchen længlich, abgerundet, mit breiterem Ende, vorn dichter, hinten zerstreut punktirt, der Længe nach flach eingesenkt. Die Flügeldecken so breit wie das Brustschild, von der Wurgel an sehr allmachlig, von der Mitte an schneller verschmælert, hinten gemeinschaftlich abgerundet, mæssig gewœlbt, dicht aber nur schwach quergerunzelt, punktirt gestreift, die Zwischenræume etwas erhoben, fein und mæssig dicht, vorn etwas stærken punktulirt. Die Unterseite dicht runzelartig punktirt, der Mitteltheil der Vorderbrust mit einem scharfen Længskiel. Beine rœthlichbraun, gelbgreis pubescent.

Bei Cattaro in Dalmatien.

Cratonychus cinerascens. Küster. *Kæf. Europ.* H. XXIII, 34.

11. **M. corticinus.** *Linearis elongatus, parcius longe sordide pilosus, piceus, fronte concava, thorace latitudine longiore, antrorsum paulo angustato, lateribus rectis, grosse punctato, parcius in medio, postice canaliculato, angulis posticis productis divergentibus, elytris parallelis, striis punctatis vix impressis, interstitiis rugose punctulatis, antennis thorace sesqui longioribus (maris sublanuginosis) articulis 2 et 3 subæqualibus.* — Long. 5"' 8.

Elater corticinus. Say, *Journ. Acad. Nat. Sc.* III, p. 174; *Trans. Am. Phil. Soc*, IV, 183.

One specimen, Georgia. The sides of the thorax are scarcely rounded at the anterior angles : the divergence of the posterior angles causes them to appear slightly concave ; the carina is about one-third the length of the thorax and very near to the margin.

Cratonychus corticinus. Lec. *Rev. Elat. Un. St.* in *Am. Phil. Soc. Trans.* X, new ser. p. 473, 1.

12. M. CUNEATUS. *Modice lanceolatus, fusco-piceus, densius fusco-pubescens, fronte concava, thorace latitudine subbreviore, antrorsum angustato, lateribus late vix rotundatis, disco minus dense sat grosse punctato, linea dorsali lævi antice obsoleta, elytris a basi angustatis, striis punctatis subimpressis, interstitiis disperse punctulatis, antennis (maris lanuginosis) thorace sesqui longioribus, articulo 3^{lo} 2^{ndo} duplo majore. — Long. $6^{'''}$ 2.*

Georgia. J have only males. The smooth but not impressed dorsal line distinguishes this from the allied species. The sides of the thorax are thickly, the disc less densely punctured; the posterior angles, have two distinct carinæ. In one specimen, which is possibly a distinct species, the thorax in less convex, and with the exception of the dorsal line is equally and densely punctured

Cratonychus cuneatus. LEC. Loc. cit. p. 473, 3.

13. M. IGNOBILIS. *Fusco-piceus, elongatus, griseo-pubescens, fronte plana, margine subreflexo, thorace latitudine subbreviore antrorsum paulo angustato, lateribus rectis, minus convexo, sat dense punctato, carina angulari margini valde approximata, elytris a basi attenuatis, punctis magnis serratis, interstitiis parce punctulatis, antennis elongatis, valde serratis, articulo 3^{lo} 2^{ndo} sesqui longiore, pedibus castaneis. — Long. $4^{'''}$ 1.*

Melanotus ignobilis. MELS. Proc. Acad. Nat. Sc., p. 32, 152.

A very distinct species, of wich I have seen only the single male found in Pennsylvania by Dʳ Melsheimer : the pubescence of the antennæ is very short, but dense and erect.

Cratonychus ignobilis. LEC. Loc. cit. p. 474, 9.

14. M. GLANDICOLOR. *Castaneus, fusco-pubescens, fronte minus convexa, thorace latitudine vix longiore, a basi sensim angustato, lateribus rectis, ad apicem subito rotundatim angustatis, postice subcanaliculato, parce grosse punctato, elytris subpa-*

rallelis, striis punctatis, interstitiis planis perparce punctatis, antennis (feminæ) pubescentibus, articulis 2 et 3 æqualibus. — Long 7"'.

Melanothus glandicolor. Melsh, *Proc. Acad. Nat. Sc.* II, 152.

One specimen from Pennsylvania in D' Melsheimer, collection. This species is very distinct by the form of the thorax, the sides of which are perfectly straight and oblique from the tip of the posterior angles to within one-sixth of the apex, where they are suddenly rounded; the carina of the posterior angle is one-third the lenght of the thorax.

Cratonychus glandicolor. Lec. Loc. cit. p. 477, 17.

15. **M. EMISSUS.** *Longior, fuscus, cinereo-pubescens, fronte non concava, thorace latitudine non longiore, lateribus paral. lelis, antice rotundatis, modice punctato, densius ad latera, angulis posticis bicarinatis, elytris a basi subangustatis, striis punctatis subimpressis, interstitiis parce punctatis, antennis pedibusque testaceis, illis articulo 3'° sequente sesqui minore.* — Long. 4"', 1.

One specimen, Georgia. More cylindrical than the preceding (**M.** *verberans*), with the elytra less narrowed posteriorly, and easily distinguished by the sides of the thorax being nearly parallel for three-fourths of their lenght. The punctures of the thorax are finer and more numerous than in the next species (*infaustus*).

Cratonychus emissus. Lec. Loc. cit. p. 478, 23.

16. **M. DUBIUS.** *Piceo-niger, cinereo-pubescens, fronte non concava, thorace latitudine non breviore, lateribus rectis, convergentibus, apice rotundatis, parce punctato, subtilius ad medium, postice canaliculato, elytris antice fere parallelis, striis punctatis vix impressis, interstitiis rugose punctulatis, pedibus antennisque rufis, his articulo 3'° sequente non breviore.* — Long. 3"' 3.

One specimen, New York, The deep posterior dorsal channel and the fine punctures of the interstices of the elytra will
distinguish this from the next species (*tenax*) : it may possibly
be the male of the preceding species (*pertinax*), but there is
no evidence of it except the general similarity of sculpture :
the pubescence is denser and not so long : the thorax, however, bears pretty much the same relation in the two species
as in the two sexes of *C. cribulosus*.

Cratonychus dubius. Lec. Loc. cit. p. 479, 27.

17. **M. OREGONENSIS.** *Nigro-piceus, longior, cinereo-pubescens,
fronte non concava, vix producta, thorace latitudine longiore,
convexiusculo, lateribus obliquis ad apicem rotundatis, angulis
posticis divaricatis, sat grosse, lateribus densius punctato,
postice canaliculato, elytris fere parallelis, striis punctatis vix
impressis, interstitiis parce punctulatis, pedibus antennisque
piceis, his articulo 3^{io} sequenti sesqui breviore.* — Long. 4″ 8.

One specimen, Oregon, Col. M'Call. Sufficiently distinct
from any of those above described and resembling perhaps
most nearly *C. infaustus*, but having the thorax more densely
punctured and more oblique on the sides, and the third joint
of the antennæ hardly more than half the size of the fourth,
and only one half larger than the second.

Cratonychus oregonensis. Lec. Loc. cit. p. 480, 32.

18. **M. PARADOXUS.** *Elongatus, nigro piceus, cinereo-pubescens, fronte subconcava, apice subangulata, thorace minus
convexo, antrorsum valde angustato, lateribus rotundatis (vel
potius ad medium obsolete angulatis), carina angulari elongata, minus dense sat grosse punctato, elytris a basi angustatis, parce subtilius punctatis, striis internis obliteratis,
antennis pedibusque rufis, illis articulo 2^{ndo} 3^{io}que æqualibus.*
— Long. 6″.

Melanotus paradoxus. MELSHEIMER, Proc. Acad. Nat. Sc. II, 152.

One specimen from Pennsylvania, in Dr Melsheimer's col-

lection. The sides of the thorax are so obtusely angulated,
that they may almost be called rounded, the outer striæ of
the elytra are punctured and slightly impressed; the inner ones
are reduced to small punctures, wich are confused with those
belonging to the interstices; the thorax has a very slight and
short impression at the middle of the base. This species agrees
accurately with *C. prolixus* Er. from Mexico, except that the
breast and abdomen are not castaneous.

Cratonychus paradoxus. Lec. Loc. cit. p. 480, 35.

SOUS - TRIBU X.

ATHOITES.

Front généralement subquadrangulaire, caréné; écusson non cordiforme; sutures prosternales rectilignes, fines ou canaliculées en avant; hanches postérieures étroites; articles des tarses simples, quelquefois les deuxième et troisième épaissis et sublamellés en dessous; crochets des tarses toujours simples.

Le caractère principal des insectes qui composent ce groupe consiste dans l'étroitesse des hanches postérieures combinée avec la présence du rebord frontal.

Il suffira donc, pour faire reconnaître les *Athoites*, d'indiquer en quoi ils diffèrent des autres sous-tribus où existe le même caractère.

En premier lieu nous trouvons les *Dicrépidiites.*

Les *Athoites* et spécialement les espèces qui composent la première section du genre *Athous* ont de nombreux points de contact avec les *Dicrépidiites*. Ils ont une tournure et un système de coloration analogues. De même que chez ces derniers, les différences sexuelles sont plus prononcées.

Si l'on examine les détails de structure, on remarque également de nombreuses similitudes : la concavité du front, la saillie et le redressement de la carène frontale, l'allongement exagéré des antennes des mâles, l'absence ou l'insignifiance de la carène des angles postérieurs du prothorax, si constante, en générale, dans les autres groupes, la flaxidité des élytres, l'étroitesse des hanches postérieures, enfin les modifications des deuxième et troisième articles des tarses, sont autant de caractères fréquents dans les deux groupes.

Il sera cependant toujours facile de les distinguer à la forme des sutures latérales du prosternum, qui sont invariablement concaves chez les *Dicrepidiites*, tandis qu'elles sont rectilignes chez les *Athoites*, et, chose remarquable, particulièrement

chez les *Athous* de la première section, c'est-à-dire, ceux dont
les tarses ont une conformation analogue à celle des *Dicrépidiites*.

L'étroitesse des hanches postérieures se retrouve encore dans
les insectes qui composent trois autres sous-tribus : les *Eudactylites*, les *Pomachiliites* et les *Mélanotites*.

Les *Eudactylites* ont les articles des tarses dilatés, y compris
le quatrième, et le seul genre qui fasse exception à cette règle a
les sutures du prosternum concaves comme les *Dicrepidius*.

Les *Pomachiliites* se distinguent facilement par leur tournure
caractéristique, leur front large, bombé, leur bouche dirigée
en dessous, etc. Quant aux *Menalotites*, nous avons vu que tous
ont les crochets des tarses pectinés, ce qui ne se remarque chez
aucun *Athoites*.

Nous venons de voir que le groupe actuel est assez étroitement
relié à la première *sous-tribu* des *Elatérides vrais à front caréné ;*
il l'est cependant encore davantage au premier groupe de la division suivante, c'est-à-dire au *Corymbitites*, à tel point que l'on
passe d'une manière insensible des *Athous* aux *Asaphes* et de ceux-
ci aux *Corymbites* par l'effacement graduel du repli frontal. C'est
cette affinité, déjà évidente chez les espèces européennes des
deux groupes, mais encore mieux démontrée par celles de l'Amérique du Nord, qui m'a obligé à éloigner les *Athoides* des *Dicrépidiites* pour les rapprocher le plus possible des *Corymbitites*.

Le groupe actuel ne renferme que trois genres qui sont les
suivants :

Limonius, Pityobius et *Athous.*

Le premier a été créé par Eschscholtz (1) et admis généralement
depuis par les auteurs. J'y comprends les genres *Gambrinus* Lec. et
Pheletes. Kies.

Eschscholtz est aussi l'auteur du genre *Athous*. J'ai réuni à ce
dernier les *Pedetes* de Kirby, groupe d'insectes assez nettement
limité lorsqu'on n'a affaire qu'aux espèces américaines, mais dont
les caractères génériques perdent beaucoup de leur valeur quand
on examine celles qui le représentent en Europe. A l'exemple de
M. de Kiesenwetter j'en ai fait la première section des *Athous*.

Le genre *Pityobius* a été fondé, par M. J. Le Conte (2), sur un

(1) In THON, *Entom. Arch.* II, 1. p. 33.
(2) *Rev. Elat. Un. St. in Am. Phil. Soc. Trans.* X, new ser. p. 428.

Elatéride des Etats-Unis, remarquable par la structure de ses antennes.

Les *Athoites* sont exclusivement propres à l'hémisphère boréal ; ils habitent spécialement la zòne tempérée des deux continents, et les rares espèces qui s'avancent plus au sud paraissent confinées dans les lieux élevés des régions montagneuses.

On connait les métamorphoses de quelques *Athous* : je citerai spécialement les *A. undulatus* (1), *rhombeus* (2) et *niger* (*hirtus* Hebst) (3).

A Premier article des tarses égal au suivant ou à peine plus long.   *Limon us.*

AA Premier article des tarses allongé, ordinairement plus ong que les deux suivants réunis.
  a Articles 2-4 des tarses munis de courtes lamelles ; antennes bipectinées chez les mâles.   *Pityobius.*
  aa Articles des tarses simples ou 2-3 sublamellés, le quatrième toujours simple ; antennes non pectinées chez les mâles.   *Athous.*

———————•◦•———————

LIMONIUS.

Eschs. in Thon, *Arch.* II, I, p. 33.

Athous pars. Boisd. et Lac. *Faun. Entom. d. env. de Paris, I.*

Ampedus. Gebl. *Bullet. de l'Acad. de St. Petersb.* III, p. 99.

Cardiophorus. Mannerh. *Bullet. de Mosc.* 1843, p. 238.

Corymbites pars Melsh. *Proc. Acad. nat. Sc. II.*

Gambrinus. Lec. *Trans. Am. Phil. Soc.* X, new. ser. p. 345.

Pheletes. Kiesenw. *Naturg. d. Ins. Deutschl.* IV, p. 329.

Tête à demi enchassée dans le prothorax, inclinée ; front arrondi ou tronqué en avant, sa carène transversale quelquefois

(1) De Geer, *Mem.* t. IV, 1774, pl. V.
(2) L. Dufour, *Ann. d. sc. nat.* 1840, ser. II, XIV. p.41, pl 3 B, fig. 1 et suiv. — Curtis, *Trans. Entom. Soc. Lond.* III, n. 1. part. I, 1854.
(3) Chap. et Cand. *Mem. Soc. sc. Liége*, VIII, p.484, pl. V, fig. 1.

très-saillante, quelquefois très-réduite. Palpes maxillaires terminées par un article triangulaire.

Antennes médiocres, dentées en scie, de onze articles ; le premier court, cylindrique, le second petit, le troisième égal au précédent ou au suivant ou de taille intermédiaire, les autres triangulaires, plus ou moins courts, le dernier oblong.

Prothorax bombé, généralement arrondi sur les côtés, souvent rétréci à la base avec ses angles postérieurs courts et quelquefois dépourvus de carène.

Ecusson oblongo-ovale.

Elytres médiocrement allongées, obtuses au bout.

Prosternum muni d'une mentonnière et d'une saillie postérieure fléchie en dedans, ses sutures latérales rectilignes, ouvertes au sommet, creusées en gouttière en avant, ou simples et fines jusqu'à l'échancrure où elle aboutit au sommet.

Mésosternum déclive, les bords de sa fossette déprimés.

Hanches postérieures étroites, peu à peu et faiblement élargies en dedans.

Pattes courtes ; les tarses grêles, à articles simples ; le premier égal au suivant ou à peine plus long.

Corps pubescent.

Les *Limonius* sont des insectes de petite ou de moyenne taille. Sauf quelques-uns qui sont parés de taches ou de couleurs brillantes, leur livrée est uniformément brune ou d'un vert bronzé obscur, ou d'un brun verdâtre submétallique.

On les trouve sur les feuilles, dans les régions tempérées et froides de l'hémisphère boréal. Les Etats-Unis, notamment, en renferment un assez grand nombre (1).

Je leur ai réuni, à l'exemple de M. Lacordaire, le genre *Gambrinus* de M. Le Conte, qui n'en diffère que par la taille un peu plus grande du dernier article des antennes et du premier article des tarses.

Je considère également comme un véritable *Limonius* le *Pheletes Bructeri* de M. de Kiesenwetter. L'absence des canaux prothoraciques, qui le caractérise surtout, se retrouve chez plusieurs espèces de l'Amérique du Nord qui ne peuvent évidem-

(1) M. Le Conte m'a obligeamment envoyé ces espèces, en communication, ce qui m'a permis de les décrire avec la certitude de ne point commettre d'erreurs de noms.

ment pas être séparées du genre principal , le caractère en question
se perdant par des passages presque insensibles. J'ai adopté, à cet
égard, l'opinion de M. Le Conte qui en fait la base de la division
du genre en sections.

SECTION I.

*Sutures latérales du prosternum creusées en canaux au
sommet.*

A Front profondément échancré au milieu , ce qui
  le fait paraître bilobé
  a Bord antérieur des élytres rouge.
    α Prothorax mat , fortement et densément
      ponctué.   1. *L. pubicollis.*
    αα Prothorax un peu luisant, très-fortement
      mais peu densément ponctué.   2. *L. auripilis.*
  aa Elytres unicolores.   3. *L. fulvipilis.*

AA Front largement ou point échancré.
  a Téguments bleus , rougeâtres , ferrugineux
    brun , ou bicolores , en-dessus.
  α Téguments bleu obscur.   5. *L. violaceus.*
  αα Téguments rougeâtres, unicolores en dessus.   4. *L. rufus.*
  ααα Téguments bicolores en dessus.
    * Pattes noires ou noirâtres.
      × Elytres unicolores.
        + Prothorax doré, élytres noires.   7. *L. aurifer.*
        ++ Prothorax brunâtre , élytres
          rougeâtres.   8. *L. propexus.*
      ×× Elytres bicolores.
        + Prothorax rouge.   9. *L. suturalis.*
        ++ Prothorax noir.   6. *L. mirus.*
    ** Pattes rouges ou jaunâtres.
      × Prothorax unicolore, y compris les
        angles postérieurs.
        + Elytres obscures avec le bord
          basilaire rouge.
        o Stries des élytres fortement
          ponctuées.   10. *L. griseus.*
        oo Stries des élytres finement
          ponctuées.   11. *L. interstitialis.*
      ++ Elytres rougeâtres ou bordées
        de 'rougeâtre , le prothorax
        bronzé.
        o Bord antérieur du front tron-
          qué.   12. *L. plebejus.*

      oo Bord antérieur du front ar-
        qué.   13. *L. confusus.*
  ×× Prothorax bronzé , les angles
     rouges ou jaunes.
    + Front entier en avant.   23. *L. lythrodes.*
    ++ Front échancré en avant.
      o Prothorax peu densément
        ponctué.   21. *L. basillaris.*
      oo Prothorax finement et den-
        sément ponctué.   22. *L. semianeus.*
aa Téguments noirs ou bronzés , unicolores.
 α Troisième article des antennes à peu près
  aussi long que le quatrième . manifeste-
  ment plus long que le second.
  * Pattes obscures.
   × Elytres déprimées le long de la
    suture.   14. *L. nigripes.*
   ×× Elytres convexes dans le sens
    transversal.   15. *L. cylindricus.*
  ** Pattes rouges.
   × Téguments noirs.   16. *L. turdus.*
   ×× Téguments brunâtres (1).
αα Troisième article des antennes de la taille
  du second ou même plus petit.
  * Téguments noirs ; crochets des tarses
   onguiculés au milieu.   17. *L. minutus.*
  ** Téguments bronzés ou brunâtres ; cro-
   chets simples.
   × Front tronqué carrément en avant
    ou même légèrement échancré.
    + Téguments bronzés.
     o Front tronqué.
      s Epipleures noires.   18. *L. parvulus.*
      ss Epipleures rouges.   19. *L. æger.*
     oo Front échancré.   20. *L. quercinus.*
     ++ Téguments brunâtres (2).
   ×× Front légèrement arqué en
    avant (3).

SECTION II.

Sutures du prosternum non creusées en canaux au sommet.

A Elytres maculées.
  α Angles postérieurs du prothorax carénés.   29. *L. stigma,*

(1) Voy. *L. interstitialis.*
(2) Voy. *L. plebejus.*
(3) Voy. *L. confusus.*

a Angles postérieurs du prothorax sans carène.

   α Suture des élytres rouge.   25. *L. ornatulus.*

   αα Suture des élytres de la couleur générale. 26. *L. humeralis.*

AA Elytres unicolores.

  α Front très-fortement échancré au milieu.   38. *L. quadraticollis.*

  αα Front peu ou point échancré.

    α Elytres de couleur brunâtre ou rougeâtre.

      * Prothorax brun rougeâtre comme les

        élytres.   39. *L. Baconii.*

      ** Prothorax noirâtre , ordinairement

        bronzé.

        × Pattes noires.

          + Article 3 des antennes plus grand

            que le second.

            o Prothorax fortement et subru-

              gueusement ponctué.   37. *L. occidentalis.*

            oo Prothorax simplement ponc-

              tué.   31. *L. subauratus.*

          ++ Articles 2 et 3 des antennes

            égaux.   28. *L. definitus.*

        ×× Pattes rougeâtres ou testacé rouge.

          + Articles 2 et 3 des antennes

            plus longs réunis que le

            quatrième.

            o Articles 2 et 3 des antennes

              égaux.   33. *L. dubitans.*

            oo Articles 3 des antennes plus

              long que le second.   34. *L. anceps.*

          ++ Articles 2 et 3 des antennes,

            réunis , à peu près de la

            taille du quatrième.

            o Angles postérieurs du protho-

              rax un peu acuminés au

              bout.   35. *L. ectypus.*

            oo · Angles postérieurs du pro-

              thorax obtus au bout. 36 *L. agonus.*

  αα Elytres noires ou bronzées.

    * Prothorax bordé de rouge testacé.   27. *L. infernus.*

    ** Prothorax unicolore.

      × Téguments presque glabres.   24. *L. Bructeri.*

      ×× Téguments très-pubescents.

        + Luisant . la pubescence hé-

          rissée.   30. *L. pilosus.*

        ++ Peu luisant , la pubescence

          à demi couchée.   32. *L. californicus.*

1. L. PUBICOLLIS. *Niger , opacus ; fronte emarginata , aureo-*
pilosa; thorace profunde ac dense punctato , convexo , postice

canaliculato , aureo-piloso ; elytris punctato-striatis, interstitiis rugose punctatis , griseo-pilosis , basi lateribusque rufis ; antennarum articulo primo, epipleuris pedibusque rufis. — Long. 10-11 mill. , lat. 3 mill. (Pl. V , fig. 9.)

Limonius pubicollis. Lec. *Rev. Elat. Un. St.* in *Am. Phil. Soc. Trans.* X , new ser. p. 429, 2. — Dej. *Cat.* ed. 3, p. 162.

Noir , opaque , la base et le repli latéral des élytres , la base des flancs et les pattes , rouges , revêtu d'une pubescence longue , dorée sur la tête et le prothorax , grise , moins dense , sur les élytres. Front fortement échancré en avant , aplati. Antennes dentées en scie à partir du quatrième article , les articles 2 et 3 inégaux et plus longs , réunis , que le quatrième. Prothorax convexe , rétréci à la base et au sommet , très-fortement ponctué , canaliculé en arrière , arrondi sur les côtés qui sont finement rebordés , ses angles postérieurs très-courts , avec une petite carène latérale , son bord postérieur sinueux. Elytres plus larges que le corselet à la base , presque linéaires , arrondies à l'extrémité , très-déclives latéralement , déprimées sur le dos , ponctuées-striées , les intervalles des stries fortement ponctués et rugueux , la suture saillante. Dessous du corps très-convexe , pubescent.

Des Etats-Unis ; commun en Georgie.

Les antennes sont quelquefois entièrement noires ; quelquefois leur premier article est rouge ; ces mêmes organes sont plus longs chez le mâle que chez la femelle et plus distinctement dentés en scie.

2. L. AURIPILIS. *Plumbeo-niger, subnitidus ; fronte emarginata, aureo-pilosa ; prothorace minus dense , grosse punctato , convexo , postice canaliculato , dense aureo-piloso ; elytris punctato-striatis , interstitiis planis , confluenter punctatis , griseo-pilosis , margine basali rufa ; epipleuris pedibusque rufis.* — Long. 9-10 mill. , lat. 2 3/4 - 2 4/5 mill.

Elater auripilis. Say, *Journ. Acad. nat. Sc.* III, p. 172. — Ejusd. *Am. Phil. Soc. Trans.* VI, p. 178.

Limonius auripilis. Lec. *Rev. Elat. Un. St.* in *Am. Phil. Soc. Trans.* X , new ser. p. 429, 1.

Noir avec un léger reflet plombé, le bord antérieur des
élytres rouge, un peu plus luisant que le *pubicolis*, surtout
sur le prothorax, ce dernier ainsi que la tête revêtus d'une
pubescence longue et dense, dorée, la pubescence des élytres
éparse et grise. Front fortement échancré dans le milieu de
son bord antérieur. Antennes noirâtres, leur premier article
ordinairement rouge, conformées comme chez le précédent.
Prothorax à peine plus long que large, rétréci légèrement à la
base et au sommet avec ses côtés légèrement arqués, convexe,
ponctué plus fortement et moins densément que chez le *pubicollis*,
sillonné en arrière, ses angles postérieurs courts, finement
carénés extérieurement. Elytres plus larges que le prothorax,
parallèles ou à peu près dans leurs trois quarts antérieurs, déprimées sur le dos avec la suture élévée, tombant perpendiculairement sur les côtés, finement striées, les stries ponctuées,
les intervalles déprimés, très-ponctués. Dessous du corps noir;
pattes rouges.
Des États-Unis du sud et de l'ouest.

3. L. FULVIPILIS. *Æneo-niger, subopacus; fronte emarginata,*
fulvo-pilosa; prothorace profunde ac dense punctato, convexo,
haud canaliculato, longe æqualiter fulvo-piloso; elytris punc-
tato-substriatis, interstitiis rugose punctatis, pube longiuscula
fulvo-grisea minus dense obductis; antennis pedibusque nigris.
— Long. 10 mill., lat. fere 3 mill.

Voisin de l'*auripilis*, mais tout entier d'un noir bronzé,
avec la tête et le prothorax revêtus d'une longue pubescence
couchée, d'un fauve doré, disposée avec la plus grande ré-
gularité sur le prothorax, les élytres couvertes d'une pubescence également longue mais beaucoup moins dense, d'un gris
fauve. Front fortement échancré au milieu et présentant, de
chaque côté, un lobe anguleux. Antennes noires, à articles
2 et 3 de la longueur, réunis, du quatrième. Prothorax à peine
plus long que large, rétréci seulement au sommet, convexe,
densément et fortement ponctué, non sillonné en arrière, ses
angles postérieurs distinctement carénés. Ecusson oblong, déclive. Elytres faiblement et peu à peu atténuées à partir de la
base, déprimées sur le dos, très-finement striées, les stries
ponctuées, les intervalles fortement ponctués et subrugueux.

Dessous du corps et pattes noirs avec une légère teinte bronzée sur le premier.

Californie.

Collections de MM. Murray et Sallé.

4. L. RUFUS. *Rufus, tenuiter flavo-pubescens; fronte sub-quadrata, antice transversim excavata; prothorace longitudini latitudine æquali, fortiter sat dense punctato, lateribus arcuato, angulis posticis extrorsum flexis, acutis, carinatis; elytris prothorace latioribus, punctato-substriatis, interstitiis punctatis. — Long. 12 mill., lat. 3 1/4 mill.*

Limonius rufus. DEJ. *Cat.* ed. 3, p. 102.

D'un rouge testacé clair, revêtu d'une fine pubescence flave. Antennes de la couleur du corps, dentées en scie à partir du quatrième article, de la longueur de la tête et du prothorax réunis. Prothorax aussi large que long, rétréci au sommet, sinueux en arrière, les côtés arqués, convexe, assez densément couvert de gros points, ses angles postérieurs petits, recourbés en dehors au sommet, aigus, carénés. Écusson subarrondi. Élytres plus larges que le prothorax, parallèles dans leur moitié antérieure, curvilinéaires postérieurement, striées peu profondément, les stries ponctuées, les intervalles plats et plus finement ponctués. Dessous du corps et pattes de la couleur du dessus.

Espagne.

5. L. VIOLACEUS. *Cyaneo-niger, subopacus, subtiliter griseo-pubescens; prothorace a basi angustato, creberrime fortiter punctato; elytris nigro-cyaneis, dorso depressis, striis fortiter punctatis, interstitiis punctatis.* — Long. 10-11 mill., lat. 3 mill.

Elater violaceus. MÜLL. in GERM. *Mag.* IV, p. 184, 1.

Limonius violaceus. REDT. *Faun. Austr.* ed. II, p. 494. — BACH, *Käferf.* II, p. 33. — KIESENW. *Naturg. d. Ins. Deutschl.* IV, p. 331, 1.

Limonius cœrulescens. DEJ. *Cat.* ed. 3, p, 102.

D'un noir bleuâtre mat, avec les élytres d'un bleu obscur revêtu d'une très-légère pubescence grise. Front carré, aplati.

Antennes de la longueur de la tête et du prothorax, noires, fortement dentées en scie à partir du quatrième article. Prothorax un peu plus long que large, rétréci graduellement de la base au sommet avec ses côtés à peu près droits, convexe, obsolètement sillonné au milieu, très-densément couvert de gros points, ses angles postérieurs brièvement carénés. Ecusson en ellipse tronquée en avant, plus densément pubescent que le prothorax. Elytres deux fois et demie plus longues que le prothorax, parallèles ou rétrécies graduellement mais très-faiblement depuis les épaules jusqu'au cinquième postérieur, conjointement arrondies à l'extrémité, déprimées sur le dos, striées, les stries fortement ponctuées, les intervalles ponctués densément surtout en avant, la suture élevée, le bord latéral redressé postérieurement. Dessous du corps noir avec un léger reflet bleuâtre; pattes brunes, avec les tarses brun clair.

De l'Allemagne méridionale, on le trouve aussi dans l'Allemagne centrale mais il y est extrêmement rare.

6. L. MIRUS. *Ater, opacus, tenuiter griseo-pubescens ; prothorace latitudine longiore, confertim punctato ; elytris striis vix impressis punctatis, interstitiis confertim punctatis, aurantiacis, macula postica communi nigra.* — Long. 10 mill., lat. 2 3/4 mill.

Limonius mirus. Lec. Rev. Elat. Un. St. in *Am. phil. Soc. Trans.* X, new ser. p. 429, 3.

D'un noir profond et mat, revêtu d'une légère pubescence grise, les élytres d'un jaune orangé clair avec une grande tache noire sur le tiers postérieur. Front peu saillant, un peu concave, son rebord antérieur largement échancré. Antennes noires, dentées en scie, leurs articles 2 et 3 petits, subégaux, et pas plus longs, réunis, que le quatrième. Prothorax plus long que large, légèrement rétréci au sommet avec les côtés faiblement et régulièrement courbes, un peu convexe, très-densément ponctué, les angles postérieurs peu saillants, dirigés en arrière, arrondis au sommet, surmontés d'une carène forte et parallèle au bord latéral. Elytres de la largeur du prothorax, faiblement atténuées à partir de la base, obtuses au sommet, légèrement striées, les stries fortement ponctuées, les intervalles densément pointillés. Pattes noires.

Cette rare espèce, la plus remarquable du genre, est originaire de la Californie méridionale.   49

7. L. AURIFER. *Subtiliter cinereo-pubescens ; fronte impressa, ænea ; prothorace viridi-aureo , purpureo-tincto , nitidissimo , parce fortiter punctato ; scu'ello viridi , carinato ; elytris atris, violaceo - tinctis, fere opacis , fortiter striato-punctatis , interstitiis punctatis ; pedibus nigris.* — Long. 5 6 mill., lat. 1 1/2--1 2/3 mill.

Limonius aurifer. Le Conte, *Rev. Etat. Un. St.* in *Am. phil. Soc. Trans.* X, p. 429, 4. — Dej. *Cat.* ed. 3, p. 102.

Légèrement pubescent , le front d'un bronzé verdâtre, le prothorax très-brillant, d'un vert doré avec un reflet pourpre, l'écusson vert, les élytres d'un noir mat légèrement teinté de violet. Front subquadrangulaire , présentant une impression oblongue au milieu, son bord antérieur arqué, redressé. Antennes noires, dentées en scie, leurs articles 2 et 3 petits, égaux. Prothorax un peu plus long que large, rétréci d'arrière en avant à partir de la base, avec ses côtés peu arqués, convexe, marqué de gros points épars, ses angles postérieurs rougeâtres au sommet. Ecusson surmonté d'une carène longitudinale assez forte. Elytres un peu plus larges que la base du prothorax, à peu près parallèles, déprimées sur le milieu du dos avec l'arête suturale un peu élevée, légèrement striées , les stries marquées de gros points, les intervalles fortement ponctués. Dessous du corps bronzé en avant, avec la mentonnière rouge et l'abdomen noir. Pattes noires.

Cette jolie espèce se trouve dans les Etats-Unis de l'Ouest.

8. L. PROPEXUS. *Niger, opacus, dense cinereo-pilosulus ; fronte plana, antice truncata ; antennis brunneo-nigris, serratis, articuli secundo et tertio æqualibus, conjunctis quarto haud longioribus : prothorace subcylindrico , crebre fortiterque punctato ; elytris brunneis, punctato-striatis, interstitiis planis, scabris , punctatis ; pedibus fuscis.* — Long. 10 mill., lat. 2 3/4 mill.

D'un noir mat avec les élytres brunes , revêtu d'une pubescence raide, couchée, assez dense, cendrée. Front aplati, très-déclive, tronqué carrément en avant. Antennes fortement dentées en scie à partir du quatrième article , les articles 2 et 3 petits, égaux, de la longueur, réunis, du quatrième, d'un noir brun, Prothorax subcylindrique, plus long que large, un peu rétréci

seulement au sommet, droit sur les côtés, non canaliculé si ce
n'est un peu, en arrière, les angles postérieurs dirigés en arrière
et à peine faiblement en dehors, aigus, carénés. Ecusson subarrondi. Elytres plus larges que le prothorax, faiblement atténuées à
partir de la base jusqu'au quart postérieur, convexes dans le sens
transversal, avec leurs côtés tombant perpendiculairement, ponctuées-striées, les intervalles des stries aplatis, scabres et ponctués.
Dessous du corps noir avec les épipleures rouges, les pattes d'un
brun maculé de rougeâtre.

Des Etats-Unis du Sud ; N^lle Orléans.

Collection de M. Sallé.

9. L. SUTURALIS. *Rufus, sat nitidus, pube rufa vestitus ; fronte
antennisque nigris ; prothorace antice angustato , minus dense
puncta'o ; elytris striis subtilibus punctatis, sutura cum scutello
late nigris ; metathorace , prosterni basi pedibusque nigris.* —
Long. 8-9 mill., lat. 2 1/4-2 1/2 mill.

Ampedus suturalis. GEBL. *Bull. de l'Acad. de St. Pétersb.* III, p. 99.

Limonius nigritarsis. STEV. in DEJ. *Cat.* ed. 3, p. 103.

D'un rouge quelquefois ferrugineux, quelquefois orangé clair,
le front, l'écusson et une bande suturale n'atteignant pas l'extrémité, sur les élytres, noirs, la pubescence de la couleur des parties qu'elle recouvre. Front légèrement concave, tronqué en avant,
un peu redressé de chaque côté. Antennes noires, un peu plus
longues que la tête et le prothorax, dentées en scie à partir du quatrième article. Prothorax un peu plus long que large, assez fortement rétréci en avant à partir des deux cinquièmes postérieurs,
assez bombé en arrière, sa ponctuation médiocrement dense,
très-déclive vers la base, subsillonné, ses angles postérieurs courts,
dirigés en arrière, brièvement carénés. Ecusson en forme de
mitre, déclive. Elytres un peu plus larges que le prothorax aux
épaules, atténuées à partir de la base, striées, les stries assez
fortement imprimées à la base, superficielles postérieurement,
marquées de points ordinairement brunâtres, les intervalles ponctués. Dessous du corps rouge avec le métathorax et la partie postérieure du prosternum noirs ; pattes noires.

Cette jolie espèce habite le midi de la Russie et de la Sibérie occidentale.

10. L. GRISEUS. *Fusco-niger , dense pubescens , fronte late emarginata ; prothorace subelongato, profunde ac dense punctato , canaliculato, angulis posticis brevibus, carinatis ; elytris sublinearibus , punctato-substriatis, interstitiis planis, punctulatis, basi margineque sæpe rufescentibus , antennarum basi pedibusque rufis, illis sæpe rufescentibus.* — Long. 12-14 mill., lal.3 1/4 -3 4/2 mill.

Elater griseus. PAL. d. BEAUV. *Ins.* p. 214, pl. 9, f. 8.

Ela'er cylindriformis. SAY, *Journ. Acad. nat. Sc.* 3, 176. — EJUSD. *Am. Phil. Soc. Trans.* VI, p. 166.

Limonius cylindriformis. LE CONTE, *Rev. Elat. Un. St.* in *Am. phil. Soc. Trans.* X, p. 430, 6.

Limonius hirticollis. MELSH. *Proc. Ac. nat. Sc.* II, 215.

Limonius perplexus. DEJ. *Cat.* ed. 3, p. 102.

Assez épais, linéaire, d'un brun obscur, très-pubescent. Front carré , largement échancré en avant. Antennes médiocres avec leur base rougeâtre ou tout entières de cette couleur , leur troisième article à peine plus long que le second et égal au quatrième, mais plus étroit. Prothorax plus long que large, convexe, profondément et assez densément ponctué , canaliculé en arrière, rétréci en avant , son bord antérieur peu échancré, ses côtés arrondis, finement rebordés, ses angles postérieurs courts, larges, aplatis , carénés , son bord postérieur concave avec une assez forte saillie dirigée en arrière au milieu. Elytres de la largeur du prothorax, linéaires, assez brusquement rétrécies à l'extrémité , très-déclives latéralement , un peu déprimées vers la suture , finement striées , les stries marquées de points qui en échancrent les bords, les intervalles ponctués, leur base ainsi que leur bord externe souvent rougeâtres. Dessous du corps moins obscur que le dessus ; pattes ordinairement rougeâtres.

Commun dans les Etats-Unis de l'Est.

Cette espèce est très-authentiquement l'*E. griseus* décrit et figuré par Palisot de Beauvois ; il est connu dans beaucoup de collections, notamment en Amérique, sous le nom de *cylindri-formis* de Herbst et Say l'a décrit comme tel, mais cette détermination n'est pas exacte. Le véritable *cylindriformis* de Herbst est un *Corimbites*, ainsi que j'ai pu m'en assurer par l'examen du type qui existe au musée royal de Berlin. On le trouvera dans le genre en question.

11. L. INTERSTITIALIS. *Subæneo-niger, dense pubescens; fronte late emarginata; prothorace subelongato, profunde ac dense punctato, postice obsolete canaliculato, angulis posticis brevibus, carinatis; elytris striis subtilius punctatis, interstitiis planis, confertim punctatis; antennis pedibusque rufescentibus. —* ☰ Long. 16-18 mill., lat. 3 s/4-4 mill.

Corymbites interstitialis. MELSH. *Proc. Acad. Nat. Sc.* II, p. 215.

Limonius interstitialis. LEC. *Rev. Etat. Un. St.* in *Am. Phil. Soc. Trans* X, new ser. p. 430, 5.

Limonius diversus. DEJ. *Cat.* ed. 3, p. 102.

Très-voisin du *griseus* dont il diffère surtout par sa taille plus grande. Epais, linéaire, d'un noir brunâtre très-légèrement teinté de bronzé, revêtu d'une épaisse pubescence gris fauve. Front carré, largement échancré en avant, couvert de points très-distinctement ombiliqués. Antennes rougeâtres, courtes, leur troisième article à peine plus long que le précédent et aussi long que le quatrième, mais plus étroit. Prothorax plus long que large, convexe, profondément et densément ponctué, à peine faiblement sillonné en arrière, curvilinéairement rétréci en avant, ses angles postérieurs courts, larges, aplatis, carénés, son bord postérieur concave avec une saillie dirigée en arrière au milieu. Ecusson subarrondi. Elytres de la largeur du prothorax ou un peu plus larges, parallèles, curvilinéairement rétrécies en arrière, très-déclives latéralement, un peu déprimées sur le dos, étroitement striées, les stries marquées de points qui ne les débordent pas, leur base et leur bord externe peu distinctement rougeâtres, les intervalles aplatis et densément ponctués. Flancs du prothorax marqués de points ombiliqués. Pattes rouges ou rougeâtres.

Des Etats-Unis de l'Est.

Indépendamment de la taille, cette espèce diffère encore de

la précédente par les stries plus finement ponctuées des élytres. M. Le Conte émet le doute qu'elle en soit bien réellement distincte. Say les a confondues, car dans les exemplaires que j'ai sous les yeux, il s'en trouve un, envoyé par lui au comte Dejean sous le nom d'*E. cylindriformis* (*griseus*).

12. L. PLEBEJUS. *Æneo-piceus, cinereo-pubescens; fronte truncata; prothorace latitudine longiore, lateribus rotundato, convexo, punctato, angulis posticis subdivaricatis, elytris punctato-striatis, interstitiis punctatis, margine rufescentibus; antennarum basi pedibusque piceo-rufis.* — Long 9-10 mill., lat. 2 1/2 mill.

Elater plebejus. SAY, *Ann. Lyc.* I, 263.

Limonius plebejus. LE CONTE, *Rev. Elat. Un. St.* in *Am. Phil. Soc. Trans.* X, new ser., p. 431, 8.

Limonius metallescens. MELSH. *Proc. Acad. Nat. Sc.* II, p. 158.

D'un brun bronzé avec la base des antennes et les pattes rougeâtres, le dessous du corps et les côtés des élytres souvent de cette dernière couleur, revêtu d'une pubescence gris cendré. Front aplati, tronqué en avant, très-ponctué. Antennes assez longues, leurs deuxième et troisième articles égaux entre eux et plus longs ensemble que le quatrième. Prothorax plus long que large, convexe, très-ponctué, son bord antérieur échancré, ses côtés arrondis, rebordés, ses angles postérieurs un peu divergents, assez aigus, carénés, son bord postérieur bisinueux. Elytres un peu plus larges que le prothorax, parallèles, ponctuées-striées, les intervalles un peu scabres et ponctués, très-déclives latéralement, déprimées au milieu le long de la suture, celle-ci légèrement élevée. Dessous du corps convexe et pubescent comme le dessus.

Commun dans les Etats-Unis du Centre et de l'Est.

13. L. CONFUSUS. *Æneo-piceus, cinereo-pubescens; fronte margine leviter arcuata; prothorace latitudine longiore, lateribus arcuato, convexo, punctato, caniculato; elytris punctato-striatis, interstitiis planis, punctatis, margine rufescentibus epipleuris pedibusque piceo-rufis.* — Long. 10 mill., lat. 2 1/2 mill.

Limonius confusus. L.ec. *Rev. Etat. Un. St.* in *Am. Phil. Soc. Trans.* X, new ser., p. 430, 7.

Très-voisin par la taille, la tournure, la couleur, du précédent dont il diffère surtout par le front. D'un brunâtre bronzé avec les antennes obscures et les pattes rougeâtres, le bord externe des élytres et les épipleures ferrugineux rougeâtre, revêtu d'une pubescence gris-cendré. Front aplati, son bord antérieur saillant et arqué, très-ponctué. Antennes obscures, à deuxième et troisième articles égaux et à peine plus longs, réunis, que le quatrième. Prothorax plus long que large, rétréci de la base au sommet avec ses côtés un peu arqués, convexe, ponctué profondément, canaliculé, ses angles postérieurs non divergents, faiblement carénés. Elytres un peu plus larges que le prothorax, parallèles en avant, ponctuées-striées, les intervalles aplatis, un peu scabres et assez fortement ponctués, très-déclives latéralement, déprimées au milieu vers la suture, celle-ci un peu élevée. Dessous du corps convexe.

Des Etats-Unis du Nord.

14. L. NIGRIPES. *Nigro-œneus, parum nitidus, griseo-pubescens; fronte medio subemarginata, biimpressa; prothorace convexo, canaliculato, dense ac grosse punctato, angulis posticis obtusis, extrorsum carinatis; elytris thoracis latitudine, dorso deplanatis, punctato-striatis, interstitiis punctatis; mucrone prosterni lato, non canaliculato.* — Long. 10-13 mill., lat. 3-3 2/3 mill.

Elater nigripes. GYLL. *Ins. Suec.* I, p. 395. — SCHÖNH. *Syn. Ins.* III, p. 282.

Limonius nigripes. LAP. *Hist. Nat. Col.*, I, p. 242, 3. — REDT. *Faun. Austr.* ed. II, p. 494. — BACH, *Käferf.* II, p. 34. — KIESENW. *Naturg. d. Ins. Deutschl.* IV, p. 332.

Athous nigripes. BOISD. et LACORD. *Fn. Ent. Env. Par.* I. p. 643, 12.

Elater cylindricus. ROSSI, *Faun. etrusc. Mant.* I, p. 58.

D'un bronzé obscur, couvert d'une pubescence d'un gris fauve. Front très-fortement ponctué, presque rugueux, plan, tronqué en avant, un peu échancré au milieu de son bord antérieur, portant deux impressions obliques sur le dessus.

Antennes noires, médiocres, leur troisième article aussi long
que le quatrième mais moins large, le deuxième le plus petit.
Prothorax convexe, plus large que long, rétréci en avant, arrondi
sur les côtés qui sont rebordés, sillonné dans son milieu,
fortement et densément ponctué, son bord antérieur échancré,
ses angles assez petits, presque droits, obtus à l'extrémité et
présentant une fine carène confondue avec leur bord externe en
arrière et s'en écartant seulement en avant. Elytres de la largeur du corselet ou un peu moins larges, parallèles ou un peu
atténuées jusqu'au del de leur milieu, leu extrémité subacu-
minée, fortement convexes sur les côtés, aplaties sur le dos
avec la suture formant une légère saillie, ponctuées-striées,
les intervalles des stries ponctués. Dessous du corps de la couleur
du dessus ; pattes d'un brun noirâtre ; pointe du prosternum
large, aplatie, non sillonnée.

Commun dans presque toute l'Europe.

Une variété, provenant de l'Espagne, a les élytres plus bombées, le corps beaucoup moins pubescent et d'un bronzé plus
vert.

15. L. CYLINDRICUS. *Obscure æneus, subnitidus, griseo-pubescens ; fronte medio subemarginata ; prothorace convexo, postice
canaliculato, dense punctato, angulis posticis subacutis, extrorsum carinatis ; elytris thoracis latitudine, convexis, punctato-
striatis, interstitiis punctulatis ; mucrone prosterni angusto,
canaliculato.* — Long. 10-14 mill., lat. 2 1/2-3 mill.

Elater cylindricus. PAYK. *Fn. Suec.* III, 24. — GYLL. *Ins. Suec.* I. 394, 22.
— SCHÖNH. *Syn. Ins.* III, p. 281.

Limonius cylindricus. DEJ. *Cat.* ed. 3, p. 103. — STEPH. *Man. of Brit. Col.*
p. 183. — LAP. *Hist. Nat. d. Ins. Col.* I, p. 243, 4. — REDT. *Fn. Austr.* ed. II,
p. 495. — BACH, *Kaferf.* II, p. 34. — KIESENW. *Naturg. d. Ins. Deutschl.* IV,
p. 333.

Athous cylindricus. BOISD. et LAC. *Fn. Entom. d. env. d. Paris*, I, p.
644, 11.

Elater æruginosus. OL. *Col.* II, 31, 33, pl. 8, fig. 75.

Var. a. *Corpus supra æneo-piceum vel piceum.*

Bronzé comme le précédent, couvert d'une pubescence grise.

Front aplati, fortement ponctué, tronqué en avant, à peine échancré au milieu de son bord antérieur. Antennes un peu plus longues que le corselet, conformées comme celles de l'espèce précédente. Prothorax très-convexe, ponctué, canaliculé en arrière, échancré et rétréci en avant, arrondi et rebordé sur les côtés, avec les angles postérieurs courts, aigus et portant une petite carène le long de leur bord externe. Elytres de la largeur du corselet, à peu près parallèles jusqu'au milieu, convexes sur le dos, ponctuées-striées, les intervalles des stries pointillés. Pattes légèrement brunâtres ; pointe du prosternum un peu arquée, plus étroite et faiblement canaliculée au milieu, entre l'insertion des cuisses antérieures.

Il habite les mêmes pays et est aussi commun que le précédent, auquel il ressemble, mais il est plus cylindrique, proportionnément plus étroit et beaucoup moins déprimé sur le dos, son prothorax et son front sont moins fortement ponctués; enfin la pointe du prosternum est plus étroite et canaliculée à la base, tandis qu'elle est large et plane chez le *nigripes*.

J'en ai vu quelques individus entièrement d'un brun de poix en-dessus, d'autres d'une teinte intermédiaire entre celle-ci et celle du type.

La pubescence plus ou moins épaisse et la taille plus ou moins grande forment également des variétés.

16. L. TURDUS. *Niger, nitidus, cinereo-pubescens ; fronte vix impressa, haud emarginata ; prothorace latitudine longiore, parce tenuiter punctato, angulis posticis medio acute carinatis ; elytris punctato-striatis, interstitiis punctulatis, subscabris ; pedibus obscure testaceis, unguiculis basi dentatis.* — Long. 8 mill. lat. 2 mill.

D'un noir brillant, revêtu d'une pubescence cendrée assez caduque. Mandibules rougeâtres au sommet. Front plat ou à peine impressionné, son bord antérieur un peu arqué, lisse. Antennes médiocrement dentées, leur troisième article une demi fois plus long que le second et presque de la longueur du quatrième. Prothorax plus long que large, peu atténué en avant chez le mâle, légèrement dilaté vers le tiers antérieur chez la femelle, ses côtés finement rebordés, droits ou légèrement arqués selon le sexe, peu convexe, très-brillant, finement et

éparsément ponctué , ses angles postérieurs dirigés en arrière ,
surmontés , vers leur milieu, d'une courte carène très-distincte ,
à peu près parallèle au bord externe , duquel elle reste écartée
à son extrémité postérieure. Ecusson un peu plus long que
large, tronqué carrément en avant , subarrondi en arrière , bombé
dans sa portion antérieure. Elytres un peu plus de deux fois
plus longues que le prothorax , plus larges chez le mâle , de
même largeur que lui chez la femelle , atténuées à partir de la
base , faiblement convexes , ponctuées-striées , les intervalles des
stries un peu scabres , à peine convexes , pointillés éparsément.
Dessous du corps noir. Pattes d'un testacé obscur ; crochets
des tarses distinctement dentés vers la base.

France méridionale.

Cette espèce se distingue facilement des deux précédentes par
sa couleur , son aspect luisant, la forme et surtout la direction
de la carène des angles prothoraciques ; ce dernier caractère
la sépare nettement du *minutus ;* enfin les crochets dentés et
plusieurs autres détails ne permettront pas de la confondre avec
le *parvulus.*

17. L. **minutus.** *Niger , nitidus , pube griseo-cinerea , dorso
brunnescente , vestitus ; fronte impressa ; antennis validis , ab
articulo quarto dentatis, nigris ; prothorace latitudine longiore ,
a basi attenuato , parce profundeque punctato , angulis posticis
haud carinatis; scutello oblongo; elytris dorso depressis , punctato-
substriatis , interstitiis planis , punctatis ; pedibus brunneis ,
unguiculis medio dentatis.* — Long. 6-7 mill., lat. 1 2/5-1 3/4 mill.

Elater minutus. Linn. *Syst. Nat.* II , 655 , 5. — Ejusd. *Faun. Suec.* 744. —
Fabr. *System. Eleuth.* II , p. 242 , 106. — Rossi , *Faun. Etrusc.* I , 181 , 449. —
Gyll. *Ins. Suec.* I , 398 , 27. — Schönh. *Syn. Ins.* III , p. 308 , 200. — Sahlb.
Ins. Fenn. I , 136 . 24. — Zetterst. *Faun. Ins. Lapp.* p. 240 , 17. — Gebl. in
Ledeb. *Reis.* p. 82. — Lap. *Hist. nat. Ins. Col.* I , p. 242 , 6.

Limonius minutus. Steph. *Man. of Brit. Col.* p. 181. — Dej. *Cat.* ed. 3 ,
p. 102. — Redt. *Faun. Austr.* ed. 2 , p. 488 , 495. — Kiesenw. *Naturg. d. Ins.
Deutschl.* IV , p. 334 , 5.

Athous minutus. Boisd. et Lacord. *Faun. entom. d. env. d. Paris* , p.
646 , 14.

Limonius crenulatus. Faldern. *Fn. Transc.* p. 169 , 152.

Limonius forticornis. BACH, *Käferf.* III, p. 34.

Var. *a. Supra viridi-niger.*

Elater nitidicollis. LAP. loc. cit. p. 242, 1.

Limonius æreus. BRULLÉ, *Exped. Sc. d. Morée;* III, p. 141.

Allongé, noir, quelquefois légèrement bronzé ou bleuâtre, assez luisant, revêtu d'une pubescence peu dense, d'un cendré gris, brunâtre vers la ligne médiane. Front présentant une impression triangulaire, son bord antérieur légèrement arrondi. Antennes noir mat, avec la base brunâtre ou légèrement bronzée, dentées en scie à partir du quatrième article et dépassant les angles postérieurs du prothorax chez le mâle, à articles obconiques et plus courts chez la femelle, les articles 2 et 3 petits, égaux et ensemble de la longueur du quatrième. Prothorax plus long que large, rétréci peu à peu en avant à partir de la base, presque droit sur les côtés, convexe, couvert de points profonds, épars au milieu du disque, plus serrés vers son pourtour, ses angles postérieurs non carénés. Ecusson oblong, caréné longitudinalement. Elytres un peu plus larges que le prothorax à la base, peu à peu atténuées chez le mâle, parallèles chez la femelle, un peu déprimées vers la suture, à peine striées, les stries assez fortement ponctuées avec les intervalles aplatis et ponctués. Pattes brunâtres avec les tarses d'un brun plus clair; crochets dentés au milieu.

On trouve cette espèce dans une grande partie de l'Europe. Elle est plus commune dans le nord. Elle est moins répandue que la suivante dont on la distinguera très-facilement par ses ongles dentés.

L'insecte que Faldermann a décrit sous le nom de *L. crenulatus*, et qui provient de la Perse, est identique avec le *minutus* ainsi que j'ai pu m'en assurer par l'examen du type.

Quant à l'espèce décrite par Brullé sous le nom de *L. æreus*, ma certitude n'est pas aussi complète, mais la description qu'il en donne convient très-bien au *minutus*.

18. L. PARVULUS. *Nigro-æneus, nitidus, densius griseo vel fulvo-pubescens; fronte leviter convexa; antennis brunneis, basi testaceo-rufis, ab articulo quarto obtuse dentatis; pro-*

thorace latitudine haud longiore, subtilius punctato, angulis posticis carinatis; scutello brevi; elytris minus depressis, punctato-substriatis; pedibus rufo-testaceis, unguiculis simplicibus. — Long. 7-8 mill., lat. 1 3/4 - 2 mill.

Elater parvulus. Panz. *Faun. Germ.* 61, 7.

Limonius parvulus. Redt. *Faun. Austr.* ed. II, p. 495. — Bach, *Käferf.* III, p. 34. — Kiesenw. *Naturg. d. Ins. Deutschl.* IV, p. 335, 6.

Elater mus. Illig. *Mag.* IV, p. 12, 18. — Lap. *Hist. Nat. d. Ins. Col.* I, p. 262, 2.

Athous mus. Boisd. et Lac. *Faun. Entom. d. env. d. Paris*, p. 646, 13.

Limonius mus. Des. *Cat.* ed. 3, p. 102.

Généralement un peu plus grand, plus épais, moins déprimé sur la ligne médiane que le *minutus*, bronzé noirâtre, luisant, bien que revêtu d'une pubescence grise, gris cendré ou fauve, assez dense. Front faiblement convexe avec son bord antérieur un peu soulevé. Antennes plus courtes et plus grêles que chez le précédent, brun clair avec la base rougeâtre, les articles 2 et 3 subégaux et dépassant un peu, ensemble, la taille du quatrième. Prothorax sensiblement plus large que long ou au moins aussi large, rétréci au sommet avec ses côtés arqués, convexe, beaucoup plus finement et un peu plus densément ponctué que chez le *minutus*, ses angles postérieurs carénés. Ecusson court, à peine plus long que large. Elytres de la largeur du prothorax, parallèles dans les deux tiers antérieurs ou légèrement atténuées dès la base selon le sexe, presque point déprimées sur le dos, finement striées, les stries ponctuées, les intervalles aplatis et finement ponctués. Pattes testacé rougeâtre avec les cuisses quelquefois plus obscures; ongles simples.

Commun dans la plus grande partie de l'Europe.

19. L. ÆGER. *Fusco-æneus, griseo-pubescens; fronte plana, truncata; antennis articulo secundo tertio paulo crassiore; prothorace latitudine longiore, antice gradatim angustato, dense subtiliter punctato, angulis posticis subacutis, vix carinatis; elytris punctato-striatis, interstitiis planis punctulatis; epipleuris pedibusque rufis.* — Long. 7 mill., lat. 1 3/4 mill.

Limonius æger. Lec. *Rev. Etal. Un. St. in Am. Phil. Soc. Trans.* X, new ser. p. 431, 10.

D'un bronzé légèrement brun, assez luisant, revêtu d'une pubescence grise. Front aplati, tronqué en avant. Antennes obscures avec la base rouge, leur second article de la longueur du troisième mais plus épais. Prothorax plus long que large, faiblement rétréci au sommet avec ses côtés un peu courbes, convexe, finement et assez densément ponctué, très-superficiellement sillonné en arrière, ses angles postérieurs petits, subacuminés, à peine distinctement carénés. Elytres plus larges que le prothorax, parallèles jusqu'au delà du milieu, finement ponctuées-striées, les intervalles des stries plans et éparsément pointillés. Epipleures et pattes rouges.

Des Etats-Unis du nord; lac Supérieur.

M. Le Conte n'a vu qu'un seul exemplaire de ce *Limonius* qu'il a eu l'obligeance de me communiquer. Il diffère du *L. plebejus* par son prothorax plus finement et plus densément ponctué, du *quercinus* par la forme du chaperon.

Il ressemble beaucoup à notre *L. parvulus* décrit ci-dessus.

20. L. QUERCINUS. *Nigro-æneus, cinereo-pubescens; fronte late emarginata, subconvexa; prothorace latitudine longiore, antrorsum angustato, lateribus subrotundato, minus dense punctato, angulis posticis subacutis, vix carinatis, concoloribus; elytris punctato-striatis; antennarum articulis tribus primis pedibusque rufis.* — Long. 3-5 1/2 mill., lat. 1-1 1/4 mill.

Elater quercinus. Say, *Ann. Lyc.* I, p. 262.

Limonius quercinus. Lec. *Rev. Elat. Un. St. in Am. Phil. Soc. Trans.* X, new ser., p. 431, 11.

Limonius quercinus et misellus. Dej. *Cat.* ed. 3, p. 105.

D'un bronzé obscur, revêtu d'une pubescence grise. Front légèrement convexe, son bord antérieur largement échancré. Antennes médiocres, leurs deuxième et troisième articles petits mais plus longs, réunis, que le quatrième, rouges à la base. Prothorax plus long que large, convexe, rétréci en avant, ses bords latéraux un peu arqués, ses angles postérieurs courts, aigus, à peine carénés, de la couleur générale. Elytres un peu

plus larges que le prothorax à la base, leurs côtés parallèles
jusqu'au delà du milieu, peu déprimées sur le dos avec la
suture élevée, ponctuées-striées, les intervalles ponctués. Pattes
rougeâtres.

Commun dans une grande partie des Etats-Unis.

Quelquefois les téguments sont à peu près noirs et alors la
coloration rouge vif des premiers articles des antennes passe
au brun.

21. L. BASILLARIS. *Nigro-æneus, tenuiter cinereo-pubescens;
fronte late emarginata, concava; prothorace latitudine longiore,
lateribus fere recto, punctato, angulis posticis subobtusis, vix
carinatis, flavis; elytris punctato-striatis, interstitiis punctatis;
pedibus flavis; antennarum articulis secundo et tertio minimis,
primo variabili colore.* — Long. 5 - 5 1/4 mill., lat. 1 - 1 1/4 mill.

Elater basillaris. SAY, *Journ. Acad. Nat. Sc.* III, p. 172.

Limonius basillaris. LE CONTE, *Rev. Elat. Un. St.* in *Am. Phil. Soc. Trans.*
X, new ser., p. 433, 12.

Noir avec un reflet d'un vert bronzé, revêtu d'une fine
pubescence grise. Front assez fortement concave en avant, largement échancré, ponctué. Antennes de la longueur de la tête
et du corselet, leurs deuxième et troisième articles petits, le
premier noir, brun ou jaunâtre. Prothorax plus long que large,
convexe, rétréci en avant, ses côtés presque droits, ses angles
postérieurs petits, à peine carénés, d'un testacé rougeâtre,
son bord postérieur bisinueux. Elytres plus larges que le corselet
à la base avec leurs côtés parallèles jusqu'au delà du milieu,
arrondies à l'extrémité, assez déprimées sur le dessus, la suture
un peu élevée, striées, les stries ponctuées, les intervalles
également ponctués. Dessous du corps médiocrement convexe,
pubescent comme le dessus mais plus légèrement; mentonnière
du prosternum et pattes d'un testacé rougeâtre.

Commun aux Etats-Unis.

Au premier aspect il ressemble beaucoup au précédent dont
il a la taille et la couleur, mais on le distinguera facilement
par les caractères de détail.

22. L. SEMIÆNEUS. *Piceo-æneus, cinereo-pubescens; fronte*

emarginata ; antennis articulis secundo et tertio æqualibus , parvis ; prothorace latitudine longiore , a basi angustato, lateribus fere recto . subtiliter sat crebre punctato , angulis posticis rufi·, haud carinatis ; elytris punctato - striatis , interstitiis puncta'is , brunneis , dorso fuscescentibus ; pedibus flavis. — Long. 4 1/2-5 1/4 mill., lat. 1 1/8 - 1 1/4 mill.

Limonius semiæneus. Lec. *Rev. Elat. Ut. St.* in *Am. Phil. Soc. Trans* X , new ser., 432, 13. — Dej. *Cat.* ed. 3, p. 153.

Var. *a. Elytris flavis.*

Petit, bronzé brunâtre, avec les élytres d'un flave quelquefois rougeâtre , ordinairement brunâtres sur le dos, revêtu d'une pubescence cendrée assez longue. Front carré , impressionné longitudinalement, ponctué, son bord antérieur échancré au milieu et presque bianguleux. Antennes robustes, brun noir, plus longues que la tête et le prothorax réunis, chez le mâle, leurs deuxième et troisième articles petits , égaux , à peine aussi longs, réunis, que le quatrième. Prothorax plus long que large, rétréci de la base au sommet, ses côtés presque droits, légèrement convexe , finement et assez densément ponctué . ses angles postérieurs non carénés , rougeâtres. Ecusson assez grand, obovale. Elytres un peu plus larges que le prothorax, parallèles ou rétrécies à partir de la base , selon le sexe , conjointement arrondies au sommet , un peu déprimées sur la ligne médiane du corps avec la suture un peu redressée , striées , les stries fortement ponctuées , les intervalles un peu scabres et ponctués. Dessous du corps bronzé luisant ; pattes flaves ou flave rougeâtre.

Des Etats-Unis du Sud ; peu commun.

23. L. lythrodes. *Nigro - æneus , griseo - pubescens ; fronte convexa , punctata ; prothorace tumidulo , longitudine latiore , lateribus arcuato , media partius , lateribus densius punctis umbilicatis adsperso , angulis posticis brevibus , testaceo - rufis ; elytris convexis , subparallelis , punctato - striatis , interstitiis subscabris ; pedibus testaceo - rufis , femoribus infuscatis* — Long. 4 1/2 - 5 1/2 mill. , lat. 1 2/3 - 1 3/4 mill.

Elater lythrodes. Germ. *Mag. d. Entom.* I , p. 189 , 18.

Limonius lythrodes. Redt. *Fn. Austr.* ed. II, p. 493. — Küst. *Käf. Europ.*
XVII, 21. — Bach, *Käferf.* II, p. 34. — Kiesenw. *Naturg. d. Ins. Deutschl.* IV,
p. 333, 4. — Dej. *Cat.* ed. 3, p. 102

Athous lythrodes. Boisd. et Lac. *Fn. Entom. d. env. d. Paris*, I, p.
647, 15.

Var. *a. Prothoracis angulis posticis concoloribus.*

Oblong, subparallèle, convexe, bronzé obscur, revêtu d'une
pubescence fine et assez longue, grise, les angles postérieurs
et quelquefois le bord antérieur du prothorax rouge testacé.
Front légèrement convexe et ponctué, son bord antérieur un
peu arqué. Antennes courtes, obscures avec la base rouge testacé, leurs deuxième et troisième articles subégaux et à peu
près de la longueur, chacun, du quatrième, mais plus étroits.
Prothorax plus large que long, très-bombé, arqué sur les côtés,
couvert de points, ceux des parties latérales plus denses et
ombiliqués, ses angles postérieurs courts, tronqués, non
carénés, portant deux ou trois longs poils dirigés en dehors.
Écusson large à la base, obcordiforme, bombé. Élytres de la
largeur du prothorax, parallèles ou à peu près dans leurs trois
quarts antérieurs, conjointement arrondies au sommet, striées,
les stries marquées de points assez gros, les intervalles sensiblement scabres. Pattes généralement d'un rouge testacé avec
les cuisses obscures; plus rarement entièrement obscures.

Cette espèce est répandue dans toute l'Allemagne, en France,
en Belgique, en Suisse, dans le nord de l'Italie et en Turquie.
Elle ne paraît pas se trouver en Angleterre, ou bien elle y
est très-rare.

J'ai vu quelques exemplaires de la variété provenant du
midi de la France.

SECONDE SECTION.

24. L. Bructeri. *Nigro-œneus, nitidus, parce breviter pubescens; antennis nigris; prothorace longitudine latiore, convexo,
lateribus arcuato, punctato, angulis posticis extrorsum carinatis; elytris ultra medium subampliatis, subtiliter striatis,
interstitiis punctatis, pedibus obscuris.* — Long. 5-7 mill., lat.
1 3/5 - 2 1/2 mill.

Elater Bructeri. FABR. *System. Eleuth.* II , p. 243 , 111. — HERBST , *Käf.* X ,
p. 91, 104 , pl. 166., fig. b , e. — GYLL. *Ins. Suec.* I, p. 401, 30. — PANZ.
Faun. Germ. 31 , 13. — SCHÖNH. *Syn. Ins.* III, p. 310 , 231.

Limonius Bructeri. REDT. *Faun. Austr.* ed. II, p. 493, 543, 6. — KÜSTER ,
Käf. Europ. H. 17 , 22.

Athous Bructeri. BOISD. et LACORD. *Fn. Ent. d. Env. d. Paris* I. p. 647 , 16.

Pheletes Bructeri. KIESENW. *Naturg. d. Ins. Deutschl.* IV , p. 329 , 1.

Elater minutus. PAYK. *Fn. Suec.* III, p. 40 , 46.

D'un bronzé obscur , luisant , revêtu d'une pubescence courte
et peu dense , assez large et bombé. Front déclive , son bord
antérieur nullement redressé, tronqué, Antennes noires, courtes,
leurs articles 2 et 3 égaux et un peu moins longs , chacun , que
le quatrième. Prothorax plus large que long , convexe, rétréci
curvilinéairement au sommet , ponctué, ses angles postérieurs
presque droits , carénés brièvement près de leur bord externe.
Elytres un peu plus larges que le prothorax à la base , légèrement élargies au-delà du milieu , conjointement arrondies au
bout, convexes, finement striées , couvertes de points aussi gros
que ceux du prothorax , généralement disposés en séries rapprochées trois par trois. Pattes noirâtres avec les jambes et les
tarses d'un rougeâtre obscur.

Cette espèce est répandue dans le nord et le centre de
l'Europe. Elle ne se trouve pas en Angleterre , ou bien elle y
est très-rare.

Elle varie pour la taille. Les exemplaires ayant le maximum
de la taille indiquée ci-dessus proviennent des Pyrénées.

M. de Kiesenwetter en a fait le type d'un genre nouveau,
en se fondant surtout sur l'absence des canaux prothoraciques;
mais quand on étudie les espèces américaines il devient évident
que ce caractère, important partout ailleurs , perd ici beaucoup
de sa valeur , car on le voit se réduire peu à peu , au point
qu'il est quelquefois difficile de décider si les sutures prosternales sont creusées au sommet ou ne le sont pas , chez certaines
espèces. A l'exemple de M. Le Conte , je ne l'ai donc considéré
que comme un caractère de section.

25. L. ORNATULUS. *Niger , pube longiuscula , flavo-grisea ,*
minus dense vestitus; fronte convexa , margine antica angustè

prominula ; prothorace latitudine haud longiore , basi leviter apice magis angustato , lateribus arcuato , convexɔ , sat dense punctato , angulis posticis obtusis , haud carinatis , testaceis ; elytris prothorace latioribus , punctato-striatis , plaga ovali basali in singulis , sutura margineque rufo-testaceis ; pedibus testaceis , femoribus infuscatis. — Long. 5 mill., lat. 1 t/s mill.

Limonius ornatulus. Lɛc. *Rep. of expl. and Surv. from Miss. to the Pacif. Oc.* IX , Ins. I, p. 46.

Petit, noir, médiocrement luisant, revêtu d'une pubescence assez longue et peu dense d'un gris flave, les angles postérieurs du prothorax, le pourtour des élytres et une tache oblongue à la base de chacune, plus rapprochée de la suture que du bord externe, d'un testacé rougeâtre. Front déclive, ponctué, son bord antérieur étroitement redressé. Antennes noires avec la base brune, les articles 2 et 3 égaux et à peine plus longs, réunis, que le quatrième. Prothorax aussi large que long, un peu rétréci à la base et plus fortement en avant, ses côtés un peu arqués, assez densément ponctué, ses angles postérieurs très-courts, obtus, sans carène. Ecusson subcordiforme, bombé. Elytres un peu plus larges que le prothorax, convexes, parallèles jusqu'au delà du milieu, marquées de stries assez fortement ponctuées, les intervalles un peu convexes, scabres et ponctués. Dessous du corps noir ; pattes testacées avec les cuisses un peu obscures.

Californie.

Collection de M. Murray.

26. L. HUMERALIS. *Niger , pube fusco-grisea vestitus ; fronte convexa, margine antica anguste prominula ; prothorace latitudine longitudini fere æquali , basi apiceque leviter angustato, lateribus subarcuato , convexo, parcius subtiliusque punctato , angulis posticis obtusis , haud carinatis , apice testaceis ; elytris prothorace latioribus , striis fortius punctatis , macula humerali rufo-testacea ; pedibus obscure testaceis.* — Long. 4 mill., lat. 1 t/s mill.

Voisin du précédent mais bien distinct. Noir , presque mat

sur les élytres qui sont ornées d'une tache humérale d'un testacé
rougeâtre, revêtu d'une pubescence gris brun. Front un peu
convexe, déclive, ponctué, son bord antérieur étroitement redressé. Antennes obscures, à articles 2 et 3 plus longs, réunis,
que le quatrième. Prothorax à peu près aussi large que long,
un peu rétréci à la base et au sommet, légèrement arqué sur
les côtés, convexe, finement et éparsément ponctué, ses
angles postérieurs très-courts, obtus, sans carène, testacés au
sommet. Ecusson obtrigone. Elytres plus larges que le prothorax, parallèles jusqu'au delà du milieu, un peu moins convexes que chez le précédent, les stries marquées de points
plus gros, plus espacés, les intervalles convexes, un peu plus
étroits et moins scabres. Dessous du corps noir ; pattes testacé obscur.

Californie.

Je ne l'ai vu que dans la collection de M. Murray.

27. L. INFERNUS. *Piceus vel subœneus, nitidus, griseo tenuiter-
pubescens ; fronte truncata ; prothorace punctato, margine rufo,
angulis posticis rectis, haud carinatis ; elytris punctato-striatis,
interstitiis transversim rugulosis, punctulatis ; antennarum basi
pedibusque testaceis.* — Long. 4 mill., lat. 1 mill.

Limonius infernus. LE CONTE, *Rev. Elat. Un. St. in Am. Phil. Soc. Trans.*
p. 454, 23.

Limonius debilis. DEJ. *Cat.* ed. 3, p. 102.

Brun ou légèrement bronzé, revêtu d'une pubescence fine,
assez longue, peu dense et grise. Front légèrement convexe,
biimpressionné en avant, fortement ponctué, son bord antérieur
tronqué. Antennes assez longues, brunes, testacées à la base,
leurs deuxième et troisième articles égaux entre eux et de même
longueur, réunis, que le quatrième. Prothorax convexe, à peu
près carré, à peine rétréci en avant, légèrement canaliculé en
arrière, très-ponctué, bordé de rouge, ses côtés rebordés, à peu
près droits, ses angles postérieurs dirigés en arrière, non carénés.
Elytres un peu plus larges que le corselet à la base et très-légèrement élargies au-delà du milieu, convexes, assez profondément
et finement striées, les stries ponctuées, leurs intervalles transversalement rugueux et pointillés. Dessous du corps brun avec la

mentonnière, le pourtour des flancs prothoraciques, la partie postérieure du métathorax et les pattes rouge testacé.

Cette petite espèce se trouve assez communément en Pensyl-vanie et dans les environs de New-York.

28. L. DEFINITUS. *Cylindricus, piceus, parum nitidus, griseo-pubescens ; fronte convexa; prothorace latitudini longitudine æquali, basi apiceque leviter augustato, convexo, dense fortiterque punctato, angulis posticis testaceis ; elytris punctato-striatis, interstitiis vage punctatis ; antennis basi pallidioribus, articulo tertio secundo æquali ; pedibus obscuris.* — Long. 5 mill., lat. 1 1/2 mill.

Limonius definitus. ZIEGL. *Proc. Ac. Nat. Sc.* II, p. 268. — LEC. *Rev. Elat. Un St.* In *Am. phil. Soc. Trans.* X. new Ser. p. 434, 22.

Var. *a Elytris brunneis.*

Un peu plus grand, plus épais et moins luisant que l'*infernus*; brunâtre, revêtu d'une pubescence grise. Front très-convexe, son rebord antérieur peu prononcé. Antennes noires avec la base rougeâtre, les articles 2 et 3 égaux. Prothorax aussi long que large, un peu rétréci à la base et au sommet, arqué sur les côtés, assez convexe, très-densément et fortement ponctué, ses angles postérieurs petits, non carénés, subtestacés. Elytres de la largeur du prothorax, parallèles dans leur portion anté-rieure, arrondies au sommet, asssz fortement ponctuées-striées, les intervalles éparsément ponctués. Pattes noirâtres.

Des Etats-Unis du Centre et du Sud ; rare.

29. L. STIGMA. *Virescenti-niger, nitidus, tenuiter griseo-pu-bescens; prothorace antrorsum leviter, apice subito augustato, sparsim punctato ; elytris punctato-striatis, macula humerali oblonga luteo-rufa.* — Long. 8 mill., lat. fere 2 mill. (Pl. V, fig. 11.)

Elater stigma. HERBST, *Käf.* X, 86, pl. 166. fig. 1.

Limonius stigma. DEJ. *Cat.* ed. 3 p. 102.

Elater armus. SAY, *Am. phil. Soc. Trans.* VI, p. 171.

Gambrinus armus. LEC. *Rev. Elat. Un. St.* in *Am. phil. Soc. Trans.* X. new Ser. p. 435.

D'un noir légèrement teinté de verdâtre, avec une fine pubescence grise éparse. Front concave, peu saillant en avant. Antennes fortes, dentées en scie, à articles deux et trois petits et égaux, le dernier grand. Prothorax un peu plus long que large, faiblement atténué en avant à partir de la base, ses côtés presque droits jusqu'au sixième antérieur où ils se recourbent brusquement en dedans, assez convexe, brièvement et légèrement sillonné en arrière, éparsément ponctué, ses angles postérieurs obtus au bout, brièvement carénés. Elytres parallèles, obtuses à l'extrémité, striées, les stries assez fortement ponctuées, les intervalles éparsément pointillés. Pattes ou seulement les tarses d'un brun plus ou moins testacé.

Etats-Unis ; Georgie.

J'ai sous les yeux l'exemplaire de la collection Dejean qui a été envoyé par Say, à ce dernier, sous le nom d'*E. armus*. M. Le Conte a séparé cette espèce des *Limonius*, avec le nom générique de *Gambrinus*, en se fondant sur le développement du dernier article des antennes et la longueur un peu plus grande que de coutume du premier article des tarses ; mais ces caractères ne me paraissent pas suffisants pour justifier cette mesure, et en cela je partage tout-à-fait la manière de voir de M. Lacordaire. Le genre *Limonius*, dont les espèces ont une tournure assez reconnaissable du reste, a une formule caractéristique peu rigoureuse. Il ressemble, sous ce rapport, au genre *Corymbites*. On est donc obligé, à moins de le démembrer complètement, d'attacher moins de valeur, ici, à quelques variations dans la forme et la grandeur de certaines parties telles que le front, les articles des antennes ou des tarses, qu'on ne le ferait à l'égard d'un genre plus naturel.

M. Le Conte n'a pas rapporté l'*E. armus* Say au *stigma* Herbst, à cause de la couleur des pattes et des antennes qui sont, chez le type de ce dernier, d'un testacé brunâtre ; mais sous tous les autres rapports ils sont tout-à-fait identiques, et la couleur des pattes et des antennes ne paraît pas bien fixe, car l'exemplaire de la collection Dejean a celles-ci noirâtres et celles-là d'un testacé obscur.

50. L. PILOSUS. *Æneo-piceus, nitidus, pilis cinereis erectis sparsius vestitus ; fronte truncata ; antennis nigris, articulo tertio secundo paulo longiore ; prothorace latitudine longiore, lateribus recto, punctato, angulis posticis subacutis, carinatis ;*

*elytris seriatim punctatis, interstitiis discrete punctatis ; pedibus
nigris.* — Long. 12 mill., lat. 3 1/4 mill.

Limonius pilosus. Lec. Rev. Elat. Un. St. in Am. Phil. Soc. Trans X,
new ser. p. 432, 15.

Un peu plus large, en proportion, que le précédent, d'un
brun bronzé, revêtu de poils cendrés peu serrés, assez longs
et redressés. Front tronqué en avant, son rebord antérieur
saillant et un peu incliné. Antennes noires, leur troisième article
à peine plus long que le second. Prothorax plus long que large,
à peu près droit et parallèle sur les côtés, rétréci seulement
au sommet, ponctué, les points plus clair-semés au milieu du
disque, à peine sillonné en arrière, ses angles postérieurs
subaigus et carénés. Elytres plus larges que le prothorax, subparallèles jusqu'au delà du milieu, simplement marquées de
séries de points avec les intervalles éparsément pointillés. Pattes
noires.

De la Californie ; San Diego.

31. L. SUBAURATUS. *Subæneus, sat dense cinereo-pubescens ;
fronte antice truncata ; antennis nigris, articulo tertio quarto
subæquali ; prothorace latitudine sesqui longiore, apice parum
angustato, lateribus parum arcuato, convexo, punctato, angulis
posticis subacutis, carinatis ; elytris piceis, punctato-substriatis ;
pedibus nigris.* — Long. 12 mill., lat. 3 mill.

Limonius subauratus. Lec. Rev. Elat. Un. St. in Am. Phil. Soc. Trans. X,
new ser. p. 432, 14.

D'un bronzé obscur avec les élytres brunâtres, revêtu d'une
pubescence cendrée assez dense. Front tronqué en avant, son
rebord antérieur complet. Antennes noires, leur troisième article
presque de la longueur du quatrième. Prothorax une demi fois
plus long que large, peu rétréci au sommet avec ses côtés
presque droits, convexe, ponctué, à peine distinctement sillonné
au milieu, en arrière, ses angles postérieurs subaigus et carénés.
Elytres subparallèles, plus larges que le prothorax, marquées
de stries peu profondes, ponctuées, les intervalles pointillés.
Pattes noires.

Orégon.

Cette espèce, ainsi que le fait observer M. Le Conte, a la tournure d'un *Corymbites.*

32. L. CALIFORNICUS. *Æneo-niger, subnitidus, pallide fusco-hispidus; fronte truncata; prothorace convexo, postice obsolete canaliculato, fortiter punctato, lateribus fere recto, antrorsum rotundato; elytris substriato-punctatis, interstitiis profundius punctatis; antennis pedibusque nigris, illis articulo secundo tertioque æqualibus quarto conjunctis longioribus.* — Long. 11 - 12 mill., lat. 2s/4 - 3 mill.

Cardiophorus californicus. MANNERH. *Bull. d. Mosc.* 1843, p. 238, 136.

Limonius hispidus. LEC. *Rev. Elat. Un. St.* in *Am. phil. Soc. Trans.* X, new ser. X, p. 432. 16.

Noir, avec un reflet bronzé sur la tête et le corselet, peu allongé, très-épais, revêtu de poils d'un brun pâle, peu serrés mais assez longs. Front grand, carré, échancré latéralement par les yeux, entier en avant, très-fortement ponctué. Antennes médiocrement longues, dentées en scie dans les deux sexes, leurs deuxième et troisième articles égaux entre eux, et plus longs, réunis, que le quatrième. Prothorax à peine plus long que large, convexe, canaliculé, au moins en arrière, fortement ponctué, ses côtés droits dans leur moitié postérieure, arrondis en avant, finement rebordés, ses angles postérieurs assez petits, carénés, peu aigus. Elytres plus larges que le corselet, leurs côtés parallèles jusqu'au delà de leur milieu, arrondies à l'extrémité, très-convexes latéralement et déprimées sur le dos, avec la suture un peu élevée, légèrement striées de points, les intervalles fortement ponctués. Dessous du corps de la couleur du dessus. Antennes et pattes noires.

Commun dans les environs de San-Francisco en Californie.

Il a, mais à un plus faible degré que le suivant, la tournure de certains *Cardiophorus*, ce qui a induit en erreur le comte de Mannerheim, qui l'a placé dans ce genre.

33. L. DUBITANS. *Subæneo-piceus, breviter pallide fusco-hispidulus; fronte subquadrata, margine antica medio vix distincta; antennis brunneis, articulis secundo et tertio subæqualibus, quarto conjunctis majoribus; prothorace basi leviter apice*

magis angustato , lateribus arcuato , convexo, postice obsolete
canaliculato , angulis posticis parvis , subacutis , subcarinatis :
elytris punctato-striatis , interstitiis punctatis ; pedibus obscure
rufis. — **Long. 12 mill. , lat. 3 mill.**

Limonius dubitans. **Lec. ,** *Rev. Etat. Un. St.* in *Am. Phil. Soc. Trans.* X ,
new ser. p. 433 , 17.

Subcylindrique , d'un brun devenant légèrement rougeâtre
sur les élytres, avec un faible reflet bronzé , revêtu de poils
courts et gris brunâtre sur les élytres , plus longs et plus gris
sur la tête et le prothorax. Front carré , ponctué , son arête
antérieure presque interrompue au milieu. Antennes courtes ,
brunes, à articles 2 et 3 subégaux et plus longs , réunis , que
le quatrième. Prothorax à peine plus long que large , très-
légèrement rétréci à la base, plus fortement au sommet avec
ses côtés arqués , assez convexe , sillonné en arrière , assez
densément et fortement ponctué , ses angles postérieurs très-
petits , subaigus , subcarénés , à bord externe légèrement in-
curvés en dedans d'avant en arrière. Elytres plus larges que
le prothorax, parallèles jusqu'au delà du milieu , convexes dans
le sens transversal , finement striées , les stries ponctuées , les
intervalles aplatis et assez fortement ponctués , leur bord externe
ferrugineux. Pattes rougeâtre obscur.

Des Etats-Unis de l'Est.

Cette espèce , ainsi que le fait observer M. Le Conte , a
le *facies* d'un *Cardiophorus* , ce qui tient à la forme caractéristique des angles postérieurs du prothorax , dont le bord
externe se recourbe en dedans jusqu'à leur sommet en allant
d'avant en arrière. Par son front à peine caréné transversalement , il constitue une forme transitoire entre le genre actuel
et les *Corymbites*.

34. **L. anceps.** *Piceo-œneus, sat dense cinereo-pubescens ;*
fronte truncata , margine antica vix prominula; antennis obs-
curis, articulo tertio quarto paulo breviore ; prothorace antica
rotundatim angustato . crebre punctato , convexo, postice cana-
liculato , angulis posticis brevibus , vix carinatis ; elytris fusco-
testaceis vel ferrugineis , apice subacuminatis , striis tenuibus

punctntis , interstitiis punctatis ; pedibus epipleurisque rufo-
testaceis. — Long. 10-11 mill., lat. 2 4/s - 3 mill.

Limonius anceps. l.zc. *Rev. Etat. Un. St. in Am. Phil. Soc. Trans.* X;
new ser., p. 433, 19.

Bronzé plus ou moins brunâtre, avec les élytres rougeâtres
ou testacé brun , revêtu d'une pubescence cendrée assez dense
pour modifier la couleur des téguments. Front à peu près carré
et plat , son bord antérieur coupé transversalement et à peine
saillant au-dessus de la plaque nasale au milieu. Antennes
noirâtres , dentées en scie à partir du quatrième article, leurs
articles 2 et 3 plus longs , réunis, que le quatrième, le troisième
même à peine plus court que ce dernier. Prothorax un peu
plus long que large , assez fortement rétréci en avant, à peine
à la base , ses côtés arqués , convexe , densément punctué ;
sillonné en arrière, ses angles postérieurs très-petits ; presque
dépourvus de carène. Ecusson subarrondi. Élytres plus larges
que le prothorax , à peu près parallèles jusqu'au quart postérieur , subacuminées au sommet , assez bombées dans le sens
transversal avec leurs côtés tombant perpendiculairement , finement striées , les stries ponctuées , les intervalles aplatis et
très-ponctués , l'intervalle marginal ordinairement rougeâtre.
Dessous du corps d'un bronzé obscur , pubescent ; pattes testacé
rougeâtre.

Des Etats-Unis de l'Est.

Il a le *facies* des *L. confusus* et *plebejus ,* dont il diffère
néanmoins par l'absence de canaux prothoraciques au sommet
des sutures prosternales.

35. L. ectypus. *Elongatus , piceo-æneus , densius cinereo-*
pubescens ; fronte antice truncata , vix prominula : antennis
obscuris , articulo tertio quarto multo breviore ; prothorace
latitudine longiore ; antice arcuatim angustato , convexo , sat
dense punctato, postice canaliculato, angulis posticis brevibus ;
vix carinatis ; elytris fusco-testaceis, striis fortiter punctatis ,
interstitiis dense punctatis ; pedibus épipleurisque rufis. —
Long. 8-9 mill.; lat. 2 4/2 mill.

Elater ectypus. Say , *Am. Phil. Soc. Trans.* VI, p. 167.

Limonius ectypus. Lec. *Rev. - Etat. Un. St.* in *Am. Phil. Soc. Trans.* X, new ser., p. 433, 20.

Brun, faiblement bronzé sur le prothorax, revêtu d'une pubescence cendrée plus épaisse que chez le précédent. Front tronqué en avant. Antennes d'un brun très-obscur, presque noir, à article 2 petit, 3 un peu plus long chez la femelle, presque égal chez le mâle, les deux, réunis, de la longueur du quatrième. Prothorax une demi fois plus long que large, rétréci en avant par une courbe régulière des côtés, convexe, assez densément ponctué, marqué d'un sillon à la base, les angles postérieurs petits, aigus au sommet, à peine carénés. Elytres plus larges que le prothorax, très-faiblement atténuées à partir de la base chez le mâle, parallèles jusqu'au delà du milieu chez la femelle, assez fortement ponctuées-striées, les intervalles densément marqués de points plus petits que ceux des stries. Pattes testacées.

Des Etats-Unis ; Maine.

C'est par erreur que les antennes sont indiquées comme testacées dans l'ouvrage de M. Le Conte. Les deux exemplaires, mâle et femelle, que m'a communiqués ce savant, ont les organes en question presque noirs.

36. L. AGONUS. *Elongatus, piceo-œneus, densius cinereo-pubescens ; fronte antice truncata, vix prominula ; antennis brunneis, articulis secundo et tertio conjunctis quarto vix longioribus ; prothorace latitudine longiore, antice arcuatim angustato, convexo, densius punctato, postice canaliculato, angulis posticis fere obtusis, obsolete carinatis ; elytris fusco-testaceis, striis subtilius punctatis, interstitiis punctatis ; pedibus rufo-testaceis.* — Long. 9 mill., lat. 2 1/2 mill.

Elater agonus. SAY, *Am. Phil. Soc. Trans.* VI, p. 171.

Limonius agonus. Lec. *Rev. Etat. Un. St.* in *Am. Phil. Soc. Trans.* X, new ser. p. 434, 21.

Très-voisin du précédent dont il a la taille, la tournure générale et la couleur et dont il ne diffère guère que par quelques caractères de détail. Front aplati, tronqué en avant, peu saillant. Antennes longues, brunes, à troisième article à

peine plus long que le second, les deux, réunis, à peine plus
longs que le quatrième. Prothorax plus long que large, rétréci
en avant par une courbe régulière des côtés, convexe, densément ponctué, ses angles postérieurs obtus, faiblement carénés.
Elytres plus larges que le prothorax, légèrement striées, les
stries marquées de points beaucoup plus petits que chez le précédent, les intervalles aplatis et densément ponctués. Pattes d'un
rougeâtre testacé.

Des Etats-Unis.

Communiqué par M. Le Conte.

57. L. occidentalis. *Niger, subopacus, cinereo-pubescens;
fronte plana, margine antica parum prominula; antennis
nigris, articulo tertio quarto vix breviore; prothorace latitudine
haud longiore, crebre fortiter punctato, canaliculato, angulis
posticis obtusis, acute carinatis; elytris dilute rufo-ferrugineis,
pube concolore, punctato-striatis, interstitiis crebre punctatis;
pedibus nigris.* — Long. 12 mill., lat. 3 mill. (Pl. V, fig. 13.)

Var. a. *Antennis testaceis.*

Noir, presque mat, revêtu d'une pubescence cendrée, avec
les élytres d'un ferrugineux rouge clair et couvertes d'une pubescence de même couleur. Front subquadrangulaire, son bord
antérieur peu saillant mais cependant bien distinct de la plaque
nasale. Antennes noires ou testacé plus ou moins brun, leur
troisième article un peu plus court que le quatrième. Prothorax
rétréci en avant à partir de la base chez le mâle, parallèle
sur les côtés chez la femelle, les côtés droits ou à peu près,
densément couvert de gros points, sillonné dans plus de sa
moitié postérieure, ses angles postérieurs courts, obtus, surmontés d'une carène assez forte. Ecusson oblong, pubescent.
Elytres parallèles sur les côtés dans leurs trois quarts antérieurs,
un peu déprimées sur le dos, très-déclives et même perpendiculaires latéralement, striées, les stries ponctuées, les intervalles densément ponctués. Dessous du corps noir; les
pattes noires, quelquefois avec les jambes et les tarses testacé
brunâtre.

De l'Orégon.

Il se distingue des espèces précédentes par la carène très-marquée des angles postérieurs du prothorax.

38. L. QUADRATICOLLIS. *Brunneus, nitidus, grisea-pilosulus ; fronte profunde emarginata ; prothorace quadrato, parum convexo, sparsim punctato, angulis posticis carinatis ; elytris prothorace latioribus, margine antica lateralique rufescentibus, striis punctatis ; epipleuris pedibusque rufo-testaceis.* — Long. 8-9 mill., lat. 1 1/4 fere 2 mill. (Pl. V, fig. 10.)

Brun, assez luisant, avec le bord antérieur des élytres et quelquefois la partie antérieure des bords latéraux rouges, revêtu d'une pubescence rude, redressée, grise ou fauve. Front ponctué, plus ou moins impressionné, son bord antérieur profondément échancré au milieu. Antennes longues presque comme la moitié du corps chez le mâle, leurs articles 2 et 3 égaux et plus longs, réunis, que le quatrième. Prothorax à peu près carré, peu convexe, éparsément ponctué, ses angles postérieurs carénés. Ecusson petit, oblong. Elytres plus larges que le prothorax, parallèles jusqu'au milieu, atténuées au-delà, médiocrement convexes, striées, les stries marquées de gros points, les intervalles un peu scabres et éparsément ponctués. Dessous du corps d'un brun rougeâtre luisant, pattes et épipleures d'un testacé rougeâtre foncé.

Du Mexique ; régions froides.

Par sa forme générale, ce *Limonius* rappelle certaines espèces du genre *Horistonotus*, de la tribu des *Cardiophorites*.

Collection de MM. Sallé et Klingelhöffer.

39. L. BACONII. *Brunneo-ferrugineus, pube longiuscula griseo-helvola obductus ; fronte subquadrata, antice truncata ; antennis articulo tertio secundo paulo longiore, quarto paulo breviore ; prothorace latitudine vix longiore, convexo, canaliculato, crebre fortiter æqualiterque punctato, angulis posticis extrorsum carinatis ; elytris striis fortiter punctatis, interstitiis convexis, crebre punctatis.* — Long. 10 mill., lat. 2 1/2 mill.

D'un ferrugineux brun, revêtu d'une pubescence assez longue et peu serrée, flave grisâtre. Front carré, ponctué, son bord antérieur coupé transversalement. Antennes médiocrement lon-

gues, de la couleur générale, à troisième article intermédiaire
pour la longueur entre le second et le quatrième. Prothorax à
peine plus long que large, un peu rétréci à la base et au
sommet avec ses côtés arqués, convexe, très-densément,
fortement et régulièrement ponctué, présentant un sillon médian,
faible mais étendu depuis la base presque jusqu'au sommet,
ses angles postérieurs courts, obtus, carénés très-près de leur
bord externe. Ecusson oblong. Elytres parallèles ou à peu près
dans leurs trois quarts antérieurs, très-convexes dans le sens
transversal, assez profondément striées, les stries fortement
ponctuées, les intervalles convexes et très-densément ponctués.
Dessous du corps et pattes de la couleur du dessus.

De l'Himalaya,

Je n'ai point vu, en nature, les deux espèces suivantes,
décrites par M. Le Conte :

1. L. ÆNESCENS. *Fusco-æneus, griseo-pubescens, clypeo
truncato, thorace latitudine paulo longiore, antrorsum subangustato, lateribus omnino rectis, angulis posticis carinatis,
brevibus, divaricatis, densius punctato, postice subcanaliculato,
elytris striis punctatis, interstitiis planis punctatis, pedibus rufis.*
— Long. 3" 1/2.

One specimen, New Jersey, M. Guex. Allied to the two
preceding species (*L. confusus* et *plebejus*) but sufficiently distinct by the perfectly straight sides of the thorax ; the posterior
angles are short and continue the line of the sides ; they the-
refore appear divergent : the antennæ are hardly piceous at
base ; the second and third joints together are longer than
the fourth the margin of the epipleuræ is testaceous.

Lec. *Rev. Elat. Un. St.* in *Am. Phil. Soc Trans.* X, new ser. p 431, 9.

2. L. CANUS. *Piceo-niger, valde elongatus, cinereo-pubescens,
capite thoraceque densius pubescentibus, pilisque paucis sube-
rectis vestitis, clypeo trunca'o, margine vix reflexo, thorace
latitudine sesqui longiore, antrorsum angustato et paulo rotundato,*

*confertim punctato , canaliculato , angulis postici: obtusis , sub-
carinatis , apice rotundatis , elytris tenuiter striato-punctatis ,
interstitiis dense punctatis , pedibus fere piceis , antennis nigris , articuli: 2 et 3 subæqualibus , 4to conjunctis longioribus.*
— Long. 3‴ s/to.

One specimen , San Diego , California. The antennæ are
longer than the head and thorax , and strongly serrate : the
hairs on the thorax are so disposed as to produce a faint
longitudinal dark line from the basal depression on each side ;
the dorsal channel is distinct both at base and apex ; the tibiæ
and tarsi are paler than the femora. The general form is that
of the male of *L. cylindriformis* (*griseus*).

Lxc. Loc. cit. p. 433 , 18.

———————————

PITYOBIUS.

Lec. *Trans. of the Amer. Phil. Soc.* new ser. X p. 428.

Athous. Dej. Cat. ed. 3 , p. 102.

Front saillant , carré , transversalement coupé et redressé en
avant. Plaque nasale épaisse. Yeux gros , globuleux , presque
dégagés du prothorax.

Antennes longues , à articles 2 et 3 courts , égaux , les suivants
munis chez les mâles , chacun , de deux longs appendices
lamelliformes , triangulaires chez les femelles.

Prothorax à angles postérieurs grêles , longs , aigus , divergents ,
carénés.

Elytres longues.

Prosternum muni d'une mentonnière peu développée , sa
saillie postérieure longue et droite ; ses sutures latérales fines
et rectilignes.

Mésosternum déclive.

Hanches postérieures étroites.

Pattes longues ; tarses à articles 2-4 munis de courtes lamelles ; le premier article allongé.

Corps pubescent.

Ce genre, très-remarquable par la structure des antennes des mâles, a été établi, par M. Le Conte, sur la seule espèce qui suit.

P. ANGUINUS. *Piceo-niger, griseo-pubescens; fronte oblonga, antice truncata, impressa; prothorace latitudine longiore, canaliculato, bifoveato, punctis umbilicatis confluentibus adsperso, angulis posticis elongatis, divaricatis, acutis, extrorsum carinatis; elytris parallelis, striis profundis punctatis. inerstitiis convexis, subtiliter punctatis.* — Long. 18-25 mill., lat. 4 1/2 - 6 1/2 mill. (Pl. V, fig. 12.)

Pityobius anguinus. Lec. *Rev. Etat. Un. St.* in *Am. Phil. Soc. Trans.* X, new ser. p. 428.

Athous anguinus. Dej. *Cat.* ed. 3, p. 102.

Calocerus niger. Westw. in litt.

Allongé, d'un noir un peu brunâtre, revêtu d'une légère pubescence grise. Front grand, déclive, plus long que large, rectangulaire, portant une forte impression en avant. Antennes bilamellées à partir du quatrième article chez le mâle, simplement dentées en scie chez la femelle. Prothorax plus long que large, un peu rétréci au sommet, arqué sur les côtés en avant, sinueux en arrière, peu convexe, fortement sillonné au milieu avec une fossette oblongue de chaque côté du sillon, couvert de gros points ombiliqués très-serrés et même confluents qui rendent sa surface rugueuse, ses angles postérieurs longs, très-divergents, aigus, carénés finement très-près de leur bord externe. Ecusson oblong, échancré au sommet. Elytres longues, parallèles, curvilinéairement rétrécies au sommet, rebordées latéralement, marquées de stries profondes et fortement ponctuées, les intervalles des stries convexes, scabres et éparsément ponctués. Dessous du corps noirâtre; pattes grêles, longues, noirâtres ou brunes ou rougeâtres.

Des Etats-Unis du Sud. Il vit, au rapport de M. Le Conte, dans les forêts de pins.

ATHOUS.

Eschs. in Thon, *Entom. Arch.* II , I , p. 33.

Anathrotus. Steph. *Ill. of brit. Entom.* III.

Pedetes. Kirby , *Faun. bor. Americ.* p. 145. — Lec, *Trans. Am. Phil. Soc.* X.
new ser. p. 425, 11. — Lac. *Gener. d. Coléopt.* IV , p. 180.

Eschscholtzia. Lap. *Hist. Nat. Ins.* I , p. 232.

Crepidophorus. Muls. et Guilleb. *Opusc. Entom. fasc.* II, p. 189.

Tête assez grande, généralement peu engagée dans le prothorax; front plan ou concave, subquadrangulaire, son rebord antérieur quelquefois très-développé, quelquefois très-peu prononcé sur la ligne médiane. Plaque nasale étroite. Yeux assez saillants. Mandibules échancrées au bout. Palpes maxillaires terminées par un article triangulaire.

Antennes longues chez les mâles, grêles ou dentées en scie; de onze articles, le premier médiocre, le second et le troisième de longueur variable; les suivants oblongs ou triangulaires.

Prothorax grand avec ses angles antérieurs quelquefois presque aussi prononcés que les postérieurs, ceux-ci généralement dépourvus de carène.

Ecusson oblongo-ovale.

Elytres grandes, presque toujours plus larges que le prothorax, obtuses au bout.

Prosternum muni d'une mentonnière variable, sa saillie postérieure fléchie, ses sutures latérales fines et rectilignes, dépourvues de canaux prothoraciques.

Mésosternum déclive, les bords de sa fossette déprimés.

Hanches postérieures étroites, un peu plus larges en dedans qu'en dehors.

Pattes de longueur moyenne ou grandes, leurs tarses tantôt avec le deuxième et le troisième article épaissis et sublamellés en dessous, le quatrième très-petit, tantôt les articles simples et diminuant graduellement de longueur du premier au quatrième.

Corps pubescent.

Les *Athous* sont des insectes de taille généralement moyenne, quelquefois grande. Presque tous sont d'un brun obscur, ferrugineux, rougeâtre ou testacé uniforme. Très peu ont les téguments de couleur variée et aucun n'offre de reflets métalliques.

Les femelles diffèrent généralement des mâles d'une manière assez marquée ; quelquefois même au point de paraître des espèces distinctes (1). Elles ont le prothorax plus large et plus bombé, les élytres élargies en arrière, les téguments plus luisants, et ordinairement d'une teinte plus claire.

Ces insectes vivent sur les plantes et paraissent propres aux régions septentrionales et tempérées. Ceux qu'on trouve dans les pays chauds sont confinés sur les hautes montagnes, et rentrent ainsi dans les conditions de la généralité.

J'ai adopté, pour la division du genre, les sections créées par M. de Kiesenwetter pour la classification des espèces de l'Allemagne. Ces sections sont fondées sur les différentes formes qu'affectent les tarses et les antennes.

SECTION I.

Articles 2 et 3 des tarses sublamellés, le quatrième relativement très-petit, généralement emboîté par le précédent.

SOUS-SECTION I.

Antennes dentées en scie, à partir du troisième article inclusivement.

A Corps entièrement noir en dessus et en dessous.
  a Points du prothorax simples ; intervalles des
    stries des élytres non granuleux.
    α Pubescence grise, longue.   3. *A. niger.*
    αα Pubescence brune, courte.   4. *A. tartarus.*
  aa Points du prothorax ombiliqués ; intervalles
    des stries des élytres granuleux.   5. *A. mutilatus.*

AA Téguments bicolores, ou bruns, ou ferrugineux
    plus ou moins clair.
  a Élytres noires et sans taches.

(1) *A. longicollis, villiger, Dejeanii*, etc.

     α Abdomen noir.   7. *A. equestris.*

     αα Abdomen rouge.   6. *A. rufiventris.*

   αα Elytres noires avec une tache humérale
rouge.   8. *A. scapularis.*

 ααα Elytres brunes, rougeâtres ou ferrugineuses.

    α Pubescence des élytres cendrée avec deux
fascies obliques formées par des poils roussâtres.   2. *A. rhombeus.*

   αα Pubescence des élytres unicolore.

      * Angles postérieurs du prothorax diver-
gents (1).

        × Prothorax de la couleur des élytres.   1. *A. rufus.*

        ×× Prothorax noirâtre.   11. *A. ferruginosus.*

      ** Angles postérieurs du prothorax courts,
obtus, non divergents.

        × Points des parties latérales du pro-
thorax ombiliqués.   9. *A. cucullatus.*

        ×× Points des parties latérales du pro-
thorax non ombiliqués.   10. *A. cavutus.*

SOUS-SECTION II.

Antennes très-faiblement dentées en scie et à partir du quatrième article seulement, ou non dentées.

A Angles postérieurs du prothorax non carénés.

 a Elytres noires avec quatre taches ovales, rouges,
nettement limitées.   15. *A. opilinus.*

 aa Elytres unicolores, ou avec des bandes, ou
des taches diffuses.

   α Front fortement concave, son bord antérieur
redressé, aussi bien au milieu que sur
les côtés.

     * Bord antérieur du front presque droit. 13. *A. Brightwelli.*

     ** Bord antérieur du front arqué.   14. *A. acanthus.*

   αα Front peu ou point concave, ou concave,
mais alors son bord antérieur déprimé.

     * Prothorax plus long que large, même chez
la femelle.

       × Prothorax aussi étroit ou plus étroit
au sommet qu'à la base.

         + Troisième article des antennes plus
long que le second.

         o Troisième article des antennes deux
fois plus long que le second.

(1) Voyez aussi *A. niger* var. *a*.

s Angles postérieurs du prothorax
point ou à peine divergents ;
stries des élytres fortes. 23. *A. longicollis.*

ss Angles postérieurs du prothorax
courts mais très-divergents ,
stries des élytres faibles. 24. *A. tomentosus.*

oo Troisième article des antennes
seulement et au plus une demi
fois plus long que le second.

s Front faiblement excavé ou plat ,
son bord antérieur tronqué
carrément ou à peu près.

x Troisième article des antennes
à peine plus long que le second , élytres généralement
noires avec une bande longitudinale jaune. 19. *A. vittatus.*

xx Troisième article des antennes
une demi fois plus long que le
second, élytres jamais ornées
de bandes jaunes.

y Brun , prothorax et chacune
des élytres bordés de ferrugineux rouge. 22. *A. angustulus.*

yy Noirâtre , les élytres brunes.
z Taille dépassant dix millimètres. 16. *A. hæmorrhoidalis.*

zz Taille de huit millimètres
au plus. 20. *A. puncticollis.*

ss Front excavé en avant , son bord
antérieur avancé au milieu. 18. *A. difficilis.*

++ Troisième article des antennes égal
au second. 21 *A. ineptus.*

XX Prothorax élargi au sommet.
+ Angles postérieurs du prothorax à
peine divergents. 17. *A. obsoletus.*

++ Angles postérieurs du prothorax
petits et recourbés en dehors. 26. *A. filicornis*

** Prothorax carré chez le mâle , plus large
que long chez la femelle. 25. *A. villiger.*

AA Angles postérieurs du prothorax carénés.
s Ces angles divergents et aigus.
α Troisième article des antennes une demi fois
au moins plus long que le second.
* Noir avec les élytres jaunes ou entièrement noir. 27. *A. infuscatus.*
** Entièrement brun rougeâtre. 12. *A. mexicanus.*
αα Troisième article des antennes seulement un
peu plus long que le second. 28. *A. Sedakovii.*

aa Angles postérieurs du prothorax non divergents.   29. *A. dauricus.*

SECTION II.

*Articles 1-4 des tarses diminuant graduellement de longueur,
les articles 2 et 3 simples, le quatrième un peu plus court
seulement que le précédent.*

SOUS-SECTION I.

*Antennes fortement dentées en scie à partir du troisième article
inclusivement ; celui-ci semblable au quatrième.*

A Pubescence bicolore et formant des fascies ondu-
   leuses sur les élytres.   30. *A. undulatus.*

AA Pubescence unicolore.
   a Angles postérieurs du prothorax non carénés. 32. *A. Sacheri.*
   aa Angles postérieurs du prothorax carénés. 31. *A. algirinus.*

SOUS-SECTION II.

*Antennes filiformes ou dentées, dans le premier cas le troisième
article oblong et nullement triangulaire, dans le second ce
même article plus petit que le quatrième.*

A Téguments entièrement noirs.
   a Ecusson muni d'une carène longitudinale assez
      forte.   39. *A. olbiensis.*
   aa Ecusson non caréné.
      α Elytres profondément striées.   41. *A. recticollis.*
      αα Elytres superficiellement striées. 40. *A. Zebei.*

AA Téguments en partie ou en totalité brunâtres,
      bruns, brun rougeâtre, ferrugineux ou jau-
      nâtres
   a Deuxième article des antennes aussi long que
      le troisième ou à peu près, et de même
      forme.
      α Angles postérieurs du prothorax dépourvus de
         carène.
         * Tête et prothorax noirâtres.
            × Antennes testacé rougeâtre.   33. *A. subfuscus.*
            ×× Antennes obscures.   33. *A. cachecticus.*

** Tête et prothorax testacé rouge clair.   34. *A. emaciatus.*

αα Angles postérieurs du prothorax très-distinctement carénés.   36. *A. discalceatus.*

aa Deuxième article des antennes plus petit que
le troisième.

α Troisième article des antennes aussi long
que le quatrième ou à peine visiblement
plus court.

   * Angles posterieurs du prothorax distinctement munis d'une fine carène.   38. *A. Godarti.*

  ** Angles postérieurs du prothorax non
carénés.

   X Angles postérieurs du prothorax plus
ou moins recourbés en dehors et plus
ou moins aigus à l'extrémité, mais
ne présentant point d'échancrure sur
leur bord externe très-près de l'extrême pointe.

    + Second article des antennes à peine
aussi long que la moitié du troi-
sième.   55. *A reflexus.*

    ++ Second article des antennes un
peu plus long que la moitié du
suivant.

     o Bord antérieur du front biangu-
leux.   44. *A. pallens.*

     oo Bord antérieur du front arqué.

      s Angles postérieurs du prothorax
divergents.

       x Prothorax noir (1).

       xx Prothorax de la couleur des
élytres.

        y Téguments rougeâtres.   43. *A. sylvaticus.*
        yy Téguments jaunes.   37. *A. crassicornis.*

      ss Angles postérieurs du prothorax
non divergents.

       x Les antérieurs saillants en
avant.   46. *A. circumductus.*

       xx Les antérieurs non saillants. 49. *A. cavus.*

  XX Angles postérieurs du prothorax présentant, au bord externe, une
échancrure près de l'extrême pointe; celle-ci dirigée en dehors et
en forme de petite dent

   + Antennes rougeâtres.   56. *A. Dejeanii.*
   ++ Antennes noires.   57. *A. titanus.*

(1) *A. sylvaticus* var. *a.*

αα Troisième article des antennes visiblement plus court que le quatrième.
* Téguments entièrement rougeâtres ou rouge ferrugineux.
   × Angles postérieurs du prothorax échancrés extérieurement près de la pointe. 50. *A. procerus.*
   ×× Angles postérieurs du prothorax entiers.
    + Ces angles non carénés.
    o Angles antérieurs du prothorax aussi saillants que les postérieurs. 51. *A. tauricus.*
    oo Prothorax un peu plus étroit au niveau des angles antérieurs qu'au milieu. 48. *A. difformis.*
    ++ Les angles carénés. 42. *A. spiniger.*
** Tête et prothorax et généralement antennes noirs ou noirâtres.
   × Antennes ferrugineuses avec les trois premiers articles noires ; prothorax transversal. 59. *A. frigidus.*
   ×× Antennes unicolores ou avec la base d'une teinte plus pâle; prothorax aussi long ou plus long que large.
   + Antennes fortement dentées en scie, à articles larges, le quatrième plus large que les suivants.
    o Elytres noirâtres. 63. *A. canus.*
    oo Elytres rougeâtres. 61. *A. mandibularis.*
   ++ Antennes médiocrement dentées, le quatrième article de la largeur du suivant ou à peine plus large.
    o Bord antérieur du front biangulaux, sa portion moyenne tronquée carrément et les latérales obliquement.
    s Pubescence épaisse.
    x Angles antérieurs du prothorax saillants en avant.
    y Pubescence des élytres grise. 52. *A. basalis.*
    yy Pubescence des élytres jaune. 53. *A. flavipennis.*
    xx Angles antérieurs du prothorax ne dépassant pas le niveau du bord antérieur. 54. *A. hispidus.*
    ss Pubescence fine. 58. *A. melanoderes.*
    o Bord antérieur du front arqué ou présentant un seul angle sur la ligne médiane.
    s Prothorax à peu près carré chez le mâle. 60. *A. castanescens*

ss Prothorax plus long que large
chez le mâle.

x Prothorax densément ponctué. 47. A. *circumscriptus.*

xx Prothorax éparsément et finement ponctué.   45. A. *montanus.*

PREMIÈRE SECTION.

SOUS-SECTION I.

1. A. RUFUS. *Ferrugineus , nitidus , parce breviter fulvo-pubescens; fronte late excavata ; prothorace basi apiceque angustato, lateribus arcuato , confertim inæqualiter punctato, angulis
posticis divaricatis , carinatis ; elytris prothorace latioribus ,
striatis, striis fortius , interstitiis convexis subtilius punctatis.* —
Long. 25-30 mill., lat. 6-8 mill.

Elater rufus. DE GEER, *Ins.* IV, p. 144. 1. pl. 5, fig. 13. — FABR. *Syst.
Eleuth.* II, p. 225, 24. — HERBST, *Käf.* X, 24 33, pl. 160, 6. — PANZ. *Faun.
Germ.* X, 11. — PAYK. *Faun. Suec.* III, 1.—GYLL. *Ins. suec.* I. — SCHÖNH. *Syn. Ins.*
III, p. 274, 48.

Athous rufus. DEJ. *Cat.* ed. 3, p. 101. — REDT. *Faun. Austr.* ed II, p. 491. —
BACH, *Käferf.* II, p. 30.— KIESENW. *Naturg. d. Ins. Deutschl.* IV. p. 314, 3.

(♂) Grand, large, d'un rouge ferrugineux assez luisant, revêtu
d'une pubescence peu serrée, courte , fauve. Front rugueusement ponctué , largement et profondément excavé en avant.
Antennes fortement dentées en scie. Prothorax aussi long que
large, rétréci au sommet et à la base , arqué régulièrement sur
les côtés, assez densément, inégalement et irrégulièrement ponctué,
élevé au milieu, déclive sur les côtés, ses angles postérieurs larges,
divergents, carénés près de leur bord externe. Ecusson pentagonal,
longitudinalement élevé au milieu. Elytres plus larges que le
prothorax, un peu rétrécies aux épaules , parallèles jusqu'au-delà
du milieu, curvilinéairement rétrécies au sommet, assez profondément striées à la base, plus superficiellement au sommet , les
stries externes fortement ponctuées, les intervalles convexes et
ponctués. Dessous du corps et pattes de la couleur du dessus, plus
luisants.

(♀) Ne diffère guère du mâle que par sa taille plus grande et
ses antennes plus courtes ; celles-ci atteignent à peine l'extrémité
des angles postérieurs du prothorax.

Cette espèce habite les régions montagneuses de l'Europe centrale et septentrionale. Elle paraît assez commune dans les Alpes styriennes ; partout ailleurs elle est rare.

Après l'*Alaus Parreysii* , c'est le plus grand Elatéride européen.

2. A. RHOMBEUS. *Castaneus vel ferrugineus , longius cinereopubescens ; prothorace latitudine paulo longiore, parce, lateribus crebrius punctato , angulis posticis divaricatis, subtiliter carinatis ; elytris punctato-striatis, interstitiis convexis, punctatis, ultra medium fasciis duabus obliquis obscurioribus* —-Long. 16-22 mill , lat. 4-5 mill.

Elater rhombeus. OL. *Entom.* II, 31, p. 22, 25, pl. II, fig. 16. — HERBST, *Käf.* X, 116, 138, pl. 169, fig. 4.

Athous rhombeus. BOISD. et LAC. *Faun entom. d. env. de Paris.* p. 637, I — DEJ *Cat* ed. 3, p. 101. — STEPH. *Man. of brit. col.* p. 183. - REDT. *Faun. Austr.* ed II, p. 491, 7. — BACH, *Kaferf.* II, p. 30 — KIESENW. *Naturg. d. Ins. Deutschl* IV, p. 314.

Eschscholtzia rhombea. LAP. *Hist. nat. d. Ins. Col.* I, p. 232.

Anathrotus pubescens. STEPH. *Illustr. brit. Entom. Mand.* III, p. 274, 1.

(♂) Allongé, d'un châtain plus ou moins ferrugineux, assez luisant, revêtu d'une pubescence assez longue, cendrée, les élytres présentant au-delà du milieu deux fascies obliques en sens inverse, formés par des poils de la couleur des téguments , de façon qu'elles se détachent sur la teinte générale modifiée par la pubescence. Front fortement et triangulairement impressionné, très-ponctué. Antennes d'un ferrugineux clair, dentées en scie. Prothorax un peu plus long que large, rétréci à la base et au sommet, peu convexe, portant une ligne lisse et faiblement élevée au milieu , densément ponctué sur les parties latérales, éparsément vers la ligne médiane, ses angles postérieurs divergents, obtus à l'extrémité, finement carénés. Elytres plus larges que le prothorax, un peu rétrécies aux épaules, parallèles jusqu'au-delà du milieu, assez profondément et régulièrement striées, les stries ponctuées, les intervalles convexes et ponctués. Dessous du corps et pattes de la couleur du dessus.

(♀) La femelle diffère peu du mâle.

France, Angleterre, Allemagne. Il est assez rare partout.

3. A. NIGER. *Niger, nitidus, pube tenui grisea obductus ; antennis acute serratis; thorace latitudine longiore, convexiusculo, obsolete canaliculato, confertim punctato, lateribus arcuato, angulis posticis carinatis, apice oblique truncatis; elytris punctato-striatis, interstitiis convexis, punctulatis.* — Long. 10-18 mill., lat. 35 1/2 mill.

Elater niger. LINN. *Faun. Suec.* 743. — EJUSD. *System. Nat.* I, II 656, 35. — OL. *Entom.* II, 31, p. 28, 34. pl. 6, fig. 65. — HERBST, *Käf.* X, 42, 48 pl. 161 fig. 10. — PAYK. *Faun. Suec.* III, 14. — GYLL. *Ins. suec.* I, 406, 36. — ROSSI, *Faun. Etr.* ed. Helw. I, 203, 439.

Athous niger. KIESENW. *Naturg. d. Ins. Deutschl.* IV. p. 311, 1.

Elater aterrimus. FABR. *Syst. Eleuth.* II, 227, 34 — PANZ. *Ent. Germ.* I, 235 3. — ROSSI, *Faun. Etr.* I, 176, 435.

Elater hirtus. HERBST, *Arch.* V, 116, 30. — EJUSD. *Kaf.* X. pl. 164, 8.

Athous hirtus. BOISD. et LAC. *Faun. Entom. d. env. de Paris.* p. 638. — REDT. *Faun. Austr.* ed. II, p. 191, 5. (♀). — BACH, *Käferf.* II, p. 30. — DE MARS. *Cat.* p. 95.

Athous alpinus. REDT. loc. cit. (♂)

Var. a. *Elytris brunneis.*

Elater laesus. GERM. *Ins sp. nov.* I, p. 56, 91.

Var. b. *Elytris testaceis.*

Elater scrutator. HERBST, *Käf.* X, 73, 82, pl. 164, fig. 8. — GYLL. *Ins. Suec.* I p. 413, 42. — FISCH. *Entom.* II, p. 203, pl. XXIV, fig. 3. — GEBL. in LEDEB. *Reise,* p. 82.

Athous scrutator. REDT. *Faun Austr.* ed. II, p. 491, 6.

Var. c. *Corpus totum rufescens.*

(♂) Entièrement noir, brillant, revêtu d'une pubescence assez longue, tenue et grise ; large et peu convexe dans sa forme générale. Chaperon excavé largement sur le dessus dans sa partie antérieure, son bord arrondi et très rapproché du labre au milieu. Antennes fortement dentées en scie, leur deuxième article obconique, le troisième triangulaire, plus petit que le quatrième, les suivants diminuant de largeur à partir de ce dernier. Prothorax peu convexe et très-ponctué, plus long que large, longitudinalement et étroitement canaliculé, ses angles antérieurs

un peu avancés, les côtés légèrement convexes et rebordés, les
angles postérieurs assez robustes, relevés, carénés, un peu
divergents, avec leur extrémité obliquement tronquée. Ecusson
bombé et caréné longitudinalement. Elytres plus larges que le
corselet à la base et à peine deux fois et demie aussi longues,
striées, les stries plus ou moins fortement ponctuées, les intervalles convexes et pointillés. Dessous du corps noir et brillant;
pattes brunâtres à l'extrémité.

(♀) Plus grande et surtout plus large que le mâle; pour le
reste elle n'en diffère que par les caractères ordinaires.

On trouve communément cette espèce dans toute l'Europe.
La variété *b*, considérée par quelques auteurs comme une espèce
distincte, n'en diffère que par ses élytres testacées; elle est surtout commune en Russie.

J'ai vu, dans la collection de M. Schaum, l'*E. læsus* Germ. qui a
les élytres brunâtres, et la troisième variété, complètement rougeâtre.

4. A. TARTARUS. *Ater, nitidus, tenuiter fusco-pubescens; fronte
leviter impressa, margine antica declivi; prothorace latitudine
longiore, crebre subtiliter punctato, angulis posticis brevibus,
tenuiter carinatis; elytris ultra medium parallelis, punctato-
substriatis, interstitiis planis, dense punctulatis, tertio basi elevato.*
—Long. 13 mill., lat. 5 1/2 mill.

(♀) D'un noir assez luisant, revêtu d'une pubescence brune,
courte et peu dense. Front légèrement concave, son bord antérieur nullement redressé. Antennes plus courtes sur la tête et le
prothorax, fortement dentées en scie à partir du troisième article.
Prothorax plus long que large, rétréci vers la base, arqué sur
les côtés en avant, sinueux en arrière, convexe, finement et
densément ponctué, faiblement sillonné en arrière, ses angles
postérieurs atténués, dirigés en arrière, terminés en pointe obtuse,
portant une fine carène. Ecusson obtrigone. Elytres plus étroites
à la base que la partie antérieure du prothorax, peu à peu dilatées
au-delà du milieu, atténuées vers le sommet, très-finement striées,
les stries marquées de points médiocres, les intervalles aplatis au-
delà de la base, densément couverts de petits points, le troisième
plus élevé que les autres à la base. Dessous du corps et pattes
noirs.

De Crimée.

Cette espèce se rapproche de la suivante, mais elle en diffère par de nombreux caractères de détail, notamment par la forme du front, par sa ponctuation plus fine et conséquemment son aspect luisant, par ses élytres non granuleuses, etc.

Je n'en ai vu qu'un exemplaire femelle, dans la collection de M. Dohrn. Le mâle s'en distingue probablement par les antennes plus longues et une forme plus parallèle.

5. **A. MUTILATUS.** *Ater, subopacus, parce nigro-pubescens ; fronte late et profunde foveolata ; prothorace latitudine longiore, lateribus recto-parallelo , confertissime punctato, angulis posticis obtusis ; elytris ultra medium parallelis, striatis, interstitiis convexiusculis, granulatis.* — Long. 12-14 mill., lat. 2-3 1/2 mill.

Athous mutilatus. Rosenn. *Beitr. z. Insectenf. v. Europ.* I. 16. — Redt. *Faun. Austr.* ed II, p. 491. — Bach, *Kaferf.* II, p. 30. — Kiesenw. *Naturg. d. Ins. Deutschl.* IV, p. 313, 2.

Athous foveolatus. Hampe, *Ent. Zeit. Stett.* 1850, p. 361, 11.

Crepidophorus anthracinus. Muls. *Opusc. entom.* II, p. 191.

Athous ater. Dej. *Cat.* ed. 3, p. 104.

(♂) D'un noir à peu près mat , revêtu d'une pubescence noire, courte et peu dense. Front grand, présentant une fossette large, profonde, arrondie en avant, son bord antérieur très-saillant, un peu redressé, tronqué carrément. Antennes noirâtres, fortement dentées en scie. Prothorax plus long que large, rétréci seulement au sommet, droit et parallèle sur les côtés , densément et également ponctué, quelquefois subsillonné en arrière, ses bords latéraux rebordés, ses angles postérieurs courts, obtus, redressés extérieurement , très-finement carénés. Ecusson transversalement élevé dans son milieu. Elytres plus larges que le prothorax, parallèles au moins jusqu'au milieu, graduellement atténuées au-delà, obtuses au sommet, striées, les stries externes seules visiblement ponctuées, les intervalles convexes et fortement granuleux. Dessous du corps noir ; pattes noirâtres avec les articulations brunes.

(♀) La femelle a les antennes plus courtes, moins fortement dentées ; le prothorax est plus bombé, plus large en avant qu'en arrière, ses angles postérieurs encore plus courts et conséquemment plus obtus ; les élytres sont parallèles dans leurs deux premiers tiers.

On trouve cette espèce dans toute l'Allemagne, la Suisse et l'est de la France ; elle est rare partout.

6. A. RUFIVENTRIS. *Brunneo-niger, opacus, fusco-pubescens; antennis acute serratis, ferrugineis; fronte excavata, bifoveolata; prothorace crebre punctato, convexo, canaliculato, angulis posticis obtusis, apice ferrugineis; elytris profunde punctato-striatis, interstitiis convexis, rugosis; ore. epipleuris, abdomine pedibusque dilute ferrugineo-rufis.* — Long. 12 mill., lat. 3 t|s mill. (Pl. V, fig. 14).

Elater rufiventris. ESCHS. *Entomogr.* p. 127 (Trad. Lequien, p. 73).

Athous rufiventris. MANNERH. *Bull. d. Mosc.* XVI, 1843, p. 245, 154.

(♂) Noir brunâtre, mat, revêtu d'une rare pubescence obscure, les élytres ferrugineuses vers le bord externe, la bouche, les épipleures, l'abdomen et les pattes d'un rouge ferrugineux clair. Antennes peu allongées, fortement dentées en scie à partir du troisième article, ferrugineuses. Front fortement excavé, avec un tubercule au milieu de l'excavation qui la divise en deux fossettes. Prothorax un peu plus long que large, curvilinéairement rétréci au sommet, presque droit et presque parallèle sur les côtés en arrière, assez convexe, densément et fortement ponctué, sillonné au milieu dans toute sa longueur, biimpressionné en arrière, ses angles postérieurs courts, larges, obtus, redressés en dehors, ferrugineux au sommet. Ecusson court. Elytres un peu plus larges que le prothorax, peu allongées, rétrécies graduellement à partir de la base, déprimées en arrière, obtuses au sommet, profondément striées, les stries ponctuées, les intervalles rugueux et convexes.

Cette espèce se rapproche de la précédente par la structure des antennes, du front et des angles postérieurs du prothorax. Je n'en connais pas la femelle, mais il est probable, de même que celle du *mutilatus*, qu'elle ne diffère du mâle que par les caractères ordinaires.

De l'île Unalaschka.

7. A. EQUESTRIS. *Ater, opacus, pube brevi, subtili, cinereo-*

fulva obductus ; fronte excavata , rufescente ; prothorace lati-tudine longiore , antice dilatato, confertissime punctis umbilicatis adsperso , rubro basi nigro , angulis posticis obtusis , tenuiter carinatis ; elytris punctato-striatis , interstitiis planis , scabris.
— Long. 13-15 mill., lat. 3 1/5-4 1/4 mill.

Pedetes equestris. Lec. *Rev. Elat. Un. St.* in *Amer. Phil. Soc. Trans.* X , new Ser. p. 426 , 7.

Athous eques. Dej. *Cat.* ed. 3 , p. 101.

(♂) D'un noir mat , avec une légère teinte grisâtre et un reflet fulvescent que lui communique une courte pubescence , la tête rouge en avant, le prothorax également rouge avec son tiers postérieur noir. Front fortement excavé avec un petit tubercule au fond de l'excavation , densément et fortement ponc-tué. Antennes aussi longues que la moitié du corps , larges, très-fortement dentées en scie à partir du troisième article. Prothorax plus long que large , plus large au tiers antérieur qu'au tiers postérieur, très-densément couvert de points larges et ombiliqués , ses angles postérieurs grands , obtus au bout , redressés en dehors , finement carénés près de leur bord externe. Elytres à peine plus larges que la partie antérieure du prothorax, arrondies aux épaules , parallèles sur les côtés jusqu'au milieu puis curvilinéairement atténuées au-delà , peu bombées sur le dos , striées , les stries ponctuées , les intervalles plats et scabres. Dessous du corps noir avec la partie antérieure des flancs bordée de rouge. Pattes noires avec les genoux et l'extrémité des tarses ferrugineux.

(♀) Plus large et plus grande que le mâle , les antennes beaucoup plus courtes et atteignant à peine l'extrémité des angles postérieurs du prothorax ; celui-ci plus carré et noir seulement vers le milieu de la base et sur les angles postérieurs ; les élytres parallèles jusqu'au delà du milieu.

Des États-Unis ; Georgie.

8. A. scapularis. *Ater, opacus, subtiliter pubescens, fronte concava ; antennis ab articulo tertio acute serratis ; prothorace latitudine longiore, confertissime punctato, convexo, angulis posticis apice rotundatis, tenuiter carinatis , testaceis ; elytris*

subpunctato - striatis, interstitiis convexis, scabris, macula basali lutea; pedibus brunneis. — Long. 9 mill., lat. 2 1/2 mill.

Elater scapularis. SAY , *Trans. Am. Phil. Sec.* VI , p. 178.

Pedetes scapularis. LEC. *Rev. Elat. Un. St. in Am. Phil. Soc. Trans.* X , new Ser., p. 425, 4.

D'un noir mat, légèrement pubescent sur les élytres, plus fortement sur la tête et le prothorax , les premières parées d'une tache d'un jaune orangé sur la base et les épaules. Front largement et assez fortement concave. Antennes dentées en scie à partir du troisième article , longues chez le mâle , plus courtes chez la femelle. Prothorax un peu plus long que large , faiblement rétréci en avant , convexe et très-densément ponctué, faiblement sillonné en arrière, ses angles postérieurs un peu divergents, jaunes et obtus à l'extrémité, finement carénés près de leur bord externe. Elytres un peu plus larges que le prothorax, arrondies aux épaules, curvilinéairement rétrécies à partir du milieu , un peu déprimées, striées, les stries internes peu distinctement ponctuées, les intervalles convexes et scabres. Pattes brunes.

Des Etats-Unis ; New Hampshire.

9. A. CUCULLATUS. *Ferrugineo - testaceus , fulvo - pubescens ; fronte excavata ; antennis articulo tertio quarto æquali ; prothorace latitudine longiore, crebre punctato, antrorsum parum angustato, angulis posticis haud divaricatis , carinatis ; elytris striis fortiter punctatis , interstitiis fere planis basim versus granulatis ; antennis pedibusque flavis.* — Long. 12 - 14 mill., lat. 3 1/3 - 3 2/3 mill.

Elater cucullatus. SAY , *Ann. Lyc.* I , p. 264. — EJUSD. *Am. Phil. Soc. Trans.* VI , p. 177.

Pedetes cucullatus. LEC. *Rev. Elat. Un. St. in Am. Phil. Soc. Trans.* X , new Ser., p. 425, 5.

Athous hypoleucus. MELSH. *Proc. Acad. Nat. Sc.* II , p. 155.

Athous procericollis. MELSH. Loc. cit. p. 156.

Athous strigatus. MELSH. Loc. cit. p. 154 (♀).

Var. a. *Supra piceo - testaceus.*

(♂) Testacé ferrugineux, quelquefois d'un testacé brunâtre, revêtu d'une pubescence fauve. Front largement et profondément excavé, avec un tubercule au fond de l'excavation, sa carène transverse antérieure grande. Antennes dépassant les angles postérieurs du prothorax, leur troisième article semblable au quatrième. Prothorax allongé, graduellement rétréci à partir de la base avec ses côtés à peu près droits, convexe, densément ponctué, les points ombiliqués sur les côtés, ses angles postérieurs dirigés en arrière, munis d'une carène qui s'écarte un peu du bord latéral en avant. Elytres un peu plus larges que le prothorax, parallèles jusqu'au delà du milieu, conjointement arrondies à l'extrémité, striées, les stries fortement ponctuées, les intervalles presque plats, granuleux dans leur partie antérieure. Dessous du corps de la couleur du dessus avec les épipleures rouges. Pattes flaves.

(♀) Prothorax rétréci seulement à partir du milieu, arrondi sur les côtés au sommet, plus convexe et un peu moins fortement ponctué.

Des Etats-Unis ; Pensylvanie, Maryland et Ohio.

10. A. cavatus. *Ferrugineo-testaceus, pube concolore vestitus; fronte late et profunde excavata ; antennis brunneis, articulo tertio quarto æquali; prothorace latitudine paulo longiore, angulis posticis obtusis, subdiaphaneis, extrorsum tenuiter carinatis ; elytris striis fortiter punctatis, interstitiis vix convexiusculis, punctulatis.* — Long. 8 mill., lat. 2 mill. *

(♂) D'un testacé ferrugineux, revêtu d'une pubescence de même couleur. Front très-largement et très-profondément excavé, son bord antérieur très-saillant, coupé carrément. Antennes obscures, un peu plus longues que la moitié du corps, dentées en scie, leur troisième article semblable au quatrième. Prothorax plus long que large, rétréci en avant, faiblement, à partir de la base, peu convexe, ponctué irrégulièrement, présentant deux légères impressions en arrière, son bord antérieur sinueux de chaque côté, ses angles postérieurs tronqués carrément en arrière, redressé extérieurement avec une très-fine carène près de leur bord externe. Ecusson court, longitudinalement élevé au milieu. Elytres un peu plus larges que

le prothorax et deux fois et demie plus longues, parallèles jusqu'au delà du milieu, obtuses au sommet, striées, les stries
assez fortement ponctuées, les intervalles à peine convexes et
finement ponctués, leur bord antérieur formant une sorte de
bourrelet semi-circulaire. Dessous du corps et pattes de la
couleur du dessus.

Je n'en connais pas la femelle.

De Batoum.

11. A. FERRUGINOSUS. *Fusco-niger, parum nitidus, griseo-
pubescens; antennis articulo tertio quarto simili; fronte profunde excavata, acute marginata; prothorace latitudine longiore,
punctis umbilicatis adsperso, angulis posticis divaricatis, apice
retusis, indistincte carinatis, cum marginibus ferrugineis;
elytris prothorace latioribus, parallelis, brunneo-testaceis, striis
fortiter punctatis, interstitiis punctulatis.* — Long. 9-11 mill.,
lat. 2-2 1/2 mill.

Athous ferruginosus. ESCHS. in THON, *Entom. Arch.* I, II, p. 33. — MANNERH.
Bull. d. Mosc. XVI, 1843, p. 244, 152.

Var. *a. Prothorace ante medium bifoveolato.*

Var. *b. Prothorace in totum obscure ferrugineo.*

(♂) Noirâtre, peu luisant, revêtu d'une pubescence grise,
les côtés et les angles postérieurs du prothorax ou sa surface
tout entière, d'un ferrugineux plus ou moins brun ou rougeâtre,
les élytres d'un testacé obscur ou ferrugineux. Front fortement
excavé, fortement rebordé en avant. Antennes presque aussi
longues que la moitié du corps, ferrugineuses, leur troisième
article semblable au quatrième. Prothorax plus long que large,
presque droit et parallèle sur les côtés ou très-faiblement rétréci en avant à partir du milieu, peu convexe, densément
couvert de gros points ombiliqués, souvent bifoveolé un peu
en avant du milieu, ses angles postérieurs divergents, émoussés
au bout, indistinctement carénés. Écusson presque rond. Élytres
plus larges que le prothorax, arrondies aux épaules, parallèles
dans près de leurs deux tiers antérieurs, conjointement arrondies au sommet, striées, les stries assez fortement ponctuées,

les intervalles éparsément ponctués, rugueux. Dessous du corps et pattes ferrugineux rougeâtre, métathorax souvent obscur.

(♀) Antennes longues comme les deux cinquièmes du corps, prothorax à peine plus long que large, rétréci à la base et au sommet, arrondi sur les côtés, moins densément ponctué et conséquemment moins opaque, ses angles postérieurs plus distinctement carénés; élytres graduellement élargies jusqu'au delà du milieu, plus convexes.

De Sitkha.

SOUS-SECTION II.

12. A. MEXICANUS. *Elongatus, brunneus, fulvo parce pubescens; fronte porrecta, impressa; antennis obscuris, articulo tertio quarto fere æquali; prothorace sparsim punctato, angulis posticis divaricatis, elongatis, acutis, carinatis; elytris sutura ferruginea. subpunctato-striatis, interstitiis antice planis, postice convexiusculis.* — Long. (♂) 13 mill., lat. 2 ½ mill.

(♂) Allongé, brun, assez luisant, revêtu peu densément d'une pubescence fauve. Front présentant une impression triangulaire avec un petit tubercule au centre, son bord antérieur saillant en avant, coupé transversalement. Antennes noirâtres, aussi longues que les deux cinquièmes du corps, grêles, leur deuxième article plus petit que la moitié du troisième, celui-ci à peu près égal au quatrième. Prothorax un peu plus long que large, sa largeur étant prise vers le milieu, assez fortement rétréci en avant à partir de la base, peu convexe, couvert d'une ponctuation médiocrement dense, ses bords latéraux minces et un peu redressés en gouttière, ses angles postérieurs longs, très-divergents, aigus, munis d'une fine carène très-près de leur bord externe. Ecusson court, pentagonal, très-déclive, bombé. Elytres plus larges que le prothorax et plus de trois fois aussi longues, à peine atténuées depuis la base jusqu'au delà du milieu, très-déclives à l'extrême base, déprimées vers la suture qui est ferrugineuse, striées légèrement, les stries finement ponctuées, les intervalles aplatis en avant, faiblement convexes vers le sommet, finement ponctués,

l'angle sutural arrondi. Dessous du corps et pattes de la couleur
du dessus , plus luisant ; l'abdomen un peu rougeâtre.

Je n'en ai vu qu'un exemplaire mâle , trouvé par M. Sallé à
El-Jacale , dans l'État de Vera-Cruz.

Cette espèce , qui habite en terres froides (4000ᵐ), a toute
la tournure de nos *Athous* européens.

13. A. BRIGHTWELLI. *Fuscus , longius pubescens; fronte fovea
transversali antica ; antennis brunneis , articulo tertio quarto
subæquali ; prothorace latitudine longiore , antice parum angustato , confertim punctato , canaliculato , angulis posticis apice
obtusis , non carinatis , ferrugineis ; elytris punctato-substriatis ,
interstitiis punctatis et parce rugosis , versus basin testaceis.
— Long. 12-13 mill. , lat. 3-3 1/4 mill.*

Pedetes Brightwelli. KIRBY , *Faun. bor. Amer.* p. 146. — LEC. *Rev. Elat. Un.
St.* in *Am. Phil. Soc. Trans.* X, new ser. , p. 425, 2.

Athous oblongicollis. MELSH. *Proc. Acad. Nat. Sc.* II, p. 155.

Athous arcticollis. MELSH. Loc. cit. p. 156.

Var. *a. Fusco-testaceus vel testaceus.*

(♂) Brun plus ou moins noirâtre , avec la base des élytres
testacée , ou entièrement testacé , revêtu d'une pubescence assez
longue , grisâtre. Front grand , présentant une profonde excavation transversale en avant , fortement rebordé. Antennes
longues , brun ferrugineux , leur troisième article à peu près
égal au quatrième et plus de deux fois aussi long que le second.
Prothorax plus long que large , faiblement et graduellement
rétréci en avant à partir de la base , ses côtés à peu près droits,
assez convexe , densément ponctué , plus ou moins sillonné au
milieu , ses angles postérieurs un peu divergents , arrondis ou
subtronqués au bout , ferrugineux , sans carène. Elytres plus
larges que le prothorax , parallèles jusqu'au delà du milieu , finement striées , les stries fortement ponctuées , les intervalles ponctués
et ruguleux. Dessous du corps et pattes d'un brun plus ou moins
ferrugineux et testacé.

(♀) Antennes plus courtes ; prothorax plus bombé , à côtés
parallèles et à angles postérieurs non divergents.

Des Etats-Unis et de la Nᵘᵉ. Ecosse.

14. A. ACANTHUS. *Æneo-piceus , sat nitidus , griseo-pubes-cens ; fronte foveata, margine antica rotundata; antennis obscuris , articulo tertio quarto fere æquali; prothorace latitudine longiore , parum convexo , subtilius punctato , angulis posticis apice ob-tusis , non carinatis , ferrugineis ; elytris striis fortius punctatis, interstitiis punctatis ; pedibus testaceis. — Long. 8-9 mill., lat. 2 - 2 1/4 mill.*

Elater acanthus. Say, *Trans. Am. Phil. Soc. VI , p. 178.*

Pedetes acanthus. Lec. *Rev. Elat. Un. St. in Am. Phil. Soc. Trans. X , new ser. p. 425, 3.*

Athous mendicus. Dej. *Cat. ed. 3, p. 102.*

Var. a. Corpore subtus ferrugineo-rufo.

(♂) Brunâtre avec un léger reflet bronzé , revêtu d'une pubescence grise. Front transversalement excavé en avant, forte-ment rebordé. Antennes aussi longues que les deux cinquièmes du corps, assez grêles , brunâtres avec la base testacée, leur troisième article presque égal au quatrième. Prothorax allongé, légèrement rétréci en avant, convexe, finement et peu densé-ment ponctué , subsillonné , ses angles postérieurs courts , arrondis , ferrugineux, sans carène. Elytres plus larges que le prothorax , parallèles jusqu'au delà du milieu , striées , les stries marquées de gros points qui rétrécissent les intervalles , ceux—ci éparsément ponctués et transversalement ridés. Dessous du corps brunâtre ; pattes testacées.

(♀) La femelle diffère peu du mâle si ce n'est par les caractères ordinaires.

Des Etats-Unis ; New Jersey.

La variété a tout le dessous du corps d'un roux ferru-gineux.

15. A. OPILINUS. *Fusco-niger, pubescens ; fronte convexiuscula ; antennis rufo-brunneis , basi rufis , articulo tertio secundo æquali ; prothorace latitudine longiore , confertim punctato , angulis posticis rufis , haud carinatis ; elytris prothorace la-tioribus , punctato-striatis , rufo-quadrimaculatis ; pedibus rufo-testaceis. — Long. 6 mill., lat. 1 1/2 mill.*

(♀) Noir brun , le bord antérieur du front , les angles
postérieurs du prothorax , le bord externe des élytres ainsi que
leur extrémité , et deux taches sur chacune dont la première
oblongue , couvrant presque toute la moitié antérieure , la seconde
subarrondie , en arrière , d'un roux légèrement ferrugineux ,
revêtu d'une pubescence assez dense , grisâtre sur les parties
obscures , roussâtre sur les taches. Front légèrement convexe ,
ponctué , son bord antérieur étroitement redressé , arqué. Antennes
d'un roux brun avec la base plus claire , leur troisième article
de la taille du second , les deux réunis plus longs que le
quatrième. Prothorax plus long que large , rétréci à la base
et au sommet avec ses côtés régulièrement et faiblement arqués ,
assez convexe , densément ponctué , ses angles postérieurs petits ,
un peu recourbés en dehors au sommet , dépourvus de carène.
Ecusson court , bombé , rugueux. Elytres plus larges que le
prothorax et un peu plus de deux fois aussi longues , sensiblement plus larges vers le tiers postérieur qu'à la base , striées ,
les stries ponctuées , les intervalles rugueusement ponctués.
Dessous du corps noirâtre , avec la mentonnière du prosternum
et le bord postérieur des deux derniers segments de l'abdomen
rougeâtres ; pattes d'un testacé plus ou moins rouge.

Etats – Unis ; Ohio.

Collection de M. Schaum. Je n'ai vu que deux exemplaires
femelles de cette espèce remarquable , qui se distingue de ses
congénères par son système de coloration.

16. A; HÆMORRHOÏDALIS. *Nigro-piceus, pube fulvo-grisea longiuscula vestitus ; fronte truncata ; prothorace latitudine longiore,
antice parum angustato, confertim punctato, angulis posticis vix
divaricatis, haud carinatis ; elytris prothorace latioribus, brunneis, punctato-striatis ; abdomine toto vel marginibus apiceque rufo.*
— Long. 12 - 14 mill. , lat. ♀ 3/4-3 1/4 mill.

Elater hæmorrhoidalis. FABR. *Systém. Eleuth.* II, 235, 71. — HERBST, *Käf.* X.
130 , 162. — LAP. *Hist. nat. d. Ins. Col.* I, p. 243, 15.

Athous hæmorrhoidalis. BOISD. et LAC. *Faune entom. d. env. de Paris.* p. 540.
5. — DEJ. *Cat.* ed. 3, p. 101 — GEBL. *Bull. d. Mosc.* XX. p. — MÉNÉTR. *Mém. de
l'Acad. de St. Petersb.* VI, 233. — REDT. *Faun. Austr.* ed. II. p. 492, 10.
BACH, *Käferf.* II, p. 31. — KIESENW. *Naturg. d. Ins. Deutschl.* IV, p. 315, 5.

(♀) *Athous leucophœus.* BOISD. et LAC. *Faune entom. d. env. de Paris.* 641.

Elater obscurus. PAYK. *Faun. Suec.* III, 2, 2.

Elater ruficaudis. GYLL. *Ins. suec.* I, p. 409. 38. — SCHÖNH. *Syn. Ins.* III, p. 288, 114. — SAHLB. *Ins. fenn.* I, p. 138.

Elater analis. HERBST, *Käf*, X, 66, 73, pl. 163. fig. 11.

Var. *a. Elytris nigro-piceis.*

(♂) Noirâtre, avec les élytres brun noir, brunes ou rouge brunâtre, revêtu, en entier, d'une pubescence longue, d'un gris fauve, assez dense pour modifier la couleur des téguments. Front à peu près carré, aplati en avant, très-ponctué. Antennes brunâtres, leur troisième article en cône allongé, plus long que le second. Prothorax plus long que large, peu rétréci en avant, à peine arqué sur les côtés, convexe, très-densément ponctué, les angles postérieurs faiblement divergents au sommet, non carénés. Ecusson un peu bombé. Elytres plus larges que le prothorax et parallèles jusqu'au milieu ou un peu au delà, puis atténuées de ce point à l'extrémité où elles sont conjointement un peu échancrées, ponctuées-striées, les intervalles un peu convexes et éparsément ponctués. Dessous du corps brunâtre avec l'abdomen, ou seulement le pourtour des segments, rougeâtre ; épipleures rouges, pattes brun rougeâtre plus ou moins clair.

(♀) Diffère du mâle par ses antennes plus courtes, son prothorax plus bombé, plus large, un peu plus arqué sur les côtés, à angles postérieurs non divergents, enfin ses élytres moins atténuées au sommet.

Commun et répandu dans toute l'Europe et la Sibérie occidentale.

M. Lacordaire a décrit la femelle de cette espèce sous le nom d'*A. leucophœus.* Ce nom, en effet, donné par Dejean a une espèce placée dans sa collection à côté de celle-ci, se retrouve appliqué, par erreur, à quelques individus femelles de l'*hæmorrhoidalis* indiqués comme provenant des environs de Paris. Le vrai *leucophœus* de Dejean est l'*A. Godarti* Muls., espèce exclusivement méridionale (1).

La variété, entièrement d'un noir de poix, a de la ressemblance avec l'*A. Zebei* décrit plus bas ; mais elle en diffère essentiellement par ses tarses.

(1) Voyez aussi, à propos de ce nom, l'*A. Zebei* Bach.

17. A. obsoletus. *Brunneo-fuscus, grisco-pubescens ; antennis
articulo tertio secundo paulo longiore ; prothorace latitudine
longiore, antice subampliato, parum convexo, confertim subtiliter punctato, marginibus ferruginescente, angulis posticis
vix divaricatis, haud carinatis; elytris prothorace latioribus, cas-
taneo-brunneis, striis punctatis, interstitiis convexiusculis dense
punctatis; epipleuris abdominisque marginibus anguste rufis.* —
Long. 11 mill., lat. 2 1/2 mill.

Elater obsoletus. Illig. *Magaz. f. Insektenk.* VI, 2.

(♂) Brunâtre, avec les élytres d'un brun plus clair ou châtain,
revêtu d'une pubescence grise très-apparente. Front déprimé en
avant, son bord antérieur arqué. Antennes brunes, à troisième
article un peu plus long que le second et plus court que le quatrième. Prothorax plus long que large, à côtés un peu convexes en
avant, sinueux en arrière, sa plus grande largeur tombant un
peu en avant du milieu, peu bombé, très-densément et finement
ponctué, marqué au milieu d'une ligne enfoncée à peine distincte,
ses angles postérieurs petits, non carénés. Ecusson presque rond.
Elytres un peu plus larges que le prothorax, parallèles jusqu'au
tiers postérieur, déprimées, ponctuées-striées, les intervalles
légèrement convexes et densément ponctués. Dessous du corps
brun, avec les épipleures rouge clair, une étroite bordure sur
l'abdomen et les pattes rougeâtres.

Du Portugal.

Je ne connais pas la femelle. M. Gerstaecker m'a communiqué
l'un des exemplaires typiques du musée de Berlin.

18. A. difficilis. *Niger, griseo-pubescens ; fronte subacuminata,
margine antica medio deflexa; antennis crassiusculis, articulo
tertio secundo longiore, quarto breviore; prothorace crebre
punctato, margine antica angulisque posticis ferrugineis, his
divaricatis, haud carinatis; elytris prothorace latioribus,
ferrugineo-bruneis, sutura humerisque ferrugineis, punctato-
striatis; corpore subtus nigro.* — Long. 10 mill., lat. 2 mill.

Elater difficilis. Duf. *Excurs. Entom. d. l. Val. d'Ossau, in Bull. d. l. Soc. d.
Sc. etc. de Pau,* p. 41.

(♂) Plus petit que l'*hœmorrhoidalis* dont il a un peu le système

de coloration. Noir , avec les élytres brunes , les épaules et la suture rougeâtres , revêtu d'une pubescence grise. Front très-déclive
dans son milieu, en avant, son bord antérieur un peu avancé et
anguleux. Antennes un peu moins longues que la moitié du corps ,
assez épaisses, noires , leur troisième article intermédiaire pour la
taille entre le second et le quatrième. Prothorax un peu plus long
que large, très-faiblement rétréci en avant, à partir du milieu ,
peu convexe , densément et fortement ponctué , présentant une
trace de sillon postérieurement , son bord antérieur et les angles
postérieurs rougeâtres , ces derniers un peu divergents, non carénés , redressés. Écusson bombé , presque rond. Élytres plus
larges que le prothorax , parallèles jusqu'au delà du milieu puis
curvilinéairement rétrécies jusqu'au sommet , marquées de fines
stries à points oblongs , les intervalles à peu près plats et ponctués.
Dessous du corps entièrement noir. Pattes noirâtres avec les tarses
et le sommet des jambes ferrugineux.

La femelle m'est inconnue.

Cette espèce se trouve dans les Pyrénées. Je l'ai reçue en communication de M. Dufour.

Le quatrième article des tarses est moins amoindri chez cet
insecte que chez les autres espèces de la section actuelle ; comme
il reste encore plus petit, cependant, en proportion du troisième
que celui-ci proportionnellement au second , je me suis décidé,
après quelque hésitation , à le placer dans cette section.

19. A. vittatus. *Piceus, subnitidus, longius , sat dense griseo-
pubescens ; antennis brunneis basi testaceis , articulo tertio secundo paulo longiore , quarto breviore ; prothorace latitudine
sesqui longiore , antice parum angustato, punctato, rufo-limbato,
angulis posticis brevibus , haud carinatis ; elytris prothorace
latioribus, punctato-striatis, interstitiis fere planis , punctulatis , vitta margineque externa in singulis testaceis ; abdominis
apice , epipleuris pedibusque testaceis.* — Long. 9-11 mill., lat. 2 sl-
3 mill.

Elater vittatus. Fabr. *Entom. Syst.* II , 224, 37. — Ejusd. *System. Eleuth.* II ,
231 , 53. — Herbst, *Käf.* X , 127, 156. — Panz. *Faun. Germ.* 98, 6 — Illig. *Magaz.* IV , p. 99 53. — Gyll. *Ins. suec.* I , 410 , 29.— Schönh. *Syn. Ins.* III, 288,
116. — Fisch. *Entom.* II , p. 204 , pl. XXIV, fig. 5. — Sahlb. *Ins. fenn.* 1. b. 139.
— Lap. *Hist. nat. d. Ins. Col.* I, p. 245 , 14.

Athous vittatus. Boisd. et Lac. *Faun. Entom. d. env. de Paris* p. 643 , 9. —

Des. cal. ed. 3, p. 101. — Redt. *Faun. Austr.* ed II., p 492. — Bach , *Kaferf.* II, p. 31. — Kiesenw. *Naturg. d. Ins. Deutschl.* IV , p. 316 , 6.

Elater marginatus. Ol. *Entom.* II , 31 , p. 31 , 43 . pl. 3. f, 29.

Elater advena. Scop. *Entom. carn.* 94 , 288.

Var. a. *Elytris fusco-piceis , prothoracis angulis rufis.*

Athous angularis. Steph. *Man. of. brit. Col.* p. 183.

Var. b. *Prothorace elytrisque in totum piceis.*

Var. c. *Elytris piceis, summa basi et apicem versus testaceis.*

Var. d. *Elytris piceis , postice testaceis.*

Athous semipallens. Muls et Guillb. *Opusc. Entom.* VI , p. 28.

Var. e. *Minor, elytris piceis , sutura piceo-rufa , profundius striatis, interstitiis subconvexis , rugulosis.*

Athous Ocskayi. Frivaldski, *in litt. (Kiesenw.* l. c.).

Var. f. *Prothorace late testaceo limbato , elytris in totum testaceis.*

Athous subfuscus. Steph. loc. cit.

(♂) Un peu plus petit et plus luisant que l'*hæmorrhoidalis* , noi-râtre, le pourtour du prothorax , moins quelquefois le bord pos-térieur , rougeâtre , les élytres avec une large bande et le bord ex-terne testacés. Front à peu près plat , très-ponctué surtout en avant et sur les côtés. Antennes brunes avec la base , quelquefois le premier article seul, quelquefois la moitié , testacée , le troisième article à peine plus long que le second. Prothorax une demi fois plus long que large , peu rétréci en avant , à peine arqué sur les côtés , moins densément ponctué que chez le précédent , ses angles postérieurs non divergents , non carénés. Elytres plus larges que le prothorax , arrondies aux épaules , parallèles sur les côtés jusqu'au delà du milieu , striées , les stries assez fortement ponctuées , les intervalles applatis et éparsément ponctués. Dessous du corps obscur avec le pourtour des flancs du prothorax , les épipleures , l'extrémité de l'abdomen et les pattes testacé rou-geâtre.

(♀) Plus large , plus bombée , surtout en avant, le prothorax plus arrondi sur les côtés , un peu rétréci à la base , quelquefois légèrement sillonné en arrière.

On trouve communément cette espèce dans toute l'Europe. Les deux premières variétés sont plus communes que le type en Angleterre. Il en est de même de la variété *f* , confondue par Stephens avec *A. subfuscus* qui n'existe pas en ce pays.

20. A. PUNCTICOLLIS. *Fusco-niger , griseo-pubescens ; antennis articulo tertio quarto subæquali ; prothorace latitudine longiore , antice parum angustato , confertissime punctato , ferrugineo-limbato , angulis posticis brevibus , haud carinatis ; elytris brunneo-testaceis , prothorace latioribus, punctato-striatis , interstitiis convexiusculis , subscabris , punctatis ; abdominis margine , epipleuris pedibusque ferrugineo-testaceis.* — Long. 7 8 mill. ; lat. 1 1/2-1 3/4 mill.

Athous puncticollis KIESENW. *Nat. d. Ins. Deutschl.* IV , p. 316 (note).

Athous analis. MULS. et GUILL. *Opusc. Entom.* VII , p. 89.

Athous subfuscus pars. DEJ. *Cat.* ed. 3 , p. 103.

(♂) Très-voisin du *villatus*, surtout de la variété *f* à élytres unicolores, mais constamment plus petit et en outre moins luisant, ce qui tient à la densité plus grande de la ponctuation. Brun ou brun noir , avec les élytres d'un brun rougeâtre plus ou moins clair , revêtu d'une pubescence grise. Front à peu près plat, son bord antérieur coupé carrément. Antennes testacées ou testacé brunâtre , leur troisième article plus grand que le second et presque égal au quatrième. Prothorax allongé , à peine arqué sur les côtés , médiocrement convexe , très-densément ponctué , ses angles postérieurs courts , non carénés , ferrugineux testacé ainsi que souvent les bords latéraux et antérieurs. Elytres plus larges que le prothorax, parallèles en avant, conjointement arrondies au sommet , striées , les stries marquées de points assez gros , les intervalles légèrement convexes , raboteux , ponctués. Dessous du corps d'un brun noirâtre ou ferrugineux avec les épipleures, le pourtour de l'abdomen et les pattes d'un testacé ferrugineux.

(♀) Ne diffère du mâle que par les caractères ordinaires.

France méridionale.

M. de Kiesenwetter a proposé, pour cette espèce, le nom de *puncticollis* que j'ai adopté, au lieu de celui d'*analis* sous lequel elle a été décrite pour la première fois par MM. Mulsant et Guillebeau. Le nom d'*analis* est appliqué, en eff·t, dans plusieurs ouvrages et beaucoup de collections, à l'*A. subfuscus* ; or, on confond souvent l'espèce actuelle avec ce dernier, (qui du reste ne se trouve pas dans le midi de la France), à cause de la similitude de la taille, du système de coloration et un peu de la tournure générale.

21 . A. INEPTUS. *Fuscus, griseo-pubescens ; fronte leviter excavata ; antennis articulis secundo et tertio æqualibus ; prothorace latitudine paulo longiore, antice parum angustato, dense punctato, angulis posticis ferrugineis, haud carinatis ; elytris prothorace latioribus, fusco-testaceis, humeris lutescentibus, punctato-striatis, interstitiis convexis, punctatis ; epipleuris pedibusque flavis.* — Long. 8 mill., lat. 1 3/4 mill.

(♂) Brunâtre, la tête brune ou ferrugineuse, les élytres d'un testacé obscur passant au jaune clair aux épaules et au noirâtre près du bord marginal, revêtu d'une pubescence grise assez longue. Front faiblement excavé, subquadrangulaire. Antennes testacé obscur, dépassant un peu les angles postérieurs du prothorax, leurs articles 2 et 3 égaux. Prothorax un peu plus long que large, légèrement rétréci en avant à partir du milieu, un peu rétréci également vers la base, convexe, assez densément ponctué, plus que dans le *vittatus* mais moins que chez le précédent, très-faiblement sillonné vers la base, ses angles postérieurs courts, sans carène, ferrugineux. Elytres plus larges que le prothorax et deux fois et un tiers plus longues, parallèles dans leurs deux tiers antérieurs, pontuées-striées, les intervalles un peu convexes et pointillés. Dessous du corps ferrugineux luisant avec les épipleures et les pattes flaves.

(♀) La femelle diffère peu du mâle ; son prothorax est à peine plus long que large, plus bombé, plus luisant ; ses élytres sont un peu élargies au delà du milieu.

Sicile.

Communiqué par M. Reiche. Cet *Athous* a été pris par M. Bellier de la Chavignerie. Il se distingue du *vittatus* par son prothorax plus court et plus fortement ponctué ; du *puncticollis*, auquel il ressemble davantage, par son prothorax également plus court et par la dimension relative des premiers articles des antennes.

22. A. angustulus. *Brunneus, griseo-pubescens ; fronte leviter ex-cavata ; antennis articulo tertio secundo paulo longiore ; prothorace latitudine longiore , confertim punctato, margine ferrugineo; elytris prothorace latioribus , punctato-striatis , sutura margineque rufo-ferrugineis. —* Long. ♂ 10 mill., lat. vix 2 mill.

(♂) Etroit et allongé, brun avec le pourtour du prothorax ferrugineux et celui des élytres ferrugineux rouge, revêtu d'une légère pubescence grise. Front présentant une faible excavation, son bord antérieur un peu arqué, légèrement redressé. Antennes aussi longues que la moitié du corps, brun rougeâtre, faiblement dentées, à troisième article intermédiaire pour la longueur entre le second et le quatrième. Prothorax beaucoup plus long que large, droit et parallèle sur les côtés de la base au sommet, assez densément ponctué, ses angles postérieurs petits, dirigés en arrière, dépourvus de carène. Ecusson subpentagonal. Elytres plus larges que le prothorax, parfaitement parallèles sur les côtés dans leurs trois quarts antérieurs, ponctuées-striées, les intervalles un peu convexes et ponctués. Dessous du corps brun ; pattes testacé rougeâtre.

Je ne connais pas la femelle.

Portugal.

23. A. longicollis. *Niger, opacus, griseo-pubescens ; fronte concava ; antennis articulo tertio secundo plus duplo longiore ; prothorace latitudine longiore, creberrime punctato, obsolete canaliculato, bifoveolato, angulis posticis haud divaricatis ; elytris prothorace latioribus, profunde punctato-striatis, margine laterali nigra. —* Long. 9-10 mill., lat. 2-2 1/2 mill.

Athous longicollis. Kiesenw. *Naturg. d. Ins. Deutschl.* IV , p. 348, 7.

(♂) *Elongatus, antennis dimidio corpore longioribus ; prothorace angusto, lateribus recto, a basi leviter attenuato, fere parallelo ; elytris depressis, ultra medium parallelis.*

Elater longicollis. Oliv. *Entom.* II, 31, p. 38, 49, pl. 8, fig. 81 b. — Fabr. *System. Eleuth.* II, 241, 101. — Gyll. *Ins. Suec.* I, p. 412, 41. — Schn. *Syn. Ins.* II, 307. — Lap. *Hist nat. Ins. Col.* I, p. 243, 13.

Athous longicollis. Boisd. et Lac. *Faun. Entom. d. env. de Paris.* p. 639, 3. — Dej. *Cat.* ed. 3, p. 402. — Steph. *Man. of brit. Col.* p. 184, 1449. — Redt. *Faun. Austr.* ed. II, p. 401. — Bach, *Kæferf.* II, p. 31.

Elater marginellus. Herbst, *Kaf.* X. 75, 84, pl. 164, 10.

(♀) *Oblonga , convexior , antennis brevioribus ; prothorace latitudine vix longiore , lateribus arcuato, basi apiceque angustato ; elytris ultra medium subampliatis.*

Athous crassicollis. Boisd. et Lac. loc. cit. p. 642, 8. — Dej. *Cat.* ed. 3, p. 102. — Lap. loc. cit. I, p. 243, 8 (*Elater*). — Redt. loc. cit., p. 492.

Var. *a. Subferrugineo-testaceus, unicolor.*

Oliv. *Entom.* pl. 8 , fig. 81 a. —Panz. *Faun. Germ.* 92, 12.

(♂) Allongé et assez déprimé surtout sur les élytres, revêtu d'une pubescence grisâtre, noire ou noir brunâtre mat, avec les bords et les angles postérieurs du prothorax souvent ferrugineux, les élytres testacé subferrugineux, avec la suture brunâtre et une bande latérale noire. Front concave, rugueusement ponctué. Antennes plus longues que la moitié du corps, brunes ou testacées, leur troisième article plus de deux fois aussi long que le second. Yeux globuleux, saillant. Prothorax allongé, faiblement rétréci en avant à partir de la base, droit sur les côtés, peu convexe, densément et très-fortement ponctué, subsillonné au milieu, plus ou moins distinctement bifovéolé vers la base, ses angles postérieurs courts, dirigés en arrière, non carénés. Ecusson court, subpentagonal. Elytres plus larges que le prothorax, arrondies aux épaules, parallèles sur les côtés jusqu'au delà du milieu, leurs côtés tombant perpendiculairement, profondément ponctuées-striées, les intervalles convexes et ponctués ruguleux. Dessous du corps brunâtre ; abdomen et pattes brun ferrugineux clair, le bord des segments du premier rougeâtre.

(♀) Antennes atteignant seulement les angles postérieurs du prothorax. Prothorax à peine plus long que large, très-bombé, rétréci à la base et au sommet, arqué sur les côtés. Elytres bombées, un peu élargies au delà du milieu.

Commun dans toute l'Europe centrale et septentrionale. Il vit spécialement sur les graminées.

24. A. TOMENTOSUS. *Fusco-niger, opacus, longius griseo-pubes-*
cens ; fronte concava ; antennis articulo tertio secundo duplo
longiore ; prothorace latitudine longiore, crebre punctato, haud
canaliculato, angulis posticis divaricatis, testaceis ; elytris
prothorace latioribus, punctato-substriatis, obscure testaceis. —
Long. 10-12 mill., lat. 2 1/3-3 mill.

(♂) *Elongatus ; antennis dimidio corpore longioribus, fer-*
rugineo-brunneis ; prothorace angusto, lateribus recto, fere
parallelo ; elytris haud depressis, ultra medium parallelis.

| *Athous tomentosus.* MULS et GUILLEB. *Opusc. Entom.* VI, p. 24.

(♀) *Oblonga, convexior, antennis brevioribus ; prothorace*
latitudine parum longiore, lateribus arcuato, basi apiceque
angustato ; elytris ultra medium ampliatis.

(♂) Très-voisin du *longicollis.* Noir ou ferrugineux rougeâtre sur
la tête et le prothorax, les élytres entièrement d'un testacé obscur ou ferrugineux, revêtu d'une pubescence assez longue, grise
ou gris fauve. Front convexe, fortement et densément ponctué,
son bord antérieur concave. Antennes aussi longues que la moitié
du corps, ferrugineuses ou ferrugineux brunâtre, leur troisième
article deux fois plus long que le second. Prothorax plus long que
large, droit et presque parallèle sur les côtés dans ses deux tiers
antérieurs, densément ponctué mais un peu moins fortement que
chez le *longicollis*, sans sillon ni fossettes sur le disque, ses angles
antérieurs droits, les postérieurs un peu allongés, assez fortement
divergents, sans carène. Ecusson court, subpentagonalement arrondi. Elytres plus larges que le prothorax et à peu près deux fois
et demie aussi longues, non déprimées sur le dos, parallèles sur
les côtés jusqu'au quart postérieur, marquées de stries fines, canaliculées et ponctuées, les intervalles applatis ou peu convexes,
finement et densément ponctués. Dessous du corps brun noirâtre
avec l'abdomen étroitement bordé de ferrugineux. Pattes brunes ou
ferrugineux obscur.

(♀) Elle se distingue du mâle par les mêmes caractères qui distinguent la femelle du *longicollis*. Les angles postérieurs du prothorax, qui restent sensiblement divergents, les stries des élytres
très-superficielles et à intervalles applatis, enfin, sauf les variétés,

le système de coloration, empêchent de la confondre avec cette
dernière.

France méridionale orientale.

25. A. VILLIGER. *Ferrugineo-brunneus, pube densa, longiuscula,
grisea, obductus; fronte concava; antennis articulo tertio secundo
sesqui longiore, quarto minore; prothorace dense punctato,
linea media impressa lævi, angulis posticis haud carinatis;
elytris punctato-striatis, interstitiis punctatis.*

(♂) *Antennis dimidii corporis longitudine; prothorace quadrato vel basi subangustato, parum convexo, angulis posticis
divaricatis; elytris prothorace valde latioribus, ultra medium
parallelis.* — Long. 10-12 mill., lat. 2 1/2 - 2 3/4 mill. (Pl. V, fig. 15.)

(♀) *Antennis brevioribus fere moniliformibus; prothorace
basi apiceque angustato, lateribus leviter arcuato, convexo,
angulis posticis haud divaricatis; elytris convexis, ultra medium
dilatatis.* — Long. 12-14 mill., lat. 3 - 3 1/2 mill.

Athous villiger. MULS. *Opusc. Entom.* VI, p. 20.

Athous coarctatus. DEJ. *Cat.* ed. 3, p. 104.

(♂) Tout entier d'un brun ferrugineux, revêtu d'une pubescence assez longue, dense grise, qui modifie notablement
la couleur des téguments sans voiler complètement leur luisant.
Front fortement concave, coupé presque carrément en avant.
Antennes aussi longues que la moitié du corps, leur troisième
article une demi fois plus long que le second, plus court et
plus étroit que le quatrième. Prothorax petit, carré ou à peu
près, généralement un peu atténué en arrière avec ses côtés
droits, très-peu convexe, assez densément et assez fortement
ponctué, marqué longitudinalement d'une ligne lisse, imprimée,
ses angles antérieurs un peu saillants en avant, les postérieurs
assez brusquement divergents, sans carène, son bord antérieur
un peu avancé au-dessus de la tête au milieu. Écusson subpentagonal, large et court. Élytres beaucoup plus larges que
le prothorax, à peu près parallèles jusqu'au delà du milieu,
souvent un peu élargies vers les épaules, striées, les stries
canaliculées et ponctuées, les intervalles à peu près plats et
ponctués. Dessous du corps et pattes d'un brun noirâtre.

(♀) Très-différente du mâle pour la forme. Antennes ne dépassant pas les angles postérieurs du prothorax ; front peu impressionné ; prothorax convexe, aussi large en avant que les élytres, un peu rétréci à la base et au sommet, légèrement arqué sur les côtés, ses angles postérieurs nullement divergents ; élytres assez convexes, moins fortement striées, élargies au-delà du milieu. Pubescence générale moins dense.

France méridionale.

26. A. FILICORNIS. *Cinnamomeo-ferrugineus, elongatus, subtiliter pubescens ; antennis articulo tertio secundo sesqui longiore, prothorace antice leviter dilatato, dense subtiliter, postice confertim punctato, angulis anticis productis, posticis extrorsum flexis, acutis, haud carinatis ; elytris prothorace latioribus, parallelis, striis canaliculatis punctatis, interstitiis confertim punctulatis.* — Long. 13-14 mill., lat. 3 1/2 mill.

Athous filicornis. DUF. in litt.

(♂) Étroit et allongé, déprimé, d'un ferrugineux canelle assez luisant, revêtu d'une pubescence tenue, de la couleur des téguments. Front assez fortement concave en avant. Antennes très-grèles, plus longues que la moitié du corps, leur troisième article intermédiaire pour la longueur entre le second et le quatrième. Prothorax un peu plus long que large, très-peu convexe, élargi en avant, assez densément ponctué, plus densément encore vers la base, ses angles antérieurs saillants en avant, les postérieurs recourbés en dehors, très-aigus, sans carène. Écusson pentagonal, acuminé en arrière. Élytres notablement plus larges que le prothorax et trois fois plus longues, parallèles sur les côtés jusqu'au tiers postérieur, assez fortement striées, les stries canaliculées et ponctuées, les intervalles faiblement convexes et densément ponctués. Dessous du corps de la couleur du dessus ainsi que les pattes, qui sont longues et grèles.

(♀) Antennes plus courtes ; prothorax un peu plus bombé et plus élargi en avant.

Des Pyrénées.

27. A. INFUSCATUS. *Niger, nitidus, pube tenui, longiuscula, helvola obductus; antennis articulo tertio secundo sesqui longiore, quarto minore; prothorace longitudine latiore, antrorsum a medio angustato, parum convexo, punctato, angulis posticis divaricatis, acute carinatis; elytris prothorace latioribus, pallide testaceis, basi apiceque infuscatis, punctato - substriatis, interstitiis planis punctatis; corpore subtus pedibusque obscuris.* — Long. 9 - 11 mill., lat. 2 3/4 - 3 1/4 mill.

Athous infuscatus. Eschs. in Thon, *Arch.* II, p. 35. — Gebl. *Bull. d. Mosc.* XX.

Var. *a. Elytris fusco - testaceis, basi apiceque nigris.*

Var. *b. Elytris nigris vel piceo - nigris.*

: (♂) Noir, assez luisant, revêtu d'une fine et assez longue pubescence jaunâtre à demi redressée, les élytres d'un jaune testacé très-clair ou plus ou moins brunâtre, avec la base et l'extrémité obscures, quelquefois tout-à-fait noires. Front légèrement impressionné au milieu. Antennes assez longues, noires, leur troisième article intermédiaire, pour la longueur, entre le second et le quatrième. Prothorax court, très-peu convexe, rétréci en avant à partir du milieu, ponctué, ses angles postérieurs aigus, divergents et carénés. Élytres plus larges que le prothorax et trois fois plus longues, parallèles sur les côtés jusqu'au delà du milieu, déprimées sur le dos, leur base déclive, leurs côtés presque perpendiculaires, très-finement striées, les stries ponctuées, les intervalles plats et ponctués, leur extrémité conjointement arrondie. Dessous du corps noir et brillant; pattes noir brunâtre.

(♀) Un peu plus épaisse que le mâle; antennes plus courtes, prothorax un peu plus bombé, plus arrondi sur les côtés; élytres plus longuement parallèles.

Sibérie; Monts altaïques.

28. A. SEDAKOVII. *Niger, nitidus, griseo - pubescens; antennis articulo tertio secundo vix longiore; prothorace longitudine latiore, apice a medio angustato, parum convexo, sparsim inæqualiter punctato, angulis posticis breviter carinatis; elytris*

prothorace latioribus, brunneo-nigris, testaceo-marginatis, punctato-striatis, interstitiis convexiusculis; corpore subtus pedibusque obscuris. — Long. 8-9 mill., lat. 2 t/t mill.

Athous Sedakovii. MANNERH. *Bull. d. Mosc.* 1852, II, p. 292.

(♂) De la forme du précédent ; noir, les élytres un peu brunâtres avec le bord externe et les épipleures testacés, assez luisant, revêtu d'une fine pubescence grise très-caduque. Front aplati. Antennes brunes, leur troisième article à peine plus long que le second. Prothorax plus large que long, rétréci en avant à partir du milieu, avec ses côtés arqués, peu convexe, éparsément et irrégulièrement ponctué, ses angles postérieurs un peu divergents, aigus, munis d'une petite carène. Ecusson aplati. Elytres plus larges que le prothorax, parallèles sur les côtés jusqu'au delà du milieu, peu convexes mais non déprimées, leur base déclive, striées, les stries marquées de points oblongs, les intervalles très-faiblement convexes, ruguleux et ponctués. Dessous du corps noirâtre, pattes et abdomen bruns.

(♀) Elle se distingue du mâle par les mêmes caractères que celle de l'*infuscatus*.

Daourie.

29. A. DAURICUS. *Brunneus, leviter griseo-pubescens; antennis apice dilutioribus ; prothorace longitudine paulo latiore, sparsim punctato, angulis posticis haud divaricatis, carinatis ; elytris ultra medium dilatatis, punctato-substriatis, interstitiis fere planis, anguste ferrugineo-marginatis ; corpore subtus pedibusque rufo-ferrugineis.* — Long. 15 mill., lat. 4 t/t mill.

Athous dauricus. MANNERH. *Bull. d. Mosc.* 1852, II, p. 292.

(♂) Assez large, peu convexe, brunâtre, légèrement pubescent. Front fortement ponctué, marqué de trois sillons longitudinaux. Antennes dépassant un peu les angles postérieurs du prothorax, les articles 4-10 s'amincissant et s'allongeant graduellement, le troisième triangulaire plus petit que le quatrième, brunâtres à la base, ferrugineuses au sommet. Prothorax un peu plus large que long, un peu rétréci au sommet avec ses

côtés légèrement arqués et rebordés , peu densément ponctué ,
ses angles postérieurs dirigés en arrière , carénés , sillonnés en
dedans de la carène, échancrés sur le bord postérieur en dedans
du sillon. Ecusson large. Elytres sensiblement élargies vers le
tiers postérieur , peu convexes, conjointement arrondies au
sommet, finement striées , les stries marquées de faibles points
oblongs , canaliculées seulement en arrière , les intervalles presque
plats et ponctués. Dessous du corps et pattes d'un ferrugineux
rouge assez luisant.

(♀) Plus convexe, plus luisante , plus rouge en dessus que
le mâle. Elle a le quatrième article des tarses proportionnément
plus grand.

Daourie.

Collection de M. de Mniszech.

DEUXIÈME SECTION,

SOUS-SECTION I.

30. A. UNDULATUS. *Niger, opacus , dense cinereo-pubescens ;
antennis acute serratis ; prothorace latitudini longitudine
subæquali , dense fortiter punctato, angulis posticis divaricatis;
elytris profunde punctato-striatis, castaneis, fasciis tribus flexuosis.*
— Long. 15-18 mill. , lat. 3 1/2 - 4 1/4 mill.

Elater undulatus. DE GEER, *Ins.* IV, 155 , 18, pl. V, p. 25. — PATK. *Faun.
Suec.* III , 8 , 10 . — SCHÖNH.yn. *Ins.* III , p. 287 , 108. — ZETTERST. *Faun.
Ins. Lapp.* I , p. 243, 5. — LAP. *Hist. Nat. d. Ins. Col.* I , p. 243, 10.

Athous undulatus. KIESENW. *Naturg. d. Ins. Deutschl.* IV . p. 320, 8.

Elater trifasciatus. HERBST , *Käf.* X, 31 , 39 , pl. 160 , fig. 12. — PANZ.
Faun. Germ. III , 14. — GYLL. *Ins. Suec.* I, p. 382, 9.

Athous trifasciatus. REDT. *Faun. Austr.* ed. II , p. 492. — BACH , *Käferf.*
II , p. 30.

Var. *a. Elytris nigris , fasciis duabus flexuosis cinereis.*

Elater bifasciatus. GYLL. *Ins. Suec.* I, 383, 10. — SCHÖNH. *Syn.* III, p. 287,
109. — SAHLB. *Ins. fenn.* 131 , 8. — ZETTERST. *Faun. Ins. lapp.* I, p. 244 , 6.

Athous bifasciatus. REDT. *Faun. Austr.* ed. II , p. 492.

Var. *b. Elytris ferrugineo - castaneis , cinereo-fasciatis.*

(♂♀) Entièrement noir ou noir brun avec les élytres d'un châtain ferrugineux plus ou moins clair, revêtu d'une pubescence assez longue, serrée et donnant à tout l'insecte une teinte cendrée, coupée, sur les élytres, par deux ou trois facies flexueuses de la couleur du fond. Front concave en avant, ponctué rugueux. Antennes noires, fortement dentées en scie, leur troisième article peu différent du quatrième. Prothorax un peu plus long ou aussi long que large selon le sexe, très-densément couvert de gros points ombiliqués ; étroitement sillonné au milieu, ses angles postérieurs divergents, aigus et grêles au sommet. Elytres plus larges que le prothorax, arrondies aux épaules, curvilinéaires sur les côtés dans leur moitié postérieure, plus ou moins déprimées, assez fortement striées, les stries ponctuées, les intervalles convexes, très-ponctués, les impairs souvent plus élevés que les autres. Dessous du corps noir ; pattes noires avec l'extrémité brune dans la variété à élytres rougeâtres.

Dans la variété *a*, la moitié postérieure des élytres est dépourvue de poils cendrés.

Cette espèce habite le nord de l'Europe et de l'Asie ; on la trouve également sur les hautes montagnes de l'Europe centrale, dans le Caucase et l'Altaï. Elle vit sous les écorces des pins et des bouleaux.

51. A. ALGIRINUS. *Depressus, brunneus, griseo-pubescens ; fronte excavata ; antennis brunneis, articulo tertio quarto simili ; prothorace elongato, basi apiceque angustato, punctato, angulis posticis carinatis ; elytris striis subtilibus punctatis.* — Long. 12 mill., lat. 5 mill.

(♂) Assez déprimé, brun, revêtu d'une pubescence grise assez longue et assez dense, fine, à demi redressée. Front excavé, fortement ponctué, son bord antérieur tronqué transversalement et redressé. Antennes presque aussi longues que la moitié du corps, dentées en scie à partir du troisième article qui est triangulaire comme le quatrième. Prothorax plus long que large, rétréci au sommet et à la base avec ses côtés arqués, non sillonné, assez fortement ponctué, ses angles postérieurs divergents, aigus, carénés. Ecusson petit. Elytres deux fois et un quart aussi longues que le prothorax, parallèles jusqu'au milieu , curvilinéairement arrondies au-delà , aplaties vers la suture , très-finement striées, les stries ponctuées, les intervalles aplatis et ponctués. Pattes testacées.

(♀) La femelle diffère très-peu du mâle ; elle a le prothorax un peu plus élargi au milieu et les antennes plus courtes.

Algérie.

Cette espèce est très-reconnaissable à la forme du troisième article des antennes combinée avec celle des tarses et la carène des angles postérieurs du prothorax.

32. A. SACHERI. *Ferrugineo-brunneus , griseo-pubescens ; fronte subquadrata , antrorsum valde concava ; antennis ferrugineis , articulo tertio quarto simili , prothorace crebre fortiterque punctato , angulis posticis brevibus , haud carinatis ; elytris striis tenuibus punctatis , interstitiis convexiusculis punctulatis , margine externa cum pedibus rufo-ferrugineis. —* — Long. (♂) 16 mill., lat. 4 1/4 mill. (Pl. V, fig. 16).

Athous Sacheri. KIESENW. *Naturg. d. Insekt. Deutschl.* IV, p. 320. (Note).

(♂) D'un brun ferrugineux, revêtu d'une pubescence grisâtre. Front subquadrangulaire, très-déclive en avant, marqué d'une excavation triangulaire, son bord antérieur presque transversalement coupé. Antennes aussi longues que la moitié du corps, fortement dentées en scie à partir du troisième article qui est triangulaire comme le quatrième. Prothorax un peu plus long que large, très-faiblement rétréci à partir de la base jusqu'au sommet, très-densément et fortement ponctué, ses angles antérieurs bien marqués, les postérieurs courts, non ou à peine divergents, non carénés. Ecusson large, portant une fine ligne longitudinale saillante au milieu. Elytres plus larges que le prothorax et presque trois fois aussi longues, parallèles dans leurs deux tiers antérieurs, atténuées au sommet, faiblement sillonnées avec de minces stries ponctuées au fond des sillons, les intervalles légèrement convexes et pointillés, leur bord marginal ferrugineux rougeâtre. Pattes de cette dernière couleur.

Du Banat.

Je n'ai vu qu'un exemplaire mâle de cette espèce, le même que signale M. de Kiesenwetter et que m'a communiqué ce savant. Cet insecte porte sur le prothorax, un peu en avant du milieu, deux fortes impressions transversales que je n'ai pas mentionnées dans la description, parce qu'elles peuvent n'être qu'individuelles, ainsi que cela se voit souvent chez les *Athous*, et provenir d'une pression accidentelle sur les téguments lors de la transformation de la nymphe.

SOUS-SECTION II.

33. A. SUBFUSCUS. *Fusco - niger, griseo - pubescens ; fronte leviter convexa ; antennis testaceis, articulo secundo tertio vix minore ; prothorace latitudine paulo longiore, margine rufescente, parce subtiliter punctato, angulis posticis retrorsum productis, divaricatis, haud carinatis ; elytris prothorace latioribus, ferrugineo - testaceis, punctato - striatis, interstitiis disperse punctulatis ; pedibus abdomineque apice ferrugineo - testaceis.* — Long. 7-9 mill., lat. 1 3/4 - 2 1/4 mill.

Elater subfuscus. MÜLL. *Faun. Friedrichsd.* 17, 260. — GYLL. *Ins. Suec.* I, 411, 10. — SCHOENH. *Syn. Ins.* III, 289, 117. — ZETTERST. *Faun. Ins. lapp.* 253, 26. — SAHLB. *Ins. Fenn.* I, p. 139, 35.

Athous subfuscus. BOISD. et LAC. *Faun. Entom. d. Env. d. Paris, p.* 644, 10. — KIESENW. *Naturg. d. Ins. Deutschl.* IV, p. 327, 13.

Elater analis. FABR. *Syst. Eleuth.* II, 240, 95.

Athous analis. REDT. *Faun. Austr.* ed. I, p. 296; ed. II, p. 493. — BACH., *Kaferf.* II, p. 31. — DE MARS. *Cat.* p. 93.

Elater linearis. PAYK. *Faun. Suec.* III, p. 3, 4.

(♂) Noirâtre, assez luisant, revêtu d'une pubescence grise, le pourtour du prothorax ou seulement ses angles et les élytres d'un ferrugineux testacé ou testacé rougeâtre. Front un peu convexe, ponctué. Antennes dépassant les angles postérieurs du prothorax, entièrement testacé rougeâtre ou obscures au sommet, leur second article un peu moins long que le troisième. Prothorax un peu plus long que large, légèrement arqué sur les côtés, rétréci au sommet et à la base, finement et éparsément ponctué, médiocrement convexe, subsillonné en arrière, ses angles postérieurs dirigés en arrière et un peu en dehors , non carénés. Ecusson pentagonal. Elytres plus larges que le prothorax , arrondies aux épaules, parallèles sur les côtés au-delà presque jusqu'au tiers postérieur, finement ponctuées-striées , les intervalles faiblement convexes et éparsément ponctués. Dessous du corps obscur avec l'extrémité de l'abdomen et les pattes testacé ferrugineux ou rougeâtre.

(♀) Elle diffère peu du mâle ; ses antennes sont plus courtes, son prothorax est un peu plus large et sa longueur dépasse à peine sa largeur. La couleur noire est moins foncée et moins étendue.

Il habite les régions tempérées et froides de l'Europe. Il ne se trouve pas en Angleterre, ou bien il y est très-rare.

Son *facies* est peu différent de celui de l'*A. vittatus* ♂ var. *f*, mais on l'en distinguera facilement par ses tarses dont le quatrième article est de mêmes forme et grandeur que le précédent, par son prothorax beaucoup plus finement, plus éparsément ponctué et arqué sur les côtés, etc. Stephens a confondu ces deux espèces.

34. A. **EMACIATUS**. *Testaceus , flavo-pubescens ; fronte subquadrata , leviter impressa ; antennis articulo tertio secundo paulo longiore ; prothorace latitudine longiore , parum convexo , versus basin angustato , subtiliter æqualiterque punctato, angulis posticis brevibus , acutis , extrorsum flexis , haud carinatis ; elytris prothorace latioribus , punctato-striatis , interstitiis parce punctatis , subdiaphaneis.* — Long. 10 mill., lat. 2-2 1/2 mill.

(♂♀) D'un testacé légèrement ferrugineux sur la tête et le prothorax, les élytres d'un testacé pâle, translucides, revêtu d'une pubescence flave. Front subquadrangulaire , légèrement impressionné en avant, son bord antérieur coupé presque transversalement. Antennes atteignant les angles postérieurs du prothorax chez la femelle , un peu plus longues chez le mâle, à troisième article à peine plus long que le second. Prothorax plus long que large, élargi graduellement depuis la base jusqu'au milieu, à peine rétréci au sommet où ses côtés se recourbent brusquement vers la tête pour former les angles antérieurs , peu convexe , finement et régulièrement ponctué , ses

angles postérieurs petits, recourbés en dehors au sommet, aigus,
sans carène. Elytres plus larges que le prothorax, assez convexes, parallèles en avant, coupées obliquement en avant du
calus huméral, ponctuées-striées, les intervalles des stries à
peu près plats, très-visiblement ponctués. Dessous du corps
et pattes d'un testacé un peu ferrugineux, abdomen souvent
brunâtre surtout chez le mâle.

France méridionale; Basses-Alpes.

35. A. CACHECTICUS. *Fuscus, pube pallida obductus; fronte
margine antica leviter arcuata; antennis brunneis, basi rufescentibus, articulis 2 et 3 æqualibus; prothorace latitudine longiore, basi angustato, crebre punctato, ferrugineo-marginato;
elytris pallide testaceis, translucidis, striis subtilibus interstitiisque punctatis; corpore subtus nigricante, pedibus pallidis.
— Long. (♀) 11 mill., lat. 3 mill.*

(♀) Brunâtre avec le prothorax bordé de ferrugineux et
les élytres d'un testacé livide, translucides, revêtu d'une pubescence cendré flave assez longue. Front aplati, non impressionné,
son bord antérieur un peu arqué. Antennes n'atteignant pas
les angles postérieurs du prothorax, brunâtres, rougeâtres à
la base, les articles 2 et 3 égaux. Prothorax plus long que
large, au moins aussi rétréci à la base des angles postérieurs
qu'au sommet, arqué sur les côtés, convexe, assez densément
ponctué, ses angles postérieurs un peu recourbés en dehors,
petits, aigus, non carénés. Ecusson en forme de mitre, caréné
longitudinalement. Elytres plus larges que le prothorax, deux
fois et un quart plus longues, parallèles dans les deux cinquièmes antérieurs, aplaties le long de la suture, finement
striées, les stries et leurs intervalles marqués de points d'égale
grosseur. Dessous du corps d'un brun noirâtre avec les flancs
prothoraciques ferrugineux; pattes d'un testacé flave.

Sicile.

Une femelle prise par M. Bellier de la Chavignerie et communiquée par M. Reiche.

Cet *Athous* se rapproche, pour la forme, du précédent;
il en diffère par sa couleur et la structure des antennes.

36. A DISCALCEATUS. *Fulvo-castaneus, helvo-pubescens; fronte*

impressa ; antennis articulis 2 et 3 æqualibus ; prothorace latitudine longiore , punctis umbilicatis adsperso , angulis posticis acute carinatis ; elytris tenuiter punctato-striatis , interstitiis punctulatis ; corpore subtus pedibusque læte rufo-testaceis. — Long. 10 mill., lat. 2 1/2 mill.

Elater discalceatus. Sax , *Am. Phil. Soc. Trans.* VI , p. 169.

Athous discalceatus. Lec. *Rev. Elat. Un. St.* in *Am. Phil. Soc. Trans.* X, new ser. , p. 427.

(♂) Brun fauve , revêtu d'une légère pubescence fauve. Front impressionné au milieu , son rebord antérieur un peu arqué. Antennes plus longues que la tête et le prothorax réunis, ferrugineux jaunâtre , dentées en scie, leurs articles 2 et 3 de même longueur. Prothorax plus long que large, à peine rétréci en avant, presque droit sur les côtés, peu convexe, ponctué, les points ombiliqués sur les côtés , ses angles postérieurs à peine divergents, surmontés d'une carène courte et aiguë. Elytres un peu plus larges que le prothorax , deux fois et un quart plus longues , parallèles sur les côtés jusqu'au milieu , curvilinéairement rétrécies au-delà, finement ponctuées-striées, les intervalles finement pointillés, le rebord externe et la suture d'une teinte plus claire. Dessous du corps et pattes jaune rougeâtre, clair et brillant.

Des Etats-Unis ; New Hampshire.

Cette espèce est bien caractérisée par la carène des angles postérieurs du prothorax. Elle paraît très-rare et je n'ai vu qu'un exemplaire mâle que m'a communiqué M. Le Conte. La femelle a les côtés du prothorax arqués au sommet , et les antennes de la longueur de la tête et du prothorax réunis.

37. A. crassicornis. *Dilute fusco-brunneus , flavo-pubescens ; antennis crassiusculis , articulo tertio secundo fere duplo longiore, quarto subæquali ; prothorace subquadrato , punctato , margine antica pallescente , angulis posticis paulo divaricatis, obtuse carinatis ; elytris prothorace latioribus , striis oblongo-punctatis , marginibus lutescentibus.* — Long. 10-11 mill., lat. 2 1/3 - 2 3/4 mill.

Var. a. *Elytris lutescentibus , dorso sæpe infuscatis.*

(♂) D'un brun peu obscur, les élytres généralement d'un
brun plus clair passant au jaunâtre vers les bords, cette dernière couleur les envahissant parfois entièrement, revêtu d'une
pubescence médiocrement dense, fulvescente. Front légèrement
excavé avec un petit soulèvement au centre, son bord antérieur obtusément bianguleux. Antennes brunes, dépassant à
peu près de deux articles les angles postérieurs du prothorax,
à articles obtrigones assez épais, le troisième article près de
deux fois aussi long que le second et presque égal au quatrième.
Prothorax aussi long que large avec ses côtés légèrement arqués,
peu rétréci au sommet, faiblement convexe, ponctué, ses angles
postérieurs courts, un peu divergents, surmontés d'une carène
obtuse. Ecusson subogival, à base large. Elytres plus larges
que le prothorax, curvilinéaires sur les côtés, finement striées,
les stries marquées de points oblongs, les intervalles à peine
convexes et pointillés, le bord externe redressé dans toute sa
longueur. Dessous du corps brunâtre avec les épipleures jaunes.
Pattes brunâtres avec les articulations, jaunâtres. Quelquefois
le pourtour des flancs prothoraciques et de l'abdomen ferrugineux clair.

(♀). La femelle diffère peu du mâle. Ses antennes sont plus
courtes, son prothorax est plus bombé et proportionnément plus
grand, enfin ses élytres sont plus arquées sur les côtés.

Des Alpes piémontaises.

38. A. GODARTI. *Niger, sat nitidus, cinereo-pubescens; fronte
antice truncata; antennis obscuris, articulo tertio quarto longitudine fere æquali, secundo sesqui longiore; prothorace latitudine longiore, confertim punctato, canaliculato, angulis posticis brevibus, obtusis, carinatis; scutello subcarinato; elytris
striis angustis, canaliculatis, punctatis, interstitiis planis punctatis, brunneis, margine externa ferrugineis; pedibus dilute
ferrugineis.* — Long. 9-10 mill, lat. 2 1/4-2 3/4 mill.

Athous Godarti. MULS. et GUILLB. *Opusc. entom.* VI. p. 75

Athous leucophœus. DEJ. *Cat.* ed. 3, p. 101.

D'un noir assez luisant, avec les élytres brunes bordées étroitement de ferrugineux en dehors, revêtu d'une pubescence cen-

drée qui donne à l'insecte un reflet blanchâtre. Front en carré
un peu transversal, aplati en avant, son bord antérieur coupé
presque droit, un peu relevé de chaque côté, très-ponctué. Antennes d'un brun obscur, atteignant les angles postérieurs du
prothorax chez la femelle, plus longue d'un quart chez le mâle,
leur troisième article à peu près aussi long que le quatrième
mais plus étroit, et une demi fois plus long que le second. Prothorax plus long que large, peu rétréci au sommet, presque
droit sur les côtés chez le mâle, légèrement arqué dans l'autre
sexe, convexe, densément ponctué, faiblement sillonné au milieu,
ses angles postérieurs bien détachés quoique courts, un peu divergents et très-distinctement carénés. Écusson légèrement caréné
longitudinalement. Élytres parallèles jusqu'au delà du milieu
ou un peu élargies vers leur moitié selon le sexe, médiocrement
convexes, marquées de stries fines, canaliculées et ponctuées, les
intervalles aplatis, ruguleux et ponctués. Dessous du corps noir ;
pattes d'un ferrugineux clair.

France méridionale ; on le trouve principalement dans les
Pyrénées.

C'est le véritable *A. leucophœus* de Dejean, nom qui a été
appliqué, par erreur, à la femelle de l'*A. hœmorrhoidalis* par
M. Lacordaire, et à une espèce d'Allemagne, l'*A. Zebei*, par
M. de Kiesenwetter.

59. A. OLBIENSIS. *Niger, cinereo-pubescens ; fronte concava,
margine antica emarginata ; antennis articulo tertio quarto
æquali ; prothorace latitudine longiore, creberrime punctato, angulis posticis haud carinatis ; scutello carinato ; elytris punctato-
striatis, interstitiis vix convexiusculis, punctulatis ; pedibus
nigris, tarsis ferrugineis.* — Long. 8-10 mill., lat. 1 3/4 — 2 mill.

Athous olbiensis. MULS et GUILLB. *Opusc. entom.* VI, p. 93.

(♂) Allongé, noir, revêtu d'une pubescence cendrée qui modifie la couleur du fond, surtout sur la tête et le prothorax.
Front assez grand, fortement excavé en avant, son bord antérieur échancré au milieu et redressé de chaque côté. Antennes
noirâtres, dépassant les angles postérieurs du prothorax, leur
troisième article conique, aussi long que le quatrième. Prothorax plus long que large, presque droit et parallèle sur les

côtés, subcylindrique, très-densément ponctué, ses angles postérieurs dirigés en arrière et un peu en dehors, émoussés au bout, dépourvus de carène. Ecusson assez fortement caréné longitudinalement au milieu. Elytres plus larges que le prothorax et deux fois et demie aussi longues, parallèles jusqu'audelà du milieu, conjointement arrondies au bout, un peu déprimées en avant, ponctuées-striées, les intervalles à peine convexes, ruguleusement pointillés, le septième formant carène à l'épaule. Pattes noires ; tarses ferrugineux.

Je n'ai vu que des mâles de cette espèce.

France méridionale.

40. **A. Zebei.** *Niger, subnitidus, cinereo-pubescens ; antennis nigris articulo tertio quarto breviore ; prothorace latitudine longiore, antrorsum a medio parum augustato, parum convexo, punctato, angulis posticis brevibus, divaricatis haud carinalis ; elytris prothorace latioribus, ultra medium parallelis, striis antice fere obsoletis punctatis, interstitiis planis, sparsim punctulatis ; abdominis margine postica rufa.* — Long. 11-12 mill., lat. 2 3/4 — 3 mill.

Athous Zebei. Bach. *Käferf. f. Nord-und Mitteldeutschl.* II, p. 32.

Athous biformis. Redt. *Faun. Austr.* ed. II, p. 493.

Athous leucophaeus. Kiesenw. *Naturg. d. Ins. Deutschl.* IV, p. 321, 9.

D'un noir à léger reflet olivâtre, revêtu d'une pubescence gris cendré qui modifie la couleur du fond. Front faiblement concave, son bord antérieur légèrement arqué, assez fortement ponctué. Antennes plus longues que la tête et le prothorax, noires, leur troisième article intermédiaire, pour la grandeur, entre le second et le quatrième. Prothorax plus long que large, à peine rétréci en avant, peu convexe, couvert de points assez fins médiocrement denses, subsillonné en arrière, ses bords latéraux très-étroitement rebordés, ses angles postérieurs petits, divergents, non carénés. Ecusson ogival, plan. Elytres plus larges que le prothorax, parallèles jusqu'au delà du milieu, ou un peu élargies en ce point selon le sexe, très-finement striées, les stries même quelquefois indistinctes et bornées à des séries de points dans leur moitié antérieure moins la base, les intervalles aplatis et éparsément ponctués. Dessous du corps noir avec le bord postérieur de l'abdomen rouge. Pattes noires, les tarses bruns.

On trouve cette espèce dans les régions montagneuses de l'Autriche, en Bohème, en Silésie, etc.

Elle n'existe pas aux environs de Paris et c'est par erreur que M. de Kiesenwetter la rapporte à l'*A. leucophœus* Lac., qui n'est que la femelle de l'*A. hœmorrhoidalis.*

41. A. RECTICOLLIS. *Ater, subnitidus, breviter sparsimque pilis flavo-cinereis adspersus ; antennis brunneis, basi nigris, articulo tertio quarto æquali ; prothorace longitudine latiore, antice parum angustato, postice recto-parallelo, fortiter sat crebre punctato, angulis posticis haud carinatis ; scutello parvo, subrotundato ; elytris parallelis, striis profundis punctatis, corpore subtus pedibusque nigris.* — Long. 11-12 mill., lat.-3 c/t 3 t/s mill.

Athous recticollis. GRAELLS, *Mém. de la Com. del Mapa geolog. d. Espana ;* part. Zool. p. 44, pl. II, fig. 2.

Noir, médiocrement luisant, revêtu d'une pubescence courte, éparse, d'un cendré flave. Front déclive en avant, sa surface inégale, fortement ponctuée, son bord antérieur avancé au milieu. Antennes brunes avec la base noire, leur troisième article de la taille du quatrième. Prothorax plus large que long, peu rétréci en avant, droit et parallèle sur les côtés en arrière, convexe dans le sens transversal vers le sommet, assez densément et fortement ponctué, obsolètement bifovéolé à la base, ses angles postérieurs courts, sans carène, acuminés au sommet. Ecusson très-petit, bombé, subarrondi. Elytres un peu plus larges que le prothorax, parallèles sur les côtés au moins dans leurs trois quarts antérieurs, curvilinéairement rétrécies dans le quart postérieur, fortement striées, les stries ponctuées, les intervalles convexes, un peu scabres et ponctués. Dessous du corps et pattes noires.

Espagne, environs de Madrid.

42. A. SPINIGER. *Ferrugineo-brunneus, flavescenti-pubescens ; prothorace lateribus arcuato, crebre fortiterque punctato, postice transverse carinato, angulis posticis divaricatis, attenuatis,*

carinatis ; elytris punctato-striatis, interstitiis convexis, punctatis.
—Long. 11 - 14 mill., lat. 2 3/4 - 3 1/2 mill.

Athous spiniger. KUNZE. in litt.

Var. a. *Corpus in totum ferrugineum.*

(♂) D'un brun plus ou moins ferrugineux ou tout à fait ferrugineux , peu luisant , revêtu d'une pubescence assez rude,
jaunâtre. Front légèrement impressionné en avant, fortement
ponctué, son bord antérieur tronqué carrément. Antennes plus
longues que la tête et le prothorax, dentées en scie à partir du
quatrième article , le troisième un peu plus long que le second.
Prothorax aussi long que large, dilaté au milieu, régulièrement
arqué sur les côtés, peu convexe , densément et fortement ponctué, présentant, vers son quart postérieur, une arête transversale souvent très-saillante, ses angles postérieurs longs , grêles,
divergents, carénés. Ecusson à peu près en forme de mitre.
Elytres de la largeur du prothorax, parallèles jusqu'au delà du
milieu, curvilinéairement rétrécies au bout, striées, les stries, surtout
les externes , marquées de gros points , les intervalles convexes et
ponctués. Dessous du corps de la couleur du dessus avec les pattes
d'une teinte plus claire.

(♀) Plus grande que le mâle ; antennes n'atteignant pas les
angles postérieurs du prothorax ; front plus fortement impressionné ; prothorax beaucoup plus bombé , surtout en avant, plus
large que la base des élytres, marqué de points encore plus gros,
ses angles postérieurs moins fortement divergents et carénés plus
obtusément ; élytres peu à peu dilatées jusqu'au tiers postérieur
où elles sont aussi plus bombées qu'à la base.

Sicile.

Cette espèce n'est pas rare dans les collections ; elle y est
désignée sous différents noms, tels que : *E. setosus* Parr., *spino-
sicollis* Waltl , *transversalis* M. B. etc. On la reconnaîtra facilement à l'arête qui partage transversalement son prothorax.

Elle a la tournure d'un *Corymbites.*

43. A. SYLVATICUS. *Rufo-ferrugineus, subnitidus , griseo-pubescens ; antennis articulo tertio quarto fere æquali , secundo
parum longiore ; prothorace basi apiceque angustato, lateribus*

*arcuato, marginato, dense punctato, angu'is p sticis brevibus,
extrorsum flexis, acuminatis, haud carinatis; elytris ultra medium dilatatis, parum convexis, striis punctatis, interstitiis
dense punctulatis.* — Long. 12- 14 mill., lat. 3-4 mill. (Pl. V, fig. 17).

Athous sylvaticus. Muls et Guiller. *Opusc. entom.* VI, p. 23.

Var. a. *Capite prothoraceque nigricantibus.*

(♂) D'un ferrugineux rougeâtre assez luisant, revêtu d'une
pubescence fine. Front subquadrangulaire, concave, fortement
ponctué. Antennes ne dépassant pas le sixième antérieur des élytres, leur troisième article aussi long que le quatrième, le deuxième un peu plus court. Prothorax plus long que large, peu convexe, élargi en avant du milieu, graduellement rétréci en arrière,
plus brusquement en avant, rebordé sur les côtés, assez densément ponctué, ses angles postérieurs petits, aigus, recourbés en
dehors, sans carène. Ecusson presque rond. Elytres étroites à la
base, s'élargissant peu à peu jusqu'au tiers postérieur, plus ou
moins convexes, finement striées, les stries internes peu distinctement ponctuées, les externes marquées de points oblongs, les
intervalles à peu près plats, densément pointillés. Pattes rougeâtres.

(♀) Prothorax plus fortement élargi en avant ; élytres également
plus larges dans leur partie postérieure; quelquefois aussi déprimées
que chez le mâle, plus souvent assez convexes ; antennes ne dépassant pas les angles du prothorax.

Du midi de la France ; Alpes et Pyrénées. Les exemplaires
provenant des Pyrénées m'ont paru, en général, plus déprimés
que ceux des Alpes. Il n'y a guère d'autres différences notables
entre eux.

On trouve quelquefois des exemplaires à tête et prothorax
noirâtres.

44. A. PALLENS. *Ferrugineo-testaceus, parce breviterque fulvo-pubescens ; fronte excavata, margine antica biangulata ;
antennis articulo tertio quarto longitudine æquali sed multo
angustiore; prothorace sæpe fusco, crebre sat fortiter punctato, angulis rufescentibus ; elytris prothorace latioribus, striis*

subtilibus oblongo-punctatis ; pectoris lateribus punctis umbilicatis.
— **Long.** 11 - 13 mill., lat. 3 - 4 mill.

Athous pallens. Muls. et Guilleb. *Opusc. entom.* VI, p. 24. — Kiesenw.
Naturg. d. Ins. Deutschl. IV, p. 423, 11.

Athous cavifrons. Redt. *Faun. Austr.* ed.II, p. 492, 13.

(♂) Assez déprimé, d'un testacé ferrugineux, le prothorax,
souvent brunâtre avec ses angles passant au rougeâtre, revêtu
d'une pubescence fauve, courte et peu dense. Front très-excavé,
très-ponctué, brunâtre à la base, son bord antérieur tronqué
carrément dans sa partie moyenne, obliquement de chaque côté
de manière à présenter deux angles plus ou moins acuminés.
Antennes dépassant de deux articles les angles postérieurs du
prothorax, ferrugineuses, leur troisième article aussi long que le
quatrième, mais plus grêle que celui-ci qui est très-dilaté, le second
plus court. Prothorax aussi large que long et de forme à peu
près carrée, souvent un peu arqué sur les côtés et alors également
rétréci à la base et au sommet, peu convexe, assez densément
et fortement ponctué, mais cependant conservant un certain luisant, ses angles postérieurs acuminés, un peu divergents, non
carénés. Ecusson subpentagonal. Elytres plus larges que le prothorax, parallèles dans leurs trois quarts antérieurs, très-finement
striées, les stries internes indistinctement ponctuées, les externes
marquées de points oblongs, les intervalles ponctués. Dessous
du corps maculé de brunâtre ; flancs du prothorax marqués de
points serrés et ombiliqués ; pattes testacées.

(♀) La femelle est très-convexe, plus grande, son front est
entièrement testacé ferrugineux ; ses antennes arrivent à peine
aux angles postérieurs du prothorax ; ce dernier est plus convexe, plus arqué sur les côtés, marqué quelquefois de deux
petites fossettes vers le milieu du disque ; les élytres sont
dilatées au-delà du milieu et les premières stries sont plus distinctement ponctuées.

France méridionale orientale, Piémont, Autriche et Russie
méridionale.

45. A. montanus. *Piceo-niger, nitidus, breviter pubescens ;
fronte plana, subimpressa, subarcuatim truncata ; antennis*

*basi rufo-testaceis, articulo tertio quarto paulo minore ; pro-
thorace sparsim subtilius punctato, rufo-marginato ; elytris
rufo-testaceis, prothorace latioribus, striis subtilibus oblongo-
punctulatis ; pedibus rufo-testaceis.* — Long. 8-9 mill., lat. 2 mill.

(♂) Allongé, luisant, noirâtre, avec le pourtour du prothorax
et les élytres d'un testacé rougeâtre clair, revêtu d'une courte
pubescence flave. Front aplati, assez fortement ponctué, impressionné légèrement et irrégulièrement, son bord antérieur
un peu arqué. Antennes un peu plus longues que la tête et le
prothorax réunis, noirâtres avec les premiers articles rouge jaunâtre,
le troisième un peu plus court que le quatrième et un peu plus
long que le second. Prothorax plus long que large avec ses côtés
presque droits et parallèles, un peu dilaté seulement vers le
milieu, faiblement convexe, à peine sillonné en arrière, éparsément et finement ponctué, les angles antérieurs un peu saillants
et arrondis au bout, les postérieurs courts, recourbés en dehors,
acuminés, sans carène. Elytres plus larges que le prothorax,
parallèles dans les trois cinquièmes antérieurs, atténuées à l'extrémité, marquées de stries très-fines et oblonguement ponctuées,
placées dans de légers sillons, les intervalles pointillés. Dessous du corps noirâtre avec les pattes d'un testacé rougeâtre.

(♀). La femelle diffère très-peu du mâle. Ses antennes sont
un peu plus grêles et un peu moins longues ; elles dépassent à
peine les angles postérieurs du prothorax ; celui-ci est un peu
plus large et plus arqué sur les côtés bien qu'il reste toujours
sensiblement plus long que large ; les élytres sont moins atténuées
au sommet et le parallélisme de leurs côtés s'étend jusqu'au-delà
des trois cinquièmes antérieurs.

On le trouve en Suisse.

Sa forme est, en petit, celle de l'*A. hæmorrhoidalis*, et son système de coloration est le même que celui de l'*A. subfuscus*, mais
il est plus brilla que ce dernier et la structure normale des
tarses l'éloigne du premier.

C'est de l'*A. pallens* qu'il se rapproche le plus dans cette section,
mais il s'en distingue nettement par la forme du front.

46. A. CIRCUMDUCTUS. *Niger, parum nitidus, griseo-pubescens ;
antennis articulo tertio secundo fere duplo longiore, quarto æquali;*

prothorace crebre subinordinate punctato, angulis posticis ob-
tusis, haud divaricatis, haud carinatis ; ely'ris punctato-striatis
sæpe brunne's, ferrugineo-marginatis, vitta ab humeris usque ad
apicem ferruginescente ; pectoris lateribus punctis simplicibus,
confertis.

(♂) *Prothorace subquadrato, parum convexo ; elytris ultra me-*
dium parallelis. — Long. 10-11 mill., lat. 2 1/4 2 1/3 mill.

(♀) *Antennis brevioribus ; prothorace convexiore, lateribus ar-*
cuato, parcius punctato ; elytris utra medium ampliatis. —
Long. 11-12 mill., lat. 3 1/4-3 1/2.

Elater circumductus. MENETR. *Cat. rais.* 1832, p. 1658, 33.

Athous circumductus. FALDERM. *Faun. transc.* I, p. 167, 130.

(♂) *Athous difformis* Var. DEJ. *Cat.* ed. 3, p. 101.

(♂♀) *Athous marginellus.* ZIEGL. in litt.

(♂) *Elater hungaricus* —(♀)*Savignii.* GEBL. in litt.

Var. *a. Vitta elytrorum obsoleta.*

(♂) Noir ou noirâtre, les élytres généralement d'un brun
obscur avec la suture ferrugineuse et le bord externe ferrugineux
rouge clair, souvent une bande peu apparente, étendue des épaules au sommet ou seulement visible vers les épaules, d'un ferrugineux obscur ; revêtu d'une pubescence grise. Front concave,
son bord antérieur arqué, impressionné au milieu. Antennes
noires ou d'un brun obscur, un peu moins longues que la moitié
du corps, leur troisième article presque deux fois long comme
le second ou au moins plus d'une demi fois aussi long, égal au
quatrième. Prothorax aussi long que large ou un peu plus long,
non rétréci en avant, déprimé, densément et subirrégulièrement
ponctué, ses angles antérieurs saillants en avant, les postérieurs
nullement divergents et dépourvus de carène. Ecusson subpentagonal. Elytres plus larges que le prothorax, parallèles sur les
côtés jusqu'au delà du milieu, peu atténuées en arrière, conjointement arrondies au sommet, finement striées, les stries
ponctuées, les intervalles un peu scabres et ponctués. Dessous du
corps noir et brillant ; pattes noirâtres avec les articulations
rougeâtres. Flancs du prothorax à ponctuation dense et simple.

59

(♀). La femelle est beaucoup plus bombée que le mâle ; son prothorax est très-dilaté et aussi large à la base que la partie correspondante des élytres ; les antennes sont courtes et dentées en scie ; les élytres sont dilatées au - delà du milieu.

Cet *Athous* se trouve dans les régions montagneuses de l'Autriche méridionale et dans le Caucase. Je ne pense pas qu'il existe en France où il est remplacé par l'*A. difformis*, qui en est fort voisin.

J'ai pu m'assurer de l'identité de l'espèce par les types mêmes, qui existent dans la collection de M. de Mniszech.

Il s'en trouve un grand nombre d'exemplaires, dans la collection Dejean , provenant de la Dalmatie, l'Illyrie, etc., classés comme variétés du *difformis*.

47. A. CIRCUMSCRIPTUS. *Niger , parum nitidus, griseo-pubescens ; antennis articulo tertio secundo longiore, quarto breviore ; prothorace crebre subinordinate punctato, angulis posticis prominulis , divaricatis , haud carinatis ; elytris punctato-striatis, brunneis , ferrugineo-marginatis , vitta ab humeris usque ad apicem sæpe ferruginescente ; pectoris lateribus punctis simplicibus.*

(♂) *Prothorace latitudine longiore , parum convexo; elytris ultra medium parallelis.* — Long. 10 mill., lat. 2 3/4 mill.

(♀) *Antennis brevioribus; prothorace convexiore, longitudine haud latiore , parcius punctato; elytris ultra medium ampliatis.* — Long. 11 mill., lat. 3 1/4 mill.

Athous melanoderes. KIESENW. *Naturg. d. insekt. Deutschl.* IV , p. 323, 10.

Athous circumductus. REDT. *Fn. Austr.* ed. II, 492 , 541 ?

Fort voisin du précédent dont on le distinguera par ses antennes à troisième article intermédiaire , pour la longueur , entre le second et le quatrième, et à prothorax plus étroit en proportion de la longueur et conséquemment plus long que large chez le mâle , et aussi long que large chez la femelle , ce qui diffère des proportions du même segment chez le précédent.

M. de Kiesenwetter a considéré cet *Athous* comme identique avec l'*A. melanoderes* Muls., décrit plus bas ; mais je ne puis

partager son opinion. Ce dernier a, en effet, le rebord du front
bianguleux, le prothorax plus large en proportion, les points
des flancs très-distinctement ombiliqués, ce qui ne s'observe
pas ici.

Ce même auteur cite en synonymie l'*A. circumductus* Redt.,
citation que j'ai reproduite, mais que j'ai fait suivre d'un signe
ce doute parce qu'il se peut que la description de M. Redten-
bacher se rapporte au véritable *circumductus*, qui se trouve
en Autriche.

48. A. DIFFORMIS. *Brunneo-ferrugineus, parum nitidus, pube
griseo-testacea haud dense obductus; fronte valde excavata;
antennis articulo tertio secundo longiore quarto minore; prothorace latitudine longiore, fortius minus dense punctato, angulis
posticis haud carinatis; elytris punctato-striatis, sutura margineque anguste et vitta ab humeris usque ad apicem testaceo-
ferrugineis; pectoris lateribus punctis umbilicatis, sparsis.*

(♂) *Prothorace parum convexo, basi sæpe bifoveolato;
elytris ultra medium parallelis.* — Long. 11-12 mill., lat. 2 1/2-
2 1/2 mill.

Athous difformis. Boisd. et Lac. **Faun. Entom. d. env. d. Paris**, p. 640, 4. —
Dej. Cat. ed. 3, p. 102.

(♀) *Convexior, antennis multo brevioribus; prothorace valde
convexo, lateribus arcuato, medio ampliato; elytris apicem
versus sensim paulo dilatatis.* — Long. 11-12 mill., lat. 3-3 1/2
mill.

Athous crassicollis pars. Boisd. et Lac. Loc. cit. p. 642. — Dej. Loc. cit.
p. 102.

(♂) Allongé, assez aplati, pubescent, brun ferrugineux
avec le pourtour du prothorax d'un ferrugineux plus ou moins
clair, les élytres avec le bord marginal et la suture étroitement bordés de ferrugineux testacé, et présentant, en outre,
une bande de même couleur étendue des épaules au sommet,
se fondant sur ses bords avec la teinte du fond, plus claire
généralement vers les épaules, quelquefois peu apparente ou
même tout-à-fait effacée. Front fortement et largement excavé,

échancré de chaque côté par les yeux, son bord antérieur arqué, redressé de chaque côté. Antennes aussi longues que la moitié du corps, ferrugineuses, leur troisième article intermédiaire pour la taille entre le précédent et le suivant. Prothorax plus long que large, ordinairement rétréci légèrement d'arrière en avant à partir de la base, ses côtés droits ou à peu près, peu convexe, couvert de points moins serrés et plus gros que chez le précédent, subirrégulièrement semés sur les parties latérales, souvent bifovéolé à la base, ses angles antérieurs médiocrement saillants, les postérieurs courts, non divergents, non carénés, terminés souvent par un gros poil dirigé en dehors. Écusson subpentagonal, bombé. Élytres plus larges que le prothorax, arrondies aux épaules, parallèles jusqu'au delà du milieu, puis rétrécies peu à peu, peu convexes, striées, les stries ponctuées, les intervalles convexes et ponctués. Dessous du corps brun avec la mentonnière du prosternum, les épipleures et une fine bordure à l'abdomen d'un testacé ferrugineux clair. Pattes testacées avec les cuisses souvent plus obscures. Points des flancs prothoraciques épars et ombiliqués.

(♀) Colorée comme le mâle, plus large et plus convexe; les antennes courtes; le prothorax élargi dans son milieu où il est plus large qu'à la base, arqué sur les côtés; élytres graduellement élargies jusqu'au quart postérieur et largement arrondies au sommet; dessous du corps généralement moins obscur.

Cette espèce se trouve en France, surtout vers l'ouest.

Elle est considérée, par plusieurs entomologistes, comme identique avec un *Athous* dont Germar a décrit la femelle sous le nom d'*E. cav s.* Je dois à l'obligeance de M. Schaum d'avoir pu examiner un exemplaire typique de ce dernier, que j'ai comparé à une femelle très-authentique de l'*A. difformis* et j'ai trouvé entre les deux, ainsi qu'on le verra ci-dessous, quelques différences qui me paraissent suffisantes pour justifier leur séparation spécifique.

L'*A. difformis* diffère du *circumductus* par les dimensions relatives des premiers articles des antennes, et du *circumscriptus* qui, sous ce rapport, possède le même caractère, par la nature de la ponctuation des flancs prothoraciques.

La synonymie de ces trois espèces est, comme on l'a vu, extrêmement embrouillée, ce qui s'explique par le peu de différences qu'elles présentent entre elles en même temps que par les dissemblances sexuelles.

49. A. cavus. *Ferrugineus, parum nitidus, griseo-pulescens; fronte late impressa; antennis articulo tertio quarto æquali; prothorace latitudine longiore, apice vix attenuato, lateribus parum arcuato, crebre fortiterque punctato, angulis anticis obtusis, haud prominulis, posticis haud carinatis; elytris punctato-striatis, anguste ferrugineo-rufo-marginatis, puncta!o-striatis; pectoris lateribus punctis fere simplicibus.* — Long. 11 mill., lat. 3 mill.

Ater cavus. GERM. *Reise n. Dalmat.*, p. 218.

(♀) D'un ferrugineux peu luisant, revêtu d'une courte pubescence grise. Front marqué d'une large impression arrondie. Antennes de la couleur générale, à troisième article au moins aussi long que le quatrième. Prothorax un peu plus long que large, peu arqué sur les côtés, peu rétréci au sommet, convexe, couvert de points serrés, assez gros, bifovéolé à la base, ses angles antérieurs nullement saillants en avant et moins avancés que le bord, les postérieurs dirigés en arrière, non carénés. Ecusson subarrondi, subglobuleux. Elytres de la largeur du prothorax, presque parallèles jusqu'au delà du milieu, étroitement bordées de ferrugineux rouge, ponctuées-striées, les intervalles assez convexes en avant, densément ponctués. Dessous du corps brunâtre avec le sommet des flancs prothoraciques, les épipleures et une étroite bordure à l'abdomen ferrugineux testacé clair. Ponctuation de l'antépectus à peu près simple.

Dalmatie.

La grandeur du troisième article des antennes le distingue suffisamment du précédent. Le *difformis* a les points des flancs du prothorax très-visiblement ombiliqués, tandis qu'ici ils sont aussi gros mais plus profonds, en sorte que la surface du fond n'apparaît que confusément.

On le distinguera du *circumductus* au peu de saillie des angles antérieurs du prothorax.

50. A. procerus. *Rufo-ferruginens, pube concolore vesti us; antennis articulo tertio quarto minore; fronte concava biim-*

*ressa , margine antica medio prducta ; prothorace crebre
unctis medio simplicibus lateribus umbilicatis adsperso , obsolete
analiculato , angulis posticis haud carinatis , apice dentatis ;
lytris punctato-striatis , interstitiis convexiusculis punctulatis ;
edibus dilute rufo-ferrugineis. — Long. 12-15 mill., lat. 3 1/3-
4 1/2 mill.*

Elater procerus. ILLIG. Mag. f. Insektenk. VI, 1.

Athous procerus. DEJ. Cat. ed. 3 , p. 101.

Athous escorialensis. MULS. et GUILLB. Opusc. Entom. VI , p. 71.

(♂) En entier d'un ferrugineux rougeâtre , obscur ou clair,
quelquefois brunâtre sur le prothorax , revêtu d'une pubescence
de même couleur. Front assez déclive en avant, couvert densément de gros points ombiliqués, son bord antérieur avancé en
angle obtus au milieu. Antennes aussi longues que la moitié du
corps, d'un rouge ferrugineux clair, composées d'articles larges,
le troisième intermédiaire pour la longueur entre le second et
le quatrième. Prothorax aussi large que long ou à peu près,
carré ou un peu rétréci d'arrière en avant, avec ses côtés droits
ou légèrement arqués, peu convexe, subsillonné au milieu ,
couvert densément de points simples sur le centre du disque,
ombiliqués sur les côtés , ses bords latéraux rebordés, ses angles
postérieurs courts, recourbés en dehors , munis au sommet
d'une petite dent dirigée en haut et en dehors, laquelle est
précédée d'une échancrure dans le bord latéral. Ecusson convexe.
Elytres plus larges que le prothorax et trois fois ou trois fois
et demie aussi longues , parallèles dans leurs deux tiers ou leurs
trois quarts antérieurs , conjointement arrondies au sommet ,
striées , les stries ponctuées , les intervalles plus ou moins convexes et pointillés. Dessous du corps souvent un peu plus obscur
que le dessus avec une bordure plus claire. Pattes d'un rouge
ferrugineux clair.

(♀) Moins pubescente; antennes dépassant à peine les angles
postérieurs du prothorax ; prothorax plus large que long, plus
convexe, plus arqué sur les côtés ; élytres élargies graduellement
jusqu'au delà du milieu, plus convexes.

Espagne et Portugal.

51. A. TAURICUS. *Rufo-ferrugineus , helvo-pubescens ; an-*

*tennis articulo tertio quarto subæquali; fron'e late et profunde
impressa; prothorace confertim punc'ato, linea media leviter
impressa, obscuriore, ang*ulis posticis brevibus, obtusis, haud
carinalis; elytr.s el*ngalis, apice singulatim obtusis; corpore
subtus brunescente.*

Athous tauricus. Dij. Cat. ed. 3, p. 101.

(♂) *Elongatus, antennis dimidii corporis longitudine; prothorace latitudine paulo l*ngiore, lateribus recto, parall*lo,
*arum convexo; elytris prothorace latioribus, ultra medium pa-
rallelis, striis punctatis, interstitiis fere planis, dense punctulatis.*
— Long. 13 mill., lat. 3 mill.

(♀) *Crassior, obscurior, brevius pubescens; antennis prothoracis angulis posticis vix superantibus; prothorace convexo,
longitudine paulo latiore, medio dilatato, lateribus arcuato;
elytris ultra medium dilatatis, striis subtilissimis indistinct*
punctatis, interstitiis planis. — Long. 14 mill., lat. 4 c/b mill.

(♂) D'un ferrugineux rougeâtre clair, revêtu d'une pubescence jaunâtre à reflets fauves. Antennes longues, à troisième
article à peu près de la taille du quatrième. Front presque
carré, fortement et largement impressionné, son bord antérieur
peu arqué. Prothorax un peu plus long que large, de forme
rectangulaire, peu convexe, densément et finement ponctué,
marqué d'une ligne fine, faiblement imprimée et un peu obscure,
au milieu, ses angles postérieurs à peine plus forts que les
antérieurs, dépourvus de carène. Ecusson court et assez large,
subogival, un peu bombé. Elytres plus larges que le prothorax,
arrondies aux épaules, parallèles dans leurs trois cinquièmes
antérieurs, obtuses à l'angle apical, striées, les stries ponctuées,
les intervalles à peu près plats et densément pointillés. Dessous
du corps d'un ferrugineux rougeâtre plus obscur, avec les pattes
de la couleur du dessus.

(♀) La femelle diffère assez du mâle; sa couleur est plus
foncée, sa pubescence moins longue et moins dense; ses antennes
sont plus courtes; son prothorax est bombé, arqué sur les côtés,
un peu plus large que long; les élytres vont en s'élargissant
graduellement depuis la base jusqu'aux deux cinquièmes pos-

térieurs, leurs stries sont très-fines, très-superficielles et à
peine distinctement ponctuées.

On trouve cette espèce en Crimée.

52. A. BASALIS. *Fusco-niger, subopacus, dense gri eo-pubes-
cens; fronte profunde impressa, biangulata; antennis articulo
tertio quarto paulo minore; prothorace subquadrato, crebre
fortiterque punctato, linea media impressa, angulis posticis
non vel vix divaricatis, brevibus, haud carinatis; elytris
punctato-striatis, basi dilute, margine suturaque lutescentibus;
pedibus brunneis.* — Long. 10-11 mill., lat. 2 1/2 - 3 mill.

Athous basalis. CHEVR. in litt.

Athous herbigradus. MULS. et GUILLEB. *Op. Entom.* VI, p. 23 ?

Var. *a. Supra niger, opacus.*

(♂) Noirâtre, mat, revêtu d'une pubescence longue et assez
épaisse, gris terne, les élytres étroitement bordées de jaune,
la suture ferrugineuse, la base d'un jaune clair. Front fortement
impressionné au milieu, son bord antérieur saillant, échancré
ou tronqué carrément, redressé et anguleux de chaque côté.
Antennes à troisième article un peu plus court et plus étroit
que le quatrième, plus long que le second. Prothorax à peu
près carré, médiocrement convexe, fortement et densément
ponctué, présentant un sillon médian et longitudinal peu profond mais habituellement étendu depuis la base jusqu'au sommet,
ses angles antérieurs arrondis extérieurement, les postérieurs
courts, dirigés en arrière et quelquefois un peu en dehors,
dépourvus de carène. Écusson oblong, bombé, noirâtre. Élytres
un peu plus larges que le prothorax, parallèles en avant ou
très-faiblement dilatées vers le milieu, peu convexes, ponctuées-
striées, les intervalles à peu près plats et ponctués. Dessous
du corps noirâtre, plus luisant que le dessus; pattes brunes
avec les jambes et les tarses roussâtres.

France méridionale; Cévennes.

Collections Chevrolat et Ecoffet.

La femelle diffère peu du mâle.

La variété est entièrement d'un noir mat, teinte modifiée
par une épaisse et rude pubescence grise; son front est

plus fortement bianguleux et paraît même comme bidenté en avant.

C'est peut-être l'*herbigradus* Muls. (l. c.) que je n'ai point vu en nature ; cependant quelques différences entre l'espèce actuelle et la description de l'*herbigradus* me laissent du doute à cet égard.

55. A. FLAVIPENNIS. *Fusco-niger , subopacus, dense griseo-pubescens ; fronte profunde impressa biangulata , margine antica subemarginata ; antennis articulo tertio quarto paulo minore ; prothorace subquadrato , crebre fortiterque punctato, angulis posticis non vel vix divaricatis , brevibus , haud carinatis ; elytris punc`ato-striatis , flavis, flavo-pubescentibus , vitta angusta juxta marginali nigra ; pedibus testaceis , femoribus basi fuscis.* — Long. 11-12 mill., lat. 2 s/4 - 3 1/4 mill.

Var. a. *Elytris scutellum versus infuscatis.*

(♂) Très-voisin du *basalis*, mais cependant distinct par quelques caractères. Noirâtre, mat, les élytres jaunes avec une mince bande noire près du bord externe , la tête et le prothorax couverts d'une pubescence grise, les élytres d'une pubescence jaune qui ne modifie aucunement leur teinte. Front excavé, son bord antérieur légèrement échancré et anguleux de chaque côté. Antennes à troisième article un peu plus court et plus étroit que le quatrième, plus long que le second. Prothorax à peine plus long que large , très-faiblement rétréci en avant, droit sur les côtés , peu convexe , densément couvert de points assez gros et profonds , sans sillon sur le disque , ses angles antérieurs arrondis extérieurement , les postérieurs courts, peu ou point divergents, sans carène. Ecusson oblong , élevé longitudinalement au milieu , noirâtre. Elytres un peu plus larges que le prothorax , parallèles dans leur tiers antérieur, curvilinéaires sur les côtés au-delà , peu convexes avec les côtés tombant perpendiculairement, striées, les stries étroites, assez profondes et marquées de points brunâtres qui ne les débordent pas, les intervalles aplatis et un peu scabres. Dessous du corps noir ; pattes testacées avec la base des cuisses noirâtre.

Du Piémont.

La femelle diffère peu du mâle.

54. A HISPIDUS. *Fusco-niger , subopacus , dense griseo-pubescens ; fronte excavata, margine antica emarginata, u'rinque angulata; antennis nigris , articulo tertio quarti subæquali ; prothorace latitudine haud longiore , antice vix angustato , crebre punctato , angulis posticis non divaricatis , non carinatis , anticis haud prominulis; elytris prothorace latioribus, obscure brunneis , profunde punctato - striatis , interstitiis rugose punctatis ; pedibus obscuris , tarsis pallidioribus. — Long. 8 mill., lat. 2 mill.*

(♂) Noirâtre avec les élytres d'un noir brunâtre ou brunâtres, presque mat , revêtu d'une pubescence grise assez longue , assez dense et subhérissée. Front fortement excavé , rugueuse-ment ponctué, son bord antérieur saillant, redressé, largement échancré au milieu et formant une saillie anguleuse de chaque côté de l'échancrure. Antennes noires, presque aussi longues que la moitié du corps, leur troisième article à peu près de la longueur du quatrième. Prothorax aussi long que large, faiblement rétréci en avant , médiocrement convexe , densément ponctué , ses côtés rectilignes , ses angles antérieurs ne dé-passant pas ou presque pas le niveau du bord antérieur , les postérieurs non divergents et non carénés. Elytres un peu plus larges que le prothorax , parallèles dans leurs deux tiers an-térieurs , profondément striées , les stries fortement ponctuées , les intervalles ponctués rugueusement.

(♀) La femelle diffère à peine du mâle. Elle a les antennes un peu plus courtes , le prothorax carré et un peu plus bombé.

France méridionale; Provence.

Il se rapproche des deux précédents par la structure du front et son aspect mat, mais il en diffère par sa taille plus petite et le défaut de saillie des angles antérieurs du prothorax.

55. A. REFLEXUS. *Brunneus , tenuiter cinereo-pubescens ; fronte antice transversa, excavata ; antennis articulo tertio quarto æquali ; prothorace latitudine longiore , inæqualiter punctato, punctis lateribus umbilicatis ; angulis posticis haud divaricatis, haud carinatis ; elytris parallelis , punctato - striatis , interstitiis*

s¹bconvexis , parce punclalis ; corpore sublus pedibusque rufo-
brunneis. — Long. 16 mill. , lat. 4 mill.

Athous reflexus. Lec. Rev. Etat. Un. St. in Am. Phil. Soc. Trans. X , new
ser. , p. 427 , 1.

Brun rougeâtre , revêtu d'une légère pubescence cendrée.
Front carré , transversalement et profondément impressionné en
avant, son rebord antérieur redressé ; nullement déprimé au
milieu. Antennes médiocrement longues , ferrugineuses , à
troisième article aussi long que le quatrième. Prothorax plus
long que large , un peu bombé, presque droit et parallèle sur
les côtés, ponctué, les points épars et irrégulièrement semés
au milieu , denses, presque confluents et ombiliqués sur les
parties latérales, ses angles postérieurs à peu près droits et
sans carène. Elytres plus larges que le prothorax et deux fois
et un quart aussi longues , parallèles dans leurs trois cin-
quiemes antérieurs, striées, les stries finement ponctuées , les
intervalles un peu convexes et éparsément ponctués. Dessous du
corps et pattes brun rougeâtre.

Etats-Unis du centre.

Cette espèce est rare. L'exemplaire que m'a communiqué
M. Le Conte me parait avoir les antennes trop courtes , (elles
ne dépassent pas les angles postérieurs du prothorax), pour être
un mâle ; d'un autre côté sa tournure le rapproche davantage
des individus mâles de nos espèces européennes que des individus
de l'autre sexe. M. Le Conte ne donne aucun renseignement à
cet égard.

56. A Dejeanii. *Ferrugineo-brunneus ; fronte leviter concava, margine antica arcuatim angulata ; antennis rufo-ferrugineis . articulo tertio quarto vix minore ; prothorace latitudini
longitudine subæquali , confertim fortiter punctato, angulis posticis margine externa ante apicem emarginatis : elytris striatis,
striis internis indistincte punctatis , interstitiis vix convexis ,
punctatis.*

Athous Dejeanii. Muls. et Guillb. Opusc. Entom VII , p. 84.

(♂) *Griseo-pubescens ; antennis capit. prothoraceque multo*

*longioribus ; prothorace quadrato, parum convexo, angulis posticis
planis leviter divaricatis ; elytris prothorace latioribus , ultra
medium parallelis, sutura margineque rufescentibus.*— Long. 15-17
mill., lat. 5-5 1/2 mill.

Athous. cervinus. Dej. Cat. ed. 3 , p. 101.

Elater cervinus. Lap. Hist. nat. d. Ins. I , p. 244 , 16.

(♀) *Fere glabra , nitida; antennis capite prothoraceque haud
longioribus ; prothorace valde convexo, medio dilatato, basi
angustato, angulis posticis brevibus , subrectis ; elytris a basi
sensim usque ultra medium dilatatis.* — Long. 18-30 mill., lat.
5-6 mill.

Athous Dejeanii. Yvan, in Dej. Cat. ed. 3, p. 101.

Elater Dejeanii. Lap. Loc. cit., p. 244, 17.

Athous fuscicornis. Muls. et Guilleb. Loc. cit. p. 67.

(♂) D'un brun ferrugineux généralement obscur, avec le
bord marginal et souvent aussi le sutural ferrugineux rougeâtre,
revêtu d'une pubescence grise qui modifie un peu la couleur
du fond. Antennes un peu moins longues que la moitié du
corps, d'un ferrugineux rouge clair, leur troisième article à
peine plus court que le quatrième. Front incliné, subquadrangulaire, concave en avant, son bord antérieur formant un arc
léger plus ou moins sensiblement coudé au milieu. Prothorax
aussi large que long, abstraction faite des angles postérieurs,
presque droit et parallèle sur les côtés, peu convexe, densément
et assez fortement ponctué, les bords latéraux étroitement rebordés, les angles postérieurs dirigés en arrière et un peu
recourbés en dehors, aplatis, sans carène, leur bord externe
offrant un peu avant la pointe une échancrure assez prononcée.
Ecusson subarrondi en arrière. Elytres plus larges que le prothorax, arrondies aux épaules, parallèles dans leurs deux tiers
antérieurs, striées, les stries ponctuées sauf les deux premières
qui le sont peu distinctement, les intervalles presque plats et
ponctués. Dessous du corps d'un brun obscur bordé de rougeâtre;
pattes brun rouge.

(♀) Beaucoup plus épaisse que le mâle, presque glabre,
d'un brun ferrugineux clair ou très-obscur ; antennes courts,

arrivant à peine aux angles postérieurs du prothorax ; prothorax très-convexe, élargi au milieu, arrondi sur les côtés, ses angles postérieurs très-courts, souvent un sillon longitudinal au milieu du disque, avec une ou deux fossettes de chaque côté ; élytres plus larges aux épaules que la base du prothorax, graduellement élargies jusqu'au tiers postérieur ; les stries des élytres marquées de points oblongs, la sixième s'arrêtant au calus huméral et moins longue par conséquent que les internes.

On trouve cette espèce dans le midi de la France. Le mâle paraît beaucoup plus rare que la femelle.

L'*A. fuscicornis* de MM. Mulsant et Guillebeau se distingue par quelques particularités de minime importance, qui varient pour ainsi dire d'un individu à l'autre ; je le réunis à l'*A. Dejeanii.*

57. A. TITANUS. *Brunneo-niger; fronte deflexa, carina frontali medio obsoleta ; antennis nigris articulo tertio quarto fere æquali ; prothorace minus fortiter parciusque punctato, angulis posticis extrorsum apice late parum profunde emarginatis ; elytris striatis, stria sexta antice haud abbreviata, ferrugineo-marginalis.*

(♂) *Incognitus.*

(♀) *Fere glabra, nitida; prothorace longitudine pa lo latiore, valde convexo, anguste sulc to, basi apiceque angu lato ; elytris sensim a basi usque ad quartam partem posticam dilatatis.* — Long. 22-26 mill., lat. 6 t/s-8 mill.

Athous titanus MULS. et GUILLEB. *Opusc. Entom..* VII, p. 60.

Athous Puzos.i. DEJ. *Cat.* ed. 3, p. 101.

(♂) Inconnu.

(♀) D'un noir brunâtre presque glabre et luisant. Front très-déclive, impressionné, fortement et irrégulièrement ponctué avec des empâtements lisses, son bord antérieur arqué, confondu sur la ligne médiane avec l'épistôme. Antennes atteignant à peine l'extrémité des angles postérieurs du prothorax, noires, leur troisième article à peu près aussi long que le quatrième. Prothorax un peu plus large que long, rétréci à la base et au

sommet, arqué sur les côtés, très-convexe couvert de points
médiocrement gros et peu serrés, sillonné au milieu, ses angles
postérieurs courts, non carénés, à bord externe faiblement
échancré avant la pointe. Ecusson ogival. Elytres plus larges
aux épaules que la base du prothorax, peu à peu élargies
jusqu'au quart postérieur, bordées de ferrugineux, convexes,
striées, les stries plus ou moins fortement ponctuées, la sixième
aussi longue que la précédente et bien marquée sur le calus
huméral, les intervalles convexes et éparsément ponctués. Dessous
du corps et pattes noir brun.

France méridionale; Pyrénées occidentales. Un exemplaire
de la collection de M. de Mniszech, portant le nom d'*A. angusticollis* Meg. et provenant de Styrie, présente les caractères
principaux des exemplaires de France, mais les stries des élytres
sont à peine distinctement ponctuées, et les intervalles, excepté
à la base, sont aplatis et rugueux.

De même que MM. Mulsant et Guillebeau je n'ai vu que des
femelles de l'*A. titanus*. La grandeur de la taille, la structure
de la carène frontale, la couleur noirâtre des antennes et le
prolongement antérieur de la sixième strie des élytres sont les
différences qui le séparent de l'*A. Dejeanii* ♀. Cependant, il est à
remarquer que les femelles de la section actuelle varient tellement d'un individu à l'autre dans la même espèce, sous le
rapport du développement du prothorax et de la partie postérieure des élytres, de la couleur et même de la taille de tout
le corps, qu'il pourrait bien n'être question ici que de femelles
de l'*A. Dejeanii* développées outre mesure et d'une manière pure-
ment accidentelle, sorte de monstruosité qu'on a souvent observée
chez d'autres espèces. L'absence de mâle à rapporter à cette
espèce, dans les collections, semblerait un argument de plus
en faveur de cette opinion.

58. A. MELANODERES. *Niger, tenuiter cinereo-pubescens; fronte
impressa margine antica medio transversa, utrinque oblique
truncata; antennis articulo tertio secundo sesqui longiore, quarto
sesqui minore; prothorace dense subinordinateque punctato,
angulis anticis prominentibus, posticis paulo divaricatis; elytris
puncto-striatis, castaneis, margine dilutioribus; corpore
subtus brunnescente, pectoris lateribus punctis umbilicatis
adspersis.* — Long. 13-14 mill., lat. 3 1/2-4 mill.

Athous melanoderes. Muls. et Guillxs. *Opusc. Entom.* VI, p. 22.

(♂) Noirâtre, les élytres d'un châtain plus ou moins clair, ordinairement plus pâle sur les bords, revêtu d'une pubescence grise. Front largement et fortement impressionné, son bord antérieur coupé carrément dans sa portion moyenne, obliquement de chaque côté en sorte qu'il présente deux angles obtus très-distincts au lieu d'être régulièrement arqué. Antennes brunes, leur troisième article intermédiaire, pour la longueur, entre le second et le quatrième. Prothorax aussi long que large et de forme à peu près carrée, un peu sinueux seulement sur les côtés au devant des angles postérieurs, peu convexe, densément et subirrégulièrement ponctué, ses angles antérieurs assez saillants en avant, arrondis au dehors, les postérieurs un peu divergents, sans carène. Ecusson ogival, de la couleur des élytres. Elytres parallèles jusqu'au delà du milieu, plus larges que le prothorax, marquées de stries fines et ponctuées, les intervalles à peu près plats et pointillés. Dessous brun avec les pattes châtain clair ou testacé; flancs du prothorax marqués de gros points très-distinctement ombiliqués.

(♀) Plus bombée, la pubescence plus courte, le prothorax plus large que long et arqué sur les côtés; les élytres dilatées au-delà du milieu, à côtés arqués, à stries fines, très-nettement marquées; les flancs du prothorax chargés comme ceux du mâle de gros points ombiliqués.

France méridionale orientale.

Il est voisin du *castanescens*, mais on l'en distinguera aisément à la forme anguleuse de la carène frontale et aux points très-distinctement ombiliqués des flancs prothoraciques.

59. A. **frigidus**. *Niger, parum nitidus, pube fulvescente vestitus; fronte antrorsum concava, margine antica arcuata; antennis ferrugineo-brunneis, articulis tribus primis nigris, tertio quarto paulo minore, secundo fere duplo longiore; prothorace longitudine latiore, inordinate subinœqualiterque punctato, linea media subobsoleta impressa, angulis posticis extrorsum apice leviter emarginatis; scutello lato; elytris obscure brunneis, striis tenuibus oblongo-punctatis, interstitiis planis; tarsis brunneis.* — Long. 15 mill., lat. (♂) 3 1/2 - (♀) 4 1/2 mill.

Athous frigidus. Muls. et Guillkb. *Opusc. Entom.* VI , p 21.

(♂) Allongé, noir, peu luisant, les élytres brunâtres, revêtu d'une pubescence fulvescente médiocrement dense. Front déclive et excavé en avant, ponctué, son bord antérieur très-arqué, non anguleux. Antennes dépassant de trois articles les angles postérieurs du prothorax, d'un brun ferrugineux clair avec les trois premiers articles noirs, le troisième presque aussi long que le quatrième, en cône obliquement tronqué au sommet, près de deux fois plus long que le second qui est subglobuleux. Prothorax plus large que long, rétréci à la base et au sommet avec les côtés subanguleux vers leur milieu, peu convexe, inégalement et irrégulièrement ponctué avec l'apparence d'une fine ligne enfoncée au milieu, les angles antérieurs rebordés, les postérieurs un peu prolongés en arrière et en dehors, leur bord externe très-faiblement échancré vers le sommet. Ecusson plus large que long, obcordiforme. Elytres plus larges que le prothorax et près de quatre fois aussi longues, parallèles sur les côtés jusque vers le quart postérieur, très-finement striées, les stries marquées de points oblongs, sauf à la base où les stries sont un peu plus fortement enfoncées et moins distinctement ponctuées, les intervalles plats et assez densément ponctués. Dessous du corps et pattes noirâtres avec l'extrémité des jambes et les tarses bruns. Flancs du prothorax marqués de points simples.

(♀) Plus large en proportion, plus luisante, plus convexe que le mâle; antennes plus courtes; prothorax transversal, aussi large que les élytres; élytres élargies et largement arrondies en arrière.

France méridionale; Basses-Alpes.

Il a des rapports nombreux avec le suivant, mais il est moins densément pubescent. On l'en distinguera aisément par son prothorax plus large que long, même chez le mâle.

60. A. CASTANESCENS. *Niger, parum nitidus, pube fulvo-grisea sat dense vestitus; fronte margine antica arcuata; antennis articulo tertio quarto sesqui minore; prothorace subquadrato, confertim subinordinate subinæqualiterque punctato, angulis posticis haud carinatis, apice extrorsum emarginatis; scutello e'ytrorum colore densius pubescente; elytris prothorace latioribus,*

ultra medium parallelis, castaneis, punctato-striatis, striis basi profundius impressis, indistincte punctatis; corpore subtus pedibusque nigro-brunneis, abdominis segmentorum margine tarsisque ferrugineis. — Long. 12-17 mill., lat. 3 1/2-4 mill.

Athous castanescens. Muls. et Guilleb. *Opusc. Entom.* VI, p. 27.

Athous parallelus. Dej. *Cat.* ed. 3, p. 101.

Var. *a. Elytris brunneis vel brunneo-nigris, epipleuris testaceis.*

Athous restitus. Muls. et Guilleb. Loc. cit. VII, p. 79.

(♂). Noir, peu luisant, avec les élytres d'un châtain plus ou moins clair ou d'un brun noirâtre ou presque noir, revêtu d'une pubescence assez épaisse, gris fauve. Front concave, très-ponctué, son bord antérieur arqué et avancé au milieu. Antennes à peu près de la longueur de la moitié du corps, assez grêles, leur troisième article intermédiaire, pour la longueur, entre le second et le quatrième. Prothorax à peu près aussi long que large, très-peu rétréci en avant, convexe, faiblement sillonné en arrière, densément couvert de points paraissant plus serrés par places, ses angles postérieurs courts, non carénés, à bord externe convexe, précédés d'une légère sinuosité et présentant une petite échancrure près de l'extrémité ce qui donne à celle-ci la forme d'une courte dent dirigée en dehors et en haut. Ecusson bombé, densément pubescent. Elytres plus larges que le prothorax et d'une longueur triple, parallèles dans leurs deux premiers tiers, finement ponctuées-striées, les stries fortement enfoncées à la base où elles restent isolées, s'y recourbent à peine en dedans et paraissent à peine ponctuées, leurs intervalles presque plats et finement ponctués. Dessous du corps noirâtre, avec le bord des segments de l'abdomen ferrugineux. Pattes noirâtres, les tarses ferrugineux. Flancs du prothorax à points simples.

Commun dans l'est de la France méridionale; on le trouve aussi dans le Piémont.

Cette espèce est bien l'*A. parallelus* de Dejean. J'en ai vu dans les collections un grand nombre d'individus mâles, mais je n'ai pu reconnaître avec certitude la femelle parmi celles des espèces voisines. MM. Mulsant et Guillebeau, ne mention+

nent pas non plus, dans leur description, les caractères qui distinguent la femelle du mâle.

La variété *a*, décrite comme espèce distincte, par les auteurs lyonnais, sous le nom d'*A. vestitus*, ne correspond pas à l'espèce du même nom de la collection Dejean, ainsi qu'ils l'indiquent. l'*A. vestitus* de Dejean est une espèce très-distincte, des Pyrénées, brièvement décrite par M. Dufour sous le nom d'*A. canus.*

61. A. MANDIBULARIS. *Niger, parum nitidus, densius pube fulvescente vestitus ; antennis validis, articulo tertio quarto sesqui minore, quarto omnium latissimo ; prothorace subquadrato, confertim subinordinate subinæqualiterque punctato, angulis posticis apice extrorsum emarginatis ; scutello nigro, carinato ; elytris prothorace latioribus, ultra medium parallelis, rufo-castaneis, striis fortius punctatis ; corpore subtus pedibusque nigris, tarsis apice ferrugineis.* — Long. 17-19 mill., lat. 4-4 ⅓ mill. (Pl. V, fig. 18.)

Elater mandibularis. DUFOUR, *Excurs. Entom. d. l. Vallée d'Ossau* in *Bull. d. l. Soc. d. Sc. etc. d. Pau.*, 1843, p. 41.

(♂) Fort voisin du précédent dont il diffère cependant par quelques caractères. Noir, peu luisant, avec les élytres d'un châtain rougeâtre clair, revêtu d'une pubescence assez épaisse et assez longue, fulvescente. Front légèrement concave, très-ponctué, son bord antérieur arrondi. Antennes très-robustes, à articles larges, le troisième conique, obliquement tronqué au sommet où il est presque aussi large que long, une demi fois plus court que le quatrième, celui-ci très-large, les suivants graduellement plus étroits. Prothorax à peu près carré, médiocrement convexe, très-densément ponctué, ses angles postérieurs courts, non carénés, leur bord extérieur non convexe, mais échancré un peu avant le sommet comme chez le *castanescens*. Ecusson caréné longitudinalement. Elytres plus larges que le prothorax et parallèles jusqu'au tiers postérieur, striées, les stries assez fortement ponctuées, les intervalles très-faiblement convexes et pointillés. Dessous du corps entièrement noir ; pattes noires avec lextrémité des tarses ferrugineux.

Des Pyrénées.

Je ne connais pas la femelle.

62. **A. CANUS.** *Niger , parum nitidus , dense longeque fulvo-*
pubescens ; fronte excavata ; antennis validis , articulo tertio
quarto breviore , quarto omnium latissimo ; prothorace sub-
quadrato , confertissime punctato , angulis posticis brevibus ,
extrorsum apice haud emarginatis ; scutello fere plano ; elytris
prothorace latioribus , ultra medium parallelis , punctato-striatis ,
interstitiis convexiusculis punctulatis. — Long. 16 mill., lat. 4 1/4
mill.

Elater canus. Dufour, *Excurs. d. l. Val. d'Ossau* , in *Bull. d. l. Soc. d. Sc.*
etc. d. Pau , p. 40.

Athous vestitus. Dej. *Cat.* ed. 3 , p. 101.

(♂) Voisin du précédent , mais plus robuste et plus large en
proportion ; entièrement noir , revêtu d'une pubescence longue ,
épaisse , fauve. Front assez grand , profondément excavé , son
bord antérieur arqué. Antennes longues , robustes , composées
d'articles larges , fortement dentées à partir du quatrième article
qui est le plus large de tous , le troisième conique , un peu
plus court. Prothorax de forme carrée , peu rétréci au sommet ,
médiocrement convexe , très-densément ponctué , ses angles
postérieurs courts , non carénés , acuminés , légèrement fléchis
en dehors à l'extrême pointe où leur bord externe ne présente
pas d'échancrure. Ecusson subogival , à peu près plat. Elytres
beaucoup plus larges que le prothorax et trois fois aussi longues , parallèles jusqu'au tiers postérieur , ponctuées-striées ,
les intervalles très-faiblement convexes et couverts d'un pointillé fin. Dessous du corps et pattes noirâtres ; tarses brunâtres.

Des Pyrénées.
Les types de cette espèce ainsi que ceux de la précédente ,
m'ont été communiqués par M. L. Dufour.
Je ne connais pas la femelle.

Espèces que je n'ai point vues en nature :

1. A. PARALLELIPIPEDUS. *Elongatus , depressus , obscure fer-*
rugineus ; capite antice impresso ; thorace parallelipipedo ; elytris
paulo pallidioribus , ante apicem subdilatatis. — Long. 11 mill. ,
lat. 3 mill.

Tout l'insecte est aplati, d'un brun un peu rougeâtre : tête
carrée , fortement ponctuée et marquée en avant d'une forte
impression qui se termine par un rebord large et saillant en
forme de bourrelet. Corselet peu élevé, beaucoup plus long
que large, sinué antérieurement, de même largeur dans toute
son étendue, excepté aux angles postérieurs qui ne sont presque
point saillants ; sa surface est plus faiblement ponctuée que la
tête. Ecusson ovalaire, tronqué à sa base, élevé longitudinalement à son milieu, finement ponctué. Elytres fort longues,
aplaties, un peu élargies aux deux tiers de leur longueur, couvertes
de stries ponctuées peu profondes, et de points enfoncés entre
celles-ci ; les points enfoncés sont assez petits et confondus en
quelques endroits ; la couleur des élytres est un brun plus
rougeâtre que celui de la tête et du corselet. Tout l'insecte
est revêtu d'un duvet soyeux, long et très-peu serré, couché
sur le corps. Dessous du corps entièrement ponctué, couvert
d'un duvet beaucoup plus court que le dessus. Pattes et antennes. . . . .

Cet insecte, en mauvais état, nous a été communiqué par
M. de Laporte (1).

Elater (*Athous* Esch.) *parallelipipedus.* BRULLÉ, *Explor. Sc. d. Morée* ; III ,
Zool. 139 , 93.

2. A. TRIVITTATUS. *Fusco-testaceus , cinereo-pubescens , thorace*
convexo , elongato , lateribus rectis , confertim subtilius punc-
tato , elytris rufo-piceis , sutura margineque infuscatis , striis

(1) A en juger par cette description, l'*A. parallelipipedus* doit ressembler
beaucoup à l'*hœmorrhoïdalis*, dont il n'est peut-être qu'une variété.

punctatis, interstitiis planis, sat dense punctatis, fronte non impressa. — Long. 4″.

Athous trivittatus. Melsh. *Proced. Acad. Nat. Sc.* II , p. 157.

One specimen in Dr Melsheimer's collection. This species differs from all the others in having the front not impressed and hardly produced. The antennæ and feet are pale testaceous.

Pedetes trivittatus. Lec. *Rev. Etat. Un. St.* in *Am. Phil. Soc Trans.* X, new ser. p. 425 , 1.

3. A. fossularis. *Nigro-piceus, tenuiter cinereo-pubescens, thorace latitudine longiore, lateribus parallelis, antice rotundatis, confertim grossius punctato, pone medium utrinque profunde transversim foveato, angulis posticis subrectis, carina angulari margini approximata fere indistincta, elytris striis profunde impressis, punctulatis, interstitiis subconvexis, vage scabro-punctulatis.* — Long. 4 1/2‴.

One specimen, New Jersey, Mr Guex. Easily distinguished by the rounded sides and the coarser punctuation of the thorax, as well as by the two deep impressions half way between the middle and the base. The specimen is apparently a female, as the antennæ do not extend beyond the base of the thorax. The form is more robust than the preceding (*cucullatus*) or next (*equestris*) species.

Pedetes fossularis. Lec. Loc. cit. p. 426 , 6.

4. A. posticus. *Piceus, fusco-pubescens, thorace elongato, minus convexo, antice vix angustato, lateribus rectis fortius marginatis, diaphanis, apice breviter rotundatis, disco dense punctato, postice canaliculato, basi tota testacea, angulis posticis inflexis rotundatis, carina obliqua valde distincta, elytris striis punctulatis, interstitiis planis confertim rugose punctatis, antennis basi pedibusque testaceis.* — Long. 4 4/5‴.

Limonius posticus. Mɛʟsʜ. *Proc. Acad. Nat. Se.* II, p. 158.

Pennsylvania. J have seen only the typical specimen in D' Melsheimer's collection. The antennæ are a little longer than the thorax, tolerably strongly serrate, fuscous black, with the first joint testaceous. Has very much the form and general appea rance of *Campylus productus;* the lobes of the tarsi are very short.

Pedetes posticus. Lɛᴄ. Loc. cit. p. 426, 8.

Les trois espèces qui précèdent se rangent parmi les *Athous* de la première section, les trois qui suivent parmi ceux de la seconde.

5. A. ᴠɪᴛᴛɪɢᴇʀ. *Niger, tenuiter pubescens, parallelus, elon-gatus, fronte excavata testacea, thorace minus convexo, elongato, lateribus vix rotundatis, dense punctato, lateribus testaceo, elytris striis punctatis, interstitiis subconvexis rugose punctulatis, vitta integerrima margineque laterali flavis, antennarum basi pedibusque flavo-testaceis.* — Long. 3″.

A mutilated specimen from Oregon. The tarsi, so far as ears be distinguished, belong to the present genus, and the characters are there of the preceding species : the sides of the thorax are less reflexed posteriorly, and the antennæ are somewhat less serrate.

Allied to this species appears to be *Elater rufifrons* Randall (*Bost. Journ. Nat. Hist.* II, 6) from Maine. It is simi-lary coloured, but is much larger (6‴). It was found in Maine.

Athous vittiger. Lɛᴄ. Loc. cit. p. 427, 2.

6. A. ʙɪᴄᴏʟᴏʀ. *Supra ater, pube erecta nigro-grisea vestitus, thorace latitudine fere sesqui longiore, (antrorsum angustato, lateribus paulo rotundatis), confertim punctato, angulis posticis piceis subdivaricatis, elytris striis tenuibus punctulatis, in-*

lerstiliis confertim rugose punctulatis, subtus castaneus, antennis pedibusque testaceis. — Long. 3 ₁".

One specimen found at New York. It is a female, having the antennæ as long as the head and thorax.

Athous bicolor. Lec. Loc. cit. p. 426 , 4.

7. A. scissus. *Ater, nitidus, tenuissime pubescens, thorace latitudine longiore, confertim punctato, lateribus fere rectis, parallelis, modice reflexo-marginalis, angulis anticis oblique truncatis; elytris profunde striato-punctalis, antennarum articulo* 3₁₀ *triangulari quarto paulo breviore ; tarsis haud lobatis,* — Long. 4 4/5".

One specimen, Oregon, Dʳ Cooper. Smaller and a little narrower than *A. reflexus* Lec. but nearly, allied to it.

Athous scissus. Lec. Rep. of Expl. and Surv. IX, Zool. p. 46.

8. A. acutus. (Long. 9 mill., larg. 1,4 mill.)

Tête noire ; pubescente ; inégale ; marquée de points serrés : partie de la suture frontale située vers l'insertion des antennes, ferrugineuse. *Antennes* couleur de poix, avec la base de chaque article plus claire ; au moins aussi longues que la moitié du corps.

Prothorax plus long que large ; peu convexe; plus étroit que les élytres ; pubescent ; noir avec le bord étroitement ferrugineux; couvert d'une ponctuation très-fine, assez serrée : à angles postérieurs carénés, prolongés en arrière, et assez saillants en dehors.

Ecusson presque rond ; d'un testacé obscur ; couvert d'une pubescence plus serrée que le reste du corps. *Elytres* trois fois au moins aussi longues que larges ; pubescentes ; un peu dilatées au-delà du milieu ; à stries canaliculées ; les intervalles transversalement ridés et marqués de points distincts et serrés. *Dessous du corps* finement ponctué; brun, avec les bords des segments

de l'abdomen et l'anus plus clairs : *cuisses* d'un testacé obscur :
tibias et tarses d'un testacé clair.

Facile à distinguer de l'*A. subfuscus*, dont il a le facies, par
la forme des angles du prothorax.

Le Mont Pilat.

Athous acums. MULS. et GUILLEB. *Opusc. Entom.* VI, p. 20.

9. A. FLAVESCENS. (Long. 10 mill., lat. 2 mill.)

Roux. *Tête* rousse, rembrunie sur le vertex ; inégale ; marquée de points profonds, confluents sur le devant de la tête,
plus distants sur le vertex. *Antennes* testacées ; allongées, très-
peu en scie. *Prothorax* roux : le disque quelquefois plus obscur ;
en carré allongé, légèrement dilaté dans le milieu ; à angles
postérieurs aigus ; visiblement échancré à son bord antérieur
qui est un peu sinué ; pubescent, et couvert d'une ponctuation
fine. Ecusson testacé, court, arrondi postérieurement. Elytres
rousses ; allongées ; à peu près parallèles, rétrécies graduellement à partir des deux tiers ; finement pubescentes, à stries
remplies d'une ponctuation confuse dans la première moitié,
canaliculées et ponctuées régulièrement dans la seconde : intervalles à ponctuation fine et serrée. *Antepectus* testacé, avec une
tache noire au milieu : poitrine et abdomen noirs, avec les bords
testacés. Pattes testacées.

La femelle diffère du mâle en ce qu'elle est plus large ; son
prothorax est plus convexe, plus visiblement rétréci postérieurement, plus densément ponctué ; les stries des élytres ne sont
pas du tout canaliculées, ont la ponctuation beaucoup plus forte,
et les intervalles plus convexes ; les antennes sont plus courtes
et plus épaisses.

Cet insecte, très-voisin de l'*A. subfuscus*, en diffère par sa
taille plus allongée, son prothorax plus long, plus rétréci postérieurement, et surtout par ses stries qui sont canaliculées
dans toute leur longueur dans le *subfuscus* ♂ et dans la moitié
de leur longueur dans la ♀, tandis que dans le *flavescens* elles
ne le sont pas du tout dans la femelle et seulement dans la
moitié de la longueur chez le mâle.

La grande Chartreuse. — Trouvée également à Chamounix par M. Gacogne.

Athous flavescens. Muls. et Guiller. *Opusc. Entom.* VI , p. 25.

10. A. CYLINDRICOLLIS. — Long. 12 mill., larg. 3 - 3 mill.

Corps d'un rouge testacé , plus foncé ou nébuleux sur le disque du prothorax et des élytres , plus pâle sur les côtés ; garni de poils fins et d'un cendré fauve. Tête et prothorax marqués de points assez gros ou médiocres ; la première , déprimée sur le front. Arête frontale obtusément tronquée en devant ; un peu avancée au-dessus de l'épistôme qui reste distinct. Deuxième article des antennes égal aux deux tiers du troisième. Elytres à stries ponctuées. Intervalles assez finement ponctués ; presque plans. Dessous du corps brunâtre sur l'antépectus , d'un flave rouge sur le reste. Partie prosternale à deux sillons transverses ; le deuxième presque obsolète ; arqués en devant : la partie arquée plus longue que l'espace séparant les sillons.

♂ Corps subparallèle. Antennes prolongées au moins jusqu'à la moitié du corps ou aux deux cinquièmes des élytres; à articles allongés , peu dentés ; le dernier cinq ou six fois aussi long qu'il est large. Prothorax à peine élargi d'avant en arrière , graduellement un peu plus large après la moitié de sa longueur, ou au moins aussi large à celle-ci que vers les angles postérieurs ; d'un quart plus large sur son milieu qu'il est large à la base ; peu convexe ; à peine muni d'une petite dent à ses angles postérieurs. Elytres subparallèles , à peine plus larges vers la moitié de leur longueur ; obtusément arrondies à l'extrémité ; peu convexes. Intervalles ruguleux.

♀ Inconnue (1).

Patrie : les environs de Bordeaux (Coll. Perroud.)

Obs. L'*A. cylindricollis* se distingue de l'*A. subtruncatus* par

(1) Les auteurs font suivre cette diagnose d'une longue et minutieuse description que je ne crois pas nécessaire de reproduire ici. La même observation s'applique à l'espèce suivante.

62

son prothorax et ses élytres d'une couleur presque uniforme;
par la longueur proportionnelle des deuxième et troisième articles
des antennes; par le deuxième sillon de la partie sternale de
l'antépectus, presque oblitéré. Il s'éloigne de l'*A. vestitus* (*castanescens*) par la couleur de ses élytres; par son arête frontale
obtusément tronquée; par le troisième article des antennes proportionnellement plus court.

Athous cylindricollis. Muls. et Guillkb. Loc. cit. VII, p. 82.

11. A. SUBTRUNCATUS. Long. 9 mill., larg. 1, 8 mill.

*Corps garni en dessus d'une pubescence d'un cendré fauve (♂♀)
Tête et prothorax marqués de points assez gros : la première
déprimée sur le front ; d'un fauve testacé, avec la partie postérieure obscure. Arête frontale presque tronquée en devant ; un peu
avancée au-dessus de l'épistome qui reste distinct. Deuxième et
troisième articles des antennes courts, presque égaux. Prothorax
brun, orné de chaque côté d'une bande longitudinale testacée.
Élytres brunes près de la suture et sur le neuvième et partie du
huitième intervalle, testacées sur le reste ; à stries ponctuées. Intervalles assez finement ponctués ; presque plans. Dessous du corps
brun sur l'antépectus. Ventre et pieds, testacés. Partie prosternale
à deux sillons transverses, arquée en devant : cette portion arquée
plus longue que l'espace séparant les sillons.*

♂. Taille ordinairement moins avantageuse. Corps plus étroit;
un peu plus pubescent. Antennes prolongées environ jusqu'au
cinquième des élytres ; à articles proportionnellement plus
allongés, moins dilatés, moins dentés : le dernier trois ou
quatre fois aussi long qu'il est large. Prothorax un peu rétréci
d'arrière en avant sur le cinquième antérieur, subparallèle jusqu'à
la sinuosité, vers les trois quarts de la longueur, un peu élargi
ensuite d'avant en arrière ; d'un cinquième plus long sur son
milieu qu'il est large à sa base; peu convexe ; à peine muni
d'une petite dent relevée à ses angles postérieurs. Élytres subparallèles ou plutôt faiblement rétrécies jusqu'aux quatre septièmes
de leur longueur ; plus sensiblement rétrécies ensuite, assez
étroites à l'extrémité ; peu convexes. Intervalles ruguleux ; plus

densément garnis de poils mi-hérissés. Repli offrant ses deux
bords plus égaux, plus distincts sur une plus grande étendue.
Premier article des tarses postérieurs aussi long que les deux
suivants réunis.

♀. Corps d'une taille un peu plus avantageuse ; plus parallèle;
plus sensiblement convexe ; à peine moins pubescent. Antennes
à peine prolongées au-delà des angles postérieurs du prothorax ;
à articles proportionnellement moins allongés, plus dilatés : le
dernier, deux fois et demie à trois fois aussi long qu'il est large.
Prothorax sensiblement arqué sur les côtés jusqu'à la sinuosité,
parallèle ensuite : armé à l'extrémité de ses angles postérieurs
d'une petite dent dirigée en dehors et très-distincte ; moins d'un
cinquième plus long sur son milieu qu'il est large à la base ;
médiocrement convexe. Elytres parallèles jusqu'aux trois quarts
de leur longueur, obtusément arrondies à l'extrémité, médiocrement convexes. Intervalles moins densément et moins ruguleusement pointillés ; moins pubescents. Repli offrant son bord
interne moins distinct, en partie voilé par les côtés du ventre.
Premier article des tarses postérieurs à peine aussi long que les
deux suivants réunis.

Patrie : le midi de la France (Coll. Godart).

Athous subtruncatus. MULS. et GUILLEB. Loc. cit. VII, p. 89.

12. A. JEJUNUS. *Niger, nitidulus, pube brevi grisea parcius
vestitus, prothorace parce punctato, angustato lateribus parallelis,
inæquali, fronte late excavata, antennis basi testaceis, articulo
tertio secundo vix duplo longiore, elytris prothorace vix latioribus, brunneis, sutura margineque dilutioribus, pedibus
testaceis, tarsorum articulo quarto tertio minore.* — Long. 5 lin.

Langgestreckt, schmal, gleichbreit, schwarz, mit braunen
Flügeldecken und hellbraeunlichen Beinen, Fühler lang und
dünn, das zweite Glied verkehrt kegelförmig, das dritte fast
doppelt so lang als das zweite, die folgenden lang walzenförmig,
nach der Spitze zu kaum verdickt, die vordere Innenecke
daher wenig nach innen einspringend. Die Stirn vorn breit
abgestutzt, mit stark aufgebogenem, an den Seiten aber nur
wenig gewulstetem Vorderrande, mit einem breiten, aber flachen

Eindrucke. Die Augen grofs und vorgequollen. Das Halsschild länger als breit, nach der Basis verbreitert, die Hinterecken mässig scharf und kräftig nach hinten vorragend, ungekielt. Die Oberfläche ist glänzend, mässig stark und sparsam punktirt, vor dem Schildchen stehen zwei flache Grübchen und die Hinterecken sind durch einen Schrägeindruck abgesetzt. Die Flügeldecken sind langgestreckt, parallel, punktirt-gestreift, die Zwischenräume gerunzelt und punktirt, mit reihenweise geordneten, kurzen, etwas abstehenden, goldglänzenden Härchen besetzt. Sie sind braun, die Naht und der Aussenrand mehr oder weniger deutlich gelb. Die Tarsen sind mässig gestreckt, das erste Glied ist viel länger als das zweite, das vierte nässig kürzer als das dritte.

Das Männchen zeichnet sich durch viel schmä'ere Gesta't und längeres Halsschild mit parallelem Seitenrande, das Weibchen durch kürzeres, nach hinten mehr verbreitertes und etwas mehr gewölbtes Halsschild aus.

Der Käfer unterscheidet sich vom *A. longicollis* durch glattes, einzeln punktirtes Halsschild, vom *A. cavifrons* Redt. durch den Mangel an Seitenwulsten am Vorderrande der Stirn, vom *A. difformis* eben dadurch und durch mindere Verschiedenheit beider Geschlechter, von den sämmtlichen genannten durch besonders kurze, abstehende Behaarung.

Aus Tyrol. Zwei Exemplare dieser Art befinden sich im K. Museum zu Berlin.

Athous jejunus. Kies. *Naturg. d. Ins. Deutschl.* IV, p. 328, 12.

ADDITIONS ET CORRECTIONS.

Pag. 93. G. OEdosthetus.

J'ai reçu récemment en communication, de M. Le Conte, un exemplaire de l'espèce qui forme le type du genre *OEdosthetus*, et j'ai pu me convaincre qu'il rentre réellement dans la sous-tribu des *Cryptohypnites*. Il forme un type bien distinct, qui vient se placer naturellement à côté des *Cryptohypnus*.

P. 456. Card. Kiesenwetteri.

Cette petite espèce que j'avais reçue, il y a deux ans, de M. de Kiesenwetter, a été décrite dernièrement par ce savant sous le nom de *C. procerulus* (*Berlin. entom. Zeitschr.* III, 1859, 1, p. 21). Je n'ai eu connaissance de cette publication que postérieurement à l'impression du chapitre qui concerne les *Cardiophorus*, dans ce volume, et trop tard, conséquemment, pour substituer, à la dénomination que j'avais imposée, celle qui lui appartient par droit de priorité.

Dans les mêmes Annales (p. 342), a paru la description d'une espèce de *Cardiophorus*, originaire de l'île de Chypre. Voici ses caractères :

« C. NIGRICORNIS. *Niger, nitidus, tenuissime pubescens, thorace rufo, maculis tribus sæpe confluentibus, et pedum summa basi sanguineis.* — Long. 2 2/3 - 3 1/4 lin.

Hab. in insula Cypro. D. Truqui.

C. argiolo Gené statura et forma proximus. Antennæ capite thoraceque paulo longiores, feminæ tenues, maris modice serratæ, articulis a tertio inde oblongo-triangularibus sensim crassitie minoribus et longioribus, totæ nigræ. Prothorax convexus, postice declivis, lateribus anterius rotundatus, angulis posterioribus acutis, rectis, basi elytrorum latitudine fere minor, sanguineus; macula magna oblonga discoidali marginem anticum et posticum attingente, aliaque minore orbiculata in utroque latere nigris : maculæ sæpe in unam confluunt, relicto spatio utrinque minore ad angulos anticos, ad posticos majore sanguineo. Elytra punctato-striata, subtilissime sat dense griseo-pubescentia. Corpus subtus nigrum, thoracis lateribus plus minusve sanguineis. Pedes nigri, trochanterum et tibiarum summa basi superna sanguineis. »

Baudi di Selve.

Je crois que cette espèce n'est autre que celle qui a été décrite par Erichson sous le nom de *sacratus* (voy. p. 127).

P. 297. *Diploconus coracinus.*

Dans le cours de l'impression des pages relatives aux *Diploconus*, j'ai découvert, dans les cartons de M. Guérin-Méneville, une espèce de ce groupe, remarquable en ce qu'elle forme exception sous le rapport de la patrie, et que je n'ai pu faire figurer dans le tableau synoptique placé en tête du genre. Voici sa description :

D. CORACINUS. *Ater, nitidus, pube fusca, subhirsuta, longiuscula, sparsim obductus; prothorace latitudine paulo longiore, a basi arcuatim angustato, fortiter minus dense punctato, angulis posticis bicarinatis; elytris striato-punctatis, apice integris; pedibus brunneis.* — Long. 15 mill., lat. 4 mill.

Tout entier d'un noir brillant, revêtu de poils brunâtres, subhérissés, assez longs, clair-semés. Front grand, presque plat, son bord antérieur nullement redressé, médiocrement saillant. Antennes noires, dentées. Prothorax un peu plus long que large, rétréci curvilinéairement d'arrière en avant à partir de la base, peu convexe, fortement et éparsément ponctué, subsillonné vers la base, ses angles postérieurs à peine divergents, peu allongés, aigus, bicarénés. Elytres de la largeur du prothorax et deux fois et un tiers plus longues, atténuées à partir de la base avec ses côtés légèrement et régulièrement courbes, convexes, entières au sommet, marquées de stries de points assez gros et serrés à la base, plus fins en arrière, les intervalles plats marqués de quelques points rares. Dessous, noir avec les pattes brun rougeâtre.

De l'Assam.

EXPLICATION DES PLANCHES.

Planche I.

1. *Psiloniscus apicalis*; 1ᵃ antenne; 1ᵇ hanche postérieure; 1ᶜ tarse.
2. *Psiloniscus borborurus.*
3. *Deromecus impressus;* 3ᵃ hanche postérieure; 3ᵇ tarse.
4. *Belarmon bisbimaculatus;* 4ᵃ tarse vu de profil; 4ᵇ id. vu de face.
5. *Deromecus rubricollis.*
6. *Smilicerus Sallei;* 6ᵃ antenne; 6ᵇ hanche postérieure et patte corres-
    pondante; 6ᶜ tarse vu de face.
7. *Smilicerus bitinetus.*
8. *Medonia punctatosulcata;* 8ᵃ hanche postérieure; 8ᵇ tarse.
9. *Pomachilius subfasciatus;* 9ᵃ antenne; 9ᵇ tarse vu de face; 9ᶜ id. vu
    de profil.
10. *Pomachilius centrurus;* 10ᵃ extrémité des élytres.
11. *Pomachilius ligneus;* 11ᵃ hanche postérieure.
12.   —   *axoloides.*
13.   —   *melanurus.*
14.   —   *guttatus;* 14ᵃ extrémité des élytres.
15.   —   *scenicus.*
16.   —   *histrio;* 16ᵃ extrémité des élytres.
17.   —   *pulchellus;* 17ᵃ extrémité des élytres.
18.   —   *ornatus.*

Planche II.

1. *Monadicus emys;* 1ᵃ antenne; 1ᵇ dessous du prothorax; 1ᶜ profil du
    prothorax.
2. *Cryptohypnus depressus,* 2ᵃ antenne; 2ᵇ dessous du prothorax pour
    montrer la largeur du prosternum; 2ᶜ hanche postérieure.
3. *Cryptohypnus funebris.*
4. *Cryptohypnus littoralis;* 4ᵃ écusson; 4ᵇ tarse antérieur, 4ᶜ tarse pos-
    térieur.
5. *Cryptohypnus gibbus.*
6.   —   *binodulus.*
7.   —   *obliquatulus.*
8. *Arhaphes diptychus;* 8ᵃ profil, pour montrer la flexion du prothorax sur
    le reste du corps; 8ᵇ dessous du prothorax.
9. *Cardiophorus syriacus;* 9ᵃ antenne; 9ᵇ écusson; 9ᶜ mésosternum; 9ᵈ
    hanche postérieure.

10. *Cardiophorus* *maculicollis.*
11. — *eximius.*
12. — *notatus.*
13. — *anaticus.*
14. — *ægyptiacus.*
15. — *venustus.*
16. — *lætus.*
17. — *histrio.*
18. — *sexguttatus.*

Planche III.

1. *Cardiophorus* *bipunctatus.*
2. — *Gebleri.*
3. — *ophidius.*
4. — *Eleonoræ.*
5. — *mirabilis.*
6. — *quadriplagiatus.*
7. — *repandus.*
8. — *Letradicus.*
9. — *lorquini.*
10. — *spilotus.*
11. — *cardisce.*
12. — *exaratus.*
13. — *musculus.*
14. — *Graellsii.*
15. — *hottentotus.*
16. — *gibbulus.*
17. — *cognatus.*
18. — *pallipes.*
19. — *hæmatomus.*
20. — *Moorii.*
21. — *Mionii.*
22. — *quadrillum.*
23. — *conductus.*
24. — *Hedenborgii.*
25. — *comptus.*
26. — *inquinatus.*
27. — *equinus.*
28. — *oxypterus.*
29. — *systenus.*
30. — *venaticus.*

Planche IV.

1. *Coptosthetus canariensis;* 1ᵃ antenne; 1ᵇ hanche postérieure.
2. *Cardiotarsus acuminatus;* 2ᵃ tarse vu de face; 2ᵇ id. vu de profil.
3. *Cardiotarsus vulneratus.*

4. *Aptopus lateralis ;* 4ᵃ crochets des tarses.
5. *Aptopus campylinus ;* 5ᵃ antenne.
6. *Aptopus agrestis.*
7. *Triplonychus longicollis ;* 7ᵃ crochets des tarses.
8. *Triplonychus costatus.*
9. *Horistonotus electus ;* 9ᵃ profil du prothorax; 9ᵇ crochets des tarses.
10. *Horistonotus effusus ;* 10ᵃ front ; 10ᵇ antenne; 10ᶜ hanche postérieure ; 10ᵈ crochets.
11. *Horistonotus australis.*
12. — *parmenoides.*
13. — *curiatus.*
14. *Esthesopus Clarkii.*
15. — *placidus.*
16. — *troglodytes ;* 16ᵃ corselet grossi ; 16ᵇ tarse vu de face ; 16ᵉ id. vu de profil.
17. *Esthesopus atripennis.*
18. *Esthesopus castaneus ;* 18ᵃ mentonnière vue de profil.

Planche V.

1. *Psellis promiscua ;* 1ᵃ tarse.
2. *Diploconus frontalis ;* 2ᵃ sutures du prosternum ; 2ᵇ hanche postérieure.
3. *Diploconus homostictus.*
4. *Melanotus sulcicollis ;* 4ᵃ prothorax au trait pour montrer les sillons basilaires latéraux ; 4ᵇ hanche postérieure.
5. *Melanotus umbilicatus;* 5ᵃ antenne; 5ᵇ crochets des tarses.
6. — *regalis.*
7. — *longulus.*
8. — *scrobicollis.*
9. *Limonius pubicollis ;* 9ᵃ front ; 9ᵇ antenne.
10. — *quadraticollis.*
11. — *stygma.*
12. *Pityobius anguinus ;* 12ᵃ antenne du mâle.
13. *Limonius occidentalis ;* 13ᵃ hanche.
14. *Athous rufiventris;* 14ᵃ antenne ; 14ᵇ hanche; 14ᶜ tarse.
15. *Athous villiger.*
16. — *Sacheri ;* 16ᵃ antenne.
17. — *sylvaticus.*
18. — *mandibularis ;* 18ᵃ antenne; 18ᵇ tarse.

TABLE ALPHABÉTIQUE

DES GENRES ET DES ESPÈCES CONTENUS DANS CE VOLUME.

Les noms qui ne figurent que dans la synonymie sont en caractères italiques.

64

FIN DU TROISIÈME VOLUME.

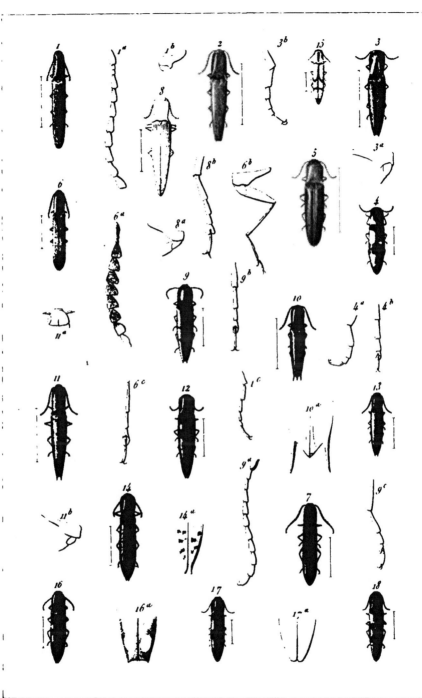

Pl.1

PSILONISCUS. DEROMECUS. BETARMON. MEDONIA. SMILICERUS. POMACHILIUS.

Pl. II.

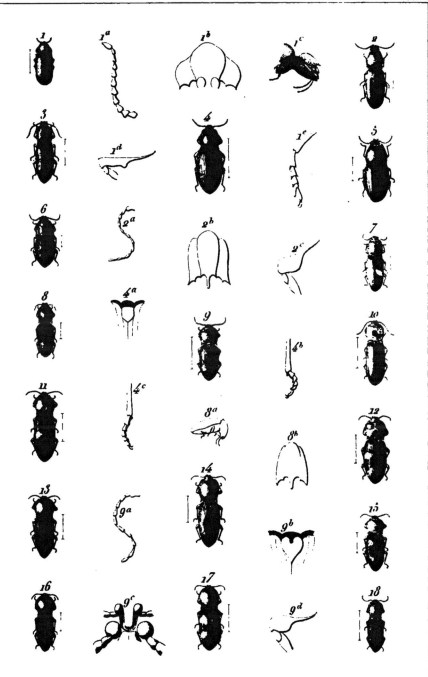

MONADICUS. CRYPTOHYPNUS. ARHAPHES. CARDIOPHORUS.

Pl. III.

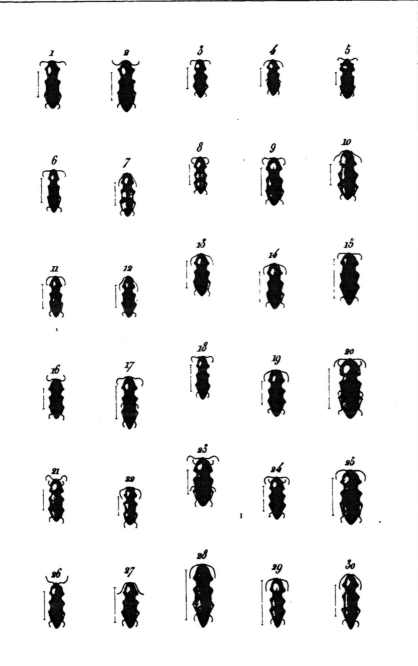

CARDIOPHORUS.

Pl IV

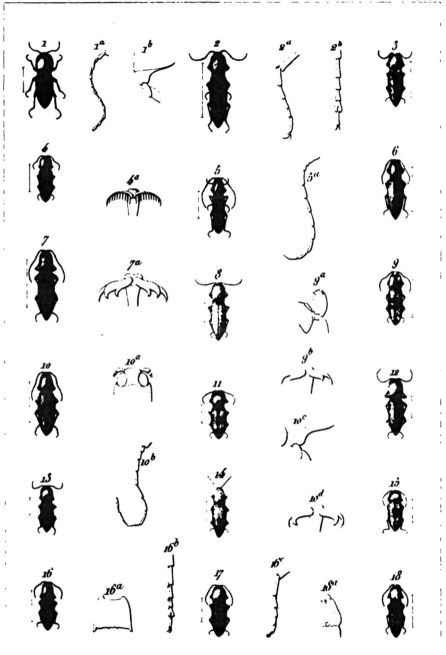

COPTOSTETHUS. CARDIOTARSUS. APTOPUS. TRIPLONYCHUS. HORISTONOTUS. ESTHESOPUS.

Pl. V.

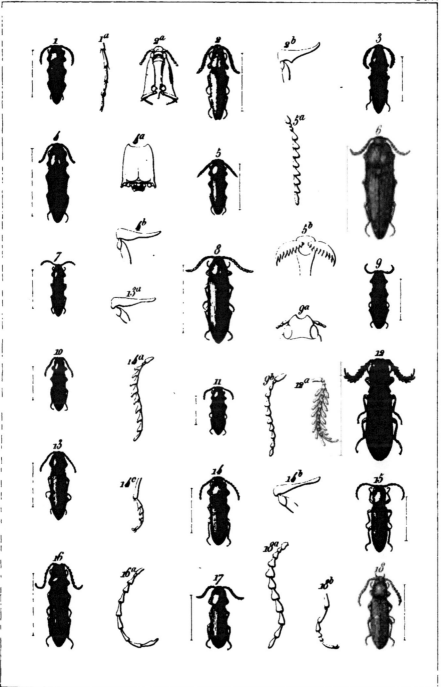

PSELLIS. DIPLOCONUS. MELANOTUS. LIMONIUS. PITYOBIUS. ATHOUS.

MONOGRAPHIE

DES

ÉLATÉRIDES.

!

MONOGRAPHIE

DES

ÉLATÉRIDES

PAR

M. E. CANDÈZE,

DOCTEUR EN MÉDECINE , MEMBRE CORRESPONDANT DE L'ACADÉMIE ROYALE DE BELGIQUE ,
MEMBRE DE LA SOCIÉTÉ DES SCIENCES DE LIÉGE , ETC.

TOME QUATRIÈME.

LIÉGE,

H. DESSAIN, IMPRIMEUR-LIBRAIRE,

RUE TRAPPÉ , N° 7.

Mai 1863.

MONOGRAPHIE

DES

ÉLATÉRIDES.

———•——•

TRIBU VII.

ÉLATÉRIDES VRAIS.

SECTION II.

II. — Front dépourvu en avant, au moins sur la ligne médiane, de crète transversale, ou carène, en deça du bord qui donne insertion au labre (1).

A Front aplati ou concave, les fossettes antennaires
   étroites, les crètes sus-antennaires prenant en dedans une direction plus ou moins transversale (Pl.
   I, fig. 1 et 2); labre court, la bouche s'ouvrant dans
   une direction oblique en dessous et un peu en avant ;
   sutures prosternales généralement rectilignes.
  a Hanches postérieures complètes.

α Des taches jaunes, vitrées, ou *vésicules phospho-* *rescentes*, vers les angles postérieurs du pro- thorax.	XI. Pyrophorites.
α² Pas de vésicules phosphorescentes à la base du prothorax.	
* Tarses simples.	XII. Corymbitites.
** Tarses dilatés ou lamellés.	
× Tarses dilatés.	XIII. Crépidoménites.
×× Tarses lamellés.	
+ Deuxième et troisième articles des tarses lamellés.	XIV. Asaphites.
++ Troisième et quatrième articles des tar- ses lamellés.	XV. Allotriites.

(1) Voir la *Première section*, T. II, p. 3.

aa Lame extérieure des hanches postérieures très-di-
    latée dans sa moitié interne, nulle dans sa moi-
    tié externe.   XVI.   DIMITES.

AA Front convexe, les fossettes antennaires grandes,
    les crêtes sus-antennaires obliques jusqu'à leur
    extrémité antérieure (Pl. I, fig. 3 et 4); labre
    grand, la bouche s'ouvrant directement en bas;
    sutures prosternales généralement courbes.
  a Crochets des tarses simples.
    α Troisième et quatrième articles des tarses lamellés,   XVII. HYPODÉSITES
    αα Tarses simples ou avec un seul article lamellé.
     * Labre échancré; mésosternum vertical.   XVIII. CARDIORHINITES.
     ** Labre entier; mésosternum horizontal ou dé-
       clive.   XIX. LUDIITES.
  aa Crochets des tarses pectinés.   XX. ADRASTITES.

Cette section, comme on le voit, se partage en deux groupes
importants caractérisés principalement, l'un par la concavité, l'autre
par la convexité du front. Cette conformation avait déjà servi de
base à Eschscholtz pour l'établissement de ses genres (1). C'est en
effet le seul caractère constant qui sépare les *Corymbites* et les genres qui se groupent autour d'eux, tels que les *Pyrophorus,* les *Asaphes,* les *Crepidomenus* etc., des *Ludius* et des *Agriotes* qui sont
formés d'après un type évidemment distinct.

Afin de donner, de ces deux formes essentielles, une idée plus
nette que je ne puis le faire par des mots, j'ai figuré, à la planche I,
les têtes de deux espèces bien connues, les *Corymbites pectinicornis*
(fig. 2), et *Ludius ferrugineus* (fig. 3), où les deux formes distinctives en question se rapprochent l'une de l'autre, et celles des
Pyrophorus candens (fig. 1), et *Orthostethus fuscus* (fig. 4) qui représentent les formes extrêmes. Toutes les espèces chez lesquelles la
tête affecte une forme intermédiaire entre celles des fig. 1 et 2 se
rangent donc dans le voisinage des genres *Pyrophorus* et *Corymbites*
pour constituer le premier groupe; celles qui ont le front courbe,
le labre grand et perpendiculaire, comme dans les fig. 3 et 4, forment le second.

(1) Voyez Tome I, p. 9.

SOUS-TRIBU XI.

PYROPHORITES.

Front sans carène sur la ligne médiane, carré, généralement con-
cave, les crêtes sus-antennaires fortes, transversales dans leur portion
interne; des vésicules phosphorescentes vers les angles postérieurs
du prothorax.

A l'exception de deux espèces, types d'un genre spécial, le genre
Pyrophorus forme à lui seul cette sous-tribu. Je n'ai donc rien à en
dire qui ne trouve mieux sa place dans les généralités du genre lui-
même.

PYROPHORUS.

Illig. *Mag. d. Gesellsch. nat. Fr. z. Berl.* 1, 141.

Hypsiophthalmus. Latr. *Ann. soc. entom.* III, p. 145.

Stilpnus, Belania. Lap. *Hist. nat. d. Ins. Col.* I, p. 236.

Phanophorus. Sol. in Gay, *Hist de Chile;* Zool. V. p. 26.

Tête de grosseur très-variable, plus ou moins engagée dans le
prothorax; front subquadrangulaire ou rétréci par les yeux, concave, quelquefois même profondément excavé. Yeux généralement
bien développés, parfois très-gros. Mandibules simples ou échancrées.

Antennes de longueur variable, tantôt faiblement, tantôt fortement
dentées en scie, à article 2 généralement petit, 3 parfois aussi court,
parfois semblable au quatrième, le plus souvent d'une taille intermédiaire, le dernier muni à l'extrémité d'un faux article.

Prothorax et élytres de forme variable. Le premier offrant, vers
les angles postérieurs, deux taches jaunes plus ou moins saillantes et
arrondies, lumineuses pendant la vie de l'animal et appelées, pour
cette raison, *vésicules lumineuses* ou *phosphorescentes.*

Prosternum muni d'une mentonnière bien développée et d'une
pointe postérieure droite ou un peu fléchie; ses sutures latérales
rectilignes et obliques.

Mésosternum déclive, sa fossette petite et à bords déprimés.

Hanches postérieures à lame extérieure linéaire ou peu à peu et faiblement élargie en dedans.

Pattes médiocrement longues, leurs tarses filiformes, comprimés, à articles 1 à 4 diminuant graduellement de longueur et revêtus en dessous, tantôt de poils épars, tantôt d'une pubescence serrée et formant velours.

Corps parfois tomenteux, parfois simplement pubescent, plus rarement complètement glabre.

« Ce genre » dit M. Lacordaire, dans son *Genera*, « est, en apparence, l'un des plus tranchés de la famille, mais en réalité de ceux qui prouvent le mieux l'excessive variabilité des organes chez les Élatérides. Il n'y a, en effet, rien de constant chez ces insectes, pas même l'existence des vésicules phosphorescentes qui constitue leur caractère essentiel. Les uns figurent parmi les plus grands Élatérides..........; d'autres sont tout au plus de taille moyenne. Le reste varie dans la même proportion. On ne saurait dès lors en rien dire de général, à moins d'entrer dans des détails infinis. »

Plusieurs espèces ont le prothorax tout-à-fait dépourvu de vésicules phosphorescentes et leur *facies* seul indique qu'elles rentrent dans le genre *Pyrophorus*. Il en est qui perdent même ce *facies*, bien que, cependant, certaines raisons obligent à les rapporter à ce genre. Je citerai spécialement le *P. marginicollis*, du Brésil, qui est privé de vésicules phosphorescentes et qui s'écarte par son système de coloration de la généralité des espèces. Mais son intime affinité avec le *P. cincticollis*, du même pays, lequel a des vésicules bien distinctes, indique incontestablement sa place réelle. On doit donc admettre que dans certains cas l'absence ou la présence des taches phosphoriques perdent de leur valeur caractéristique. Germar avait placé quelques-unes de ces espèces aberrantes parmi les *Pristilophus* (*Corymbites*). Mais il eut dû alors, pour être conséquent, y placer aussi ses *Pyrophorus hebes* et *cæcus*, qui n'ont pas de vésicules et qui n'en sont cependant pas moins, pour l'œil, de véritables Pyrophores.

Les Pyrophores privés du caractère en question ne se distinguent plus, en effet, des *Corymbites*, et je me suis trouvé très-embarrassé lorsqu'il s'est agi de fixer les formules caractéristiques et distinctives de ces deux genres. Ne pouvant admettre dans les *Corymbites* les Pyrophores dépourvus de vésicules, ce qui m'eut entraîné trop loin, j'ai tranché la difficulté en adoptant la mesure inverse, c'est-à-dire, en incorporant dans le genre actuel tous les *Corymbites* propres au Brésil, ou plutôt à la région intertropicale de l'Amérique. Ces espèces douteuses ne sont, du reste, qu'en nombre restreint.

Nous venons de voir combien les *Pyrophorus* et les *Corymbites* sont voisins, ou, pour parler plus exactement, combien leur délimitation est peu naturelle. Les rapports qu'ils ont avec les *Athous* sont presque aussi intimes ; c'est pourquoi leur place, entre ces derniers et les *Corymbites,* me parait être la plus convenable.

En constatant ces rapports, je me suis demandé si les différences sexuelles, si fortes chez quelques *Athous,* au point que les sexes ont souvent été décrits comme espèces distinctes, n'existaient pas au même degré chez les Pyrophores. Germar, dans les généralités de sa Monographie du genre (1), dit positivement qu'il n'a pu reconnaître ces différences pour beaucoup d'entre-eux. J'étais amené de la sorte à conclure, ou que ces différences n'existaient pas extérieurement, ou plutôt qu'elles étaient si grandes qu'elles avaient trompé tous ceux qui s'étaient, jusque-là, occupé de ces insectes. L'étude particulière de chaque espèce me confirma dans cette dernière opinion.

Tous ceux qui ont examiné une série de Pyrophores, telle qu'en renferment les collections ordinaires, savent que quelques-uns se font remarquer par la grosseur exagérée des yeux. Latreille, M. Laporte de Castelnau ont érigé ces espèces en genres distincts. Germar en a fait une section spéciale. Pour moi, les Pyrophores qui ont les yeux très-développés, ne sont que des mâles d'espèces où les femelles ont la tête conformée normalement.

Si l'on examine, en effet, la dernière série des espèces décrites par Germar, celles qui constituent sa quatrième famille et qui sont caractérisées par la position des taches phosphorescentes au bord postérieur du prothorax, on voit que beaucoup d'entre elles s'y trouvent deux fois reproduites sous des noms différents, et que ces prétendues doubles espèces, provenant précisément des mêmes régions, ne diffèrent que par la grosseur des yeux. Cette observation rend déjà presque évident que ce ne sont là que les deux sexes d'espèces uniques. Quelques dissections sont venues confirmer cette supposition. Ce caractère remarquable s'efface en partie chez beaucoup d'espèces, notamment chez celles de grande taille qui forment la première section. Il en reste cependant encore des

(1) *Zeitschrift f. die Entom.* III, p. 7.

traces. Ainsi, chez le *P. clarus*, on distingue très-bien, en y regardant de près, cette différence dans le développement de la tête.

Le genre *Pyrophorus* est exclusivement propre aux parties chaudes du continent américain et aux îles qui l'avoisinent. Les espèces des Antilles sont, en général, reconnaissables à leur tournure plus svelte. Les Pyrophores ne volent guère que la nuit; ce vol paraît-il, est très-rapide. Le jour ils se tiennent cachés sous les feuilles et au pied des arbres.

Sauf un petit nombre d'espèces, telles que le *formosus*, le *cincticollis*, etc., les insectes qui composent ce groupe ne se recommandent guère par leur couleur qui varie, chez la plupart, entre le brun noir et le rougeâtre testacé. Cependant, malgré leur modeste livrée, ils comptent sans contredit parmi les plus remarquables de l'ordre entier des Coléoptères, grâce à la curieuse propriété, qu'ils possèdent à un très-haut degré, d'émettre de la lumière.

Rien de plus merveilleux, s'accordent à dire les voyageurs, que le spectacle qu'offrent les Pyrophores dans les endroits où ils sont abondants, dès que le soleil a disparu sous l'horizon. La brillante et mobile illumination qu'ils produisent alors, frappe d'admiration tous ceux qui la contemplent pour la première fois.

Ce serait sortir du plan de cet ouvrage que de m'étendre davantage là-dessus, et je renvoie le lecteur, curieux de détails à ce sujet, aux traités qui en ont parlé plus spécialement, notamment à l'*Introduction à l'Entomologie* (1) de M. Lacordaire.

Il me suffira de rappeler, ici, que les principaux organes lumineux sont les vésicules phosphorescentes dont il a été fait mention plus haut. Quelques espèces, sinon toutes, possèdent encore un troisième foyer lumineux sur la face inférieure du corps,. à l'union du mésothorax avec le métathorax.

Les Pyrophores ont déjà été l'objet de deux monographies spéciales. La première, faite par Illiger, comprend seize espèces. Elle date de 1807. La seconde a été écrite par Germar, il y a vingt ans, et ne renferme pas moins de soixante-neuf types spécifiques; mais ce nombre est exagéré, ainsi que je l'ai dit ci-dessus en parlant des différences sexuelles : je l'ai réduit à une cinquantaine; en sorte qu'en y ajoutant les espèces nouvelles importées en Europe durant

(1) T. II, p. 140. Voy. aussi : Gosse, (*Ann. and Mag. of Nat. Hist.* ser. II, I, p. 200), ainsi que les ouvrages de Palissot de Beauvois et de Drury.

ces vingt années, je suis arrivé au chiffre de Germar, qui est sans doute, à peu près, le nombre des espèces existant actuellement dans les collections.

Germar a pris pour base de la division des espèces : 1° la position des vésicules phosphorescentes relativement aux deux côtés qui forment l'angle postérieur du prothorax; 2° la grandeur relative du 3ᵉ article des antennes; 3° la longueur de ces dernières; 4° la convexité du prothorax et la grosseur des yeux.

J'ai adopté les deux premières bases qui paraissent assez stables. La troisième, c'est-à-dire la longueur des antennes, n'a de valeur que pour autant que l'on connaisse les deux sexes; j'en ai fait également usage. Quant à la quatrième, je n'en ai guère tenu compte, puisque, à mon sens, elle ne conduit qu'à séparer les sexes d'une même espèce. J'ai cependant, et par exception, pris ce caractère en considération pour les quelques Pyrophores qui forment la dernière section, et qui ont les yeux (au moins le mâle, et peut-être aussi la femelle), remarquablement saillants.

Voici le tableau des sections que j'ai admises :

I. Vésicules phosphorescentes latérales ou angulaires, c'est-à dire plus rapprochées du bord latéral que du bord postérieur de l'angle à la base duquel elles sont placées, ou à égale distance des deux bords.

  A Antennes dentées en scie à partir du quatrième article seulement, le troisième visiblement plus petit et d'une autre forme que le quatrième.

    a Vésicules arrondies ou ovales, saillantes, nettement limitées, latérales; antennes plus courtes que le prothorax dans les deux sexes.   Section I.

    aa Vésicules de formes diverses, souvent diffuses sur les bords, parfois oblitérées, peu ou point saillantes. Antennes aussi ou plus longues que le prothorax, même, à de rares exceptions près, chez les femelles; prothorax de forme allongée chez presque tous.   Section II.

  AA Antennes dentées en scie à partir du troisième article, celui-ci semblable au quatrième.   Section III.

II. Vésicules phosphorescentes postérieures, c'est-à-dire plus rapprochées du bord postérieur que du bord latéral de l'angle à la base duquel chacune d'elles est placée.

  A Antennes dentées en scie à partir du troisième article, celui-ci semblable au quatrième.   Section IV.

  AA Antennes peu ou point dentées en scie, le troisième article plus étroit ou plus court que le quatrième.

    a Plus court.   Section V.

    aa De même longueur, mais plus étroit.

    α Prothorax peu ou point rétréci au sommet où il reste
toujours plus large que la tête.   Section VI.

    αα Prothorax fortement rétréci au sommet où il est
plus étroit que la tête.   Section VII.

SECTION I.

*Taille grande; antennes courtes, à troisième article plus petit que
le quatrième; prothorax aussi ou plus large que long, à vésicules
latérales et saillantes.*

A Vésicules phosphorescentes apparentes seulement en-
dessus.

   a Elytres finement ponctuées-striées ou, plus souvent,
simplement striées-ponctuées.

     α Vésicules beaucoup plus rapprochées du bord
latéral que du bord postérieur, arrondies ou
oblongues.

       * Téguments non soulevés au pourtour des vési-
cules.

         × Côtés du prothorax déclives dans toute leur
longueur. (Amér. intertrop.)   1. *P. noctilucus.*

         ×× Côtés du prothorax formant une expan-
sion plane vers les angles antérieurs.
(Antilles).   2. *P. plagiophthalmus.*

       ** Téguments soulevés au pourtour et surtout au
côté interne des vésicules, ce qui rend celles-
ci fort saillantes et les incline en-dehors.

         × Pubescence épaisse, d'un jaune cendré
blanchâtre, voilant la couleur des téguments. (Brésil).   5. *P. tuberculifer.*

         ×× Pubescence fauve, peu dense et modifiant
seulement la couleur obscure des tégu-
ments. (Antilles).   6. *P. hesperus.*

     αα Vésicules presque angulaires, grandes, ovales,
très-obliques, leur grand diamètre prolongé
coupant l'axe en-dessous de l'écusson.
(Mexique).   3. *P. strabus.*

   aa Elytres profondément striées, les stries marquées de gros points. (Bolivie, Paraguay).   4. *P. punctatissimus.*

AA Dessous du prothorax présentant une tache jaune
au point qui correspond à la vésicule.

   a Prothorax subparallèle et bisinueux sur les côtés,
déprimé, biimpressionné, trois fois plus court
que les élytres. (Nᵉˡˡᵉ Grenade, Pérou).   8. *P. clarus.*

   aa Prothorax bombé, arqué sur les côtés en avant;
élytres moins de trois fois plus longues que lui.

     α Elytres finement striées-ponctuées; prothorax
non sinueux sur les côtés. (Amér. intertrop.) 7. *P. pellucens.*

     αα Elytres ponctuées-striées; prothorax bisinueux
sur les côtés. (Guyane).   9. *P. indistinctus.*

SECTION II.

Taille moyenne, formes sveltes; antennes longues, à troisième article plus court que le quatrième, prothorax allongé, ses vésicules de formes diverses, latérales ou angulaires, parfois peu, exceptionnellement point apparentes.

A Deuxième et troisième articles des antennes petits et égaux. (sous-section I).

 a Coloration des élytres uniforme.

  α Prothorax noirâtre, avec ses côtés jaunes ou rougeâtres.

   * Côtés du prothorax d'un jaune orangé, les élytres d'un brun tirant sur le rougeâtre. (Amér. mér.)　　　　10. *P. ignitus.*

   ** Côtés du prothorax d'un jaune testacé, les élytres d'un brun châtain (Nouvelle Grenade, Venezuela).　　　　11. *P. extinctus.*

  αα Prothorax unicolore, abstraction faite des vésicules. (Amér. mér.)　　　　12. *P. fulgidus.*

 aa Elytres rougeâtres, cette couleur passant insensiblement au noir à l'extrémité. (Guyane).　　　　13. *P. melanurus.*

 aaa Elytres brunes, tachées de rouge à la base. (Brésil).　　　　14. *P. mesochrous.*

AA Troisième article des antennes plus long que le second. (sous-section II).

 a Élytres mucronées et généralement divariquées au sommet.

  α Vésicules un peu écartées du bord latéral, peu ou point saillantes, pubescence de couleur claire.

   * Un petit tubercule à la base du prothorax; ce tubercule, situé un peu en avant de l'échancrure qui existe à cet endroit sur la ligne médiane. (Brésil).

    X Pubescence grise ou cendrée, téguments bruns.　　　　19. *P. pyrophanus.*

    XX Pubescence jaune, téguments ferrugineux.　　　　20. *P. illuminans.*

   ** Un petit tubercule à la base du prothorax, ce tubercule placé sur le rebord même de l'échancrure en question. (Antilles).

    X Elytres ponctuées-striées ou marquées de séries de points bien distinctes.

     + Prothorax trapéziforme chez les mâles, aussi large au devant des angles postérieurs qu'au milieu chez les femelles; pubescence généralement jaunâtre.　　　　15. *P. luminosus.*

2

++ Prothorax très-peu rétréci en avant
chez les mâles, plus large au milieu
qu'à la base chez les femelles, pubescence dense, généralement cen-
drée.   16. *P. lychnus.*
     ×× Elytres très finement striées-ponctuées.   17. *P. lychniferus.*
αα Vésicules grandes, jaune clair, saillantes, conti-
guës au bord latéral ; pubescence brune.   18. *P. causticus.*
aa Elytres simplement anguleuses ou bien isolément
arrondies au sommet, non divariquées.
 α Téguments uniformément colorés, abstraction
faite des vésicules.
     ' Un tubercule au milieu du bord basilaire du
prothorax.
        × Ce tubercule à base arrondie, conique.
            + Prothorax peu convexe, déprimé latéra-
lement, peu densément ponctué. (Mexi-
que).   21. *P. stella.*
            ++ Prothorax convexe, ses côtés non dé-
primés, densément ponctué. (États-
Unis).   22. *P. physoderus.*
        ×× Ce tubercule comprimé, à base allongée.
(Mexique).   23. *P. ornamentum.*
     '' Pas de tubercule à la base du prothorax.
        × Vésicules peu ou point apparentes.
            + Antennes entièrement noires. (Brésil
austral, Paraguay).   24. *P. cœcus.*
            ++ Antennes noires avec les trois premiers
articles rouge clair. (Nouv.-Gren.)   25. *P. abnormis.*
        ×× Vésicules très apparentes. (Brésil).
            + Taille petite; stries des élytres très-dis-
tinctement ponctuées.   28. *P. lucificus.*
            ++ Taille dépassant 20 millimètres ; stries
des élytres indistinctement ponc-
tuées.   26. *P. funale.*
 αα Téguments variés. (Brésil).
     ' Elytres d'une teinte uniforme.
        × Brune.   27. *P. pyrotis.*
        ×× Noire.
            + Ponctuation forte et dense ; prothorax rou-
geâtre avec une tache centrale noire.
                o Vésicules distinctes.   30. *P. cincticollis.*
                oo Vésicules indistinctes.   31. *P. marginicollis.*
            ++ Ponctuation peu dense ; prothorax noir
avec les quatre angles rouge jau-
nâtre.   29. *P. maculicollis.*
     '' Elytres jaunes, bordées de noir.   32. *P. formosus.*

SECTION III.

*Taille moyenne, corps allongé, svelte; vésicules latérales ou angu-
laires; antennes dentées en scie à partir du troisième article,
lequel est semblable au suivant.*

A Noirâtre ; élytres marquées de séries de gros points
    rapprochés et réunis entre eux par un sillon, les
    intervalles plats. (Paraguay, Plata).
  a Pubescence clair-semée, obscure, caduque.   33. *P. parallelus.*
  aa Pubescence longue, jaunâtre clair.   34. *P. crassus.*

AA Brunâtre ; élytres ponctuées-subsillonnées, inter-
    valles plus ou moins convexes. (Brésil).
  a Elytres striées, les stries fortement ponctuées, les
      intervalles convexiuscules.
    α Antennes et pattes obscures ; vésicules oblongues,
        obliques, saillantes.   35. *P. luculentus.*
    αα Antennes et pattes rougeâtres ; vésicules rondes. 37. *P. pyraustes.*
  aa Elytres sillonnées, les intervalles plutôt subcosti-
      formes que convexes.   36. *P. ignifer.*

SECTION IV.

*Taches vésiculaires postérieures ; antennes dentées en scie à partir
du troisième article, comme dans la section précédente.*

A Front fortement excavé ; téguments peu pubescents.
    (Guyane).   38. *P. Candezii.*

AA Front peu excavé ; téguments très-pubescents. (Brés.) 39. *P. perspicillatus.*

SECTION V.

*Taches vésiculaires postérieures ; corps assez large et déprimé ;
antennes dentées en scie à partir du quatrième article, le troisième
plus court que celui-ci.*

A Prothorax rugueusement ponctué, caréné au milieu.
    (Chili).
  a Noir, pubescence noire.   40. *P. ocellatus,*
  aa Brun, pubescence cendré blanchâtre.   41. *P. leporinus.*

AA Prothorax simplement ponctué.
  a Elytres unicolores.
    α Téguments noirâtres. (Mexique).   42. *P. Germarii.*
    αα Téguments bruns ou rougeâtres. (Brésil).

* Corps à peu près glabre.   46. P. *spurius.*
" Pubescent.
   ✕ Elytres arrondies au bout.   43. P. *lampyris.*
   ✕✕ Elytres acuminées au bout.
      ＋ Corselet déprimé sur les côtés, en carré
         transversal.   47. P. *nictitans.*
      ＋＋ Corselet convexe jusqu'au bord latéral,
         rétréci à partir du milieu.   48. P. *lucidus.*
a a Élytres variées.
   α Elytres noires, bordées de flave.   44. P. *limbatus.*
   αα Elytres jaunes avec des mouchetures noires.   45. P. *tessellatus.*

SECTION VI.

*Taches vésiculaires postérieures; antennes médiocrement dentées,
leur troisième article aussi long que le quatrième mais plus étroit;
yeux plus ou moins gros chez les mâles mais ne débordant pas le
prothorax sur les côtés.*

A Corps glabre, ou paraissant tel à l'œil nu.
   a Téguments uniformément noirs, abstraction faite
      des vésicules, des antennes et des pattes.
      α Luisant, ponctué, intervalles des stries des ély-
         tres plats ou peu convexes. (Amér. équat.)   50. P. *Janus.*
      αα Luisant, finement et éparsément ponctué, inter-
         valles des stries convexes. (Bolivie).   51. P. *depressicollis.*
      ααα Court, mat, très-finement et éparsément ponc-
         tué, intervalles des stries très-convexes.
         (Brés. austr.)   57. P. *nyctophilus.*
      ααασ Court, mat, intervalles des stries plats. (Brés.
         austr.)   58. P. *comissator.*
   aa Téguments bruns, ou rougeâtres, ou maculés.
      α Téguments rougeâtres ou bruns, sans bandes ni
         taches sur le prothorax.
         * Elytres trois fois plus longues que le protho-
            rax. (Brésil).   65. P. *longipennis.*
         " Elytres moins de trois fois plus longues que le
            prothorax. (Brés. austr., Parag.)   59. P. *nyctolampis.*
      αα Prothorax bicolore. (Brésil).
         * Elytres noires, le prothorax rouge avec le cen-
            tre noir.   63. P. *pumilus.*
         " Elytres brunes, le prothorax rouge avec deux
            bandes noires.   64. P. *villicollis.*

AA Corps revêtu d'une pubescence visible à l'œil nu.
   a Prothorax noirâtre, largement bordé de jaune, les
      deux teintes bien limitées. (Brésil).   49. P. *candelarius.*
   aa Prothorax unicolore ou bien passant insensible
      ment à une teinte plus claire sur les côtés.

α Stries des élytres distinctement ponctuées.

 ' Intervalles de ces stries égaux et également pubescents.

   × Prothorax marqué de points non ombiliqués. (Brésil).

    + Antennes très-velues; carène des angles postérieurs du prothorax très-forte.   66. *P. ardens.*

   ++ Antennes munies seulement de quelques poils épars; carène des angles postérieurs du prothorax médiocre.

    o Côtés du prothorax déprimés, ses bords tranchants, élytres acuminées.   53. *P. phosphoreus.*

    oo Côtés du prothorax déclives jusqu'au bord, élytres peu ou point acuminées.

     c Taille petite, variant entre 8 et 14 mill.   60. *P. lampadion.*

     cc Taille moyenne, variant entre 16 et 24 mill.   52. *P. candens.*

  ×× Prothorax marqué de gros points ombiliqués.

   + Angles postérieurs du prothorax très-grêles et très-aigus. (Nouv. Gren.)   62. *P. acutus.*

   ++ Angles postérieurs du prothorax normaux.

    o Prothorax grand, élytres courtes, coniques, terminées en pointe en arrière. (Guyane).   56. *P. amplicollis.*

    oo Prothorax et élytres de grandeur ordinaire; élytres curvilinéairement rétrécies au bout.

     c Intervalles des stries des élytres peu densément ponctués. (Brésil).   54. *P. cinerarius.*

     cc Intervalles finement et densément ponctués. (Brésil).   55. *P. lucernula.*

 '' Intervalles impairs des stries des élytres plus étroits et plus densément pubescents. (Bolivie).   61. *P. lineatus.*

αα Stries des élytres non ponctuées. (Chili).

 ' Entièrement châtain, brunâtre ou ferrugineux.   68. *P. dilatatus.*

 '' Noir, avec le prothorax rougeâtre.   67. *P. niger.*

SECTION VII.

Vésicules postérieures; yeux globuleux, très-saillants (chez les mâles au moins), débordant latéralement le prothorax qui est fort rétréci au sommet.

A Corps glabre. (Brésil austr., Parag.)   70. *P. boops.*

AA Corps pubescent.

 α Mat, noirâtre, les élytres châtain-clair. (Brésil).   69. *P. buphthalmus.*

 αα Luisant, uniformément brun. (Plata, Brés. austr.)   71. *P. raninus.*

SECTION 1.

1. P. NOCTILUCUS. *Piceo-niger, dense fusco-fulvescenti-tomen-tosus; vesiculis marginalibus, ellipticis vel ovatis; elytris seriatim punctatis.* — Long. 30-50 mill., lat. 10-15 mill.

Elater noctilucus. LINN. *System. Nat.* I, II, p. 657, 4. — FABR. *System. Eleu-ther.* II, p. 223, 13.— EJUSD. *Entom. System.* II, p. 48, 10. — OLIV. *Entom.* II, 31, 15, 13, pl. II, fig. 4. — HERBST, *Col.* IX, 162, 2, pl. III, fig. 1. — DE GEER, *Ins.* IV, 96, 2, pl. 13, fig. I. — ILLIG. *Mag. d. Gesellsch.* I, p. 143, I. — SCHÖNH. *Syn. Ins.* VI, 3, 267, I.

Pyrophorus noctilucus. ESCHS. in THON., *Arch.* II, p. 32. — GERM. *Zeitschr. f. d. Entom.* III, p. 13, 2. — LAP. *Hist. nat. d. Ins.* II. p. 236.

Pyrophorus divergens ? ESCHS. loc. cit. p. 32.

Pyrophorus nyctophanus. GERM. loc. cit. pag. 12.

Pyrophorus phosphorescens. GERM. loc. cit. p. 19, 8. — LAP. loc. cit. p. 236. — DEJ. *Cat.* ed. 3. p. 100.

Var. *a. Prothorace biimpresso.*

D'un noir brunâtre, entièrement revêtu d'une pubescence d'un fauve obscur assez dense pour voiler la couleur des téguments. Front en carré long, très-déclive, excavé en avant. Tête à peu près de la largeur de la moitié du prothorax. Antennes beaucoup plus courtes que le prothorax dans les deux sexes. Prothorax un peu plus large que long, rétréci en avant, ses côtés subsinueux, à repli latéral étroit, très-bombé en dessus, densément ponctué, générale-ment marqué de deux impressions plus ou moins profondes, les vési-cules phosphorescentes ovales ou elliptiques, rarement presque arron-dies, placées longitudinalement près du bord latéral au-devant de la base des angles postérieurs, le bord postérieur tuberculeux au-devant de l'écusson, les angles correspondants divergents et carénés. Elytres plus larges que le prothorax et trois fois plus longues, curvi-linéairement rétrécies dans leur moitié postérieure, bombées, mar-quées de séries de points plus ou moins distinctes.

Répandu dans toutes les parties de l'Amérique intertropicale.

Ce n'est qu'après avoir examiné soigneusement un grand nombre d'individus provenant de diverses régions de l'Amérique que je me suis décidé à réunir, à l'espèce désigné par les auteurs anciens sous le nom de *noctilucus*, le *P. nyctophanus* de Germar. Ce dernier qui, pour l'auteur en question, représente le *noctilucus* au Brésil, ne possède en réalité aucun caractère bien tranché qui le distingue du

grand Pyrophore des Antilles , et ceux que l'auteur allemand lui
assigne, exacts chez quelques individus , perdent toute leur valeur
chez d'autres. Les *P. noctilucus* et *nyctophanus* ne sont donc à mon
avis que des variétés d'un seul type , ce que rend très-explicable la
grande étendue de son habitat.

Quant au *P. phosphorescens* , j'ai pu en examiner les types dans
la collection de Dejean. Ce n'est qu'une variété de petite taille du
noctilucus. Germar s'est évidemment trompé en le plaçant dans sa
2ᵉ subdivision , parmi les espèces où les vésicules phosphorescentes
se manifestent en-dessous du prothorax par une tache jaune. Celui-
ci ne présente pas la moindre trace de tache en-dessous , pas plus
que le *noctilucus*.

J'ai vu dans quelques collections, et notamment dans celle de
M. Deyrolle, plusieurs exemplaires d'une taille au-dessous de la
moyenne de celle du *noctilucus*, à pubescence très-caduque et conséquemment généralement enlevée , ce qui leur donne un aspect
tout différent ; les vésicules sont arrondies ou bien un peu ovales
et, dans ce cas, obliques ; ils proviennent de la Bolivie. Je les considère comme des variétés locales du *noctilucus* qui se rapprochent
manifestement d'une espèce propre à ce pays, le *P. punctatissimus*
Bl., en conservant les caractères principaux et le cachet de l'espèce
actuelle.

Le *P. noctilucus* peut être considéré comme celui dont il est
fait mention dans les premiers écrits des Espagnols sur l'Amérique ,
sous les noms de *Cucujo , Cucullo , Cocuyo* , etc. , dérivant de
Locuyo , qui est le nom que lui donnaient autrefois les Caraïbes,
anciens habitants des Antilles.

2. P. PLAGIOPHTHALMUS. *Piceus, fusco-tomentosus, prothorace
antice latiore, margine laterali ad angulos anteriores explanata ;
vesiculis ovatis, submarginalibus ; elytris subtiliter striato-punctatis.* — Long. 30 mill., lat. 9 mill.

Pyrophorus plagiophthalmus. GERM. *Zeitschr. f. d. Entom.* III, p. 14, 3.

Fort voisin du *noctilucus*. On l'en distinguera aisément à la
structure des bords latéraux du prothorax qui forment, en avant,
vers les angles antérieurs, une expansion ou un rebord large
de deux tiers de millimètres, élargissant d'autant le prothorax,
qui se trouve être de la sorte à peu près aussi large en avant qu'en
arrière. La teinte générale du corps de cette espèce est moins

noire, plus rougeâtre; la pubescence au contraire est plus obscure et la combinaison des deux teintes est un brun rougeâtre foncé.

On le trouve à la Jamaïque. Je n'en ai vu que deux exemplaires, l'un dans la collection de M. de la Ferté Sénectère, l'autre dans celle de M. Parry.

3. P. STRABUS. *Piceus, fusco-tomentosus; vesiculis majoribus, ellipticis, obliquis, fere angularibus; elytris subtilissime striato-punctatis.* — Long. 28-40 mill., lat. 8-10 mill.

Pyrophorus strabus. GERM. *Zeitschr. f. d. Entom.* III, p. 15, 4.

Moins grand que le *noctilucus* et d'une teinte générale plus obscure, plus luisant, ce qui tient à ce que sa pubescence est plus tenue et plus caduque de sorte qu'elle est à demi enlevée dans la majorité des individus. Tête et antennes comme chez le premier. Prothorax à peu près carré, curvilinéairement rétréci aux angles antérieurs, moins bombé, densément et assez fortement ponctué, marqué sur le disque de deux impressions subarrondies, larges et peu profondes, faiblement sillonné au milieu, les vésicules phosphorescentes grandes, jaune clair, elliptiques, placées obliquement vers la base des angles postérieurs et plus éloignées du bord latéral que chez les espèces précédentes, les angles assez larges, aplatis, divergents, munis d'une carène parallèle au bord latéral. Elytres très-faiblement striées-ponctuées, les intervalles formant quelques côtes légères à la base.

Du Mexique.

Cette espèce est commune dans les collections. On la reconnaît facilement à la grandeur et à l'obliquité des taches phosphorescentes du prothorax.

4. P. PUNCTATISSIMUS. *Piceus, dense fusco-tomentosus; prothorace dense fortiterque punctato, vesiculis convexis, submarginalibus, ovatis, obliquis; elytris striis fortiter punctatis.* — Long. 30-40 mill., lat. 9-12 mill.

(♂) *Pyrophorus punctatissimus.* BLANCH. in d'ORBIGNY, *Voyag. d. l'Amér. mér.* VI, 2e part. Ins. p. 138, 433.

(♂) *Pyrophorus elongatus.* BL. loc. cit. p. 137, 432.

(♀) *Pyrophorus laticollis.* BL. loc. cit. p. 138, 434.

Facies du *noctilucus* mais plus petit et bien distinct par plusieurs caractères. D'un noir brunâtre, revêtu densément d'une pubescence

d'un fauve obscur qui lui donne une teinte générale rappelant
celle du café au lait; peu luisant, ce qui tient à sa ponctuation
plus grosse et plus dense. Tête et antennes comme chez les précédents. Prothorax aussi long que large chez le mâle, un peu plus
large que long chez la femelle, curvilinéairement rétréci au sommet,
parallèle dans sa partie moyenne, bombé, très-densément et fortement ponctué, généralement marqué de deux impressions transversales très-larges mais à peine visibles à cause de leur peu de
profondeur, les vésicules ovales, bombées, grandes, obliques,
plutôt latérales qu'angulaires, les angles postérieurs aigus, divergents, carénés. Élytres mucronées au bout, striées, les stries assez
fortement ponctuées, les intervalles très-faiblement mais cependant
sensiblement convexes.

Cette espèce paraît répandue dans la Bolivie et dans les régions
arrosées par le *Rio de la Plata* et ses affluents. Elle se distingue
facilement de toutes les espèces de cette section par ses vésicules
phosphorescentes obliques, en même temps que par sa ponctuation dense et forte, ses élytres ponctuées-striées, sa submatité et sa
teinte générale.

Les *P. elongatus* et *laticollis* de M. Blanchard me paraissent
bien évidemment appartenir à la même espèce que le *punctatissimus*, ainsi que j'ai pu m'en assurer sur les exemplaires du Muséum
de Paris. J'ai choisi celui des trois noms qui caractérise le mieux
l'espèce.

5. P. TUBERCULIFER. *Piceo-niger, densius cinereo-tomentosus;
prothorace subquadrato, inæqualiter punctato, vesiculis suborbiculatis, in tuberculo prominentibus; elytris striis subtilibus punctatis.* — Long. 25-26 mill., lat. 7 1/2-8 mill.

Pyrophorus tuberculifer. ESCHSCH. in THON, *Arch.* II, fasc. 1, p. 32. — GERM.
Zeitschr. f. d. Entom. III, p. 16, 5.

Brun noirâtre, revêtu d'une pubescence cendré jaunâtre, assez
dense pour voiler, à peu près complètement la couleur des téguments. Tête et antennes comme chez le *noctilucus*. Prothorax carré
ou à peu près, bombé, inégalement et assez densément ponctué,
les vésicules latérales assez petites, arrondies, très-bombées et
paraissant d'autant plus saillantes qu'elles sont placées sur un soulèvement des téguments mêmes, soulèvement apparent au moins
au côté interne des vésicules, les angles postérieurs un peu diver-

gents assez fortement carénés, le bord postérieur muni d'un tubercule au devant de l'écusson. Elytres un peu plus larges que le
prothorax, finement mais cependant distinctement striées, les stries
ponctuées, leur extrémité non mucronée.

Du Brésil; Rio. Collection de MM. de la Ferté et Dohrn.

6. P. HESPERUS. *Piceo-niger, parcius fulvo-tomentosus; prothorace
æqualiter punctato, subquadrato, vesiculis suborbiculatis, angulis
posticis tenuibus, elongatis, valde divaricatis; elytris subtiliter punctato-striatis.* — Long. 24-26 mill., lat. 6-6 1/2 mill.

Pyrophorus phosphorescens pars. Dej. Cat. ed. 3, p. 100.

Var. a. *Prothorace biimpresso.*

D'un brun noirâtre assez luisant, revêtu d'une pubescence jaunâtre qui ne fait que modifier la couleur du fond sans la cacher.
Antennes très-courtes. Prothorax à peu près carré, rétréci seulement vers les angles antérieurs, sinueux sur les côtés, régulièrement bombé, assez densément, fortement et également ponctué,
les vésicules phosphorescentes petites, bombées, presque orbicu-
laires, placées sur un léger soulèvement des téguments, visible
surtout au côté interne, les angles postérieurs, grêles, allongés,
divergents, le bord postérieur tuberculeux au devant de l'écusson.
Elytres plus larges que le prothorax et trois fois plus longues,
finement ponctuées-striées.

De Cuba.

Collection de M. de la Ferté Sénectère. Cette espèce, confondue
par Dejean avec son *P. phosphorescens* (*noctilucus*) de la Guadeloupe, est de la taille du *tuberculifer* et s'en rapproche par le soulèvement des téguments au pourtour des vésicules phosphorescentes, soulèvement cependant moins prononcé; mais il en diffère
par sa pubescence plus rare et d'une autre couleur, par les angles
postérieurs du prothorax plus grêles, plus longs et plus divergents.

La variété est de la Guadeloupe; je l'ai vue dans la collection
de M. Deyrolle.

7. P. PELLUCENS. *Piceo-niger, dense fulvo-tomentosus; prothorace
convexo, creberrime punctato, lateribus arcuato, disco biimpresso,
vesiculis orbiculatis; elytris thorace haud triplo longioribus, apice
attenuatis, mucronatis, subtiliter striato-punctatis.* — Long. 23-45
mill., lat. 6 1/2-13 mill.

Pyrophorus pellucens. Eschsch. in Thon, *Arch.* II, p. 32.—Germ. *Zeitschr. f. d. Entom.* III, p. 17, 6.

Pyrophorus phosphoreus (Lin.) Dej. *Cat.* ed. 3, p. 100.

Var. *a. Prothorace haud vel vix foveolato.*

Var. *b. Elytris apice inermibus.*

Var. *c. Corpus tomento cinereo vestitum.*

Noir brunâtre, revêtu densément d'une pubescence brun fauve, fauve ou cendrée, généralement de la même teinte que le *noctilucus*. Prothorax un peu plus large que long, toujours rétréci en avant avec ses côtés régulièrement curvilinéaires, convexe, très-densément et fortement ponctué, marqué sur le disque de deux fossettes arrondies, rapprochées, quelquefois très-profondes, rarement nulles, les vésicules phosphorescentes situées en avant de la base des angles près du bord latéral, médiocrement convexes, arrondies, grandes, d'un jaune clair, les angles postérieurs larges à la base, aigus au bout, plus ou moins divergents, carénés, le bord postérieur tuberculeux au milieu. Elytres un peu plus larges que le prothorax chez le mâle, de même largeur chez la femelle, moins de trois fois plus longues, curvilinéaires sur les côtés depuis la base jusqu'au sommet où elles sont atténuées et ordinairement mucronées, lisses et convexes sur le dos, marquées de séries de points parfois très-fins, parfois même effacés au voisinage de la suture.

On le trouve dans toutes les régions chaudes de l'Amérique, depuis la Californie méridionale jusqu'à Rio de Janeiro. Il varie quant aux deux impressions du prothorax, à la teinte de la pubescence, à la façon dont se terminent les élytres, mais il existe tous les passages intermédiaires entre ces diverses variétés.

La taille ne varie pas moins. J'ai observé les mesures extrêmes chez des individus provenant de Cayenne et appartenant à la variété *a.*

8. P. clarus. *Piceo-niger, fusco-tomentosus; prothorace breviore, parum convexo, lateribus fere parallelo, disco biimpresso, vesiculis orbiculatis; elytris thorace triplo longioribus, apice minus attenuatis, mucronatis, subtiliter striato-punctatis.* — Long. 30-35 mill., lat. 8- mill. (Pl. I, fig. 5.)

Pyrophorus clarus. Germ. *Zeitschr. f. d. Entom.* III, p. 18, 7.

Pyrophorus angustus. Blanch. *Voy. d. d'Orbigny d. l'Amér. mér.* VI. 2ᵉ part. Ins. p. 139, 455.

Noir brunâtre, revêtu d'une pubescence d'un brunâtre fauve plus obscur que chez le *pellucens*. Prothorax plus large que long, déprimé, parallèle ou à peu près sur les côtés, biimpressionné sur le disque, densément et fortement ponctué, les vésicules phosphorescentes situées près du bord latéral, en avant de la base des angles, arrondies, aplaties ou peu convexes, d'un jaune clair, les angles postérieurs divergents et carénés, le bord postérieur tuberculeux au milieu. Élytres trois fois au moins plus longues que le prothorax mesuré sur la ligne médiane, peu arquées sur les côtés, mucronées au bout, finement striées-ponctuées.

Des régions occidentales de l'Amérique méridionale. Les premiers exemplaires, envoyés au comte Dejean, par Lebas, proviennent de Sancta-Fé de Bogota ; plus tard, A. d'Orbigny l'a retrouvé dans la Bolivie.

Il se rapproche du *pellucens*, mais on l'en distinguera par la brièveté du prothorax, le parallélisme des côtés et la convexité moins forte de cette partie du corps.

Un exemplaire de la collection de M. Jekel, provenant des régions très-élevées de la Cordillère (12000 p.), n'a que 20 mill. de longueur, ses élytres sont à peine striées, sa pubescence est très-dense et cendré claire. Nonobstant cette différence, je ne doute pas qu'il n'appartienne à cette espèce.

9. P. INDISTINCTUS. *Brunneo-piceus, griseo-tomentosus ; capite majusculo ; prothorace latitudini longitudine aequali, a basi sinuatim angustato, convexo, parcius punctato, biimpresso, vesiculis orbiculatis ; elytris tenuiter punctato-striatis, interstitiis basi convexis.* — Long. 18-25 mill., lat. 5-7 mill.

Pyrophorus indistinctus. GERM. *Zeitschr. f. d. Entom.* III, p. 20, 9. — DEJ. *Cat.* ed. 3, p. 100.

Var. *a. Brunneus, elytris rufescentibus.*

Plus petit que tous les précédents. D'un brun plus ou moins rougeâtre, revêtu d'une pubescence grisâtre qui n'est pas assez serrée pour masquer la couleur du fond. Tête forte, ce qui tient au développement des yeux, surtout chez le mâle. Prothorax aussi long que large, rétréci peu à peu d'arrière en avant avec ses bords latéraux tranchants et bisinueux, convexe en dessus, peu densément ponctué, marqué de deux impressions ponctiformes, ses vésicules assez grandes, arrondies, bombées, rapprochées du bord latéral.

ses angles postérieurs peu divergents, carénés. Elytres à peine plus
larges que le prothorax et deux fois et demie plus longues, curvilinéairement rétrécies du milieu au sommet où elles sont mutiques, convexes, finement ponctuées-striées, les intervalles légèrement élevés
vers la base, notamment le troisième.

De la Guyane ; Demerary et Cayenne. On le distinguera des
petits exemplaires du *pellucens,* dont il se rapproche par la forme
de ses vésicules, par son prothorax, plus visiblement sinueux sur
les côtés, beaucoup moins densément ponctué, enfin par ses élytres
distinctement striées.

SECTION II.

SOUS SECTION I.

10 P. IGNITUS. *Fusco-niger, subopacus , griseo-pubescens ; prothorace latitudine paulo longiore, parallelo , fortiter punctato, lateribus rufescente, vesiculis fere obsoletis ; elytris obscure rufescentibus
punctato-striatis , apice muticis.* — Long. 20-28 mill., lat. 5-8 mill. (Pl. I,
fig. 6.).

Elater ignitus. FABR. *System. Eleuth.* II, 223, 15. — EJUSD. *Entom. System.*
II. 218-11. — ILLIG. *Magaz. d. Gesellsch. naturf. Fr.* I, 151, 14.

Pyrophorus ignitus. GERM. *Zeitschr. f. d. Entom.* III, p. 21, 10.— DEJ. *Cat.* ed.
3, p. 100.

Elater Salingeri. HERBST, *Col.* X, 11, 23, pl. 159, fig. 5.

Phosphoreus fuscus. VOET, *Col.* I, pl. 43, fig. 18.

D'un brun noirâtre, avec les côtés du prothorax jaune-rougeâtre
et les élytres d'un rougeâtre obscur, peu luisant, revêtu d'une pubescence grise, modifiant la couleur foncière sans la voiler. Front
carré, assez fortement concave, ponctué-rugueux. Antennes atteignant l'extrémité des angles postérieurs du prothorax chez le mâle,
plus courtes chez la femelle, dentées en scie, à articles 2 et 3 petits,
égaux. Prothorax un peu plus long que large chez le mâle, presque
aussi large que long chez la femelle, parallèle dans sa moitié postérieure, curvilinéairement rétréci en avant, convexe, densément et
fortement ponctué, généralement marqué de deux impressions ponctiformes, ses bords latéraux tranchants, ses vésicules petites, peu
apparentes, mal limitées, ses angles postérieurs larges à la base,
aplatis, peu divergents, carénés, le milieu du bord postérieur présentant un petit tubercule acuminé. Élytres aussi larges que le pro-

thorax ou un peu plus étroites, deux fois et demie plus longues, très-régulièrement ponctuées-striées, les intervalles plats, ponctués, légèrement rugueux vers la base, l'angle sutural à peine acuminé. Pattes de la teinte générale.

Colombie, Guyane et Brésil.

Cette espèce est l'une des plus répandues dans les collections. Elle est très-reconnaissable à son aspect presque mat et à la coloration rougeâtre des côtés du prothorax.

11. P. EXTINCTUS. *Niger, nitidior, griseo-pubescens; prothorace oblongo, postice subparallelo, fortiter punctato, lateribus testaceo, vesiculis pallidis; elytris obscure castaneis, punctato-striatis, apice muticis.* — Long. 20-28 mill. lat. 4 1/2 7 mill.

Elater extinctus. ILLIG. *Magaz. d. Gesellsch. naturf. Fr.* I, p. 131, 13.

Pyrophorus extinctus. GERM. *Zeitschr. f. d. Entom.* III, p. 23, 11.

Elater ignitus. HERBST, *Col.* IX, 324, 11, pl. 158, fig. 3.

Elater indicus. FUESSLY, *Arch.* V. 110, 2, pl. 27, fig. 3.

Très-voisin du précédent duquel on le distinguera par sa forme plus étroite, plus allongée, sa teinte brunâtre, (abstraction faite des côtés du prothorax), plus uniforme, son aspect plus luisant, etc. Front carré et excavé. Antennes à premier article grêle et arqué. Prothorax notablement plus long que large, curvilinéairement rétréci en avant, convexe, densément et assez fortement ponctué, largement bordé de jaune, les vésicules phosphorescentes d'un jaune plus clair, les angles postérieurs un peu plus grêles et plus divergents que chez l'*ignitus*. Élytres généralement un peu plus larges que le prothorax, très-régulièrement ponctuées-striées, les intervalles très-faiblement convexes, l'extrémité à peine acuminée.

Venezuela et N^{lle} Grenade.

12. P. FULGIDUS. *Obscure brunneus, subnitidus, griseo-pubescens; prothorace oblongo, a basi leviter angustato, fortiter punctato, vesiculis flavis; elytris tenuiter punctato-striatis, apice rotundatis; antennis pedibusque ferrugineis.* — Long. 18-23 mill., lat. 4 1/2-6 mill.

♀ *Pyrophorus fulgidus.* GERM. *Zetschr. f. d. Entom.* III, p. 24. 13.'— DEJ. *Cat.* ed. 3 p. 100.

♂ *Pyrophorus adumbratus.* GERM. loc. cit. p. 27, 16.

En ellipse allongée, brunâtre, un peu luisant, revêtu d'une pubescence grise qui modifie sensiblement la couleur du fond. An-

tennes brunâtres ou ferrugineuses, atteignant l'extrémité des angles
postérieurs du prothorax chez les femelles, la dépassant de deux articles chez les mâles. Front carré, excavé. Prothorax plus long que
large dans les deux sexes, légèrement atténué à partir de la base,
régulièrement convexe, fortement et assez densément ponctué, ses
vésicules d'un jaune clair, quelquefois suboblitérées, placées très-
près du bord latéral à la base des angles postérieurs, ceux-ci peu
divergents. Élytres à peine plus larges que le prothorax chez la
femelle et de même largeur chez le mâle, régulièrement arquées sur
les côtés depuis la base jusqu'au sommet où elles sont conjointement
arrondies, finement et nettement ponctuées-striées, les intervalles
aplatis et finement ponctués. Pattes ferrugineuses.

Nlle Grenade, Venezuela et Brésil.

Cette espèce varie beaucoup, quant à la taille. J'ai comparé
attentivement plusieurs exemplaires du type avec ceux de petite
taille qui se rapportent au *P. adumbratus* de Germar, et je n'ai
trouvé entre eux aucune différence notable. Je pense donc que
Germar a décrit, sous ce nom, des mâles de l'espèce actuelle.

J'en ai vu une douzaine d'exemplaires dans la collection de M. de
la Ferté Senectère et un nombre double dans d'autres collections.

13. P. MELANURUS. *Obscure brunneus, dense fulvo-pubescens; prothorace elongato, fortiter punctato, lateribus testaceo, vesiculis subobli-
teratis; elytris a basi attenuatis, ferrugineis, apice sensim nigrican-
tibus.* — Long. 18 mill., lat. 4 1|2 mill.

Allongé, brunâtre obscur avec les côtés du prothorax jaunes, les
élytres rougeâtres avec leur extrémité passant insensiblement au noir,
tout le corps revêtu d'une pubescence longue et serrée, jaune. Front
carré, marqué d'une impression triangulaire. Antennes fortement
dentées, noires avec la base rougeâtre. Prothorax long, peu rétréci
au sommet, un peu arqué sur les côtés, assez fortement ponctué,
ses vésicules presque invisibles, même lorsqu'on a enlevé la pubescence qui les recouvre, le bord postérieur muni d'un petit tubercule
au milieu, les angles correspondants divergents, non carénés. Élytres
atténuées à partir de la base, mutiques au bout, finement ponctuées-
striées, les intervalles aplatis et rugueusement ponctués. Pattes
brunes.

De la Guyane; Cayenne.
Collection de M. de la Ferté Sénectère.

14. P. mesochrous. *Fuscus, dense griseo-pubescens, fronte rufes-cente ; prothorace latitudine longiore, antrorsum angustato, confer-tissime fortiterque punctato, postice canaliculato, vesiculis obsoletis, plaga basali rufescente; elytris rufo-castaneis, a basi attenuatis, apice conjunctim rotundatis, punctato-striatis, interstitiis convexis, punctulatis ; pedibus flavo-ferrugineis.* — Long. 14 mill., lat. 3 qt mill (Pl. I. fig. 8).

Pristilophus mesochrous. Germ. *Zeitsch. f. d. Entom.* IV. p. 91, 10.

Brun avec le front, la base du prothorax et les élytres rougeâtres, densément revêtu de poils cendré-grisâtres. Front légèrement con-cave. Antennes longues, obscures, à articles 2 et 3 égaux. Prothorax plus long que large, rétréci d'arrière en avant, avec ses côtés pres-que droits, convexe, fortement et très-densément ponctué, son bord antérieur tronqué, légèrement sinueux de chaque côté, ses angles correspondants petits, ses bords latéraux abaissés en avant, faible-ment rebordés, ses vésicules phosphoriques obsolètes, ses angles postérieurs très-aigus, non divergents, carénés le long de leur bord externe. Écusson allongé, arrondi en arrière, tronqué en avant. Élytres à peine plus larges que le prothorax à la base, arrondies aux épaules, atténuées à partir de ce point jusqu'à l'extrémité où elles sont conjointement arrondies, ponctuées-striées, les intervalles fai-blement convexes, pointillés. Dessous du corps brun avec l'abdomen rougeâtre et cilié densément. Pattes d'un flave ferrugineux.

Du Brésil.

Si la présence des vésicules phosphoriques était rigoureusement exigée pour qu'une espèce, présentant du reste tous les caractères des Pyrophores, fut admise dans ce genre, il est certain que celle-ci devrait en être retirée pour être rangée, comme l'a fait Germar, au nombre des *Corymbites.* Cependant on comprend, sans conteste, dans les Pyrophores, le *P. cœcus* Germ., qui est également dans ce cas. Je citerai encore les *P. limbatus* et *pumilus* décrits plus loin, qui sont, surtout le second, bien évidemment des *Pyrophorus* par l'en-semble de leurs caractères et leurs *facies*, et chez lesquels manque le caractère principal.

J'ai dit plus haut, dans les généralités, les motifs qui m'ont décidé à admettre ces exceptions.

15. P. LUMINOSUS. *Piceus, subnitidus, dense griseo-pubescens;
antennis longis, acute serratis; prothorace latitudine longiore, tra-
peziformi, parum convexo, vesiculis subangularibus; elytris a basi
attenuatis, acuminatis, punctato-striatis.* — Long. 24-32 mill., lat. 6-8 1|2
mill. (Pl. I, fig. 9).

Elater luminosus. ILLIG. *Magaz. d. Gesellsch. naturf. Fr.* I. p. 149,11.

Pyrophorus luminosus. GERM. *Zeitschr. f. d. Entom.* III, p. 29, 19.

Elater phosphoreus. FABR. *Syst. Eleuth.* II. 223. 14. — HERBST, *Kaf.* IX, p. 333,
10, Pl. 158, fig. 2.

Var. *a. minor, brunneus vel ferrugineus, pube fulvescente.*

Pyrophorus pyralis. GERM. loc. cit. p. 35, 24.

Pyrophorus lychniferus pars. DEJ. *Cat.* id. 3, p. 100.

Assez déprimé, brunâtre ou ferrugineux, un peu luisant, revêtu
d'une pubescence grise plus ou moins jaunâtre, modifiant notablement la couleur du fond. Front carré, très-excavé. Antennes brunes,
presque aussi longues que la moitié du corps chez le mâle où elles
sont fortement dentées en scie, plus courtes chez la femelle, leur
second article beaucoup plus petit que le troisième. Prothorax un
peu plus long que large, trapéziforme, médiocrement convexe, peu
densément et assez finement ponctué, ses vésicules arrondies, elliptiques ou subréniformes, assez grandes, placées à la base des angles
postérieurs du prothorax; ceux-ci divergents, aigus, brièvement
carénés, le milieu du bord postérieur muni d'un très-petit tubercule.
Elytres un peu plus larges que le prothorax et deux fois et demie
plus longues, curvilinéaires sur les côtés depuis la base jusqu'au
sommet où elles sont atténuées et acuminées, ponctuées-striées, les
intervalles finement et assez densément ponctués. Pattes brunes.

Des Antilles; Porto-Rico, St-Thomas.

Je réunis à cette espèce le *P. pyralis* de Germar, caractérisé,
selon cet auteur, par des vésicules rondes et une taille plus petite,
tandis que le *luminosus* Illig. aurait les vésicules oblongues. On
trouve tous les passages possibles de l'un à l'autre.

4

16. P. LYCHNUS. *Brunneo-piceus, fusco-griseo tomentosus ; prothorace latitudine longiore, lateribus leviter arcuato, convexiusculo, parcius punctato, vesiculis ovatis obliquis, angulis posticis apice extrorsum modice flexis; elytris medio subdilatatis, lateribus arcuatis, apice acuminatis, punctato-striatis; pedibus brunneis.* — Long. 20-23 mill., lat. 6-8, mill.

Pyrophorus acuminatus. GERM. *Zeitschr. f. d. Entom.* III. p. 31, 21.

Pyrophorus lychniferus pars. DEJ. *Cat.* ed. 3, p. 100.

Var. a. *Pube cinerea vel albicanti dense vestitus.*

Brunâtre, revêtu de poils longs, serrés, d'un gris brunâtre, cendré ou blanchâtre, assez denses pour voiler la teinte du fond. Front carré, assez fortement excavé. Antennes brunâtres, longues comme la moitié du corps chez les mâles, comme les deux cinquièmes chez la femelle. Prothorax en carré long, à peu près aussi large au sommet qu'à la base chez le mâle, un peu rétréci au sommet chez la femelle, arqué sur les côtés un peu plus fortement chez celle-ci que chez celui-là, assez élevé au milieu, marqué de points fins et médiocrement serrés, ses vésicules phosphorescentes ovales, obliques, jaune plus ou moins rougeâtre, moins apparentes que chez le *luminosus* et placées comme chez celui-ci à la base des angles, les angles postérieurs peu allongés, plats, légèrement recourbés en dehors au sommet, son bord postérieur soulevé au milieu, sans être, à proprement parler, tuberculeux. Élytres faiblement élargies au milieu même chez les mâles, arquées sur les côtés, acuminées au bout, ponctuées-striées avec les intervalles plats et ponctués. Pattes brunes.

Des Antilles; St Domingue.

Cette espèce est nettement caractérisée par la densité de sa pubescence, la forme arquée des côtés du prothorax et des élytres, la forme orbiculaire des vésicules, la petitesse relative des angles postérieurs du prothorax. La forme de ce dernier est à peu près la même que chez le *pyrophanus* (du Brésil), mais chez celui-ci le milieu de la base est muni, à une petite distance du bord, d'un tubercule acuminé, tandis que chez le *lychnus* le tubercule qui existe n'est qu'un soulèvement brusque du bord lui-même. Quant au *lychniferus* et au *causticus*, la divergence, *dès la base*, des angles postérieurs du prothorax suffit, indépendamment des autres caractères, pour les en distinguer au premier coup-d'œil.

Cette espèce, d'après les observations de M. Sallé, est commune
sur les tiges du *Cassia fetida*, aux environs de la ville de Sᵗᵒ-Domingo,
depuis le mois de juillet jusqu'en septembre.

Le nom d'*acuminatus* Esch, qu'elle porte dans la plupart des collections, lui a été donné à tort par Germar. L'*acuminatus* d'Eschscholtz est le *pyrophanus* Illig.

17. P. LYCHNIFERUS. *Elongatus, piceus, fusco-grisescenti-tomen-
tosus ; prothorace oblongo, apice vix basi angustiore, in mari fere
parallelo, in femina lateribus arcuato, medio longitrorsum elevato,
vesiculis marginalibus ellipticis, angulis posticis valde divaricatis ;
elytris ante medium attenuatis, striis subtilissimis punctatis, apice
acuminatis.* — Long. 25 30 mill. lat. 5 1/2-8 mill.

Pyrophorus lychniferus. GERM. *Zeitschr. f.d. Entom.* III, p. 32, 22.—DEJ. (pars).
Cat. ed. 3, p. 100.

Var. a. Pube densa, cinerea, vestitus.

Elater phosphoreus. PAL. de BEAUV. *Ins.* V. p. 78, pl. 8, fig. 1.

A peu près de la taille du précédent mais bien distinct par la
forme de son prothorax. Brunâtre, très-densément revêtu d'une
pubescence d'un gris jaunâtre ou cendré (1). Front longitudinalement
et fortement excavé. Antennes obscures, fortement dentées en scie
chez les mâles, où elles sont à peu près aussi longues que la moitié
du corps. Prothorax plus long que large, aussi étroit à la base qu'au
tiers antérieur chez les mâles, plus étroit chez les femelles, à peu près
parallèle chez les premiers, arqué sur les côtés chez les secondes,
longitudinalement et largement élevé au milieu plutôt que convexe,
la ponctuation médiocrement dense, les vésicules phosphorescentes
oblongues, placées longitudinalement près du bord latéral, les
angles postérieurs assez grêles, divergents dès la base, carénés, le
bord postérieur muni d'un très-petit tubercule. Elytres plus larges
aux épaules que le prothorax, deux fois et demie plus longues, atténuées à partir du tiers antérieur, épineuses au sommet, très-finement ponctuées-striées, les intervalles plats et ponctués. Pattes brunâtres.

(1) La pubescence est sans doute, assez caduque chez cette espèce, car j'ai
vu des individus presque complètement dénudés et conséquemment d'un brun
luisant, en sorte qu'ils ne ressemblaient plus du tout aux exemplaires intacts.

Des Antilles ; Cuba.

C'est bien à cette espèce que l'on doit rapporter l'*Elater phospho-reus* de Palisot de Beauvois, ce qui a peu d'importance, du reste, puisque ce nom, faisant double emploi dans le genre, doit être supprimé.

On la distinguera de la précédente par la forme plus allongée des vésicules, qui sont en outre placées longitudinalement près du bord marginal, tandis qu'elles sont toujours obliques chez le *lych-nus*, et les stries des élytres beaucoup moins marquées; il résulte de ce dernier caractère que les stries disparaissent sous la pubescence aux endroits où celle-ci est intacte, tandis que chez le précédent elles forment autant de lignes obscures sur la teinte générale blan-châtre ou jaunâtre.

18. P. causticus. *Elongatus, obscure castaneus, tenuiter fusco-pubescens; prothorace oblongo-quadrato, lateribus paulum arcuato, fortius punctato,* vesiculis fere angularibus, latis, ovatis, obliquis, flavis, angulis posticis tenuibus, valde divaricatis ; elytris subtiliter punctato-striatis, apice acuminatis.*— Long. 24-27 mill., lat. 5 1/2-6 1/2 mill.

Pyrophorus causticus. GERM. *Zeitschr. f. d. Entom.* III. p. 36, 26.

Pyrophorus havaniensis. LAP. *Hist. nat. Ins. Col.* I, p. 236, 4.

Pyrophorus corruscus. DEJ. *Cat.* ed. 3, p. 100.

Ordinairement plus petit que le précédent, dont il se rapproche par la forme générale (1). D'un châtain obscur, revêtu d'une courte pubescence brune ou brun-gris qui ne fait que modifier la teinte du fond sans la voiler. Front carré et excavé. Antennes plus longues que la moitié du corps chez les mâles, égales aux deux cin-quièmes de la grandeur totale chez les femelles, fortement dentées en scie chez les premiers. Prothorax en carré long, légèrement arqué sur les côtés, peu fortement mais régulièrement convexe jusqu'au bord latéral dans le sens transversal, assez fortement et densément

(1) Il existe dans la collection de M. Chevrolat un exemplaire ♀ de cette espèce qui n'a pas moins de 32 mill. de longueur ; mais cette taille est tout-à-fait exception-nelle.

ponctué, présentant souvent une trace de ligne médiane longitudinale lisse, ses vésicules grandes, jaune clair, ovales, obliques, rapprochées des angles et s'étendant extérieurement jusqu'au bord latéral même, ses angles postérieurs très-grêles, très-divergents dès la
base, spiniformes. Élytres plus larges que le prothorax, rétrécies à
partir du milieu et régulièrement arquées sur les côtés, depuis la
base jusqu'au sommet où elles sont très-acuminées, ponctuées-
striées avec les intervalles finement ponctués. Pattes brunâtre
obscur.

Des Antilles ; Cuba.

On distinguera facilement cette espèce de la précédente, la seule avec
laquelle on puisse la confondre, par sa pubescence plus courte, beaucoup moins dense et de couleur plus obscure, son prothorax régulièrement convexe tandis qu'il est aplati et même concave latéralement chez le *lychniferus*, ses vésicules contiguës au bord latéral, plus grandes et obliques, enfin ses angles postérieurs beaucoup
plus grêles.

Le *P. (Stilpnus) havaniensis* Lap. n'est que la femelle de cette
espèce. Ce nom, antérieur de quelques mois à celui de *causticus*,
devrait prévaloir si l'on observait dans toute sa rigueur le droit de
priorité, mais le cas actuel me paraît rentrer dans les réserves généralement admises. Les Pyrophores comprennent une série d'espèces fort difficiles pour la plupart à distinguer entre elles et qui
exigent une description assez minutieuse. Or, la diagnose de l'auteur
français est insuffisante et on peut la considérer comme non avenue.

19. P. PYROPHANUS. *Brunneus, dense griseo-pubescens; prothorace latitudine longiore, modice sat fortiter punctato, vesiculis minutis, oblongis, flavis, marginalibus, male definitis, angulis posticis divaricatis,
in medio baseos tuberculo acuminato ; elytris attenuatis, striis subtilibus punctatis.*

♂ *Antennis acute serratis, dimidio corporis paulo minoribus;
prothorace oblongo-quadrato, lateribus rectis fere parallelis.* —
Long. 17-20 mill. lat. 4-5 mill.

Var. *a. Elytris apice acuminatis.*

Pyrophorus angusticollis. Eschsch. in Thon, *Arch.* II, p. 32.

Pyrophorus pyrrhoderus. Germ. *Zeitschr. f. d. Entom.* III, p. 37, 27.

Var. *b. Elytris apice muticis.*

Pyrophorus pyrophanus. GERM. loc. cit. p. 38, 28.

Pyrophorus luminosus pars. DEJ. *Cat.* ed. 3, p. 100.

Var. *c. Prothorace nigrescente.*

Pyrophorus lusciosus. GERM. loc. cit. p. 39, 28.

Pyrophorus (Stilpnus) acutipennis. LAP. *Hist. nat. d. Ins. col.* I, p. 236.

♀ *Antennis prothorace brevioribus, haud serratis; prothorace fere quadrato, antrorsum sæpe dilatato et lateribus arcuato. —* Long. 20-30 mill. lat. 5 1/2, 8 mill. (Pl. 1, fig. 10).

Var. *a. Major, elytris apice acuminatis.*

Elater lucens. ILLIG. *Mag. d. Gesellchs. naturf. Fr.* p. 150, 12.

Pyrophorus lucens. GERM. loc. cit. p. 34, 23.

Pyrophorus acuminatus. ESCHS. loc. cit. p. 32.

Pyrophorus quadraticollis. BLANCH. in D'ORBIGNY, *Voy. d. l'Am. mér.* VI, Ins., p. 140, 437.

Pyrophorus luminosus pars. DEJ. *Cat.* ed. 3, p. 100.

Var. *b. Minor, elytris apice muticis.*

Elater pyrophanus. ILLIG. loc. cit. p. 149, 10.

Pyrophorus quadricollis. ESCHS. loc. cit. p. 32.

(♂) Parallèle, d'un brun plus ou moins obscur ou rougeâtre, souvent avec le prothorax plus noir, densément couvert d'une pubescence grisâtre ou gris-jaunâtre toujours assez serrée, lorsqu'elle est intacte, pour voiler la couleur du fond. Antennes brunes, un peu moins longues que la moitié du corps, fortement dentées en scie. Front carré, longitudinalement excavé. Yeux globuleux. Prothorax en carré long, convexe dans le sens transversal dans sa partie moyenne, les parties latérales un peu déprimées, présentant souvent une ligne longitudinale médiane lisse, qui fait une légère saillie vers le bord antérieur et se termine, en arrière, par un petit tubercule acuminé situé près du bord postérieur, sa surface couverte de points médiocrement serrés, ses vési-

cules placées près du bord latéral à la base des angles, assez petites,
oblongues, un peu obliques, jaunes, cerclées habituellement de rougeâtre et se fondant ainsi insensiblement dans la teinte générale, ses
angles postérieurs grêles, divergents. Élytres un peu plus larges que
le prothorax et deux fois et demie plus longues, parallèles jusqu'au
milieu, puis atténuées au-delà, finement ponctuées-striées, plus ou
moins acuminées au sommet. Pattes rougeâtres.

♀ Quelquefois deux fois plus grande que les petits 'spécimens de
l'autre sexe. Elle a la tête plus étroite, les antennes plus courtes que
le prothorax ; celui-ci est presque carré avec les bords de sa moitié
antérieure fortement arqués ; souvent il est plus large au tiers antérieur qu'au tiers postérieur ; enfin les élytres sont, comme chez le
mâle, terminées tantôt par une petite épine, tantôt par un angle
simple, ou par une des formes intermédiaires.

Cette espèce est commune au Brésil. On la rencontre également
dans la Bolivie, dans les provinces de la Plata, l'Uruguay et le Paraguay.

La taille varie considérablement. Les deux sexes sont, d'autre part,
assez dissemblables pour paraître constituer des espèces différentes ;
il n'est donc pas surprenant que la synonymie en soit aussi compli-
quée.

En puisant dans les nombreuses collections que j'ai entre les mains,
j'ai pu rassembler une centaine d'individus se rapportant aux différentes formes désignées par Illiger, Germar, Eschscholtz, sous les
noms de *lucens, pyrophanus, pyrrhoderus*, etc., et je suis resté convaincu, après une étude attentive, qu'elles ne forment qu'une seule
et même espèce possédant des caractères assez tranchés pour la distinguer avec certitude des espèces voisines.

Je n'ai point vu le type de celle décrite par Germar sous le nom
de *P. obscuratus*, qui ne se distingue guère de l'espèce actuelle que
par la brièveté relative du troisième article des antennes. Mais la
grande variabilité du *P. pyrophanus* me porte à supposer que
l'*obscuratus* pourrait bien appartenir à la même coupe spécifique.
J'incline d'autant plus vers cette opinion que Germar s'est appuyé
faussement sur le même caractère pour créer, dans la même section,
deux espèces, les *P. gemmiferus* et *hebes* qui doivent être supprimées, ces espèces ne différant aucunement, la première de l'*ornamentum*, la seconde du *cœcus*, tous deux de la section actuelle.

20. P. ILLUMINANS. *Ferrugineus, helvo-tomentosus; prothorace latitu-dine paulo longiore, lateribus leviter arcuato, parum convexo, sub-tiliter punctato, medio infuscato, vesiculis submarginalibus mi-nutis, obliquis, angulis posticis tenuibus, divaricatis; elytris ante medium attenuatis, apice acuminatis, striis tenuibus punctatis; antennarum basi pedibusque rufescentibus.* — Long. 20-25 mill., lat. 5-6 1/2 mill.

Pyrophorus illuminans. GERM. *Zeitschr. f. d. Entom.* III, p. 30, 20.

Pyrophorus helvolus. GERM. loc. cit. p. 28, 18 ?

Pyrophorus fulvotomentosus. BLANCH. in d'ORB. *Voy. d. l'Am. mér.* VI, Ins. p. 139, 436.

Pyrophorus igniculus. DEJ. *Cat.* ed. 3, p. 100.

Var. *a. Prothorace versus basin bifoveato.*

Très-voisin du précédent dont il n'est peut-être qu'une variété. Assez luisant, ferrugineux, revêtu densément d'une pubescence jaune qui donne cette teinte à tout l'insecte. Antennes noirâtres avec la base rougeâtre. Prothorax un peu plus long que large, au moins chez les mâles, déprimé, brunâtre au milieu, arqué sur les côtés, finement ponctué, ses bords latéraux tranchants, étroitement bordés de brunâtre en dessous, les vésicules petites, oblongues, obliques, placées près du bord marginal, ses angles postérieurs grêles, aigus, divergents. Elytres de la largeur du prothorax ou un peu plus larges, atténuées dès avant le milieu, acuminées et divariquées au sommet, finement ponctuées-striées. Pattes rougeâtres.

Du Brésil.

La description que donne Germar de cette espèce ne me paraît pas tout-à-fait exacte, notamment en ce qui concerne la grandeur relative du troisième article des antennes qui, dans plusieurs exem-plaires, se rapproche beaucoup de celle du second. Ceci me fait supposer que son *P. helvolus*, que je n'ai toutefois point vu en nature, doit être rapporté à cette espèce. J'ai sous les yeux de petits exemplaires de l'*illuminans* auxquels, sauf ce qui regarde les antennes, la description de l'*helvolus* convient parfaitement. Quant au *fulvotomentosus*, j'ai pu constater *de visu* son identité.

21. P. STELLA. *Brunneo-piceus, subnitidus, pube densa, fusco-*

grisea; antennis acute serratis, articulo secundo tertio fere aequali; prothorace oblongo, apice parum angustato, lateribus leviter arcuato, vesiculis ovatis, obliquis; elytris subtiliter striato-punctatis, apice muticis. — Long. 22-28 mill., lat. 3 3/4-7 1/2 mill. (pl. I, fig. 7.)

Brunâtre, assez luisant, revêtu d'une pubescence gris-jaunâtre assez dense pour modifier la couleur du fond. Front faiblement concave. Antennes dépassant un peu l'extrémité des angles postérieurs du prothorax chez les mâles, ne l'atteignant pas chez les femelles, dentées en scie, leur troisième article à peine plus long que le second. Prothorax allongé, peu rétréci en avant, arqué sur les côtés dans les deux sexes, médiocrement convexe, peu densément ponctué, ses vésicules ovales, un peu obliques, placées à la base des angles près du bord latéral, les angles postérieurs assez longs, grêles, régulièrement recourbés en dehors, subaigus au bout, carénés, le milieu du bord postérieur tuberculeux. Elytres un peu plus larges que le prothorax, arquées sur les côtés depuis la base jusqu'au sommet, marquées de lignes de points très-fins, mutiques au bout. Pattes brunes.

Du Mexique.

J'en ai vu une douzaine d'exemplaires, partie dans la collection de M. Guérin, partie dans celle de M. Sallé. Ces derniers ont été trouvés dans les environs de Vera-Cruz, au mois d'août. Le *P. stella* ressemble au suivant, mais on l'en distingue sans peine par son prothorax plus plat et ses élytres beaucoup plus finement striées, au point que les stries ne sont pas visibles là où la pubescence est intacte.

Il a également des rapports de forme, de taille, de couleur, avec le *P. fulgidus,* mais sa ponctuation générale est plus fine et le troisième article de ses antennes est manifestement un peu plus long que l'article précédent.

J'ai reçu de M. Chevrolat un exemplaire mâle chez lequel les stries sont un peu plus marquées et les intervalles de celles-ci ruguleux. Malgré ces différences, je ne pense pas qu'il constitue une espèce distincte.

22. P. PHYSODERUS. *Fusco-castaneus, dense subtiliter fusco-pubescens; prothorace oblongo, apice arcuatim angustato, angulis anticis deflexis, vesiculis ovatis, obliquis, læte flavis, fere angularibus, angulis posticis parum divaricatis, medio baseos tuberculo acumi-*

5

nato; elytris brevibus, punctato-striatis, apice muticis, fortius punctatis. — Long. 15-25 mill., lat. 5-8 mill.

Pyrophorus physoderus. Germ. *Zeitschr. f. d. Entom.* III, p. 56, 25.—Lec. Rev. *Etat. Un. St.* in *Am. ph. Soc. Trans.* X, p. 492.

D'un brun châtain, peu luisant, revêtu d'une pubescence fine et serrée, à peu près de la même couleur que les téguments. Front carré, largement et peu profondément excavé. Antennes brunes, dépassant un peu les angles postérieurs du prothorax chez le mâle, atteignant seulement les vésicules phosphoriques chez la femelle, dentées en scie dans les deux sexes mais plus fortement chez le premier. Prothorax plus long que large, fortement et curvilinéairement rétréci au sommet avec les angles antérieurs très-abaissés, assez densément ponctué, souvent bifoveolé, surtout chez les mâles, ses vésicules assez grandes, ovales, obliques, d'un jaune clair, placées à la base des angles mais plus rapprochées du bord latéral que du bord postérieur, les angles un peu divergents, carénés, aigus, le milieu du bord postérieur présentant un tubercule acuminé assez saillant. Elytres de la largeur du prothorax et au plus deux fois et demie aussi longues, curvilinéaires sur les côtés, atténuées depuis le premier tiers chez le mâle, dans le dernier tiers seulement chez la femelle, obtuses au bout, ponctuées-striées, les intervalles plats, rugueusement ponctués à l'extrémité. Pattes de la couleur générale.

Cette espèce est la plus septentrionale du genre. On la trouve au Mexique et dans le sud des États-Unis.

23. P. ornamentum. *Piceo-niger, parum nitidus, dense cinereo-pubescens; oculis prominulis; prothorace elongato, antrorsum angustato, vesiculis minutis, suborbiculatis, submarginalibus, basi medio tuberculo compresso; elytris punctato-striatis, ultra medium parallelis.* — Long. 18 mill., lat. 4 mill.

Pyrophorus ornamentum. Germ. *Zeitschr. f. d. Entom.* III, p. 59, 29. —Chevr. in Dej. *Cat.* ed. 3, p. 100.

Pyrophorus gemmiferus. Germ. loc. cit. p. 26, 13.

Brunâtre obscur, peu luisant, revêtu d'une pubescence cendrée, courte et assez dense. Front grand, excavé, à bord antérieur arqué.

Yeux globuleux et saillants. Prothorax plus long que large, rétréci
en avant, assez densément ponctué, faiblement biimpressionné,
marqué d'une ligne lisse, longitudinale, ses angles antérieurs abaissés, ses vésicules phosphorescentes submarginales, obovales, quelquefois diffuses sur les bords, d'un jaune clair, faisant une légère
saillie, ses angles postérieurs grêles, un peu divergents, à peine
carénés, terminés par une pointe mousse, son bord postérieur
portant au milieu un tubercule aigu, comprimé latéralement. Elytres deux fois et demie plus longues que le prothorax, parallèles ou
à peu près jusqu'au delà du milieu, atténuées au sommet, ponctuées-striées, les intervalles subruguleux. Antennes et pattes d'un
brun rougeàtre.

Du Mexique.

J'ai vu l'exemplaire de l'ancienne collection Gory, actuellement
à M. de la Ferté Sénectère, d'après lequel Germar a créé son
P. gemmiferus. Il me parait évident que ces deux prétendues espèces n'en font qu'une. L'exemplaire de Gory a les vésicules phosphoriques un peu plus petites et plus arrondies, mais quant à la
petitesse du troisième article des antennes, qui a déterminé Germar
à le séparer de l'*ornamentum*, je dois déclarer que cet auteur me
semble avoir attaché trop d'importance à un caractère qui perd
certainement beaucoup de sa valeur chez l'espèce actuelle. Cet
article est, en effet, dans la généralité des individus, à peine plus
grand que le précédent, et comme il est coupé un peu obliquement au sommet, il arrive que lorsqu'on l'examine dans certaine
position il parait aussi petit que le second.

24. P. cœcus. *Piceus, subopacus, griseo-tomentosus, prothorace
oblongo, apice arcuatim angustato, medio longitrorsum elevato,
crebre fortiterque punctato, vesiculis flavis vix distinctis; elytris,
castaneis, a basi attenuatis, striis obsoletis.* — **Long. 20-25 mill.,** lat.
5-6 1/4 mill.

Pyrophorus cœcus. GERM. *Zeitschr. f. d. Entom.* III, p. 40, 31.

Pyrophorus hebes. GERM. loc. cit. p. 27, 17.

Var. a. *Rufo-brunneus, tomento pallide fuscescente.*

Noiràtre avec les élytres brunes, ou tout entier d'un brun rougeàtre, presque mat, revètu d'une pubescence très-serrée et voilant

la couleur des téguments, grise, gris cendré ou jaunâtre. Antennes noires, atteignant ou dépassant un peu l'extrémité des angles postérieurs du prothorax chez les mâles, plus courtes chez les femelles. Front concave. Prothorax plus long que large, curvilinéairement rétréci dans sa moitié antérieure, longitudinalement et largement élevé au milieu avec ses côtés déprimés, fortement et densément ponctué, ses vésicules phosphorescentes visibles seulement lorsque la pubescence est enlevée, angulaires, situées assez loin des bords latéraux et postérieur et un peu plus rapprochées de celui-ci que de ceux-là, ses angles postérieurs allongés, un peu divergents, faiblement carénés, sans tubercule au milieu du bord postérieur. Elytres un peu plus larges que le prothorax, atténuées à partir de la base, sans stries ou n'en présentant que de faibles traces, assez densément ponctuées, arrondies conjointement au bout où leurs bords sont un peu redressés. Pattes obscures.

Du Brésil austral et du Paraguay.

Je ne puis concevoir les motifs qui ont déterminé Germar à créer deux espèces aux dépens de celle-ci. Ce qui est encore plus surprenant c'est que, dans sa description du *cœcus*, il ne fait aucunement mention de l'affinité de celui-ci avec l'*hebes*, décrit quelques pages plus haut. Cette espèce est cependant assez remarquable, par l'oblitération des vésicules phosphoriques, pour que cette affinité ait dû le frapper.

25. P. ABNORMIS. *Piceus, dense cinereo-tomentosus; antennis nigris, basi rufis; prothorace oblongo, apice tantum arcuatim angustato, medio longitrorsum elevato, fortiter punctato, vesiculis obliteratis; elytris castaneis a medio attenuatis, apice acuminatis, punctato-striatis; epipleuris flavis.* — Long. 14-16 mill., lat. 3 1|4-4 mill.

Voisin du précédent mais distinct par plusieurs caractères. Noirâtre avec les élytres d'un brun châtain, revêtu d'une pubescence cendrée blanchâtre ou flavescent, assez dense pour voiler la couleur du fond. Front à peu près plat. Antennes dentées, noires avec les trois premiers articles rouges. Prothorax allongé, parallèle dans sa moitié postérieure, curvilinéairement rétréci au sommet, élevé au milieu, ses côtés aplatis, assez fortement ponctué, sans traces de vésicules phosphorescentes, ses angles postérieurs un peu recourbés en dehors, aigus, à peine carénés. Elytres un peu plus larges que le prothorax et deux fois et demie plus longues, curvilinéairement

rétrécies depuis le milieu jusqu'au sommet où elles sont acuminées, distinctement ponctuées-striées, les intervalles plats et pointillés. Épipleures et quelquefois base des pattes jaunes.

De la N^lle Grenade.

Collection de M. de la Ferté Sénectère.

26. P. funale. *Piceo-brunneus, fusco-pubescens; prothorace subquadrato, grosse subinæqualiter punctato, vesiculis latis subangularibus, angulis posticis valde divaricatis; elytris prothorace latioribus, ultra medium leviter attenuatis, apice rotundatis, striis
indistincte punctatis; antennis pedibusque obscuris. — Long. 24 mill.,
lat. 6 1/2 mill.*

D'un brun noirâtre, assez luisant, revêtu d'une pubescence
brunâtre peu serrée et caduque. Front déclive, aplati, un peu atténué au sommet, fortement ponctué. Prothorax à peu près carré,
bombé surtout vers le sommet, marqué de points inégaux, en général assez gros, inégalement serrés, ses vésicules latérales assez
grandes, non saillantes, jaunes bordées de rougeâtre, ses angles
postérieurs grands, divergents, carénés. Elytres plus larges que le
prothorax et trois fois plus longues, atténuées au delà du milieu,
arrondies au sommet, striées, les stries à peine distinctement ponctuées si ce n'est sur les côtés, les intervalles très-peu convexes et
éparsément ponctués. Pattes noirâtres.

Du Brésil.

Je n'en ai vu qu'un seul exemplaire dans la collection de M. de
la Ferté Sénectère.

27. P. pyrotis. *Castaneus, nitidus, tenuiter flavescenti-pilosulus;
prothorace quadrato, convexiusculo, postice ad angulos ferruginescente, vesiculis orbiculatis, angularibus, flavis, angulis posticis divaricatis, acute carinatis; elytris subparallelis, striis tenuibus punctatis, apice rotundatis; antennis pedibusque brunneis. — Long. 15-18
mill. lat. 4-5 mill. (Pl. I, fig. 11.)*

Pyrophorus pyrotis. Germ. *Zeitschr. f. d. Entom.* III. p. 42, 33.

Pyrophorus empyreus. Dej. *Cat.* ed. 3, p. 100.

Allongé et parallèle, brun-châtain, luisant, revêtu d'une légère
pubescence flavescente, ne modifiant guère la teinte du fond que
par son reflet. Angles antérieurs du front soulevés. Antennes den-

técs en scie, un peu plus courtes que la moitié du corps chez le mâle. Prothorax carré, faiblement convexe, ponctué, rougeâtre vers les angles postérieurs, ceux-ci grêles, divergents, surmontés d'une carène aiguë, les vésicules phosphoriques arrondies, un peu bombées, flaves, angulaires, le milieu du bord postérieur sans tubercule. Elytres un peu plus larges que le prothorax et au moins trois fois plus longues, parallèles dans leur moitié antérieure, isolément arrondies au bout, faiblement ponctuées-striées, les intervalles éparsément et finement ponctués. Pattes brunes.

Du Brésil et des provinces de la Plata. M. H. Clark l'a trouvé aux environs de Rio en janvier et février.

28. P. LUCIFICUS. *Castaneus, nitidus, flavescenti-puberulus ; prothorace latitudine paulo longiore, lateribus subsinuato, parum convexo, vesiculis angularibus orbiculatis minoribus, angulis posticis leviter divaricatis rufis ; elytris elongatis, parallelis, striis tenuibus punctatis, interstitiis planis, punctulatis ; antennis pedibusque ferrugineis.* — Long. 14-15 mill., lat. 4 mill.

Pyrophorus lucificus. GERM. *Zeitschr. f. d. Entom.* III, p. 43, 34.

Châtain, assez luisant, revêtu d'une pubescence jaunâtre, modifiant un peu la teinte du fond. Antennes dentées en scie à partir du quatrième article, presque aussi longues que la moitié du corps chez le mâle, plus courtes chez la femelle, ferrugineuses. Prothorax un peu plus long que large, à peu près parallèle sur les côtés avec les bords latéraux un peu sinueux, peu convexe, ponctué, ses vésicules phosphorescentes arrondies, angulaires, petites, d'un jaune clair, aréolées de rouge, ses angles postérieurs grêles, aigus, rougeâtres, divergents, carénés. Élytres à peine plus larges que le prothorax, parallèles chez le mâle, un peu dilatées au milieu chez la femelle, finement ponctuées-striées, les intervalles à peu près plats et finement ponctués. Pattes ferrugineuses.

Du Brésil ; Bahia.

Il ressemble beaucoup, en petit, au *luculentus*, mais il s'en distingue nettement par la petitesse du troisième article des antennes.

29. P. MACULICOLLIS. *Niger, nitidus, pube fusco-nigra, tenui, vestitus ; prothorace latitudine haud longiore, antrorsum leviter angustato, convexo, parce punctato, flavescenti-diaphano, macula discoi-*

dali lata, utrinque angulata, nigra, vesiculis angularibus parum distinctis ; elytris parallelis, punctato-striatis, interstitiis convexis, sparsim punctatis, epipleuris nigris. — Long. 16 mill. lat. 4 1/4 mill.

D'un noir luisant, le prothorax jaune rougeâtre subtranslucide, avec une grande tache noire, discoidale, étendue depuis la base jusqu'au sommet et appendiculée de chaque côté, revêtu d'une fine pubescence noirâtre. Front excavé en avant. Antennes brunâtres. Prothorax aussi large que long, peu rétréci en avant, convexe, peu densément et assez finement ponctué, obsolètement canaliculé au milieu, ses vésicules angulaires, petites, subarrondies, n'apparaissant sur le fond jaune de l'endroit où elles sont situées que par leur saillie, leur aspect vitreux et leur couleur plus pâle, les angles postérieurs grêles, divergents, carénés. Élytres de la largeur du prothorax, parallèles dans leur moitié antérieure, curvilinéairement rétrécies au-delà, subcylindriques, ponctuées-striées, les intervalles convexes, éparsément et finement ponctués, leur extrémité arrondie. Dessous du corps, y compris les épipleures, noir, avec les pattes d'un noir légèrement brunâtre.

Du Brésil ; N^lle Fribourg.
Collection de M. de la Ferté Sénectère.

30. P. CINCTICOLLIS. *Niger, nitidus, tenuiter flavo-pubescens ; prothorace latitudine haud longiore, a medio apice angustato, crebre fortiterque punctato, flavescenti-diaphano, macula orbiculata media nigra, vesiculis obliteratis, angulis posticis divaricatis, carinatis ; elytris a basi attenuatis, profunde punctato-striatis, interstitiis convexis, dense punctatis, apice rotundatis, epipleuris-rufis.* — Long. 14-15 mill., lat. 4 mill.

Pyrophorus cincticollis. GERM. *Zeitschr. f. d. Entom.* III, p. 44, 35.

Noir, le prothorax rouge-jaune, subtranslucide, avec une tache noire, ronde, au milieu, revêtu d'une légère et assez rare pubescence flavescente. Front concave, rugueusement ponctué. Antennes noir-brunâtres, plus longues que le prothorax. Prothorax à peu près aussi large que long, rétréci en avant à partir du milieu, où ses bords latéraux forment un coude, peu convexe, densément et fortement ponctué, ses vésicules peu visibles à cause de la couleur jaune des téguments à l'endroit où elles sont placées, se révélant seulement par leur saillie, placées au milieu de la base des angles postérieurs, ceux-ci grêles, assez longs, aigus, divergents, carénés. Élytres de la largeur du prothorax à la base, atténuées à partir des épaules, presque rectilinéairement chez le mâle, curvilinéairement chez la femelle, conjointement arrondies au bout, fortement ponctuées-striées, les intervalles convexes et densément ponctués. Dessous du corps noir avec les flancs du prothorax et les épipleures orangés; pattes brunâtres.

Du Brésil.

Cette espèce et ses deux voisines sont celles qui montrent le mieux les rapports qui existent entre les espèces du genre *Corymbites* et celles du genre actuel. Le *P. cincticollis*, s'éloignant par son système de coloration des autres Pyrophores, s'y rattache pourtant d'autre part, grâce aux vestiges de vésicules phosphoriques qu'il présente à la place habituelle et qui indiquent qu'il jouit de la propriété d'émettre de la lumière.

31. P. MARGINICOLLIS. *Niger, subnitidus, remote nigro-pubescens; prothorace latitudine vix breviore, a basi leviter gradatimque apice tantum subito angustato, parum convexo, crebre fortiter punctato, sanguineo, macula magna dorsali nigra, vesiculis obliteratis; elytris a basi arcuatim angustatis, striis subtilibus punctatis, interstitiis planis, rugose punctatis.* — Long. 14-15 mill. lat. 3 1/2-3 3/4.

Pristilophus marginicollis. Germ. Zeitschr. f. d. Entom. IV, p. 92, 12.

Noir, médiocrement luisant, le prothorax rouge-sanguin, avec une grande tache dorsale noire qui en couvre presque toute la surface, à peine distinctement recouvert de quelques poils noirâtres, disséminés. Front carré, fortement ponctué, non concave. Antennes noires, peu allongées, dentées à partir du quatrième article, le troisième un peu plus long que le second. Prothorax à peine plus court que large, rétréci graduellement d'arrière en avant jusqu'au sixième antérieur où ses bords latéraux convergent brusquement, peu convexe, fortement et densément ponctué, sans vésicules phosphoriques, les angles postérieurs, dirigés en arrière, aigus, carénés. Écusson oblong, caréné. Élytres aussi larges au milieu qu'à la base et curvilinéairement rétrécies au-delà jusqu'au sommet, où elles sont subacuminées, finement striées, les stries marquées de points ainsi que les inter-

valles qui sont tout-à-fait plats et rugueux. Dessous noir avec les
flancs du prothorax rouges ; pattes noires.

Du Brésil.

Cette espèce a été placée par Germar parmi les *Pristilophus*, à
cause de l'absence des vésicules phosphoriques. J'ai exposé, plus
haut, les raisons qui m'ont déterminé à comprendre parmi les Pyrophores tous les *Corymbitites* du Brésil.

52. P. formosus. *Testaceus, nitidus, fere glaber, antennis nigris,
basi rufis ; prothorace subquadrato, rufo, vitta media nigra, parum
convexo, vesiculis flavis angularibus, angulis posticis tenuibus,
acutis, divaricatis ; elytris longis, punctato-striatis apice singulatim,
rotundatis, vitta suturali et marginali nigris.* — Long. 25 mill., lat.
6 mill.

Pyrophorus formosus. **Germ. Zeitschr. f. d. Entom.** III, p. 31, 32.

Allongé, rougeâtre, avec les élytres jaunes, les antennes, sauf les
trois premiers articles, une tache oblongue au milieu du prothorax,
la suture et le bord latéral des élytres noirs, très-luisant et revêtu seulement de quelques poils fauves clair-semés. Front carré, peu excavé.
Antennes fortement dentées en scie à partir du quatrième article.
Prothorax à peu près carré, peu convexe, à peine ponctué, à bords
latéraux sinueux et relevés, ses vésicules flaves, bombées, angulaires,
ses angles postérieurs peu allongés, très-divergents. Élytres plus
larges que le prothorax et trois fois et demie plus longues, isolément
arrondies au bout, faiblement striées, les stries ponctuées, biimpres-
sionnées à la base où le troisième intervalle est un peu élevé.

Du Brésil.

Cette remarquable espèce, la plus belle du genre, s'éloigne de ses
congénères par son *facies* qui est tout-à-fait celui des *Semiotus*. Je
n'en ai vu qu'un seul exemplaire ♂, pris par M. Hamlet Clarck, en
janvier, à Constancia, près de Rio.

TROISIÈME SECTION.

33. P. parallelus. *Piceus, nitidus, fusco-pilosulus ; prothorace
subquadrato, apice parum angustato, convexo, canaliculato, crebre
fortiterque punctato, angulis ferrugineis, divaricatis ; elytris subparallelis, dorso depressiusculis, striis canaliculatis punctatis, interstitiis planis vel depressis ; abdomine bruneo, antennis pedibusque
rufis.* — Long. 16-22 mill. lat. 4 1/4-6 mill. (Pl. I, fig. 12).

6

Pyrophorus parallelus. Germ. *Zeitschr. f. d. Entom.* III, p. 45, 36.

Pyrophorus rubripes. Blanch. in d'Orb. *Voy. d. l'Amér. mér.* IV, Ins. p. 140, 138.

Parallèle, d'un noir de poix assez luisant, revêtu d'une pubescence clair-semée, obscure, caduque. Front triangulairement excavé en avant. Antennes courtes, même chez les mâles, rougeâtres, dentées en scie à partir du quatrième article. Prothorax à peu près carré, un peu rétréci seulement au sommet avec les côtés peu arqués, convexe, sillonné au milieu, densément et fortement ponctué, ses vésicules angulaires arrondies ou oblongues, et dans ce dernier cas, obliques, jaunes ou d'un jaune rougeâtre, un peu bombées, ses angles postérieurs peu allongés, aigus, brièvement carénés, divergents, ferrugineux. Écusson souvent avec une ligne longitudinale médiane élevée. Élytres à peine plus larges que le prothorax et plus de deux fois et demie aussi longues, parallèles jusqu'au delà du milieu ou très-faiblement atténuées à partir de la base selon le sexe, largement arrondies au bout, un peu déprimées, marquées de stries étroites et profondes, offrant l'aspect de lignes faites au burin et à bords relevés, ce qui fait paraître les intervalles déprimés, ceux habituellement plats, parfois réellement concaves, sans points mais à surface inégale. Abdomen brun ; pattes rouges.

Germar indique cette espèce comme provenant de Porto-Allegro dans le Brésil austral. C'est là sans doute sa limite septentrionale, car la plupart des exemplaires qui se trouvent dans les collections viennent des environs de Monte-Video et de Buénos-Ayres.

34. **P. crassus.** *Piceus, nitidus, longius flavescenti-pilosulus ; prothorace subquadrato, apice parum angustato, convexo, canaliculato, parcius punctato, angulis posticis ferrugineis, divaricatis ; elytris subparallelis, dorso depressiusculis, striis canaliculatis punctatis, interstitiis planis, lateribus marginatis ; antennis pedibusque rufis.* — Long. 18 mill., lat. 5 mill..

Pyrophorus crassus. Blanch. in d'Orb. *Voy. d. l'Amér. mérid.* VI, Ins. 141, 139.

Très-voisin du précédent mais paraissant cependant constituer une espèce distincte. Il en diffère par sa pubescence plus longue et d'un jaunâtre clair, par son prothorax moins densément ponctué et ses élytres plus largement rebordées sur les côtés.

Il est de Monte-Video.

Je n'ai vu que l'exemplaire qui a servi de type à M. Blanchard et qui se trouve au musée d'Histoire naturelle de Paris.

35. P. LUCULENTUS. *Castaneus, nitidus, flavescenti-pubescens; prothorace oblongo-quadrato, convexo, postice canaliculato, subtilius punctato, vesiculis obliquis, tumidis, flavis, angulis posticis divaricatis ferrugineis; elytris prothorace vix latioribus, parallelis, striis simplicibus punctatis, interstitiis convexis punctulatis, antennis pedibusque obscure ferrugineis.* — Long. 20-25 mill., lat. 5-6 mill.

Pyrophorus luculentus. GERM. *Zeitschr. f. d. Entom.* III, p. 46, 57.

Pyrophorus facifer. GERM. loc. cit. p. 48, 46?

D'un châtain luisant, revêtu d'une pubescence flavescente très-fine et assez dense. Tête assez large, les yeux globuleux. Antennes d'un ferrugineux obscur, dentées en scie. Prothorax en carré long, aussi étroit au devant des angles postérieurs qu'à un millimètre en arrière du sommet, assez convexe, finement sillonné en arrière, moins fortement ponctué que chez le *parallelus*, ses vésicules phosphorescentes ovales, obliques, angulaires, bombées, jaunes, ses angles postérieurs divergents, grêles, médiocrement longs, carénés, ferrugineux. Elytres un peu plus larges que le prothorax, parallèles jusqu'au delà du milieu, peu à peu atténuées au delà, arrondies au bout, non déprimées, striées, les stries ponctuées, les intervalles convexes et éparsément pointillés. Pattes d'un ferrugineux obscur.

Du Brésil; Rio-Janeiro.

Cette espèce est plus étroite en proportion que le *parallelus*, d'une autre couleur, sa pubescence est plus apparente, plus longue, plus fine, les intervalles des stries des élytres sont convexes, les stries elles-mêmes sont autrement faites. J'en ai vu quatre exemplaires; l'un du musée de Berlin, un autre du musée de Stockholm, un troisième dans la collection de M. Jekel, enfin un individu femelle dans celle de M. Deyrolle.

Je ne pense pas que le *P. facifer* Germ. constitue une espèce distincte.

36. P. IGNIFER. *Castaneus, nitidus, brunnescenti-pilosulus; prothorace latitudine paulo longiore vel subquadrato, planiusculo, crebrius punctato, vesiculis rotundatis, flavis haud tumidis, angulis*

posticis divaricatis, ferrugineis; elytris prothorace latioribus, paral-
lelis, subpunctato-striatis, insterstitiis subelevatis, nonnihil carinatis,
sparsim punctulatis; antennis pedibusque obscuris. — Long. 20-25
mill., lat. 5-6 mill.

Pyrophorus ignifer. GERM. *Zeitschr. f. d. Entom.* III, p. 46, 38.

Voisin du précédent. D'un châtain rougeâtre luisant, noirâtre
sur le prothorax, revêtu d'une pubescence moins fine, moins apparente, étant moins dense et sa teinte plus obscure. Tête et antennes
comme chez le *luculentus.* Prothorax un peu plus long que large
chez le mâle, à peu près carré chez la femelle, déprimé, densément
ponctué, subsillonné en arrière, les vésicules nullement saillantes,
diffuses sur les bords, arrondies, ses angles postérieurs assez longs,
divergents, ferrugineux. Elytres plus larges que le prothorax et au
moins trois fois plus longues, parallèles jusqu'au delà du milieu,
arrondies au sommet, un peu déprimées le long de la suture, finement ponctuées-striées, les intervalles un peu élevés et offrant un
pli longitudinal dans leur milieu ce qui le fait paraître subcaréné,
finement et éparsément pointillés. Pattes obscures.
Du Brésil.
On le distinguera du *luculentus* par son prothorax moins long, plus
plat, plus densément ponctué, par ses vésicules non saillantes et
arrondies, par la sculpture et la longueur relativement plus grande
des élytres.
Cette espèce n'est pas le *flammeus* de Dejean, comme l'indique
Germar d'après Gory. Dejean ne la possédait pas. J'en ai vu un
exemplaire femelle appartenant au musée de Berlin et un mâle
dans la collection de M. de la Ferté Sénectère.

37. PYRAUSTES. *Brunneo-piceus, nitidus, flavescenti-pilosulus;*
fronte medio concava; prothorace subquadrato, planiusculo, crebre
sat fortiter punctato, vesiculis orbiculatis flavis, tumidis, angulis
posticis divaricatis ferrugineis; elytris prothorace latioribus, paral-
lelis, depressis, striis fortius punctatis, interstitiis convexiusculis,
crebre punctulatis; antennis pedibusque rufescentibus. — Long. 22-28
mill., lat. 5 3/4-5 1/2 mill.

Pyrophorus pyraustes. GERM. *Zeitschr. f. d. Entom.* III, p. 47, 39.

Déprimé, brunâtre obscur, luisant, revêtu d'une pubescence
éparse, flavescente. Front excavé au milieu. Antennes dentées en

scie, brun rougeâtre. Prothorax à peine plus long que large, de
forme carrée, subsinueux sur les côtés, peu convexe, densément
ponctué, sillonné au milieu, ses vésicules phosphorescentes angulaires, rondes, bombées, flaves, ses angles postérieurs divergents,
aigus, carénés, ferrugineux. Elytres un peu plus larges que le prothorax et deux fois et trois quarts plus longues, parallèles jusqu'au
milieu au moins, déprimées, fortement striées, les stries marquées
de points assez gros, les intervalles un peu convexes et densément
pointillés. Pattes rougeâtre obscur.

Du Brésil.

On le distinguera de l'*ignifer* par ses vésicules saillantes, ses élytres relativement plus courtes, plus déprimées, à stries profondes et
plus fortement ponctuées, à intervalles de stries nullement carénés
et plus densément pointillés.

QUATRIÈME SECTION.

38. P. Candezii. *Obscure castaneus, nitidus, fusco-pubescens;*
fronte profunde excavata; prothorace latitudine haud longiore,
lateribus arcuato, sinuato, dorso depresso, parcius punctato, canali-
culato, vesiculis tumidis, angulis posticis divaricatis; elytris depres-
sis, striis profundis punctatis, interstitiis convexis, crebrius punc-
tatis; antennis pedibusque rufescentibus. — Long. 22-25 mill., lat.
5 3/4 - 6 1/4 mill.

Pyrophorus Candezei. Fauvel, *Ins. rec. à la Guyane fr.* in *Bullet. de la Soc.*
linn. de Norm. V, p. 11.

Déprimé, d'un châtain obscur, luisant, revêtu d'une pubescence
éparse brunâtre. Front fortement excavé, l'excavation biimpression-
née en avant. Antennes fortement dentées en scie à partir du quatrième article, brun rougeâtre. Prothorax à peu près aussi large que
long, arqué et bisinué sur les côtés, sillonné au milieu, couvert de
points médiocrement serrés, ses vésicules rapprochées du bord
postérieur, bombées, subarrondies, ses angles postérieurs divergents, assez longs, aigus, carénés, ferrugineux. Elytres de la largeur
du prothorax et moins de trois fois plus longues, parallèles dans
plus de leur moitié antérieure, aplaties, fortement striées, les stries
finement ponctuées, les intervalles très-convexes et couverts d'une
ponctuation serrée. Pattes d'un rougeâtre obscur.

De la Guyane.

Cette espèce a des rapports de forme avec le *P. pyraustes*, mais elle est plus déprimée encore, son prothorax est plus arqué sur les côtés, son front est plus profondément excavé, ses élytres plus fortement striées avec les intervalles à ponctuation moins fine. Enfin ses vésicules phosphoriques, manifestement rapprochées du bord postérieur, la font rentrer dans cette section.

Je n'en ai vu que deux exemplaires; l'un, du sexe féminin, qui a servi de type à M. Fauvel, provient de Cayenne; l'autre, mâle, de Paramaribo, fait partie de la collection de M. Dohrn.

39. P. PERSPICILLATUS. *Fuscus, pube fuscescente longiuscula sat dense vestitus; prothorace longitudine latiore, lateribus arcuato, convexo, medio late parum profunde canaliculato, crebre fortiterque punctato, vesiculis latis, rotundatis, flavis, angulis posticis, brevibus, rufis; elytris parallelis, striis subtilibus punctatis; pedibus rufescentibus.* — Long. 20-23 mill., lat. 5-5 3/4 mill.

Pyrophorus perspicillatus. GERM. *Zeitschr. f. d. Entom.* III, p. 54, 47.

Parallèle, assez épais, brun obscur, revêtu d'une pubescence brun grisâtre fine, assez longue, dense, à demi redressée. Front concave dans sa partie antérieure. Antennes courtes, brunes. Prothorax plus large que long, rétréci au sommet avec les côtés arqués, assez fortement bombé mais un peu aplati dans son centre avec un sillon médian large et très-peu profond, ponctué densément et assez fortement, ses vésicules phosphorescentes grandes, arrondies, jaune clair, subangulaires mais cependant manifestement plus rapprochées du bord postérieur que du bord latéral, ses angles courts, aigus, un peu divergents, carénés, rougeâtres. Elytres parallèles dans plus de leur moitié antérieure, curvilinéairement et régulièrement rétrécies au-delà, un peu aplaties vers le milieu, à la base, marquées de stries canaliculées fines et ponctuées, les intervalles plats, finement et éparsément pointillés. Pattes brun rougeâtre.

Brésil austral, Corrientes, Buénos-Ayres, etc.

Cette espèce a tous les caractères du *parallelus*, sauf celui qui consiste dans la position des vésicules, lesquelles sont ici bien distinctement postérieures, tandis que chez le *parallelus* elles sont rapprochées du bord latéral.

CINQUIÈME SECTION.

40. P. ocellatus. *Ater, subopacus, nigro-villosulus; prothorace conico, medio longitrorsum carinato, crebre fortiterque punctato, vesiculis posticis rotundatis rufis; elytris latis, punctato-striatis, interstitiis rugosis, varioloso-punctatis.* — Long. 16-22 mill., lat. 5-7 mill.

Pyrophorus ocellatus. Germ. *Zeitschr. f. d. Entom.* III, p. 49, 41.

Pyrophorus variolosus. Solier in Gay, *Hist. de Chile*, Zool. II, p. 29, pl. 14, fig. 5.

Large, noir, presque mat, revêtu d'une pubescence longue, redressée, peu serrée, et noirâtre. Antennes dentées en scie, médiocrement longues. Prothorax plus large que long, fortement rétréci en avant, peu arqué sur les côtés, longitudinalement caréné au milieu, souvent biimpressionné, criblé de gros points, ses vésicules contiguës au bord postérieur, assez grandes, arrondies, rougeâtres, ses angles postérieurs recourbés en dehors, carénés. Elytres plus larges que le prothorax, plus de trois fois plus longues, arquées sur les côtés, peu bombées, obtuses au bout, ponctuées-striées, les intervalles un peu convexes, rugueusement variolés. Pattes noires.

Du Chili; Sancta-Rosa.

La femelle est généralement beaucoup plus grande que le mâle; c'est ce qui explique la différence entre les points extrêmes de la taille indiquée. La même remarque s'applique à l'espèce suivante.

41. P. leporinus. *Niger, parum nitidus, cinereo-villosus; prothorace conico, medio longitrorsum carinato, crebre fortiterque punctato, vesiculis posticis, rotundatis, fulvis; elytris latis, brunneis, punctato-striatis, interstitiis convexis, simpliciter punctatis.* — 16-25 mill., lat. 5-8 mill.

Pyrophorus leporinus. Dej. *Cat.* ed. 3, p. 100.

Var. *a. Elytris margine laterali nigricantibus.*

Cette espèce a tout-à-fait la tournure caractéristique de la précédente et à la première inspection on pourrait la prendre pour une variété à élytres brunes. Elle s'en distingue cependant, indépendamment de sa couleur, par sa pubescence plus serrée, d'un cendré blanchâtre, et par les intervalles des stries des élytres plus convexes et marqués de points simples.

Du Chili ; Mendoza.

L'un des exemplaires que j'ai vu a les élytres passant au noir vers les bords ; il en existe probablement des individus entièrement noirs comme ceux de l'espèce précédente, en sorte que la couleur n'a ici aucune valeur, au point de vue des caractères spécifiques.

42. P. GERMARI. *Nigro-fuscus, pube obscure fusca, tenui, vestitus; prothorace depresso, medio longitrorsum elevato, longitudine haud latiore, apice rotundatim angustato, quadrifoveolato, crebre punctato, vesiculis majoribus, rotundatis, posticis; elytris ultra medium valde attenuatis, striis subtilibus fortiter punctatis, interstitiis crebre punctulatis.*—Long. 26 mill. lat., 7 1/4 mill. (Pl. I, fig. 13).

D'un brun noirâtre un peu luisant, revêtu d'une fine et courte pubescence brunâtre obscur, visible seulement par son reflet, dans certaines positions. Antennes rougeâtres, assez courtes, dentées en scie, à troisième article plus petit que le quatrième. Front concave en avant. Prothorax à peu près aussi long que large, curvilinéairement rétréci dans sa moitié antérieure, longitudinalement élevé au milieu, déprimé sur les côtés, densément ponctué surtout latéralement, marqué sur le disque de quatre petites fossettes ponctiformes, ses vésicules grandes, jaunes, arrondies, non saillantes, contiguës au bord postérieur, ses angles correspondants divergents, fortement carénés. Élytres un peu plus larges que le prothorax et deux fois et demie plus longues, aussi large au milieu qu'à la base, puis obliquement atténuées au-delà de ce point, l'angle sutural submucroné, légèrement striées avec les stries marquées de gros points, les intervalles à peu près plats et assez densément pointillés. Pattes de la couleur générale

Du Tucuman ; Cordova.

Je n'ai vu qu'un exemplaire de cette remarquable espèce, dans la collection de M. Deyrolle. Elle représente, dans la section actuelle, les grandes espèces qui commencent la série du genre. Sa forme générale, son prothorax aplati, foveolé, rappellent assez bien le *P. clarus*, mais là s'arrête l'analogie ; ses grandes vésicules, placées contre le bord postérieur, l'amènent dans cette division.

43. P. lampyris. — *Brunneus, pube grisea vestitus ; prothorace lateribus testaceo, latitudine longiore, plano, medio longitrorsum elevato, canaliculato, vesiculis posticis parum distinctis, angulis divaricatis, elongatis ; elytris prothorace latioribus, medio subdilatatis, punctato-striatis, interstitiis subconvexis, rugulose punctatis.* — Long. 14-16 mill., lat. 4-4 1/2 mill.(Pl. I, fig. 14).

Pyrophorus lampyris. Dej. *Cat.* ed. 3, p. 109.

Assez déprimé, brunâtre, revêtu d'une pubescence grisâtre à reflet jaunâtre. Front subquadrangulaire, peu concave. Antennes brunes, dentées, à troisième article plus petit que le quatrième. Prothorax plus long que large, peu rétréci en avant, aplati, fortement rebordé sur les côtés qui sont testacés, sillonné au milieu dans toute sa longueur, ponctué normalement, les vésicules postérieures, non saillantes, se distinguant à peine et se fondant dans la teinte jaune des côtés, les angles postérieurs longs, recourbés en dehors, carénés. Élytres plus larges que le prothorax à la base, un peu élargies vers le milieu, peu atténuées au bout, assez déprimées, ponctuées-striées, les intervalles un peu convexes et ponctués. Pattes de la couleur générale.

Du Brésil.

Collections de MM. de la Ferté Sénectère et Deyrolle.

44. P. limbatus. *Piceus, griseo-pubescens ; prothorace subquadrato, punctato, lateribus late flavo-testaceis, deplanato, vesiculis obliteratis, angulis posticis divaricatis, carinatis ; elytris dorso subdepressis, profunde punctato-striatis, margine laterali late, basali suturaque anguste flavo-testaceis ; pedibus obscuris.* — Long. 9-10 mil., lat. 2 1/2 mill.

Noirâtre, assez luisant, revêtu d'une pubescence grise, le prothorax et les élytres largement bordés de testacé, les secondes avec le bord basilaire et la base de la suture de cette dernière couleur. Front carré, ponctué. Antennes noires, dépassant les angles postérieurs du prothorax, à deuxième et troisième articles petits et presque égaux. Prothorax carré, peu convexe, ses côtés aplatis, assez fortement ponctué, ses vésicules phosphoriques oblitérées, ses angles postérieurs divergents, aigus, carénés. Écusson oblong. Élytres un peu plus larges que le prothorax, peu rétrécies en arrière, déprimées sur le dos jusque vers la cinquième strie, assez profondément ponctuées-striées, les intervalles un peu convexes et ponctués. Dessous du corps noir luisant, l'abdomen teinté de brun ; pattes brunes.

7

Rio-Janeiro.

Collection du musée de Stockholm.

Il a beaucoup d'analogie de forme avec le précédent, ce qui m'a engagé à le placer dans cette section.

45. P. TESSELLATUS. *Obscure rufo-testaceus, nitidus, sparsim flavo-pilosulus; prothorace latitudine paulo longiore, punctato, vitta angusta nigra, vesiculis nullis, angulis posticis divaricatis; elytris prothorace latioribus, striis punctatis, interstitiis planis, obscure testaceis, maculis minutis confluentibus nigris.* — Long. 18 mill., lat. 4 1/2 mill.

Luisant, revêtu de poils jaunes, épars, caducs, la tête et le prothorax rougeâtres avec une raie longitudinale noire sur le dernier, les élytres d'un jaune obscur, marquées d'une multitude de petites taches noires plus ou moins quadrangulaires, irrégulièrement semées et, pour la plupart, confluentes. Antennes obscures, dentées en scie. Prothorax un peu plus long que large, légèrement rétréci en avant, peu convexe, ponctué, ne présentant pas de traces de vésicules phosphorescentes, ses angles postérieurs courts, divergents, carénés. Élytres plus larges que le prothorax et deux fois et demie plus longues, striées, les stries marquées de points serrés et bruns qui leur donnent l'apparence d'autant de lignes brunes, les intervalles plats et éparsément ponctués. Dessous noir; pattes obscures.

Du Pérou.

Collection de M. Saunders.

Je n'ai aucun motif pour placer cette espèce ici plutôt que dans le voisinage des P. *formosus* et *cincticollis*, en l'absence des vésicules phosphorescentes qui servent de guide à cet égard. Une simple ressemblance de forme m'a engagé à la rapprocher des P. *lampyris* et *limbatus*.

46. P. SPURIUS. *Dilute castaneus, fere glaber, subnitidus; antennis brevibus; prothorace latitudine longiore, subparallelo; medio longitrorsum elevato, confertissime punctato, vesiculis parum distinctis, angulis posticis retrorsum productis; elytris ultra medium parallelis, striis tenuibus punctatis, interstitiis planis, crebre subtiliterque punctatis; corpore subtus pedibusque obcuris.* — Long. 20-25 mill., lat. 6-7 mill.

Pyrophorus spurius. GERM. *Zeitschr. f. d. Entom.* III, p. 56, 50.

D'un châtain rougeâtre, quelquefois clair, en dessus, avec le dessous, la tête, les antennes et les pattes d'un châtain rougeâtre plus obscur, parfois même noirâtre, médiocrement luisant, paraissant glabre à l'œil nu, mais revêtu en réalité de poils épars extrêmement courts. Front concave en avant. Antennes courtes. Prothorax plus long que large, parallèle sur les côtés dans ses deux tiers postérieurs, curvilinéairement rétréci dans son tiers antérieur, longitudinalement élevé au milieu, avec ses côtés déclives, très-densément et finement ponctué, ses vésicules plus rapprochées du bord postérieur que du bord latéral, peu apparentes, ses angles postérieurs dirigés en arrière, assez fortement carénés. Elytres de la largeur du prothorax, moins de deux fois et demie plus longues, parallèles jusqu'au delà du milieu et curvilinéairement atténuées au delà, rebordées sur les côtés, convexes, peu profondément ponctuées-striées, les intervalles plats ou à peu près, finement et densément pointillés.

Du Brésil.

Rare dans les collections Je n'en ai vu que trois exemplaires, un du musée de Berlin, les deux autres dans les cartons de M. de Mniszech.

47. P. NICTITANS. *Brunneus, dense fusco-griseo-pubescens, prothorace longitudine paulo latiore, lateribus parallelo, planiusculo, medio longitrorsum late parum elevato, crebre inæqualiter punctato, angulis posticis acutis, extrorsum flexis; elytris punctato-substriatis, apice attenuatis; antennis pedibusque ferrugineis.* — Long. 15-18 mill., lat. 4 3/4-5 1/4 mill.

Elater nictitans. ILLIG. *Mag. d. Gesellsch. naturf. Fr.* 1, p 166, 6.

Pyrophorus nictitans. GERM. *Zeitschr. f. d. Entom.* III, p. 60, 55.

Pyrophorus candelarius. DEJ. *Cat.* ed. 3, p. 100.

Assez large, brun, revêtu densément d'une pubescence grise quelquefois un peu brunâtre. Tête plus ou moins étroite que la moitié du prothorax selon le sexe. Antennes courtes, le troisième article un peu plus court que le quatrième. Prothorax un peu plus large que long, rétréci seulement vers les angles antérieurs, déprimé sur les côtés, élevé longitudinalement vers le milieu, densément couvert de points de grosseur inégale et irrégulièrement distribués, ses vésicules arrondies, plates, jaune obscur ou rougeâtre, ses angles postérieurs aigus, recourbés en dehors, carénés. Elytres de la largeur du prothorax, courtes, très-atténuées et subacuminées en arrière, très-finement ponctuées-striées. Pattes ferrugineuses.

M. Bates l'a pris en grande quantité dans les régions voisines de l'Amazone.

48. P. LUCIDUS. *Brunneus, griseo-pubescens; prothorace longitudine latiore, a medio angustato, convexiusculo, punctato, lateribus rufescente, vesiculis orbiculatis, dilute flavis, angulis posticis acutis, vix divaricatis, elytris subtiliter punctato-striatis, fere a basi attenuatis; corpore subtus pedibusque ferrugineis. — Long. 16 mill., lat. 5 mill.*

Brun, revêtu d'une pubescence grise, les côtés du prothorax passant au rouge, le milieu de cette pièce noirâtre. Tête petite; les antennes courtes, rougeâtres, le troisième article un peu plus court que le quatrième. Prothorax plus large que long, assez fortement rétréci en avant à partir du milieu, convexe, les côtés non déprimés, finement et pas très-densément ponctué, ses vésicules postérieures, mais un peu distantes du bord, arrondies, d'un jaunâtre clair, ses angles postérieurs recourbés un peu en dehors, aigus, finement carénés. Elytres courtes, convexes, très-atténuées en arrière à partir du quart antérieur, subacuminées au sommet, très-finement ponctuées-striées, les intervalles plats et pointillés. Pattes rougeâtres.

Du Para.

Je n'en ai vu qu'un exemplaire dans la collection de M. Von Bruck. Il se rapproche évidemment du *nictitans*, mais il en diffère par quelques caractères essentiels.

SECTION VI.

49. P. CANDELARIUS. *Brunneus, dense griseo-pubescens; prothorace subquadrato, apice sæpe dilatato, planiusculo, confertim punctato, lateribus late testaceis; elytris postice attenuatis, punctato-striatis, interstitiis crebre punctulatis. — Long. 20-25 mill., lat. 6-7 mill.*

♂ *Capite lato, oculis prominulis, fronte concava.* (Pl. I, fig. 18.)

Pyrophorus diffusus. GERM. *Zeitschr. f. d. Entom.* III, p. 61, 57.

Pyrophorus ignitus. Eschsch. in Thon. *Arch.* I, p. 32.

♀ *Capite angusto.*

Pyrophorus candelarius Germ. loc. cit. p. 59, 58.

(♂) Assez large, brun, le prothorax testacé latéralement, avec une large bande longitudinale médiane n'atteignant pas le bord postérieur, noirâtre, revêtu d'une pubescence serrée, grise. Tête aussi large que les deux tiers du prothorax, les yeux globuleux, le front exeavé longitudinalement. Antennes courtes. Prothorax de forme plus ou moins carrée, quelquefois aussi large au sommet qu'à la base, plus rarement un peu rétréci, le plus ordinairement dilaté, assez aplati, finement et densément ponctué, surtout latéralement, parfois marqué de deux ou de quatre impressions ponctiformes, ses vésicules bombées, arrondies, jaunes, écartées des bords latéraux et presque contiguës au bord postérieur, ses angles postérieurs très-divergents, grêles, aigus, finement et longuement carénés. Elytres plus larges aux épaules que la base du prothorax, deux fois et demie plus longues, curvilinéairement rétrécies à partir du tiers antérieur, point où elles sont généralement un peu plus larges qu'à la base, déclives vers le bord antérieur, assez élevées dans la région dorsale, finement ponctuées-striées, les intervalles aplatis, densément pointillés, subruguleux. Pattes brunes ou rougeâtres.

(♀) Ne diffère que par sa tête plus étroite et son prothorax moins dilaté en avant.

Commun au Brésil, depuis le Para jusqu'à Rio-Janeiro.

Le *P. candelarius* commence la série des espèces où les mâles se distinguent, pour la plupart, des femelles, par la largeur exagérée de la tête due à la grandeur des yeux. Klug a donné à ce caractère une valeur exagérée en nommant les espèces du musée de Berlin ; il a été conduit à faire de chacun des sexes une espèce distincte. Germar a partagé l'erreur de l'illustre professeur dans sa monographie, aussi j'ai dû réduire de près de moitié le nombre des espèces qu'il a décrites dans cette section.

50. P. Janus. *Niger, nitidus, fere glaber; prothorace parce subtililer punctato, vesiculis posticis, rotundatis, tumidis, flavis, angulis posticis acutis divaricatis; elytris striis subtilibus tenuiter punctatis, interstitiis rugulosis; antennis pedibusque flavis.*

♂ *Minus nitidus , capite lato, oculis prominulis, fronte excavata;*
prothorace subquadrato, parum convexo. — Long. 15-17 mill., lat. 5 1/2
mill.

Elater speculator. ILLIG. *Magaz. d. Gesellsch. naturf. Fr.* 1, p. 147,9.

Pyrophorus speculator. GERM. *Zeitschr. f. d. Entom.* III, p. 62, 58.

♀ *Nitidior, capite angustiore ; prothorace longitudine paulo latiore,*
convexo ; elytris medio leviter dilatatis. — Long. 18-20 mill. , lat 5 1/2-
5 3/4 mill.

Elater Janus. HERBST, *Naturs. d. Kaf.* X, p. 16, n° 27, p. 159. — ILLIG. loc. cit.
p. 178, 9.

Pyrophorus Janus. GERM. loc. cit., p. 50, 42.

Pyrophorus laternarius pars. DEJ. *Cat.* ed. 3, p. 100.

Phosphorus minor. VOET, *Col.* 1, pl. 43, fig. 17.

(♂) D'un noir brunâtre, médiocrement luisant, presque glabre,
c'est-à-dire revêtu seulement de très-petits poils courts disséminés ,à
peine visibles à l'œil nu. Front oblong, très-concave ; yeux gros,
saillants. Prothorax à peine plus large que la tête au sommet, à peu
près carré, peu convexe, finement et assez densément ponctué, souvent biimpressionné, ses vésicules rondes, petites, saillantes, d'un
jaune clair, ses angles postérieurs grêles, aigus, divergents, teintés
de ferrugineux, carénés. Elytres plus larges que le prothorax , généralement un peu élargies au milieu, atténuées en arrière, convexes,
finement ponctuées-striées, les intervalles plats et finement rugueux.
Antennes et pattes rouges.

Du Brésil équatorial, de la Guyane et de la Bolivie.

(♀) La femelle est un peu plus grande, plus luisante, plus glabre ;
sa tête est relativement petite et les yeux sont de grandeur normale ;
son prothorax est plus large, arrondi sur les côtés, plus convexe ;
ses élytres sont manifestement dilatées au milieu et atténuées au
bout.

51. P. DEPRESSICOLLIS. *Niger, subnitidus, fere glaber ; protho-*
race subquadrato, depresso, sparsim subtilius punctato , vesiculis
rotundatis, tumidis, flavis, angulis posticis acutis, divaricatis ; elytris
striis subtilibus punctatis, interstitiis convexis, rugulosis, apice atte-
nuatis ; antennis pedibusque rufis. — Long. 16 mill., lat. 5 mill.

Pyrophorus depressicollis. BLANCH. in D'ORB. *Voyage d. l'Amér. mér.* VI, 2ᵉ part. Ins. p. 153, 445.

♂ Il diffère très-peu du *Janus* ♂. On l'en distingue par son prothorax plus finement et plus éparsément ponctué et les intervalles des stries de ses élytres convexes.

Je n'ai vu que l'exemplaire trouvé à Valle-Grande par M. d'Orbigny, et qui fait partie du Musée d'histoire naturelle de Paris.

52. P. CANDENS. *Piceus vel brunneus, pube densa, griseo-fuscescente vestitus; prothorace crebre punctato, vesiculis posticis latis, rotundatis, flavis, tumescentibus, angulis posticis validis, divaricatis, carinatis; elytris striis subtilibus punctatis, interstitiis planis punctatis.*

♂ *Oculis prominulis, fronte concava; capite prothorace paulo angustiore; prothorace subquadrato, sæpe bifoveolato.* — Long. 16-20 mill., lat. 4 1/2-5 mill. (pl. I, fig. 20.)

Pyrophorus candens. GERM. *Zeitschr. f. d. Entom.* III, p. 65, 61.

Pyrophorus planicollis. BLANCH. in D'ORB. *Voy. d. l'Amér. mér.* VI, 2ᵉ part. Ins. p. 143, 446.

Pyrophorus latifrons. DEJ. *Cat.* ed. 3, p. 100.

♀ *Capite angusto, dimidio prothorace haud latiore; prothorace latitudine breviore, lateribus ampliato, arcuato.* —Long. 20-24 mill., lat. 5 3/4-6 1/2 mill.

Pyrophorus inflammatus. DEJ. loc. cit.

Var. a. *Piceo-niger, pube grisescente.*

♂ *Pyrophorus observator.* GERM. loc. cit.

(♂) D'un brun plus ou moins rougeâtre ou noirâtre, peu luisant, revêtu d'une pubescence assez dense pour altérer la couleur du fond, d'un gris jaunâtre ou brunâtre. Front déclive, presque perpendiculaire, en carré long, profondément canaliculé entre les yeux qui sont gros et saillants. Antennes assez courtes, rougeâtres, à troisième article de la longueur du quatrième, le sommet de tous muni de quelques cils. Prothorax aussi large que long ou à peu près, de

forme plus ou moins carrée, ses bords latéraux droits et parallèles,
ou un peu concaves ou un peu convexes selon le sexe, peu bombé,
souvent bifovéolé, assez fortement et densément ponctué, son bord
antérieur plus ou moins avancé au milieu, ses vésicules arrondies,
bombées, ses angles postérieurs assez longs, divergents, aigus, carénés. Élytres un peu plus larges que le prothorax, aussi larges ou
à peu près au milieu qu'à la base, curvilinéairement rétrécies au-
delà, médiocrement convexes, marquées de stries très-peu profondes,
ponctuées, les intervalles plats, ponctués. Pattes brun-rougeâtre
plus ou moins clair, quelquefois testacé rougeâtre.

Il ressemble, pour la forme générale, au *Janus* ♂, mais il n'est
jamais aussi noir, son prothorax est plus fortement ponctué de même
que les intervalles des stries des élytres, enfin sa pubescence l'en
distingue suffisamment.

(♀) Plus grande, la tête à peine aussi large que la moitié du prothorax avec le front peu concave et les yeux petits; prothorax élargi
en avant et fortement arrondi sur les côtés; élytres sensiblement élargies au milieu; coloration, pubescence, ponctuation, absolument
semblables à celles du mâle.

Cette espèce est commune au Brésil depuis les régions équato-
riales jusqu'à Ste-Catherine.

Les sexes de cette espèce diffèrent, comme on voit, assez notablement entre eux au premier abord; cependant si l'on fait abstraction de la largeur de la tête et de la grosseur des yeux, caractères
sans valeur ici, et de la forme plus large, plus arrondie sur les côtés
du prothorax, l'ensemble des caractères est le même des deux côtés.

J'ai vu l'un des types du *P. planicollis* Blanch. qui se trouve au
Musée de Paris. Il ne se distingue que par son prothorax un peu
plus étroit et plus aplati, mais c'est évidemment un individu mâle de
cette espèce. Quant à l'*observator* Germ. c'est également une des
formes du *candens* ♂.

53. P. PHOSPHOREUS. *Brunneus, minus dense griseo-pubescens;
prothorace crebre, fortiter simpliciterque punctato, vesiculis posticis rotundatis; elytris ultra medium attenuatis, punctato-striatis;
antennis pedibusque fusco-rufescentibus.*

♂ *Capite prothorace vix angustiore; prothorace depresso, quadrato, elytris latioribus.* — Long. 15 mill., lat. 4 mill.

Pyrophorus cinerarius pars. GERM. *Zeitschr. f. d. Entom.* III, p. 65, 62.

♀ *Capite minuto; prothorace convexiore, elytris latitudine æquali.*
— Long. 18 mill., lat. 5 mill.

Elater phosphoreus. Linn. *System. Natur.* I, 2, 652, 5. — De Geer, *Ins.* IV, 90,
5, pl. 18, fig. 2. — Illig. *Magaz. d. Gesellsch. nat. Fr.* I, p. 146, 4.

Pyrophorus phosphoreus. Germ. loc. cit. p. 55, 46.

(♂) Brun plus ou moins obscur ou rougeâtre, revêtu assez densément d'une pubescence grise. Yeux globuleux et saillants; front
longitudinalement excavé. Antennes médiocres. Prothorax carré ou
un peu plus large que long, droit et à peu près parallèle sur les
côtés', peu convexe, couvert de points serrés, assez gros, mais non
ombiliqués, ses vésicules phosphoriques arrondies, postérieures, ses
angles postérieurs aigus, dirigés en arrière. Élytres plus larges que
le prothorax, à peu près aussi large au milieu qu'à la base, rétrécies
graduellement au-delà, conjointement arrondies au sommet, ponctuées-striées, les intervalles plus ou moins aplatis et ponctués. Pattes
d'une teinte un peu plus claire que le corps.

(♀) Elle est plus grande que le mâle et plus bombée; sa tête est
beaucoup plus étroite que le prothorax; ce dernier a la même largeur que les élytres, il est parallèle sur les côtés dans ses trois quarts
postérieurs et curvilinéairement rétréci au sommet.

Répandu dans tout le Brésil.

C'est la femelle que Germar a décrite comme étant le véritable
E. phosphoreus de Linné et d'Illiger, ainsi que j'ai pu m'en assurer
par l'examen d'un exemplaire du Musée de Berlin. Quant au mâle,
on le trouve dans les collections sous le nom de *P. cinerarius;* il
ressemble en effet beaucoup au mâle de cette espèce, mais celle-ci
a toujours le prothorax marqué de points plus gros et ombiliqués.

54. P. cinerarius. *Nigro-brunneus vel rufescens, parum nitidus,
cinereo-pilosulus; prothorace subquadrato, punctis umbilicatis crebrius adsperso, angulis posticis tenuibus acutis, divaricatis; elytris
punctato-striatis, interstitiis planis, rugulosis; antennis pedibusque
rufescentibus.*

♂ *Oculis prominulis; prothorace biimpresso.* — Long. 14-15 mill.,
lat. 4 mill.

Pyrophorus cinerarius. Germ. *Zeitschr. f. d. Entom.* III, p. 65, 62.

8

♀ *Capite angusto ; prothorace tumido.* —Long. 17-18 mill., lat. 5 mill.

Pyrophorus flammiger. Germ. loc. cit., p. 52, 45.

(♂) Brun-rougeâtre obscur ou noirâtre, presque mat, revêtu d'une pubescence assez raide, d'un gris cendré. Front large, très-concave, les yeux globuleux et saillants. Antennes rougeâtres, courtes. Prothorax à peu près carré, peu convexe, bifovéolé au milieu, couvert densément de gros points ombiliqués, son bord antérieur avancé au milieu, ses vésicules arrondies, à peine saillantes, ses angles postérieurs peu divergents, petits, aigus, rougeâtres, carénés. Élytres un peu plus larges que le prothorax et deux fois et demie plus longues, à peine élargies vers le milieu, arrondies au bout, peu convexes, marquées de séries de points rapprochés plutôt que ponctuées-striées, les intervalles plats et ruguleux. Pattes rougeâtres.

(♀) La femelle est plus grande, sa tête est plus petite et son prothorax plus large et plus fortement bombé.

Du Brésil.

55. P. LUCERNULA. *Fuscus, griseo-pubescens ; prothorace subquadrato, crebre punctato, lateribus punctis umbilicatis, sœpe bifoveato, angulis posticis retrorsum productis, flavis ; elytris tenuiter punctato-striatis, interstitiis planis, rugulosis, confertim punctulatis ; antennis pedibusque ferrugineis.* — Long. 9-10 mill., lat. 3 mill.

Elater lucernula. Illig. Mag. d. Gesellsch. naturf. Fr. I, p. 147.

Pyrophorus lucernula. Germ. Zeitschr. f. d. Entom. III, p. 68, 65.

Voisin du *cinerarius*, mais plus petit. Brun, revêtu d'une pubescence grise, couchée. Tête de grosseur variable selon le sexe. Antennes peu allongées, d'un ferrugineux clair. Prothorax de forme carrée, densément ponctué, les points des parties latérales ombiliqués, souvent bifovéolé, ses vésicules phosphoriques postérieures, arrondies, jaune clair, ses angles postérieurs dirigés en arrière, flavescents. Élytres à peine plus larges que le prothorax, parallèles jusqu'au milieu, arrondies au bout, finement ponctuées-striées, les intervalles plats, finement et très-densément ponctués. Pattes ferrugineuses.

Du Brésil ; Pernambouc.

56. P. AMPLICOLLIS. *Obscure ferrugineus, opacus, cinereo sparsim puberulus ; antennis brevibus ; prothorace latitudine paulo longiore, antice subdilatato, convexo, grosse et rugose punctato ; elytris pro-*

thorace angustioribus, vix duplo longioribus, fere conicis, punctato-striatis, interstitiis punctatis; pedibus testaceis. — Long. 17-22 mill., lat. 5 1/2-6 mill. (pl. I, fig. 16.)

Pyrophorus igniferus. Dej. *Cat.* ed. 3, p. 100.

(♂) D'un ferrugineux obscur avec les côtés du prothorax d'une teinte plus claire, à peu près mat, revêtu de petits poils cendrés. Yeux globuleux et saillants. Antennes courtes, ferrugineuses. Prothorax un peu plus long que large, élargi en avant avec ses côtés arqués, très-convexe, rugueusement ponctué, les points très-gros et confluents sur les côtés, les vésicules phosphorescentes assez petites, jaunâtres avec le bord se fondant dans la teinte du fond, les angles postérieurs recourbés en-dehors, aigus, carénés. Élytres plus étroites que la partie antérieure du prothorax, courtes, de forme presque conique, acuminées au bout, finement striées, les stries assez fortement ponctuées, les intervalles ponctués. Dessous du corps d'un noir brunâtre avec les flancs du prothorax, les épipleures et les pattes jaunes.

(♀) La femelle est plus grande que le mâle, mais elle a la même forme caractéristique des élytres et du prothorax ; celui-ci est moins rugueusement ponctué ; la tête est égale à la moitié de sa largeur avec les yeux petits.

De la Guyane.

J'ai vu des individus mâles de cette espèce dans les cartons de MM. de la Ferté, de Mniszech et Deyrolle et une seule femelle dans la collection de M. Chevrolat.

57. P. NYCTOPHILUS. *Niger, minus nitidus, glaber; prothorace longitudine paulo latiore, lateribus arcuato, valde convexo, subtilissime vage punctulato, medio canaliculato; elytris convexis, profunde punctato-striatis, interstitiis convexis, læviusculis; antennis pedibusque rufis.* — Long. 16-18 mill., lat. 5 1/2-6 mill. (pl. I, fig. 15.)

Pyrophorus nyctophilus. Germ. *Zeitschr. f. d. Entom.* III, p. 51, 45.

Pyrophorus vesperus. Dej. *Cat.* ed. 3, p. 100.

(♀) Assez large et épaisse, noire, glabre, médiocrement luisante. Front bisillonné longitudinalement. Antennes courtes, rougeâtres. Prothorax plus large que long, fortement arrondi sur les côtés, très-

bombé, sillonné longitudinalement au milieu, à peine distinctement
ponctué et cependant très-peu luisant, la surface étant comme dépolie,
ses vésicules arrondies, grandes, d'un jaune-clair, ses angles postérieurs peu ou point divergents, aigus, carénés. Écusson éparsément
pubescent. Élytres de la largeur du prothorax ou moins larges, assez
courtes, très-bombées, rétrécies seulement dans leurs deux cinquièmes postérieurs, fortement striées, les stries finement ponctuées,
les intervalles très-convexes et non ponctués. Pattes rougeâtres,
quelquefois avec les cuisses brunâtres.

Du Brésil austral et de Buénos-Ayres.

Je n'ai vu que des individus femelles de cette espèce. C'est le
même sexe qu'a décrit Germar.

58. P. COMMISSATOR. *Niger, parum nitidus, leviter pubescens;
prothorace longitudine latiore, lateribus arcuato, valde convexo,
fortius punctato, medio canaliculato; elytris convexis, punctato-
striatis, interstitiis planis; antennis pedibusque rufis.* — Long. 18
mill., lat. 6 mill.

Pyrophorus commissator. GERM. *Zeitschr. f. d. Entom.* III, p. 51, 44.

Cette espèce a la taille, la couleur, la tournure et conséquemment
l'aspect général de la précédente, mais elle s'en distingue parfaitement par ses téguments distinctement revêtus d'une fine pubescence, son prothorax plus fortement et plus densément ponctué et
les intervalles des stries des élytres aplatis.

Je n'ai vu que l'exemplaire (probablement femelle) du Musée de
Berlin, qui a servi de type à Germar et qui provient de St-Paul, au
Brésil.

59. P. NYCTOLAMPIS. *Castaneus, nitidus, glaber; prothorace fere
quadrata, lateribus arcuato, convexo, subtilissime vage punctulato,
medio postice canaliculato; elytris convexis, medio subdilatatis,
striis subtilibus punctatis, interstitiis planis; antennis pedibusque
rufis.* — Long. 14-15 mill., lat. 4 1/2 mill.

Pyrophorus nyctolampis. GERM. *Zeitschr. f. d. Entom.* III, p. 524, 48.

Pyrophorus gibbicollis. BLANCH. in D'ORB. *Voy. d. l'Am. mér.* VI, Ins. p. 142, 445.

(♀) D'un châtain rougeâtre, glabre et luisant. Antennes courtes.

rougeâtres. Prothorax à peu près carré, arqué sur les côtés, très-convexe, subsillonné au milieu en arrière, très-finement et éparsément pointillé, ses angles postérieurs dirigés en arrière, assez petits, aigus, carénés. Écusson éparsément pubescent. Élytres de la largeur du prothorax, assez courtes, un peu dilatées vers le milieu, bombées, curvilinéairement rétrécies en arrière, légèrement ponctuées-striées avec les intervalles des stries aplatis. Pattes rougeâtres.

Du Brésil austral, de l'Uruguay, du Paraguay et des régions voisines.

Il est intermédiaire, pour la forme, entre les *P. Janus* et *nyctophilus*, mais il est plus petit, d'une autre couleur, son prothorax est plus long, etc. Je n'en ai vu que la femelle.

60. P. LAMPADION. *Brunneus, subtiliter griseo-pubescens; prothorace subquadrato, crebre fortiterque punctato, vesiculis rotundatis, albido-flavis, nitidis, angulis posticis acute carinatis; elytris brevibus, punctato-striatis, interstitiis convexiusculis, rugose punctatis; antennis pedibusque ferrugineis.* — Long. 12-13 mill., lat. 3 1/2 mill.

♂ *Oculis majusculis; prothorace tumido.* (pl. I, fig. 17.)

Pyrophorus scintillans. GERM. Zeitschr. f. d. Entom. p. 66, 63.

♀ *Capite angusto; prothorace convexiore, vesiculis latis.*

Elater lampadion. ILLIG. Magas. d. Gesellsch. naturf. Fr. I, p. 144, 2.

Pyrophorus lampadion. GERM. loc. cit. p. 57, 51.

L'un des plus petits du genre. Brun rougeâtre, peu luisant, revêtu d'une fine pubescence grise. Front assez grand, plat chez la femelle, concave chez le mâle, les yeux gros chez celui-ci, petits chez celle-là. Antennes assez courtes, rougeâtres, leur troisième article aussi long que le quatrième. Prothorax à peu près aussi long que large, curvilinéairement rétréci au sommet, paraissant un peu dilaté en avant, plus ou moins convexe selon le sexe, subsillonné au milieu, couvert de points gros et serrés, les vésicules phosphorescentes d'un jaune clair et brillant, arrondies, très-grandes chez la femelle au point qu'elles occupent parfois les deux tiers de la largeur de la base du prothorax, plus petites chez le mâle, les angles postérieurs dirigés en arrière, fortement carénés. Élytres de la largeur du prothorax chez le mâle, plus étroites chez la femelle, deux fois et demie plus longues, parallèles jusqu'au-delà du milieu, ponctuées-striées, les intervalles un peu convexes et ponctués-rugueux. Pattes d'un ferrugineux clair.

Du Brésil; Bahia, Porto-Seguro, Victoria, Rio de Janeiro, etc.

61. P. LINEATUS. *Piceus, pube cinerea dense obductus; prothorace latitudine haud longiore, crebre punctato, vesiculis rotundatis, flavis; elytris tenuiter punctato-striatis, interstitiis alternis latioribus parciusque pubescentibus.* — Long. 15-16 mill., lat. 5-5 1/2 mill.

♂ *Capite lato; prothorace planiusculo.*

♀ *Capite angusto; prothorace convexo, lateribus arcuato.*

D'un brun obscur ou rougeâtre, revêtu d'une pubescence d'un cendré blanchâtre. Tête de largeur variable. Antennes courtes, rougeâtres. Prothorax au moins aussi long que large, droit sur les côtés ou curvilinéairement rétréci au sommet, aplati ou bombé selon le sexe, densément ponctué, ses vésicules assez grandes, arrondies, généralement aplaties, ses angles postérieurs courts, aigus, recourbés en-dehors, carénés. Élytres de la largeur du prothorax à la base ou un peu plus larges, curvilinéairement rétrécies dans leur moitié postérieure, finement striées, les stries ponctuées, les intervalles très-faiblement convexes, d'inégale largeur, surtout en arrière, les impairs plus étroits et plus densément pubescents que les autres, ce qui leur donne une teinte plus blanche et fait paraître les élytres rayées. Pattes jaunes ou rougeâtres.

Bolivie, Paraguay, Brésil austral.

Cette espèce est bien caractérisée par ses élytres rayées. Elle est une de celles qui prouvent le mieux le peu de valeur spécifique que l'on doit attacher à la largeur relative de la tête; cette largeur et le développement des yeux sont ici fort variables. Le prothorax ne varie pas moins : chez la femelle, il est en général très-bombé avec les côtés arqués, chez certains mâles, il est aplati avec les côtés presque concaves. On rencontre, du reste, des formes intermédiaires.

Je l'ai vu dans les collections de MM. de la Ferté Sénectère, Guérin-Méneville, Dohrn et Chevrolat.

62. P. ACUTUS. *Brunneo-piceus, subopacus, parce cinereo-pilosulus; prothorace subquadrato, lateribus leviter arcuato, punctis umbi-*

licatis crebre adsperso, vesiculis latis, rotundatis, planis, angulis posticis tenuibus divaricatis, acutis; elytris striis vix punctatis, interstitiis transversim striolatis. — Long. 12 mill., lat. 3 mill.

D'un brun noirâtre, presque mat, revêtu de poils courts, peu serrés, couchés, cendré blanchâtre. Antennes courtes, rougeâtres. Prothorax un peu plus long que large, aussi large au sommet qu'à la base, élargi au milieu, arqué sur les côtés, médiocrement convexe, couvert de points serrés, larges, peu profonds, ombiliqués, ses vésicules phosphorescentes assez grandes, d'un jaune obscur, aplaties, ses angles postérieurs peu allongés, recourbés en-dehors, grêles, très-aigus. Élytres parallèles jusqu'au milieu, un peu atténuées au-delà, finement striées, les stries légèrement ponctuées, les intervalles plats ou à peu près, marqués de strioles transversales serrées. Pattes d'un testacé brunâtre.

J'en ai vu deux individus, l'un, dans la collection de M. de Mniszech, portant pour indication de provenance la Colombie, l'autre, dans celle de M. Deyrolle sans désignation de patrie. Ces deux exemplaires ont la tête étroite, les yeux petits et le front plat; ce sont sans doute des femelles.

63. P. pumilus. *Niger, nitidus, glaber; oculis prominulis; prothorace latitudine paulo breviore, antrorsum dilatato, deplanato, obscure sanguineo, vesiculis obliteratis; elytris profunde punctatostriatis, interstitiis convexis; pedibus rufis.* — Long. 8 1/2-11 mill., lat. 2 1/2-3 mill. (pl. I. fig. 19.)

(♂) Petit, noir, luisant, glabre, le prothorax d'un rouge sanguin obscur au moins vers les bords. Yeux saillants; le front déprimé. Antennes brunes, courtes, leur troisième article un peu plus court et plus étroit que le suivant. Prothorax un peu plus large que long, légèrement dilaté en avant, presque droit sur les côtés, déprimé, éparsément ponctué, marqué de deux ou de quatre impressions ponctiformes sur le disque, rebordé latéralement, son bord antérieur coupé transversalement, ses vésicules phosphorescentes oblitérées, ses angles postérieurs courts, un peu renversés en-dehors. Élytres de la largeur du prothorax à la base, deux fois et demie plus longues, un peu dilatées vers le milieu, peu convexes, profondément ponctuées-striées, les intervalles convexes et finement ponctués. Pattes rouges.

Du Brésil.

Je n'ai vu cette remarquable espèce que dans la collection de M. Westermann. Les deux seuls exemplaires ♂ qui la représentent ne portent pas d'indication d'origine plus précise que celle que j'ai indiquée.

64. P. VITTICOLLIS. *Rufo-castaneus, nitidus, fere glaber; prothorace subquadrato, sparsim punctato, rufo, vittis duabus nigris; elytris medio dilatatis, profunde punctato-striatis, interstitiis convexis.* — Long. 12 mill., lat. 3 1/2 mill.

Pyrophorus vitticollis. GERM. *Zeitschr. f. d. Entom.* III, p. 60, 56.

(♀) Brun rougeâtre avec le prothorax rouge et orné de deux bandes longitudinales noires, luisant, presque glabre. Front déprimé, rougeâtre et bisillonné en avant. Antennes courtes, rougeâtres. Prothorax à peu près aussi long que large, un peu rétréci au sommet, médiocrement convexe, éparsément et subinégalement ponctué, ses vésicules arrondies, jaunes, ses angles postérieurs petits, aigus, dirigés en arrière, carénés. Élytres de la largeur du prothorax à la base, dilatées un peu avant le milieu, atténuées au-delà, rebordées, profondément ponctuées-striées, les intervalles convexes et lisses. Pattes d'un brun rougeâtre.

Du Brésil ; Bahia.

Je n'ai vu qu'un exemplaire ♀ de cette petite et remarquable espèce, dans la collection de M. de Heyden. L'exemplaire typique de Germar existe dans la collection de Wintheim, à Hambourg.

65. P. LONGIPENNIS. *Castaneus, nitidus, fere glaber; prothorace transverso, lateribus arcuato, tumido, parce subtiliter punctulato, obsolete canaliculato, angulis posticis acutis, carinatis; elytris elongatis, medio dilatatis, subtiliter punctato-striatis, interstitiis fere planis, crebrius punctulatis; antennis pedibusque dilute rufis.* — Long. 22-24 mill., lat. 7-7 1/2 mill.

Pyrophorus longipennis. GERM. *Zeitschr. f. d. Entom.* III, p. 55, 49.

Pyrophorus brevicollis. ESCHS. in THON, *Arch.* II, p. 32?

D'un châtain rougeâtre, luisant, paraissant glabre à l'œil nu. Front assez grand, un peu déprimé au milieu, ponctué. Antennes courtes, rougeâtres. Prothorax notablement plus large que long, assez fortement rétréci au sommet avec ses côtés arqués, fortement bombé, finement et éparsément pointillé, subsillonné en arrière, ses vésicules très-éloignées des bords latéraux, arrondies, ses angles postérieurs dirigés en arrière, fortement carénés. Élytres de la largeur du prothorax à la base et du triple plus longues, fortement dilatées dans leur milieu, un peu atténuées au sommet, finement striées, les stries ponctuées, souvent subobsolètes vers la base. Pattes rouge clair.

Du Brésil; Rio-Janeiro.

L'une des formes les mieux caractérisées parmi les espèces de ce genre, par la brièveté relative et la convexité de son prothorax, la longueur et la dilatation des élytres.

Ne serait-ce pas la femelle du *P. raninus?*

66. P.. ARDENS. *Castaneus, nitidus, obscure griseo-pilosulus; fronte plana, punctata; antennis hirsutis; prothorace longitudine latiore, apice sensim angustato, convexo, inæqualiter punctato, angulis posticis acute carinatis, non divaricatis; elytris prothorace triplo longioribus, medio dilatatis, tenuiter punctato-striatis, interstitiis fere planis, dense punctatis; epipleuris pedibusque testaceis.* — Long. 17 mill., lat. 5 mill.

Pyrophorus ardens. **Dej. Cat. ed. 3, p. 100.**

D'un brun châtain, assez luisant, revêtu d'une pubescence d'un gris obscur. Tête plus étroite que le sommet du prothorax, le front en carré transversal, aplati, fortement ponctué. Antennes rougeâtre testacé, courtes, très-velues. Prothorax plus large que long, rétréci peu à peu au sommet à partir de la base, convexe, assez fortement et inégalement ponctué, ses vésicules contiguës au bord postérieur, rondes, jaune-clair, aplaties, ses angles petits, dirigés en arrière, rougeâtres, munis d'une forte carène. Élytres à peu près trois fois plus longues que le prothorax, à peine plus larges à la base, élargies au milieu, un peu aplaties sur le dos mais très-déclives sur les côtés, finement ponctuées-striées, les intervalles à peine convexes et densément ponctués. Épipleures et pattes d'un testacé clair.

Du Brésil.

Cette espèce, représentée dans la collection Dejean par un seul individu (♀ ?) rapporté par M. de S'-Hilaire, provient probablement de la province de Minas.

9

67. P. NIGER. *Piceo-niger, subnitidus, sparsim fusco-pilosulus;
prothorace rufo, longitudine latiore, vesiculis subangularibus flavis,
angulis posticis divaricatis, carinatis; elytris parallelis, dense
punctatis, substriatis.* — Long. 12 mill., lat. 2 mill.

Phanophorus parallelus. SOL. in GAY, *Histor. d. Chile;* Zool. II, p. 27, pl. 14.
fig. 4.

Var. *a. Prothorace concolore.*

Phanophorus niger. SOL. loc. cit.

(♂) Allongé, parallèle, brun-noir, revêtu de petits poils à demi
redressés, médiocrement denses, brunâtres. Antennes obscures,
à deuxième et troisième articles presque égaux. Front large; yeux
globuleux et saillants. Prothorax plus large que long, à peine rétréci
en avant, peu convexe, subrugueusement ponctué en avant, plus
éparsément en arrière, quelquefois biimpressionné, d'un rouge
plus ou moins clair ou de la couleur générale, son bord antérieur
noirâtre avancé au milieu, ses vésicules arrondies, presque angulaires, plus rapprochées cependant du bord postérieur que du
bord latéral, arrondies, bombées, jaune clair, ses angles postérieurs
grêles, divergents, aigus, carénés. Elytres plus larges que le prothorax, parallèles jusqu'au quart postérieur, arrondies et rebordées
au bout, assez densément ponctuées, marquées de stries fines.
Pattes brunes ou rougeâtres.

Du Chili.

Les types de cette espèce existent dans la collection de M.
Deyrolle. Solier a fondé sur elle le genre *Phanophorus* auquel il a
donné des caractères de valeur absolument nulle et dont plusieurs
mêmes sont faux.

68. P. DILATATUS. *Castaneus, subnitidus, griseo-pubescens; prothorace latitudini longitudine æquali, vesiculis subangularibus flavis, angulis posticis gracilibus, divaricatis, carinatis; elytris postice
dilatatis, punctatis, subtiliter striatis.* — Long. 12 mill., lat. 2 1/2 mill.

(♂) *Oculis prominulis; capite prothorace haud angustiore* (pl. I,
fig. 21.)

Pyrophorus luciferus. D'URVILLE in DEJ. *Cat.* ed. 3, p. 100.

(♀) *Capite prothorace dimidio angustiore; prothorace lato, tumido.*

Phanophorus? dilatatus. Sol. in GAY, *Histor. d. Chile;* Zool. II, p. 27.

(♂) De la taille du précédent dont il est fort voisin, châtain plus ou moins clair, assez luisant, revêtu d'une pubescence grise. Front large, les yeux globuleux, saillants, débordant presque le prothorax de chaque côté. Antennes brunes, aussi longues que la tête et le prothorax, à troisième article à peine plus long que le second, plus court que le quatrième. Prothorax aussi long que large, un peu rétréci en avant, aplati, ponctué, souvent biimpressionné, ses angles postérieurs grêles, divergents, carénés, ses vésicules phos-phorescentes arrondies, placées comme chez le précédent. Elytres plus larges que le prothorax, élargies vers le tiers postérieur, déprimées le long de la suture, ponctuées, finement striées, arrondies au bout. Pattes brunes.

(♀) La femelle est plus courte, plus large, plus luisante; sa tête est à peine plus large que la moitié du prothorax; celui-ci est large, arqué sur les côtés, très-bombé; les élytres sont plus convexes, plutôt subsillonnées que striées.

Du Chili.

Solier n'a connu que la femelle, voilà pourquoi il ajoute un signe de doute au nom générique de *Phanophorus,* dont la caractéristique ne lui convient effectivement plus.

J'ai vu dans la collection de M. Doué un exemplaire femelle un peu plus grand, d'un brun rougeâtre obscur, avec les côtés du prothorax passant au rouge et les élytres à peine striées et presque glabres. Je ne doute pas cependant qu'il appartienne à cette espèce. Il est du Pérou.

SECTION VII.

69. P. BUPHTHALMUS. *Fuscus, subopacus, pube brevi brunnea obductus; oculis valde prominulis; prothorace apice angustato, margine antica producta; elytris brunneis, striis subtilibus tenuiter punctatis, interstitiis planis punctulatis; antennis pedibusque ferrugineis.* — Long. 18-20 mill., lat. 4 2/3-5 mill.

Pyrophorus buphthalmus. ESCHSCH. in THON, *Arch.* II, p. 32. — GERM. *Zeitschr. f. d. Entom.* III. p. 69, 67. — *(Belania)* LAP. *Hist. nat. d. Ins.* I, p. 236. 6.

Brun avec la tête et le prothorax plus obscurs, à peu près mat, revêtu d'une pubescence brune, courte, couchée, à reflets soyeux sous certains aspects. Front large, excavé, très-ponctué. Yeux globuleux, saillants, débordant le prothorax. Antennes ferrugineuses, courtes. Prothorax plus large que long, très-rétréci en avant, un peu bombé, ponctué, son bord antérieur très-avancé, ses vésicules arrondies, ses angles postérieurs divergents, rougeâtres, carénés. Elytres plus larges que le prothorax et au moins trois fois plus longues, parallèles dans plus de leur moitié antérieure, arrondies et rebordées au bout, finement striées, les stries plus profondes à l'extrémité, marquées de points fins, les intervalles plats et finement ponctués. Pattes ferrugineuses.

Du Brésil.

C'est sur cette espèce que Latreille a fondé son genre *Hypsiophthalmus*.

Le *P. buphthalmus* tel qu'il est connu dans les collections et décrit ci-dessus, est probablement le mâle d'une espèce dont la femelle m'est inconnue à moins que ce ne soit le *P. spurius* Germ., qui a quelque analogie d'aspect avec lui.

Sous le nom de *P. microspilus* Germar décrit (l. c. p. 71, 68) une espèce, de Sᵗᵉ Catherine au Brésil, que je n'ai point vue en nature et qui, d'après l'auteur, est fort voisine de celle-ci. Voici la diagnose qu'il en donne : *Piceus, fusco-pilosus, subopacus, antennis pilosis pedibusque rufis, capite exserto, thorace antice producto, punctato, macula parva postica flava; elytris obsoletius punctato-striatis.* (Mus. Berol.)

Elle différerait du *buphthalmus* par sa pubescence plus redressée, ses taches lumineuses plus petites, ses antennes poilues et ses élytres moins fortement striées.

70. P. BOOPS. *Fuscus, subnitidus, glaber; oculis valde prominulis; prothorace apice angustato, margine antica producta; elytris brunneis, striis subtilibus tenuissime punctatis interstitiis, planis punctulatis; antennis pedibusque rufis.* — Long. 20-22 mill., lat. 5 ¹/₂-5 mill.

Pyrophorus boops. GERM. Zeitschr. f. d. Entom. III, p. 69, 66.

Pyrophorus grossicollis. BLANCH. Voy. d. d'ORB. d. l'Am. mér. VI, 2ᵉ part.; Ins. p. 141, 440.

On distinguera cette espèce de la précédente avec laquelle elle a de grands rapports, par ses téguments dépourvus complètement de pubescence. Son prothorax est en outre moins densément ponctué, ses élytres plus finement striées et les stries sont à peine perceptiblement ponctuées. Elle a les antennes et les pattes rouges.

Sa patrie est le Brésil austral et les régions qui l'avoisinent au sud.

71. P. RANINUS. *Piceus, nitidus, fusco-subpilosus; antennis pilosis; oculis valde prominulis; prothorace apice angustato, margine antica producta, fortiter punctato; elytris subpunctato-striatis, interstitiis leviter convexis, punctulatis; pedibus brunneis.* — Long. 18-22 mill., lat. 4 1/2-6 mill. (pl. I. fig. 22.)

Pyrophorus raninus. ESCHSCH. in THON, *Arch.* II, p. 32. — GERM. *Zeitschr. f. d. Entom.* III, p. 71. 69.

Elater exophthalmus. GUÉR. in DUPER. *Voy. d. la Coq ;* Zool. II, p. 69.

Pyrophorus cephalotes. BLANCH. in d'ORB. *Voy. d. l'Amér. mér.* VI, 2e part. Ins. p. 144, 447.

Brunâtre, luisant, revêtu de poils fins, obsurs, à demi redressés. Yeux très-saillants, globuleux, séparés par la plaque frontale large et concave. Antennes courtes, brunes, velues. Prothorax plus large que long, fortement rétréci en avant, peu convexe, subrugueusement ponctué, quelquefois biimpressionné, souvent teinté de rouge vers son bord postérieur, ses vésicules phosphorescentes arrondies, postérieures, jaunes, ses angles allongés, divergents, carénés. Elytres plus larges que le prothorax et au moins trois fois plus longues, parallèles dans plus de leur moitié antérieure, arrondies au bout, subsillonnées avec les sillons légèrement ponctués, les intervalles un peu convexes et pointillés. Pattes d'un brun rougeâtre.

Du Brésil austral et des provinces de la Plata.

L'observation que je viens de faire à propos du *P. buphthalmus* s'applique aussi à celui-ci. Je suis très-porté à considérer le *P. longipennis* Germ., décrit plus haut, comme la femelle du *raninus*, mais je n'ai aucune preuve à l'appui, et je ne fais ici qu'une simple supposition.

———

Les espèces qui suivent me sont inconnues :

1° Deux espèces comprises dans la Monographie d'Illiger et que Germar n'a point vues :

P. CUCUJUS. *Brunneus, griseo-pubescens ; thorace antice macula media nigra, postice utrinque macula vesiculari flava.*

Elater cucujus. (MOUFFET. *Teatr. Ins.* p. 111). ILLIG. *Magaz. d. Gesellsch. Naturf. Fr.* I, p. 152.

De la taille du *noctilucus.* Cette espèce habite les Antilles et le sud des Etats-Unis.

P. LUCIFER. *Nigricans, thorace antice diaphano-luteo.*

Elater lucifer. (VOET, *Col.* I, 116, p. 43, fig. 19.) ILLIG. loc. cit. p. 152.

De la taille de l'*indistinctus.* Patrie inconnue.

———

2° Une espèce de l'Amérique du sud, décrite par Curtis et qui correspond probablement à l'une des espèces de la troisième section.

P. LUCIFUGUS. *Brunneus, dense et minute punctatus pubescensque, antennis breviusculis, compressis, cum pedibus rufescenti-brunneis, thorace convexo, subquadrato, maculis duabus basalibus rotundis luminosis, elytris haud attenuatis.*

Pyrophorus lucifugus. CURTIS, *Descript. of Capit. Kings South. Amer. Col.* in the *Trans. of Linn. Soc.* XVIII. p. 197, 30.

———

3° Deux espèces d'Eschscholtz :

P. CANALICULATUS. *Thorace quadrato, canaliculato, vesiculis posticis, nigro-brunneus, pilositate vix visibili.* — Long. 12 ''' Hab. Rio-Janeiro.

Pyrophorus canaliculatus. ESCHS. in THON, *Arch.* II, p. 32.

P. CARINATUS. *Thorace transverso, antice latiori ; vesiculis posticis, linea media elevata.* — Long. 5 ''' mill. Hab. Rio-Janeiro.

Pyrophorus carinatus. ESCHS. loc. cit.

———

4. **P.** PERSPICAX. *Castaneus, glaber, capite minuto, fronte plana, subrugosa ; antennis thorace brevioribus; thorace subquadrato, gibboso, lateribus rotundato, angulis posticis acuminatis, postice maculis duabus rotundatis supra infraque flavis, elytris substriatis, elongatis, parallelis, postice subdilatatis, corpore subtus pedibusque rufo-castaneis.* — Long. 7 1/2 ''', lat. 2 1/4 '''.

Elater perspicax. GUÉR. in DUPERREY, *Voy. de la Coq.* Zool. II, 1830, p. 69.

Germar pense que cette espèce est voisine du *Janus.*

———

5° Les suivantes décrites par Germar :

P. IGNIGENUS. *Brunneus, griseo-pubescens, antennis pedibusque ferrugineis, thorace quadrato, parum convexo, antice utrinque impresso, maculis vesicularibus majoribus, elytris punctato-striatis, apice attenuatis.* Habitat in Sello grande Brasiliæ.

Pyrophorus ignigenus. GERM. *Zeitschr. f. d. Entom.* III, p. 57.

Cette espèce, qui est un peu plus grande que le *lampadion* ♀, n'en diffère que par son prothorax un peu plus plat et biimpressionné sur les côtés en avant.

P. RETROSPICIENS. *Brunneus, fusco-pubescens, thorace-quadrato, convexiusculo, punctatissimo, apice rotundato, maculis vesicularibus minoribus, elytris punctato-striatis, apice attenuatis.* Habitat in Para Brasiliæ.

Elater retrospiciens. ILLIG. loc. cit. p. 145, 3.

Pyrophorus retrospiciens. GERM. loc. cit. p. 58.

Même taille que le *lampadion* ♀, mais avec la tête plus grosse et les vésicules phosphorescentes plus petites.

P. LUCIDULUS. *Brunneus, fusco-pubescens, antennis pedibusque ferrugineis, thorace subquadrato, antice subtruncato, maculis vesicularibus minoribus, elytris punctato-striatis, apice rotundatis.* Habitat in Peru.

> *Elater lucidulus.* Illig. loc. cit. p. 146, 5.

> *Pyrophorus lucidulus.* Germ. loc. cit. p. 67.

Même taille également que le *lampadion* ♂ (*scintillans* Germ.), mais avec les taches phosphorescentes plus petites.

———

6° P. OCCIDUUS. *Testaceus, subtiliter griseo-pubescens, prothorace oblongo, fusco-testaceo, utrinque rufescente, macula vesiculari obsoleta; prosterno, femoribus tibiisque fuscis.* — Long. 7 ′′′. — Du Pérou.

> *Pyrophorus occiduus.* Erichs. *Coléopt. du Pérou, in Archiv. d. Wiegm.* 1847, p. 76.

Cette espèce se place dans la seconde section, première sous-section, à côté du *P. extinctus* Illig.

———

PHOTOPHORUS.

Front déclive, concave; bouche dirigée en avant, ses différentes pièces conformées comme chez les *Pyrophorus*.

Antennes allongées, fortement dentées en scie, à premier article court, conique, courbe, à deuxième et troisième articles petits, celui-ci un peu plus long que celui-là, à dernier terminé par un faux article.

Prothorax grand, présentant vers les angles postérieurs des vésicules phosphorescentes.

Écusson et élytres de forme normale.

Prosternum allongé, sa mentonnière arquée, sa pointe posté-

rieure longue et droite, ses sutures latérales divergentes et rectilignes.

Fossette mésosternale à bords redressés postérieurement et formant un tubercule, auquel vient se joindre l'extrémité d'une forte
carène élevée sur la partie médiane et antérieure du métathorax.

Hanches postérieures un peu plus larges en dedans qu'en dehors.

Pattes peu allongées; les tarses à articles 2, 3 et 4 courts, dilatés
en cupule en dessous.

Ce genre, dont je ne connais que deux espèces, représente les
Pyrophores dans des régions très-éloignées du continent américain, seule contrée où jusqu'ici on avait observé des Élatérides
lumineux. Il diffère nettement de ces derniers par la conformation
du mésosternum et des tarses.

A Luisant, ponctuation du prothorax éparse.   1. *P. Jansonii.*

AA Peu luisant, très-pubescent, ponctuation du prothorax
     dense.   2. *P. Bakewellii.*

1. P. JANSONII. *Piceus, nitidus, tenuiter griseo-pubescens; prothorace latitudine haud longiore, a basi leviter angustato, depresso, linea
media impressa punctulisque sparsis notato, vesiculis lateralibus ;
elytris a basi attenuatis, apice mucronatis, striis subtilibus punctatis.*
— Long. 32 mill., lat. 9 mill. (pl. I, fig. 23.)

Déprimé, d'un noir de poix, luisant, revêtu d'une pubescence
fine, assez dense, grise. Front largement concave, son bord antérieur avancé et anguleux. Antennes grandes, brun clair, dentées
en scie. Prothorax à peine aussi long que large, légèrement et peu
à peu rétréci en avant à partir de la base, presque droit sur les
côtés, finement et éparsément ponctué, marqué d'une ligne lisse
enfoncée au milieu, ses vésicules phosphoriques ovales, jaunes,
à peine saillantes, contiguës au bord latéral, ses angles postérieurs
larges, à peine divergents, carénés. Elytres de la largeur du prothorax à la base et deux fois et demie plus longues, rétrécies peu à
peu à partir des épaules, acuminées au sommet, marquées de stries
fines ponctuées plus fortement vers les côtés que près de la suture,
les intervalles plats et pointillés. Dessous et pattes de la couleur du
dessus.

Des Iles Viti.

N'étaient les caractères essentiels qui ne permettent pas de com-

10

prendre cette espèce remarquable dans le genre *Pyrophorus*, sa place serait dans la troisième section de ces derniers, parmi les espèces insulaires comme elle. La forme déprimée et trapézoïdale du prothorax, les élytres coniques, les antennes longues, fortement dentées en scie, à troisième article petit bien qu'un peu plus long que le second, enfin jusqu'à la position latérale des vésicules, rappellent le *P. luminosus* des Antilles.

Le seul exemplaire que j'ai sous les yeux m'a été communiqué par M. Janson.

2. P. BAKEWELLII. *Castaneus, subnitidus, densius griseo-pubescens; prothorace latitudine haud longiore, apice arcuatim angustato, depresso, linea media lævi, crebre punctato, vesiculis lateralibus; elytris a basi arcuatim angustatis, punctato-substriatis, interstitiis punctulatis.* — Long. 25 mill., lat. 7 mill.

Plus petit, moins luisant, plus pubescent que le précédent. D'un brun châtain passant au rougeâtre vers la base des élytres et les côtés du prothorax, médiocrement luisant, revêtu d'une pubescence gris clair qui modifie notablement la teinte des téguments. Antennes longues, rougeâtres. Front concave. Prothorax aussi long que large, rétréci curvilinéairement au sommet à partir du milieu, aplati, ses bords latéraux redressés, marqué au milieu d'une ligne longitudinale lisse et sur toute sa surface de points fins et assez denses, ses vésicules phosphorescentes jaunes, à peine saillantes, diffuses sur les bords, latérales, ses angles postérieurs un peu recourbés en dehors au sommet, brièvement carénés. Elytres à peine plus larges que le prothorax et deux fois et demie plus longues, curvilinéairement rétrécies depuis la base jusqu'au sommet où elles sont submucronées, finement ponctuées-striées, les intervalles presque plats et pointillés. Pattes rougeâtres.

Nouvelles-Hébrides.

Communiqué par M. Bakewell, à qui je le dédie.

Le P. Montrouzier, dans son *Essai sur la faune entomologique de la Nouvelle-Calédonie* (1), a fait connaître récemment un grand Elatéride lumineux (2), de l'Ile Lifu, auquel il a donné le nom de *Nycterilampus lifuanus*. C'est peut-être à ce genre nouveau qu'il

(1) *Ann. d. la Soc. Entom.* 1860, p. 258.
(2) A en juger du moins par le nom qu'il lui a appliqué.

faut rapporter les espèces que je viens de décrire. Il est à regretter que l'auteur ne donne pas les caractères qui distinguent son espèce des *Pyrophorus*.

Quoi qu'il en soit, elle diffère spécifiquement de celles-ci ; voici sa description que je copie textuellement :

« Long. 36 mill., larg. 15 mill., épaiss. 9 mill. — Grand, allongé, convexe, subcylindrique. Brun couvert d'un duvet gris. Deux petites taches lisses sur le corselet, couvert de très-petits points serrés, peu enfoncés. Elytres offrant seize côtes très-obsolètes, arrondies au bout, terminées par une petite pointe près de la suture. La tête (les yeux non compris) est carrée, elle a les angles latéro-antérieurs subarrondis, une dépression circulaire sur le côté antérieur ; elle est couverte de points enfoncés, un peu rugueuse, munie de poils. Les yeux sont grands, les antennes, dentées au côté intérieur, atténuées vers l'extrémité, ont les deux et troisième articles très-courts, presque moniliformes et les autres aplatis. Le corselet médiocrement échancré pour recevoir la tête, a les angles latéro-antérieurs arrondis, les angles postérieurs prolongés en pointe, divergents, embrassant l'angle huméral des élytres ; il est convexe, couvert de petits points enfoncés, brun noir sur le milieu du limbe et la bordure, et brun rouge sur l'espace intermédiaire, couvert d'un duvet gris. Il a sur le milieu du limbe deux taches noires, lisses, oblongues, obliques. L'écusson est oblong, excavé dans le milieu, relevé en arrière. Les élytres convexes, soyeuses, faiblement sillonnées, se rétrécissent un peu vers l'extrémité qui est arrondie et terminée en petite pointe à la suture. Elles sont criblées de petits points enfoncés. »

SOUS-TRIBU XII.

—

CORYMBITITES.

Front dépourvu de carène transversale en avant, au moins sur la ligne médiane, de forme généralement carrée, aplati ou concave, légèrement incliné d'arrière en avant; prothorax dépourvu de vésicules phosphorescentes; hanches postérieures étroites, à lame extérieure complète et peu à peu atténuées en dehors; articles des tarses ni dilatés ni lamellés.

On voit, par cette formule, que la sous-tribu actuelle renferme tous les Élatérides à front plat ou concave et sans carène transversale en avant, qui ne présentent pas l'une des particularités caractéristiques suivantes : des vésicules phosphorescentes au prothorax (1), les hanches postérieures incomplètes (pl. III, fig. 6ᵃ), ou bien un ou plusieurs articles des tarses dilatés ou lamellés.

C'est donc la sous-tribu fondamentale de la première section, comme les *Ludiites* le sont de la seconde. Elle est constituée presque en entier par le genre *Corymbites;* les deux genres qui viennent à la suite de celui-ci ont été créés pour un petit nombre d'espèces australiennes que leurs formes aberrantes ne m'ont pas permis de réunir au genre principal.

Les *Corymbitites* ont beaucoup d'analogie avec les *Athoites* dont ils ne diffèrent même, à la rigueur, que par l'absence de la carène frontale. On s'en convaincra immédiatement en comparant entre elles les formules caractéristiques de ces deux groupes.

Voici les genres qui y rentrent avec leurs caractères distinctifs :

A Sutures prosternales rectilignes et fines ou faiblement dédoublées.
   a Mésosternum déclive.   *Corymbites.*
   aa Mésosternum horizontal.   *Chrosis.*

AA Sutures prosternales un peu concaves et fortement
    canaliculées.   *Hapatesus.*

(1) A l'exception des *Corymbitites* de l'Amérique méridionale que je place dans le genre *Pyrophorus.*

———

CORYMBITES.

LATR. *Ann. d. l. Soc. entom. d. Fr.* III, 150.

(Emend. LAC. *Genera*, IV, 209.)

Ludius. ESCHS. in THON, *Entom. Arch.* II, p. 34.

Ctenicera pars. LATR. *Regn. Anim.* (Ed. brux.) II, p. 403. — LAP. de CAST. *Hist. nat.* I, p. 238.

Pristilophus pars. *Prosternon* pars, *Diacanthus.* LATR. *Ann. d. la Soc. Entom. d. Fr.* III, p. 151.

Selatosomus. STEPH. *Illustr. of brit. Entom.* III, 182.

Aphotistus. KIRBY, *Faun. bor. Amer.* p. 149.

Pristilophus pars, *Diacanthus.* GERM. *Zeitschr. f. d. Entom.* IV, p. 67 et suiv.

S. G. *Corymbites, Actenicerus, Orithales, Liotrichus, Diacanthus, Hypoganus, Pristilophus, Tactocomus, Paranomus.* KIESENW. *Naturg. d. Ins. Deutschl.* IV, p. 278 et suiv.

Tête assez petite, à bouche dirigée obliquement en avant et en dessous. Front de forme quadrangulaire, aplati ou concave, se continuant sans interruption, sur la ligne médiane, jusqu'au bord qui donne insertion au labre; la plaque nasale, conséquemment, confondue avec lui. Cavités antennaires étroites, les crêtes qui les surmontent, formées par les angles antérieurs du front, assez saillantes et transversales. Yeux médiocres. Mandibules courtes, bi- ou trifides au sommet. Palpes maxillaires terminées par un article sécuriforme.

Antennes de longueur variable, mais en général assez allongées, à articles de forme variable au nombre de onze, parfois un faux article au sommet du dernier; quelquefois pectinées chez les mâles; le premier article arqué, médiocre; le second court, obconique; le troisième tantôt aussi petit que le second, tantôt intermédiaire pour la longueur entre le précédent et le suivant, quelquefois semblable au quatrième, quelquefois même plus long.

Prothorax variable de forme; plus souvent transversal qu'oblong. Écusson oblongo-ovale.

Élytres aussi variables que le prothorax.

Prosternum allongé, assez étroit, muni d'une mentonnière bien développée et d'une pointe postérieure longue, plus ou moins fléchie ; ses sutures latérales rectilignes, simples, rarement dédoublées, exceptionnellement un peu creusées au sommet.

Mésosternum déclive.

Hanches postérieures à lame extérieure étroite, un peu plus large en dedans qu'en dehors et graduellement rétrécies depuis leur extrémité interne jusqu'à l'autre.

Pattes de longueur moyenne, leurs tarses filiformes, spongieux, veloutés ou ciliés en dessous, mais ne présentant ni disques ni dilatations ni lamelles, les quatre premiers articles diminuant graduellement de longueur.

Téguments pubescents ou glabres, généralement brillants, ornés de couleurs variées, quelquefois tachetés, offrant souvent le reflet métallique.

Les *Corymbites* sont d'assez jolis insectes, presque tous de taille moyenne. Leur distribution géographique est très-étendue, mais ils sont beaucoup plus nombreux dans l'hémisphère boréal que dans l'autre. Ils habitent surtout les régions tempérées et froides des deux continents. L'Afrique australe et la Nouvelle-Hollande en possèdent quelques-uns. Ils vivent sur les plantes et parmi celles-ci, de préférence, sur les graminées.

Sous le rapport du *facies*, les insectes de ce genre varient considérablement ; c'est ce qui a engagé quelques auteurs à les diviser en plusieurs genres ou, ce qui revient à peu près au même en sous-genres nombreux. Cette mesure se justifie du reste par quelques variations assez notables qui existent, ainsi que nous l'avons vu plus haut, dans la structure des antennes, des sutures prosternales et des tarses, et qui paraissent avoir quelque importance lorsque l'on ne considère que les espèces d'Europe, mais qui la perdent complètement dès qu'on y ajoute les espèces exotiques. Je partage entièrement, à cet égard, l'opinion exprimée par M. Lacordaire dans son *Genera* et par M. J. Le Conte dans sa *Révision des Élatérides des États-Unis*, qui tous deux se prononcent pour l'unité du genre.

Les variations dont je viens de parler établissent des limites assez bien tranchées entre les espèces d'un pays, mais ces limites n'existent plus quand on passe en revue toutes les espèces du genre. Il devient dès lors évident que les divisions qui en résultent ne peuvent constituer des genres, mais seulement de simples sections.

Latreille et après lui Germar (loc. cit.) en faisaient trois genres, à savoir : 1° les *Corymbites,* de forme allongée, à antennes généralement pectinées chez les mâles ou fortement dentées à partir du troisième article. 2° Les *Diacanthus,* se distinguant par leur forme plus large, leurs antennes composées d'articles obconiques, à deuxième et troisième plus étroits que les suivants, à dernier ovalaire et sans faux article. 3° Les *Pristilophus* ayant le prothorax allongé comme les *Corymbites,* mais les antennes simples et à troisième article obconique comme le deuxième et seulement un peu plus long.

M. de Kiesenwetter (loc. cit.) a divisé les *Corymbites* de l'Allemagne en 9 sous-genres qu'il a formulés de la manière suivante :

1° *Corymbites* (l. c. p. 278). Antennes des mâles pectinées.

C. hæmatodes, castaneus, sulphuripennis, aulicus, Heyeri, pectinicornis, cupreus.

2° *Actenicerus* (p. 285). Antennes fortement dentées en scie, leurs articles triangulaires à partir du troisième.

C. tessellatus.

3° *Orithales* (p. 287). Antennes du mâle subpectinées, à articles 2 et 3 petits.

C. serraticornis.

4° *Liotrichus* (p. 288). Antennes longues, obtusément dentées en scie, à articles obconiques à partir du troisième.

C. affinis, montivagus, quercus, angustulus.

5° *Diacanthus* (p. 292). Antennes dentées en scie à partir du quatrième article, les deuxième et troisième obconiques.

C. impressus, metallicus, melancholicus, æneus, rugosus, latus, cruciatus, globicollis, bipustulatus.

6° *Hypoganus* (p. 299). Antennes courtes, légèrement dentées à partir du quatrième article; sutures prosternales dédoublées.

C. cinctus.

7° *Pristilophus* (p. 300). Antennes dentées en scie à partir du quatrième article, le dernier étranglé avant l'extrémité ; prothorax grand, plus long que large.

C. insititus.

8° *Tactocomus* (p. 301). Antennes dentées en scie à partir du quatrième article ; sutures prosternales dédoublées, légèrement creusées au sommet.

C. holosericeus.

9° *Paranomus* (p. 303). Antennes plus grêles, à peine dentées; hanches moyennes subcontiguës; tarses allongés, grêles.

C. guttatus.

Ces divisions, excellentes pour les espèces européennes, ne peuvent plus être conservées lorsqu'on veut y faire entrer les *Corymbites* africains, et les nombreuses espèces de l'Amérique du Nord.

Celles-ci sont classées par M. Le Conte de la manière suivante, que j'expose également, afin de faciliter aux entomologistes la détermination des espèces de ce pays.

A.   Tarses à pubescence inférieure également répartie.

1. Antennes subdentées, à troisième article cylindrique, les suivants triangulaires, égaux ; front subconvexe ; corps large, pubescent ; élytres en général testacées.

C. hamatus, rubidipennis, acutipennis, propola, triundulatus, hieroglyphicus, furcifer, nubilus, inflatus, nitidulus, aratus.

2. Antennes subdentées, à troisième article cylindrique, le quatrième plus long que les suivants.

α. Corps large, en général glabre en dessus; front déprimé.

C. splendens, æripennis, carbo, lateralis, conjungens, pulcher.

β. Corps très-large, pubescent ; front très-concave.

C. crassus.

γ. Corps linéaire, glabre en dessus, antennes à articles 2 et 3 à peine plus courts, chacun, que le quatrième.

C. rotundicollis, sulcicollis.

3. Antennes dentées en scie, à troisième article cylindrique, les suivants triangulaires, égaux, le dernier subétranglé ; corps linéaire, glabre ou pubescent.

C. nubilipennis, œrarius, furtivus, atropurpureus.

4. Antennes dentées, à troisième article large ; les suivants jusqu'au dixième égaux ; l'onzième étranglé ; front plan ; corps linéaire et parallèle.

C. appressifrons.

5. Antennes dentées en scie, l'article 3 variable, 4-10 égaux, 11 étranglé ; front concave ; corps subparallèle.

C. obscurus, cribrosus, signaticollis, trivittatus, œthiops, maurus.

6. Antennes dentées en scie, l'article 3 triangulaire, égal, chez presque tous, au quatrième ; 4-10 égaux, 11 en général entier ; front subconvexe ou plan ; corps non dilaté.
   * Elytres curvilinéairement rétrécies en arrière.
   α. Angles postérieurs du prothorax carénés.

C. vernalis, Kendalli, cuprassens, micans.

β. Angles postérieurs du prothorax non carénés.

C. tarsalis, telum.

** Elytres obliquement atténuées en arrière, plus fortement rebordées.

C. semiluteus, fallax, divaricatus, appressus.

7. Antennes comprimées, à peine dentées, à troisième article égal au suivant, l'onzième à peine étranglé ; front concave ; corps en général linéaire.

C. spinosus, pyrrhos, bivittatus, jaculus.

B. Tarses à articles 2 à 4 munis en dessous, à leur extrémité, d'une pubescence formant velours.

C. insidiosus, falsificus, mendax, angularis.

Deux genres de Solier, créés pour des espèces du Chili sous les noms de *Diacantha* et *Bedresia,* et le genre *Atractopterus* de M. J. Le Conte, ont été placés par M. Lacordaire (*Gen. IV*, p. 211) en synonymie du genre actuel. Je ne les ai pas mentionnés ici parce que je pense qu'ils appartiennent à d'autres groupes. On trouvera, en effet, les deux premiers dans la sous-tribu des *Élatérites,* où les amènent, malgré leur *facies* de *Corymbites,* la structure du front, distinctement caréné, et celle des hanches, fortement élargies dans leur moitié interne. Quant au troisième il me parait devoir être réuni aux *Sericosomus.*

Je divise ici les *Corymbites* en sept sections, basées principalement sur la conformation des antennes, ainsi que l'ont fait, dans leurs excellents ouvrages, MM. Le Conte et Kiesenwetter. Je n'ai pu, comme on le comprend, adopter entièrement les divisions de l'un ou l'autre de ces deux auteurs, vu que j'avais à classer un plus grand nombre d'espèces de provenances très différentes. Mais j'ai mis à profit, autant que possible, les données qu'ils ont émises chacun pour les espèces qu'ils avaient à ranger.

Voici les formules de ces sections :

A Antennes pectinées chez les mâles.
  a Antennes pectinées chez les mâles à partir du troisième article inclusivement, fortement dentées chez les femelles; corps svelte, paré en général de couleurs vives.   Section I.
  aa Antennes subpectinées chez les mâles à partir du quatrième article seulement, dentées en scie chez les femelles, leurs articles 2 et 3 petits et égaux.   Section II.

AA Antennes des mâles non pectinées.
  a Troisième article des antennes de mêmes forme et grandeur que le suivant. Antennes tantôt fortement, tantôt faiblement ou même nullement dentées en scie; corps svelte, le prothorax en général plus long que large.   Section III.
  aa Troisième article des antennes plus court ou plus long que le suivant et, dans ce dernier cas, plus étroit.
    α Troisième article des antennes plus court que le quatrième; celui-ci et les suivants allongés; prothorax oblong, ses bords latéraux à double arête (l'interne constituée par le

prolongement de la carène des angles postérieurs); élytres acuminées au sommet; corps svelte; coloration généralement noirâtre. SECTION IV.

αα Troisième article des antennes plus court que le suivant; prothorax carré ou oblong, rarement transversal, ses bords latéraux n'ayant qu'une arête; hanches mésothoraciques espacées. SECTION V.

ααα Troisième article des antennes plus long et plus grêle que le quatrième; celui-ci large, triangulaire; prothorax transversal chez la plupart, ses bords latéraux n'offrant qu'une arête; corps large, généralement paré de vives couleurs ou teinté de nuances métalliques. SECTION VI.

αααα Antennes à peine dentées, leur troisième article un peu plus court que le suivant (sauf chez un seul); hanches mésothoraciques subcontiguës; tarses allongés, grêles; prothorax court; élytres dilatées en arrière. SECTION VII.

SECTION I.

Antennes pectinées chez les mâles; leur second article seul petit.

(**Corymbites** Auct.)

A Prothorax largement et profondément sillonné dans toute sa longueur.

  a Rameaux des articles des antennes à peu près deux fois plus longs que les articles eux-mêmes, chez les mâles.

    α Elytres entièrement vertes.

     * Intervalles de leurs stries simplement ponctués. 1. C. *pectinicornis.*

     ** Intervalles ponctués rugueux. 2. C. *Heyeri.*

    αα Elytres testacées avec une tache terminale verte. 4. C. *œneicollis.*

  aa Rameaux des articles des antennes de la longueur des articles eux-mêmes; élytres testacées, terminées de cuivreux ou entièrement cuivreuses. 3. C. *cupreus.*

AA Prothorax non ou brièvement sillonné.

  a Intervalles 3 et 7 des stries des élytres costiformes; couleur des élytres rouge.

    α Pubescence du prothorax rouge. 5. *hæmatodes.*

    αα Pubescence du prothorax noire. 6. *hæmapterus.*

  aa Pas d'intervalles costiformes.

    α Elytres jaunes avec l'extrémité noire.

     * Pubescence du prothorax longue, serrée, jaune. 7. C. *castaneus.*

     ** Pubescence du prothorax courte, rare, grise. 8. C. *sulphuripennis.*

    αα Elytres jaunes avec la suture ou des taches noires, ou noires bordées de jaune.

     * Suture noire. 9. C. *Eschscholtzii.*

     ** Suture jaune.

      × Noir; élytres jaunes avec deux taches noi-

res sur chacune, l'antérieure plus grande
que la postérieure : quelquefois les ély-
tres noires bordées de jaune.   10. *C. Boeberi.*

   ××   Noir; élytres jaunes avec deux taches
noires sur chacune, l'antérieure arron-
die plus petite que la postérieure.   12. *C. vernalis.*

   ××× Bronzé noir, élytres châtain brunâtre,
finement bordées de noir.   11. *C. Pippingskoeldii.*

SECTION II.

*Antennes pectinées chez les mâles ; les deuxième et troisième articles
petits et égaux.* (Orithales Ksw.)

                              13. *C. serraticornis.*

SECTION III.

*Antennes simples dans les deux sexes; le troisième article semblable
au suivant ; corps généralement étroit et allongé.* (Corymbites Germ.
Actenicerus, Liotrichus pars Ksw.)

A Prothorax et élytres de couleur semblable et uniforme, abstraction faite de la pubescence.
   a Corps entièrement noir en dessus.
     α Angles postérieurs du prothorax très-distincte-
ment carénés.
       • Pubescence cendrée.   57. *C. tasmanicus.*
      •• Pubescence longue, fauve.
        × Epipleures noires.   20. *C. protractus.*
        ×× Epipleures rougeâtres (1).
      ••• Pubescence obscure.
        × Prothorax sillonné.   18. *C. cribrosus.*
        ×× Prothorax non sillonné, aussi large que
long.   19. *C. obscurus.*
    αα Angles postérieurs du prothorax peu distincte-
ment carénés.
      • Les angles rétus à l'extrémité.   29. *C. caricinus.*
      •• Les angles tronqués.   30. *C. lobatus.*
   aa Brunâtre, brun, rougeâtre, bronzé ou plombé.
    α Prothorax allongé.
      • Téguments d'un vert métallique très-brillant. 14. *C. resplendens.*
      •• Téguments bronzés.
        × Corps très-atténué aux extrémités. 15. *C. tessellatus.*
        ×× Corps subparallèle.
          + Troisième article des antennes semblable
au suivant.   22. *C. cylindriformis.*

(1) *C. spinosus.* var.

++ Troisième article des antennes plus
étroit que le suivant.   23. *C. furtivus.*
*** Téguments non bronzés.
   X Antennes noirâtres, pattes rouge clair.   16. *C. atropurpureus.*
   XX Antennes et pattes de la même couleur.
    + Téguments rougeâtres.   21. *C. pyrrhos.*
    ++ Téguments noirâtres.   17. *C. jaculus.*
αα Prothorax court c'est-à-dire à peine plus long
que large ou moins long que large.
 * Brun; stries des élytres fortement ponctuées.   24. *C. divaricatus.*
 ** Submétallescent; stries des élytres non ponc-
tuées.   32. *C. affinis.*

AA Prothorax et élytres de couleurs différentes, ou de
même couleur, mais maculés.
a Prothorax bicolore.
 α Noir, maculé de rouge; élytres jaunes maculées
de noir.   26. *C. appressus.*
 αα Noir, avec les angles postérieurs rouges; élytres
noires.   28. *C. umbricola.*
 ααα Rouge avec une tache centrale noire.
  * Elytres rougeâtres.   27. *C. volitans.*
  ** Elytres noires.   25. *C. signaticollis.*
aa Prothorax unicolore.
 α Ses angles tronqués.
  * Elytres profondément ponctuées-striées.   33. *C. tarsalis.*
  ** Elytres superficiellement ponctuées-striées (1).
 αα Ses angles aigus.
  * Distinctement carénés.
   X Prothorax plus long que large.
    + Assez fortement ponctué.   34. *C. spinosus.*
    ++ Très-finement ponctué.   31. *C. quercus.*
   XX Prothorax carré.   35. *C. insidiosus.*
  ** Indistinctement carénés.   36. *C. falsificus.*

SECTION IV.

*Troisième article des antennes plus court que le quatrième; protho-
rax oblong, ses bords latéraux présentant deux arêtes dont l'interne
est formée par le prolongement de la carène des angles postérieurs.*
(**Pristilophus pars** Germ. Sp. precip. afric.)

A Troisième article des antennes visiblement plus long
que le second.
a Stries des élytres obsolètes.
 α Prothorax et élytres concolores.

(1) *C. lobatus.* var.

      · Prothorax brusquement déprimé sur les côtés ;
        pubescence longue, soyeuse.   38. *C. summus.*
      " Prothorax simplement déclive sur les côtés ;
        pubescence courte.
         × Corps étroit et allongé.   39. *C. mucronatus.*
         ×× Corps assez large.   50. *C. velutinipes.*
   αα Prothorax et élytres largement bordés de jaune. 40. *C. aurulentus.*
  αα Stries des élytres bien marquées.
   α Pubescence du prothorax offrant des reflets
    moirés.   41. *C. sericans.*
   αα Pubescence du prothorax couchée longitudina-
    lement.
     · Prothorax plus long que large.
       × Antennes aussi longues que la moitié du
         corps chez le mâle.
         + Antennes dentées en scie ; corps noir. 43. *C. servus.*
         ++ Antennes filiformes ; corps testacé. 44. *C. macilentus.*
       ×× Antennes dépassant peu les angles du
        prothorax chez le mâle.
        + Prothorax atténué à partir de la base ou
         au moins du milieu.
         o Face inférieure des angles postérieurs
          du prothorax tronquée à l'extrémité. 42. *C. attenuatus.*
         oo Angles postérieurs du prothorax aigus
          au sommet aussi bien en dessus qu'en
          dessous.   43. *C. leptus.*
        + + Prothorax rétréci au sommet.   47. *C. amaurus.*
     " Prothorax aussi large que long.   46. *C. famulus.*

AA Troisième article des antennes aussi petit que le
   second.
  α Antennes presque aussi longues que le corps chez le
   mâle ; écusson subarrondi, tronqué en avant. 48. *C. rhomalocerus.*
  αα Antennes de longueur normale ; écusson subrectangulaire, un peu plus long que large.   49. *C. pseudatous.*

SECTION V.

*Antennes plus ou moins dentées en scie, leur troisième article tou-
jours plus court et plus étroit que le quatrième ; carène des angles
postérieurs du prothorax courtes.* (**Pristilophus pars** Germ., **Liotrichus
pars, Pristilophus, Tactocomus** Ksw.)

A Corps tout-à-fait noir et sans reflet métallique, la pubescence, lorsqu'elle existe, ne modifiant point
  cette teinte.
 α Corps pubescent.

α Prothorax longitudinalement et fortement sillonné dans toute sa longueur.   60. *C. insitivus.*

αα Prothorax sans sillon longitudinal, sinon à la
   base.

* Epipleures noires comme le dessus des élytres.

  ✕ Dernier segment de l'abdomen normal.

     + Prothorax allongé, déprimé.   59. *C. æthiops.*

     ++ Prothorax court, bombé.   72. *C. globicollis.*

  ✕✕ Dernier segment de l'abdomen échancré,
     le bord de l'échancrure redressé.   65. *C. spretus.*

  " Epipleures rougeâtres.   66. *C. punctatissimus.*

aa Corps glabre.   62. *C. nigrita.*

AA Corps diversement coloré, ou métallique, ou noir
    varié par la pubescence.

 a Elytres unicolores abstraction faite des dessins qu'y
    peut former la pubescence.

  α Pubescence ne formant pas de marbrure sur les
    élytres, c'est-à-dire également disposée et
    couchée longitudinalement.

  * Elytres de couleurs diverses mais sans reflet
    métallique.

   ✕ Prothorax de la couleur des élytres ou à
     peu près.

    + Corps étroit et allongé.

     o Prothorax aussi large que long.   55. *C. montivagus.*

     oo Prothorax plus long que large.

      c Prothorax élargi en avant.

       v Peu ou point sillonné.   54. *C. rupestris.*

       vv Sillonné dans toute sa longueur. 55. *C. sulcicollis.*

      cc Prothorax non élargi en avant.

       v Sillonné longitudinalement.   52. *C. antipodum.*

       vv Non sillonné.   51. *C. strangulatus.*

    ++ Elytres élargies en arrière (1).

   ✕✕ Prothorax de couleur autre que les ély-
     tres.

    + Elytres allongées.   58. *C. sagitticollis.*

    ++ Elytres courtes et élargies en arrière.

     o Elytres d'un brun obscur.   71. *C. acutipennis.*

     oo Elytres d'un rougeâtre clair.   70. *C. medianus.*

  " Elytres parées d'un reflet métallique.

   ✕ Corps glabre ou à peine pubescent en dessus.

    + Prothorax très-ponctué, peu luisant.

     o Elytres d'un vert doré ou bleuâtre, à re-
     flet métallique très-prononcé.   61. *C. melancholicus.*

     oo Elytres presque noires, d'un bleuâtre
     faiblement métallique.   64. *C. anxius.*

    ++ Prothorax peu ponctué et très-luisant. 63. *C. lævicollis.*

   ✕✕ Corps très-pubescent.   57. *C. angusticollis.*

(1) *C. spretus* var.

αα Pubescence disposée de manière à donner aux élytres un reflet moiré.
* Couleur foncière des élytres noire.
× Prothorax un peu plus large que long.
+ Angles postérieurs du prothorax non divergents. 73. *C. holosericeus.*
++ Angles postérieurs du prothorax divergents. 75. *C. chrysocomus.*
×× Prothorax un peu plus long que large. 74. *C. sericeus.*
** Elytres rougeâtres.
× Prothorax caréné au milieu dans toute sa longueur. 76. *C. nubilipennis.*
×× Prothorax caréné seulement au sommet. 77. *C. fallax.*
aa Elytres variées.
α Par des bandes longitudinales. 58. *C. trivittatus.*
αα Elytres jaunes avec un trait brun en forme de crochet à l'extrémité. 67. *C. hamatus.*
ααα Elytres jaunes avec des points à la base et une fascie médiane noirs. 68. *C. propola.*
αααα Elytres jaunes avec trois fascies ondulées. 69. *C. triundulatus.*

SECTION VI.

Antennes dentées en scie à partir du quatrième article, le troisième obconique, plus grêle et ordinairement plus long que le suivant; prothorax généralement plus large que long; élytres élargies au-delà du milieu; reflet souvent métallique. (Diacanthus Germ., Ksw. Hypoganus Ksw.)

A Elytres de couleur métallique et sans tache.
a Glabre ou à peu près, sauf l'écusson.
α Prothorax de couleur métallique comme les élytres.
* Noir ou de couleur métallique en dessous.
× Ecusson tomenteux et blanc. 78. *C. leucaspis.*
×× Ecusson glabre ou simplement pubescent.
+ Convexe en dessus. 84. *C. splendens.*
++ Déprimé, 79. *C. æneus.*
** Jaunâtre non métallique en dessous. 105. *C. comptorhabdus.*
αα Prothorax noir, non métallique.
* Stries des élytres profondes et interrompues au moins sur les côtés. 81. *C. rugosus.*
** Stries des élytres non interrompues.
× Elytres d'un noirâtre violacé peu métallique. 80. *C. amplicollis.*
×× Elytres vertes ou dorées.
+ Intervalles des stries ponctués, non réticulés, brillants. 82. *C. æripennis.*

++ Intervalles des stries réticulés, luisants. 85. *C. tinctus.*
ou Téguments pubescents.
α Prothorax aussi ou plus long que large.
   * Prothorax étroit et allongé.   103. *C. angustulus.*
   ** Prothorax aussi long que large.
      × Prothorax sillonné, pubescence d'un gris cendré.
        + Ses angles postérieurs de la couleur du disque.   86. *C. impressus.*
        ++ Ses angles postérieurs rougeâtres.   87. *C. aratus .*
      ×× Prothorax sans sillon; pubescence fauve. 85. *C. metallicus.*
αα Prothorax plus large que long.
   * Longueur moyenne de quinze millimètres.   88. *C. latus.*
   ** Longueur moyenne de neuf millimètres.   89. *C. inflatus.*

AA Elytres de couleur non métallique, quelquefois variées de taches.
α Elytres sans taches.
  α Elytres noires, noirâtres ou d'un brunâtre obscur.
    * Elytres bordées de rouge ferrugineux.   94. *C. cinctus.*
    ** Élytres sans bordure ferrugineuse.
      × Téguments glabres.
        + Prothorax bordé de rouge.   90. *C. lateralis.*
        ++ Prothorax entièrement noir.
        o Prothorax très-densément ponctué, surtout sur les côtés.   91. *C. carbo.*
        oo Prothorax finement, éparsément et également ponctué.   95. *C. rotundicollis.*
      ×× Tégument légèrement pubescent.
        + Prothorax plus large que long.   96. *C. crassus.*
        ++ Prothorax plus long que large.   92. *C. conjungens.*
  αα Elytres jaunes ou brun clair.
    * Prothorax noir.
      × Elytres finement striées.
        + Prothorax finement et éparsément ponctué (1).
        ++ Prothorax densément ponctué.   102. *C. semiluteus.*
      ×× Elytres profondément striées.   104. *C. xanthopterus.*
    ** Prothorax brun.   98. *C. Whitii.*
αα Elytres maculées.
  α Prothorax bicolore (2).   97. *C. cruciatus.*
  αα Prothorax noir.
    * Noir avec les épaules rouges.   93. *C. bipustulatus.*
    ** Noir, glabre avec des fascies jaunes.   99. *C. Sukleyi.*
    *** Elytres jaunes avec des taches noires.
      × Prothorax finement ponctué.   101. *C. hyeroglyphicus.*
      ×× Prothorax très-fortement ponctué.   100. *C. tristis.*

(1) *C. bipustulatus.* var.
(2) V. aussi *C. Whitii.*

SECTION VII.

*Antennes à peine dentées ; prothorax court, bombé ; élytres générale-
ment dilatées en arrière, sans stries ponctuées ; hanches postérieures subcontiguës ; tarses grêles.* (Paranomus Ksw.)

A Prothorax moins de deux fois plus large que long.
  a Troisième article des antennes un peu plus petit
    que le suivant.
    α Ecusson plan.   106. *C. guttatus.*
    αα Ecusson convexe.   107. *C. pictus.*
    ααα Ecusson caréné.
     * Elytres non maculées en arrière.   108. *C. costalis.*
     ** Elytres maculées en arrière.   110. *C. decoratus.*
  aa Troisième article des antennes aussi long que le
    suivant.   109. *C. estriatus.*

AA Prothorax deux fois plus large que long.   111. *C. singularis.*

SECTION I.

1. **C.** PECTINICORNIS. *Æneo-viridis , nitidus, griseo-pilosulus ;
fronte subconvexa ; antennis nigris ; prothorace latitudine longiore,
confertim punctato, late canaliculato, antrorsum angustato ; elytris
punctato-striatis, interstitiis subconvexis, punctulatis.* — Long. 15-18
mill., lat. 4-5 mill.

Elater pectinicornis. LINN. *Syst. Nat.* II, p. 655, 32. — *Faun. Suec.* 741. — FABR.
Entom. syst. II, 223, 933. — *Syst. Eleuth.* II, 231, 49. — *Sp. Ins.* I, 268, 19. —
Mant. Ins. I, 173, 23. — SCOP. *Entom. Carn.* p. 91, 278. — OL. *Ins.* II, 31, tab. 1,
fig. 4 (♂) tab. 6, fig. 4 (♀). — SULZ. *Ins. tab.* 5, fig. 36. — SCHÆFF. *Icon.* tab. 2,
fig. 4. PAYK. *Faun. Suec.* III, 9. 11. — DEGEER *Ins.* 4, 135, 2, tab. 5, fig. 3. —
HERBST. *Arch. v. FUESSL.* 111, 11. — KACF. X, p. 17, 28, tab. 139, fig. 11. — PANZ.
Faun. Germ. fasc. 77, 1. — SCHRANK, *Enum. Ins. Austr.* p. 182, 338. — CEDERH.
Faun. Ingr. p. 81.230.—LATR. *Hist. nat. d. Crust. et d. Ins.* IX, p. 17, 12.—SCHOENH.
Syn. Ins. III. — GYLL. *Ins. Suec.* I, p. 387, 14. — ZETTERST. *Ins. lapp.* p. 145, 10.
— WALCK. *Faun. Par.* I, p. 194, 10. — DON. *Brit. Ins.* tab. 356, fig. 2. — MART.
Eng. Entom. tab. 30, fig. 10, 11. —MARSH. *Col. brit.* p. 387, 31. —GEBL. in
LEDEB. *Reis.* p. 82.

Corymbites pectinicornis. LATR. *Ann. soc. entom. Fr.* III, p. 150. — GERM.
Zeitschr. f. d. Entom. IV, p. 59, 11.—KUSTER, *Kaef. Europ.* H. X, 1847, n° 36. —
L. REDT. *Faun. Austr.* p. 307. — KIESENW. *Naturg. d. Ins. Deutschl.* IV, p. 285.

Ludius pectinicornis. Eschs. in Thon, *Arch.* II, p. 31. — Dej. *Cat.* ed. 3, p. 106. — Grm. *Ins. d. Sib.* in *Bull. Mosc.* XX.

Ctenicera pectinicornis. Latr. *Regn. Anim.* II, (3ᵉ ed. Brux.) p. 403. — Lap. *Hist. nat. Ins. Col.* I, p. 238, 1. — Spry and Shuck. *Brit. Col. del.* p. 40, 352, pl. 48, 2.

Cteniocerus pectinicornis. Steph. *Man. of brit. Ins.* p. 181. — *Syst. Cat.* p. 124, 1263.

Elater flabellicornis. Voet, (Pz.) II, 120, pl. 48, fig. 3 L.

Le taupin brun cuivreux. Geoffr. *Ins. d. env. d. Par.* I, p. 133, 7.

D'un vert bronzé plus ou moins cuivreux, brillant, revêtu d'une pubescence grisâtre, plus serrée chez le mâle, surtout sur les côtés du prothorax. Front légèrement convexe sur le vertex; aplati en avant, très-ponctué. Antennes noires, longuement pectinées chez le mâle, fortement dentées en scie chez la femelle. Prothorax plus long que large, aussi large que long chez la femelle, rétréci en avant, assez convexe, largement canaliculé de la base au sommet, fortement et densément ponctué, son bord antérieur arrondi, ses angles cor-respondants très-courts, aigus, ses bords latéraux étroitement re-bordés, ses angles postérieurs grands, très-aigus, fortement carénés, plus ou moins divergents selon le sexe. Ecusson oblong, arrondi en arrière, canaliculé. Elytres plus larges que le prothorax, arrondies aux épaules, déprimées à la base, élargies vers le milieu, acumi-nées au sommet, ponctuées-striées, les intervalles des stries con-vexes et pointillés. Dessous du corps et pattes de la couleur du dessus avec les tarses brunâtres.

Il est répandu dans toute l'Europe. On le trouve également dans le nord de l'Asie.

Les rameaux appendiculaires des antennes des mâles sont, ici, deux fois plus longs que le corps de chaque article, ce qui le distingue du *C. cupræus*, var. *a.*

2. C. Heyeri. *Æneo-viridis, subnitidus, parce breviterque pube-scens; fronte subdepressa; prothorace latitudine longiore, late ac profunde canaliculato, fortiter crebre lateribus confluenter punctato; elytris punctato-striatis, interstitiis convexis rugulosis.* — Long. 10 mill., lat. 4 mill.

♂ *Elater Heyeri.* Saxesen, *Isis,* 1808. p. 805.

Corymbites Heyeri. Gɛʀᴍ. *Zeitschr. f. d. Entom.* IV, p. 58, 9. — Sᴜꜰꜰʀɪᴀɴ, *Entom. Zeit.* 1855, 279. — Rᴇᴅᴛ. *Faun. Austr.* ed. II, p. 505. — Kɪᴇsᴇɴw. *Nat. d. Ins. Deutschl.* IV, p. 282.

♀ *Corymbites croaticus.* Gɛʀᴍ. loc. cit. p. 50, 12.

Voisin du précédent, mais bien distinct par la densité de sa ponctuation et la convexité assez forte des intervalles des stries des élytres, qui sont en outre ponctués-rugueux. D'un vert métallique plus ou moins bronzé, revêtu d'une pubescence rare, peu visible. Front déprimé au milieu. Prothorax plus long que large, largement et profondément canaliculé, couvert d'une ponctuation forte et dense surtout sur les parties latérales où les points sont même confluents, son bord antérieur tronqué, faiblement saillant au milieu, ses bords latéraux étroitement rebordés, ciliés, ses angles postérieurs aigus, divergents, carénés. Ecusson oblongo-ogival. Elytres de la forme de celles du *pectinicornis*, striées, les stries ponctuées, les intervalles convexes, ponctués-rugueux. Dessous du corps bronzé, pubescent. Pattes brunes.

On le trouve, mais rarement, dans les régions montagneuses du centre et du sud de l'Allemagne. Il m'a été communiqué par M. Gerstaecker. On le distinguera du *pectinicornis* par la ponctuation du prothorax et la rugosité des intervalles des stries des élytres.

3. C. ᴄᴜᴘʀᴀᴇᴜs. *Cupræo-violaceus, nitidus, pilosus: fronte subconvexa; prothorace latitudine longiore, fortiter lateribus creberrime punctato, late profundeque canaliculato, lateribus subconvexo, antrorsum parum angustato; elytris trans medium usque flavis, punctato-striatis, interstitiis fere planis, punctatis. —* Long. 13-15 mill., lat. 3 1/2-4 mill.

Elater cupræus. Fᴀʙʀ. *Entom. syst.* II, 225, 37. — *Syst. Eleut.* II, 231, 34. — *Sp. Ins.* I, 268, 20. — *Mant. Ins.* 173, 24. — Oʟ. *Entom.* II, 31, p. 38, 50, tab. 5, fig. 50. — Hᴇʀʙsᴛ, *Kaef.* X, p. 21, 31, tab. 160, fig. 3, 4. — Pᴀɴᴢ. *Faun. Germ.* fasc. 77, tab. 7. — *Entom. Germ.* p. 237. 15. — Mᴀʀᴛ. *Eng. Entom.* tab. 31, fig. 16. — Lᴀᴛ. *Hist. nat. crust. et Ins.* IX, p. 23, 27. — Sᴄʜᴀꜰꜰ. *Icon.* t. 38, fig. 2. — Mᴀʀsʜ. *Col. brit.* p. 384, 23. — Gᴇʙʟ. in Lᴇᴅᴇʙ. *Reise*, p. 81.

Ludius cupræus. Eꜱᴄʜs. in Tʜᴏɴ, *Entom. Arch.* II, p. 34. — Dᴇᴊ. *Cat.* 6d. 3, p. 107. — Gᴇʙʟ. *Ins. d. Sib.* in *Bull. Mosc.* 1847.

Ctenicera cuprœa. Lᴀᴛʀ. *Regn. anim.* (éd. 3, Brux. 1836) II, p. 403. — Lᴀᴘ. *Hist. nat. Ins. col.* I, p. 239, 4.

Clenicerus cupræus. Steph. *Man. of brit. Col.* p. 1S1. — *Syst. cat.* p. 125, 1266, 3.

Corymbites cupræus. Lat. *Ann. Soc. Ent.* fig. III, p. 150. — Germ. *Zeitschr. f. d. Entom.* IV, p, 57, 7. — Kuster. *Kaef. Europ.* H. XII, 1847, n° 67. — L. Redt. *Faun. Austr.* p. 307. — Gaub. *Cat.* p. 111, 6. — Kiesenw. *Nat. d. Ins. Deutschl.* IV, p. 284.

Elater castaneus. Scop. *Entom. Carn.* p. 93, 286. — Schr. *Enum. Ins. Austr.* p. 182, 337.

Elater humeralis. L. Duf. *Excurs. d. l. Val. d'Ossau,* 42.

Var. a. *Elytris thorace concoloribus.*

Elater æruginosus. Fabr. *Entom. syst. suppl.* p. 139, 33. — *Syst. Eleut.* II, 231, 50. — Herbst, *Kaef.* X, p. 48, 55, tab. 162, fig. 5. — Latr. *Hist. nat. Crust. et Ins.* IX, p. 23, 26.

Ludius æruginosus. Dej. *Cat. ed. 3,* p. 107.

Corymbites æruginosus. Germ. *Zeitschr. f. d. Entom.* IV, p. 58, 8. — Kuster, *Kaef. Europ.* H. XII, 1847, n° 68. — L. Redt. *Faun. Austr.* p. 307.

Clenicera æruginosa. Lap. *Hist. nat. Ins. col.* I, p. 230, 5.

Elater cupræus var. Panz. *Faun. Germ.* fasc. 77, tab. 3.

D'un violet cuivreux, assez brillant, avec les élytres jaunes jusqu'au delà du milieu, revêtu d'une pubescence longue, d'un gris jaune. Front légèrement convexe, fortement ponctué. Antennes noires, pectinées chez les mâles, les rameaux courts. Prothorax plus long que large, rétréci seulement à partir de son tiers antérieur, convexe, largement et profondément canaliculé au milieu, fortement ponctué avec les points des parties latérales beaucoup plus serrés que ceux du dos, son bord antérieur subsinueux de chaque côté, ses bords latéraux rebordés, ses angles postérieurs divergents, carénés. Ecusson comme celui de l'*æruginosus.* Elytres arrondies aux épaules, courbes sur les côtés jusqu'à l'extrémité où elles sont acuminées, striées, les stries ponctuées, les intervalles plats ou très-faiblement convexes, ponctués, subruguleux. Dessous du corps d'un cuivreux violacé. Pattes bronzées avec les jambes et les tarses noirâtres et les ongles ferrugineux.

Il se trouve dans les pays tempérés et chauds de l'Europe.

La variété a ressemble beaucoup au *pectinicornis.* Elle s'en distingue nettement par les rameaux des articles des antennes chez les mâles, qui sont beaucoup plus courts, leur longueur dépassant à peine celle des articles eux-mêmes.

4. C. ÆNEICOLLIS. *Viridi-œneus vel cœrulescens, griseo-pubescens; antennis nigris; prothorace latitudine longiore, crebre fortiterque punctato, late et profunde canaliculato, angulis posticis divaricatis, acutis; elytris testaceis, punctato-striatis, interstitiis convexis, apice œneo-maculatis, acuminatis.* — Long. 15-20 mill., lat. 4-5 mill.

Elater œneicollis. OL. *Journ. d'Hist. nat.* I, VII, p. 204, 3, pl. 14, fig. 3, (1792.)

Elater signatus. PANZ. *Fn. Germ.* 77, 5. — LATR. *Hist. nat. d. crust. et. d. Ins.* IX, 24.

Ludius signatus. DEJ. *Cat.* ed. 3, p. 116.

Ctenicera signata. LAP. *Hist. nat. d. Ins.* I, p. 238, 2.

Corymbites aulicus var. GERM. *Zeitschr. f. d. Entom.* IV, p. 57. — REDT. *Fn. Austr.* ed. I, p. 307. — KIESENW. *Naturg. d. Ins. Deutschl.* IV, p. 282.

Elater castaneus. SCOP. *Entom. carn.* p. 93, 286.

Elater cupreus var. HERBST, *Kaef.* X, 22. pl. 160, fig. 2.

Var. *a. Elytris testaceis, luteo vel ferrugineo-testaceis, immaculatis.*

Elater aulicus. PANZ. loc. cit. 77, 6. — LATR. loc. cit. 24, 28.

Corymbites aulicus. GERM. loc. cit. p. 56, 6. — KUST. *Kaef. Europ.* H. X, p. 35. — REDT. loc. cit. p. 307. — KIESENW. loc. cit. p. 281.

Ctenicera aulica. LAP. loc. cit. p. 238, 3.

Ctenicerus aulicus. STEPH. *Man.* p. 181.

Elater cupreus var. HERBST, loc. cit. p. 22, 31 ; pl. 160, fig. 1.

Var. *b. Elytris sutura maculaque elongata subapicali purpurascentibus.*

Ctenicerus Kendalli. KIRBY, *Fn. bor. Am.* p. 149, pl. II, fig. 7.

Corymbites Kendalli. LEC. *Rev. Elat. Un. St. in Am. phil. soc. Trans.* X, nev. Ser. p. 444, 33.

Elater anchorago. RAND. *Bost. Journ. Nat. Hist.* II, p. 5.

D'un vert bronzé ou bleuâtre métallique, avec les antennes noires et les élytres d'un jaune testacé, subferrugineux, souvent parées à l'extrémité d'une tache oblongue de la couleur du prothorax, revêtu d'une pubescence grisâtre, rare. Front légèrement convexe, fortement ponctué. Antennes longuement pectinées chez les mâles, fortement dentées en scie chez les femelles. Prothorax plus long que large, rétréci en avant, à peu près droit sur les côtés en arrière, assez convexe, largement et profondément canaliculé dans toute sa longueur, couvert de points gros et serrés, son bord antérieur peu échancré, les angles de ce bord petits, saillants, les bords latéraux aplatis, étroitement rebordés, les angles postérieurs longs, divergents, obliquement coupés au sommet, présentant une petite carène le long de leur côté externe. Ecusson en pentagone allongé. Elytres plus larges que le prothorax, arrondies aux épaules, atténuées à l'extrémité, acuminées, obliquement déprimées à la base, assez fortement ponctuées-striées, les intervalles des stries convexes et ponctués. Dessous du corps de la couleur du dessus ainsi que les cuisses; jambes et tarses noirs ou brunâtres.

Allemagne méridionale, Tyrol, Lombardie, Piémont, Suisse et midi de la France. On le retrouve également dans l'Amérique du nord, mais il y est très-rare.

Le nom de *C. aulicus*, sous lequel cette espèce est généralement connue, est postérieur de plusieurs années à celui d'*æneicollis*. Ce dernier accompagné, dans l'ouvrage cité ci-dessus, d'une description détaillée et d'une figure qui ne laisse aucun doute sur son identité, doit par conséquent prévaloir.

La variété américaine ne diffère du type que par la coloration métallique de la suture.

5. C. HÆMATODES. *Niger, tomento rufo vestitus; fronte plana, antrorsum impressa; prothorace brunneo, convexo, confertissime punctato, antrorsum angustato; elytris sanguineis, punctato-striatis, bicostatis; corpore subtus, antennis pedibusque nigris.* — Long. 12-14 mill., lat. 3 1/2-4 1/4 mill.

Elater hæmatodes. FABR. *Entom. Syst.* II, p. 228, 54. — *Syst. Eleuth.* II, p. 237, 81. — *Sp. Ins.* I, p. 271, 35. — CL. *Entom.* II, 31, p. 40, 52, tab. I, fig. 6. — HERBST, *Kaef.* X, p. 58, 64, tab. 163, fig. 2. — PANZ. *Faun. Germ.* fasc. 77, tab. 7, 8, — PETAGN. *Ins. Calabr.* p. 21, 105, tab. 1, fig. 11. — LATR. *Hist. nat. d. Crust. et d. Ins.* IX, p. 25. — SCHOENH. *Syn. Ins.* III, p. 299.

Ludius hæmatodes. Eschs. in Thon, *Arch.* II, p. 54. — Dej. *Cat.* ed. 3, p. 106.

Ctenicera hæmatodes. Latr. *Regn. anim.* Cuv. II, ed. 3. Brux. 1836) p. 403. — Lap. *Hist. nat. Ins. Col.* I, p. 239, 6. — Guér.-Mén. *Icon. d. Regn. anim.* p. 42, pl. 13, fig. 13.

Corymbites hæmatodes. Latr. *Ann. soc. Ent. Fr.* III, p. 150. — Boisd. et Lac. *Faun. d. env. d. Paris,* p. 660, 1. — Germ. *Zeitschr. f. d. Entom.* IV, p. 54, 1. — Kuster, *Kaef. Europ.* H. X, 1847, n° 33. — L. Redt. *Faun. Austr.* p. 307. — Kiesenw. *Nat. d. Ins. Deutschl.* IV, p. 279.

Elater purpureus. Schrank, *Enum. Ins. Austr.* p. 187, 350. — Herbst, *Arch. v.* Fuessly, IV, p. 113, 23; tab. 27, fig. 10.

Elater sanguineus. Sulz. *Gesch.,* tab. 6, fig. 9.

Noir, avec le prothorax brun et les élytres d'un beau rouge de sang, entièrement recouvert, en dessus, sauf l'écusson, de poils rouges, couchés en différent sens sur le prothorax qui offre ainsi des reflets variés. Front aplati, plus ou moins biimpressionné en avant. Antennes longues, pectinées chez les mâles, très-fortement dentées en scie chez les femelles. Prothorax convexe, rétréci en avant, finement et densément couvert de points, caréné en avant, impressionné au milieu en arrière, son bord antérieur non échancré, ses angles correspondants très-petits, aigus, ses bords latéraux munis d'un rebord étroit, ses angles postérieurs divergents, concaves en dessus, non carénés, tronqués à l'extrémité, l'échancrure antéscutellaire présentant au milieu une petite pointe. Ecusson subcordiforme, tronqué en avant, impressionné en arrière. Elytres plus larges que le prothorax, à peine élargies vers le milieu, atténuées au delà, largement rebordées, ponctuées-striées, les troisième et septième intervalles des stries fortement relevés en forme de côte. Dessous du corps et pattes noirs, brillants.

Il se trouve en France, en Allemagne, en Italie, etc.

Les faunes du nord ne le mentionnent pas. En revanche, il paraît s'étendre fort loin vers l'orient, car j'en ai sous les yeux un individu, appartenant à M. Janson, qui provient de l'Himalaya.

6. C. hæmapterus. *Niger, nitidus, nigro-pubescens; fronte plana; prothorace latitudine paulo longiore, basi angustato, convexiusculo, confertim punctato, angulis posticis tenuibus, divaricatis; elytris sanguineo-crocatis, punctato-striatis, subcostatis; pedibus fuscis.* — Long. 7 mill., lat. 2 mill.

Elater hæmapterus. Illig. *Magaz. d. Entom.* VI, p. 13, 20.

Corymbites hæmapterus. Germ. *Zeitschr. f. d. Entom.* IV, p. 55, 2. — Mars. *Cat.* p. 97.

Noir, revêtu d'une pubescence de même couleur sur la tête et le prothorax, avec les élytres, ainsi que les poils qui les recouvrent, rouges. Front aplati. Antennes fortement pectinées chez le mâle, presque noires. Prothorax un peu plus long que large, au moins chez les mâles, rétréci en avant et en arrière, arrondi sur les côtés, légèrement convexe, subsillonné en arrière, assez densément ponctué, ses bords latéraux rebordés, ses angles postérieurs petits, grêles, concaves en dessus, divergents et redressés. Ecusson en forme de mitre. Elytres plus larges que le prothorax à la base, parallèles jusqu'au milieu, rebordées latéralement, striées, les stries fortement ponctuées avec deux ou trois intervalles plus saillants que les autres. Dessous du corps noir. Pattes brunes.

Il se trouve en Espagne et en Portugal.

Il diffère considérablement du précédent par son prothorax rétréci à la base, la pubescence qui le recouvre moins dense et noire, enfin par les côtes des élytres beaucoup moins saillantes. Il a quelquefois l'extrémité des élytres noirâtres.

7. **C. castaneus.** *Niger, pube flavescenti tectus; fronte plana; prothorace antrorsum angustato, basi coarctato, carinulato, angulis posticis divaricatis, apice truncatis; elytris punctato-striatis, flavis, apice nigris.* — Long. 10-12 mill., lat. 3-3 1/4 mill.

Elater castaneus. Linn. *Syst. Nat.* II, p. 654, 18. — *Faun. Suec.* n. 727. — Fabr. *Entom. syst.* II, 225, 40. — *Syst. Eleuth.* II, 252, 57. — *Sp. Ins.* I, 269, 23. — *Mant. Ins.* I, 173, 27. — Schrank, *Enum. Ins. Austr.* p. 182, 337. — Herbst, *Arch. v.* Fuessly, IV, p. 111, 13. — Cederh. *Faun. ingr.* p. 82, 251. — Ol. *Entom.* II, 31, p. 31, tab. 3, fig. 25. — Schæff. *Icon.* tab. 11, fig. 9; tab. 31, fig. 4. — Herbst, *Kaef.* X, p. 37, 44, tab. 161, fig. 6. — Latr. *Hist. nat. d. Crust. et d. Ins.* IX, p. 24, 30. — Petagn. *Ins. calabr.* p. 21, 103. — Latr. *Gener. Crust. et Ins.* I, p. 249, 2. — Payk. *Faun. suec.* III, p. 11, 13. — Panz. *Faun. germ.* fasc. p. 71, 4. — Gyll. *Ins. suec.* I, p 581, 8. — Gebl. in Ledeb. *Reise*, p. 80.

Ludius castaneus. Eschs. in Thon, *Arch.* II, p. 54. — Dej. *Cat.* ed. 3, p. 106. Gebl. *Ins. d. Sib.* in Bull. Mosc. XX.

Clenicerus castaneus. Steph. *Man. of brit. col.* p. 181, 1430. — *Syst. Cat.* p. 125, 1267.

13

Ctenicera castanea. LAP. *Hist. nat. Ins. col.* 1, p. 239, 7.

Corymbites castaneus. LATR. *Ann. soc. Ent. Fr.* III, (1834) p. 150.—BOISD. et LAC. *Faun. entom. d. env. d. Paris,* I, p. 662, 2. — GERM. *Zeitschr. f. d. Entom.* IV, p. 55, 3. — KUSTER, *Kaef. Europ.* H. X, 1847, n° 34. — L. REDT. *Faun. Austr.* p. 307. — KIESENW. *Nat. d. Ins. Deutschl.* IV, p. 280.

Elater flavo-pectinicornis. DEGEER. *Ins.* p. 153, 15.

Le taupin a corselet velouté. — GEOFF. *Ins. d. env. d. Paris,* I, p. 132.

Noir, avec les élytres jaunes à l'exception de l'extrémité qui est noire, revêtu de poils jaunâtres, longs, serrés et redressés, sur la tête et le prothorax. Front aplati. Antennes longuement pectinées chez le mâle, fortement dentées en scie chez la femelle. Prothorax plus long que large, rétréci en avant et en arrière, densément ponctué, caréné au milieu, son bord antérieur tronqué, ses bords latéraux rebordés, ses angles postérieurs grêles, divergents, tronqués à l'extrémité. Ecusson acuminé en arrière, tronqué en avant, sub-triangulaire. Elytres plus larges que le prothorax, non élargies au delà du milieu, subacuminées au sommet, assez déprimées, ponctuées-striées, les intervalles des stries convexes et pointillés. Dessous du corps et pattes noirs.

Répandu dans toute l'Europe et la Sibérie occidentale.

8. C. SULPHURIPENNIS. *Niger, griseo-pubescens; fronte plana; prothorace latitudini longitudine æquali, convexo, confertim tenuiter punctato, lateribus rotundato; elytris testaceis, flavo-pubescentibus, apice nigris.* — Long. 12 mill., lat. 3 mill.

Corymbites sulphuripennis. GERM. *Zeitschr. f. d. Entom.* IV, p. 55, 4. — REDT. *Faun. Austr.* ed. II, p. 505. — KIESENW. *Nat. d. Ins. Deutschl.* IV, p. 280.

Ludius apicalis. DEJ. *Cat.* ed. 3, p. 106.

Allongé, noir avec les élytres jaunes à l'exception de l'extrémité, revêtu d'une pubescence grise sur la tête, le prothorax et l'écusson, jaunâtre sur les élytres. Front aplati. Antennes pectinées chez les mâles, dentées en scie chez les femelles. Prothorax aussi large que long, au moins chez les femelles, convexe, finement et densément ponctué, arrondi sur les côtés, son bord antérieur droit dans sa partie moyenne, ses angles correspondants petits, ses bords latéraux redressés, ses angles postérieurs recourbés en dehors, concaves en dessus. Ecusson ovalaire. Elytres plus larges que le prothorax à la base, s'élargissant peu à peu jusqu'au delà du milieu, acuminées à l'extrémité, peu convexes, largement rebordées sur les côtés, finement ponctuées-striées, les intervalles pointillés. Dessous du corps et pattes noirs.

Il se trouve dans le nord de l'Italie, la Suisse et les parties orientales du midi de la France.

On le distinguera sans peine du *castaneus* par la couleur de la pubescence du prothorax qui est grise et peu visible, tandis que dans ce dernier elle est jaune et masque sensiblement la couleur du fond.

M. de Kiesenwetter, (loc. cit.) rapporte à une variété de cette espèce le *Cor. Zenii* Rosenh. (*D. Thier. Andal.* 158), que je n'ai point vu en nature.

9. C. ESCHSCHOLTZII. *Niger, fusco-pubescens, pilis sparsis, erectis, nigris; prothorace convexo, confertim punctato, lateribus arcuato; elytris punctato-striatis, rufo-testaceis, vitta suturali antice dilatata nigra.* — Long. 10-11 mill., lat. 2-2 1/2 mill.

Ludius Eschscholtzii. FALD. *N. Mém. d. l. Soc. Imp. d. Nat. d. Moscou,* I, p. 174, 157.

Noir, peu brillant, les élytres d'un jaune rougeâtre avec une bande sur la suture, élargie en avant, mince en arrière, noire, le prothorax revêtu de poils couchés, obscurs, parmi lesquels se dressent des poils plus raides et noirs. Front à peu près plat. Prothorax un peu plus long que large chez le mâle, aussi long que large chez la femelle, rétréci au sommet avec les côtés arqués, légèrement convexe, densément ponctué, les angles postérieurs divergents, concaves en dessus, tronqués au bout, sans carène. Ecusson ovalaire. Elytres plus larges que le prothorax, élargies au delà du milieu, subacuminées à l'extrémité, ponctuées-striées, les intervalles ponctués. Dessous du corps et pattes noirs.

Perse.

Cette espèce est voisine de la précédente dont elle se distingue, indépendamment des couleurs, par les poils noirs et redressés du prothorax. Ce caractère la sépare également des variétés de la suivante.

10. C. Boeberi. *Niger, griseo-pubescens; fronte fere plana; prothorace latitudine vix longiore, convexo, confertim punctato, lateribus rotundato; elytris punctato-striatis, testaceis, vitta dorsali interrupta nigra; tibiis tarsisque rufescentibus.* — Long. 9-10 mill., lat. 2 3/4 mill.

Elater Boeberi. Germ. *Ins. sp. nov.* p. 51. 32. — Gebl. in Leder. *Reise*, p. 80.

Ludius Boeberi. Esch. in Thon, *Arch.* II, p. 34. — Gebl. *Ins. d. Sib. in Bull. Mosc.* XX, 1847. — Dej. *Cat.* ed. 3, p. 106.

Corymbites Boeberi. Lap. *Hist. nat. Ins. Col.* I, p. 239, 9. — Germ. *Zeitschr f. d. Entom.* IV, p. 56, 5.

Elater quadripustulatus. Fisch. *Entom. Imp. Ross.* II, p. 202, pl. XXIII, fig. 5, 6, 7.

Elater interruptus. Boeber. *in litt.*

Var. a. *Elytris nigris, ferrugineo-testaceo-marginatis.*

Noir, peu brillant, avec les élytres jaunes parées de deux taches noires, la première allongée, située vers le milieu, la seconde plus petite, immédiatement au-delà; les taches, d'un noir bleuâtre, sont rapprochées l'une de l'autre au point qu'elles paraissent résulter de la séparation en deux parties d'une bande longitudinale; la tête, le prothorax et l'écusson revêtus d'une pubescence grise, qui se teint légérement en fauve sur les élytres. Front presque plat. Prothorax un peu plus long que large, arrondi sur les côtés, rétréci à la base, assez convexe, finement et densément ponctué, présentant un court sillon en arrière du disque, ses bords latéraux étroitement rebordés, ses angles postérieurs petits, divergents. Ecusson mitriforme. Élytres s'élargissant peu à peu de la base jusqu'au delà du milieu, largement rebordées, déprimées, ponctuées-striées, les intervalles à peine convexes et ponctués. Pattes d'un brun rougeâtre avec les cuisses plus obscures.

Il se trouve en Sibérie.

A la suite du *Boeberi* se place une espèce décrite par Mannerheim, qui n'a connu que la femelle. Je ne l'ai point vue en nature et je reproduis ses caractères d'après cet auteur.

11. C. Pippingskoeldii. *Nigro-œneus, griseo-pubescens; prothorace subtilissime punctulato, angulis posticis divaricatis, apice*

*incurvis; elytris brunneo-castaneis, sutura margineque exteriore
angustissime infuscatis.* — Long. 10 mill., lat. 3 mill.

Corymbites Pippingskoeldii. Mannerh. *Bullet. d. Mosc.* 1852, II, 285, 29.

Plus large en proportion que le *Boeberi*, surtout du côté des élytres. D'un bronzé noir avec les élytres chàtain brunàtre, entourée
chacune d'une mince bordure noiràtre, densément et brièvement
pubescent. Front non impressionné, densément ponctué. Prothorax légèrement et curvilinéairement rétréci au sommet, convexe,
très-finement ponctué, ses angles postérieurs très-saillants, divergents,
aigus et recourbés en arrière au sommet. Élytres plus larges que le
prothorax et près de trois fois plus longues, un peu déprimées, légèrement élargies avant le milieu, puis peu à peu rétrécies au-delà,
rebordées, isolément acuminées au sommet, légèrement striées avec
les intervalles finement ponctués. Dessous du corps et pattes d'un
bronzé noir.

Sibérie orientale; Ajan.

Il diffère surtout du précédent par sa largeur relativement plus
grande, sa ponctuation beaucoup plus fine, les angles postérieurs de
son prothorax plus grèles et plus divergents, enfin son système de
coloration.

12. C. vernalis. *Niger, tenuiter griseo-pubescens; fronte plana,
vertice subcarinata; prothorace minus convexo, antrorsum angustato, canaliculato; elytris flavis, macula scutellari, alterisque duabus utrinque nigris; pedibus fuscis.* — Long. 10 mill., lat. 3 mill.

Elater vernalis. Hentz. *Journ. Ac. nat. sc.* V, p. 374, tab. 13, fig. 2. — Say,
Am. Phil. Soc. Trans. VI. p. 172.

Ludius vernalis. Dej. *Cat.* ed. 3, p. 106.

Corymbites vernalis. Germ. *Zeitschr. f. d. Entom.* IV, p. 56. — Lec. *Rev.
Elat. Un. St. in Am. Phil. Soc. Trans.* X, p. 444, 32.

Assez brillant, revètu d'une fine pubescence grise beaucoup moins
visible que dans le *Boeberi*, noir avec les élytres d'un jaune clair
et parées d'une tache scutellaire commune, noire, et de deux autres
de même couleur, la première petite, en avant du milieu, la seconde
plus grande, ovalaire, à l'extrémité. Front aplati, présentant sur le
vertex une sorte d'élevure en forme de carène courte. Prothorax

aussi long que large, rétréci en avant, arrondi sur les côtés, peu convexe, canaliculé, surtout en arrière, assez densément ponctué, ses bords latéraux finement rebordés, ses angles postérieurs petits, divergents, distinctement carénés. Écusson scutiforme. Élytres s'élargissant depuis la base jusqu'au delà du milieu, acuminées à l'extrémité, assez déprimées, largement rebordées sur les côtés, ponctuées-striées, les intervalles subconvexes et pointillés. Pattes d'un brun obscur.

Il se trouve principalement dans les états du centre et du sud-ouest des États-Unis, où il est assez rare. J'en ai vu des exemplaires dans les collections de MM. Janson et Bakewell qui proviennent du Canada.

Il se rapproche du *Boeberi,* dont on le distinguera aisément par l'écartement des taches des élytres.

Les antennes ne sont pas, à proprement parler, pectinées, chez les mâles de cette espèce; elles sont plutôt très-fortement dentées en scie.

SECTION II.

13. C. SERRATICORNIS. *Obscure æneus, nitidus, griseo-pubescens; fronte margine antica medio depressa; prothorace latitudini longitudine subæquali, punctato, apice rotundatim angustato, angulis posticis prominulis, obsolete carinatis; elytris æneo-brunneis, subtiliter punctato-striatis, interstitiis planis, confertim punctatis. —* Long. 6-7 mill., lat. 1 1/2-1 2/3 mill.

Elater serraticornis. PAYK. *Faun. Suec.* III, 21, 24. — GYLL. *Ins. Suec.* I, p. 400, 29. — SCHOENH. *Synon. Ins.* III, p. 308, 202. — ZETTERST. *Faun. Ins. Lapp.* p. 249, 16. — SAHLB. *Ins. fenn.* I, 136, 25.

Corymbites (s. g. Orithales) *serraticornis.* — KIESENW. *Naturg. d. Ins. Deutschl.* IV, p. 287, 9.

Limonius serraticornis. GERM. *Faun. Ins. Europ.* 18, 8. — DEJ. *Cat* ed. 3, p. 102.

Elater serricornis. HERBST, *Kaef.* X, 100, 117, pl. 167, 7.

♀ *Elater longulus.* GYLL. *Ins. Suec.* I, p. 399, 28.

Var. a. *Elytris fusco-brunneis.*

D'un bronzé obscur, avec les élytres d'un bronzé brunâtre, quel-

quefois entièrement brunâtre, luisant, revêtu d'une pubescence grise.
Front un peu convexe, son bord antérieur saillant, excepté au milieu où il s'abaisse brusquement vers le labre. Antennes brunâtres,
brièvement pectinées à partir du quatrième article chez le mâle, dentées en scie chez la femelle, le troisième article aussi petit que le
second, ou même plus petit. Prothorax aussi large que long, curvilinéairement rétréci au sommet, plus ou moins convexe suivant le
sexe, assez densément ponctué, ses angles postérieurs saillants,
divergents chez le mâle, dirigés en arrière chez la femelle, aplatis
en-dessus, munis d'une carène à peine visible. Élytres un peu plus
larges que le prothorax, parallèles dans leur portion moyenne, peu
convexes, finement ponctuées-striées, les intervalles plats et densément ponctués. Dessous noirâtre; pattes et quelquefois l'abdomen
d'un brunâtre plus ou moins obscur.

Europe septentrionale. On le trouve aussi, mais rarement, dans les
régions montagneuses de l'Allemagne.

SECTION III.

14. C. RESPLENDENS. *Elongatus, nitidissimus, glaber, viridi-*
aureus; fronte plana; prothorace latitudine longiore, antrorsum
angustato, fortiter, lateribus creberrime punctato, angulis posticis
divaricatis, acutis, valde carinatis; elytris parallelis, punctato-
striatis, interstitiis convexis, subtiliter punctulatis; corpore subtus
pedibusque cupreis. — Long. 12-13 mill., lat. 3-3 1/4 mill.

Ludius resplendens. ESCHS. in THON, *Arch.* II, p. 34.

Corymbites resplendens. GERM. *Zeitschr. f. d. Entom.* IV, p. 60, 14.

Diacanthus resplendens. MANNERH. *Bull. Mosc.* 1843. XVI, p. 241, 143. — *Kæf.*
Faun. d. Aleut. Ins. part. I, p. 69, 143.

Elater ærarius. RANDALL, *Bost. Journ. Nat. Hist.* II, 7.

Corymbites ærarius. LECONTE, *Rev. Elat. Un. St. in Am. Phil. Soc. Trans.* X, p.
441, 22.

Elater (Diacanthus) Racinei. CHEVR. *Rev. et Mag. d. Zool.* 1852.

Corymbites viridis. GERM. loc. cit. p. 61, 15.

Allongé d'un vert doré très-brillant avec un reflet d'un rouge cuivreux ou d'un beau vert métallique selon la position de l'insecte,

entièrement glabre. Front aplati, légèrement impressionné de chaque côté. Antennes noires. Prothorax plus long que large, rétréci en avant, peu arrondi sur les côtés, médiocrement convexe, subcanaliculé en arrière, fortement ponctué avec les points très-serrés sur les parties latérales, son bord antérieur tronqué, les angles de ce bord très-petits, ses bords latéraux rebordés, ses angles postérieurs assez longs, grêles, divergents, fortement carénés. Écusson en forme de mitre. Élytres plus larges que le prothorax, parallèles jusqu'au-delà du milieu, assez fortement ponctuées-striées, les intervalles des stries convexes et éparsément pointillés. Dessous du corps et pattes d'un rouge cuivreux.

Il est répandu dans tout le nord de l'Amérique septentrionale.

Germar décrit à la suite de cette espèce et sous le nom de *C. Viridis* un exemplaire de la collection Gory, indiqué comme provenant des Indes orientales. J'ai examiné cet exemplaire qui ne me paraît différer des autres que par quelques particularités insignifiantes, individuelles, et telles qu'on en observe fréquemment. Je pense donc que l'indication de patrie est erronée et que cette prétendue espèce doit être supprimée.

15. C. TESSELLATUS. *Fusco-œneus, cuprescens, subnitidus, pube brunnea griseaque variegatim vestitus; fronte fere plana; prothorace latitudine sublongiore, convexo, postice canaliculato, dense sat fortiter punctato, lateribus recto-subparallelis; elytris subtiliter punctato-striatis, interstitiis planis, punctulatis.* — Long. 14-16 mill., lat. 4-4 1/2 mill.

Elater tessellatus. Lin. *Syst. Nat.* II, p. 655, 29. — *Faun. suec.* n. 739. — Fabr. *Entom. Syst.* II, 211, 11. — *Sp. Ins.* I, p. 267, 16. — *Mant. Ins.* I, p. 173, 20. — *Syst. Eleuth.* II, 229, 403. — Ol. *Ins.* II, p. 31, tab. 3, fig. 22. — Herbst, *Arch. v.* Fuessl. 111, 7. tab. 27. fig. 3. — Schaef. *Icon.* tab. 4, fig. 7. — Payk. *Faun. suec.* III, 7, 9. — Herbst, *Kaef.* X, p. 32, 40, tab. 161, fig. 1. — Ross. *Faun. etrusc.* I, p. 204, 442. — Cederh. *Faun. ingr.* p. 81, 248. — Lat. *Hist. nat. d. Crust. et d. Ins.* IX, p. 19, 16. — Marsh. *Col. brit.* p. 386, 27. — Gyll. *Ins. suec.* I, p. 393, 20. — Zetterst. *Ins. lapp.* p. 146, 14. — Gebl. in Leder. *Reis.* p. 83.

Ludius tessellatus. Eschs. in Thon. *Arch.* II, p. 34. — Dej. *Cat.* ed. 3, p. 106. — Lac. *Faun. ent. d. env. d. Par.* I, p. 664. 2. — Lap. *Hist. nat. Ins. col.* I, p. 241, 4. — Gebl. *Ins. d. Sib. in Bull. Mosc.* XX.

Corymbites tessellatus. Germ. *Zeitschr. f. d. Entom.* IV, p. 62, 16. — Kuster, *Kaef. Europ.* H. XII, 1847, n° 69. — L. Redt. *Faun. Austr.* p. 308. — (s. g. *Actenicerus*) Kiesenw. *Nat. d. Ins. Deutschl.* IV, p. 286, 8.

Ctenicerus tessellatus. Steph. *Man. of Brit. Col.* p. 191. 1451. — *Syst. Cat.* p 125, 1269.

Corymbites micans. Germ. loc. cit. p. 62, 17. — Lec. *Rev. Elat. Un. St.* in *Am. phil. Soc. Trans.* X, p. 445, 35.

Ludius metallescens. Dej. *Cat.* ed. 3, p. 106.

Var. *a.* *Pube grisea, unicolore , immaculatim adspersa.*

Elater assimilis. Gyll. *Ins. Suec.* I, p. 394, 21. — Zetterst. *Ins. lapp.* p. 147, 15.

Corymbites assimilis. Kuster, *Kaef. Europ.* H. XII, 1817, n° 70.

Ludius assimilis. Eschs. in Thon, *Arch.* II, p. 34. — Dej. *Cat.* ed. 3, p. 106.

Corymbites tessellatus var. Germ. loc. cit. , p. 52. — Gaub. *Cat.* p. 111. — Kiesenw. loc. cit.

Ctenicerus tessellatus β. Steph. *Syst. Cat.* p. 125, 1269.

Corymbites cuprascens. Lec. loc. cit. p. 444, 34.

Tout entier d'un bronzé brunâtre, légèrement cuivreux, revêtu de petits poils bruns et gris, distribués de façon à ce que les seconds forment des taches nombreuses mais peu apparentes, arrondies, de couleur claire et tranchant sur celle des premiers. Front canaliculé au milieu dans sa moitié antérieure. Antennes fortement dentées en scie dans les deux sexes, noirâtres. Prothorax un peu plus long que large, convexe, fortement et densément ponctué, sillonné en arrière, ses côtés à peu près droits et parallèles dans leur deux tiers postérieurs, son bord antérieur sinueux de chaque côté, les angles de ce bord aigus, médiocrement saillants, ses bords latéraux étroitement rebordés, ses angles postérieurs assez robustes, un peu divergents, carénés, subaigus. Écusson oblong, tronqué en avant, échancré et couvert de poils blanchâtres en arrière. Élytres plus larges que le prothorax à la base, arrondies aux épaules, un peu élargies au-delà du milieu, atténuées et conjointement arrondies à l'extrémité, finement striées, les stries ponctuées, les intervalles aplatis , pointillés. Dessous du corps et pattes de la couleur du dessus, les jambes et les tarses bruns, les ongles rougeâtres.

Cette espèce habite tous les pays de l'Europe, la Sibérie et l'Amérique du Nord. Il se tient de préférence dans les lieux humides.

La variété se distingue du type par l'uniformité de coloration de la pubescence. Elle se retrouve également en Amérique.

14

16. C. ATROPURPUREUS. *Lineari-elongatus, cupræo-piceus, cinereo-pubescens; prothorace elongato, apice leviter angustato; dense punctato, profunde canaliculato, angulis posticis divaricatis, acutis, carinatis; elytris apice acuminatis, striis vix punctatis, interstitiis punctatis; pedibus læte rufis.* — Long. 13-14 mill., lat. 3 mill.

Corymbites atropurpureus. Lɛc. *Rev. Elat. Un. St.* in *Am. phil. Soc. Trans.* X, new ser. p. 443, 24.

Étroit et allongé, d'un noirâtre cuivreux, revêtu d'une pubescence cendré blanchâtre. Antennes obscures, assez fortement dentées en scie à partir du troisième article et aussi longues que la moitié du corps chez le mâle. Front impressionné, très-ponctué. Prothorax long, légèrement atténué au sommet, assez fortement ponctué, marqué d'un sillon longitudinal profond et large, ses angles postérieurs recourbés en dehors, aigus, carénés finement près du bord externe. Elytres un peu plus larges que le prothorax, atténuées en arrière et acuminées au bout, striées, les stries finement ponctuées, les intervalles peu convexes et assez densément ponctués. Epipleures rougeâtres, pattes d'un rouge jaune clair.

États-Unis du centre; rare.

17. C. JACULUS. *Elongatus, fusco-piceus, fusco-pubescens; fronte concava, submarginata; prothorace elongato, a basi angustato, crebre fortiterque punctato, angulis posticis divaricatis, productis, acutis, carinatis; elytris parallelis, punctato-striatis, interstitiis subconvexis, rugose punctatis; antennis pedibusque obscuris.* — Long. 15 mill., lat. 3 1/2 mill.

Corymbites jaculus. Lɛc. *Rev. Elat. Un. St.* in *Am. phil. Soc. Trans.* X, new ser. p. 447, 45.

Allongé, brun obscur, très-peu luisant, revêtu d'une pubescence brune. Front concave, tronqué carrément et presque rebordé. Antennes allongées, dentées en scie à partir du troisième article. Prothorax long, rétréci à partir de la base avec ses côtés à peu près rectilignes, médiocrement convexe, densément et fortement ponctué avec une très-faible trace de sillon médian, ses angles postérieurs grands, divergents, longuement carénés. Écusson subpentagonal. Élytres plus larges que le prothorax, parallèles dans les deux tiers antérieurs, curvilinéairement rétrécies dans le tiers postérieur, peu profondément ponctuées-striées, les intervalles un peu convexes et rugueux, le bord externe étroitement ferrugineux. Dessous d'un brun plus clair que le dessus ainsi que les pattes, l'abdomen brun rougeâtre.

Californie.

Communiqué par M. Murray.

18. C. CRIBROSUS. *Ater, parum nitidus, breviter nigro-pubescens; fronte concava; prothorace latitudine longiore, canaliculato, fortiter, lateribus crebre punctato, postice parallelo, angulis posticis divaricatis, acutis, carinatis; elytris ultra medium attenuatis, apice conjunctim rotundatis, punctato-striatis, interstitiis convexiusculis punctatisque; antennis valde serratis pedibusque nigris; unguiculis ferrugineis.* — Long. 14 mill., lat. 3 1/2 mill.

Corymbites cribrosus. LEC. *Rev. Elat. Un. St.* in *Am. phil. Soc. Trans.* X, p. 443, 27.

Étroit et allongé, entièrement d'un noir profond, peu brillant, à l'exception des ongles qui sont rougeâtres, recouvert d'une pubescence rare, courte et redressée, noire. Front concave. Antennes assez grandes, composées d'articles triangulaires très-larges. Prothorax plus long que large, médiocrement convexe, canaliculé au milieu avec une impression de chaque côté, fortement ponctué avec les points plus serrés sur les parties latérales, ses côtés parallèles et subsinueux, légèrement arrondis en avant, son bord antérieur bisinueux, ses bords latéraux rebordés, ses angles postérieurs divergents, aigus, assez fortement carénés. Écusson oblong. Élytres arrondies aux épaules, presque parallèles jusqu'au delà du milieu puis atténuées de ce point à l'extrémité où elles sont conjointement arrondies et rebordées, ponctuées-striées, les intervalles des stries faiblement convexes et ponctués.

San-Francisco, en Californie.

Communiqué par M. Le Conte.

19. C. OBSCURUS. *Ater, subtiliter nigro-pubescens; prothorace latitudini longitudine subæquali, parum convexo, apice vix angustato, lateribus leviter arcuato, dense punctato; elytris ultra medium subattenuatis, tenuiter striatis, interstitiis planis confertim punctulatis; antennis pedibusque nigris.* — Long. 14 mill. lat. 3 mill.

Corymbites obscurus. LEC. *Rev. Elat. Un. St.* in *Am. phil. Soc. Trans.* X, p. 442, 26.

Allongé et subparallèle, noir, peu luisant, revêtu d'une légère pubescence de même couleur et conséquemment peu apparente. Front concave. Antennes entièrement noires, à articles allongés, le troisième presque de la longueur du quatrième. Prothorax aussi long que large chez le mâle, un peu plus large que long chez la femelle, peu convexe, légèrement arqué sur les côtés, peu rétréci au sommet, marqué d'une ligne lisse peu apparente au milieu, densément ponctué, ses angles postérieurs courts et peu divergents. Élytres de la largeur du corselet, parallèles ou à peu près jusqu'au milieu, faiblement et obliquement atténuées'au-delà, marquées de stries fines, les intervalles des stries finement et densément pointillés. Pattes noires.

Californie.

20. C. PROTRACTUS. *Niger, subnitidus, pube flava nitida sparsim obductus; prothorace elongato, fortiter lateribus confluenter punctato, angulis posticis divaricatis, acutis, longe carinatis; elytris elongatis, punctato-striatis, interstitiis planis crebre punctatis.* — Long. 16 mill., lat., fere 4 mill.

Corymbites protractus. LEC. *Proc. Acad. nat. Sc.* 1859, 85.

Allongé, noirâtre, revêtu de poils médiocrement denses, jaunes à reflet doré. Antennes noires, fortement dentées en scie à partir du troisième article, presque aussi longues que la moitié du corps chez le mâle. Prothorax beaucoup plus long que large, rétréci en avant à partir de la base chez le mâle et seulement dans son tiers antérieur chez la femelle, déprimé de chaque côté chez le premier, fortement ponctué, les points confluents sur les parties latérales, ses angles postérieurs divergents, aigus, longuement carénés. Élytres un peu plus larges que le prothorax, atténuées curvilinéairement à partir du milieu chez le mâle, dilatées aux trois cinquièmes postérieurs chez l'autre sexe, peu profondément ponctuées-striées, les intervalles plats et couverts de points. Pattes noires ou brunâtres.

Orégon.

Collection de M. de la Ferté Sénectère.

21. C. PYRRHOS. *Rufo-ferrugineus vel fusco-testaceus, elongatus, cinereo-pubescens; fronte antrorsum concava; prothorace latitudine multo longiore, antrorsum angustato, confertim fortiterque punctato, angulis posticis elongatis, divaricatis, acutis; elytris thorace* *latioribus, punctato-striatis, apice singulatim retusis ; antennis, pedibus abdomineque pallidioribus.*

Corymbites pyrrhos. Lec. *Rev. Elat. Un. St.* in *Am. phil. soc. Trans.* X, new ser. p. 447, 43.

(♂) *Antennis valde elongatis ; prothorace lateribus rectis ; elytris ultra medium parallelis, postice arcuatim attenuatis.* — Long. 16-18 mill., lat. 3 1/2-4 mill.

Elater pyrrhos. Herbst, *Kaf.* X, p. 30, 38, pl. 160, fig. 11.— Say, *Am. phil. soc. Trans.* vi, p. 186.

(♀) *Antennis brevioribus ; prothorace lateribus subangulatis ; elytris ultra medium leviter ampliatis, postice oblique attenuatis.* — Long. 18-20 mill., lat. 4-4 1/4 mill. (pl. II, fig. 3.)

Athous pyrrhicus. Hald. *Proc. Acad. nat. Sc.* I, p. 313.

Athous vagrans et *œqualis.* Melsh. *Ibid.* II, p. 153.

Athous longus. Dej. *Cat.* ed. 3, p. 101.

Var. a. (♂) *Minor, nigro-piceus, prothoracis angulis posticis, elytrorum sutura, vitta dorsali margineque testaceis.*

Campylus ? bivittatus. Melsh. loc. cit. II, p. 219.

Corymbites bivittatus. Lec. loc. cit. p. 447, 43.

(♂) Étroit et allongé, d'un ferrugineux rougeâtre ou brun avec les antennes et les pattes d'un testacé roux, le dessous du corps et surtout l'abdomen d'une couleur plus claire que le dessus, revêtu d'une pubescence flave. Front allongé et étroit, excavé en avant. Antennes très-longues, au moins égales à la moitié du corps, composées d'articles grêles. Prothorax beaucoup plus long que large, rétréci en avant, fortement et densément ponctué, son bord antérieur avancé au milieu sur le vertex, ses angles antérieurs petits, aigus, ses bords latéraux droits, à peine rebordés, ses angles postérieurs longs, grêles, très-aigus, carénés le long de leur côté externe. Écusson subovalaire. Élytres beaucoup plus larges que le prothorax, parallèles jusqu'au delà du milieu, obtuses à l'extrémité, ponctuées-striées, les intervalles des stries convexes et rugueusement ponctués. Pattes longues et grêles.

(♀) On reconnait la femelle à ses antennes plus courtes, à son prothorax moins étroit, enfin à ses élytres plus dilatées et plus fortement atténuées au delà du milieu.

Commun aux États-Unis.

Il a tout-à-fait le *facies* d'un *Athous*, moins la carène du chaperon.

M. Le Conte, en me communiquant cette espèce, m'a signalé son *C. bivittatus* comme une simple variété du mâle. Cette variété est plus petite, plus rugueusement pontuée, d'une autre couleur, et paraît à première vue spécifiquement distincte. Elle a tout-à-fait l'apparence de notre *Athous longicollis*.

22. C. CYLINDRIFORMIS. *Fusco-castaneus, subænescens, cinereopilosus; fronte depressa; antennis fusco-ferrugineis; prothorace latitudine longiore, convexo, punctato, postice canaliculato, basi angustato, lateribus fere rectis, angulis posticis divaricatis carinatisque; elytris punctato-striatis, interstitiis convexiusculis punctatis, apice conjunctim rotundatis, margine laterali rufescentibus; pedibus ferrugineis.*

Elater apressifrons. HARRIS, *Ins. Injur. t. veget.* I, 49, 48.

Corymbites apressifrons. LEC. *Rev. Elat. Un. st.* in *Am. phil. Soc. Tr.* X, new ser. p. 442, 25.

(♂) *Antennis elongatis; prothorace angusto, latitudine longiore; elytris parallelis.* — Long. 10-12 mill., lat. 2 1/4-2 2/3 mill.

Elater cylindriformis. HERBST, *Kaef.* X, p. 93, 107, pl. 166, fig. 9.

Corymbites cylindriformis. GERM. *Zeitsch. f. d. Entom.* IV, p. 64, 22.

Elater apressifrons. SAY, *Ann. Lyc.* I, p. 267.

Ludius æneicollis. DEJ. *Cat.* ed. 3, p. 106.

(♀) *Antennis prothorace brevioribus, hoc latitudine vix longiore, antice ampliato; elytris ultra medium ampliatis; corpore minus dense pubescente.* — Long. 16-18 mill., lat. 4-4 1/2 mill.

Elater brevicornis. SAY, loc. cit. p. 265.

Corymbites parallelipipedus. Germ. loc. cit. p. 66, 25.

Diacanthus submetallicus. Germ. loc. cit. p. 72, 11.

Cette espèce varie notablement de forme et de grandeur selon le sexe ; voici les caractères du mâle : d'un châtain ferrugineux obscur avec un reflet légèrement métallique, les antennes brunes, le rebord inférieur des élytres et les pattes d'un rouge ferrugineux, entièrement revêtu de poils cendrés, très apparents. Front aplati, très ponctué, sa partie antérieure obliquement tronquée. Antennes dépassant longuement les angles postérieurs du prothorax, composées d'articles triangulaires et assez larges. Prothorax beaucoup plus long que large, assez convexe, canaliculé en arrière, couvert de points peu serrés, plus étroit vers la base qu'au milieu, ses côtés à peine convexes, presque parallèles, son bord antérieur tronqué, ses bords latéraux très-finement rebordés, ses angles postérieurs fortement divergents, aigus, à peine carénés vers l'extrémité. Écusson ovale-oblong, canaliculé au milieu. Élytres plus larges que le prothorax, linéaires, arrondies à l'extrémité, ponctuées-striées, les intervalles des stries légèrement convexes, ponctués. Pattes antérieures plus longues que les autres.

(♀) La femelle est beaucoup plus grande, ses antennes sont plus courtes que le prothorax, celui-ci est plus convexe, plus large relativement, de façon que sa longueur, prise sur la ligne médiane, dépasse à peine sa largeur ; enfin ses élytres vont en s'élargissant peu à peu de la base jusqu'au delà du milieu.

Il se trouve communément aux États-Unis.

On doit à M. Harris d'avoir fait connaître la dissemblance remarquable que présentent les sexes chez cette espèce, et d'avoir ainsi réuni sous un même nom spécifique deux formes décrites par Say et Germar sous des noms différents.

J'ai reçu les deux sexes de cet insecte de M. J. Le Conte et j'ai pu les comparer aux *Elater cylindriformis* de Herbst, *Corymbites parallelipipedus*, *cylindriformis* et *Diacanthus submetallicus* de Germar dont les types m'ont été obligeamment communiqués par M. Gerstaecker. J'ai pu me convaincre, en comparant ces derniers aux exemplaires que je tiens de M. Le Conte, que les *E. cylindriformis* Herbst, *apressifrons* de Say et le *Corymbites cylindriformis* de Germar, correspondent au mâle, tandis que les *E. brevicornis*, Say, *Corym-*

bytes parallelipipedus et *Diacanthus submetallicus* de Germar ne
sont autres que des femelles de la même espèce.

Je m'explique difficilement l'erreur de Germar qui a placé
dans des genres différents des insectes spécifiquement identiques
et de même sexe, chez lesquels les antennes, qui forment la base de
sa division générique, sont par conséquent conformées de la même
façon.

23. C. FURTIVUS. *Æneo-piceus, cinereo-pilosulus ; fronte plana,
subquadrata ; antennis ferrugineis, articulo tertio sequenti longitudine æquali sed angustiore ; prothorace latitudine longiore, convexo, punctato, postice profunde canaliculato ; elytris punctato-
substriatis , interstitiis planis, dense punctulatis ; pedibus piceis.*

(♂) *Elytris a medio leviter oblique attenuatis.* — Long. 10 mill.,
lat. 2 1/4 mill.

Corymbites furtivus. Lec. Rev. Elat. Un. St. in Am. phil. Soc. Trans. X, p.
442, 23.

(♀) *Elytris parallelis.* — Long. 16-17 mill., lat. 4-4 1/4 mill.

Cette espèce ressemble beaucoup à la précédente. On la reconnaîtra à la forme du troisième article des antennes qui, chez le mâle,
est aussi long que le suivant, mais est moins large; à la structure des
élytres qui, dans le même sexe, se rétrécissent légèrement à partir
du milieu et chez la femelle restent parallèles.

Sans être à proprement parler caréné, le front de cette espèce présente une sorte de repli qui réunit les crêtes sus-antennaires un peu
en arrière du bord antérieur lui-même. Elle établit, comme le fait
observer M. Le Conte, une forme transitoire entre les *Limonius* et
le genre actuel.

Elle est de l'Orégon.

24. C. DIVARICATUS. *Fuscus, fulvo-pilosulus; fronte triangulariter impressa ; prothorace latitudini longitudine subæquali, a basi
paulum attenuato, parum convexo, fortiter minus dense punctato, angulis posticis divaricatis, acutis ; elytris profunde punctato-striatis,
subparallelis, apice attenuatis.* — Long. 10 mill., lat. 3 mill.

Corymbites divaricatus. Lec. Rev. Elat. U. St. in Am. phil. Soc. Trans. X, p.
446, 40.

Diacanthus afflictitius. Germ. in Mus. Berol.

Assez épais, brun, revêtu de poils d'un gris fauve. Front présentant une impression triangulaire. Antennes assez courtes, d'un brun
rougeàtre. Prothorax de forme carrée, rétréci de la base au sommet,
aplati, presque droit sur les côtés ou un peu concave, subsillonné,
couvert d'une ponctuation assez forte mais peu serrée, son bord antérieur échancré, très-déprimé de chaque côté, ses bords latéraux
étroitement rebordés, ses angles postérieurs aigus, très-divergents.
Écusson ovale-oblong. Élytres plus larges que le prothorax à la
base, subparallèles, très-atténuées à l'extrémité, striées, les stries
profondément ponctuées, les intervalles ponctués. Dessous du corps
et pattes bruns ; extrémité de l'abdomen et tarses plus clairs.

Commun aux États-Unis; Georgie et Caroline du nord.

25. C. SIGNATICOLLIS. *Niger, nitidus, fere glaber ; fronte antrorsum valde concava; antennis elongatis, fuscis; prothorace latitudine
vix longiore parum convexo, sparsim fortiter punctato, sanguineo,
plaga media dorsali nigra, angulis posticis acutis, divaricatis, obscuris ; elytris profunde punctato-striatis, interstitiis convexis, diffuse punctulatis ; pedibus fuscis.* — Long. 10 mill., lat 2 3/4 mill.

Diacanthus signaticollis. MELSH. *Proc. Acad. Nat. Sc.* II, p. 216.

Corymbites signaticollis. LE CONTE, *Rev. Elat. Un. St. in Am. Phil. Soc. Trans.* X,
p. 443, 28.

Assez déprimé, presque glabre, noir avec le prothorax rouge,
orné d'une tache oblongue noire au milieu du disque, ses angles
postérieurs de cette dernière couleur. Front fortement concave en
avant. Antennes longues, brunâtres. Prothorax à peu près aussi
large que long, de forme carrée, légèrement rétréci dans son tiers
antérieur, peu convexe, fortement mais peu densément ponctué,
présentant une ligne lisse et un peu saillante au milieu, son bord
antérieur sinueux de chaque côté, ses bords latéraux rebordés, ses
angles postérieurs aigus et divergents. Écusson subovalaire. Élytres à
peine plus larges que le prothorax à la base, un peu élargies dans
leur partie moyenne, conjointement arrondies à l'extrémité, déprimées, rebordées latéralement, profondément striées, les stries
ponctuées, leurs intervalles convexes et à peine ponctués. Dessous
du corps noir avec les flancs du prothorax rouges. Pattes brunes.

Centre et midi des États-Unis, où il est assez rare. Il m'a été
communiqué par M. Le Conte.

26. C. APPRESSUS. *Niger, fere glaber, nitidus ; prothorace lon-*
gitudine latiore, antrorsum rotundatim angustato, confertim subti-
liter punctato, apice lateribusque læte rufo, angulis posticis subdiva-
ricatis, subcarinatis; elytris brevibus, postice late marginatis, striis
vix punctatis, flavis, sutura, macula humerali oblonga lineisque me-
dium et apicem versus nigris. — Long. 12 mill., lat. 4 1|4 mill.

Elater appressus. RAND. *Bost. Journ. nat. Hist.* II, 11.

Corymbites appressus. LEC. *Rev. Elat. Un. St.* in *Am. phil. Soc. Trans.* X, p.
416, 41.

Corymbites mirificus. LEC. in *Agass. Lake Sup.* 228.

Court et large, à peu près glabre, luisant , noir avec le sommet
et les côtés du prothorax d'un rouge clair, les élytres jaunes ornées
d'une ligne suturale élargie en avant, d'une tache humérale oblongue
et d'autres taches vers leur partie moyenne et près de l'extrémité ,
noires. Antennes courtes, noires, le troisième article semblable au
quatrième. Prothorax plus court que large , rétréci en avant avec
ses côtés largement arrondis , densément et finement ponctué,
ses angles postérieurs assez longs, à peine divergents , très-faiblement carénés. Élytres courtes, dilatées au milieu, obliquement
rétrécies en arrière, largement rebordées, marquées de stries à peine
ponctuées, les intervalles plans et pointillés. Dessous du corps noir,
avec les flancs du prothorax rouges marqués d'une tache centrale
noire ; pattes noires avec la base des jambes testacées.

Du nord des États-Unis.

Je l'ai reçu de MM. Bakewell et Parry, qui possèdent des exemplaires de cette rare espèce.

27. C. VOLITANS. *Niger, nitidus, pube longiuscula, sericea, gri-*
seo-flavescente sparsim vestitus ; prothorace latitudine longiore, pa-
rum convexo, crebre punctato, lateribus late ferrugineo-testaceis, an-
gulis posticis productis , divaricatis; elytris ferrugineo-testaceis,
subtiliter striatis, interstitiis punctatis. — Long. 14-17 mill., lat. 3 1/4-4
mill.

Ludius volitans. ESCHS. in THON, *Entom. Arch.* I, II, p. 34. — DEJ. *Cat.* ed. 3.
p. 107.

Diacanthus volitans. MANNERH. *Bull. Mosc.* XVI, 1843, p. 261, 146. — EJUSD.
Kaeferf. part. I, p. 69, 46.

Assez allongé, luisant, revêtu de poils fins, soyeux, couchés, peu dense, d'un gris fulvescent, noir avec les côtés du prothorax et les élytres testacé-ferrugineux, quelquefois bruns. Antennes noirâtres, beaucoup plus longues chez le mâle que chez la femelle, dentées en scie à partir du troisième article. Prothorax plus long que large, arqué sur les côtés, faiblement chez le mâle, fortement chez la femelle, à peu près également rétréci à la base et au sommet, peu convexe, densément ponctué, ses angles postérieurs saillants, divergents, finement carénés. Élytres parallèles jusqu'au delà du milieu, atténuées au bout, faiblement striées ou plutot subsillonnées, les intervalles ponctués. Dessous noir, les pattes rougeâtres ainsi que le bord des flancs, le sommet des cuisses souvent noir.

Amérique nord-occidentale.

28. C. umbricola. *Æneo-niger, nitidus, tenuiter griseo-pubescens; fronte subconcava; prothorace latitudine longiore, basi subangustato, fortiter, lateribus confertim punctato, angulis posticis elongatis, divaricatis, rufis; elytris subparallelis, striatis, interstitiis punctulatis; pedibus fuscis apice rufescentibus.* — Long. 13-14 mill., lat. 3-3 1/4 mill.

Ludius umbricola. Eschs. in Thon, *Ent. Arch.* II, p. 31.—Dej. *Cat.* ed. 3, p. 107.

Diacanthus umbricola. Mannerh. in *Bull. Mosc.* 1843, p. 242, 148.

Corymbites umbricola. Germ. *Zeitschr. f. d. Entom.* IV, p. 65, 23. — Mannerh. *Bertr. z. kaeferf. d. Aleut.*, etc., p. 70, 148.

Allongé, d'un bronzé obscur assez brillant, avec les angles postérieurs du prothorax rougeâtres, revêtu d'une fine pubescence grise. Front légèrement concave en avant. Antennes assez longues, brunâtres. Prothorax beaucoup plus long que large, rétréci à la base et en avant, médiocrement convexe, couvert de points plus serrés sur les côtés qu'au milieu du dos, son bord antérieur sinueux de chaque côté, les angles de ce bord subarrondis, ses bords latéraux aplatis et finement rebordés, ses angles postérieurs allongés, grêles, divergents, émoussés à l'extrémité. Écusson oblong, en forme de mitre, très-pubescent. Élytres plus larges que le prothorax, parallèles, atténuées à l'extrémité, étroitement rebordées, striées, les intervalles des stries ponctués. Pattes brunâtres avec l'extrémité des tarses et les crochets rougeâtres.

De l'Ile de Sithka, dans l'Amérique russe.

29. C. caricinus. *Plombeo-niger, subænescens, parum nitidus, griseo-pubescens ; fronte vertice late canaliculata, antrorsum depressa ; prothorace latitudine longiore, antrorsum angustato, planiusculo, confertim fortiterque punctato, angulis posticis divaricatis, obtuse carinulatis, retusis, haud truncatis ; elytris punctato-striatis, pedibus fuscis.* — Long. 12 mill., fere 3 mill.

Ludius caricinus. Eschs. in Dej. *Cat.* ed. 3, p. 107.

Corymbites caricinus. Germ. *Zeitsch. f. d. Entom.* IV, p. 63, 20.

Diacanthus caricinus. Mannerh. *Bertr. z. kaf. faun.* part. 2, p. 11, 6. *(Bull. Mosc. 1846.*

Diacanthus lobatus. Mannerh. loc. cit. part. 1, in *Bull. Mosc.* 1843, p. 243, 149.

Bronzé-noirâtre, peu brillant, revêtu d'une pubescence grise. Front canaliculé au milieu sur le vertex, impressionné en avant. Antennes obscures. Prothorax plus long que large, rétréci de la base au sommet, presque droit sur les côtés, peu convexe, densément et fortement ponctué, ses angles antérieurs peu saillants, subaigus, ses bords latéraux étroitement rebordés, ses angles postérieurs divergents, présentant une apparence de carène au milieu, avec leur pointe arrondie mais non tronquée. Écusson arrondi. Élytres un peu plus larges que le prothorax, linéaires jusqu'au delà du milieu, subacuminées à l'extrémité, striées, les stries ponctuées, les intervalles aplatis et pointillés. Dessous du corps bronzé, plus brillant que le dessus. Pattes brunes.

Des Iles Aleutiennes.

Je l'ai reçu de MM. Gerstaecker et de la Ferté Sénectère.

30. C. lobatus. *Plombeo-niger, breviter griseo-pubescens; fronte subconvexa, antrorsum depressa ; prothorace latitudine longiore, confertius, lateribus crebrius punctato, angulis posticis divaricatis, truncatis ; elytris parallelis, punctato-striatis, interstitiis planis, subrugulosis punctulatisque ; antennis pedibusque fuscis.* — Long. 11 mill., lat. fere 3 mill.

Elater lobatus. Eschs. *Entomagr.* p. 69, 41.

Ludius lobatus. Eschs. in Thon, *Arch.* II, p. 34.

Diacanthus lobatus. Mannerh. *Beitrag. z. kaferf.* part. 2, p. 11, 7. *(Bull. Mosc. 1846).*

Corymbites lobatus. Mannerh. loc. cit. part. 3. 1853, p. 136, 190. (*Bull. Mosc.* 1853).

Corymbites telum. Lec. Rev. Etat. Un. St. in *Am. phil. Soc. Trans.* X, new ser. p. 445, 37.

Var. *a. Elytris castaneis, vel ferrugineis, vel concoloribus, humeris tantum rufis.*

Noirâtre, avec un reflet d'un bronzé subviolacé, parallèle, revêtu d'une pubescence grise. Front légèrement convexe. Antennes assez courtes. Prothorax plus long que large, un peu rétréci en avant, convexe, couvert de points assez gros, plus serrés sur les côtés qu'au milieu, légèrement canaliculé en arrière, son bord antérieur subsinueux de chaque côté, ses bords latéraux rebordés, ses angles postérieurs redressés, divergents, non carénés, tronqués à l'extrémité. Écusson oblong, arrondi, très-pubescent. Étytres de la largeur du prothorax, parallèles jusqu'au delà du milieu, obtuses à l'extrémité, convexes dans le sens transversal, ponctuées-striées, les intervalles aplatis, ruguleux, pointillés. Dessous du corps noir. Pattes d'un noir brunâtre.

Amérique boréale occidentale.

Cette espèce, ainsi que le dit Mannerheim, diffère de la précédente par sa forme moins allongée, sa ponctuation moins dense et plus profonde, sa pubescence plus rare, son prothorax plus court à angles postérieurs plus courts, tronqués, plus divergents, plus finement carénés, etc.

Ses élytres sont sujettes à passer au jaune châtain, soit en totalité, soit en partie.

31. C. quercus. *Fusco-niger, parum nitidus, griseo-pubescens; fronte plana, punctata; prothorace latitudine longiore, confertissime, antrorsum minus dense punctulato, angulis posticis carinatis, vix divaricatis; elytris pallidioribus, subolivascentibus, punctatostriatis; pedibus rufis.* — Long. 8-10 mill., lat. 2-2 1/2 mill.

Elater quercus. Gyll. Ins. Succ. I, p. 397, 26.—Zetterst. Ins. lapp. p. 147, 17.

Ludius quercus. (Oliv.) Lac. Faun. entom. d. env. d. Paris. I, p. 668, 8.

Corymbites quercus. Germ. Zeitschr. f. d. Entom. IV, p. 64, 21. — Redt. Faun. Austr. 503. (note) — (s g. *Liotrichus*) Kiesenw. Naturg. d. Ins. Deutschl. IV, p. 290, 12.

Aplotarsus quercus. Steph. *Man. of. brit. col.* p. 182, n° 1440.

Corymbites Gyllenhalii. Reiche, *Bull. d. la Soc. entom. d. Fr.* 1860.

Elater pallipes. Payk. *Faun. Succ.* III, p. 14, 17.

Var. *a. Elytris testaceis.*

Étroit et allongé, noirâtre, peu luisant, avec les élytres d'un
bronzé olivâtre et les pattes rouge obscur, revêtu d'une fine
pubescence soyeuse, grise. Front aplati, densément ponctué. Antennes de la longueur de la tête et du prothorax chez le mâle, brunâtres. Prothorax allongé, peu rétréci au sommet, faiblement convexe sur les côtés, sinueux en arrière, couvert d'une ponctuation
très-serrée et très-fine, moins dense et moins ténue en avant, ses
bords latéraux étroitement rebordés, ses angles postérieurs dirigés en
arrière et à peine un peu en dehors, carénés. Écusson allongé,
tronqué en avant. Élytres parallèles jusqu'au delà du milieu ou un
peu élargies en arrière chez la femelle, conjointement arrondies à
l'extrémité, sans rebord latéral sinon au sommet, finement ponctuées-striées, les intervalles aplatis et densément pointillés. Dessous
du corps brunâtre. Pattes rouges ou rougeâtres.

Du nord de l'Europe. On le trouve aussi, surtout sa variété, en
Angleterre; il se rencontre, mais plus rarement, dans diverses parties de l'Europe centrale, principalement dans les régions montagneuses.

M. Reiche a publié récemment, dans les bulletins de la Société
entomologique de France, une note sur la synonymie de cette espèce.

Selon ce savant, le *C. quercus* des environs de Paris, décrit par
M. Lacordaire comme étant le *quercus* d'Olivier (*Entom.* II, 31, 51)
serait une espèce différente de celle du nord décrite par Gyllenhal.
Il se fonde sur ce que cette dernière aurait les antennes brunes à
premier article rougeâtre, le corselet plus convexe, plus renflé en
avant, moins distinctement ponctué à la base, enfin le rebord inférieur des élytres rougeâtre. Il a, en conséquence, proposé de réser-
ver le nom de *C. quercus* à celle du midi et de désigner l'autre par
le nom de *C. Gyllenhalii.*

Malgré la haute autorité de l'auteur français, je ne puis en ceci
partager sa manière de voir. Les différences qu'il signale entre les
deux espèces ne me paraissent pas avoir toute la valeur qu'il leur

attribue : la couleur et même la densité de la ponctuation sont sujettes
à varier chez la même espèce, dans ce genre. Pour s'en convaincre,
il n'y a qu'à examiner une série de *C. œneus*, ou mieux encore de
C. latus de provenances différentes ; on en verra de très-pubescents et de presque glabres, de très-ponctués, et d'autres qui le sont
très-peu ; on observera aussi une grande variation dans la profondeur des stries des élytres, sans que, cependant, on trouve des
limites assez nettes entre les formes extrèmes de ces variétés pour
qu'il soit possible de les ériger en espèces distinctes. Au contraire ,
les coupes spécifiques que Ménétriés et Germar y avaient formées sous
les noms de *pasticus, saginatus* , *milo* , *gravidus*, ont été depuis et,
avec raison je pense, supprimées.

Je crois donc devoir conserver au *C. quercus*, qui a un cachet
si bien tranché , et qui se distingue si nettement de tous les autres
Corymbites, toute son unité spécifique.

32 C. AFFINIS. *Subœneo-niger, nitidus, griseo-pubescens ; fronte
impressa ; prothorace latitudine longiore, antrorsum paulo angustato, medio subdilatato, parum convexo, crebre punctato, linea media impressa, angulis posticis vix divaricatis, carinatis ; elytris
striatis, interstitiis punctatis ; tibiis tarsisque rufescentibus.*— Long.
12-14 mill., lat. 3-4 mill.

Elater affinis. PAYK. *Faun. Suec.* III, p. 12, 15. — GYLL. *Ins. Suec.* I, p. 405,
35. — ZETTERST. *Ins. lapp.* p. 148, 23.

Ludius affinis. ESCHS. in THON, *Arch.* II, p. 34. — DEJ. *Cat.* ed. 3, p. 107. —
GEBL. *Ins. Sibir.* in *Bull. Mosc.* XX, 1847.

Corymbites affinis. LAP. *Hist. nat. Ins. Col.* I, p. 239, 8. — GERM. *Zeitschr. f.
d. Entom.* IV, p. 63, 18. — L. REDT. *Faun. Austr.* p. 308. — (s. g. *Liotrichus*)
KIESENW. *Nat. d. Ins. Deutscht.* IV, p. 289, 10.

Var. *a. Plombeo-niger ; pedibus rufis.*

Elater sibiricus. GERM. *Ins. sp. nov.* p. 5 ?. — GEBL. *in Ledeb. Reise.* p. 83.

Ludius sibiricus. ESCHS. in THON. *Arch.* II, p. 34. — DEJ. *Cat.* ed. 3, p. 107. —
GEBL. *Ins. sibir.* in *Bull. Mosc.* XX, 1847.

Corymbites sibiricus. GERM. *Zeitschr. f. d. Entom.* IV, p. 63, 19.

Elater erythropus. FISCH. *Entom. ruth.* II, p. 205, 1, tab. 24. fig. 1.

Assez allongé , brillant , d'un noir légèrement bronzé , revêtu d'une pubescence grise. Front aplati, impressionné au milieu, déprimé et un peu incliné en avant. Antennes longues, rougeâtres à l'extrémité. Prothorax un peu plus long que large, atténué en avant, peu convexe, densément ponctué, faiblement sillonné au milieu, son bord antérieur subsinueux de chaque côté, ses bords latéraux rebordés, ses angles postérieurs assez allongés, grêles, dirigés en arrière et un peu en dehors, carénés avec leur pointe ferrugineuse. Écusson allongé, atténué en arrière, tronqué en avant, rétréci un peu au-delà de la base. Élytres presque parallèles jusqu'au delà du milieu, atténuées à l'extrémité, assez convexes dans le sens transversal, très-étroitement rebordées sur les côtés, simplement striées avec les intervalles des stries ponctués. Pattes rougeâtres avec les cuisses noirâtres ou brunes, ou tout-à-fait rouges.

Nord de l'Europe et Sibérie. On le trouve aussi, mais plus rarement, dans les régions montagneuses du centre.

Le *C. sibiricus*, dont j'ai vu de nombreux exemplaires y compris les types mêmes de Germar, n'est bien évidemment qu'une variété de l'*affinis*.

33. C. TARSALIS. *Æneo-niger, tenuiter fusco-pubescens ; fronte subconvexa ; prothorace elongato, antrorsum rotundatim parum angustato, confertim punctato, canaliculato, angulis posticis obsolete carinulatis, apice retusis ; elytris luteo-testaceis, sutura ænescente, punctato-striatis.* — Long. 10 mill., lat. 2 1/2 mill.

Athous tarsalis. MELSHEIM. *Proc. Acad. Nat. Sc.* II, p. 157.

Corymbites tarsalis. LEC. *Rev. Elat. Un. St.* in *Am. Phil. Soc. Trans.* X, p. 445, 36.

Elater suturalis. HARRIS, *Cat.*

Athous gilvipennis. DEJ. *Cat.* ed. 3, p. 102.

D'un bronzé obscur avec les élytres jaunâtres, sauf la suture, revêtu d'une fine pubescence d'un brun grisâtre, assez étroit et allongé, subparallèle. Front légèrement convexe, subacuminé en avant. Antennes obscures. Prothorax plus long que large, un peu rétréci et arrondi sur les côtés en avant, peu convexe, densément ponctué, présentant un sillon longitudinal au milieu du disque, son bord antérieur échancré, ses bords latéraux finement rebordés, ses angles postérieurs non divergents, à peine carénés, émoussés à l'extrémité. Écusson ogival, un peu allongé. Élytres de la largeur du prothorax à la base, subanguleuses aux épaules, parallèles jusqu'au milieu, atténuées au delà, conjointement arrondies à l'extrémité, ponctuées-striées, les intervalles des stries convexes et assez densément pointillés-ruguleux. Dessous du corps d'un noir bronzé. Pattes testacées avec les cuisses et le sommet de chaque article des tarses, obscurs.

Du Maryland, où il est rare.

34. C. spinosus. *Piceus, sat nitidus, cinereo-pubescens; fronte concava; prothorace latitudine paulo longiore, parum convexo, punctato, lateribus rotundato, rufo-marginato, angulis posticis acutis, carinatis, parum divaricatis; elytris rufo-castaneis, ultra medium dilatatis, striatis, confertim punctulatis; pedibus ferrugineis.* — Long. 16 mill., lat. 4 1/2 mill.

Corymbites spinosus. Lec. *Rev. Elat. Un. St.* in *Am. Phil. Soc. Trans.* X, new. ser. p. 447, 32.

Var. *α. Elytris concoloribus, margine tantum epipleurisque ferrugineis.*

Noirâtre avec le pourtour du prothorax, ou seulement ses angles postérieurs et les élytres d'un châtain rougeâtre, les pattes ferrugineuses, les flancs du prothorax rouges avec une tache centrale brune, entièrement revêtu d'une pubescence courte, fauve cendré. Front déprimé, concave en avant. Antennes grêles, longues, surtout chez le mâle. Prothorax un peu plus long que large, faiblement élargi au milieu, plus ou moins rétréci en avant, selon le sexe, peu convexe, assez densément et finement ponctué, son bord antérieur tronqué presque carrément, ses bords latéraux finement rebordés, ses angles postérieurs allongés, grêles, très-aigus, portant une fine carène parallèle à leur côté externe. Écusson ogival, presque cordiforme. Élytres arrondies aux épaules, s'élargissant peu à peu de la base jusqu'au delà du milieu, atténuées et subacuminées à l'extrémité, couvertes de petits points très nombreux, striées, les stries externes, seules, ponctuées.

Du Canada et du nord des États-Unis.

Je l'ai reçu de M. Le Conte. J'ai sous les yeux un individu provenant de Terre-Neuve, qui ma été communiqué par M. Deyrolle. La variété à élytres noirâtres comme le prothorax existe dans la collection de M. Schaum.

55. C. INSIDIOSUS. *Niger, griseo-pubescens; fronte plana; prothorace subquadrato, antrorsum lateribus rotundato, parum convexo, minus dense punctato, obsolete canaliculato, angulis posticis
tenuibus, acutissimis, vix divaricatis; elytris testaceis, subtiliter
striatis, punctulatis; abdomine pedibusque fusco-testaceis.* —
Long. 12. mill., lat. 5 1/2 mill.

Corymbites insidiosus. LEC. Rev. Elat. Un. St. in Am. Phil. Soc. Trans X, p.
448, 46.

Étroit et allongé, assez élargi en arrière, noir avec les élytres testacées, revêtu d'une pubescence grise. Front aplati, son bord antérieur un peu incliné en bas. Prothorax presque aussi long que
large, de forme carrée, un peu arrondi sur les côtés en avant,
déprimé, peu densément ponctué, vaguement canaliculé en arrière, son bord antérieur échancré, ses angles correspondants
un peu saillants, aigus, arrondis en dehors, ses bords latéraux
étroitement rebordés, ses angles postérieurs longs, grêles, très-aigus,
à peine divergents, carénés. Écusson subelliptique. Élytres à peine
plus larges que le prothorax à la base, allant en s'élargissant de ce
point jusqu'au deux tiers ou à peu près de leur longueur, atténuées à l'extrémité, déprimées vers la base, étroitement rebordées
sur les côtés, striées, les stries vaguement ponctuées, leurs intervalles pointillés. Dessous du corps brun avec les flancs prothoraciques et l'extrémité au moins de l'abdomen, rougeâtres. Pattes
de cette dernière couleur.

Il provient des bords du lac Supérieur où il est rare. Communiqué par M. Le Conte.

36. C. FALCIFICUS. *Nigro-subœneus, subtiliter griseo-pubescens;
fronte fere plana, antrorsum biimpressa; prothorace latitudine
longiore, convexo, punctato, lateribus subparallelo, angulis posticis divaricatis, haud carinatis, acutis, subtestaceis; elytris testaceis, sutura infuscatis, punctato-striatis; ore, antennis pedibusque brunneis.* — Long. 8 mill., lat. 2 1/4 mill.

Corymbites falsificus. LEC. Rev. Elat. Un. St. in Am. Phil. soc. Trans.
X. p. 448, 47.

D'un bronzé obscur avec les angles postérieurs du prothorax et les
élytres, sauf la suture qui est brunâtre, testacés, les antennes et les
pattes brunes, entièrement revêtu d'une pubescence grise. Front à

peu près plat avec deux impressions légères en avant. Prothorax plus long que large, convexe, ponctué avec ses côtés parallèles, rétréci seulement dans son tiers antérieur, son bord antérieur arrondi, ses bords latéraux très-étroitement rebordés, ses angles postérieurs divergents, très-aigus, non carénés. Ecusson arrondi. Élytres un peu plus larges que le prothorax à la base, obliquement tronquées plutôt qu'arrondies aux épaules, s'élargissant peu à peu jusqu'au delà de leur milieu, conjointement arrondies à l'extrémité, ponctuées-striées, les intervalles aplatis et pointillés.

Des Etats-Unis.

Il m'a été également communiqué par M. Le Conte.

37. C. tasmanicus. *Elongatus, niger, cinereo-pubescens; prothorace elongato, antice rotundatim augustato, postice subsinuato, parum convexo, punctato, angulis posticis carinatis; elytris prothorace vix latioribus, depressis, subtiliter punctato-striatis, interstitiis confertim punctatis; antennarum basi pedibusque obscure ferrugineis.* — Long. 12 mill., lat. 2 1/4 mill.

Etroit et allongé, déprimé, noir, peu luisant, revêtu d'une pubescence cendrée. Tête assez allongée. Antennes noires avec la base ferrugineuse. Prothorax plus long que large, curvilinéairement rétréci au sommet, subsinueux sur les côtés en arrière, peu convexe, ponctué, ses angles postérieurs un peu divergents, carénés. Elytres à peine plus large que le prothorax, deux fois et un quart plus longues, parallèles jusqu'au milieu, atténuées légèrement au delà, déprimées, finement ponctuées-striées, les intervalles plats et densément pointillés. Pattes d'un ferrugineux obscur.

Tasmanie.

Collection de M. de la Ferté Sénectère.

SECTION IV.

38. C. summus. *Niger, nitidus, pube sericea, tenui, aurea, sat dense obductus; prothorace latitudine longiore, apice parum angustato, depresso, longitrorsum elevato, antice biimpresso, angulis posticis divaricatis, longe carinatis; elytris arcuatim angustatis, apice acuminatis, subtiliter striato-punctatis; pedibus nigris.* — Long. 28-32 mill., lat. 7-9 mill. (Pl. II, fig. 4.)

Var. *a. Pedibus rufis.*

Var. b. Pube albicanti , flava vel argenteu.

Le plus grand du genre. Allongé, déprimé, noir assez luisant, revêtu d'une pubescence fine, soyeuse, couchée, assez longue, dorée, flave, blanchâtre ou argentée. Front impressionné. Antennes à troisième article aussi long que le quatrième mais plus étroit. Prothorax plus long que large, peu rétréci en avant avec ses bords latéraux presque parallèles, déprimé sur les côtés, longitudinalement élevé au milieu, ponctué, les points assez fins et devenant de plus en plus gros en avant, les bords latéraux rugueux, le disque marqué en avant du milieu de deux impressions oblongues où les poils sont un peu plus serrés, les angles postérieurs divergents, munis d'une fine carène qui se prolonge, en avant, très-près du bord latéral, et va se perdre dans les rugosités de ce bord. Ecusson subarrondi. Elytres un peu plus larges que le prothorax, curvilinéaires sur les côtés depuis la base jusqu'au sommet, où elles sont acuminées, peu convexes, marquées de séries de points dont les externes seules sont bien visibles, les intervalles assez densément ponctués. Pattes noires, ou rougeâtres, ou rouges.

Natal.

Cette espèce est désignée sous le nom d'*Alaus chrysocomus* Germ. dans les collections de MM. Schaum, Dohrn et de la Ferté Sénectère.

39. C. MUCRONATUS. *Elongatus, piceus, fulvo-pubescens; prothorace latitudine longiore, apice parum augustato, parum convexo, dense punctato, angulis posticis haud divaricatis, longe carinatis; elytris ultra medium attenuatis, apice divaricatis, mucronatis, striis subtilibus interstitiisque punctulatis.* — Long. 20 mill., lat. 4 1/2 mill.

Allongé, noirâtre, luisant, revêtu de poils d'un fauve doré moins longs et moins denses que chez le précédent. Front impressionné. Antennes noires, grêles et peu allongées, à troisième article aussi long mais plus étroit que le suivant. Prothorax presque une demi fois plus long que large, peu rétréci au sommet, peu arqué sur les côtés, faiblement convexe, assez densément ponctué, marqué d'une ligne lisse au milieu, sillonné en arrière, ses angles postérieurs non divergents, munis d'une carène qui se prolonge le long des bords latéraux jusque dans les angles antérieurs. Ecusson arrondi. Elytres de la largeur du prothorax et parallèles jusqu'au milieu, graduellement rétrécies au delà, brièvement divariquées et mucronées au sommet, très-finement et même à peine distinctement striées, les stries marquées de très-petits points espacés, les intervalles pointillés. Dessous et pattes brunâtres , la base de celles-ci ferrugineuse.

Cafrerie.

Collection de M. de la Ferté Sénectère.

40. C. AURULENTUS. *Elongatus, obscure luteus, nitidus, fulvo-pubescens ; prothorace latitudine fere sesqui longiore, basi apiceque leviter angustato, dorso marginibusque infuscato, crebre punctato, angulis posticis divaricatis longe carinatis ; elytris apice acuminatis, subtilissime striatis, interstitiis punctatis.* — Long. 17 mill., lat. 4 mill.

Etroit et allongé, luisant, d'un jaune fauve foncé, plus clair sur les parties latérales, le prothorax et les élytres finement bordés de noirâtre, revêtu d'une pubescence fauve. Front subimpressionné, à peu près plat. Antennes obscures, le troisième article plus court que le quatrième. Prothorax long, un peu élargi au milieu, peu convexe, assez densément ponctué, ses angles postérieurs divergents, munis d'une carène prolongée jusqu'aux angles antérieurs. Ecusson petit, arrondi , noirâtre. Elytres à peine plus larges que le prothorax, acuminées en arrière, à peine distinctement striées, les stries externes, seules, visibles et ponctuées, les intervalles ponctués. Dessous du corps et pattes brun rougeâtre, le sommet des cuisses, les jambes et les tarses noirâtres.

Natal.

Collection de MM. Dohrn et Saunders.

41. C. SERICANS. *Fusiformi-elongatus, fuscus, dense griseo-holosericeus ; fronte biimpressa ; prothorace oblongo, a basi attenuato, crebre fortiterque punctato, canaliculato, lateribus fere recto, angulis posticis haud divaricatis, elongatis, extrorsum carinatis; elytris rufo-castaneis, punctato-striatis, interstitiis planis, punctulatis.* — Long. 18 mill., lat. 4 1/2 mill.

Pristilophus sericans. GERM. *Zeitschr. f. d. Entom* IV. pl. 87, 6.

Ludius sericans. DEJ. *Cat.* ed. 3, p. 107.

Fusiforme, allongé, brun avec les élytres et les pattes plus claires, couvert d'une pubescence très-apparente, grise , couchée en différents sens et à reflets moirés sur le prothorax. Front aplati, fortement ponctué, portant deux impressions ponctiformes. Antennes longues, noirâtres. Prothorax se rétrécissant très-peu mais régulièrement de la base au sommet avec ses côtés droits, plus long que large, convexe, densément et fortement ponctué, son bord antérieur circulairement échancré, ses angles correspondants un peu saillants, émoussés, arrondis en dehors, ses angles postérieurs assez longs, aigus, non divergents, portant une carène assez longue contre leur côté externe. Ecusson pentagonal. Elytres exactement aussi larges que la base du prothorax, arrondies aux épaules, régulièrement courbes sur les côtés jusqu'à l'extrémité où elles sont atténuées et acuminées, ponctuées-striées, les intervalles plans et pointillés. Dessous du corps brun avec les pattes rougeâtres.

Il se trouve au Cap de Bonne-Espérance.

42. **C. ATTENUATUS.** *Fusiformi-elongatus, niger dense cinereo-pubescens, fronte biimpressa ; prothorace latitudine longiore, antrorsum angustato, crebre fortiterque punctato, leviter canaliculato, lateribus fere recto, angulis posticis elongatis, gracilioribus, subtus apice truncatis, divaricatis, longe carinatis; elytris tenuiter punctato-striatis, interstitiis planis, punctulatis.* — Long. 15-16 mill., lat. 4 mill.

Pristilophus attenuatus. Bohem. *Ins. Caffr.* Pars 1, II, p. 412.

Var. a. *ferrugineo-brunneus.*

Pristilophus rubripennis. Bohem. loc. cit. p. 412.

Il ressemble beaucoup au *sericans,* cependant je crois qu'il forme une espèce distincte. Son prothorax est plus rétréci en avant, ses élytres sont également plus atténuées en arrière, mais c'est par les angles postérieurs du premier qu'on l'en distinguera surtout. Ces angles sont, en effet, plus grêles, plus divergents, moins aplatis en dessus, légèrement recourbés en arrière au sommet, un peu plus fortement carénés, et, en dessous, subélargis et tronqués au bout. Cafrerie.

Communiqué, ainsi que la variété, par M. Boheman.

43. **C. LEPTUS.** *Fusiformi-elongatus, fuscus, subtiliter fulvo-griseopubescens; fronte biimpressa ; prothorace latitudine longiore, a basi attenuato, depresso, crebre fortiterque punctato, tenuiter canaliculato, angulis posticis divaricatis, carinatis; elytris pro-*

thorace latioribus, apice magis attenuatis, subdepressis, subti-
lissime punctato-striatis, interstitiis planis, dense punctatis. —
Long. 15 mill., lat. 3 1/2 mill.

Voisin des deux précédents mais cependant distinct de chacun
d'eux. Il diffère du *sericans* par son prothorax beaucoup moins
épais, moins bombé, un peu moins long et plus atténué d'avant en
arrière, par ses élytres plus étroites au milieu qu'à la base et terminées plus en pointe. On le distinguera de l'*attenuatus* également
par sa forme plus étroite et plus déprimée et surtout par les angles
postérieurs du prothorax qui sont, à la vérité, divergents comme
chez ce dernier, mais qui diminuent graduellement de largeur de
la base au sommet aussi bien à la face inférieure qu'en dessus.

Cafrerie.

44. C. macilentus. *Elongatus, parallelus, testaceus, sparsim bre-*
viterque flavo-pubescens ; antennis longis, filiformibus, villosis ;
prothorace elongato, tenuiter punctato, angulis posticis divarica-
tis, subtilissime carinatis ; elytris parallelis, striis punctatis. —
Long. 15 mill., lat. 2 2/3 mill.

Très-long et très-étroit, parallèle, tout entier d'un testacé rougeâtre clair, revêtu de petits poils épais, couchés, flaves. Front carré,
impressionné au milieu. Antennes longues, filiformes, villeuses,
leur troisième article un peu plus long que le second. Prothorax
près de deux fois plus long que large, au moins chez le mâle, parallèle sur les côtés, longitudinalement élevé au milieu, finement
ponctué, mat, son bord antérieur un peu avancé au milieu, ses angles postérieurs recourbés en dehors, présentant extérieurement une
très-fine carène, peu visible, qui se prolonge en avant fort près du
bord latéral et presque confondue avec lui. Ecusson subquadrangulaire, petit. Elytres plus larges que le prothorax et près de quatre
fois plus longues que larges, parallèles, finement striées, les stries
marquées de points visibles à l'œil nu. Pattes longues, d'un testacé
clair.

Du Cap.

Un exemplaire mâle dans la collection de M. de la Ferté Sénectère.

45. C. servus. *Niger, opacus, pube cinerea vestitus : fronte sub-*
concava ; prothorace latitudine longiore, antrorsum vix angus-

*tato, parum convexo, crebre fortiterque punctato, angulis pos-
ticis paulo divaricatis, extrorsum longe carinatis; elytris ante
medium modice dilatatis, apice attenuatis acuminatisque, punctato-striatis, interstitiis convexiusculis, punctulatis, rugulosis.* —
Long. 15 mill., lat. 4 mill.

Pristilophus servus. Germ. *Zeitschr. f. d. Entom,* IV, p. 88. 7.

Ludius adultus Dej. *Cat.* ed. 3, p. 107.

Var. a. *Elytris pedibusque fuscis.* (Germ. *l. c.*)

Noir, opaque, revêtu d'une pubescence assez dense, fauve cendré. Front légèrement concave, très-ponctué, à peine impressionné.
Antennes longues, légèrement brunâtres. Prothorax plus long que
large, à peine rétréci en avant, avec ses côtés légèrement courbes,
peu convexe, très-densément et très-fortement ponctué, présentant
une trace de ligne élevée longitudinale sur le milieu du disque, son
bord antérieur circulairement échancré, finement rebordé de chaque
côté, ses angles antérieurs assez écartés de la tête, arrondis en
avant, ses angles postérieurs un peu divergents, peu aigus à l'extrémité, présentant le long de leur bord externe une carène qui se
prolonge longuement en avant. Ecusson large, en pentagone arrondi
sur les côtés. Elytres arrondies aux épaules, subélargies avant le
milieu, atténuées peu à peu de ce point jusqu'à l'extrémité qui est
acuminée, ponctuées-striées, les stries internes à peine visiblement
ponctuées, les intervalles convexes, pointillés, ruguleux. Dessous
du corps noir et pubescent comme le dessus. Pattes noires ou
brunes.

Du Cap de Bonne-Espérance.

Germar a mentionné, par erreur, une double impression au front
de cette espèce. C'est au contraire au *C. sericans* qu'il faut rapporter ce caractère qui est à peine visible chez le *C. servus.*

Une espèce de la même provenance et que je n'ai point vue a été
décrite par Germar (l. c. p. 90) sous le nom de *P. pellos.* Elle a la
taille et la structure du *servus,* sa couleur est d'un noir de poix, sa
ponctuation plus forte, sa pubescence moins apparente et jaunâtre.

46. C. famulus. *Niger, dense breviter cinereo- pubescens. Fronte
subconcava; prothorace latitudini longitudine æquali, antrorsum
subangustato, lateribus subangulato, convexo, crebre fortiterque
punctato, angulis posticis attenuatis, divaricatis, extrorsum ca-*

rinatis; elytris subparallelis, ultra medium attenuatis, puncta-
to-striatis, interstitiis convexiusculis, punctulatis. — Long. 14 mill.,
lat. 3 2/3 mill.

Pristilophus famulus. GERM. *Zeitschr. f. d. Entom.* IV, p. 89, 8.

Assez épais, noir, peu brillant, revêtu d'une pubescence d'un gris
cendré, courte mais assez serrée. Front légèrement concave. Antennes obscures. Prothorax aussi large que long, un peu rétréci du milieu au sommet, avec ses côtés faiblement coudés, assez convexe, fortement et densément ponctué, son bord antérieur circulairement subéchancré, ses angles correspondants peu saillants, arrondis en dehors, ses bords latéraux à peine visiblement rebordés, ses angles postérieurs divergents, faiblement recourbés en arrière, grêles, présentant en dehors une carène qui se prolonge fort avant le long des bords latéraux. Ecusson élargi et subarrondi en arrière. Elytres arrondies aux épaules, à peu près parallèles sur les côtés jusqu'au milieu ou même un peu au delà, puis arrondies de ce point jusqu'à l'extrémité qui est acuminée, ponctuées-striées, les intervalles subconvexes et pointillés. Pattes d'un brun obscur.

Il se rapproche beaucoup du *P. servus*, mais sa forme est différente. Les élytres se rétrécissent, dans l'espèce précédente, à partir d'un point situé à peu de distance de la base, tandis que dans celle-ci, elles conservent leur largeur au moins jusqu'au milieu.

J'ai vu, grâce à l'obligeance de M. Gerstaecker, l'exemplaire unique du musée de Berlin qui a servi de type à Germar. Cet exemplaire est indiqué comme originaire de Sicile, ce qui me paraît fort sujet à caution. Le *P. famulus* fait en effet partie d'un groupe exclusivement propre à l'Afrique australe.

47. C. AMAURUS. *Niger, parum nitidus, parcius breviter griseopubescens; fronte rugosa; prothorace latitudine vix longiore, apice parum angustato, parum convexo, confertim fortiter punctato, angulis posticis vix divaricatis, longe carinatis; elytris ultra medium parallelis, punctato-striatis, interstitiis punctulatis; pedibus brunneo-nigris.* — Long. 12 mill., lat. 3 1/2 mill.

Ludius servus. DEJ. *Cat.* ed. 3, p. 107.

Plus petit que le précédent; noir, peu luisant, revêtu d'une pubescence grise, courte et peu dense. Front rugueux. Antennes mé-

17

diocrement longues, brunâtres, à troisième article à peine plus court
que le suivant et un peu plus long que le second. Prothorax à peu
près aussi large que long, faiblement et curvilinéairement rétréci au
sommet, peu convexe, très-fortement et très-densément ponctué,
légèrement sillonné en arrière, ses angles postérieurs très-peu divergents, munis d'une fine carène qui se prolonge le long des bords latéraux. Elytres de la largeur du prothorax et parallèles, même chez
le mâle, jusqu'au delà du milieu, curvilinéairement rétrécies au
delà, déprimées, ponctuées-striées, les intervalles plats et ponctués.
Dessous noir, pattes noir brunâtre.

Cap de Bonne-Espérance.

48. C. RHOMALOCERUS. *Ater, nitidus, breviter sparsim nigro-pubescens; antennis validissimis; prothorace latitudine longiore,
basi arcuatim leviter angustato, sat dense punctato, angulis
posticis divaricatis, acute longeque carinatis; elytris prothorace
paulo latioribus, punctato-striatis, interstitiis reticulatis, punctulatis.* — Long. 18 mill., lat. 4 2/3 mill. (Pl. 11, fig. 5.)

Noir, assez luisant, revêtu de très-petits poils noirâtres, peu denses, à peine visibles. Front largement concave. Antennes noires,
presque aussi longues que le corps (♂), les articles très-larges à
partir du quatrième et se rétrécissant graduellement jusqu'au dernier qui est grêle et terminé par un faux article, les deuxième et
troisième très-petits, égaux. Prothorax un peu plus long que large,
curvilinéairement rétréci au sommet, élargi à la base, peu convexe,
assez densément ponctué, légèrement sillonné à la base, ses angles
postérieurs divergents, munis d'une carène forte, aiguë, qui se prolonge le long des bords latéraux jusque dans les angles antérieurs.
Ecusson subarrondi, tronqué en avant. Elytres plus larges que le
prothorax, curvilinéairement rétrécies en arrière, assez fortement
rebordées sur les côtés, ponctuées-striées, les intervalles à peu près
plats, réticulés, ponctués. Pattes noires avec les tarses brun rougeâtre.

Cette espèce, curieuse par le développement de ses antennes,
(au moins chez le mâle), est de Natal. Je n'en ai vu qu'un exemplaire dans la collection de M. de Mniszech.

49. C. PSEUDALAUS. *Niger, nitidus, sparsim breviter fulvo-pubescens; fronte late impressa, rugose punctata; antennis brunneis; prothorace latitudine longiore, apice rotundatim angus-*

*lato, convexo, dorso sparsim inæqualiter, lateribus grosse sub-
confluenter punctato, angulis posticis divaricatis, fortiter longeque carinatis; scutello subquadrato; elytris punctato-striatis,
interstitiis crebre punctatis, rugulosis; corpore subtus pedibusque brunneis. — Long. 21 mill., lat. 6 mill.*

Noir, assez luisant, revêtu d'une pubescence courte, rare, caduque, fauve, plus longue et à reflet flave à la base du prothorax et
des élytres. Front largement impressionné, ponctué-rugueux. Antennes brunes, aussi ou moins longues que le prothorax, selon le
sexe, à articles triangulaires, les deuxième et troisième égaux. Prothorax plus long que large, arqué sur les côtés, sinueux en arrière,
convexe, éparsément et inégalement ponctué au milieu du disque.
les côtés présentant, sans transition, une ponctuation très-forte, très-
serrée et même subconfluente, les angles postérieurs divergents,
munis d'une longue carène qui se prolonge jusqu'au quart antérieur
du prothorax, la base présentant au milieu une faible carène longitudinale. Écusson subrectangulaire, un peu plus long que large.
Élytres subélargies vers le milieu, médiocrement atténuées en arrière, conjointement arrondies au bout, convexes, ponctuées-striées
avec les intervalles des stries assez densément ponctués et ruguleux.
Dessous du corps et pattes bruns.

Cafrerie.

J'ai vu une femelle de cette espèce dans la collection de M. de
Mniszech. L'espèce a des rapports évidents avec la précédente; j'avais
même de prime abord, pris l'exemplaire en question pour la femelle du *rhomalocerus* qui m'est inconnue, mais en l'examinant
plus attentivement, j'ai constaté plusieurs caractères qui me l'ont
fait considérer comme distincte : ces caractères sont surtout la forme
de l'écusson, la densité plus grande de la ponctuation et surtout la
façon dont celle-ci est disposée sur le prothorax.

J'ai vu, depuis, le mâle dans la collection de M. Janson.

Sa tournure rappelle quelque peu celle d'un *Alaus*.

50. C. VELUTINIPES. *Piceo-niger, nitidus, breviter pubescens; fronte
triangulariter impressa; prothorace latitudine paulo longiore,
apice fortius angustato, lateribus rugose punctato, basi longitrorsum impresso, linea media tenui elevata, angulis posticis
divaricatis, longe carinatis; elytris medio dilatatis, apice subacuminatis, subtilissime punctato-striatis, interstitiis dense punctulatis; tarsis subtus dense aureo-villosis. — Long. 22 mill.,
lat. 6 1/2 mill. (Pl. II, fig. 6.)*

Plus large que les précédents ; d'un noir de poix assez luisant, revêtu d'une très-courte pubescence brune. Front présentant une grande impression triangulaire peu profonde, rugueusement ponctué. Antennes médiocrement longues, brunes, à troisième article un peu plus long que le second. Prothorax presque aussi large que long, rétréci curvilinéairement au sommet, dilaté au milieu, ses côtés courbes, convexes, couverts de points inégalement espacés, rugueux et confluents sur ses parties latérales, présentant une très-fine ligne longitudinale élevée au milieu, en arrière un sillon médiocre et de chaque côté une impression longitudinale moins densément ponctuée que les portions avoisinantes, les angles postérieurs allongés, divergents, longuement carénés. Ecusson subarrondi. Elytres un peu rétrécies à la base, terminées en cône en arrière, à peine distinctement ponctuées-striées, avec les intervalles finement et assez densément pointillés. Dessous des tarses garni d'une épaisse villosité dorée.

De Natal.

Collection de M. Dohrn.

SECTION V

51. C. STRANGULATUS. *Elongatus, castaneus, tenuiter griseo-pubescens ; prothorace latitudine longiore, a basi leviter angustato, crebre punctato, haud canaliculato ; elytris prothorace latioribus, striis subtilibus punctatis, interstitiis crebre punctatis, apice truncatis, —*
Long. 15 mill., lat. 3 1/2 mill.

Elater strangulatus. WHITE, *Zool. of the Voy. of the Erebus and Terror.* p. 7.

Allongé, brun, assez luisant, revêtu d'une fine et courte pubescence grise. Antennes grêles, longues, d'un brun rougeâtre, à troisième article presque aussi long que le quatrième. Prothorax plus long que large, rétréci en avant à partir de la base, peu convexe, très-ponctué, sans sillon, ses angles postérieurs divergents, aigus, carénés. Elytres un peu plus larges que le prothorax, longues, parallèles jusqu'au milieu (au moins chez le mâle), atténuées au delà, très-finement ponctuées-striées, les intervalles aplatis, leur extrémité distinctement tronquée. Pattes brunes.

Nouvelle-Zélande.

Je n'ai vu qu'un exemplaire de cette espèce, qui m'a été communiqué par M. White et qui fait partie de la collection de M. Parry. Cet exemplaire présente, vers le milieu du prothorax, et sur ses côtés, deux plis transversaux ; cette particularité me paraît tout-à-fait accidentelle.

52. C. ANTIPODUM. *Parallelus, fuscus, subnitidus, griseo-pubescens; prothorace latitudine longiore, lateribus recto-parallelo, canaliculato, sparsim punctato, angulis posticis retrorsum productis, carinatis; elytris ad suturam depressis, striis subtilibus punctatis.* — Long. 11-12 mill., lat. 2 1/2-3 mill.

Parallèle, subcylindrique, brunâtre, revêtu d'une pubescence d'un gris clair. Front impressionné. Antennes testacées. Prothorax plus long que large, droit et parallèle sur les côtés à peu près jusqu'au sommet, convexe, ponctué éparsément, sillonné dans toute sa longueur, ses angles postérieurs dirigés en arrière, carénés. Elytres à peine plus larges que le prothorax, parallèles jusqu'au delà du milieu, déprimées le long de la suture, finement striées, les stries finement ponctuées, les intervalles densément ponctués. Pattes jaunes.

Nouvelle-Zélande.

Communiqué par M. Deyrolle. Un exemplaire, que je considère comme une femelle de cette espèce, a les antennes et les pattes de la couleur du corps.

53. C. SULCICOLLIS. *Brunneus, sat nitidus, pube tenui vix visibili tectus; fronte plana, antrorsum obsolete sulcata ; prothorace latitudine longiore, apice ampliato, confertim punctato, canaliculato, angulis anticis extrorsum rotundatis, posticis vix divaricatis, acutis, longe carinatis; elytris punctato-striatis, medio subdilatatis, margine reflexa pedibusque ferrugineis.* — Long. 16 mill., lat. 4 mill.

Elater sulcicollis. SAY, Am. Phil. Soc. Trans. VI p. 168.

Corymbites sulcicollis. LEC. Rev. Elat. U. St. in. Am. Phil. Soc. Trans. X, p. 441, 20.

Elater parallelus. SAY, Ann. Lyc. 1. p. 256.

D'un brun obscur, légèrement ferrugineux, à l'exception du rebord inférieur des élytres et des pieds qui sont d'un ferrugineux rougeâtre, revêtu d'une pubescence grise très-courte et rare, peu visible. Front aplati, avec un point central enfoncé, et trois légers sillons partant de ce point et allant en divergeant jusqu'au bord antérieur. Antennes médiocrement longues, assez robustes vers la base, plus grêles et rougeâtres à l'extrémité. Prothorax plus long que large, graduellement rétréci du sommet à la base, peu convexe, densément ponctué, assez fortement sillonné au milieu, son bord antérieur circulairement échancré, les angles de ce bord assez saillants, larges, arrondis en dehors, ses bords latéraux légèrement concaves, rebordés, ses angles postérieurs peu divergents, aigus, portant, près de leur bord externe, une carène qui se prolonge longuement en avant sous la forme d'un léger replis. Ecusson subquadrangulaire, arrondi sur les angles. Elytres plus larges que la base du prothorax aux épaules, celles-ci arrondies, peu élargies au milieu, presque arrondies conjointement à l'extrémité, fortement ponctuées-striées, les intervalles des stries convexes et pointillés.

Il habite les contrées centrales et occidentales des Etats-Unis où il est rare. Je l'ai reçu de M. Le Conte.

54. C. RUPESTRIS. *Castaneus, sat nitidus, griseo-subpubescens; fronte antrorsum depressa; prothorace latitudine longiore, ante medium paulo dilatato, depresso, parce fortiter punctato, angulis posticis divaricatis, carinatis, acutis; elytris subparallelis, postice attenuatis, punctato-striatis, interstitiis convexis, vix punctulatis. — Long. 11 mill., lat. 2 1/2 mill.*

Corymbites rupestris. GERM. *Zeitschr. f. d. Entom.* IV. p. 66, 24.

Etroit et allongé, brun assez brillant, revêtu d'une pubescence peu apparente, grise. Front grand, déprimé en avant. Antennes d'un brun rougeâtre. Prothorax plus long que large, élargi en avant du milieu, rétréci en arrière, déprimé, peu densément mais assez fortement ponctué, son bord antérieur légèrement échancré, ses bords latéraux rebordés, ses angles postérieurs assez longs, divergents, assez longuement carénés contre leur côté externe, aigus à l'extrémité. Ecusson allongé, brièvement acuminé en arrière. Elytres aussi larges que le prothorax dans sa partie moyenne, arrondies aux épaules, presque linéaires, atténuées à l'extrémité, déprimées, rebordées, striées, les stries irrégulièrement ponctuées, les intervalles convexes, non ponctués dans leur milieu. Dessous du corps et pattes d'un brun plus clair que le dessus.

Il habite l'Orégon.

Du Musée de Berlin.

55. C. MONTIVAGUS. *Elongatus, fusco-piceus, tenuiter sparsim griseo-pubescens; prothorace latitudine paulo longiore, lateribus* *brunneis recto parallelo,parce punctato; elytris brunneis, parallelis, obsolete striatis, interstitiis subtiliter punctatis ; abdominis apice, tibiis tarsisque testaceis.* — Long. 10-12 mill.. lat. 2 1/4 2 1/2 mill.

Pristilophus montivagus. ROSENH. *Beitr. z. Ins. Faun. Europ.* I, p. 15.

Corymbites (s. g. Liotrichus) montivagus. KIESENW. *Naturg. d. Ins. Deutschl.* iV, p. 290, 11.

Étroit et allongé, finement pubescent, brunâtre avec les côtés du prothorax et les élytres brun rougeâtre. Antennes obscures, allongées, obtusément dentées. Front impressionné. Prothorax un peu plus long que large, droit et parallèle sur les côtés, très-peu convexe, finement et éparsément ponctué, subsillonné au milieu, ses angles postérieurs grêles, divergents, faiblement carénés. Écusson oblong. Élytres plus larges que le prothorax, parallèles jusqu'au delà du milieu, atténuées assez brusquement au sommet, peu convexes, obsolètement striées, les intervalles éparsément ponctués. Dessous du corps brunâtre avec les bords latéraux de l'antépectus, la moitié antérieure de la mentonnière, l'extrémité de l'abdomen, les jambes et les tarses d'un brun rougeâtre.

On trouve cette espèce dans les Alpes du Tyrol, de l'Illirie, de la Styrie, en Hongrie, etc.

56. C. SAGITTICOLLIS. *Niger, sat dense breviterque griseo-pubescens; fronte planiuscula, antrorsum biimpressa ; prothorace angusto, latitudine non longiore, depresso, sparsim punctulato, angulis posticis tenuibus, divaricatis, acutissimis carinatisque; elytris rufo-testaceis, parallelis, ultra medium attenuatis, striatis, interstitiis punctulatis ; pedibus fuscis.* — Long. 13 mill.. lat. 3 1/2 mill.

Ludius sagitticollis. ESCHS. in THON. *Arch.* II, p. 34. — DEJ. *Cat.* ed. 3, p. 107.

Pristilophus sagitticollis. GERM. *Zeitschr. f. d. Entom.* IV. p. 91, 11.

Diacanthus sagitticollis. MANNERH. *Bull. Mosc.* 1843 p. 242, 147. — *Beitr. z. käf. faun. d. Aleut. Ins.* part. 2 p. 70, 147.

Noir, avec les élytres d'un jaune rougeâtre, les antennes et les pattes brunes, revêtu d'une pubescence serrée et très-courte, d'un fauve cendré. Front aplati, ponctué, présentant deux petites impressions près de son bord antérieur. Antennes fort longues. Prothorax étroit et pas plus long que large, un peu rétréci en avant à partir du milieu, aplati, finement et éparsément ponctué, son bord antérieur tronqué, un peu saillant au milieu, ses bords latéraux rebordés, ses angles postérieurs divergents, très-grêles et très-aigus, aciculés, carénés. Écusson subarrondi. Élytres plus larges que le prothorax, avec leurs côtés parallèles jusqu'au delà du milieu, atténuées à partir de ce point, acuminées à l'extrémité, convexes, striées, les stries externes seules visiblement ponctuées, les intervalles des stries faiblement convexes et pointillés.

De l'Île Sithka ; Russie américaine.

57. C. ANGUSTICOLLIS. *Obscure æneus, nitidus, pube cinerea subsericea, longiuscula vestitus; prothorace latitudine longiore, fortiter minus dense punctato, angulis posticis divaricatis, elongatis, tenuibus, subcarinatis; elytris parallelis, substriatis, striis punctulatis, interstitiis planis, punctatis; pedibus obscure ferrugineis. — Long. 14-15 mill., lat. 3 1/2-3 3/4 mill.*

Diacanthus angusticollis. MANNERH. *Bull. d. Mosc.* XVI, 1843, p. 241, 144 — EJUSD. *Käferf.* p. 69, 144.

Bronzé obscur, assez luisant, revêtu d'une pubescence cendrée assez longue. Antennes peu allongées, noirâtres. Front plat. Prothorax plus long que large, droit et presque parallèle sur les côtés chez le mâle, un peu arqué chez la femelle, fortement et peu densément ponctué, ses angles postérieurs allongés, divergents, grêles, peu fortement carénés. Élytres plus larges que le prothorax, parallèles, marquées de stries très fines et ponctuées, les intervalles plats et ponctués. Dessous noirâtre avec les pattes d'un ferrugineux testacé obscur.

Russie américaine.

58. C. TRIVITTATUS. *Ferrugineus, cinereo-pubescens; fronte nigra, concava; prothorace longitudini latitudine æquali, fortiter punctato, macula dorsali nigra; elytris flavo-testaceis, sutura vittaque discoidali nigris, punctato-striatis, interstitiis convexiusculis, punctulatis. — Long. 15-20 mill., lat. 4 5 mill. (Pl. II, fig. 2).*

Corymbites trivittatus. LEC. *Rev. Elat. Un. St. in Am. Phil. Soc. Trans.* X, p. 443, 29.

Ferrugineux, avec les antennes, la tête et une tache ovalaire sur le disque du prothorax, noires, les élytres jaunâtres
avec une bande sur la suture et une autre sur le disque, allant de
l'épaule à l'extrémité, noire. Front assez grand, concave. Mandibules presque simples. Antennes longues, noires. Prothorax
aussi large que long, peu retréci en avant, droit sur les côtés en arrière, au moins chez le mâle, convexe, fortement
ponctué, finement sillonné au milieu, son bord antérieur sinueux latéralement, ses angles correspondants légèrement
avancés, aigus, ses bords latéraux rebordés, ses angles postérieurs allongés, aigus, peu divergents, à peine carénés. Ecusson arrondi. Elytres un peu plus larges que le prothorax à
la base, arrondies aux épaules, parallèles jusqu'au delà du milieu, puis arrondies sur les côtés de ce point à l'extrémité, fortement ponctuées-striées, les points des stries irrégulièrement disposés, les intervalles convexes et ponctués. Dessous du corps
et pattes ferrugineux.
Commun dans le midi des Etats-Unis.

59. C. ÆTHIOPS. *Niger, sparsim griseo-pilosulus, depressus ; fronte
depressa ; prothorace latitudine longiore, canaliculato, disco sparsim, ad latera crebrius punctato, lateribus late rotundato, angulis
posticis divaricatis, carinatis ; elytris basi thorace angustioribus,
apice attenuatis, punctato-striatis ; interstitiis convexis, punctatis ;
antennis pedibusque fuscis.* — Long. 18-25 mill., lat. 4-7 mill.

Elater æthiops. HERBST, *Käf.* X, p. 70, 78, Tab. 164 fig. 4.

Pristilophus æthiops. GERM. *Zeitschr. f. d. Entom.* IV, p. 86, 4.

Corymbites æthiops. LEC. *Rev. Elat. Un. St.* in *Am. Phil. Soc. Trans.* X
p. 443, 30.

Ludius nigrans. DEJ. *Cat.* ed. 3, p. 107. — LAP. *Hist. nat. Ins. Col.* I, p. 241, 14.

Déprimé, noir, médiocrement brillant, revêtu de petits poils
grisâtres peu serrés, avec les antennes brunes et les pattes
d'un brun obscur. Front aplati en avant. Prothorax plus long
que large, un peu convexe, ponctué surtout sur les côtés,
offrant un sillon médian plus profond et plus large à la base,
ses côtés largement convexes, son bord antérieur échancré,

18

un peu saillant au milieu, ses bords latéraux très étroitement
rebordés, ses angles postérieurs divergents, aigus, carénés,
son bord postérieur dépourvu de lobe médian. Ecusson bombé,
arrondi en arrière, tronqué en avant. Elytres plus étroites à
la base que le prothorax, arrondies aux épaules, élargies au milieu, atténuées au-delà, assez fortement ponctuées-striées, les
intervalles des stries convexes et ponctués. Dessous du corps
noir et poilu comme le dessus.

Commun aux Etats-Unis.

Cette espèce varie beaucoup pour la taille.

60. C. ᴉɴꜱɪᴛɪᴠᴜꜱ. *Niger, subopacus, griseo-pilosulus ; fronte plana;
prothorace latitudine longiore, antrorsum angustato, canaliculato,
crebre fortiterque, lateribus confluenter punctato, angulis posticis
acutis, paulo divaricatis, carinatis; elytris striatis, interstitiis rugose punctatis ; antennis pedibusque rufescentibus.* — Long. 17-20 mill.,
lat. 4 3/4 — 5 1/4.

Elater insitivus. Gᴇʀᴍ. *Ins. sp. nov.* p. 44, 72.

Pristilophus insitivus. Gᴇʀᴍ. *Zeitschr. f. d. Entom.* IV. *p.* 87, 5. — L. Rᴇᴅᴛ.
Faun. Austr. ed. II, 508, 554.

Corymbites (s. g. *Pristilophus*) *insitivus.* Kᴜꜱ. *Nat. d. Ins. Deutschl.* IV. p. 301.

Elater depressus. Gᴇʀᴍ. *Faun. Ins. Eur.* Fasc. VII, sub 9. — Fɪꜱᴄʜ. *Entomogr.
ruth.* II p. 202, 2, pl. XXIII, fig. 2.

Ludius depressus. Dᴇᴊ. *Cat.* ed. 3, p. 107.

Déprimé, opaque, revêtu de petits poils grisâtres peu serrés,
noir avec les antennes et les pattes d'un brun rougeâtre.
Front granuleux, aplati, très-faiblement concave en avant. Antennes assez longues. Prothorax plus long que large, rétréci en
avant avec ses côtés arrondis, médiocrement convexe, sillonné
au milieu, très-fortement et densément ponctué avec les points
confluents sur les parties latérales, son bord antérieur médiocrement échancré, ses bords latéraux rebordés, ses angles postérieurs aigus, subdivergents, carénés, leur côté externe élevé.
Ecusson oblong, étranglé au milieu, aplati. Elytres arrondies
aux épaules, un peu élargies au-delà, conjointement arrondies

à l'extrémité, leur bord externe redressé, striées, les stries ponctuées, leurs intervalles peu convexes, ponctués-rugueux. Dessous du corps d'un noir brunâtre, finement pubescent.
Autriche, Hongrie, Volhynie, etc.

61. C. MELANCHOLICUS. *Niger, nitidus, flavescenti sparsim pubescens; fronte medio profunde impressa; prothorace antrorsum angustato, confertim punctato, sæpe obsolete canaliculato; elytris viridibus, punctato-striatis, interstitiis convexis, punctulatis, subtilissime rugulosis.* — Long. 14-20 mill., lat. 4-8 mill.

Elater melancholicus. FABR. *Ent. syst. suppl.* 139, 66. — *Syst. Eleuth.* II, 241, 100. — PAYK. *Faun. Suec.* III, p. 17, 20. — GYLL. *Ins. Suec.* I, p. 389, 16.—PANZ. *Faun. Germ.* fasc. 93, tab. 11.—ZETTERST. *Ins. lapp.* p. 146, 11.— GEBL. in. LEDEB. *Reis.* p. 82.

Diacanthus melancholicus. GERM. *Zeitschr. f. d. Entom.* IV, p. 80, 26. — L. REDT. *Faun. Austr.* p. 308.

Corymbites (subg. Diacanthus) melancholicus. KIESENW. *Naturg. d. Ins. Deutschl.* IV, p. 293, 16.

Ludius melancholicus. DEJ. *Cat.* ed. 3 p. 106. — GEBL. *Ins. sib* in. *Bull. Mosc.* 1847.

Ludius dauricus. Mannerh. in litt.

Elater scabricollis. ESCHS. in *Dorpat Abhandl.* 1823 p. 124.

Var. *a. fusco-niger, elytris æneo-fuscis*

Noir bronzé ou noir, avec les élytres vertes, assez brillant, revêtu d'une pubescence rare d'un flave cendré. Front fortement impressionné au milieu, très ponctué. Antennes brunâtres. Prothorax aussi large que long, peu convexe, densément ponctué, assez rétréci en avant, son bord antérieur largement échancré, cilié, ses bords latéraux redressés, ses angles postérieurs robustes, divergents, carénés, tronqués au sommet. Ecusson subquadrangulaire, arrondi sur les angles. Elytres arrondies aux épaules, s'élargissant jusqu'au delà du milieu, atténuées et subacuminées à l'extrémité, leurs bords redressés, fortement ponctuées-striées, les intervalles des stries convexes, éparsément ponctués et finement rugueux. Dessous du corps

brun ou noirâtre, densément pubescent; dernier segment de
l'abdomen élevé en bourrelet près du bord postérieur chez
les mâles. Pattes brunes.

Du nord de l'Europe et de la Sibérie. On le trouve également dans les hautes montagnes du centre.

Cette espèce se rapproche, par le *facies*, des *C. æneus,
impressus, metallicus*, etc., mais la conformation des antennes
l'en éloigne et la fait rentrer dans cette section.

Elle varie beaucoup pour la taille. Les femelles diffèrent
quelquefois notablement des mâles par leur prothorax plus
large et plus arrondi sur les côtés, par leurs élytres également plus larges; néanmoins l'espèce a des caractères propres qui
la font facilement reconnaitre.

J'ai trouvé, dans plusieurs collections, des exemplaires de
la Sibérie orientale désignés par le nom de *dauricus* Mann.,
qui ne se distinguent que par une taille plus grande.

62. C. NIGRITA. *Ater, parum nitidus, glaber; fronte leviter concava ; prothorace latitudine longiore, apice rotundatim angustato,
convexo, creberrime regulariter punctato, medio linea subelevata,
angulis posticis brevibus, tenuiter carinatis; elytris basi prothorace
angustioribus, subdepressis, punctato-striatis, interstitiis fere planis
punctulatis; antennis pedibusque brunneo-piceis.* — Long. 10-11 mill.,
lat. 3 mill.

Diacanthus nigrita. MANNERH. *Bull. Mosc.* 1852, II. p. 289.

D'un noir opaque ou peu luisant, glabre. Tête légèrement
excavée, très ponctuée. Antennes plus longues que la tête et
le prothorax, même chez la femelle, brunâtres, à troisième
article un peu plus court que le quatrième, celui-ci et les
suivants médiocrement dentés. Prothorax plus long que large,
curvilinéairement rétréci au sommet chez le mâle, dilaté au
milieu et très arqué sur les bords chez la femelle, convexe,
très densément ponctué, marqué souvent d'une très fine ligne
longitudinale élevée, ses angles postérieurs médiocres, peu divergents, très finement carénés en dessus près de leur bord
externe. Elytres plus étroites que le prothorax à la base, dilatées au tiers antérieur puis linéaires au-delà ou très dilatées
en arrière selon le sexe, déprimées chez le mâle, un peu

convexes chez la femelle, ponctuécs-striées, les intervalles à peu
près plats et éparsément pointillés. Pattes brunâtres.

Daourie.

J'en ai vu plusieurs exemplaires dans la collection de M. de Mnisz-
zech.

Eschscholtz (Thon, *Arch.* I. p. 34.) donne la formule suivante d'une espèce que je n'ai pas vue et qu'il appelle *Ludius altaicus*; elle ressemble beaucoup à celle-ci :

*Niger, tenue nigro-pilosus, antennis pedibusque fuscis, tho-
race brevi, medio dilatato, densissime punctulato, linea media
subelevata lævi, angulis posticis brevibus,* Long 4-4 1/2'''. Montes al-
taici. Gebler.

Je ne l'ai point trouvé dans la collection Gebler, que j'ai
entre les mains.

63. C. LÆVICOLLIS. *Æneus, nitidissimus, glaber ; prothorace convexo, basi apiceque angustato, disperse punctulato, angulis posticis
acute carinatis; elytris ultra medium dilatatis, marginatis, punctato-striatis, interstitiis subconvexis, disperse tenuissime punctulatis;
pedibus rufis.* — Long. 9-11 mill., lat. 2 3/4-3 1/2 mill.

Diacanthus lævicollis. Mannerh. *Bull. d. Mosc.* 1852, II, p. 285.

D'un vert bronzé, très brillant sur le prothorax, glabre.
Front présentant quelques petites impressions en avant. Antennes brunes, leur troisième article aussi petit ou à peu
près que le second. Prothorax un peu plus long que large
chez le mâle, moins long chez la femelle, arqué sur les côtés, bombé, très lisse, très finement et éparsément ponctué,
les angles postérieurs médiocres, un peu divergents, carénés.
Elytres assez fortement élargies au tiers postérieur, largement
rebordées sur les côtés, ponctuées-striées, les intervalles des stries
plus ou moins convexes et à peine distinctement pointillés.
Dessous noir, les pattes brun rougeâtre. Dernier segment de
l'abdomen égal, bordé postérieurement de ferrugineux clair.

Sibérie.

D'après Gebler on le trouve dans toute la Sibérie tempérée.
Il est facile à reconnaitre à son prothorax brillant et à la
petitesse relative du troisième article des antennes.

64. C. ANXIUS. *Niger, parum nitidus, fere glaber; prothorace la-*
titudine vix breviore, convexo, lateribus parum arcuato, confertim
punctato, angulis posticis brevibus, divaricatis, carinatis; elytris
profunde punctato-striatis, interstitiis convexis, punctatis, subcya-
neo-nigris; pedibus obscuris. — Long. 11-12 mill., lat. 3 ¾.

Elater anxius. GEBL. *Bull. d. l'Acad. de St.-Pétersb.* 1843, I, p. 38.

Voisin, pour la tournure, de l'*æneus*, mais plus petit et
moins brillant. Noir avec les élytres teintées de bleuâtre métallique, presque glabre. Front aplati, impressionné. Antennes
noires. Prothorax aussi long que large ou à peu près, droit
sur les côtés et un peu rétréci en avant à partir de la base
chez le mâle, légèrement arqué chez la femelle, convexe, assez
densément ponctué, non sillonné, ses angles postérieurs médiocres, divergents, carénés. Ecusson subarrondi, pubescent. Elytres
élargies au-delà du milieu, convexes, profondément striées, les
intervalles convexes et pointillés çà et là. Pattes brun noirâtre.
Dernier segment de l'abdomen portant en arrière une saillie
arrondie, subtuberculiforme, fortement ponctué dans les deux
sexes.

Sibérie.

Collection Gebler, actuellement à M. de Mniszech.

65. C. SPRETUS. *Nigro-brunneus, minus nitidus, griseo-pubescens;*
antennis brunneo-ferrugineis, validis; prothorace latitudine paulo
longiore, apice rotundato, crebre fortiterque punctato, angulis posti-
cis divaricatis, acute carinatis; elytris brunneis, brevibus, profunde
punctato-striatis, interstitiis convexis, rugulosis; abdominis seg-
mento ultimo truncato, carina subapicali arcuata, acute elevata,
postice ciliata. — Long. 6-7 mill., lat. 1 ¾-2¼.

Diacantus spretus. MANNERH. *Bull. Mosc.* 1852, II, 285.

Peu luisant, légèrement pubescent, brun obscur avec les
élytres brunes. Front légèrement concave, longitudinalement
impressionné, rugueux. Antennes longues, à articles larges à
partir du quatrième, le troisième un peu plus long que le
second. Prothorax plus long que large, élargi en avant chez
le mâle, droit ou sinueux sur les côtés en arrière, selon le

sexe, un peu convexe, quelquefois bifovéolé en avant, densément et fortement ponctué, les angles postérieurs robustes, divergents, fortement carénés. Ecusson très pubescent. Elytres un
peu plus larges que le prothorax et un peu plus de deux fois
plus longues, subdéprimées, profondément striées, les stries fortement ponctuées, les intervalles finement rugueux. Dessous du
corps et pattes d'un brun plus clair que le dessus; dernier
segment de l'abdomen tronqué au bout et présentant près du
sommet une carène élevée, transversalement arquée, à concavité postérieure; l'intervalle qui la sépare du bord postérieur
rempli de cils gris fauve.

Sibérie ; Salair et Irkutsk.

La singulière conformation du dernier segment de l'abdomen
caractérise parfaitement cette espèce. Cette particularité existe au
même degré dans les trois exemplaires que j'ai sous les yeux
et dont l'un, qui a le prothorax plus développé, plus rétréci en
avant et les antennes plus courtes, me paraît être une femelle ;
cette structure n'a pas été mentionnée par Mannerheim.

Le même auteur décrit à la suite de celle-ci une autre
espèce des mêmes régions, voisine également du *melancholicus*
et appartenant sans doute à la même section, que je n'ai point
vue. Voici sa diagnose en même temps que son nom :

66. C. PUNCTATISSIMUS. *Elongatus, nigro-piceus, opacus, tenue-gri-
seo-pubescens; fronte plana; antennis, margine inflexo elytrorum
pedibusque rufo-castaneis; antennis validis subserratis ; thorace creberrime punctato, lateribus rectis, angulis posticis protensis, divaricatis, supra carinatis, apice incurvis; elytris punctato-striatis, interstitiis subtilissime punctulatis.* — Long. 5''', lat. 1 1/2'''.

Diacanthus punctatissimus. MANNERH. *Bull. Mosc.* 1852, II, p. 287.

Voisin du *melancholicus* et très rapproché du *spretus* mais
en différant par sa structure plus allongée, son front plat, son
prothorax plus long et beaucoup plus densément et plus régulièrement ponctué.

Il provient des environs d'Irkutsck mais il y est plus rare.

67. C. HAMATUS. *Niger, parum nitidus, aureo-pilosus; prothorace
latitudine paulo longiore, antice magis angustato, convexo, postice*

canaliculato, dense subtiliter punctato, margine angulisque posticis rufescentibus; elytris striis punctatis, apice acuminatis, flavis, macula hamata postica nigra; abdomine rufo, pedibus testaceis. — Long. 10 mill., lat. 3 mill.

Elater hamatus. SAY, *Am. phil. Soc. Trans.* VI, p. 170.

Corymbites hamatus. LEC. *Rev. Elat. Un. St.* in *Am. phil. Soc. Trans.* X, new. Ser. p. 436, 1.

Ludius propola. LEC. in DEJ. *Cat.* ed. 3 p. 106.

Assez épais, fusiforme, noir, revêtu de poils dorés, les élytres d'un jaune flave marquées au sommet d'une tache noire en forme d'hameçon. Front un peu acuminé en avant. Antennes noirâtres ou jaunâtres. Prothorax un peu plus long que large, assez fortement rétréci en avant, convexe, finement et densément ponctué, sillonné en arrière, ses angles postérieurs un peu divergents, rougeâtres ainsi que le bord postérieur. Elytres un peu dilatées vers le milieu, curvilinéaires sur les côtés depuis la base jusqu'au sommet où elles sont acuminées, striées, les stries ponctuées, les intervalles convexes et pointillés. Dessous noir ou brun avec l'abdomen brun ou rouge. Pattes jaunes.
Etats-Unis; New Jersey.

68. C. PROPOLA. *Niger, cinereo-pubescens; prothorace latitudine haud longiore, basi apiceque angustato, lateribus arcuato, minus dense punctulato, angulis posticis divaricatis, rufo-testaceis; elytris prothorace latioribus, medio dilatatis, apice acuminatis, striatis, interstitiis punctatis, lurido-testaceis, fascia arcuata media obscura; pedibus piceis vel testaceis.* — Long. 9 mill., lat. 3 mill.

Corymbites propola. LEC. *Rev. Elat. Un. St.* in *Am. phil. Soc. Trans.* X, new. ser., p. 437, 4.

Noir, revêtu d'un pubescence cendrée, les élytres testacé rougeâtre, avec quelques petites taches vers la base et une grande fascie arquée, à concavité postérieure, vers le milieu, noires. Antennes noires, le premier article rouge. Prothorax à peu près aussi large que long, rétréci à la base et au sommet, arqué sur les côtés, un peu convexe, finement et éparsément pointillé, ses angles postérieurs petits, divergents, rouges, à peine distinctement carénés. Elytres plus larges que le prothorax à la base, dilatées au milieu, acuminées en arrière, largement rebordées, finement striées, les intervalles ponctués Dessous du corps noir, les pattes brunâtres ou testacées.

Des Etats-Unis du Nord.

Communiqué par M. Le Conte.

69. C. TRIUNDULATUS. *Niger, griseo-pubescens ; fronte plana ; prothorace latitudine non longiore, confertim punctato, canaliculato, lateribus rotundato ; elytris flavis, fasciis tribus arcuatis, nigris.* — Long. 8 mill., lat. 2 1/2 mil.

Elater triundulatus. RANDALL, *Bost. Journ. nat. hist.* II. p. 12.

Corymbites triundulatus. LEC. *Rev. Elat. Un. St.* in *Am. Phil. Soc. Trans.* X, p. 437, 3.

Noir, revêtu d'une pubescence grise, avec les élytres jaunes, parées de trois bandes étroites, noires, transversales, arquées, la concavité de leur courbure regardant en arrière. Front aplati. Antennes noires. Prothorax aussi large que long, convexe, ponctué, sillonné au milieu, arrondi sur les côtés, rétréci en arrière, ses bords latéraux finement rebordés, ses angles postérieurs petits, divergents, redressés. Ecusson oblong, sillonné longitudinalement. Elytres aussi larges à la base que la partie correspondante du prothorax, s'élargissant graduellement de ce point jusqu'au délà du milieu, atténuées à l'extrémité, ponctuées-striées, rebordées sur les côtés, pubescentes avec les bandes noires glabres. Dessous du corps noir. Pattes brunes avec les cuisses noirâtres.

Il se trouve abondamment dans l'Etat du Maine et vers les bords du lac Supérieur.

Il m'a été communiqué par M. Le Conte. Un individu appartenant à M. Janson est originaire du Canada.

70. C. MEDIANUS. *Niger, flavo-pubescens ; fronte subconvexa ; prothorace latitudini longitudine æquali, antrorsum angustato-rotundato, convexiusculo, haud carinulato, angulis posticis brevibus, vix subdivaricatis, carinatis, acutis ; elytris pallide rufo-castaneis, de-*

pressis, striatis, interstitiis planis, punctulatis ; pedibus-rufis.
— Long. 10 mill., lat. 3 mill.

Diacanthus medianus. GERM. *Zeitsch. f. d. Entom.* IV. p. 71, 7.

Corymbites rubidipennis. LEC. *Rev. Elat. Un. St. in Am. Phil. Soc. Trans.* X. p. 437. 2.

De la forme du précédent mais plus déprimé sur les élytres ; noir avec les élytres et les pattes d'un châtain rougeâtre clair, revêtu d'une pubescence d'un fauve cendré, à reflet moiré bré seulement sur le prothorax. Front légèrement convexe, aplati en avant. Antennes obscures. Prothorax aussi long que large, non rétréci à la base, rétréci et arrondi sur les côtés en avant, faiblement convexe, densément ponctué, sans carinule sur le disque, ses bords latéraux étroitement rebordés, ses angles postérieurs aigus, à peine sensiblement divergents, petits, carénés. Ecusson comme dans les précédents. Elytres à peine élargies au milieu, arrondies en arrière, acuminées à l'extrémité, assez largement rebordées, aplaties sur le dos, striées, les stries non ponctuées, les intervalles aplatis, pointillés. Dessous du corps noir, pubescent. Pattes rougeâtres.

Du Massachusetts et des bords du lac Supérieur.

Il se rapproche par le système de coloration des *C. fallax* et *nubilipennis*, mais sa pubescence ne forme pas de marbrure sur les élytres, son prothorax, sans carène médiane, est aussi long que large, etc.

C'est à tort que Germar lui assigne des stries ponctuées. J'ai examiné un exemplaire typique de ce savant, que m'a communiqué le Musée de Berlin et je n'ai découvert aucune trace de ponctuation au fond des stries.

M. Le Conte, privé de ce stypes, a donc pu considérer avec raison l'espèce actuelle, à stries simples, comme différente de celle de Germar et l'a décrite sous le nom de *rubidipennis*.

71. C. ACUTIPENNIS. *Niger, subflavescenti-pubescens; fronte subconvexa ; prothorace longitudine paulo latiore, convexo, confertim punctato, lateribus rotundato, angulis posticis subdivaricatis, obtuse carinatis, acutis; elytris castaneis, ultra medium sensim ampliatis, apice attenuatis, in mari acuminatis, punctato-striatis, interstitiis*

punctulatis ; antennis, pedibus abdomineque apice, rufo-testaceis.
— Long. 10 mill., lat. 2 mill.

Diacanthus acutipennis. GERM. *Zeitschr. f. d. Entom.* IV, p. 70, 6.

Corymbites acutipennis. LEC. *Rev. Elat. Un. St. in Am. Phil. Soc. Trans* X. p. 437, 3.

Ludius hypocrita. DEJ. *Cat.* ed. 3, p. 106.

Noir, avec les élytres d'un châtain rougeâtre obscur, revêtu d'une pubescence d'un flave cendré, sans marbrures, les pattes, l'extrémité de l'abdomen ainsi que le rebord inférieur des élytres rouge testacé, les antennes de même couleur ou plus brunes. Front légèrement convexe avec une impression linéaire en forme de v. Prothorax un peu plus large que long, sensiblement élargi au milieu, rétréci en avant avec ses côtés arrondis, très convexe, densément ponctué, ses angles antérieurs un peu saillants, ses bords latéraux étroitement rebordés, ses angles postérieurs grêles, subdivergents, à peine carénés. Ecusson scutiforme. Elytres élargies au milieu, atténuées au-delà, très acuminées à l'extrémité chez le mâle, beaucoup moins chez la femelle, rebordées, striées, les stries ponctuées, les intervalles presque plats, pointillés. Dessous du corps revêtu d'une fine pubescence cendrée.

Des Etats-Unis du nord (grands lacs) et du Canada.

M. Le Conte fait observer que la ponctuation des stries des élytres était à peine apparente dans un des deux individus de cette espèce qu'il a examinés.

La femelle se distingue du mâle par ses élytres conformées au sommet comme celles de la précédente, tandis qu'elles sont prolongées en pointe chez le mâle.

On le distinguera du *medianus* par sa forme plus convexe, son prothorax rétréci à la base avec ses angles postérieurs plus longs et plus grêles, ses élytres plus obscures et non déprimées sur le dos, etc.

72. L. GLOBICOLLIS. *Niger, sat nitidus, brevissime griseo-pubescens ; fronte subconvexa ; prothorace longitudine latiore, antrorsum angustato, convexo, inæqualiter punctato, angulis anticis rotundatis posticis vix subdivaricatis, carinatis, apice retusis; elytris ultra me-*

dium dilatatis, punctato-striatis, interstitiis convexis, punctatis; pedibus castaneis, geniculis tarsisque rufescentibus. — Long. 12 mill., lat. fere 4 mill.

Diacanthus globicollis. GERM. *Zeitschr. f. d. Entom.* IV, p. 79.

Corymbites (subg. Diacanthus) globicollis. KIES. *Nat. d. Ins. Deutschl.* IV. p. 267.

Ludius profugus. FALDERM. *N. Mém. d. l. Soc. imp. d. nat. de Mosc.* 1855. 176?

Assez large, noir avec les pattes brunes, rougeàtres aux genoux et aux tarses, revêtu d'une pubescence grise, rare et très courte. Front légèrement convexe, fortement ponctué. Antennes brunes. Prothorax plus large que long, un peu élargi au milieu, rétréci en avant, convexe, ponctué, les points peu régulièrement disposés, son bord antérieur échancré, rebordé sur les côtés, ses angles antérieurs arrondis, ses bords latéraux rebordés, ses angles postérieurs assez petits, à peine divergents, carénés, émoussés au sommet. Ecusson vaguement quadrangulaire avec les angles arrondis. Elytres arrondies aux épaules, assez élargies au-delà du milieu, largement rebordées sur les côtés, ponctuées-striées, les intervalles des stries plus ou moins convexes et ponctués.

Il se trouve dans le midi de la Russie. M. de Kiesenwetter le signale également en Allemagne. (Marche et montagnes de Saxe.)

L'espèce décrite sous le nom de *Ludius profugus* par Faldermann est très probablement la même que celle-ci, ainsi que le soupçonne Germar ; cela étant, le nom imposé par l'auteur russe devrait prévaloir. Faute des types, je ne puis trancher la question.

73. C. HOLOSERICEUS. *Fusco-niger, pube holosericea flavescenti-grisea variegatus; fronte plana; prothorace longitudine paulo latiore, convexo, confertissime punctato, antrorsum obsolete carinulato, lateribus rotundato, angulis posticis brevibus, haud divaricatis, carinatis, apice retusis; elytris striatis, striis subtiliter punctatis, interstitiis confertim subtilissime punctulatis, pedibus brunneis.* — Long. 12 mill., lat. 3 1/2 mill.

Elater holosericeus. FABR. *Ent. Syst.* II. 11. 222, 27. — *Syst. Eleuth.* II 238. 59. — OL. *Ent.* II 31, p. 27, 31, tab. 3, fig. 33, et tab. 7, fig. 69. — VOET, *Col.* tab. 44.

fig. 27. — Payk. *Faun. suec.* III p. 35, 59. — Gyll. *Ins. succ.* 1 p. 381, 7. — Zet-terr. *Ins. lap. p.* 144, 4. — Marsch. *Col. brit.* p. 386, 28. — Latr. *Hist. nat.* IX p. 19, 17. — Gebl. in. Ledeb. *Reis.* p. 81. — Schonh. *Syn. Ins.* III. p. 280.

Corymbites (*subg. Tactocomus*) *holosericeus.* Kies. *Nat. d. Ins. Deutschl.* IV. p. 502.

Ludius holosericeus. Eschs. in Thon. *Entom. Arch.* II, p. 34. — *Dej. Cat. ed.* 5, p. 106. — Boisd. *et* Lac. *Faun. Ent. d. env. d. Par.* I, p. 666, 4. — Lap. *Hist. nat. Ins. Col.* I, p. 241, 15. — Gebl. *Ins. d. Sib.* in *Bull. Mosc.* XX, 1847. —

Diacanthus holosericeus. Germ. *Zeitschr. f. d. Entom.* IV. p. 69, 1. — Menetr. *Ins d. Voy. d.* Lehm. in *Mem. Ac. Sc. Pet.* VI, — Kuster, *Käf. Europ.* H. X, 1847, n° 37. — L. Redt. *Faun. Austr. p.* 309.

Prosternon holosericeus. Lat. *Ann. Soc. Entom. Fr.* III, p. 152. — Steph. *Man. of brit. Col.* p. 179. — Spry and Shuck. *Brit. Col. del.* p. 39, 346, pl. 47, fig. 6.

Elater undulatus. Schaf. *Icon.* tab. 4, fig. 7. — Herbst, *Arch. von* Fuessl. III. 8. — Käf., X. p. 41, 47, tab. 161 fig. 9.

Le Taupin gris de souris. Geoffr. *Ins. d. env. d. Par.* I, p. 135, 16.

Var. *a. Brunneus, pube flava, sericea variegatus.*

Noir ou brun, densément recouvert d'une pubescence soyeuse, grise ou d'un flave doré, couchée, dirigée en différent sens et offrant ainsi l'apparence d'une sorte de marbrure par la variation des reflets. Front aplati. Antennes brunes, composées d'articles assez larges. Prothorax un peu plus large que long dans son milieu, convexe et couvert d'une ponctuation serrée, présentant sur le milieu du disque, en avant, une ligne légèrement élevée, retréci en avant avec ses côtés arrondis, son bord antérieur sinueux de chaque côté, ses bords latéraux très-étroitement rebordés, ses angles postérieurs courts, non divergents, carénés, arrondis à l'extrémité. Ecusson subarrondi, plus large que long. Elytres arrondies aux épaules, élargies vers leur milieu ou un peu au-delà, atténuées au sommet, subacuminées à l'extrémité, leur bord externe relevé, finement striées, les stries pointillées, leurs intervalles densément couverts de points très-fins. Dessous du corps noirâtre, pubescent. Pattes brunes.

Cette espèce est répandue dans toute l'Europe et la Sibérie. Elle vit de préférence sur le coudrier.

M. Kuster a décrit (loc. cit. N° 38) une espèce qu'il dit être très voisine de celle-ci. Comme je ne l'ai point vue, j'en reproduis ci-après la diagnose :

C. BIFASCIATUS. *Nigricans ; supra pube holosericea flavescenti tectus, thorace subquadrato, antrorsum rotundato, medio obsolete canaliculato, angulis posticis haud divaricatis ; elytris fasciis duabus transversis denudatis obscuris ; pedibus piceo-rufis, femoribus medio obscurioribus.* — Long. 5''', lat. 1 1/4'''

Trouvé aux environs de Hermannstadt.

74. C. SERICEUS. *Depressus, niger, pube holosericea grisea variegatus ; fronte plana ; prothorace longitudini latitudine æquali, subconvexo, confertissime punctato, antrorsum carinulato, lateribus rotundato basi angustato, angulis posticis brevibus, haud divaricatis, carinatis, apice subacutis ; elytris punctulato-striatis, ultra medium dilatatis ; pedibus nigris.* — Long. 13-14 mill., lat. 3-3 1/2.

Elater sericeus. GEBLER, in LEDEB. *Reis.* II, 2. — FISCH. *Entomogr.* II, p. 203, tab. 23, fig. 9.

Diacanthus sericeus. GERM. *Zeitschr. f. d. Entom.* IV, p. 69, 3. — MENETR. *Ins. d. Voy. d.* LEHM. in *Mem. Ac. sc. nat.* Petersb. VI, p. 31, 243. — MANNERH. *Beitr. z. Käf. Ins. d. Aleut. ins. part.* 3, (1853,) p. 137, 200.

Ludius sericeus. DEJ. *Cat.* ed. 3. p. 106.

Fort voisin du précédent mais plus déprimé, plus allongé et proportionnément plus étroit, surtout vers la base des élytres et du prothorax ; noir, revêtu d'une pubescence soyeuse, moirée, d'un cendré blanchâtre. Front aplati. Prothorax aussi ou un peu plus (♂) long que large, médiocrement convexe, très densément ponctué, caréné au milieu du disque en avant, rétréci à la base et au sommet avec ses côtés arrondis, les angles postérieurs un peu plus petits que dans le précédent et subaigus. Ecusson transversal. Elytres de la largeur du prothorax à la base, arrondies aux épaules, s'élargissant peu à peu jusqu'au delà du milieu, atténuées au delà, subacuminées à l'extrémité, striées, les stries pointillées, les intervalles couverts de points fins et nombreux. Dessous du corps noir. Pattes de même couleur.

On le trouve dans toute la Sibérie, le Kamschatka et les îles Aleutiennes.

On le distinguera de l'espèce précédente avec laquelle il a, du reste, la plus grande ressemblance, par sa forme plus allongée et plus déprimée, son prothorax assez fortement retréci à la base, enfin ses élytres dont la plus grande largeur se trouve au-delà du milieu.

75. C. CHRYSOCOMUS. *Brunneus, pube holosericea flavescenti-aurea variegatus ; prothorace longitudine latiore, convexo, confertim punctato, antrorsum carinulato, lateribus valde rotundato, basi angustato, angulis posticis brevibus, acutis, divaricatis ; elytris-striatis, interstitiis subconvexis, punctulatis.* — Long. 14 mill., lat. 4 1/4 mill.

Diacanthus chrysocomus. GERM. *Zeitschr. f. d. Entom.* IV, p. 69, 2.

Ludius chrysocomus. DAHL. in DEJ. *Cat.* ed. 3, p. 106.

Très voisin du *holosericeus*, surtout de la variété brune, mais plus grand, plus densément pubescent, la pubescence d'un jaune doré présentant des marbrures d'un dessin différent par la façon dont elle est disposée, les angles postérieurs du prothorax sensiblement divergents etc. Front aplati. Prothorax plus large que long, arrondi sur les côtés, rétréci en avant et en arrière, assez convexe, densément ponctué, caréné au milieu en avant, ses angles postérieurs petits, très-aigus, un peu divergents, carénés le long de leur bord externe. Ecusson transversal, déprimé au milieu. Elytres de même forme que celles du *holosericeus* quoique un peu plus parallèles, striées, les stries indistinctement ponctuées, les intervalles plus convexes et pointillés. Dessous du corps et pattes couverts d'une pubescence flave, ces dernières d'un brun plus clair.

Il se trouve en Hongrie.

Je l'ai reçu en communication du Museum d'Histoire naturelle de Berlin.

76. C. NUBILIPENNIS. *Niger, pube subholosericea grisea variegatus ; fronte subconvexa ; prothorace longitudine paulo latiore, crebre punctato, medio carinato, lateribus rotundato, angulis posticis brevibus, haud divaricatis, subacutis, carinatis ; elytris rufo-castaneis, striatis, striis internis indistincte punctatis, interstitiis planis, punctulatis ; pedibus brunneis.* — Long. 12 mill., lat. 3 1/4 mill.

Diacanthus nubilipennis. GERM. *Zeitschr. f. d. Entom.* IV, p. 69, 4.

Noir, avec les élytres d'un châtain rougeàtre assez clair, revêtu d'une pubescence grise, légèrement dorée, formant une sorte de marbrure, moins prononcée cependant que chez le *holosericeus*; de la forme et de la taille de ce dernier. Front faiblement convexe. Antennes obscures. Prothorax un peu plus large que long, sensiblement élargi au milieu, rétréci en avant avec ses côtés arrondis, densément ponctué, caréné au milieu, ses bords latéraux rebordés, ses angles postérieurs courts, non divergents, carénés, subaigus à l'extrémité. Ecusson comme chez les précédents. Elytres conformées comme celles du *holosericeus*, striées, les stries externes seules visiblement ponctuées, les intervalles aplatis, pointillés. Dessous du corps noirâtre, pubescent. Pattes brunes.

On le trouve dans le midi de la Russie.

Il ressemble tout à fait, pour la coloration, au *C. fallax* de l'Amérique du nord, mais il s'en distingue par son front convexe, son prothorax moins densément et plus fortement ponctué, caréné sur toute sa longueur, les intervalles des stries des élytres aplatis et enfin par ses pattes brunes. Sa pubescence est aussi beaucoup plus dense.

J'ai reçu, en communication, un exemplaire du Musée de Berlin.

77. C. FALLAX. *Niger, pube holosericea flavescenti-aurea minus dense variegatus; fronte concava; prothorace longitudine paulo latiore, convexo, confertissime punctulato, antrorsum carinulato, lateribus rotundato, angulis posticis brevibus, carinatis, apice retusis; elytris rufo-castaneis, punctato-striatis, interstitiis fere planis, confertissime punctulatis; pedibus abdomineque apice rufis.* — Long. 15 mill., lat. 4 1/2 mill.

Elater fallax. SAY, *Am. phil. Soc. Trans.* VI, p. 170.

Corymbites fallax. LEC. *Rev. Elat. Un. St.* in *Am. phil. Soc. Trans.* X, p. 446.

Diacanthus bombicinus. GERM. *Zeitschr. f. d. Entom.* IV, p. 70, 5.

De la forme du *C. holosericeus.* Noir, avec les élytres rougeâtres ainsi que les pattes et l'extrémité de l'abdomen, revêtu d'une pubescence soyeuse, cendrée ou dorée, couchée, dirigée en divers sens et formant des fascies sur les élytres. Front légèrement concave. Antennes brunâtres. Prothorax un peu plus large que long, un peu élargi au milieu, retréci en avant, arrondi sur les côtés, convexe, très densément pointillé, présentant en avant une fine carinule raccourcie, ses angles postérieurs petits, émoussés à l'extrémité, peu divergents, carénés. Ecusson comme chez les précédents. Elytres arrondies aux épaules, mais moins que chez le *holosericeus*, un peu élargies vers le milieu, atténuées au-delà, subacuminées à l'extrémité, relevées sur les bords, ponctuées-striées, les intervalles des stries à peine convexes, densément pointillés. Dessous du corps et pattes couverts d'une pubescence cendrée ou dorée.

De l'Orégon et du Canada.

Communiqué par M. Gerstaecker. Il représente le *C. holosericeus* dans l'Amérique du nord et n'en est peut-être qu'une variété.

SECTION VI.

78. C. LEUCASPIS. *Subænescenti-niger, nitidus, glaber; prothorace latitudini longitudine æquali, medio arcuatim dilatato, parum convexo, sparsim punctato, angulis posticis divaricatis, carinatis; scutello dense cinereo-tomentoso; elytris ultra medium dilatatis, parum convexis, profunde punctato-striatis, interstitiis convexis, vix punctulatis; antennis pedibusque nigris.* — Long. 14 mill., lat. 4. mill.

Diacanthus leucaspis. GERM. *Zeitschr. f. d. Entom.* IV, p. 73. 13.

Noir avec les élytres un peu bronzées, assez déprimé, glabre, sauf l'écusson qui est densément couvert de poils cendrés. Front à peu près plat. Antennes noires, à troisième article plus long que le suivant. Prothorax aussi long que large, élargi au milieu avec les côtés arqués, peu convexe, éparsément pubescent, finement sillonné en arrière, ses angles postérieurs divergents, assez grêles, carénés. Ecusson arrondi, tomenteux. Elytres graduellement élargies jusqu'au tiers postérieur, profondément striées, les stries ponctuées, les intervalles convexes et à peine pointillés. Dessous et pattes noirs.

Orégon.

Il a la tournure du *C. melancholicus* mais ses antennes sont différemment conformées.

Collection de M. de la Ferté Sénectère.

79. C. ÆNEUS. *Æneus vel cyaneus, nitidus, glaber; fronte impressa; prothorace latitudini longitudine æquali, antrorsum angustato, parum convexo, medio parce subtilius, lateribus crebrius fortiusque punctato, angulis posticis nonnihil divaricatis, carinatis; elytris*

20

punctato-striatis, interstitiis convexis punctulatis. — Long. 12-20, mill., lat. 4-6 1/2 mill.

Elater œneus. Fabr. *Entom. syst.* II, p. 223. 31. — *Syst. Eleut.* II, p. 230, 46. — Payk. *Faun. suec.* III, p. 16, 9. — Gyll. *Ins. suec.* 1, p. 388, 15. — Herbst, *Käf.* X, p. 33, 41, tab. 161. fig. 2, 3. — Zetterst. *Ins. Lapp.* p. 146, 12. — Steph. *Catal.* 123, 1271. — Gebl. in Ledeb. *Reis.* p. 79. — Menetr. *Cat. rais.* p. 136, 627. — Schönh. *Syn.* III, p. 283.

Corymbites (subg. Diacanthus) œneus. Kiesenw. *Naturg. d. Ins. Deutschl.* IV, p. 294, 17.

Selatosomus œneus. Steph. *Man. of Br. Col.* p. 182.

Ludius œneus. Boisd. et Lac. *Faun. Ent. des Env. de Paris* 1 p. 666, 3. — Dej. *Cat.* ed. 3 p. 107. — Lap. *Hist. nat. Ins. Col.* I. p. 241, 8. — Gebl. *Ins. d. Sib. in Bull. Mosc.* XX, 1847.

Diacanthus œneus. Germ. *Zeitschr. f. d. Entom.* IV, p. 81, 28. — Menetr. *Ins. rec.* p. Lehm. in *Mem. Ac. Petersb.* VI, 244. — L. Redt. *Faun. Austr.* p. 509.

Elater caucasicus.

Menetr. *Cat. rais.* p. 155.

Ludius caucasicus. Fald. *N. Mém. d. l. Soc. imp. d. nat. de Mosc.* 1 p. 174.

Var *a. pedibus rubris.*

Elater œneus. Linn. *Syst. nat.* II, p. 631. — *Faun. suec.* p. 740. — Degeer. *Ins.* IV, p. 149, 8. — Ol. *Entom.* II 31 p. 24, 28 tab. 8 fig. 83.

Elater impressus. Marsh. *Entom. brit.* p. 387. 29.

Var. *b. pedibus nigris.*

Elater germanus. Linn. *syst. nat.* II, p. 655, 30 — *Faun. Suec.* p. 730.

Elater cyaneus. Marsh. *Ent. brit.* p. 388, 31.

Brillant, d'un vert bronzé plus ou moins bleuâtre, avec les élytres vertes, bronzées ou bleues, les pattes obscures, brunes, ou rougeâtres, glabre ou à peu près. Front aplati, impressionné au milieu. Antennes obscures. Prothorax aussi long que large, peu convexe, rétréci seulement au sommet avec ses côtés convexes, densément ponctué, surtout latéralement, présentant souvent une ligne longitudinale d'un rouge cuivreux au milieu, impressionné à la base, son bord antérieur

sinueux de chaque côté, ses angles correspondants peu aigus, ses
bords latéraux finement rebordés, ses angles postérieurs longs, à
peine divergents, carénés, leur pointe un peu recourbée en arrière.
Ecusson vaguement ogival. Elytres arrondies aux épaules, un peu
élargies au-delà du milieu, plus ou moins fortement ponctuées-
striées, les intervalles plats ou convexes, ponctués. Dessous du
corps de la couleur du dessus, plus densément pubescent.

Il est commun dans la plus grande partie de l'Europe ainsi qu'en
Sibérie et dans les provinces du Caucase.

Il varie extrèmement, comme on le voit, sous le rapport du système de coloration des téguments et des pattes ; il varie aussi sous le
rapport de la profondeur des stries qui sont tantôt à peine marquées,
tantôt fortement enfoncées avec les intervalles convexes. Les formes
extrèmes, à cet égard, diffèrent même assez pour paraître former
des espèces distinctes, et ce n'est que lorsqu'on a sous les yeux
une série nombreuse d'individus de divers pays, qu'on s'aperçoit
qu'il existe entre elles tous les degrés possibles.

La variété la plus remarquable que j'aie vu du *C. æneus*, est représentée par un exemplaire appartenant à M. Wesmael, qui l'a pris
en Belgique; il est d'un vert bronzé obscur, avec une tache humérale
bien limitée et une autre, diffuse, vers l'extrémité des élytres, d'un
testacé pâle.

80. C. AMPLICOLLIS. *Niger, subnitidus, glaber ; fronte fere plana ;
prothorace amplo, longitudine paulo latiore, antrorsum rotundatim
angustato, subconvexo, confertim punctato, postice obsolete canaliculato, utrinque biimpresso ; elytris thorace duplo longioribus, ultra
medium dilatatis, punctato-striatis, subænescentibus ; antennis pedibusque piceis.* — Long. 14-16 mill., lat. 5-5 1/2 mill.

Diacanthus amplicollis. GERM. *Zeitschr. f. d. Entom.* IV, p. 80, 25.

Ludius pyræneus. DEJ. *Cat.* ed. 3, p. 106.

Var. *a. Prothorace brunneo, elytris brunneo-nigris.*

Assez déprimé, large, noir, glabre et un peu luisant, avec les élytres
d'un bronzé obscur, Front presque plat, fortement ponctué-rugu-
leux. Antennes brunâtres. Prothorax aussi grand que la moitié des
élytres, un peu plus large que long, médiocrement convexe, densément ponctué, présentant en arrière un faible sillon médian et de

chaque côté une impression ponctiforme, ses angles antérieurs un
peu saillants, arrondis, ses bords latéraux finement rebordés, ses
angles postérieurs grands, dirigés en arrière et un peu en dehors,
tronqués au sommet, fortement carénés, son bord postérieur déprimé. Ecusson en triangle arrondi sur les côtés. Elytres plus étroites
que le prothorax à la base, arrondies aux épaules, très-élargies au-
delà du milieu, fortement rebordées sur les côtés, striées, les stries
ponctuées, les intervalles aplatis sur le dos, convexes sur les côtés,
vaguement pointillés. Dessous du corps d'un noir bleuâtre ou bronzé.
Pattes d'un brun obscur.

Des Pyrénées et des Alpes.

J'ai vu les exemplaires typiques des collections de Germar et de
Dejean. Il diffère peu de l'œneus et n'en est peut-être qu'une variété;
cependant chez tous les exemplaires que j'ai pu examiner, le prothorax m'a paru constamment plus grand, plus dilaté au milieu, plus arrondi sur les côtés, que chez l'œneus.

81. C. RUGOSUS. *Niger, nitidus, fere glaber; fronte plana, impressa; prothorace longitudine sublatiore, parum convexo, confertim
punctato, linea obsoleta dorsali elevata, lateribus antrorsum rotundatim angustato; elytris œneo-cupræis, fortiter interrupteque
striatis, interstitiis rugulosis, punctulatis, transversim sparce
plicatis.* — Long. 15 mill., lat. 4 1/2 mill.

Ludius rugosus. Gern. *Faun. Ins. Europ.* fasc. XVIII, tab. 7. — Lap. *hist. nat.
Ins. Col.* I, p. 241, 10. — Dej. *Cat.* ed. 3, p. 106.

Corymbites (subg. Diacanthus) rugosus. Kiesenw. *Nat. d. Ins. Deutschl.* IV,
p. 295.

Diacanthus rugosus. Germ. *Zeitsch. f. d. Entom*, IV, p. 81. — L. Redt. *Faun.
Austr.* p. 308. — Kust. *Käf. Europ.* XII. 75.

Var. a. *Elytris striis dorsalibus haud interruptis.*

Elater confluens. Gebl. in Ledeb. *Reise.* II. 2.

Diacanthus confluens. Man. *Beitr. z. Käf. Faun. d. Aleut. Ins.* part. III, in *Bull.
d. Mosc.* (1853) p. 223, 203.

Assez large, brillant, à peu près glabre, noirâtre avec les élytres
d'un bronzé cuivreux plus ou moins violet ou bleuâtre. Front aplati.

très-ponctué, portant deux impressions oblongues souvent presque
effacées. Antennes courtes à articles triangulaires, brunâtres. Prothorax un peu plus large que long, assez déprimé, très-ponctué,
offrant une ligne élevée, peu apparente, au milieu du disque, rétréci
en avant avec les côtés arrondis dans leur moitié antérieure, droits
ou un peu sinueux en arrière, son bord antérieur sinueux, les angles de ce bord un peu saillant, ses bords latéraux rebordés, ses angles postérieurs robustes, fortement carénés, à peine divergents.
Écusson arrondi. Élytres de la largeur du prothorax à la base, arrondies aux épaules, s'élargissant peu à peu jusqu'au delà du milieu, atténuées et subacuminées à l'extrémité, fortement striées, surtout à
la base, les stries fréquemment interrompues par de petits plis transversaux, élevés, les intervalles convexes, ponctués, le troisième plus
large vers la base et plus élevé que les autres. Dessous du corps
d'un noir brunâtre. Pattes de même couleur.

Des régions montagneuses de l'Europe centrale et méridionale.
La variété est du Caucase et de la Sibérie; elle se trouve même dans
les possessions russes de l'Amérique boréale.

82. C. ÆRIPENNIS. *Niger, nitidus, glaber ; fronte plana, impressa,
prothorace latitudini longitudine æquali, confertim, lateribus creberrime punctato, canaliculato, angulis posticis subdivaricatis, acutis, carinatis; elytris viridi-œneis, nitidissimis, punctato-striatis,
interstitiis convexis, punctulatis.* — Long. 12-14 mill., lat. 3 3/4-4 mill.

Apholistus æripennis. KIRB. *Faun. Bor. Am.* p. 150.

Diacanthus æripennis. GERM. *Zeitschr. f. d. Entom.* IV, p. 82.

Corymbites æripennis. LECONTE, *Rev. Elat. Un. St.* in *Am. Phil. Soc. Trans.* X,
p. 439, 13.

Elater apropinquans. RANDALL, *Bost. Journ. nat. Hist.* II, 5.

Très voisin de l'*œneus* pour la forme, mais plus déprimé. Noir
avec les élytres vertes à reflet cuivreux, très brillantes, lisses, les
pattes brunâtres. Front applati, portant trois impressions longitudinales. Antennes brunâtres. Prothorax à peu près aussi large que
long, déprimé, élargi au milieu, rétréci en avant, canaliculé, densément ponctué surtout sur les côtés, où les points sont ombiliqués et plus serrés ou paraissent tels parce qu'ils sont plus gros;

son bord antérieur largement échancré, ses angles correspondants
un peu saillants, émoussés, ses bords latéraux étroitement rebordés,
ses angles postérieurs allongés, aigus, carénés, à peine divergents si
ce n'est à l'extrémité où ils se recourbent faiblement en dehors. Ecusson
ogival. Elytres arrondies aux épaules, graduellement élargies jusqu'au delà du milieu, acuminées et rebordées à l'extrémité, assez fortement striées, les stries ponctuées, les intervalles convexes et pointillés. Dessous du corps très-légèrement pubescent ainsi que les
pattes qui sont brunâtres,

Commun dans le nord des Etats-Unis, surtout vers les rives du
lac Supérieur et dans le Canada.

83. **C.** TINCTUS. *Niger, minus nitidus, glaber; fronte plana; prothorace latitudini longitudine æquali, confertim, lateribus creberrime punctato, subcanaliculato, angulis posticis vix divaricatis, carinatis; elytris viridibus, punctato-striatis, interstitiis convexis, reticulatis, punctatis.* — Long. 12 mill., lat. fere 4 mill.

Corymbites tinctus. LEC. *Proc. Acad. nat. Sc.* 1859, p. 85.

Il diffère peu du précédent. On le reconnaîtra à ses élytres
vertes non brillantes, ce qui est dû à une fine réticulation que la
loupe fait apercevoir entre les points dont les intervalles des stries
sont parsemés.

Il est de l'Orégon.

Je n'en ai vu qu'un exemplaire que m'a communiqué M. J. Le
Conte.

84. **C.** SPLENDENS. *Cupro vel brunneo-œneus, vix tenuissime pubescens, subnitidus; fronte plana, canaliculata, utrinque impressa;
prothorace longitudine latiore, depresso, obsolete canaliculato, confertim lateribus confertissime punctato, angulis posticis valde carinatis; elytris punctato-striatis, interstitiis convexis, punctulatis;
prosterni lobo anteriore pedibusque rufis.*—Long. 13-14 mill., lat. 4 1/2 mill.

Diacanthus splendens. ZIEGL. *Proc. Acad. Nat. Sc.* II, 44.

Corymbites splendens. LEC. *Rev. Etat. Un. St.* in *Am. Phil. Soc. Trans.* X, p.459,
12.

D'un bronzé cuivreux ou brunâtre à l'exception de l'extrémité des angles postérieurs du prothorax, de la mentonnière du prosternum et des pattes, qui sont rouges ; parsemé d'une pubescence très-rare et très-courte. Front aplati, avec un sillon médian et deux impressions latérales. Antennes brunes. Prothorax déprimé, aussi long que large sur la ligne médiane, rétréci en avant avec ses côtés arrondis, faiblement sillonné au milieu, très-densément ponctué, surtout latéralement, son bord antérieur sinueux, ses bords latéraux finement rebordés, ses angles postérieurs à peine divergents, fortement carénés. Écusson ogival. Élytres arrondies aux épaules, élargies au-delà du milieu, subacuminées à l'extrémité, striées, les stries ponctuées, les intervalles convexes, pointillés.

Il se trouve en Pensylvanie, dans le Massachusetts et les pays qui avoisinent le lac Supérieur. C'est l'*Elater metallicus* du *Catalogue* de M. Harris.

85. C. METALLICUS. *Fusco-œneus, subnitidus, sparsim flavo-pubescens; fronte subconvexa, impressa; prothorace latitudini longitudine œquali, convexo, antrorsum angustato, punctato, angulis posticis acutis, carinatis; elytris punctato-striatis, interstitiis convexis, punctulatis; antennis basi pedibusque rufescentibus.* — Long. 10 mill., lat. 3 mill.

Elater metallicus. Payk. *Faun. suec.* III, p. 19, 22. — Gyll. *Ins. suec.* I, p. 392, 19. — Schönh. *Syn. Ins.* III, p. 285.

Diacanthus metallicus. Germ. *Zeitschr.* IV, p. 71, 8. — L. Redt. *Faun. Austr.* p. 309.

Ludius metallicus. Boisd. et Lac. *Faun. ent. d. env. d. Paris.* p. I, 667, 7. — Dej. *Cat.* ed, 3 p. 107. — Lap. *Hist. nat. des Ins. Col.* I, p. 241, 6.

Corymbites metallicus. (*subg. Diacanthus.*) Kiesenw. *Nat. d. Ins. Deutschl.* IV, p. 293, 13.

Ctenicerus metallicus. Steph. *Man. of brit. Col.* p. 182. — *Syst. Catal.* p. 125, 1270.

Elater nigricornis. Panz. *Faun. Germ.* fasc. 61, tab. 5.

Corymbites nitidulus. Lec. *Rev. Elat. Un. St. in Am. Phil. Soc. Trans.* X, p. 438, 10.

Tout entier d'un bronzé obscur à l'exception de la base des antennes et des pattes qui sont rougeâtres, revêtu d'une pubescence assez longue, d'un cendré fauve. Front plutôt convexe qu'aplati, offrant quelques légères impressions à sa partie antérieure. Antennes grêles. Prothorax aussi large que long, rétréci en avant, peu arrondi sur les côtés, assez convexe, ponctué, avec ses bords latéraux rebordés et ses angles postérieurs subdivergents, aigus, carénés. Ecusson de forme arrondie, un peu déprimé au milieu. Elytres à peine plus large à la base que la partie correspondante du prothorax, abstraction faite des angles postérieurs, peu à peu élargies jusqu'au delà du milieu, atténuées, subacuminées à l'extrémité, rebordées, ponctuées-striées, les intervalles des stries convexes et pointillés. Pattes brunes ou rougeâtres, leur base quelquefois d'un rouge plus clair.

On le trouve dans toute l'Europe, depuis le Portugal jusqu'en Russie, en Sibérie et enfin dans l'Amérique du nord. Il est très répandu notamment dans les régions voisines du lac Supérieur. Des exemplaires américains m'ont été communiqués par M. Le Conte sous le nom de *Corymbites nitidulus*, et j'ai pu m'assurer, par un examen minutieux, qu'ils ne diffèrent de notre espèce par aucun caractère digne d'être mentionné.

86. C. IMPRESSUS. *Obscure œneus, subnitidus, sparsim cinereo-pubescens; fronte fere plana; prothorace latitudine sublongiore, convexo, obsolete canaliculato, punctato, angulis posticis divaricatis, carinatis, apice retusis ; elytris punctato-striatis, ultra medium dilatatis, interstitiis convexis, punctulatis ; antennis pedibusque concoloribus.* — Long. 12-14 mill., lat. 3 2/4-4 mill.

Elater impressus. FABR. *Ent. syst.* II, 232, 33. — *Syst. Eleuth.* II, 230, 47. — PAYK. *Faun. succ.* III, 18, 21. — HERBST, *Käf.* X, p. 33, 42 tab. 161 f. 4. — GYLL. *Ins. succ.* 1, p. 390, 17.

Corymbites (subg. Diacanthus) impressus. KIESENW. *Naturg. d. Ins. Deutschl.* IV, p. 292, 14.

Ludius impressus. ESCHS. in THON, *Arch.* II, p. 34. — DEJ. *Cat.* ed. 3, p. 106. — LAP. *Hist. nat. Ins. Col.* I, p. 241, 12.

Diacanthus impressus. GERM. *Zeitschr. f. d. Entom.* IV, p. 71, 9. — KUSTER, *Käf. Europ.* H. XII, 1847, n° 71. — L. REDT. *Faun. Austr.* p. 309.

Il ressemble au précédent dont il diffère par sa pubescence cendrée, son prothorax plus allongé, ses élytres plus dilatées et plus déprimées en arrière et enfin par ses antennes et ses pattes ordinairement obscures. Front presque plat. Prothorax plus long que large, peu convexe, ponctué, canaliculé plus ou moins fortement au milieu, peu arrondi sur les côtés, son bord antérieur arrondi, ses angles correspondants aigus, ses bords latéraux à peine rebordés, ses angles postérieurs allongés, fortement divergents, carénés, émoussés et comme tronqués à l'extrémité. Ecusson arrondi, plus ou moins canaliculé longitudinalement. Elytres arrondies aux épaules, très-élargies, largement rebordées sur les côtés et déprimées en arrière, atténuées et conjointement arrondies à l'extrémité, ponctuées-striées, les intervalles des stries convexes et pointillés. Dessous du corps et pattes pubescents, de la couleur du dessus.

Il habite le nord de l'Europe. J'ai vu un exemplaire de la collection de M. Chevrolat capturé aux environs de Strasbourg. On le trouve aussi ça et là dans les régions montagneuses de l'Allemagne, mais il y est rare.

Germar et M. de Kiesenwetter rapportent à cette espèce l'*E. æruginosus* d'Olivier. Les collections françaises placent ce nom en synonymie du *Limonius cylindricus.*

87. C. ARATUS. *Æneo-niger, nitidus, pube cinerea sericante tectus; fronte plana, biimpressa; prothorace longitudini latitudine æquali, parum convexo, punctato, postice canaliculato, lateribus rotundato, angulis posticis acutis, carinatis, rufescentibus; elytris ultra medium dilatatis, subdepressis, punctato-striatis, margine reflexa pedibusque rufescentibus.* — Long. 12-13 mill., lat. 4 mill.

Corymbites aratus. LEC. *Rev. Elat. Un. St.* in *Am. Phil. Soc. Trans.* X, p. 438. 11.

Assez brillant, d'un noir légèrement bronzé, revêtu d'une pubescence soyeuse, peu serrée mais assez longue, d'un cendré clair. Front aplati, présentant en avant deux impressions peu profondes. Antennes d'un brun obscur. Prothorax aussi long que large, rétréci en avant et en arrière, arrondi sur les côtés, assez déprimé, couvert de points plus serrés sur les côtés qu'au milieu, offrant un court sillon à sa partie postérieure et de chaque côté de ce sillon quelques impressions ponctiformes vaguement marquées, ses bords latéraux rebordés, ses angles postérieurs rougeâtres, assez allongés, aigus, carénés, dirigés en arrière et un peu en dehors. Ecusson oblong, arrondi en arrière, assez fortement canaliculé. Elytres de la largeur

21

du prothorax à la base, s'élargissant peu à peu de ce point jusqu'au delà du milieu, atténuées à l'extrémité, assez déprimées, rebordées sur les côtés, ponctuées-striées, les intervalles presque plans et ponctués. Dessous du corps noir. Pattes rougeâtres.

Il abonde vers les rives du lac Supérieur, dans l'Amérique du nord. Je l'ai reçu de M. Le Conte.

88. C. LATUS. *Fusco-œneus vel œneus, parum nitidus, cinereo-pubescens; prothorace transverso, canaliculato, angulis posticis divaricatis, carinatis; elytris convexis, subtiliter punctato-striatis, interstitiis plus minusve convexis, confertim punctatis.* — Long. 14-18 mill., lat. 4-5 3/4 mil.

Elater latus. FABR. *System. Eleuth.* II, 232, 58. — HERBST, *Käf.* X, p. 39, 45, pl. 161, fig. 5. — PANZ. *Fn. Germ.* 93, pl. 7.

Corymbites (subg. Diacanthus) latus. KIES. *Nat. d. Ins. Deutschl.* IV, p. 296, 19.

Ludius latus. LAC. *Fn. Entom. d. env. d. Paris,* 1 p. 667, 6. — KOL. *Meletem.* V. — GEBL. *Bull. d. Mosc.* 1847.

Diacanthus latus. GERM. *Zeitschr. f. d. Entom.* IV, p. 77, 29. — REDT. *Fn. Austr.* ed. 1, p. 309 ; ed. II, p. 507.

Var. *a. Densius pubescens et punctatus.*

♂ *Elater pasticus.* MENETR. *Cat. rais.* p. 155, 624.

♀ *Elater saginatus.* MENETR. loc. cit.

Ludius saginatus. FALDERM. *Nouv. Mem.* IV, p. 175, 158.

Diacanthus milo. GERM. loc. cit. p. 78, 25.

Var. *b. Interstitiis elytrorum minus dense punctatis.*

Diacanthus gravidus. GERM. loc. cit. p. 78, 22. — REDT. *Faun. Austr.* ed. II, p. 507. — KUST. *Käf. Europ.* XXII, 76.

Large, épais, d'un bronzé verdâtre ou brunâtre, revêtu d'une pubescence grise, plus ou moins dense. Front aplati, très ponctué. Antennes d'un brun obscur. Prothorax plus large que long, convexe, arrondi sur les côtés, canaliculé au milieu, plus ou moins densément ponctué, présentant souvent deux impressions ponctiformes à la base, son bord antérieur largement échancré, ses angles correspondants courts, peu aigus, ses bords latéraux étroitement rebordés, ses angles postérieurs grêles, divergents, carénés, émoussés à l'extrémité, son bord postérieur trisinueux. Ecusson large, arrondi. Elytres un peu plus larges que le prothorax à la base, graduellement élargies jusqu'au delà du milieu, conjointement arrondies à l'extrémité, très convexes, striées, les stries imprimées à la base, ponctuées, les intervalles aplatis, ponctués. Dessous du corps de la couleur du dessus et plus densément pubescent. Pattes brunes, quelquefois un peu bronzées, d'autres fois rougeâtres.

Il se trouve communément dans les contrées du centre de l'Europe, dans les provinces du Caucase et en Sibérie.

Cette espèce varie beaucoup pour la couleur, la ponctuation et la pubescence; les individus qui proviennent du Caucase et qui ont été regardés comme espèces distinctes par Ménétriés, sont plus densément pubescents et leur ponctuation est un peu plus serrée, mais pour le reste ils ne diffèrent point assez des individus typiques pour être considérés comme espèces à part, d'autant plus qu'il existe des passages des uns aux autres.

Je me ralie également à l'opinion de M. de Kiesenwetter, qui considère les *D. gravidus* et *milo* de Germar comme de simples variétés du *latus*.

89. C. INFLATUS. *Subœneus, longe griseo-pubescens; fronte depressa; prothorace longitudine latiore, convexo, punctato, late sed minus profunde canaliculato, angulis posticis parum divaricatis, acutis, carinatis; elytris punctato-striatis, interstitiis subconvexis, punctulatis; pedibus rufescentibus.* — Long. 8-12 mill., lat. 2 3/4-3 3/4 mill.

Elater inflatus. SAY. Ann. Lyc. I, 258. — Trans. Am. Phil. Soc. VI, 174.

Diacanthus inflatus. GERM. Zeitschr. f. d. Entom. IV, p. 77, 17.

Corymbites inflatus. LEC. Rev. Elat. Un. St. in Trans. Am. Phil. Soc. X, p. 438, 9.

Var. a. *Pedibus concoloribus.*

Diacanthus glaucus. GERM. loc. cit. p. 76, 19.

De la forme du *C. latus* mais plus petit, plus trapu. D'un bronzé verdâtre, quelquefois un peu rougeâtre sur le prothorax, revêtu d'une pubescence assez longue et d'un gris blanchâtre. Front aplati, convexe seulement sur le vertex. Antennes brunâtres avec la base souvent rougeâtre. Prothorax un peu plus large que long, assez convexe, ponctué, arrondi sur les côtés, rétréci en avant, à peu près droit en arrière, offrant au milieu un sillon longitudinal large mais fort peu profond, ses angles antérieurs courts mais peu aigus, ses bords latéraux étroitement rebordés, ses angles postérieurs presque point divergents, aigus, bombés en dessus plutôt que carénés. Ecusson arrondi. Elytres graduellement mais faiblement élargies jusqu'au delà du milieu, subacuminées au sommet, à peine rebordées, ponctuées-striées, les intervalles des stries sensiblement convexes, ponctués. Pattes d'un rougeâtre plus ou moins clair.

Commun aux Etats-Unis.

Je l'ai reçu de M. Le Conte. M. Gerstaecker m'a aussi communiqué les exemplaires typiques de Germar.

Le *D. glaucus* de ce savant entomologiste est incontestablement de la même espèce que celle de Say, seulement les poils qui le recouvrent sont plus longs et lui donnent un aspect glauque. Quant à la couleur des pattes, elle est d'une importance moindre encore, attendu qu'on trouve des individus chez lesquels ces organes sont plus ou moins bruns, rougeâtres ou d'un rouge clair.

90. C. LATERALIS. *Nigerrimus, nitidus, glaber ; prothorace latitudine vix longiore, lateribus arcuatis, sanguineis et confertissime punctatis, medio canaliculato, angulis posticis divaricatis, acute carinatis; elytris ultra medium parallelis, striis vix punctulatis, interstitiis fere planis ; pedibus nigris.* — Long. 14 mill., lat. 3 3/4 mill.

Corymbites lateralis. LEC. *Rev. Elat. Un. St. in Am. phil. Soc. Trans.* X, p. 439, 15.

Noir, luisant et glabre, avec les côtés du prothorax d'un rouge sombre. Antennes à troisième article étroit et allongé, le quatrième triangulaire plus grand que les suivants. Front rugueusement ponctué. Prothorax un peu plus long que large, arqué sur les côtés, peu convexe, sillonné au milieu, fortement ponctué, les points beaucoup plus denses sur les côtés que dans la portion moyenne, ses angles postérieurs un peu divergents, peu acuminés au bout, surmontés d'une forte carène. Elytres un peu dilatées au-delà de leur milieu, marquées de stries nettement tracées et finement pointillées, les intervalles presque plats, pointillés et finement rugueux. Dessous du corps pubescent; flancs du prothorax rouges; pattes d'un noir brunâtre.

Orégon.

L'exemplaire unique que j'ai vu appartient à M. Janson et provient de l'île Vancouver.

91. C. CARBO. *Nigerrimus, nitidus, glaber; prothorace latitudine vix longiore, lateribus arcuato, concolore et confertissime punctato, medio basi tantum canaliculato, angulis posticis elongatis, acutis, carinatis, divaricatis; elytris striis punctatis, interstitiis fere planis, pedibus nigris.* — Long. 15 mill., lat. 3 1/4 mill.

Corymbites carbo. Lec. *Rev. Elat. Un. St.* in *Am. phil. Soc. Trans* X, p. 439, 14.

Cette espèce, qui provient de l'Orégon comme la précédente, lui ressemble beaucoup, mais elle est tout à fait noire; en outre son prothorax ne présente de sillon qu'à la base et les stries des élytres sont plus fortement et par conséquent bien distinctement ponctuées.

92. C. CONJUNGENS. *Niger, nitidus, subtiliter griseo-pilosulus; antennis rufo-piceis; prothorace latitudine longiore, canaliculato, antice angustato, lateribus leviter arcuato, parum convexo, punctato; elytris vix dilatatis, striis profundis punctatis, interstitiis subbiseriatim punctatis; pedibus ferrugineis.* — Long. 12 mill., lat. 3 1/4 mill.

Corymbites conjungens. Lec. *Rev. Elat. Un. St.* in *Am. phil. Soc. Trans.* X, p. 440, 16.

Noir, assez luisant, revêtu d'une pubescence grise assez rare. Antennes brun rougeâtre, leur troisième article allongé, plus long que le suivant. Prothorax plus long que large, sillonné, médiocrement convexe, ponctué plus densément sur les côtés que dans le milieu, un peu dilaté en avant des angles postérieurs, ceux-ci un peu divergents et carénés. Elytres peu allongées, faiblement dilatées dans leur milieu, peu atténuées au bout, profondément striées, les stries ponctuées, les intervalles convexes et marqués de deux séries plus ou moins régulières de points. Pattes ferrugineuses.

Il se trouve en Californie.

Il ressemble, ainsi que le fait remarquer M. Le Conte, au *C. œthiops* mais on l'en distinguera facilement par la grandeur relative du troisième article des antennes.

93. C. BIPUSTULATUS. *Niger, nitidus, tenuiter nigro-pubescens; fronte fere plana, antrorsum biimpressa; prothorace longitudine sublatiore, convexo, sparsim punctato; elytris punctato-striatis, utrinque plaga humerali sanguinea; antennis pedibusque brunneis, tarsis testaceis.* — Long. 7-8 mill. lat., 2-2 1/4 mill.

Elater bipustulatus. LINN. *Syst. Nat.* II, p. 642, 9. — FABR. *Syst. Eleuth.* II, p. 147, 134. — *Ent. syst.* II, p. 233, 88. — *Sp. Ins.* I, p. 273, 47. — *Mant. Ins.* I, 173, 59. — OL. *Ins.* II, 31, 49, tab. 2, fig. 13, a. b. — SCHÆF. *Iconog.* tab. 104, fig. 6. — HERBST, *Arch.* tab. 27, fig. 8. — PAYK. *Faun. suec.* III, p. 30, 34. — ROSS. *Faun. Etrusc.* I, p. 210, 435. — HERBST, *Käf.* X, p. 83, 94. tab. 165, fig. 8. — PANZ. *Faun. Germ.* 243, 57. — MARSH. *Col. brit.* p. 375, 1. — WALK. *Faun. par.* I, p. 198, 30. — LATR. *Hist. nat. d. Crust. et d. Ins.* IX, p. 32, 50.

Corymbites (subg. Diacanthus) bipustulatus. KIES. *Nat. d. Ins. Deutschl.* IV, p. 298, 22.

Limonius bipustulatus. ESCHS. in THON, *Arch.* II, p. 32. — Dej. *Cat.* ed. 3, p. 102. — LAP. *Hist. nat. Ins. Col.* I, p. 242, 3. — KUST. *Käf. Europ.* H, XVII, 1848, n° 23. — L. REDT. *Faun. Aust.* ed. II, p. 494. — GAUB. *Cat.* p. 109.

Athous bipustulatus. BOISD. et LAC. *Faun. Ent. d. env. d. Paris.* I, p. 648, 17.

Elater bimaculatus. FOURCR. *Entom. paris.* I, p. 38, 15.

Elater punctatus. VOET. *Col.* II, 118, 22, tab. 44 fig. 22.

Le taupin noir à taches rouges. GEOFFR. *Ins. d. env. d. Paris,* 1 p. 136, 15.

Var. a. *Elytris rufo-testaceis, immaculatis.*

Petit, noir et brillant avec une tache humérale rouge sur les élytres, revêtu d'une pubescence noirâtre, entremêlée de quelques poils fauves peu visibles. Font aplati, sans carène transverse au-dessus du labre, biimpressionné en avant, présentant souvent un sillon très court au milieu. Antennes médiocres, brunes. Prothorax un peu plus large que long, assez convexe, sillonné au milieu, ponctué, sa ponctuation assez clair-semée, son bord antérieur peu échancré, ses bords latéraux étroitement rebordés, ses angles postérieurs petits

un peu redressés, émoussés à leur sommet. Ecusson subarrondi en
arrière, tronqué en avant. Elytres de la largeur du prothorax à la
base, un peu élargies au-delà du milieu, atténuées à l'extrémité, rebordées latéralement, striées, les stries légèrement ponctuées, les intervalles convexes et pointillés. Dessous du corps noir et brillant.
Pattes brunâtres avec les tarses testacés.

On le trouve dans une grande partie de l'Europe centrale et occidentale, mais il n'est commun nulle part. Il vit sous l'écorce des arbres, ainsi que dans la mousse et les lichens qui les tapissent.

Eschscholtz, et après lui plusieurs auteurs de faunes européennes, ont placé cet insecte parmi les *Athous* ou les *Limonius*,
bien que le front soit tout autrement conformé qu'il ne l'est chez
ces derniers, et que ses autres caractères et son *facies* même le rapprochent des *Corymbites*.

La variété parait très rare ; je n'en ai vu que deux exemplaires
provenant, l'un d'Elbing, l'autre de la Courlande.

94. C. cinctus. *Elongatus, brunneo-niger, nitidus, glaber ; prothorace latitudini longitudine subæquali, lateribus rotundato, convexo, sparsim punctato, obsolete canaliculato, angulis posticis tenuibus, divaricatis, acutis, carinatis ; elytris tenuiter punctato-striatis,
margine anguste epipleurisque ferrugineis.* — Long. 10-12 mill., lat.
2 3/4-5 mill.

Elater cinctus. Payk. *Faun. suec.* III, 10, 12. — Gyll. *Ins. suec.* I, 386, 13.

Corymbites. (s. g. *Hypoganus*) *cinctus.* Kiesenw. *Naturg. d. ins. Deutschl.* IV, p.
299, 23.

Diacanthus cinctus. Germ. *Zeitschr. f. d. Entom.* IV, 73, 12. — Redt. *Faun.
Austr.* ed. II, 506, 553. — Kust. *Käf. Europ.* 17, 24.

Athous inunctus. Boisd. et Lac. *Faun. entom. d. env. d. Paris,* I, 642, 7.

Var. a. *Elytris totis ferrugineis.*

D'un noir brun luisant, glabre, les élytres finement bordées de
rouge ferrugineux. Front à peu près plat, son bord antérieur déprimé. Antennes courtes, légèrement dentées à partir du quatrième article. Prothorax aussi long que large, assez fortement rétréci au
sommet, très arrondi sur les côtés, un peu convexe, faiblement

sillonné au milieu, éparsément et finement ponctué, ses angles postérieurs grêles, aigus, divergents, surmontés d'une carène aiguë et
courte. Ecusson oblong, subrectangulaire. Elytres un peu plus larges
que le prothorax et trois fois plus longues, parallèles jusqu'au delà du
milieu ou même un peu élargies en ce point, curvilinéairement rétrécies
au-delà, marquées de stries fines et ponctuées, les intervalles très faiblement convexes et à peine visiblement pointillés. Dessous noir et
brillant, les épipleures et les pattes rouge ferrugineux, les cuisses
généralement obscures.

Répandu çà et là dans l'Europe centrale; il n'est commun nulle
part. On le trouve dans le bois carié des saules.

95. C. ROTUNDICOLLIS. *Elongatus, niger, nitidus, glaber; fronte
concava ; prothorace sanguineo, longitudine paulo latiore, convexo,
parce subtiliter punctato, obsolete canaliculato, lateribus rotundato;
elytris ultra medium dilatatis, apice rotundatim attenuatis, profunde striatis, interstitiis angustis, subtilissime punctulatis ; tarsis
pallidioribus.* — Long. 10-12 mill., lat. 2 3/4-3 mill.

Corymbites rotundicollis. Lec. *Rev. Elat. Un. St.* in *Am. Phil. Soc. Trans.* X, p.
440, 19.

Var. a. *Thorace sanguineo.*

Elater rotundicollis. Say. *Ann. Lyc.* I, p. 259.

Diacanthus russicollis. Germ. *Zeitschr. f. d. Entom,* IV, p. 74, 13.

Var. b. *Thorace nigro.*

Diacanthus sticticus. Germ. loc. cit. p. 74, 14.

Etroit et allongé, lisse et brillant, entièrement noir ou avec le
prothorax d'un rouge sanguin; les tarses bruns ou testacés. Front
concave. Prothorax un peu plus large que long, arrondi sur les côtés,
assez convexe, éparsément ponctué, subcanaliculé, son bord antérieur un peu redressé, ses angles correspondants petits, aigus, ses
bords latéraux rebordés, ses angles postérieurs petits, très grêles et
très aigus, divergents. Ecusson ogival, bombé. Elytres longues,
élargies en arrière, convexes dans le sens transversal, assez fortement
striées, les intervalles des stries étroits, saillants, éparsément pointillés.

Du Vermont. La variété entièrement noire se trouve en Pensylvanie.

Communiqué par MM. Gerstaecker et Schaum.

96. C. CRASSUS. *Piceo-niger, subnitidus, tenuiter pubescens; fronte concava; thorace transverso, tumido, lateribus valde arcuato, fortiter minus dense punctato, apice transversim impresso; elytris striis punctatis, interstitiis fere planis, punctulatis.* — Long. 13 mill., lat. 4 1/2 mill.

Corymbites crassus. LEC. *Rev. Elat. Un. St.* in *Am. phil. Soc. Trans.* X, new. ser. p. 440. 18.

Très épais, brun obscur, un peu luisant, revêtu d'une courte pubescence grisâtre. Front concave. Antennes très-courtes chez la femelle. Prothorax plus large que long, rétréci assez fortement dans ses deux cinquièmes antérieurs, arrondi latéralement, très-bombé, sillonné, assez fortement et peu densément ponctué, transversalement impressionné très près du bord antérieur, ses angles postérieurs courts, dirigés en arrière, obtusément carénés. Ecusson oblong. Elytres à peu près de la largeur du prothorax, parallèles jusqu'au delà du milieu, bombées, ponctuées-striées, les intervalles presque plats et éparsément ponctués. Pattes brunes.

Etats-Unis du centre.

M. Le Conte m'a communiqué un exemplaire de cette espèce, que je suppose être une femelle vu la brièveté remarquable des antennes.

97. C. CRUCIATUS. *Niger, nitidus, fere glaber; fronte fere plana; prothorace subquadrato, parum convexo, confertim punctato, vittis duabus rubris; elytris punctato-striatis, flavescentibus, cruce communi vittaque humerali nigris; antennis pedibusque ferrugineis.* — Long. 12-14 mill., lat. 3 1/2-4 mill.

Elater cruciatus. LINN. *Syst. Nat.* II, p. 653. 12. — *Faun. suec.* p. 722. — FABR. *Syst. Eleuth.* II. 232, 55. — OL. *Ins.* II, 31, tab. 4, fig. 40. — DEGEER. *Ins.* IV, 149. 9. — SULZ. *Hist. Ins.* tab. 6, fig. 10. — VOET, *Col.* II, tab. 43, fig. 12. — PAYK. *Faun. suec.* III, 36, 11. — HERBST, *Kaf.* X, p. 19, 30 tab. 159, fig. 12. — *Archiv.* III, 12. — LAT. *Histoire nat. d. Crust. et d. Ins.* IX. p. 22, 23. — SCHÖNH. *Syn. ins,* III, p. 290. — PANZ. *Faun. germ.* fasc. 76, tab. 6. — GYLL. *Ins. suec.* I, p. 391, 18. — FISCH. *Entom. Imp. ross.* II, p. 201, pl. XXIII, fig. 1. — LAT. *Regn. Anim.* II, ed. 3 (Brux.) p. 403.

22

Corymbites (subg. Diacanthus) cruciatus. Kies. *Nat. d. Ins. Deutschl.* IV, p. 297, 20.

Diacanthus cruciatus. Latr. *Ann. Soc. Entom. Fr.* III, p. 151. — Germ. *Zeitschr. f. d. Entom.* IV. p. 75, 17. — Kuster, *Kaef. Europ.* H. XII, 1847, n° 72. — L. Redt. *Faun. Austr.* p. 508.

Ludius cruciatus. Eschs. in Thon, *Arch.* II, p. 34 — Boisd. et Lac. *Faun. entom. d. env. d. Par.* I, p. 665, 3. — Dej. *Cat.* ad 3 p. 106. — Lap. *Hist. nat. Ins. Col.* I, p. 240, 5.

Selatosomus cruciatus. Steph. *Man. of brit. Col.* p. 182. — *Syst. cat.* p. 125, 1272.

Corymbites pulcher. Lec. *Rev. Elat. Un. St.* in *Am. Phil. Soc. Trans.* X, new. ser. p. 140, 17.

Corymbites festivus. Lec. *Rep. of Expl. and Surv. from Mississipi to the pacif. Oc.* IX, Ins. I, p. 46?

Noir, presque glabre, avec deux bandes vers les côtés du prothorax rouges, les élytres jaunes avec la suture, une large bande transversale, commune, au-delà du milieu, une raie longitudinale partant du calus huméral, noires, les antennes et les pattes brunes ou rougeâtres, l'abdomen bordé de rouge. Front aplati, impressionné en avant. Prothorax à peu près aussi long que large, de forme à peu près carrée sauf la partie antérieure qui est un peu rétrécie, peu convexe, très densément et fortement ponctué, son bord antérieur largement échancré, ses angles correspondants saillants, subaigus, ses bords latéraux très étroitement rebordés, ses angles postérieurs assez allongés, divergents, carénés, légèrement tronqués au sommet. Ecusson subquadrangulairement arrondi. Elytres de la largeur du prothorax à la base, arrondies aux épaules, peu à peu élargies jusqu'au delà du milieu, atténuées et subacuminées à l'extrémité, fortement striées, les stries profondèment ponctuées, leurs intervalles convexes et pointillés.

Cette jolie espèce est répandue dans toute l'Europe centrale et septentrionale mais elle n'est commune nulle part. On la trouve surtout sur le coudrier. Elle existe également dans le nord de l'Asie et de l'Amérique.

M. Le Conte a décrit un specimen de ce dernier pays sous un nom nouveau. J'ai eu aussi l'occasion de voir des exemplaires américains, l'un dans la collection de M. de la Ferté Sénectère, les

autres dans celle de M. Janson : ils ne m'ont présenté aucune différence avec ceux de l'ancien continent.

M. J. Le Conte décrit encore, sous le nom de *C. festivus*, une espèce de l'Orégon que j'ai pu voir dans la collection de M. Murray;
celle-ci ne me paraît pas non plus devoir être séparée du *crucifer*,
dont elle ne se distingue que par des caractères de peu d'importance
et consistant surtout en quelques modifications dans le système de
coloration.

98. C. Whitii. *Ferrugineo-castaneus, pube longiuscula, subsericea, fulvo-cinerea vestitus; prothorace longitudine vix latiore, lateribus leviter arcuato, apice rotundatim angustato, vitta lata media
margineque anguste nigris; elytris ultra medium dilatatis, convexis,
punctato-striatis, interstitiis punctulatis, humeros versus nigricantibus.* — Long. 22 mill., lat. 7 mill. (pl. II, fig. 1.)

Le plus grand de la section actuelle. D'un châtain ferrugineux
clair, avec une large bande longitudinale au milieu du prothorax,
les bords latéraux de ce dernier et ceux des élytres, surtout vers les
épaules, d'un brun noirâtre, revêtu d'une pubescence soyeuse, couchée, d'un fauve cendré, longue sur la tête et le prothorax, courte
sur les élytres. Front plat. Antennes courtes, obscures, le troisième
article allongé. Prothorax à peine plus large que long, de forme à
peu près carrée, curvilinéairement rétréci seulement au sommet, longitudinalement élevé au milieu, densément et inégalement ponctué,
subsillonné au milieu, ses angles postérieurs un peu divergents au
bout, carénés. Écusson large, noir. Élytres bombées, élargies en arrière, conjointement arrondies au sommet, ponctuées-striées, les intervalles convexes et ponctués. Dessous du corps et pattes bruns.

De l'Himalaya.

Je n'ai vu que deux individus de cette espèce remarquable par sa
grande taille: l'un communiqué par M. White, appartenant à la
collection de M. Parry, l'autre dans les cartons de M. de la Ferté
Sénectère.

99. C. Suckleyi. *Niger, nitidus, fere glaber; prothorace lateribus
arcuato, parum convexo, medio sparsim subtiliter, lateribus fortius
crebriusque punctato, postice canaliculato, angulis posticis subdivaricatis, carinatis; elytris subænescentibus, punctato-striatis, macula
marginali ante medium intus incurvata et ad suturam fere extensa
alteraque postica flavis.* — Long. 14-16 mill., lat. 4-5 mill.

Corymbites Suckleyi. Lec. *Rep. of Expl. and Surv.* IX, Zool. Ins. n° 1, p. 46

Noir et brillant, à peu près glabre, les élytres légèrement bronzées, ornées d'une tache jaune couvrant le bord latéral dans ses deux
cinquièmes antérieurs, puisse recourbant en dedans pour former une
fascie qui n'atteint pas la suture, et d'une autre de même couleur,
irrégulière , vers le tiers postérieur. Antennes noires. Prothorax
aussi long que large, arqué sur les côtés, peu convexe, ponctué finement et éparsément sur le milieu du disque, plus fortement et plus
densément sur les côtés, finement sillonné en arrière. Elytres subacuminées au bout , peu convexes , ponctuées-striées , les intervalles
convexes et à peine pointillés. Jambes et tarses brunâtres.

Orégon.

Communiqué par M. Le Conte. Un second exemplaire provenant
l'île Vancouver m'a été envoyé par M. Janson.

100. C. TRISTIS. *Niger, subopacus, longe sat dense, flavo-pilosulus;
prothorace latitudine paulo longiore, subcylindrico, apice angustato,
canaliculato, crebre fortiterque punctato ; elytris ultra medium subdilatatis, punctato-striatis, testaceis, sutura anguste maculisque juxta
marginem nigris.* — Long. 12 mill., lat. 4 mill.

D'un noir à peu près mat, les élytres d'un testacé sombre, avec le
premier intervalle et des taches irrégulières assez larges le long du
bord externe, noirs, revêtu d'une pubescence rare, couchée, assez
longue, d'un jaune flave. Front un peu excavé, rugueusement et
fortement ponctué. Antennes noires, opaques, longues, fortement
dentées en scie, leur troisième article étroit et long. Prothorax un
peu plus long que large, rétréci au sommet à partir du milieu, subcylindrique, sillonné assez fortement, marqué de points gros et serrés
ses angles postérieurs divergents et carénés. Elytres plus larges que
le prothorax, faiblement dilatées un peu au-delà du milieu, subacuminées au sommet, médiocrement convexes, étroitement mais profondément striées, les stries marquées de gros points, les intervalles
convexes et fortement ponctués. Dessous du corps et pattes d'un
noirâtre opaque.

De l'île Vancouver.

Deux individus de cette espèce m'ont été communiqués par
M. Janson.

101. C. hieroglyphicus. *Niger; cinereo-pubescens ; fronte plana; prothorace latitudine haud longiore, antrorsum angustato, convexu; confertim punctato, canaliculato ; elytris punctato-striatis, flavo-testaceis, macula obliqua humerali juxta suturam extensa, altera-que lunata ad medium nigris ; antennis pedibusque rufis.* — Long: 13 mill:., lat. 4 mill.

Elater hieroglyphicus. Say, *Am. Phil. Soc. Trans.* VI, p. 172.

Corymbites hieroglyphicus. Lec. *Rev. Elat. Un. St.* in *Am. Phil. Soc. Trans.* X, p. 437, 6.

Ludius bicinctus. Dej. *Cat.* ed. 3, p. 106.

Noir, revêtu d'une pubescence épaisse, cendrée, dirigée en différents sens sur le prothorax, avec les élytres d'un flave testacé pâle, ornées, le long de la suture, d'une bande étroite et noire se recourbant en dehors à sa partie antérieure ou elle atteint le calus huméral et envoyant, vers le milieu, un rameau courbe, transversal, à concavité dirigée en arrière. Front aplati. Prothorax aussi long que large, rétréci en avant, assez convexe, densément ponctué, canaliculé dans sa moitié postérieure, ses bords latéraux rebordés, ses angles postérieurs petits, à peine divergents, émoussés au sommet, ordinairement rougeâtres. Ecusson arrondi. Elytres très-élargies en arrière, fortement rebordées, striées, les stries pointillées ainsi que leurs intervalles. Dessous du corps brun avec l'abdomen rougeâtre. Pattes rouges.

Il est assez commun dans le Canada et les Etats-Unis du nord.

J'ai trouvé dans la collection de M. Chevrolat un individu, inscrit sous le nom de *C. ctenicerus*, originaire du Canada, chez lequel la bande noire juxtasuturale est interrompue en avant de l'insertion de la bande arquée médiane.

Un exemplaire de la collection de M. Saunders est indiqué comme provenant de St. Domingue, chez celui-ci la bande noire juxtasuturale est large et ininterrompue.

102. C. semiluteus. *Ater, tenuiter fusco-pubescens ; prothorace latitudine paulo longiore, apice angustato, confertim subtilissime punctato, linea dorsali tenui lævi ; elytris luteo-testaceis, margina-lis, postice oblique attenuatis, striis subtiliter punctatis, interstitiis confertissime punctulatis ; pedibus nigris.* — Long. 13 mill., lat. 4 mill.

Corymbites semiluteus. Lec. *Rev. Elat. Un. St.* in *Am. phil. Soc. Trans.* X, new. ser. p. 445, 38.

Noir, avec les élytres jaunes, revêtu d'une fine pubescence d'un fauve brun. Antennes noires à troisième article de la longueur du quatrième. Prothorax un peu plus long que large, rétréci en avant avec ses côtés parallèles en arrière, très densément et finement ponctué, présentant une fine ligne élevée longitudinale au milieu, ses angles postérieurs dirigés en arrière, carénés. Elytres parallèles jusqu'au milieu et obliquement atténuées au-delà, peu convexes, largement rebordées sur les côtés, finement striées, les stries marquées de points très fins, les intervalles couverts d'un pointillé très dense. Dessous du corps et pattes noirs.

California.

103. C. ANGUSTULUS. *Angustus, œneo-niger, parum nitidus, griseo-pubescens; prothorace elongato, lateribus subsinuato, antrorsum angustato, sparsim punctulato, angulis posticis haud carinatis; elytris prothorace latioribus, ultra medium paulo dilatatis, punctato-striatis.* — Long. 7 mill., lat. 1 1/2 mill.

Corymbites (Liotrichus) angustulus. Kiesenw. *Naturg. d. ins. Deutschl.* IV, p. 291, 13.

Etroit et allongé, d'un noir bronzé, revêtu d'une pubescence grise. Front plutôt un peu convexe que plat, assez fortement ponctué, ses crêtes susantennaires saillantes. Antennes noirâtres, allongées, au moins chez le mâle, à articles larges à partir du quatrième, le troisième étroit et un peu plus long que celui-ci. Prothorax allongé, rétréci en avant avec ses côtés à peu près droits, subsinueux seulement vers le milieu, plus finement ponctué que le front, faiblement convexe, sans sillon médian, ses angles postérieurs à peine sensiblement divergents en arrière, non carénés. Elytres un peu plus larges que le prothorax et deux fois et demie plus longues, faiblement élargies au-delà du milieu, ponctuées-striées, les intervalles un peu scabres et ponctués. Dessous noir; pattes brunâtres avec leur extrémité rougeâtre.

Allemagne; Harz.

Deux exemplaires, communiqués par MM. de Kiesenwetter et Vom Bruck. Cette espèce reproduit assez bien les formes du *Limonius parvulus*, ainsi que le fait observer le savant auteur qui l'a fait connaître pour la première fois. Sa place exacte, dans la série du genre actuel, est assez difficile à déterminer; par sa forme générale elle semble devoir être rapprochée des espèces de la 2e section, mais la structure de ses antennes l'amène dans celle-ci, où nous trouvons, du reste, quelques espèces américaines de forme analogue.

104. C. xanthopterus. *Niger, nitidus, parce pubescens ; antennis brunneis ; prothorace latitudine vix longiore, antice angustato, parum convexo, sparsim punctato, angulis posticis subdivaricatis, acutis, testaceis ; elytris prothorace latioribus, flavis, striis profundis punctatis.* — Long. 7 mill , lat. fere 2 mill.

Noir avec un reflet très légèrement bronzé, pubescent, les élytres jaunes. Antennes brunes, la base des premiers articles jaune. Prothorax à peine plus long que large, rétréci en avant à partir du milieu, faiblement convexe, éparsément ponctué, sillonné en arrière, ses angles postérieurs petits, aigus, un peu divergents, faiblement carénés, testacés. Elytres plus larges que le prothorax, parallèles jusqu'au delà du milieu, assez fortement striées, les stries ponctuées, les intervalles convexes et ponctués. Dessous du corps noir avec la mentonnière, le pourtour des flancs, les épipleures, les hanches postérieures et l'extrémité de l'abdomen jaunâtres; pattes brunes avec la base des cuisses et les tarses testacés.

Nouvelle-Hollande ; Melbourne.

Trouvé et communiqué par M. Bakewell.

105. C. compsorhabdus. *Æneo-piceus, nitidus, parce pubescens ; antennis basi testaceis ; prothorace longitudine paulo latiore, lateribus arcuato, convexo, sparsim punctato ; elytris brevibus, striis profundis punctatis, interstitiis convexis, sparsim punctatis ; antepectoris apice lateribusque, abdominis segmentis ultimis pedibusque testaceis.* — Long. 7-8 mill,, lat 2 1/3-2 2/3 mill.

D'un noirâtre bronzé et brillant en dessus, presque glabre. Antennes noires avec la base jaune, le second article presque aussi long que le troisième, celui-ci égal au quatrième. Prothorax un peu plus large que long, rétréci au sommet, arqué sur les côtés, convexe, éparsément ponctué, sillonné en arrière, ses angles postérieurs courts, un peu divergents, carénés. Ecusson pubescent. Elytres à peine plus larges que le prothorax, deux fois seulement plus

longues que larges, parallèles jusqu'au milieu, convexes, profondément striées, les stries ponctuées, les intervalles convexes et éparsément ponctués. Dessous noirâtre avec la mentonnière, les flancs
du prothorax, les derniers segments de l'abdomen et les pattes
jaunes.

Nouvelle Hollande ; Moreton-bay.

Collection de M. Deyrolle.

SECTION VII.

106. C. GUTTATUS. *Æneus, griseo-pubescens ; fronte subconvexa ;
prothorace transverso, antrorsum rotundato, punctato ; scutello
plano ; elytris striatis, puncto basali, margine inflexa fasciaque
subapicali abbreviata, testaceis ; antennarum basi, tibiis tarsisque
rufis.* — Long. 5-6 mill., lat. 1 1/3 mill.

Diacanthus guttatus. GERM. *Faun. Ins. Europ.* fasc. 21, tab. 5. — EJUSD. *Zeitschr. f. d. Entom.* IV, p. 75, 16. — REDT. *Faun. Austr.* ed. II, p. 506.

Corymbites (s. g. *Paranomus*) *guttatus.* KIES. *Naturg. d. ins. Deutschl.* IV,
p. 304.

Agriotes guttatus. L. REDT. *Faun. Austr.* ed. I, p. 310.

Ludius guttatus. DEJ. *Cat.* ed. 3. p. 106.

Var. a. elytris immaculatis.

Bronzé, revêtu d'une pubescence fine, grise , les élytres marquées
d'une petite tache basilaire et d'une autre subapicale testacées. Front
convexe. Antennes grenues, rougeâtres à la base. Prothorax transversal, arrondi sur les côtés en avant, assez convexe, ponctué, ses
bords latéraux étroitement rebordés, ses angles postérieurs assez
petits, un peu divergents, aplatis, légèrement carénés. Ecusson
petit, plan, arrondi en arrière, tronqué en avant. Elytres un peu
plus larges que le prothorax à la base, faiblement élargies au-delà
du milieu, atténuées en arrière, rebordées latéralement, présentant
quatre à cinq stries légères sur le dos, ponctuées dans les intervalles
de ces stries et sur les côtés. Dessous du corps noir, le rebord inférieur des élytres rouge. Pattes brunes avec les jambes et les tarses
rougeâtres.

Des Alpes.

107. C. pictus. *Æneo-fuscus, nitidus, tenuiter pubescens ; fronte subconvexa ; prothorace minuto , antrorsum rotundato , sparsim punctato ; scutello convexo ; elytris basi striatis, puncto basali, fascia obliqua media, macula postica margineque læte flavis; antennarum basi tibiis tarsisque ferrugineis.* — Long. 5 mill., lat. 1 1/2 mill.

Plus étroit, plus plat, plus luisant, moins pubescent que le *gutta-tus*, d'un brun teinté de verdâtre submétallique avec un gros point à la base, un autre plus grand vers le sommet et une fascie oblique vers le milieu d'un jaune très-clair. Front faiblement convexe, ponctué. Antennes rouges à la base et passant insensiblement au brun. Prothorax un peu plus large que long, curvilinéairement ré-tréci au sommet, très-brillant, convexe, éparsément et finement ponc-tué, ses angles postérieurs divergents, aigus, obsolètement carénés. Ecusson obtrigone, convexe. Elytres un peu plus larges que le pro-thorax, élargies au-delà du milieu, subacuminées au sommet, beau-coup moins bombées que chez le *guttatus*, striées seulement à la base, ponctuées. Dessous du corps noirâtre, le rebord des élytres jaune; les pattes jaune ferrugineux avec le milieu des cuisses obscur.

Du Canada. Collection de M. Bakewell.

108. C. costalis. *Fusco-œneus, subnitidus, convexus, pube cine-rea tenuiter vestitus; fronte subconvexiuscula ; prothorace longitu-dine latiore, convexo, punctato, lateribus rotundato, angulis posticis brevibus, acutis, divaricatis ; scutello carinato ; elytris confertim punctatis, obsolete striatis, margine laterali punctoque basali ferru-gineis; tibiis tarsisque ferrugineis.* — Long. 8-10 mill., lat. 2 1/2-2 3/4 mill.

Elater costalis. Payk. *Faun. suec.* III, p. 47, 41. — Gyll. *Ins. Suec.* 1, p. 403, 33 — Zetterst. *Ins. lapp.* p. 148, 22.

Ludius costalis. Dej. *Cat.* ed. 3, p. 107.

Diacanthus costalis. Germ. *Zeitschr. f. d. Entom.* IV, p. 76, 18.

Limonius vagus. Lec. *Rev. Elat. Un. St. in Trans. Am. Phil. soc.* X, p. 454, 24.

(♂) Diacanthus parvicollis. Mannerh. *Bull. d. Mosc.* 1853, p. 229.

Var a. *Elytrorùm puncto basali ferrugineo obsoleto.*

Assez convexe, d'un bronzé brunâtre avec le bord latéral des

23

élytres, souvent une petite tache à la base, les jambes et les tarses
ferrugineux, revêtu d'une pubescence fine, courte, peu serrée, cendrée. Front à peine convexe, quelquefois sillonné dans son milieu,
surtout chez le mâle. Antennes brunâtres. Prothorax plus large que
long, convexe, ponctué, arrondi sur les côtés, ses angles antérieurs
petits, aigus, ses bords latéraux très étroitement rebordés, ses angles
postérieurs courts, divergents, redressés, très aigus, carénés. Écusson large, acuminé en arrière, caréné. Élytres plus larges que le
prothorax à la base, chez le mâle, presque de même largeur chez
la femelle, s'élargissant jusqu'au delà du milieu, convexes, légèrement
sillonnées, avec les intervalles très faiblement relevés, densément
ponctuées. Dessous du corps noirâtre ; cuisses brunes.

Il se trouve en Laponie, en Finlande et dans le nord de l'Amérique septentrionale ; il vit dans les troncs de pins en décomposition.

J'ai reçu de M. Le Conte, sous le nom de *Limonius vagus*, un
exemplaire de cette espèce découverte sur les bords du lac Supérieur
et je l'ai trouvé parfaitement identique avec notre espèce européenne.
C'est du reste avec doute que ce savant observateur la place parmi
les *Limonius*, qui ont une carène frontale bien distincte, tandis que
dans l'espèce actuelle les crêtes susantennaires ne se réunissent pas
au milieu du front.

J'ai vu également le type du *D. parvicollis* Mann. qui est bien
évidemment le mâle du *costalis*.

M. Le Conte décrit, sous le nom de *Limonius estriatus*, une
espèce très-voisine de celle-ci. Bien que je ne l'ai point vue, ses
analogies ne laissant aucun doute sur la place qu'elle doit occuper,
j'en reproduis ici les caractères.

109. C. ESTRIATUS. *Piceus, subæneus, cinereo pubescens; clypeo
medio non marginato, thorace latitudine fere sesqui breviore, antrorsum angustato et lateribus rotundato, angulis posticis subcarinatis, divaricatis, acutis, subtilius punctato, linea dorsali postice
sublævi, elytris subtilius punctatis, striis obsoletis, basi margineque
testaceis, apice obtusis, antennis basi testaceis, articulo tertio secundo longiore et quarto æquali.* — Long. 7 mill.

Limonius estriatus. LEC. *Rev. Elat. Un. St.* in *Am. phil. Soc. Trans.* X, new.
ser.. 434, 25.

Il diffère du précédent, auquel il ressemble, du reste, beaucoup,
par les côtés du prothorax plus arrondis en avant, et par les pro-

portions relatives du troisième article des antennes. Le dessous du
corps et les pattes sont noirs.

Des bords du lac Supérieur.

A côté du *costalis* se place encore l'espèce suivante que je n'ai
point vue et dont je donne la description d'après Mannerheim.

110. C. DECORATUS. *Nigro-piceus, subnitidus, cinereo-pubescens ;
prothorace latitudine paulo breviore, antrorsum rotundatim angustato, convexo, crebre punctato, angulis posticis acutis vix divaricatis ; scutello acute carinato ; elytris crebre et confuse punctatis,
obsolete costatis, macula rotundata basali, margine laterali cum
epipleuris, ad apicem in maculam majorem subhamatam dilatata
rufo-ferrugineis; abdominis segmentorum marginibus, tibiis tarsisque rufo-ferrugineis.* — Long. 8 mill., lat. 3 1/2 mill.

Diacanthus decoratus. MANNERH. *Bullet. d. Mosc.* 1853 n° 3, p. 229.

Même *facies* que le *costalis* mais d'une couleur moins bronzée,
la ponctuation du prothorax un peu plus forte, les angles postérieurs
de ce dernier plus larges, moins divergents, séparés du disque par
une impression linéaire oblique peu visible ; il en diffère encore par
les taches des élytres.

Espèce rare, trouvé par Holmberg dans l'île Kadiak.

111. C. SINGULARIS. *Breviusculus, nigro-œneus, griseo-pubescens; prothorace brevi, transverso, convexo, posterius foveis duabus
profunde impresso, angulis posticis divaricatis, acutis; elytris obsolete striatis, margine inflexo rufo-testaceo ; antennis dimidiatim,
femorum basi apiceque, tibiis et tarsis ferrugineo-testaceis.* — Long. 5
mill., lat. 1 3/4 mill.

Diacanthus singularis. MANNERH. *Bull. d. Mosc.* 1852, II, p. 290, 34.

Voisin du *costalis*. D'un bronzé obscur, assez densément revêtu
de poils gris. Front finement ponctué. Antennes dépassant les angles
postérieurs du prothorax, d'un testacé ferrugineux, noirâtres extérieurement. Prothorax petit, presque deux fois plus large que long,
rétréci en avant avec ses côtés arqués, convexe, finement ponctué,
marqué en arrière de chaque côté d'une fossette oblique, profonde,
ses angles postérieurs très divergents, aigus. Elytres de la largeur

du prothorax à la base et plus de cinq fois plus longues, un peu
élargies vers le milieu et curvilinéairement atténuées au-delà, convexes, subsillonnées, les intervalles finement pointillés, le bord
externe testacé, leur extrémité isolément acuminée. Dessous noir;
pattes testacées avec le milieu des cuisses noirâtres.

Sibérie orientale; Ajan.

———

Espèces se rapportant à ce genre, qui me sont inconnues:

1. Ludius uncinatus. *Niger, cinereo-pilosus, pedibus fuscis, thorace
antice angustato, densissime punctulato, angulis posticis spinis angustis divaricatis incurvis.* Long. 4 1/2'" Kamschatka.

Eschs. in Thon. *Entom. Arch.* I, II, p. 34.

2. Ludius diversicolor. *Ater, glaber, nitidus, thorace-rufo, convexo, vage punctulato, tenue canaliculato, basi coarctato, angulis
posticis acutis, nigris; elytris nigro-œneis. —* Long. 5'". California.

Eschs. Loc. cit.

Cette espèce est peut-être identique avec le *C. rotundicollis.*

3. Diacanthus serricornis. *Elongatus, fusco-testaceus, punctatissimus, griseo-pubescens, thoracis angulis posticis valde productis
divaricatis, elytris striatis, antennis serratis, corpore subtus pedibusque piceo-testaceis. —* Long. 4'", lat. 1 1/2 mill.

Il se trouve en Californie.

Mannerheim, *Bull. Mosc.* 1843, p. 241, 145.

4. Diacanthus æratus. *Allongé, peu convexe; bronzé en dessus et
en dessous; garni de poils fins d'un cendré flave ou mi-doré. Tête
notée d'une fossette sur le milieu du front: bord antérieur de celui-ci
avancé et tronqué dans son milieu, rétréci et sinué sur les côtés.
Epistôme indistinct. Antennes noires; à deuxième article égal aux
deux tiers du quatrième: le troisième, un peu moins court. Prothorax offrant les traces d'un sillon vers l'extrémité de la ligne mé-*

diane. Elytres à stries ponctuées, étroites. Intervalles plans, fine-
ment ponctués. Partie sternale de l'antepectus arquée en devant : cet
arc aussi long sur son milieu que le quart de sa largeur, suivi d'une
dépression transverse au moins aussi longue. Pieds bronzés : ge-
noux et ongles testacés. — Long. 10-11 mill., lat. 2 ⅜ mill.

Muls. et Guilleb. *Op. entom.* VII, p. 99.

Il est du Mont Pilat (Cévennes). A la suite d'une longue description développant la formule ci-dessus, les auteurs ajoutent : « Cette
espèce se rapproche du *D. metallicus* par sa couleur, mais elle en
diffère pas sa structure plus étroite ; par la couleur de ses antennes,
par les proportions des deuxième et troisième articles ; par la forme
de la partie antérieure de la région sternale de l'antépectus, par la
couleur des pieds, etc. »

5. Corymbites spectabilis. *Elongatus, nigro-piceus, griseo-pubes-*
cens, punctulatus, thorace oblongo, lateribus inæqualibus tenue mar-
ginatis, angulis posticis nonnihil divaricatis, carinatis, apice in-
curvis, truncatis, elytris striatis eorum basi obsolete, margine vero
inflexo pedibusque distincte rufo-castaneis. — Long. 9′′′, lat. 2 ⅜′′′.

Habitat in insula Sitkha sub cortice arborum emortuarum; rarissime.

Mannerh. *Bullet. Mosc.* 1852, I, p. 328, 85.

6. Corymbites furcifer. *Niger, cinereo-pubescens, thorace latitu-*
dine longiore, subtiliter punctato, lateribus late rotundatis, angulis
posticis subtestaceis, elytris luteo-testaceis, macula humerali obliqua
per suturam extensa, alteraque pone medium nigris, striis puncta-
tis, interstitiis distincte punctatis, antennis pedibusque piceis, illis
articulo 1ᵐᵉ testaceo. — Long, 3′′′2.

Le Conte, *Rev. Elat. Un. St.* in *Am. phil. Soc. Trans.* X, new. ser. p. 438, 7.

One specimen found at Eagle Harbour, Lake Superior. Marked
like the preceding (1), but in size only equal to *C. propola*, from
which it differs by the longer thorax, and more deeply striate and
more distinctly punctured elytra. In form it is a little less dilated
than any of the preceding species.

(1) *C. hieroglyphicus.*

7. Corymbites nubilus. *Crassiusculus, niger, cinereo-pubescens, thorace non transverso, lateribus rotundatis, subtilissime punctulato, angulis posticis testaceis, elytris lurido testaceis, maculis 3 pone basin (una communi) rotundatis, alteraque utrinque pone medium lunata, nigricantibus, tenuiter striatis, interstitiis fere planis punctulatis, antennis pedibusque nigris.* — Long. 3″′ 5.

Lɛc. loc. cit. p. 438, 8.

One specimen, collected in California by M. Child, and given me by M. Rathvon. The markings are on the same plan as those of the preceding species , but they are not dilated along the suture, and the anterior is broken up so as to form a roundet spot each side behind the humerus, and a larger less distinct one at the suture. The finer punctuation of the thorax, and the black feet, will enable it to be readily recognised.

8. Corymbites umbripennis. *Elongatus, linearis, vix pallide pubescens, niger; fronte subconcava, thorace latitudine longiore, antrorsum vix angustato, lateribus paulo rotundatis, minus dense punctato, postice canaliculato, elytris parallelis, striis punctatis, interstitiis disperse punctulatis, testaceis pone basin et ad medium infuscatis.* — Long. 3″′ 4.

Lɛc. Rep. of explor. and surv. from Mississip. to the Pacif. oc. IX, Ins. I, p. 4.

Cor. nubilipennis. Ejusd. Am. phil. Soc. Trans. X, p. 441.

One specimen from Oregon, Col. M'Call. The posterior angles of the thorax are long' and acute; the third joint of the antennæ is equal in length to the fourth, but is not at all dilated. The last joint is wanting, so that we cannot be certain that it belongs to this division (1); its general appearance, however, prevents it from being placed in any other. The front is slightly concave, not showing the quadrate outline which may be perceived in the others of this group.

9. Corymbites maurus. *Ater, minus nitidus, tenuissime fusco-pubes-*

---

(1) Voyez la classification des *Corymbites*, de M. Le Conte, aux généralités du genre. (p. 80).

cens, subparallelus, fronte concava, thorace latitudine longiore, lateribus postice parallelis, antice rotundatis, angulis posticis acutis divergentibus, leviter canaliculato, dense, lateribus confluenter punctato, elytris striis punctatis, interstitiis fere planis sat dense punctatis et rugosis, antennarum articulo tertio subdilatato, quarto non breviore. — Long. 6′″, 3.

LEC. *Rev. Elat. Un St. in Am. phil. Soc. Trans.* p. 444, 31.

Oregon, col. M'Call. Sufficiently distinct from any other species herein described, and apparently more nearly related to *C. æthiops;* the third joint of the antennæ is triangular, as long, but only half as wide as the following, which are acutely triangular, but not produced at the angle; the eleventh joint is not longer than the tenth, not acuminate, but still distinctly constricted.

10. CORYMBITES MENDAX. *Piceo-æneus, elongatus, cinereo-pubescens, thorace latitudine longiore, convexo, ad apicem utrinque transversim impresso, lateribus ante medium rotundatis, angulis posticis carinatis divergentibus, confertim punctato, subcanaliculato, elytris striis punctatis, interstitiis planis rugose punctulatis, antennis nigris, vix serratis, articulo tertio secundo paulo longiore, conjunctis quarto longioribus, pedibus piceis. — Long. 4′″, 1.*

LEC. loc. cit. p. 448, 48.

One specimen, lake Superior: has the appearance of *Limonius,* but the front is not margined anteriorly, and not quadrate: its real affinities are with the two preceding species (1), from which it differs by its more convex and coarsely punctured thorax. The elytra are somewhat obliquely narrowed posteriorly and more strongly margined than in the two preceding. The first joint of the tarsi is not longer than the second.

11. CORYMBITES ANGULARIS. *Nigro-piceus, valde elongatus, tenuiter pubescens, thorace latitudine fere sesqui longiore, antice non angustato, parum convexo, lateribus fere rectis, apice submarginato, angulis anticis rufescentibus latius marginatis, angulis posticis*

(1) C. *insidiosus* et *falsificus.*

acutis divaricatis, testaceis, carina margini valde approximata, confertim punctato, elytris striis punctulatis, interstitiis rugose punctulatis, pedibus piceis, antennis nigris, basi piceis, subserratis, articulo tertio quarto non breviore, subcylindrico. — Long. 5″, 5.

LEC. loc. cit. p. 449, 49.

One specimen, Oregon. Although evidently allied to the others in this division, the third joint of the antennæ is considerably narrower than the following ones : the curious reflexed margin of the anterior thoracic angles will easily distinghuish this species : the sides of the thorax are almost straight, slightly rounded at the apex, and before the basal angles : the first joint of the tarsi is slightly longer than te second.

12. C ORYMBITES COLOSSUS. *Niger, capite thoraceque subnitidis, fortiter punctatis, fronte late concava, thorace (♀) convexo vix obsolete canaliculato, latitudine haud breviore, apice angustiore, lateribus modice, magis ad apicem rotundatis, angulis posticis paulo divergentibus fortiter carinatis, linea lœvi dorsali obsoleta postice notato, elytris fere opacis, dense punctatis et rugulosis, punctis vix majoribus striatim digestis, antennis thorace brevioribus, valde serratis, articulo 3io 2ndo sesqui longiore, haud dilatato.* — Long. 1″67.

LE CONTE, *Proceed. Acad. Nat. Sc.* novemb. 1861, p. 348.

California. Mr. S. S. Rathvon. The joints of the antennæ 4-10 are very,strongly triangular, gradually smaller; the eleventh joint is also triangular, with the oblong appendage still more distinct than usual.

13. CORYMBITES ANTHRAX. *Elongatus, niger, nitidus, pube brevissima cinerea parce obsitus, capite fortiter dense punctato, fronte fere plana thorace lateribus confluenter medio parcius fortiter punctato, oblongo, latitudine vix sesqui longiore, lateribus subrectis, angulis posticis acutis divergentibus carinatis, elytris striis punctatis, interstitiis subplanis disperse punctatis, antennis modice serratis, articulo 3io 4to paulo longiore.* — Long. 7‴5.

LE CONTE, loc. cit.

Bodega, California; one female. Mr. G. Davidson. Almost as slender in form as *C. pyrrhos.*

CHROSIS.

Pristilophus. Erichs. in Wiegm. *Arch.* 1842, 39.

Tête avancée ; front concave, peu déclive, acuminé en avant, ce qui tient à l'obliquité des crêtes susantennaires qui se réunissent sur la ligne médiane. Mandibules bidentées. Palpes maxillaires terminés par un article sécuriforme.

Antennes dentées en scie, de onze articles, le second globuleux, le troisième deux fois plus long, obconique, les suivants triangulaires, le dernier ovale à bords sinueux.

Prothorax et élytres de forme normale.

Écusson oblong, déclive.

Prosternum muni d'une mentonnière bien développée et d'une pointe postérieure droite, ses sutures latérales fines, très-légèrement flexueuses.

Mésosternum horizontal, les bords de sa fossette en forme de V, élevés au même plan que le métasternum.

Hanches postérieures rétrécies peu à peu de dedans en dehors.

Pattes à tarses simples, comprimés, villeux en dessous.

J'ai distrait les espèces qui forment ce genre des *Corymbites* avec lesquels elles ont de grands rapports, à cause de la structure du mésosternum, qui est horizontal comme chez les *Blax* de la sous-tribu des *Crépidoménites*, décrits plus bas. D'autre part leurs tarses comprimés les éloignent de ces derniers. On peut donc considérer le genre actuel comme établissant la transition entre les *Corymbites* et les *Crépidoménites.*

A. Trois sillons larges et profonds creusés longitudinale-
    ment dans le prothorax.
    a Prothorax rugueusement ponctué, les points con-
      fluents dans les sillons.   1. *C. trisulcata.*
    aa Ponctuation du prothorax forte mais discrète, même
      dans les sillons.   2. *C. exarata.*

AA. Pas de sillons sur le prothorax.   3. *C. illita.*

24

1. **C.** TRISULCATA. *Elongata, parum nitida, breviter pilosa; fronte depressa ; prothorace rufo-ferrugineo, crebre fortiterque punctato , rugoso, latitudine longiore, longitrorsum fortiter trisulcato, sulcis nigris, crebrius subtiliusque punctatis; elytris testaceo-ferrugineis, apice nigris, profunde striatis, interstitiis elevatis punctatis.* — Long. 20-30 mill., lat. 4-6 mill. (Pl. II, fig. 10.)

Pristilophus! trisulcatus. ERICHS. *Faun. Van Diem. in* WIEGM. *Arch.* 1842, p. 59, 34. — GERM. *Zeitschr. f. d. Entom.* IV, p. 92.

Etroit et allongé, peu brillant, couvert de petits poils peu serrés. Front assez déprimé, fortement ponctué, granuleux, brun. Antennes courtes, brunâtres. Prothorax rougeâtre, notablement plus long que large, avec ses côtés presque droits, plus ou moins parallèles selon le sexe, très fortement ponctué-rugueux, creusé longitudinalement par trois sillons larges, profonds et noirs, plus densément et plus finement ponctué que les intervalles, ceux-ci relevés en formes de côtes, son bord antérieur échancré, les angles de ce bord petits, arrondis en dehors, ses bords latéraux émoussés, ses angles postérieurs divergents, aigus, subcarénés. Ecusson concave, subarrondi, noirâtre. Elytres d'un testacé ferrugineux, plus larges que le prothorax à la base, très-atténuées vers l'extrémité qui est noire, déprimées sur la suture, fortement sillonnées, les intervalles étroits et élevés, très ponctués. Dessous du corps noir, pubescent. Pattes noir brunâtre ; le quatrième article des tarses subéchancré. Mésosternum horizontal, surtout chez la femelle.

Tasmanie et région australe de la Nouvelle-Hollande.

2. **C.** EXARATA. *Elongata , brunnea , subnitida , fulvo-pilosula ; fronte depressa ; prothorace latitudine longiore , fortiter minus crebre punctato , longitrorsum profunde trisulcato, sulcis haud vel vix crebrius punctatis ; elytris punctato-striatis , interstitiis convexis, pedibus brunneis.* — Long. 20 - 30 mill., lat. 4 - 6 mill.

De la taille de l'espèce précédente, mais en différant par sa coloration brune uniforme; les sillons du prothorax (qui seuls sont quelquefois noirâtres) ponctués comme leurs intervalles, c'est-à-dire fortement et discrètement ; les stries des élytres moins profondes et conséquemment les intervalles moins élevés ; les pattes brun clair et le dessous du corps brun plus ou moins obscur ; le mésosternum moins saillant.

De la Nouvelle-Hollande.

Collection de MM. de la Ferté Sénectère et Deyrolle.

3. C. ILLITA. *Elongata, brunnea, nitidissima, pube longiuscula, fulva, sparsim obducta; prothorace depresso, a basi leviter angustato, lateribus fere rectis, latitudine paulo longiore, sparsim punctato; elytris depressis, a basi leviter attenuatis, apice acuminatis, extrorsum seriatim punctatis.* — Long. 22 mill., lat. 6 mill. (Pl. II, fig. 7.)

Assez étroit et allongé, brun rouge avec le disque du prothorax brun noir, très luisant, revêtu d'une pubescence éparse, fauve, assez longue. Antennes noirâtres, leur second article très petit, le troisième deux fois plus long mais encore beaucoup plus court que le quatrième. Prothorax un peu plus long que large, faiblement et graduellement rétréci d'arrière en avant à partir de la base, ses côtés rectilignes ou à peu près suivant le sexe, déprimé, marqué de points épars sur le milieu du disque, plus serrés sur les parties latérales, ses angles postérieurs peu allongés, non divergents, très faiblement carénés. Écusson subarrondi. Élytres de la largeur du prothorax à la base et plus de deux fois et demie plus longues, légèrement arquées sur les côtés depuis la base jusqu'au sommet où elles sont acuminées, déprimées, éparsément ponctuées avec des séries de points sur les côtés. Dessous brun noir; pattes brunes.

Nouvelle-Hollande ; province de Victoria et Moreton-bay.

Collection de MM. Bakewell et Deyrolle.

Cette espèce, par ses téguments lisses, diffère au premier abord des précédentes, mais ses caractères génériques sont les mêmes.

HAPATESUS.

Tête assez petite, un peu inclinée, à front arrondi en avant, rebordé sans être, à proprement parler, caréné. Mandibules arquées, terminées par deux dents aiguës, inégales. Palpes maxillaires à dernier article sécuriforme.

Antennes courtes, à articles brièvement triangulaires à partir du quatrième, le second un peu plus long que le troisième, le dernier muni d'un faux article.

Prothorax et élytres de forme normale.

Ecusson subcordiforme.

Prosternum muni en avant d'une mentonnière grande, en arrière d'une saillie courbe, ses sutures latérales concaves et canaliculées.

Mésosternum déclive, sa fossette large et à bords parallèles.

Hanches postérieures graduellement rétrécies de dedans en dehors.

Pattes courtes, les tarses simples, leurs articles 1 - 4 diminuant de longueur, fortement villeux en dessous.

Une seule espèce du sud du continent austral constitue ce genre, qui diffère essentiellement des *Corymbites* par ses sutures prosternales canaliculées et concaves. Ce caractère, qui est de règle chez les *Ludiites*, est tout à fait exceptionnel ici. C'est, toutefois, le seul point de contact que le genre *Hapatesus* ait avec ces derniers, car sa tête et ses hanches postérieures sont conformes à celles de la généralité des *Corymbitites*.

H. **HIRTUS**. *Depressus, ferrugineus, sparsim fulvo-hirtus; prothorace transverso, apice rotundatim angustato, canaliculato, fortiter punctato, angulis posticis acute longeque carinatis; elytris punctato-striatis, interstitiis planis, uniseriatim punctatis.* — Long. 12 mill., lat. 3 3/4 mill. (Pl. II, fig. 8.)

Déprimé, d'un ferrugineux rouge ou noirâtre, revêtu de poils disséminés, longs, fauves, hérissés. Front biimpressionné ou marqué d'un enfoncement triangulaire. Antennes assez courtes, de la couleur du corps. Prothorax plus large que long, curvilinéairement rétréci au sommet, bombé seulement dans le sens longitudinal , fortement ponctué , sillonné au milieu , ses angles postérieurs courts , dirigés en arrière , portant une carène qui se prolonge longuement en avant. Écusson subcordiforme. Élytres de la largeur du prothorax à la base , deux fois et demie plus longues , curvilinéairement rétrécies à partir de la base ou du tiers antérieur , aplaties le long de la suture, marquées de stries étroites assez fortement ponctuées , les intervalles plats , marqués d'une série unique de points inégalement distancés. Dessous et pattes de la couleur du dessus.

Nouvelle-Hollande ; Victoria.

J'en ai vu une douzaine d'exemplaires dans les collections , la majeure partie dans celle de M. Bakewell , qui les a capturés aux environs de Melbourne.

CPSIA information can be obtained at www.ICGtesting.com
Printed in the USA
LVOW07*1430311214

421092LV00004B/31/P